ISBN 978-0-364-47399-3
PIBN 11029838

FB &c Ltd, Dalton House, 60 Windsor Avenue, London, SW19 2RR.
Company number 08720141. Registered in England and Wales.

For support please visit www.forgottenbooks.com

Inhaltsverzeichniß

des

fünfzehnten Bandes

der exeget. deutschen Schriften Luthers.

Seite

[illegible]

[illegible]

[illegible]

[illegible]

[illegible]

Fortsetzung von Nr. XLVI. des vorhergehenden Bandes: Predigten uber das dritte und vierte Kapitel Johannis. (Nach der Wolfenbütteler Handschrift.) 1537—1540.

Die ein und dreißigste Predigt.

Den 29. Tag Junii, am Tage Petri und Pauli, Anno 1538.

Wir haben nächst gehort, daß der Christus zu Nicodemo gesagt hat: Also hat Gott die Welt geliebet rc.; item, daß Gott seinen Sohn nicht gesandt hab, daß er die Welt richtete [1]), und aus denselbigen Worten gelernet, daß der Sohn Gottes und des Menschen Sohn Eine Person sei, und daß des Menschen Sohn gehänget und erhohet sei, wie die Schlange in der Wusten. Denn Solches eigenet auch der menschlichen Naturn allein zu, denn Gott hat nicht konnen leiden, noch ans Kreuz geschlagen werden. Noch spricht er allhier, daß der Sohn Gottes sei in den Tod gegeben, und ans Kreuz gehänget worden, auf daß wir hieraus lernen communicationem idiomatum, daß die Eigenschaft beider Naturn sich ziehen auf diese einige Person, und also beider Naturn Eigenschaft zustehen der einigen Person; und wiewohl

1) „Die Anführung dieser letzten Worte scheint sich nur auf die Vorlesung des Textes zu beziehen, denn die Erklärung darüber folgt erst in der 32. Predigt.“ Anm. v. H.

deutsche Schriften.

Nach den

ältesten Ausgaben kritisch und historisch bearbeitet

von

Dr. Johann Konrad Irmischer,

k. zweitem Pfarrer an der Neustadtkirche zu Erlangen.

Fünfzehnter Band.

Erlangen,

Verlag von Heyder & Zimmer.

1[illegible]

Fortsetzung von Nr. XLVI. des vorhergehenden Bandes: Predigten uber das dritte und vierte Kapitel Johannis. (Nach der Wolfenbütteler Handschrift.) 1537—1540.

Die ein und dreißigste Predigt.

Den 29. Tag Junii, am Tage Petri und Pauli, Anno 1538.

Wir haben nächst gehort, daß der Christus zu Nicodemo gesagt hat: Also hat Gott die Welt geliebet rc.; item, daß Gott seinen Sohn nicht gesandt hab, daß er die Welt richtete [1]), und aus denselbigen Worten gelernet, daß der Sohn Gottes und des Menschen Sohn Eine Person sei, und daß des Menschen Sohn gehänget und erhobet sei, wie die Schlange in der Wusten. Denn Solches eigenet auch der menschlichen Natura allein zu, denn Gott hat nicht konnen leiden, noch ans Kreuz geschlagen werden. Noch spricht er allhier, daß der Sohn Gottes sei in den Tod gegeben, und ans Kreuz gehänget worden, auf daß wir hieraus lernen communicationem idiomatum, daß die Eigenschaft beider Naturn sich ziehen auf diese einige Person, und also beider Naturn Eigenschaft zustehen der einigen Person; und wiewohl

1) „Die Anführung dieser letzten Worte scheint sich nur auf die Vorlesung des Textes zu beziehen, denn die Erklärung darüber folgt erst in der 32. Predigt." Anm. v. H.

Dr. Martin Luther's

sämmtliche Werke.

Sieben und vierzigster Band.

Dritte Abtheilung.

Exegetische deutsche Schriften.

Fünfzehnter Band.

Erlangen,
Verlag von Heyder & Zimmer.
1851.

den, und wer diesem Buch der heiligen Schrift gläubt, der wird nichts darwider mucken. Denn wir konnen dargegen also auch sagen: Dieses Kind, von Maria geborn, das ihr an den Brusten hänget, oder im Schooß liegt, hat Himmel und Erden geschaffen; und wenn Jemands sagen wollte: Ei, was sollte das Kindelein schaffen? do antworte ich drauf: Die heilige Schrift sagets. So singens auch die lieben Engel in Weihenachten, Lucä am 2. Kap., und sagen: Euch ist geborn Christus, der Herr, in der Stadt Davids. Das singen die Engel von dem Kinde, do es die Mutter noch an ihren Brusten säugete, und heißen das Kindelein ein Herrn.

Daruber haben die alten Väter sehr gekämpft, und es wider die Ketzer erhalten, daß in Christo zweierlei Naturen sind, aber nicht zwo Person, sondern nur Ein Sohn. Also redet die Schrift, und wir sollen auch also reden. Nach der Menscheit, do ist wohl gekreuziget, und nach der Gottheit allein Himmel und Erden geschaffen. Aber dieweil diese Person Gott und Mensch ist, so wird recht gesaget: Gottes Sohn ist Schopfer Himmels und der Erden, und wird auch gekreuziget. Man muß die Person nicht zutrennen, als, daß alleine die Menscheit da bliebe, sondern sie auch Gott gewesen ist, wie denn S. Hilarius saget: Christus passus est requiescente verbo; und wenn wir auch das nicht erhalten, daß diese Person sei Gott und Mensch, so am Kreuz gestorben ist, so mußten wir ewiglich verdampt und verlorn sein. Denn wir mussen einen Heiland haben, der mehr sei, dann ein Heilige oder Engel, denn wenn er nicht mehr, großer und besser wäre, so wurde uns nicht geholfen. So er aber Gott ist, so ist der Schatz so schwer, daß er nicht allein wegwieget und aufhebt die Sunde und den Tod, sondern auch gibt das ewige Leben. Das konnte sonst kein Mensch geben, noch thun, oder den Teufel und Tod uberwinden.

Das ist unser christlicher Glaube, und drumb bekennen wir recht: Ich gläube an Jesum Christum, seinen einigen Sohn, unsern Herrn, der von Maria geborn, gelitten und gestorben ist. Bei dem Glauben da halte fest, und laß Heiden und Ketzer immer klug sein, so wirst du selig werden. Darumb so folget: Wer an des Menschen Sohn, so von Maria geborn ist, und gelitten hat, und begraben ist, gläubet, der wird nicht verlorn, ist Gottes Sohn, und hat das ewige Leben, und kann der Teufel, Sunde und Tod wider ihnen Nichts thun, denn er hat das ewige Leben.

Derhalben wird im Text hinzu gesetzet: Gott hat seinen einigen Sohn gegeben, auf daß die Welt nicht verlorn wurde, sondern das ewige Leben hätte. Denn Gott hat sonst viel Sohne, wie wir denn uns ruhmen, daß er unser Gott und Vater sei, wie wir im Vater Unser auch beten; und S. Paulus saget, daß wir erwählet sind zu der Sohnschaft, denn Gott der Vater will, daß wir seine Kinder sein sollen. Aber der Evangelist unterscheidet die Sohne, saget: Es sind Sohne, die do gläuben an den Sohn. Dieweil denn wir Gottes Sohne sein, so an ihnen gläuben, so muß folgen, daß derselbige Sohn, an den gegläubet wird, viel ein anderer und großerer Sohn ist, dann die andern alle sein, so an ihnen gläuben. Sonst sind Andere auch Gottes Sohne, aber nicht solche Sohne, als er ist, an die man gläuben mußte, sondern die wir mussen an den eingebornen Sohn Gottes gläuben. Er wird nicht doher ein Sohn Gottes, daß er an uns gläubete, sondern wir werden doher Sohne Gottes, daß wir alle an ihn gläuben, und durch ihnen auch Sohne werden. Darumb so ist er viel ein ander Sohn, denn wir sein.

Die Ketzer haben die heilige Schrift schändlichen zurissen, und furgeben, Christus werde metaphorice Gottes Sohn genennet, gleichwie wir Menschen Gottes Sohne heißen. Aber im Hiob werden die Engel auch Gottes Sohne geheißen, denn also wird gesagt: Wo warest du, da mich alle Kinder Gottes im Himmel anbeteten[3]), das ist, alle Engel; also wäre Christus auch Gottes Sohn. Aber nein, sehe[4]) mir

3) „Vgl. Hiob 1, 6. 7 und 2, 1. 2." Anm. d. H.

4) H. Siehe, mit d. Note: „Hds. sehe, und so öfter."

diesen Text allhier an. Er ist der Sohn, an den man gläuben muß, und wir, heilige Menschen, und die Engel sind nicht also Gottes Söhne, als er Sohn ist, denn wir werden alle durch ihn allein zu Söhnen gemacht, wenn wir an ihn gläuben. Die Engel sind durch ihn zu Kinder Gottes gemacht, denn sie sind durch den Sohn geschaffen, wie zun Kolossern geschrieben stehet[5]). So sind wir Menschen durch ihn auch geschaffen, und werden wir verdampte und verlorne Sünder zu Gottes Söhnen dardurch gemacht, daß wir an ihnen gläuben. Darumb so ist er Gott und Gottes Sohn, denn es ist ein ander Ding, gläuben an einen, und darnach an sich gläuben lassen; und wem die Ehre zustehet, daß die Menschen an ihnen gläuben sollen, und durch ihnen sollen Gottes Kinder werden, und die Wiedergeburt bekommen, der muß wahrer Gott sein. Item, so die Engel durch ihnen geschaffen sein, so muß er ein Herr aller Kreaturn sein, denn die Engel sind die höhesten Kreaturn. Item, so wir durch ihnen geschaffen seind, so muß er ja nicht also Gottes Sohn sein, wie wir oder Joannes der Täufer Gottes Sohn ist.

Das ist der rechte Unterscheid unter Gottes Kindern und diesem Sohne Gottes, so da auch Gott selbst ist. Wir aber werden durch ihnen zu Söhnen gemacht, und er gibt uns das ewige Leben, und überwindet den Tod durch sich selbst. Das sind differentiae essentiales. Also mußt du die heilige Schrift ansehen, nicht allein für dich, sondern daß du auch den Rottengeistern begegnen mögest, welche die heilige Schrift führen nach ihrem eigen Kopf, und wisse, dieser Sohn ist heilig und sicher für dem Teufel und Tode, ist nicht verloren als wir Menschen; so erlangt er ihme auch nicht zu Gut die Seligkeit, denn er ist zuvor die Seligkeit und das Leben selbst. Dann er ist wahrhaftiger Gott nicht allein an seiner Person, sonder auch, was sein Ampt und Werk anlanget, die zeugen von ihme, daß er Gott sei, wie er denn im Joanne saget: Wollet ihr mir nicht gläuben, so gläu-

5) „Vgl. Koloss. 1, 15. 16." Anm. d. H.

bet mir doch umb der Werk willen ꝛc. *) Drumb ists recht essentialis definitio, daß allhier von ihme gesaget wird: Wer an ihnen gläubet, der hat das ewige Leben; daß der Sohn gebe das ewige Leben, und den Tod durch sich selbst wurge, und alle Gläubigen an ihn selig mache, denn das gehort Gott alleine zu.

Also kannst du deinen Glauben verantworten, daß Christus sei wahrhaftiger Gott nicht allein seines Wesens halben, sondern auch seines Werks. Er ist persönlich Gott, und thut auch gottliche Werk, denn wer an ihn gläubet, den machet er selig. Das wird sonst von keinem Engel, er heiße Gabriel oder Michael, noch auch nicht von Joanne dem Täufer, noch von der Jungfrau Marien geschrieben, daß wer an sie gläube, der Gottes Sohn würde, sondern allein von dem Sohn wird gesaget, daß er vom Tode helfe, und das ewige Leben gebe. Also hoch hat Gott den Sohn nicht allein nach der Person und Majestät gesetzt, sondern auch nach dem Werk. Derhalben so sollen wir diesen Text mit großen, ja guldenen Buchstaben an alle Wände, und auch in unser Herz schreiben, denn es sind Wort des Lebens und Seligkeit, dann wir daraus wissen konnen, wie man dem Tode entfliehen möge, und sich auch darmit wider alle Ketzer wehre, auch wider den Papst und den Turken, welche alle diesen Text auch lesen, aber mit schläferigen Augen und tauben Ohren. Denn wenn sie es horeten, verstunden und gläubten, so wurden sie in solche Narrheit nicht gefallen sein, sondern gesaget haben: Ich werde **) allein durch Christum, Gottes Sohn, selig, der fur mich gegeben und gekreuziget ist. Dann wenn dieß wahr ist, so säge ich balde: Was mach ich denn im Kloster? Worumb bin ich gen Rom oder zu S. Jakob gelaufen? (denn ich dieses Alles drumb gethan hab, daß ich wollte dardurch selig werden,) und urtheile dann alle Religion und Glauben, daß sie falsch und unrecht seind, es sei des Turken, Machomeds, Papst oder der Juden Gläube, welche diese

*) „S. Joh. 10, 26—28.“ [illegible] **) [illegible]

Wort auch leſen und ſingen, aber ſchläferig, oben hin, gleich als die Nonnen den Pſalter leſen, und nicht wiſſen, was ſie ſingen oder leſen; reden dieſe Wort auch, aber anders nicht, denn als ein Papagei. Sondern betrachte du dieſe Wort wohl, und ſchärfe ſie in deinem Herzen, und wenn du ſie recht verſtanden haſt, ſo kannſt du denn vom Glauben richten und forſchen, und dich wider die Rottengeiſter getroſt wehren.

Weiter ſaget Chriſtus: Schaue drauf, lieber Nicodeme, Gott hat alſo die Welt geliebet, daß er ſeinen eingebornen Sohn gab, auf daß wir durch ihn ſelig wurden; als ſollt er ſagen: Das Werk, welchs iſt erlöſen von Sunden und Tode, das thue ich; und darnach das Werk, das er ſelbſt thut, das gibt er dem Vater, daß alſo des Vaters und des Sohns Werk einerlei ſei, wie denn der Evangeliſt Joannes pflegt für und für zu thun, daß er die Perſonen unterſcheidet, und das Werk zuſammen ziehet [7]). Denn der Vater iſt nicht der Jungfrauen Marien Sohn, noch ans Kreuz geſchlagen, ſondern alleine der Sohn, und dennoch iſt und bleibet der Vater und Sohn wahrer Gott, und zeucht der Sohn uns zum Vater durch ſich.

Wir haben aber gehört, daß er geſagt hat: Was aus dem Fleiſch geborn wird, das iſt Fleiſch, und was aus dem Geiſt geborn wird, das iſt Geiſt; item: Niemands fähret gen Himmel, denn der herab geſtiegen iſt. Das iſt gar eine harte und erſchreckliche Rede, die ganze Welt alſo verdammen, daß ſie gar keinen Gott habe, und verdampt und verloren ſei, und iſt da eitel Zorn Gottes. Ja, Gott iſt ein lauter Tyrann; und haſt alſo gehört den Zorn und Gerichte Gottes, daß wir Menſchen alle in Sunden empfangen und geborn ſeind. Aber höre nun auch dargegen von der Liebe Gottes, daß er dir gonſtig [8]) ſei, und dich liebe. Denn willt du einen gnädigen

7) H. zeucht, mit d. Note: „Hdſ. ziehet." 8) H. günſtig, mit d. Note: „Hdſ. gonſtig, und ſo immer."

Gott und Vater haben, und wissen, daß er dich liebe, so ist das der Weg darzu: Also kompst du zu Gott, wenn du gläubest an den Sohn, den er fur dich gegeben hat, und der sich hat lassen ans Kreuz hängen. Wenn du nun gläubest, so ists unmuglich, daß du nicht fuhlen solltest die unaussprechliche Liebe Gottes, daß er nicht will dich lassen verdampt sein; sondern hat eher seinen Sohn fur dich gegeben, auf daß du lebetest. Das fasse wohl, wenn du willt selig werden. Denn wenn du das gläubest, so steigest du durch mich gen Himmel, und findest nicht einen zornigen Richter, sondern einen lieben Vatern, der also gegen mir gesinnet ist, daß er nicht will, daß ich verloren wurde, sondern seinen Sohn für mich gegeben, sonst mußte ich [9]) im Tode verderben. Do kann ich denn sagen: So Gott mich also geliebet hat, daß er auch seinen Sohn für mich gegeben hat, auf daß ich selig wurde, was wollte ich mich dann fur seinem Zorn furchten?

Im Papstthumb hat man viel geprediget von der Sunde, Tod und Höllen, auch vom Zorn Gottes. Aber wie wird man deß Alles los? Do haben sie gewollt, man sollte mit unsern guten Werken fur unser Sunde gnung thun, und bußen mit Klosterleben, Wallfahrten und Messen. Aber allhier wird gesaget: Wer nicht gläubet an den Sohn, uber dem bleibet der Zorn Gottes; do doch der Papst will, daß ich eine Kappen anziehen soll, und mir eine Platten machen lassen, und ander Narrwerk [10]) thun, daß ich des Zorn Gottes los werde. Also malet nun der Turk, Papst und die Juden unsern Herrn Gott ab, daß er ein zorniger Gott sei, aber zufrieden gestellet und mir gnädig gemacht wird, wenn ich mich demuthige, faste, opfere, und gute Werk thue, und buße meine Sunde mit einem gestrengem Leben. Das ist der leidige Teufel, daß man die Leute weisen soll auf ihre gute Werk, und nicht auf Christum, den Sohn

---

9) „ich" fehlt im Orig. und wurde v. H. ergänzt. 10) H. Narrenwerck, mit d. Note: „Hds. narwerck, und so öfter."

Gottes, so doch Gott nicht will, daß du auf dir stehen sollt, noch auf deine Werk (wie gut sie auch sein mochten,) pochen, sondern du sollt herzu gehen, und den Sohn ergreifen, ihme alleine sich an Hals hängen, und an ihnen gläuben, und sprechen: Ich gläube an Jesum Christum, den eingebornen Sohn Gottes, der geborn ist von Maria, und fur mich gelitten und gestorben 2c.

Dieß haben die Papisten täglich in ihren Kirchen gesungen, und den Glauben bei ihren Kindern getrieben. Aber es hats Niemands verstanden, sonst hätt man nicht gesaget: Ich will der Höllen entlaufen mit meiner Muncherei und Orden. Derhalben so will der Herr allhier, daß man soll abtreten von allen Gedanken von Gott und der ewigen Seligkeit, durch unsere gute Werk zu erlangen, und allein zu dem Herrn Christo zu fliehen, dann Niemands suche Gott außer dem Herrn Christo, er wird sonst ewig verdampt und verloren bleiben. Darvon wäre nun viel zu predigen, wenns die Zeit leiden wollte. Es sind aber immerdar viel Rottengeister gewesen, die do Christum haben fahren lassen, und hinauf in[11]) Himmel haben klettern wollen, und Gott suchen mit ihren scharfen Gedanken und guten Werken, und doher sind auch alle Ketzereien unter den Juden entstanden, daß die Einsiedeler oder Leviten in ihren Gärten[12]), schonen Wiesen, lustigen Auen, oder wo ein hubsche Linden oder Berg war, do baueten sie Altar, opferten und wollten Gottesdienst da ausrichten, und reizten das Volk, an dieselbigen Orter zu laufen, und der Teufel thät allda zuweilens auch Mirakel, und wurde das arme Volk jämmerlich verfuhret. Darwider haben die Propheten ernstlich geschrien, und verdammet, daß man sollte Gott aus eigener Andacht dienen. Denn wenn die Pfaffen gesaget haben: Das muß man an dem Orte thun, Solchs gefället Gott wohl, do hat denn der Teufel zugeschlagen, daß das Volk mit Haufen ist zugelaufen, und nur ein eigene Andacht von Gott ihnen ge-

---

11) gen. 12) H. garten, mit d. Note: „Hds. gertten."

macht. Aber wenn Gott auch also gesinnet wäre, wie sie. Er hatte durch Mosen lassen sagen, wo man ihme dienen sollte: nicht wo ein schoner Platz, Baum, ein lustiges Thal, Wiesen oder Berg wäre, sondern wo die Hutten des Stifts ist, do sollt man ihnen anbeten, und doher wollt Gott sich im Tempel zu Jerusalem allein finden lassen. Aber die Rottengeister sagten dargegen: Ei, ist Gott nicht auch auf diesem Berge, oder an dem Orte, do Abraham, Isaak und Jakob Gott auch angebetet haben? Gott kann uns allhier sowohl erhoren, als zu Jerusalem. Das hieß dann, mit eigener Andacht zu Gott klettern. Also haben wir auch gethan. Wir sind darmit nicht zufrieden gewesen, daß Gott spricht: Niemands fähret gen Himmel, denn der herab gestiegen ist; item: Wer nicht will verdampt und verloren werden, sondern das ewige Leben haben, der gläube an den Sohn, so gekreuziget worden ist; sondern man hat auch gesaget: Du mußt wahrlich gute Werk thun, und nicht allein gute Werk, so in den zehen Geboten befohln sein, o die sinds nicht allein, sondern du mußt auch Werk thun, die der Papst geboten hat, mit Fasten und Feiern rc., und verspotten uns dann, die wir vom Glauben predigen, und sagen: Was Glaube? was Glaube? sondern wer diese oder jenen Orden annimpt, der wird selig. Das ist die Plage, und das heißt unsern Herr Gott suchen, und durch einen eigenen Weg wollen gen Himmel klettern mit unsern Gedanken. Solchs lerne wohl wider den Teufel, der do heißt Enthusiasmus, do die Leute von dem mundlichem Wort nichts halten, sondern sagen: Der Geist muß es thun, fuhren eitel Geist im Munde. Nun hätte Nicodemus dieser Gestalt den Heiligen Geist auch wohl empfangen konnen, aber er horet allhier von Christo das Wort der Wahrheit, das ihme Christus prediget: Niemands fähret gen Himmel rc. Also muß man das Wort noch mundlich predigen und lesen, und daß es also heiße: Ich gläube an den eingebornen Sohn Gottes, der für mich gestorben ist rc., und darmit schlechts unsern Glauben beschließen, und sagen: Ich weiß sonst von keinem andern Gott, dann von dem, do allhier von geschrieben stehet: Wer do gläubet an des Menschen Sohn, der hat das ewige Leben. Dieses kann ich sonst durch keine Gedanken oder Werk erlangen, sondern der einige und rechte Weg zu Gott ist: gläuben an den Sohn. Drumb so hats Gott auch so fleißig befohln zu predigen, und drumb das mundliche Predigtampt gegeben, und die Sakrament eingesetzt, und die Absolution uns befohln, auf daß diese Predigt unter den Christen bekannt bliebe, und der Glaube mit wackern Herzen gefuhret würde, do wir bekennen: Ich gläube an den Sohn, der do ist fur mich gegeben worden in den Tod; welche Wort die Papisten auch wohl hören, denn sie haben die Bibel so wohl als wir, aber sie schlummern und schnarchen darbei, sind mit sehenden Augen blind, und mit horenden Ohren taub, gedenken: O wenn ich nur gethan hätte, was S. Augustinus oder Franciscus geboten hätte. Die Laien rufen dann die Jungfrau Maria an, daß sie ihren Sohn für sie bitten soll, und do ich zwanzig Jahr im Kloster war, gedachte ich nirgends anders auf, denn wie ich nur meine Regeln halten mochte. Also sind wir ersoffen und im Schlafe unserer guten Werk vertieft gewesen, daß wir diese Wort nicht gesehen noch verstanden haben. Willt du Gott aber treffen, so schreibe diese Wort in dein Herz, schlaf nicht, wache auf, lerne und betrachte sie wohl, daß Christus spricht: Also hat Gott die Welt geliebet, daß er seinen eingebornen Sohn gab, auf daß Alle, die an ihn gläuben, nicht verloren werden, sondern das ewige Leben haben. Allhier schreibe, wer schreiben kann; item, lese und handele, dichte und trachte des Morgens und Abends darvon, er schlafe oder wache. Denn in diese heftige Anfechtung bringet dich der Teufel, daß du meinest, Christus sei nicht Gottes Sohn, und dein Glaube gefalle ihme nicht, und plaget dich mit der ewigen Versehung, mit dem Zorn und Gerichte Gottes. Do sage du dann: Ich will Gott nicht wissen, noch kennen, oder hören, denn daß er mich liebe, von einigem zornigen Gott, von keinem Gerichte und Zorn, Höllen, Tod und Verdammniß will ich Nichts wissen. Sehe ich aber seinen Zorn, so weiß ich, daß er mich treibt zum Sohn, daß ich zu ihm Zuflucht habe, und wenn ich zu ihm komme, so hab ich einen gnädigen Vater. Denn [13]), wie S. Joannes in seiner Epistel saget [14]), mich der Vater eher geliebet hat, denn wir ihnen geliebet oder erkannt haben, und mir die Sunde vergeben, und die Seligkeit geschankt hat.

Wenn man diese Wort horet und gläubet, so machen sie einen rechten Christen; wenn man aber diese Wort verleurt, so ists alles verloren, Gott gebe, du seiest dann ein Karthäuser, oder was du wollest.

Es sind große Wort, die ich nicht ausreden kann. Nicht verloren werden, das ist, er soll nicht in Sunden sein, soll nicht ein bos Gewissen haben, noch unter dem Gesetze sein. Denn das Gesetze strafet sonst die Sunde, aber wenn einer allhier gleich die Sunde und den Zorn Gottes fuhlet, noch soll er keine bos Gewissen haben umb der Sunde willen, denn sie ist ihme vergeben. Es soll ihnen das Gesetz nicht verklagen, die Sunde nicht beißen noch plagen, der Tod nicht fressen, denn dieweil er gläubet, so ist er sicher und gewiß.

Solchs predigen und gläuben wir; wers aber nicht gläubet, der bitte Gott, daß er ihme solchen Glauben auch gebe. Sehe aber zu, daß du diesem Glauben nicht widerstrebest, oder schändest und lästerst, wie der Papst thut, welcher saget: Wohl, ich gläube auch, daß Christus selig machet, aber nicht mich. Nun es weiß der Teufel auch, daß Gott S. Petrum hab selig gemacht. Es ist der Glaub drumb nicht ein gering Ding, wie ihn der Papst verachtet, sondern ist ein herzlich Vertrauen zu Gott durch Christum, daß Christi Leiden und Sterben dich angehore, und dein eigen sein solle. Sonst hat der Teufel und Papst auch einen Glauben, aber es ist nur fides historica; sondern der wahrhaftige Glaube zweifelt nicht, er ergibt sich mit seinem Herzen gar drauf,

13) Im Orig. der. 14) „Vgl. 1 Joh. 4, 10.“ Anm. d. H.

daß der Sohn Gottes für ihn sei in Tod gegeben, und die Sunde hinweggenommen, den Tod erwurget, und nicht allein das Bose hinweggenommen, sondern das ewige Leben, Gerechtigkeit, Seligkeit und Herrlikeit, ja, was Gott selbst ist, uns wieder gegeben, und uns durch den Sohn zu seinen Kindern gemacht.

Das sind lebendige Wort, so Christus mit uns, item, mit dir und mir redet, nämlich, wer den Soh'n annimpt, der soll selig sein, Tod, Teufel und Höllen sollen weg sein. Diese Wort trosten in Angst und Trubsaln, und wenn man wider die Rottengeister streiten soll, und des Teufels feurige Pfeil auslöschen, item, daß wir die Herrlikeit behalten, daß Gottes Sohn unser Gab und Geschenk sei: dies kann dir sonst keines Munchen Orden oder Regel geben, sie heiße S. Augustini, oder wie sie wolle, sondern du mußt sagen: Ich gläube an Christum, an welchen S. Augustinus auch gegläuben hat. Wenn ich aber sprechen wollte: O du liebe Jungfrau Maria, du bist heiliger, dann ich bin, und du S. Francisce hast viel Verdienste, theile mir deine Verdienste mit, so wird Nichts draus, und man wurde dir antworten, wie man Matthäi am 25. Kapitel zu den tollen Jungfrauen sagete (die do wollten von den klugen Jungfrauen Oel haben, welche ihre Lampen voll hatten): Gehet hin, käufet euch auf dem Markt von den Krämern auch Oel, das ist, von euern Predigern und Lehrern, die euch also gelehret haben.

Und sind also in diesem Text reiche, treffliche und selige Wort, die man fleißig merken soll.

Die zwei und dreißigste Predigt.

Sabbatho post Aegidii 7. Septembris. Anno 1538.

Man pfleget dieß Evangelium alle Jahr auf den Pfingstmontag dem gemeinem Mann zu predigen, und dieweil es reich ist von Worten, so kanns nim-

mermehr gnugsam ausgeprediget werden. Wir ha
ben aber das erste Theil oft reichlichen ausgeleget
nämlich, daß Gott seinen Sohn in die Welt geschick
hat, auf daß, wer an ihn gläube, nicht verlore
werde, sondern das ewige Leben habe. Darvan i
gnung gesaget. Wir wollen aber das ander Stu
auch handeln, als, daß die Welt das Gerichte nic
will annehmen, noch das Wort Gottes hören.

Nun ist es ein groß Wunder, daß die Welt so
also toll und thöricht [1]), daß sie nicht leiden kann
wenn man ihr prediget, daß sie durch Christum, de
Sohn Gottes, solle selig werden, das ewige Lebe
haben, und von Sünde und Tod erloset sein, un
sich für dem jüngsten Gerichte nichts fürchten solle
Das ist wahrlich die allerlieblichste und beste Predig
Noch wenn sie den Menschen zu Haus und Hof ge
tragen wird, so solls weggestoßen werden. Wie g
hets doch immer zu, daß wir unsere Seligkeit al
geringe achten? Siehe, wie es bei den Papisten un
Rottengeistern zugehet. Do konnen sie alle diese Pr
digt so ferne horen und leiden, daß man saget: Go
hat seinen Sohn in die Welt gesandt, und für mi
gegeben. Aber wenns dohin kompt, daß unsere gu
Werk dardurch gestraft werden, und sie nichts gelte
sollen, daß man saget: Ihr Munche musset diese
Christo gläuben, und durch Christum allein, un
nicht durch euer Messen, Wallfahrten oder ander
Ceremonien selig werden: do erhebt sich dann de
Hader, daß es alles soll verdampt sein, und laute
Ketzerei heißen. Wenn man dieß von Turken sagete
so gläubte ichs nicht. Aber dieweil ichs selber hor
und sehe, daß Viel evangelisch werden, weil man ih
nen sanfte prediget, aber wenn sie ein wenig Etwa
hören oder sehen, das ihnen nicht gefället, und da
ihre gute Werk verworfen werden, so prallen sie zu
rucke, und wollen toll und thoricht werden, und komp
der Zorn, Zank und Haß aller doher, daß wir durc
den Sohn, so Gott uns gesandt hat, selig werden

1) „So die Hdſ. Der Herausgeber wagte nicht, hier etwas hinz
zu setzen oder zu ändern." Anm. d. H.

und nicht durch die Kappen, Platten, oder einige unsere gute Werk.

Und das hält auch der Text in sich mit gar herrlichen Worten, nämlich, daß Gott also die Welt geliebet, daß er seinen einigen Sohn gegeben hat, auf daß Alle, die an ihn gläuben, nicht verloren werden, sondern das ewige Leben haben. Ist das nicht deutsch gnug geredet? Noch hulfts nicht, dann wenn die Leute horen, daß ihr Ding Nichts soll sein, so ists aus. Ihr Ding muß recht sein und bleiben, Gott gebe, es falle Hummel und Erden druber ein. Es ist sich wohl druber zu verwundern, daß eine solche Bosheit in den Menschen sein solle, daß sie ihre gute Werk ohne großen Zorn und Unwilligkeit nicht wegwerfen konnen, do es ihnen doch lieb und angenehme sein sollte, durch eine frembde Hulfe und Wohlthat selig zu werden. Aber sie wollen schlechts ihr Thun nicht verdammen lassen, in der ersten Tafel. Und was sage ich von den Sunden in der ersten Tafeln, als Abgotterei, Gotteslästerung, Fluchen, Schwören, welches die Welt nicht will an ihr strafen lassen? Sie kann auch nicht leiden, daß man sie strafe in der andern Tafeln. Denn sage einen Baurn, daß er gläuben musse an Christum, dann durch Christum werde ihm die Seligkeit angeboten, aber sich auch huten, daß er kein Hurer noch Ehebrecher sei. Saget man ihnen das, balde zornen sie, und werfen das Wort Gottes und die Lehre hinweg. Also, horen die Edelleute itzt eine Strafpredigt, so wollen sie toll und thoricht werden. Item, die Fursten wollen auch ungestraft sein. Saget man ihnen: Ei, thust du das, so bist du kein Christ, so haben sie itzt fein gelernet, die Strafpredigt eine Schandpredigt und Lasterpredigt zu heißen, und die Prediger domit beschweren, daß sie den Leuten an ihre Ehre reden. Man soll allein predigen, daß Gott also die Welt geliebet hat, daß er seinen Sohn dahin gegeben hat ꝛc. Item: Wer an den Sohn gläubet, der soll das ewige Leben haben. O das ist eine kostliche Predigt! Aber das ander Stuck, nämlich, daß die Welt das Licht hasset und nicht annimpt, das soll ich so lassen stille stehen, und

Niemands strafen drumb, daß man die Finsterni liebe, und das wollten itzt die Konige, Fursten, Herr und die Edelleute gerne haben. Aber das thue d Teufel, daß mans ihnen nicht sagen sollte, denn Chr stus selbst sagets allhier, daß die Welt das Lich hasset.

Was meinst du, daß es wohl werden sollte, wen man den Adel und Andere nicht strafen sollte? D mochtest du sie dem Teufel wohl heim schicken, m Maien besteckt. Noch dennochs ruhmen sie nichts des weniger gut evangelisch. Was sollen wir denn al hier thun? Soll man aufhoren zu predigen, un sie immer dem Teufel in Rachen hinein fahren lassen Und es wäre nicht Wunder, daß ich unserm Her Gott die Schlussel für die Fuße wurfe, und sagte Herr, predige du selbst, du kunnt'st es auch wohl an ders machen, denn wir haben ihnen gepredigет, un sie wollen uns nicht horen. Aber Gott will, daß w in unserm Beruf und Ampt fest stehen, und desselb gen ausrichten und strafen sollen. Denn er will sein Kirche regieren durch die Prediger, durch das äußer liche Wort und Sakrament, gleich wie er sonst d Welt auch regieret durch Burgermeister, Konige, Für sten und Herrn, und durch das Schwert die Bose strafen. Er durfte sonst des Henkers und der Ober keit nirgends zu, wie zun Romern am 13. Kap. ge schrieben stehet, denn er konnte sonst selber die bo Buben viel besser strafen. Also will er unser auc brauchen zum Strafampt in der Kirchen, gleichwi er der Fursten brauchet im weltlichem Regiment; un wenn das auch nicht also Gottes Ordnung und Ein setzung wäre, so wollt ich mein Lebenlang keine Pr digt thun. So aber Gott spricht: Du sollts thun und in deinem Ampt verharren, es gehe dir druber wie es wolle. Bist du nun im Predigtampt, un siehest, daß du Schälk und Buben, Hurer, Ehebr cher und Räuber zu Pfarrkindern hast, so sprich: Di weil ichs thun soll, so will ich den Baurn, Burger und Edelleuten ihre Sunde anzeigen, und umb so cher Laster willen strafen, und nichts darnach fragen daß man spricht: Ei, man redet mir an mein Ehr

Dann mit der Weise sollt ich deine Sunde wohl auf mich laden. Aber wie käme ich darzu, daß ich fur dich sollt in die Hölle fahren? Ei, saget man denn, das begehre ich nicht, ich zwinge je dich nicht darzu. Ja, du willst aber gleichwohl nicht haben, daß ich dich strafen soll, und willst nicht horen, daß deine Laster von mir gestraft werden, sondern soll stille darvon schweigen, do ich doch ein solch Ampt fuhre, daß ich die Laster strafen soll, wie der Prophet Ezechiel am 3. und 33. Kapitel saget: Du Menschenkind, dich hab ich zu einem Wächter gesetz uber das Haus Israel. Wenn ich nu zum Gottlosen sage: Du mußt des Todes sterben, und du sagest ihm Solchs nicht, daß sich der Gottlos hute für seinem Wesen, so wird wohl der Gottlose umb seines gottlosen Wesens willen sterben, aber sein Blut will ich von deiner Hand fordern. Siehe, eine solche Last einem Regenten auf den Hals legen, meinst du, daß es ein gering Ding sei? Und mit der Burden sind nu die armen Prediger belegt, item, alle die sonst in Aemptern sein, als, Burgermeister, Fursten und Oberkeit. Die sollen zun Sunden nicht stille schweigen, auch selbst nicht sundigen, denn wo ich Ehebruch sehe, oder andere Laster an Andern, und strafe sie nicht, so wills Gott an mir strafen. Denn wir im geistlichem und weltlichem Regiment sind darzu verordent, daß wir strafen sollen; aber es thuts Niemands. Wo wollt ihr großen Konige und Lehrer der Kirchen bleiben, die ihr viel Laster und Sunde horet und sehet, und dennochs darzu stille schweiget, und nicht strafet? Und es fahren ihr Viel umb anderer und frembder Sunde willen gen Hölle.

Darumb so ist es sehr schweer, in einem Regiment zu sein, es sei geistlich oder weltlich, in weltlichem Regiment oder in der Kirchen. Aber noch mussen Regenten und Oberkeit sein, und du solltest der Oberkeit nicht feind sein. Denn sie tragen eine schwere Last auf ihrem Halse, und sie werdens theuer gnung erfahren, die ubel haushalten im Regiment; und ob sie gleich eine guldene Ketten am Halse tragen, so gonne es ihnen, denn sie haben doch Gefährlikeit gnung darbei, wenn sie nicht recht regieren, und die

Sunde nicht strafen. Aber doran gedenkt der gemeine Mann nicht. Er weiß nicht, daß wenn ich als ein Prediger stille schweige, und nicht strafe, daß mir dann alle die Sunde dieser Stadt auf dem Hals liege. Ihr sehet itzt, wie es alles schindet, kratzet, geizet und wuchert in der Welt, und wenn mans ihnen saget, so zornen sie und wollen aus der Haut fahren. Ist das denn gut evangelisch gepredigет, wenn ich soll lassen dichs machen, wie du willt, und soll darzu stille schweigen? Aber was willt du mich mit deinen Sunden beladen? Ich will sie auf mir nicht liegen lassen, trage du sie allein. Ja, worumb schweigest du denn nicht? Horst du wohl, ich kann und soll meines Ampts halben nicht schweigen, denn was gibst du mir, daß ich umb deinetwillen soll verdammet werden, und mich deiner Sunden theilhaftig machen? Darumb so gehets also zu, daß das liebe Evangelium hat diese Tugend und den Dank für der Welt, daß die Welt die Finsterniß mehr liebet, denn das Licht: ist also das Evangelium von Christo eine kostliche, susse Predigt, aber schändlich wird ihm gedankt; und wird troslich gepredigt, es ist auch eine liebliche Predigt, wenn man saget: Christus will sein Leib und Seel für dich dohin geben; aber wenn man einen recht angreift, und die Sünden an ihnen strafet, so ists der Teufel, und man wills nicht leiden. Aber man muß also lehren, daß man durch Christum alleine selig werde, und den Gottlosen dann auch das Gerichte furhalte, nämlich, daß die Menschen das Licht nicht leiden konnen, welchs anzeiget, wie die Menschen selig werden sollen; aber sie wollen bleiben in ihrem Wucher und andern Sunden. Aber wir wollen diese fein nach einander handeln. Er spricht: Also hat Gott die Welt geliebet rc. Das ist eine unaussprechliche Predigt, daß Gott, der himmelische Vater, sich unser erbarmet hat, und aus Gnaden und Barmherzigkeit seinen Sohn uns geschenkt. Darzu schreibe, daß wirs nicht verdienet haben, es sei nicht umb unser Frommkeit oder [3]) Verdienstes willen geschehen, sondern aus

3) [illegible]

lauter Gnaden. Wem geschicht aber diese Gnade? Der Welt, das ist, denen, die verdampt und verloren waren. Do horen wir denn gerne, daß Gott die Welt geliebet hat; aber daß die Welt verloren sein sollte, die Predigt kann man nicht leiden. Was gibt er denn? Ach, es ist eine unaussprechliche Liebe, daß er uns also liebet, daß er uns nicht gibt irgends ein Konigreich oder tausend Engel, welches wohl wäre eine große und aussprechliche Gabe, sondern er gibt sich selbst, gibt seinen Sohn, der do ist wahrhaftiger Gott, und das Allerliebste, das er hat und ist.

Wem gibt er denn ihnen? Der Welt, das ist, dem verlornen Haufen, die es nicht verdienet hat, sondern das Gegenspiel zu gewarten hatte, daß sie sollte verdampt und verloren werden. Es wird aber der Sohn drumb ihnen gegeben, daß, dieweil sie verloren waren, nun durch ihnen sie selig werden sollten.

Was soll man denn fur diese Liebe Gott wieder thun? Nichts? Du sollst nicht gen Rom Wallfahrt laufen, Münch und Nonnen werden, dieß oder jenes Werk thun, sondern allein an Christum gläuben, daß man trete aus dem verlornen Wesen, und an ihn sich hangen, jedoch daß es auch ein solcher Glaube sei, der nicht ohne gute Werk.

Wird also dieß Geschenk und Gabe, nämlich, der Sohn des Vaters, mit keiner Hand, Finger oder Füße ergriffen, auch nicht in einem Kloster oder Münchskleide gefunden, noch sonst irgends in ein Gefäße aufgefangen, sondern allein mit dem Herzen und Glauben ergriffen; und wenn diese Gabe in dein Herz kompt, daß du von Herzen an Christum gläubest, so bleibest du kein alter Mensch, als, ein Dieb, Ehebrecher oder Morder, sondern wirst ein neuer Mensch, dann du hast das Licht in deinem Herzen. Derhalben so will unser Herr Gott erstlich grundlich das Herz haben, das muß allein gläuben. Unser Herr Gott nimpt das Allerbeste, als den inwendigsten Menschen, nicht den Mund oder die Hand, sondern das Herz, daß du von inwendig fromm seiest. Do gehets denn wohl zu, daß wenn du gläubest an Christum, so wird das Herz rein, wie S. Petrus Actorum am 15. Kapitel saget: Durch den Glauben werde die Herzen gereiniget; und derselbige Glaube läß dich dann nicht hoffärtig, noch stolz sein, denn wen das Herz gereiniget ist, so sind die Hände, Auger Fuße und alle andere Glieder auch rein, thun ar dere Werk, denn zuvorn. Der Glaub läßt dich dan nicht einen Sunder, Hurer oder Ehebrecher sein, sor der wie das Herz ist, also folget auch hernach da ganze Leben.

Nu verkläret er sich weiter, und streichets herr licher aus; spricht, die Welt sei zwar verdampt, abe der Sohn sei drumb gesandt, daß er die verdampt und verlorne Welt selig machete, und dieweil er au großer Liebe uns gegeben und geschankt sei, daß wi ihnen mit dem Herzen annehmen, und an ihnen gläub ten, wer das thun kann. Do solls dann heißen, au der Verdammniß geruckt, und ins ewige Leben ge bracht werden, daß dann Tod, Hölle und Teufel Gewalt soll hinweg sein.

Und wie er bisher affirmative geredet hat, als saget er nun negative:

Denn Gott hat seinen Sohn nicht gesandt daß er die Welt richte ꝛc. 3)

Als sollt er sagen: Die ganze Welt, wenn si fromm und am besten ist, so furchtet sie sich für Gott und fleucht für ihme, denn sie weiß, daß Gott zurnet daß auch eine Hölle, Gericht Gottes, und ewige Ver dammniß ist; und daß dem also sei, so zeigens auc an die Krankheiten, Pestilenz, Fieber, Kriege, Theu rung, und andere Trubsal und Elend, so in de Welt ist, und Strafen oder 4) Plagen Gottes sein do Gott seinen Zorn und Gerichte wider die Gott losen anzeiget; und was ein wenig fromme Herzen sein, die erkennens, daß Gott zornig sei und ei Sträfer, und fürchten sich für seinem Gerichte, al

---

3) † Sondern das die welt durch in sélig werde. We an in gleubet, der wird nicht gerichtet, Wer abe nicht gleubet, der ist schon gerichtet, Denn er gleube nicht an den Namen des eingeboren son Gottes

4) und.

für dem Teufel. Die andern rohen und gottlosen Leute fürchten sich für Krieg und Pestilenz nichts, ja werden noch wohl ärger und nur ungeduldiger durch Kriege, Pestilenz und Franzosen.

Nun sickt das in aller Menschen Herzen, daß Gott zurne, und ein zorniger Richter sei uber die Sunde, wie wir denn seinen Zorn in der Welt sehen, daß er einen hie und den Andern dort straft. So kann der Mensch nicht frohlich sein, sonder muß sich immerdar fürchten, daß Gott mit der Keulen hinter ihme stehe, und zuschlagen wolle. Da saget allhier der Herr Christus: Diese Gedanken wollen wir aufheben, dann Gott will nicht, daß wir mehr also gedenken sollen. Denn er stelle sich gleich wie er wolle, auch wenn er seine vier Plagen in der Welt gehen läßt, als Krankheiten, Kriege, Theurung und wilde Thier, so soll dennochs das Gerichte aufgehoben sein, es soll nicht Zorn sein; wie er sich denn auch oft gegen den Heiligen zornig und schellig stellet, als, wenn er den Hiob angreift, den Jeremiam, David und Andere, welchs denn alles nicht ein Gericht sein soll, do Gott sie gar verderben wollte, sondern ein Bewährung, wie 1. Kor. 2. gesaget wird [5]), und sonst im 30. Ps. 2c. Derhalben so saget er allhier auch: Das Gerichte ist aus, der Vater und ich richten Niemands. Gott zürnet nicht, dann ich bin das Unterpfand und das gewisse Wahrzeichen, ja die Gabe und Geschenk, dardurch ihr wissen sollet, daß Gott nicht zurnet. Denn ich bin nicht gesandt, daß ich die Welt richten soll, und ihr für mir fliehen mochtet, und ich euch von mir triebe, als ein zorniger Richter, und die Negativa, das Nein, ist allezeit stärker, denn die Affirmativa, oder das Ja; als sollt er sagen: Es ist nicht die Meinung, daß ich euch richten wollte, noch daß euch der Vater auch richten wollte, denn wenn er euch verdammen und richten wollte, worumb hat er mich dann in die Welt geschickt? sondern es ist der Zorn hinweg, und lauter Liebe in ihme, und

5) „Vgl. 2. Kor. 1.“ Anm. d. H.

er hat mich auch drumb gesandt, daß ich die Welt nicht richtete, sondern selig machete.

Das sind herrliche und trostliche Wort, welche fromme Christen in ihr Herz schliessen sollten, und wissen, daß Gott nicht richtet. Mit denen Worten sollten wir uns trosten, (wenn wir nicht also verzweifelte Buben wären), daß Gott uns nicht will todtschlagen, noch in die Hölle werfen. Der Gottlos soll sich fürchten, fliehen, und nicht mit Frohlikeit zu ihm kommen. Aber ihr, die an mich gläubet, sollet nicht gerichtet werden, noch für mir als einem grimmigen Richter fliehen. Denn durch das Mittel, als den Glauben an mich, do ist das Gerichte aufgehaben, und ich bin darzu gesandt, daß das Gerichte aus wäre. Derhalben so sind die Gedanken euers Herzens falsch, denn wer mich im Glauben annimpt, der läßt fahren die schändlichen Wort vom Zorn Gottes, Höllen und ewiger Verdammniß.

Das sind seine helle und klare Wort, (soll nicht gericht werden,) die wir nicht erdacht haben, sondern er hat sie geredt. Worumb? Denn er ist nicht gesandt, daß er die Welt richte, sondern sie selig mache, und sie dem Gerichte entlaufe. Denn sie hat mich dann, der ich ihr Gott bin, und wer den Sohn Gottes hat, und gläubet an ihn, der kann nicht gerichtet werden, denn durch ihn hat der Vater das Gerichte aufgehoben. Sonst mußte der liebe Sohn Christus auch verdampt werden, aber es ist unmuglich, daß er sollte verdampt werden. Darumb wo er ist, do sollen wir auch sein, daß wir auch nicht verdampt wurden, denn wenn ich an ihnen gläube, so kann ich nicht gerichtet werden. So soll man nun für Christo und Gott, dem himmelischen Vater, nicht fliehen, sondern er will, wir sollen uns zu ihm halten; wie die Kuchlein unter der Hennen Flugel sich versammlen, und wie Kinder zu den Aeltern sich halten: also sollen wir auch eine kindliche Zuflucht haben zu Christo und dem himmelischen Vater.

Aber die Welt ist schön gericht durch die Erbsunde, Erbfalle, und durch das Gesetz Mosi, denn sie ist durch den Teufel verfuhret. Solch Gerichte ist schon durch das Gesetz Mosi, unser Gewissen und Herz angezeiget, wie Roma. 1. gesaget wird, daß unser eigen Gewissen uns anklage und verdamme, und also keines Richters mehr vonnothen sei. Denn die Welt ist zuvor voll Gerichts, voller Todes, und nicht werth der Liebe. Drumb bedurfte man keines Richters mehr, sondern der Sohn ist gesandt, daß wir wußten, daß unsere Gedanken mußten getodtet werden.

Das ist nun eine trostliche Lehre. Dennochs hat sie der Teufel unter dem Papstthumb gar darnieder geschlagen, und noch heutiges Tages verachtet man diese Lehre. Ich bin unter dem Papstthumb für Christo gefloheu, und für seinem Namen gezittert. Denn mein Herz hat diese Gedanken von Christo geschöpft, daß er ein Richter wäre, dem ich am jungsten Tage mußte Rechenschaft geben von allen Worten und Werken, do ich doch diese Wort wohl wußte, und sie täglich las, aber ohne Verstande, denn ich hielt Christum fur einen Richter; irreten also greulichen. S. Bernhard, der sonst ein fromm Mann gewesen ist, saget auch also: Siehe im ganzen Evangelio, wie gräulich oft Christus schilt, straft und verdammet die Pharisäer, und geschwinde mit ihnen fähret, dargegen die Jungfrau Maria immerdar freundlich und sanftmuthig ist, und hat nie kein hart Wort geredet, und daher dann die Gedanken geschöpft: Christus schilt, straft, aber bei Maria, do ist eitel Sußigkeit und Liebe. Drumb so hat man für Christo sich gefürcht, und sind von ihme wir alle gelaufen zu den Heiligen, und Mariam und andere angerufen fur Nothhelfer; und waren dieselbige alle heiliger, denn Christus: Christus war allein der Henker, die Heiligen aber waren unsere Mitteler. Und hat diesen herrlichen Text Niemands sehen konnen, noch in unsere Herzen einbilden die Wort, so er allhier saget: Ich bin nicht in die Welt kommen, daß ich die Welt richte, daß er nicht ein Richter, sondern Mittler, Helfer, Troster, Gnadenthron, Bischoff, Hirte, Bruder, Fursprache, unser Geschenk und Nothhelfer sei, und nicht Richter, denn er sei uns gegeben und geschankt, daß wir nicht fur ihme flöhen. Und dieselbigen Wunden seind in unsern Herzen noch nicht gar zugeheilet, denn die Natur ist fur sich darzu geneiget, daß wir Gott nicht viel zu gläuben, und wenn bose Lehremeister, als Rotten und Sekten hierzu kommen, so ists balde geschehen. Aber ich muß an diesen Worten lehren, wie ein jung Kind, daß Christus nicht kommen sei, die Welt zu richten.

Daß er aber hin und wieder im Evangelio also rumpelt, rumoret und straft, das ist alles dohin gericht, daß er die Welt gerne wollte selig machen, und sie nicht verdampt und gericht wurde, denn sie sind zuvor gericht und verdammet, wie er allhier im Text saget. Aber er will, daß wir ihnen annehmen sollen, und das Licht nicht hassen, und neue Menschen werden, an ihme das Herz hangen lassen, ihme vertrauen, und sagen: Du bist nicht kommen, daß du mich verdammest, sondern ich durch dich selig würde. Aber man will also an ihn gläuben, daß man gleichewohl im alten Wesen bleibe. Aber das thuts nicht, denn die in den Lastern liegen, konnen Christum nicht lieben, oder ihme nachfolgen, denn Christus und Belial konnen nicht bei einander bleiben. Der Glaube muß das Herz ändern, und wenn der Glaube wird verhanden sein, so wirst du nicht mehr bauen auf dein Geld und Gut, noch stolz oder sicher sein. So aber das Vertrauen auf Geld und Gut bleibet, so ist kein Glaube da. Denn der Glaub hält allein Christum fur seinen Trost. Aber eher die Welt das Gut läßt, eher läßt sie Christum fahren, das heißet, bose Werk thun, und die Finsterniß lieben.

Aber die von Gottes Zorn wahrhaftig geschreckt werden, die sollen diese Wort in ihr Herz schreiben, und für Wahrheit halten, daß Gott seinen Sohn nicht in die Welt gesandt hab, daß er die Welt richte, sondern daß die Welt durch ihn selig wurde. So wirst du dann in dem Kämpfen und Aengsten des Gewissens erfahren, daß Christus nicht lüge, daß er die Welt nicht*) richten wolle, sondern daß die Welt

---

*) „nicht" fehlt.

durch ihn selig wurde, allein daß der Glaube recht sei. So bestehet er dann wider den Tod, denn diese Wort erhalten dich in allerlei Anfechtung. Das thut der rechte Glaub, wenn er nicht falsch ist, oder ein Wechselbalg. Darnach so wird man äußerlich auch also leben, daß man allerlei Essens und Trinkens, und der Güter zur Leibs-Nothdurft gebrauche, und sage: Warauf soll ich stolz sein? Heute bin ich lebendig, morgens aber todt, und lasse also mein Herz allein an Christo hangen.

Bin ich aber neidisch, ein Hurentreiber oder Ehebrecher, Räuber und Bube, gehe[7]) also hin, und sage dann: O, Gott hat seinen Sohn nicht gesandt, daß er die Welt richte, da wirst du es wohl sehen, du gehorst nicht dahin, bist nicht in der Liebe des Vaters, sondern unter des Vaters Zorn, und liebest die Finsterniß, und bist außer Christo und der Liebe des Vaters. Denn wenn du in Christo wärest, und unter des Vaters Liebe bliebest, so thätest du solche Sunde und Laster nicht, und do hieß es denn: Gott hat seinen Sohn nicht gesandt, daß er die Welt verdamme. Aber du thust es nicht, und willst gleichwohl auch nicht gestraft sein.

Die Welt ist zuvor unter dem Gericht durch das Gesetz der Natur, welches Moses auch hat aufgeblasen, daß unser Gericht und Verdammniß durch das Gesetz uns offenbar wurde. Aber wenn du in Gefährlikeit und Anfechtung bist, so lauf hieher, und nimm Christum an, so wirst du erhalten, und nicht gerichtet — wo du aber nicht willt, so bist du verloren — und lasse dich von Christo strafen. Denn wenn er strafet mit seinem Wort, das thut er drumb, daß er ihnen nicht verdamme. Wenn er saget: Wehe euch, das gereicht dohin, daß er ihnen selig mache, und mit den harten Worten dohin dringe[8]), daß er auf die Liebe des Vater Achtung gebe. Denn wenn man stolz bleibet, und in der Bosheit verharret, so ist man verloren.

Ein Vater und Mutter schelten, stäupen und stra-

7) „Hdſ. gehen.“ Anm. d. H.   8) Hdſ. bringen.

sen ein Kind nicht drumb, daß sie es gar erwurgen, henken und zu todte hauen wollten, sondern zuchtigen es, auf daß es dem Henker nicht in die Hände komme, daß ers ziehen oder henken mußte. Also will uns Gott auch nicht lassen wild werden, und richtet oder züchtiget uns, auf daß er steuere und wehre, daß wir nicht verdampt wurden, sondern unter Gottes Schutz blieben, und Erben des Himmelreichs wären.

Also thut Gott mit den Auserwähleten, und gibt ihnen viel Anfechtung. Wenn nun dir diese Gedanken einfallen: O, Gott zurnet mit dir, so sage dann: Ei, ich glaube an dich, und an deine Wort, die werden mir nicht lügen; und ob du mir wohl viel Plagen zuschickest, so geschichts doch nicht drumb, daß ich sollte verdampt werden, du wirst mich drumb von dir nicht verstoßen, wie auch der Ps. saget: Gehe nicht in das Gerichte mit deinem Knecht ꝛc. [8*]) Denn du bist drumb nicht gesandt, daß du die Welt richten sollest. Auch wenn Gott gleich Pestilenz und andere Plagen schicket, so stehet sein Herz nicht dohin, daß er Alles verderben wolle; und do 1. Korinthio. 11. Viel bei den Korinthern mit dem Abendmahl des Herrn unvernunftig und unweislich gehandelt hatten, daß Gott ihr Viel in Krankheit fallen ließ, daß sie sturben, spricht S. Paulus: Wenn wir uns selber richteten, so wurden wir nicht von dem Herrn gerichtet; wenn wir aber von ihme gerichtet werden, so werden wir gezuchtiget, auf daß wir sampt der gottlosen Welt nicht verdammet wurden.

Also soll man Gottes Ruthen verstehen, daß es ein solch Gerichte sei, do wir sollen selig werden, und nicht verdampt bleiben. Er will uns mit demselbigen Gerichte von der Welt Verdammniß und Gerichte zuruckeziehen, daß wir nicht auch gerichtet wurden. Denn er ist nicht kommen, Christus, daß er richte, man soll ihnen nicht für einen Henker ansehen, oder der bose wäre, und uns verdammen wollte, sondern der do wolle der Welt helfen. Aber der Teufel hat sein Spiel, und kann Christum also abmalen,

---

8*) „S. Psalm 143, 2.“ Anm. d. Hr

und also bose uns ihnen machen, daß er in unsern Augen eitel Tod ist. Aber bleibest du unter den Flugeln dieser Gluckhennen, des Herrn Christi, so kannst du sagen: Gott hat seinen Sohn nicht gesandt, daß er die Welt richte, du mußt mir Christum nicht zum Teufel machen. Denn er ist nicht gesandt, daß er sei mein Richter, Tyrann, Gift, Tod, Zorn und Pestilenz, sondern heißt ein Helfer. Das ist sein Ampt, darzu ist er gesandt, wie er denn selbest saget: Kommet zu mir Alle, die ihr muheselig und beladen seid, ich will euch erquicken 2c. 9) Denn der Vater hat ihnen aus herzlicher, großer Liebe zu uns gesandt, auf daß Alle, die an ihn gläuben, nicht verloren wurden, sondern das ewige Leben hätten.

Derhalben so beschleuscht er und spricht: Wer an ihn gläubet, der wird nicht gericht, setzt noch einmal die affirmativam, und spricht: Der Gläubige ist durch Christum schon aus dem Gerichte, das bereit verhanden ist. Denn alle Menschen sind gerichtet, und stecken im Gefängniß, sollen ewiglich verdampt werden; aber der Sohn Gottes ist gegeben, daß er uns aus dem Gerichte erlose. Wenngleich der Teufel und dein Gewissen noch so bose wären, noch dennochs ist diese Lehre und Trost gewiß, wenn allein dein Glaube rechtschaffen ist; und du darfst dich dann nicht furchten, daß Christus am jungsten Tage zu dir sagen wurde: Gehe hin in die ewige Verdammniß, sondern sprechen: Kommet her, ihr Gebenedeieten meines Vaters 2c. 10) Wenn wir das kunnten in unser Herz fassen, welch eine Freude würden wir drinnen anrichten, daß man das jungste Gerichte nicht fürchten wurde. Denn das Wort (Gehet ihr Vermaledeieten!) ist todt und stehet das Wort uber mir: Kommet ihr Gebenedeieten 2c. So denn nun das Gerichte hinweg ist, so ist auch die Sunde hinweg, item, der Tod, Teufel, Höll und alles Boses hinweg.

Darumb so lerne diese Wort, wer nur kann. Aber wir elends Menschen hangen noch stärker am

---

9) „S. Matth. 11, 28." Anm. d. H.

10) „Vgl. Matth. 25, 31 f." Anm. d. H.

Gelde, Gut, Ehre und Gewalt, am Geiz und Sunden, wollens nicht lassen, und Unrecht uben, und bedenken diese Wort nicht. Wenn man sie nur einmal horet, so meinet man, daß mans alles ausgelernet hab. Denn wenn wir die Wort betrachteten: Wer do gläubet an mich, der darf das jungste Gerichte nicht fürchten. Denn das Gerichte ist aufgehoben, es gehet ihnen so wenig an, als es die Engel angehet. Er darf an demselbigen Tage keines Mittelers, denn das Gerichte ist hinweg. Er bedarf der Heiligen nicht zu Fürbitter, fürchtet sich auch nicht fur dem Fegfeuer. Es sei denn, daß Christus ein Lugenprediger wäre, so ist gewiß, als wenig er sich für dem Gericht fürchtet, oder daß er konnte gerichtet werden, als wenig werden wir, so gläuben, auch gerichtet werden; und das noch mehr ist, wir werden mit Christo dann die Welt und alle Gottlosen richten, wie denn S. Paulus saget: Wisset ihr nicht, daß wir auch die Engel richten werden? [11]) Das ist uns [12]) ein großer Trost, auf daß wir uns nicht fürchten, denn umb des Glaubens willen an Christum, so ist das Gericht aus.

Diese Wort sind wahr. Aber sie wollen in unser Herz nicht gehen, noch sich balde auslernen lassen. Dann auch fromme Herzen haben noch die alten Gedanken und Gift, und kann ihnen nicht genommen werden. Do ist dieser Text eine köstliche Arznei wider des Teufels vergifte Gedanken, wiewohl Viel zumal sicher sind, und habens zu balde gelernet. Aber wir gläubens oder gläubens nicht, so ists dennoch die Wahrheit, daß Alle, die an den Sohn glauben, frei und sicher sind für dem Gericht, es sind gleich Kinder oder Alte. Denn wir haben auch noch eben den Christum und dieselbige Taufe, so S. Petrus und S. Paulus gehabt hat; und wenn du gleich so tief in Sünden liegest, als S. Paulus, der viel Christen erwurget hat, und unschuldig Blut vergossen, oder als S. Petrus, der Christum verläugnet hat, so bist du doch getauft, und wenn du gläubest an Christum, so bist du eben so wohl vom Gericht erloset, als sie.

---

11) „S. 1. Kor. 6, 3." Anm. d. H. 12) „uns" fehlt.

Diese Lehre kann nicht feihlen. Drumb so lerne dran in der Zeit, wer do nur kann, auf daß er in der Todesstunde Solchs wisse, oder er muß ewiglich verloren werden; und sehe gleichwohl ein Iglicher zu, daß er einen rechtschaffenen Glauben hab, und bete unaufhorlich. Bist du aber schwach im Glauben, worumb betest du nicht? Item, wenn dein [13]) Leben, so in Unglauben, Geiz und andern Lastern gefuhret wird, dich wider den Glauben reizet, so hast du das Gebet, rufe Gott an, daß sein Name geheiliget werde, und sein Reich zu uns komme, und wir stark im Glauben werden, und nicht also hoffärtig und zornig sein 2c. Dann der Herr Christus weiß wohl, daß wir schwach sein, und noch Sunde an uns haben. Aber wir sollen sagen: O Herr, hulf uns, daß wir gutig und milde sein, nicht Hurer, Geizwänste, Räuber 2c., und ich durch den Sohn, so Gott der Welt gesandt hat, mochte selig werden.

Allhier werde ich nun, und wers sonst aus der weiten Welt sein mochte, selig gemacht, wenn er gläubet. Dann also wird allhier gesagt: Also hat Gott die Welt geliebet, daß Alle, so an ihn gläuben, durch ihn sollen selig werden, nicht allein S. Paulus oder S. Petrus, sondern Alle, und kommen Alle aus diesem Leben ohne Gericht ins Himmelreich, und werden auch noch Anderer Richter; und sind das helle Wort, die wir nicht erdacht haben, sondern sind Wort des ewigen Lebens, so uns Gott durch seinen Sohn hat predigen lassen.

Nun wird hernach folgen von denen, die ihre bose Werk mehr lieben, denn das Licht, das ist, die das Wort Gottes verachten, und spricht Christus: Wer nicht gläubet, der ist schon gerichtet.

---

13) Hds. den.

Die drei und dreißigste Predigt.

Den 14. Tag Septembris Anno 1538.

Nächst habt ihr gehort, wie der Herr Nicodemo und der ganzen Welt geprediget hat, daß Gott seinen Sohn in die Welt gesandt hat, nicht daß [1]) die Welt verdammet werde, sondern selig würde, und daß Solchs durch den Glauben geschehe, denn wer gläubet an ihn, der kompt nicht in das Gerichte. Das ist nun eine solche Predigt, die billig solle alle Zwietracht aufheben, und uns einig machen, daß wir Gott darfür Tag und Nacht danken, und die ganze Welt in Freuden und Sprungen ginge. Aber das ist das Glucke dieser Predigt, daß die Welt sie nicht leiden kann. Dieweil denn einer nicht vertragen mag, wenn man ihme Guts und Freude verkundiget: wie sollt er denn leiden, wenn man ihme von Traurigkeit sagen wollte, daß er verdampt und verloren sei?

Nun folget je eine frohliche Predigt, daß das Gerichte aus sei, das ist, der Zorn Gottes, Hölle und Verdammniß dahin sei. Denn der Sohn Gottes ist drumb kommen, auf daß wir selig wurden, und vom Tode und Höllen errettet wurden. Woran feihlets denn nu? Daran, daß mans nicht gläuben will. Denn Gott gibt seinen Sohn, auf daß er die Welt selig mache; so spricht die Welt dargegen: Nein, es ist nicht wahr, daß sie in Sünden liege und verdampt sei. Das ist die Klage. Drumb folget:

Das ist das Gerichte, daß das Licht in die Welt kommen ist, und die Menschen die Finsterniß ꝛc. [2])

Als wollt er sagen: Wer do gläubet, der fähret nicht gen Höll; wer aber nicht gläubet, der hat schon die Hölle am Halse. Worumb? Ei, daß er nicht gläubet an Christum; und das ist das Gerichte, daß also ein unaussprechliche trostliche Lehre von Gottes

---

1) Im Orig. + er.   2) + mehr liebeten denn das Licht.

Gnade, durch Christum der Welt widerfahren, gepre- diget wird, und die Welt doch lieber dem Teufel gläu- bet, dann Gotte und seinem geliebten Sohne, so doch Gott zu uns saget: Durch den Sohn ist die Sunde, die Hölle, das Gerichte und Zorn Gottes aufgehaben. Wir arme Leute hätten wohl mögen klagen uber die Sunde, darein wir durch Adam gefallen sein, und in Tod und allen Jammer gerathen, auch das Gericht Gottes tragen mussen; aus dem allen dann oft er- scheinet, daß Gott zornig uber uns sei, und gleich als ein unrechter Richter sich stelle, und gar zu hart und gestrenge sei. Aber allhier will Gott sagen: Wohlan, ich will die Klage aufheben durch meinen Sohn, daß ihr darüber nicht zu klagen habt. Ge- sundigt habt ihr zwar, dardurch ihr das Gerichte Gottes verdienet habt: aber die Sunde soll euch ge- schenkt sein, der Tod auch aufgehaben, und will des Menschen Sunde nicht mehr gedenken, darinnen er geborn ist, und dorinnen er auch gelebt hat. Jedoch solls alles recht und schlecht sein. Er will keiner Sunde mehr gedenken, allein gläubet an meinen Sohn.

Woran feihlets denn? Woher kompt denn das Gerichte, so alle Sunde durch den Sohn hinwegge- nommen ist? Das ist das Gerichte, daß sie Chri- stum, den Sohn Gottes, nicht annehmen. Das ist ihre Sunde, nicht alleine, daß sie Sünde haben von Adam her, und die sie selbst gethan haben, welche alle des Todes werth waren, sondern das will das Gerichte werden, daß man den Heiland, der die Sunde weggenommen und auf seinen Schultern getragen hat, und die Höllen zugeschlossen, nicht hören, leiden, noch annehmen will.

Dann wenn ein Arzt bei einem Kranken wäre, der ihme helfen konnte, und er verhieße gewiß Hulfe, daß es nicht sollte Noth haben, er wollt ihm Rath wider die Schwachheit oder Gift, so der Krank gessen hätte, schaffen, und der Kranke wußte es auch, daß ihme der Arzt helfen konnte, und der Kranke wollte dennochs sagen: *Trolle dich immer hinweg, ich will deines Raths nicht brauchen, du bist kein Arzt,* sondern ein Strassenräuber, ich bin nicht krank, hab auch keine Gift gessen, es wird mir nicht schaden, und wollte dieser Kranke den Arzt erwurgen: würde man nicht sagen, daß dieser nicht allein krank wäre, sondern rasend, toll und thoricht, der seinen Arzt verfolgte und todtete? Oder wenn ein Gefangener wollte einen Konig, Fürsten oder Herrn lästern, ihnen anspeien, und ihnen mit bosen Worten anschrie, und wollte ihm Schaden thun, oder todten, so doch der Fürst ihnen aus der Gefängniß erlosen wollte, und ihme alles Guts thun. Aber diese geistliche Unsinnigkeit, do Gottes Sohn uns helfen will, und wir die Hulfe nicht annehmen wollen, ist zehen Mal ärger. Sollt denn da unser Herr Gott nicht zornen und hollisch Feuer, Schwefel und Pech uber solche Undankbarn regenen lassen? Dann uber das, daß wir Sunder sein, so sind wir auch so heillos, daß wir die Hulfe wegschlagen, und diejenigen, so uns darzu treiben, noch verjagen und todten, daß allhier das Sprichwort recht gesaget wird: Wer einen vom Galgen erlöset, der knupfet oder hänget ihnen gerne wieder hinan.

Das ists nun, daß allhier gesagt wird: Christus ist kommen, und hat der Welt Sunde weggenommen, daß sie sollt schlechts dohin sein und rein ab, gar vergessen. Aber den Mann, so die Sunde wegnimpt, nicht wollen aufnehmen und horen, sondern noch todten wollen, und in Sunden darzu verharren, das ist bos und arg, wenn wir den Helfer nicht horen wollen. Ei, es ist erschrecklich zu horen, daß diese Predigt mitbringet Erlosung von Sunden und Tode, und soll dennochs Ketzerei heißen; und daß man einen solchen Helfer noch verfolget. Nun wir treiben täglich diese Predigt: noch sehen wir, daß es also zugehet. Wir habens nicht aus unsern Fingern gesogen, was ich rede, so horet ihr, daß es Christus selbst redet: noch solls Ketzerei heißen. Sollt denn unser Herr Gott nicht zornig werden? Sollt er denn nicht Pestilenz, theuer Zeit, Papst, Türken, Tattern, Sakramentirer, Wiedertäufer, und allerlei Rotten schicken, die uns plagten? Weil wir den Sohn nicht annehmen wollen, so verdienen wir diese Strafen wohl.

Es ist eine erschreckliche Predigt, daß einer nicht einen solchen Helfer und Heiland lieben und annehmen solle, der die Sünde vergibt; und wer uber den Leisten geschlagen ist, und Gott also undankbar wird, der mag denn auch billig vorlieb nehmen, daß ihn Gott strafe mit Turken, Tattern, Wiedertäufern, und daß es regene und schneige [3]) uber ihn von Rotten, Sekten und falschen Brudern.

Nun dieß ist keine schädliche Predigt, sondern die do hulft und rett. Dennochs wird sie fast von Jedermann verachtet, sonderlich vom Papst, welcher diese Lehr gar mit Fußen tritt. So wissen die Edelleute, Bürger und Baur nicht, wie sie sich dargegen muthwillig gnung erzeigen wollen. So zanken die Prediger auch mit einander, do sie doch alle anders Nichts thun sollten, dann Gott loben und danken, und in Christo sich freuen und sagen: Gott sei Lob in Ewigkeit, daß das Gerichte hinweg ist; ich will in Ewigkeit frohlich sein. Aber es geschicht nicht. Das Gerichte ist wohl hinweg, und die Hölle und Zorn Gottes aufgehaben, item, Sicherheit und Friede gemacht zwischen Gott und uns durch den Sohn, welcher nicht kommen ist, daß er die Welt verdamme, denn sie ist zuvor verdampt, sondern daß er sie selig mache. Nun feihlets allein an dem, daß man nur den Sohn annehme. Aber es gehet zu, wie im Buch der Spruche gesaget wird: Gott grußet Manchen, der ihm nicht danken kann. Nun hätte der Gruß wohl einen Dank verdienet, wenn der Gruß also lautet: Allhier komme ich, dein Heiland, und soll das Gericht gar hinweggenommen sein. Darzu spricht denn die Welt: Hab dir das hollisch Feuer auf den Kopf mit dieser Predigt! Also kompt der Heiland auch gen Jerusalem, suchet die Stadt heim und grüßet sie, aber nach dem Gruß kreuzigen und wurgen sie ihnen. Das ist wohl gedankt auf diesen freundlichen Gruß und herzlichen Kuß; und wenn Christus noch heute zu Tage predigte, so widerführe ihm noch eben das, was uns die Welt itzt thut. Darumb so spricht Christus: Sie

3) H. schneie, mit d. Note: „Hdsf. schneige."

sind schön gerichtet, denn sie wollen nicht Sunder sein, noch vom Zorn und Gerichte Gottes erloset sein.

Das ists nun, daß Christus allhier saget: Das ist das Gerichte, daß das Licht in die Welt kommen ist; als sollt er sagen: Es ist ein groß selig Licht, das do scheint in unsere Herzen und spricht: Fürchte dich nicht für dem Zorn Gottes, dann Gott ist dir gnädig. Dann ob dich deine Sunde und Gewissen [4]) gleich plagen und drucken, und du dich für Gottes Gerichte fürchtest, so wisse, es sei nun umbgekehret, und das Gerichte sei hinweg. Du darfst das jungste Gerichte nicht fürchten, sondern sollt es begehrn und ein Verlangen darnach haben, dann dir ist es kein Gerichte, sondern [5]) ein Erlosung. Dann wir sollen allda errettet werden von dem letzten Feinde, dem Tode, daß unser Leib aus der Erden wieder auferstehen soll, und mussen dann der Teufel, Tod und Wurmer aufhören, auch Gottes Ungnad hinweg sein, und dasselbige Gerichte wird dich heraus aus dem Grabe ziehen und von allem Ubel erlösen. Doher wird dir dann das jungste Gerichte ein Freudentag sein, doruber du mehr frohlicher werden mugest, denn irgends eine Braut auf ihren Hochzeittag sich freuete, dann es ist dieser erschreckliche Tag in ein frohlicher und begierlicher Tag verkehret. Also gehets, wenn du gläubest. So ists alles schlecht [6]). Aber das Gegenspiel geschiehet, daß die Menschen die Finsterniß mehr lieben, denn das Licht: drumb so mogen sie auch den jungsten Tag furchten; aber den Gläubigen ist er ein trostlicher, denn die Verdammniß und das erschreckliche Gerichte soll hinweg sein.

---

4) Orig. † dich. 5) Orig. † sondern. 6) „In dem „„schlecht““, abzuleiten von schlagen (d. i. in die Länge ausdehnen) und schleichen (eine schnelle, leichte, einförmige Bewegung machen) liegt auch der Begriff von eben, glatt (schlicht). Dieser Begriff wird von Luther mit dem Ausdrucke schlecht bald im eigentlichen, bald im figürlichen Sinne (= einfach, ungekünstelt) verbunden. So heißt es Jes. 40, 4 „„Was höckericht ist, sol schlecht werden““ (vgl. Luk. 3, 5), und in dem Artikel von der Taufe: „„Die Tauffe ist nicht allein schlecht Wasser.““ Vgl. unser schlechtweg.“ Anm. d. H.

Wir verwundern uns, daß der Turke itzt also mächtig wird und gräulich tyrannisiret, item, daß der Papst und die falschen Lehrer allenthalben so sehr einreißen. Aber S. Paulus antwortet drauf, in der 2. Epistel an die Thessalonicher im 2. Kapitel, und spricht, drumb geschehe es, daß sie die Liebe der Wahrheit nicht angenommen haben, daß sie selig wurden. Darumb wird ihn Gott kräftige Irrthumb senden, daß sie gläuben der Lugen, auf daß sie gerichtet werden. Dann sie wollen der Wahrheit und Gnade Gottes nicht, drumb so gibt er ihnen auch, was sie haben wollen, nämlich, kräftige Irrthumb und Strafen, auch Lehrer, die ihnen die Ohren wohl krauen, und Lugen predigen, die sie gerne horen, und nach den sie Verlangen haben; und gehet denn zu, wie Moses Deuteronomii am 32. Kapitel saget, daß der Trunkene den Durstigen fuhret[7]), daß man durstig ist nach frembder Lehre, und wenn man derselbigen voll wird, daß man sie dann herausspeiet. Drumb mag der auch nun Lugen hören, wer die Wahrheit und Christum nicht hören will. Doher ist der Papst kommen, und hat fürgeben, man solle die Heiligen anrufen, als, S. Georgium, S. Barbara, item, S. Christopherum, der doch nie auf die Welt ist geborn worden; auch gelehret, man sollte Wallfahrt gehen, und wider die Poltergeister Meß lesen lassen. Diese Lügen hat man mussen horen und annehmen, do man die Wahrheit nicht hat hören wollen. Denn do man sagete: Gläube an den Sohn Gottes, do wars alles Nichts. Sagte man: Gläube an der Apostel Lehre, so mußten sie Lugener sein, und die nur schädlich Ding predigten; und wenn nach uns die Lehre des Evangelii fallen wird, so werden Geister kommen, die so närrisch Ding predigen werden, dofür wir uns itzt schämen mochten, und nicht hören wurden. Dennoch wird mans für Heilthumb anbeten und aufnehmen, wie sich dann vor Zeiten die großer Kaiser, Konige, Doktores der heiligen Schrift, und die weisen Leute sich also haben äffen und narren lassen, daß

---

7) „Vgl. 5. Mos. 32, 19." Anm. d. H.

der Münche Kappen und Platten, so sie in Todes-Nöthen anzogen und sich drinnen begraben ließen, sollten sie von Mund [8]) auf gen Himmel fuhren, und selig machen, wie denn das in Hispanien und Frankreich noch gegläubet wird. Aber ist dieß nicht erschrecklich, daß ein Christenmensch, der im Blute des Sohns Gottes, des unschuldigen Lämmleins, getauft ist, und vom jungsten Gerichte und ewigem Tode erlöset ist, soll dennoch dieses Alles so balde vergessen, und soll an deß Statt ein Kappen anziehen, und sich drauf verlassen, daß er dardurch wolle selig werden? Und dennoch geschicht Solchs, wo das Evangelium nicht geprediget wird, und ist am Tage, daß man vor Zeiten im Papstthumb also gethan hat.

Lieber, was thäten wir heute zu Tage darzu, wenn einer sturbe, der nach Christi Blut, Taufe, seinem Leiden und Sterben nichts fragte, sondern zoge eine Munchskappen an, und sturbe so dahin? Wahrlich, ich wollte helfen ihme höllisch Feuer zutragen auf sein Grab. Denn wir haben ja ein ander Licht, das uns itzt scheinen und leuchten sollte. Darumb zornet Gott auch so sehr mit der undankbarn Welt, daß sie das Licht nicht [9]) geliebet hat, wie 2. Thessalo. 2. Sant Paulus saget, und Christus allhier auch spricht, daß sie das Licht und Wahrheit nicht geliebet haben, sondern die Finsterniß. Es ist so eine gräuliche Blindheit, daß ich nicht gläube, daß ein Hund oder Sau leiden konnte, daß man ihr eine Munchskappe anziehen sollte: noch sind im Papstthumb also kräftige Irrthumb gewesen, daß man den Sterbenden nicht allein hat lassen Munchskappen anziehen, sondern man hats gehalten für eine große Heiligkeit, und daß man dardurch die Seligkeit erlange; und wenn ichs nicht selber gesehen hätte, und man brächte anher ein Geschrei, daß in der Turkei der Gebrauch wäre, daß wer eine Munchskappen anzöge, den hielte man für einen seligen Mann: so gläubte ichs nicht. Sonderlich wenn man sagete, daß dieselbigen Christen das Licht hätten, das ist, die

8) Fund. 9) „nicht" fehlt in der Hds. und wurde v. H. ergänzt.

Lehre von Christo, dem Sohn Gottes, daß er für sie gestorben wäre, und ihr Heiland und Mitteler worden; noch wenn sie sterben sollen, so vergessen sie dieses Alles, und ziehen Munchskappen an[10]), werden Sonderling, die eigene Orden haben, und nicht nach Christi Regel, sondern nach Menschensatzung leben: da mußte ich je sagen, daß es die aller-tollesten und unsinnigsten Leuten wären, und nicht werth, daß sie Menschen genennet wurden, ja sie[11]) sollten nicht Säuen heißen? Noch sind wir in diesem Irrthumb gesteckt; wie denn ich auch bei funfzehen Jahren mich mit Messen jämmerlich zuplaget hab, und hab den Namen des Herrn Jesu Christi doch täglich gehort nennen, auch mir von seinem Leiden predigen lassen, und diese Wort im Text gelesen und gesungen, und dennochs gedacht, wenn ich ein Stuck in der Messen nicht recht machete, oder Etwas darvon thäte, ich mußte verloren sein. Es ist ein wunderbar und erschrecklich Ding, daß die[12]) Menschen also toll gewesen, und vom Teufel also besessen und verfuhret sein; wiewohl man ihr Viel gefunden hat, wenn sie haben sterben sollen, daß sie der Kappen und des Narrwerks alles vergessen haben, und Nichts darvon haben horen wollen. Also hat S. Bernhard auch gethan, und die Kappe an die Wand gehängt, und das Gebet gebetel, daß Gottes Sohn auf zweierlei Weise das Himmelreich hätte, erstlich als Gottes Sohn, do er denn ein Sohn geborn ist ins Reich, zum Andern, so hat er das Reich auch erworben, welches er denn nicht bedorft, sondern hat mirs geschenkt, daß ichs soll gläuben. O Sant Bernhard, das war Zeit umbkehren. Also sind auch viel Andere gestorben, die sich zu Christo bekehret haben, und Gott sie als seine Auserwähleten erhalten hat.

Es sollt auch einmal ein Munch sterben. Do nun die andern Munche ihme seiner guten Werk und Verdienste erinnerten, und sagten: Gedenke, daß du S. Francisci Orden gefuhret hast, und ein frommer Priester bist gewesen, seinen Psalter fleißig gebet't hätte,

---

10) „an" fehlt in der Hds. 11) die. 12) Hds. sie –

und viel Messen gelesen; do ergriffe[13]) er ein Krucifix, und hielts in der Hand, und sprach: Was soll ich mich auf Orden verlassen? Der hats gethan. Ich weiß von keinem Werk oder Verdienst, denn allein von des Manns Verdienst. Der ist recht in den Text kommen, das heißt sich rein ausziehen und die Kappen ausgemauset, wie sich ein Krebs mauset, und sein Westerhembd[14]), Christum, anziehen; und ist der Munch also selig worden.

Sonst hab ich ihr auch wohl gesehen sterben in großer Angst und Nöthen, und geklagt: Ach, ich hab meinen Orden nicht gehalten. Aber welche die Munchskappe haben ausgezogen, und wieder zu Christo gekehret, und das Westerhembd ergriffen, die sind selig worden. Denn wenns Christus hat thun sollen, so hats meine Kappe nicht gethan, wie es denn S. Bernhard bekannte.

Aber wenns die Münche und Nonnen horen, daß ihre Kappe Nichts ist, so brennet das Feuer doher, und ist der Rhein gar entbrennet; und sage du es heutiges Tages dem Papst auch, daß die Kappen und heilig Leben oder Wesen Nichts soll sein, do spricht er: Do wird Nichts aus. Denn sie konnen Christum leiden, daß er der Welt Heiland sei: aber ihr Ding wollen sie nicht verdammen lassen, und fangen an, rasend und toll zu werden, und bleiben in der Finsterniß, schreien dann: Väter, Concilien, heilige Orden, Regeln ꝛc. Aber wenn Munche haben sollen selig werden, so haben sie müssen wieder zum Kreuze Christi kriechen. Also hat auch S. Bernhard gethan, welchen ich für den allerfrommsten Munch halte, und allen andern Munchen, auch S. Dominico,

---

13) H. ergreiff, mit der Note: „Hdſ. ergrieffe.“ 14) „Schon sehr frühe wurde der Ausdruck Westerhemd gebraucht von dem weißen, zierlichen und mit Kreuzchen durchnäheten Kleide, worin die Kinder zur Taufe getragen und getauft wurden. Die innere Umwandlung, die hier durch das Aeußere mit angedeutet wurde, tritt in der Redeweise unserer Stelle, und in dem Zusatze „Christum“ deutlich hervor. — Ueber die Ableitung des Wortes Westerhemd vgl. (Adelung) Wörterbuch der hochdeutschen Mundart.“ Anm. d. H.

fürziehe, und er ist auch allein werth, daß man ihnen Pater Bernhardus nenne, und den man mit Fleiß ansehe. Denn er steckt in der Kappen, aber wie thut er, da es zum Treffen kompt? Er hält seine Kappen nicht gegen Gottes Gerichte, sondern ergreift Christum.

In der Epistel zun Hebräern am 13. Kap. wird gesaget, daß man der Heiligen Glauben ansehen soll, und nicht alleine ihre Werk. Das thue mit S. Bernhard, der hält nicht darfür, daß durch seine Keuschheit er solle selig werden, sondern durch den Glauben an den Sohn Gottes. Aber der Papst zwinget uns, daß wir der Heiligen äußerlich Leben, und was sie gessen und getrunken, auch wie sie sich gekleidet haben, ansehen sollen, und solch Wesen heißt der grob Esel einen heiligen Orden, und hat ihren Glauben fahren lassen. Wir Alten wissen wahl drumb, was vor blind und verführisch Ding man gepredigt hat (die junge Leute wissen itzt Nichts darvon), denn die Welt war damit gar erfüllet.

Aber was geschiehet? Do itzt wieder das Licht kompt und gepredigt wird, do lieben sie die Finsterniß mehr, denn das Licht, und verfolgen uns noch drüber, und schlagen uns zu todte, und wollen nicht leiden, daß man sage, die Kappe helfe nicht zur Seligkeit, denn mit der Weise gingen alle Kloster unter. Aber es sind große Finsterniß, daß man aus einer Kappen hoffet die Seligkeit zu erlangen, welchs man doch keinem vernunftigen Menschen sollte bereden: noch haben wir Christum fahren lassen, und sind zu Maria und S. Barbara gelaufen. Das kam nun doher, daß wir Christum als den Teufel selbst flohen, dann man lehrete, daß ein Iglicher für dem Gerichtstuhel Christi wurde gestellet werden mit seinen Werken und Orden.

Und wir Alten sind im Papstthumb also verderbt, daß wenn ich gleich heute zu Tage von Christo predige, daß er allein unser Heiland sei, noch kann ichs nicht also gläuben und das Licht annehmen, wie ich gerne wollte. Dann des Papsts Lehre zeucht mich zurucke, und *bildet mir gar das* Gegenspiel ein, nämlich, daß ich gegen dem Gericht Gottes meine gute Werk halten solle. Dorumb so muß auch das höllisch Feuer den Papst und solche falsche Lehrer zehenmal mehr verbornen [15]), dann die Turken und Heiden, dann dieß Evangelium saget: Er kommet nicht als ein Richter, sondern als ein Heiland. Aber die Munche haben das Widerspiel gelehret, daß er ein Richter sein sollte: drumb so mußte man ein Munchskappen anziehen. Aber ihr jungen Leute, die ihr mit diesen schädlichen Lehren und Gedanken nicht vergift seid, schreibet Solchs in euere Herzen, und vergessets nicht, und danket Gott darfür. Denn werdet ihr das Licht verachten, so wird euch Gott strafen, daß noch viel gräulicher Finsterniß uber euch kommen werden.

Und unser Edelleut, Burger und Baur ringen darnach, daß die Finsterniß sie uberfallen, denn sie wollen die Straf nicht leiden, und uns fürschreiben, was und wie wir strafen sollen die Sunde. Dann sie lieben die Finsterniß, das ist, die Verdammniß mehr, denn das Licht. Es wollen itzt die Rotzherrn (sollt sagen Rathsherrn,) nicht leiden, daß man predige, wie sie saufen, rauben, stehlen, schlemmen und demmen. Was wollen sie aber darmit Anders anzeigen, denn daß sie die Finsterniß lieber haben, denn das Licht? Aber gläube du mir, daß Christus nicht drumb kommen ist, daß du in deinen Sunden und Verdammniß bliebest. Dann du wirst nicht selig, du horest denn auf zu sundigen, dann die Sunden sind wohl vergeben, aber du mußt ablassen zu sein ein Geizwanst, Ehebrecher oder Hurer. Dann dieweil unser Aller Leben verdammet ist, und unter dem Gericht Gottes liegt, so ist Christus kommen, daß er uns errette darvon. Aber du willt die Sunde nicht lassen, sondern noch vertheidigen. So hore nun diesen Text: Wer an den Sohn gläubet, der hat das

15) „Bornen, börnen, bernen ist brennen. Vgl. Hiob 30, 28, wo es in der Lutherschen Uebersetzung heißt: „„Ich gehe schwartz einher, vnd börnet mich doch keine Sonne nicht.““ Der Ausdruck brennen ist jedoch bei Luther der gewöhnlichere.“ Anm. v. H:

ewige Leben, und ist das Gericht hinweg. Wo denn ein rechter Glaube ist, so liebet man die Sunde nicht, man bleibet auch nicht in Sunden, sondern man meidet Sunde, und spricht: Sind die Sunde vergeben, so muß ich nicht drinnen bleiben; gleichwie ein Kranker, der gesund wird, und geheilet worden, nicht muß Gefallen an der Krankheit haben, oder das thun, was zur Gesundheit schädlich wäre: also auch wer in falscher Lehre und in ärgerlichem Leben verharret, der ist im Gerichte, und wahrhaftig verdammet.

So sehet nun zu, daß ihr nicht allein die subtilen Finsterniß, das ist, der Ketzer Irrthumb und Thorheit meidet, sondern auch die groben Finsterniß, das ist, die offentlichen Laster und Sunde. Denn Christus saget allhier: Sie lieben die Finsterniß mehr, dann das Licht, und daher ist in der Welt so ein große Undankbarkeit und Verachtung Gottes Worts, Hurerei, Stehlen, Geizen und Rauben, daß die Welt gar darmit uberschwemmet ist, und man solls ihnen dennochs nicht sagen; und ich bin auch so tief in der Finsterniß gewesen, daß ich Christo gar feind war, und Mariam und S. Georg lieb gewonne[16]). Also verdirbet die Welt dohin, und ihr werdet sehen, wenn wir todt seind, daß ihr noch viel gräulicher Finsterniß haben werdet, und so viel Rotten und Sekten und Flattergeister kommen, die dich so irre machen werden, daß du nicht wisset, wo du dich aus- oder einkehren sollest. Denn das kann Gott wohl thun, und noch viel gräulicher Finsterniß schicken, und alsdenn wird uns auch die Hölle heißer werden, wenn man die Finsterniß mehr liebet, dann das Licht, und uns nicht anders gehen, denn wie der Herr Christus saget von den Städten Corazaim, Bethsaida und Capernaum: Wehe dir Capernaum! Wehe dir Corazaim![17]) und lasset uns zusehen, daß nicht Wittenberg auch Bethsaida werde, und von ihr gesaget werde: Du bist erhoben gewesen bis an Himmel,

16) H. gewan, mit d. Note: „Hds. gewonne." 17) „S. Matth. 11, 21 ff." Anm. v. H.

aber du wirst in die Hölle hinunter gestoßen werden a). Also ists Jerusalem auch gegangen, dergleichen Sodom und Gomorra auch, und do zweifele nicht dran, das Gerichte kann gar balde kommen, daß die Verächter des Lichts in die Hölle hinunter gestoßen werden sollen. Dann also spricht Christus: Das ist das Gerichte, das uber die Welt und uber diese Stadt kommen wird, daß sie die falsche Lehre und sundlich Leben lieben[18]). Drumb werden sie auch schändlicher umbkommen, dann Sodom und Gomorra. Und trauen man saget: Der Turke ziehet doher aufs Deutschland, nun ist sie reif und fleußt voller Bluts der armen Christen, so[19]) sie erwurget haben; und unser undankbare Burger fressen schier ihre Pfarrer auf, daß ich Sorge hab, wiewohl ich nicht gerne ein Prophet bin, daß eine große Strafe werde uber das Deutschland kommen, und so groß, daß kein menschlich Herz moge ausreden.

Das vorige Gerichte ist gering. Aber das ist ein erschrecklich Gericht, daß die blinde Welt den Tod fürzeucht dem Leben, und die Hölle dem Himmel. Darumb so nehmet das Licht, Christum den Heiland an, der unser Sunde hat hinweggenommen. Denn wer das Licht veracht und die Finsterniß liebet, der kommet in das Gerichte, wie denn die Welt sicher fortfähret in ihren Wollusten, Fressen und Saufen, Pracht, Geiz, Haß, Neid und in andern Sunden; und man läßts nicht darbei bleiben, sondern hassen und verfolgen auch die Prediger des Worts Gottes, ja Gott selbst, und wollen von den Predigern noch darzu ungestraft sein, und fallen ihn fein die Antinomer zu, daß man die Leute nicht schelten noch strafen solle.

---

a) Ein wahrer Prophet Lutherus!

18) „Vgl. Joh. 12." Anm. v. H. 19) die.

Die vier und dreißigste Predigt.

Den 21. Tag Septembris gethan Anno 1538.

Droben haben wir gehort, erstlich, wie der Herr Christus die freundliche Predigt gethan hat, daß er gesandt sei in die Welt, nicht daß er die Welt richte, sondern daß er sie selig mache; item gehort, wie die Menschen so bose sind, und das nicht gläuben wollen, oder das Licht, das ist Christum oder sein Wort hassen, und die Finsterniß mehr lieben, denn das Licht; zum Dritten, daß die Menschen noch ihre bose Werk vertheidigen.

Diese drei Stuck pfleget S. Joannes oft zusammen zu setzen, denn sie konnen auch in der Wahrheit eins vom andern nicht geschieden [1]) werden. Erstlich machet er Christum zum Gott, und das treibet er schier in allen Worten, daß er wahrhaftiger Gott sei, geborn vom Vater in Ewigkeit, nicht gemacht, und umb des Artikels willen hat er auch dieß Evangelium geschrieben. Darnach so machet er diese Person, so Gottes Sohn ist, auch zum wahrhaftigen Menschen, der von der Jungfrauen Marien geborn sei. Zum Andern, daß Niemands durch seine gute Werk selig werde, sondern alleine durch den Sohn Gottes die Seligkeit bekomme, denn der sei darumb in die Welt gesandt und Mensch worden, auch zum Lamb Gottes gemacht, daß er die Sunde der Welt wegnehme. Sonst werde Niemands von der Sunde und dem Tode erloset, denn alleine durch ihn, denn er und kein Ander ist darzu gesandt, daß man durch ihn sollt selig werden; und so es auch ein Ander hätte thun konnen, was hätte Gott seinen Sohn durfen schicken? Zum Dritten, so soll der Glaub rechtschaffen, und nicht lügenhaftig, falsch oder ein Heuchelei sein, sondern so eigentlich wisse, daß es also sei, und wagets dann alles drauf.

Dieß soll man aber sonderlich wohl merken, daß

---

1) H. gescheiden, mit d. Note: „Hdf. geschieden."

Christus wahrhaftiger Gott sei, wie wir denn Solchs aus dem Evangelio gelernet haben, daß er erhohet sei als die Schlange in der Wusten; item, Alle, die an ihn gläuben, sollen das ewige Leben haben; item, wer nicht an ihn gläube, daß uber denselbigen bleibe der Zorn Gottes; item, Gott hat seinen Sohn nicht in die Welt gesandt, daß er die Welt richte, sondern daß die Welt durch ihn selig werde; und Christus zeucht diese Ehre allenthalben an sich, daß er wahrhaftiger Gott sei. Dann Glauben gehort Niemands zu, denn allein dem wahrhaftigen Gott. Dann die Person, an welche man gläuben soll, muß einem das ewige Leben geben konnen, und das kann Niemands geben, noch vom ewigen Tode erretten, denn alleine der wahrhaftige Gott, welchs uns dienet wider die Ketzer, als den Arium und Cerinthum.

Zum Andern, wer do will selig sein, und erloset werden vom Zorn und Gerichte Gottes, der muß an den eingebornen Sohn[2]) gläuben; sonst ist kein Hülfe noch Rath. Die Juden, Turken und Tattern halten auch viel von Christo und von seiner Mutter Maria; aber sie gläuben nicht, daß er Gottes Sohn sei. Diese Ehre geben sie Christo nicht, daß er der eingeborne Sohn Gottes sei, an den[3]) man gläuben solle, und durch ihn Jedermann musse selig werden. Darumb so hulfts ihnen nichts, ob er wohl ruhmet in seinen Briefen, daß er gläube an den Gott, der Himmel und Erden geschaffen hat[4]). Dann die Juden sagens auch. Aber es ist also beschlossen, wie Joannis 5. geschrieben stehet, daß wer den Sohn ehre, der ehret auch den Vater. Darumb so ist der Juden und Turken Glaub ein lauter Blindheit, denn sie schließen den Sohn gar aus, und wollen alleine den Vater behalten.

Und das ist der furnehmbste Artikel unsers christ-

---

2) † Gottes. 3) H. den, mit d. Note: „Hds. dem.“ 4) „Luther hat hier noch den Arius im Sinne, von dem sich zwei Briefe (an die Bischöfe Eusebius von Nikomedien und Alexander von Alexandrien) bei Epiphanius haeres LXIX. §. 6. seqq. und an anderen Orten finden.“ Anm. v. H.

lichen Glaubens, daß der Sohn sei ewiger wahrhaftiger Gott, und auch wahrhaftiger Mensch, und in die Welt gesandt, daß er sie sollte selig machen; welcher Artikel der Juden, Türken, und aller Anderer Glauben zunichte machet, die den Sohn fahren lassen, und einen andern Gott anbeten, und sonst anderswo Hülfe suchen, und kann der Türke kein Vater Unser, noch die Artikel des Glaubens beten; und ist gläuben der höchste Gottesdienst, der Gott allein gebühret. Denn man soll nicht an Engel, Propheten oder Apostel gläuben, sondern die göttliche Ehre gehört alleine dem Sohne, denn er ist wahrhaftiger Gott mit dem Vater. Diesen Artikel treibet Joannes sehr.

Zum Andern zeiget er an, daß sonst kein andere Weise sei, von Sünden selig zu werden, denn allein durch den Sohn Christum; und irret allhier der Papst, alle Münche, der Türke und die Juden, ja die ganze Welt. Das Erste geben sie wohl nach, daß Christus Gott sei. Aber so Jemands der Sünden und Tods will los sein, und dem Gericht entlaufen, daß der müsse an den Sohn allein gläuben, das wollen sie nicht nachgeben, sondern streben mit Hand und Fuße darwider. Denn sie wollen durch ihre Werk, und ihr Kloster- und Stift-Leben [5]) selig werden. Aber kurzumb, es heißt also, wie allhier gesaget wird: Wer do gläubet an den eingebornen Sohn Gottes, der wird nicht gerichtet. Derselbige Glaube thuts und nicht die Werk. Es wird allhier nicht gesaget, daß man durch Wallfahrt, Gelübde, Messen, Fegfeuer, und andere Gelübden solle selig werden; und wenn man auch aus des Papsts und der Münche Bücher diese Stücke sollte hinwegthun, so würde man sonst wenig drinnen befinden; und hat der heilige Vater, der Papst, Solchs auch alles gestift und bestätiget mit Bullen, und Christum mit alle seinen Heiligen nur zu zornigen Richtern gemachet: wenn man dieß aus des Papsts Büchern hinwegnähme, so behält er wider Haut noch Haar. Aber dieß Evangelium saget, daß er kein Richter sei, son-

5) Kloster und stift leben.

dern kommen in die Welt, nicht daß er sie richte, sondern die Welt selig mache. Denn er für die Sunde, Tod und Hölle mit seinem Blut guung gethan hat, und wer nun*) an ihnen gläubet, der hat Gnungthuung und Bezahlung für die Sunde, nicht durch Wallfahrt oder Werk, sondern allein durch Christum.

Das sind die zwei Stucke, die beisammen stehen müssen, und nicht konnen von einander gescheiden werden, erstlich, daß Christus sei wahrer Gott: das behalte wider den Türken, Juden und Ketzern; darnach, daß er auch wahrer Mensch sei, und das umb unsertwillen, denn er ist für uns gegeben, auf daß wir durch ihnen selig wurden, denn sonst wäre uns seine Menscheit nirgends zu Nutze gewest; und gleichwie nicht kann von einander gescheiden werden Gott und Mensch in Christo, sondern ist Eine Person: also kann auch unser Seligkeit und dieser Artikel von der Rechtfertigung für Gott durch Christum, oder die Gnugthuung für die Sunde von der Person Christi, so Gott ist, nicht gescheiden werden. Denn er alleine, und kein Ander, hat in Ewigkeit für die Sunde gnunggethan.

Zum Dritten, so führet S. Joannes auch immer ein, daß der Glaube müsse rechtschaffen und nicht falsch sein. Dann ihr Viel sind, die do die zwei Stück bekennen, daß Christus wahrer Gott und unser Heiland sei. Aber es bleibet nur ein Schaum auf der Zungen, und ist im Herzen kein Ernst, noch Wahrheit, sondern allein ein Wahn. Derhalben so dringet S. Joannes drauf, daß der Glaub rechtschaffen und thätig sei durch gute Werk, und sich durch Werk sehen lasse. Dann obwohl der Glaube gnung ist zur Seligkeit, und durch den Glauben ich das Himmelreich erlange, dennochs so mussen die guten Werk hernach folgen, oder der Glaube ist nicht rechtschaffen. Denn der Glaub ist so ein ernst Ding, daß er nicht ohne gute Werk bleibet.

Darumb so dringet S. Joannes auch in seiner

*) nur.

pisteln drauf, daß wir erst Gott, und darnach die
Menschen lieben sollen, und wer das nicht thut, der
bleibet in der Finsterniß, und gläubet nicht. Denn
ich ernstlich gläube, daß Christus wahrhaftiger
Gott sei, und unser Heiland worden, so werde ichs
nicht verneinen, sondern offentlich wider den Tür-
n, Welt, Papst, Jüden und alle Rotten predi-
n und bekennen, daß es die Wahrheit sei; und ehe
s wurde verläugnen, ehe würde ich den Hals drü-
r lassen, und keine Gefahr [7]) der Guter und Eh-
n scheuen. Denn wo der Glaube rechtschaffen ist,
hält er die Zunge nicht, sondern leidet eher drüber
n Tod, bekennet auch Gottes Wort für den Ty-
nnen, und trägt allerlei Anfechtung im Herzen vom
eufel, wie das die Märterer wohl erfahren haben.

Derhalben so will S. Joannes nicht einen fal-
en, heuchelerischen, sondern rechtschaffenen Glauben
ben, welcher wenn er die zwei Stück gelernet hat,
mlich, daß Christus Gottes und Marien Sohn sei,
ch unser Heiland worden, daß man denn dasselbige
fentlich für der Welt bekenne; und wenn die christ-
he Bekenntniß stehet [8]), so folgen andere gute Werk
rnacher. Denn bist du zuvor ein Hurer, Ehebre-
er oder Trunkenbold gewesen, so thust du es nun
cht mehr, denn wenn du von Sunden erloset bist,
lässest du ab von Sunden. Denn rechne du, wie es
h wollt zusammen reimen, in Sunden, Geiz, Zorn,
aß und Hurerei ꝛc. bleiben, und auch wollen ein
rist sein. Denn do kann kein Glaube sein, son-
rn du mußt vom Ehebruch ablassen, und ein Weib
hmen, nicht stehlen noch falsch Gezeugniß wider
n Nähesten reden. So du aber sundigest, als,
nn du liegst in Ehebruch, Unzucht, Hurerei, Fres-
, Saufen, Spielen, so bist du noch nicht von
unden erlöst. Denn wo noch Sunde ist, do ist
ine Vergebung der Sünden, kein Glaub an Christum.

Wir fuhlen aber noch Sünde in uns, und ist

---

7) H. fahr, mit d. Note: „Hds. gefhar. So steht regelmäßig für das Luthersche fahr, ferligkeit in der Handschrift gefhar, gefherligkeit.“ 8) gehet.

gar gewiß, daß Sunde noch auch in den Heiligen Gottes ubrig ist, aber sie herrschet nicht in ihnen. Der Glaube hindert die Sünden, daß sie nicht ins Werk brechen konnen, und dämpfet sie. Denn die zwei Stucke reimen sich nicht zusammen, daß ich sagen wollte: Ich gläube, daß Jesus Christus wahrhaftiger Gott sei, und daß ich durch ihnen selig werde; und denn auch fürgeben wollte, daß der Papst auch recht hab, wenn er von Kappen und Platten prediget. Es kann wohl eine solche Anfechtung kommen oder Gedanke einfallen im Herzen, aus Schwachheit des Glaubens: Ich hab viel gethan, gepredigt, Almosen gegeben, domit einer sich mocht trösten. Do soll das Herz solche Anfechtung uberwinden und darwider schreien, daß es musse das einige reine Wort von Christo haben, und die Zunge darvon reden und predigen, daß nicht mein Fasten, noch einig Werk für die Sünde hab gnung gethan, sondern der Sohn Gottes sei für mich in Tod gegeben. Do wollt sichs dann gar nicht leiden, bekennen, daß Christus ein Gnugthuer für meine Sunde sei, und dennoch auch sagen: Fegfeuer, Seelmessen ist auch recht; wie denn das der Papst gethan hat, daß er wohl gelehret hat, Christus sei Gottes und Marien Sohn, und für uns geborn, und dann auch zugleich gesaget, daß der Munchen Gelubde, Wallfahrt, Kappen und Platten auch Gnungthuung für die Sünde wären.

Also auch in andern Werken. Wenn ich gläube, so buhle ich einem Andern nicht umb sein Weib. Eine bose Lust mag mich nach eines Andern Weib anfechten, daß ich sehe, sei schöner, item, besser haushalte, dann meine: noch laß ich mir an meiner gnugen, und spricht mein Herz: Nein, ich soll [9]) nicht ehebrechen. Also werde ich denn auch nicht wuchern und geizen, denn obwohl ein Ander mehr Geld und Gut hat, dann ich, so laß ich mir doch an dem meinem genugen, und wenn sich der Geiz regen will, so wehret doch das Herz, daß der Geiz nicht eraus fähret und Geiz treibe.

---

9) will.

Derhalben so fasset S. Joannes die drei Stuck zusammen, (denn sie konnen auch von einander nicht gescheiden werden,) als, daß Jesus Christus wahrhaftiger Gott und natürlicher Mensch sei, item, der Glaub an Christum, unsern Heiland und Seligmacher, zum Dritten, die guten Werk, so den Glauben gegen Gott und die Liebe gegen dem Nähesten bezeuget. Denn der rechtschaffene Glaube [10]) läßt sich sehen mit guten Werken, daß ein Christ nicht ein Hurer, Ehebrecher, oder sonst ein Bube oder Schalk bleibet. Diese drei Stücke sind beisammen, Christus Gott und Mensch, item, Glaub an Christum, und gute Werk. Sie haben aber alle drei viel Anfechtung von der Welt. Erstlich, daß Christus wahrhaftiger Gott sei, da sturmet der Turke und Arius zu dem Artikel ein, und wollen ihnen nicht leiden. Den andern, von der Gnungthuung, daß Christus allein unser Heiland sei, ficht der Papst und alle Werkheiligen an. Der dritte Artikel hat Anfechtung von der ganzen Welt, von allen falschen Christen, daß Niemands will gute Werk thun, sondern Jedermann in Sunden und Schanden leben.

Aber wie komme ich so weit in dieß Stucke? Christus spricht: Wer do gläubet an mich, der wird nicht gericht; wer aber nicht gläubet, der ist schön gericht. Item, der eingeborne Sohn Gottes ist drumb uns geschenkt, daß er die Welt nicht verdamme, sondern errette und selig mache. Nun folget:

Dann ihre Werk waren böse.

Daß wir in Finsterniß und in Sunden liegen, das wäre noch dem Menschen nicht so ein großer Schade, denn wir sind in Sunden geborn: sondern das ist das Herzleid, daß Christus spricht: Die Leute haben Lust und Liebe darzu und Gefallen an den Finsterniß, haben Lust zur Sunde. Do ist das Licht wohl kommen, aber die Menschen haben Lust und Liebe zur Finsterniß, verfolgen das Licht und lieben

10) Christ.

die Finsterniß, und sind gerne im Finsterniß, sein aber ungerne im Licht.

Das thun erstlich die, so mit falschen Gottesdiensten umbgehen und Gott dienen wollen. Die konnen nicht leiden noch horen, daß durch den Sohn Gottes sie sollen erlöst sein, und Vergebung der Sunden haben, und ihr Gottesdienst solle Nichts sein. Diese konnen nicht leiden, daß ihre bose Werk gestraft werden. Also thut auch der Papst. Der hat seine Regeln, Orden, Münchereien, und alle Lugen so lieb, hält auch druber so fest, daß er Christum, Gottes Sohn, druber hasset und verfolget; welches, ob ers gleich mit dem Munde nicht bekennet, sondern saget, er liebe den Sohn Gottes und gläube an ihnen, so beweisen sie es doch anders mit den Werken.

Es ist aber kein Wunder, daß der Mensch so bose ist, daß er nicht allein sundiget und in der Finsterniß liegt, sondern auch liebet Sunde und vertheidinget [11] sie. Denn sundigen und irren, das kann sich aus menschlicher Schwacheit wohl zutragen, sonderlich wenn einer noch schwachgläubig ist: aber den Fall entschuldigen und vertheidigen wollen, daß es nicht ein Fall, sondern [12] Stand heißen soll, das ist teufelisch. Als, Adam sundiget im Paradies, noch wollt ers nicht bekennen, bis nach langer Disputation, sondern er warfs von sich auf Evam; die Eva legts auf die Schlange, und es wollt nicht heraus, daß er gesaget hätt: Ich hab gesundiget. Das ist gar der Teufel, daß einer sundiget, und es noch nicht bekennen will, sondern es noch vertheidinget. Ja, man wills noch heute zu Tage nicht leiden, daß man sie offentlich strafe, oder ihnen sage: Du bist ein Ehebrecher, Wucherer, Trunkenbold, wollen die Straf nicht leiden, werden drumb den Predigern gram, und wissen doch, daß sie sundigen. Das sind nicht menschliche Sunden, nämlich, sundigen und Sunde noch rechtfertigen, da schlägt der Teufel zu, und wird

---

11) H. verteidiget, mit d. Note: „Hds. vertheidinget, und so öfter."

12) † ein.

aus einer menschlichen Sunde eine teufelische Sunde. Denn wenn der Teufel auch sagen konnte: Ach mein Gott, ich hab gesundiget, so würde er in demselbigen Augenblick und von Stund an wieder ein Engel des Lichts und selig. Aber er kanns nicht thun, denn unser Herr Gott muß unrecht haben und er recht.

Nimms bei dir ab, in deiner Haushaltung. Wenn du ein Hausvater bist, und es geschicht im Hause Schaden, du wirst zornig druber: so hats der Niemands gethan. Es will den Schaden Niemands bekennen, noch ist der Schaden geschehen, und er thut dem Herrn wehe. Ein Knecht wird oft auf der That ergriffen: noch vorläugnet er den Schaden. Wenn ers doch bekennete, so konnte es ihme der Herr verzeihen. Aber der Teufel und Tod fuhret den Niemands her in die Welt, daß die Menschen itzt so arg und bose sein, und sundigen, darnach dieselbigen Schuld auf Andere legen. Wenn man doch die Sunde bekennete, so konnte man balde Gnade finden, und einen gnädigen Gott haben. Denn was sollte uns denn Gott nicht gerne thun, wenn wir nur zum Kreuz krochen? Aber man thuts nicht, und macht man also oft aus Einer Sunde sieben andere Sunden, ja des Sundigens kein Ende noch Maaß, doruber denn alle Propheten geschrien und geklagt haben. Moses nennet die Kinder von Israel ein hartnäckig, halsstarrig, ungehorsam Volk, das den Herrn nicht horet noch folget. Also thut auch der 77. [13]) Psalm, item Jeremias am 5. [14]) Kapitel, und Ezechiel am 2. Kap.; und Stephanus in den Geschichten der Apostel rucket den Juden auch auf, und spricht: Ihr habt allezeit dem Heiligen Geist widerstrebet [15]). Aber der Teufel thut ihm nicht anders, er läugnet Alles, und machet aus Einer Sunden sieben andere Sunde. Aber wenn ein Kind sagen konnte: O Vater, ich habs gethan, vergib mirs; so geschähe es. Aber es spricht Nein darzu, und wills nicht gethan haben, und thut zur Sunde und Schaden noch eine Lügen, und werden also aus Einer Sunde an-

13) Ps. 78. 14) V. 23ff. 15) „S. Ap. Gesch. 7." Anm. d. H.

dere mehre Sunden gemacht. Sonst, wenn es die Sunde bekennete, und sagete: Ich habs gethan, so bliebe es im Licht, und wurde ein Engel des Lichts.

Aber den Niemands bringet Niemands aus dem Hausregiment, aus dem weltlichem Regiment, oder aus der Kirchen, viel weniger wird man ihnen aus der Hölle bringen. Adam thät auch also; sprach: Das Weib, das du mir gegeben hast, hat mir den Apfel gereicht, Gene. am 3. Kapitel, und verderbets also der Niemands gar mit einander. Also hatte Saul auch ein Gebot von Gott, daß er die Amalekiter sollte gar ausrotten, denn Gott wollte, daß auch nicht eine Klau von einem Ochsen sollte in dem Lande uberbleiben. Aber er hielt das Gebot nicht. Das Volk schlug er wohl todt, jedoch das schone Viehe behielt er, und ward ubereilet mit dem Geiz, daß er das schone Viehe nicht alles erschluge. Do ihn der Prophet Samuel nun drumb strafte, und fragte, wo das Viehe her käme, da antworte Saul der Konig: Ei, das Volk hats lebendig behalten, daß es unserm Herr Gott darvon opfern mochte. Do ging das Feuer und der Zorn an, daß Samuel der Prophet das erschrecklich Gerichte uber Saul gehen ließ, und sprach: Was fraget Gott nach deinem Opfer? Er will, daß man seine Stimme horen soll, denn er hat dir nicht befohln, daß du das Viehe schlachten solltest; und do sich Saul hernacher noch mehr entschuldigte, und seine That vertheidinget, do mußt er horen, daß er Gott nicht gehorchet hätte, und daß Gott ungehorsam sein, eben so eine große Sunde wäre, als Abgotterei treiben, oder mit Zauberei [16]) umbgehen [17]). Denn wenn Gott mir Etwas gebeut, und ich thue ein Anders, und will noch recht haben, das heißt eigentlich Zäuberei. Aber wir thun auch noch also alle. Wenn doch Saul gesaget hätte: Ich habs vergessen, ich hab Unrecht dran gethan, so wäre ihme diese Sunde vergeben worden.

David aber war viel kluger. Der sprach: Ich

---

16) H. Zeuberey, mit d. Note: „Hds. zauberey." 17) „S. 1. Sam. 15." Anm. d. H.

hab mir furgesetzt in meinem Herzen: ich will meine Finsterniß nicht lieben, sondern dem Herrn meine Übertretung bekennen. Was folget denn im 32. Psalm drauf? Do vergabest du mir die Missethat meiner Sunden; da ich dich ließ recht haben, da wards besser. Denn do er den Ehebruch beging, und den Mann Uriam erwurget, und der Prophet Nathan sprach: Was hast du angericht? do antwortet er: Ich hab dem Herrn gesundiget. Do sprach Nathan: So hat der Herr auch deine Sunde weggenommen [18]).

Derhalben so ists gar der Teufel, und nicht gnung doran, daß der Sohn Gottes uns gegeben wird, und der Mann da ist, der die Sunde vergeben will, und ich die Sunde fühle und dennochs nicht bekennen will, sondern soll noch zufahren und mich mit meinem Niemands vertheidigen wollen. Es ist nicht menschlich, wenn man Boses thut, und es darzu noch verläugnet, und wollen recht gethan haben, sondern es ist gar teufelisch, und ein rechter Drachenschwanz. Wenn die Gift nicht an uns wäre, so hätte es nicht Noth. Wie viel haben wir zu Messen gegeben, sind Wallfahrten gelaufen, haben die Heiligen angerufen: noch, do itzt die gnadenreiche Zeit des Evangelii da ist, so konnen wir nicht das Maul aufthun, und so viel sagen: Ach wir haben gesundiget, do wir doch mit dem Wort alsbalde Vergebung unserer Sunden hätten.

Aber wenn das Licht zu dir saget: Du bist bose und ein Sunder, so bekenne es, und sprich: Es ist wahr, so hast du Vergebung der Sunden. Aber wir konnens nicht thun. Diesen Trost und Weg sollt man uber zwei tausend Meilen, ja an der Welt Ende suchen, nämlich, daß wenn man Sunde bekennet, daß sie alsbalde auch vergeben wird. Aber dieweil wir den Trost itzt fur der Thur haben, so veracht man ihnen, und folgen dem Teufel, der nicht will Unrecht haben, Gott muß ungerecht sein. Die Kunst kann er, drumb muß auch der Teufel unser Gott werden und dargegen Gott ungerecht sein; und dem folgen

18) „S. 2. Sam. 12 f.“ Anm. v. H.

wir auch, wenn wir umb der Sunde willen gestraft werden, und wir dieselbige noch vertheidigen. Siehe in deiner Haushaltung, ob du den Zorn halten konnest, wenn Schaden geschiehet im Hause, und es wills Niemands gethan haben. Es leidets wahrlich der Vater vom Sohn, Tochter oder Knechte nicht. Aber es gehet gemeiniglich also zu, daß der Herr muß unrecht haben, und der Knecht will sein im Hause Herr, und die Magd Fraue. Also will auch der Teufel Gott im Himmel sein, denn er kann seine Sunde nicht erkennen, Gott aber soll droben unrecht sein, und in die Hölle fahren.

Also gehet es nun mit uns zu, daß wir aus menschlicher Schwacheit wohl sundigen konnen, denn wir sind in Sunden, in Unwissenheit Gottes, in Zorn und Haß wider Gott geborn. Das ist nun Ungluck gnung. Aber siehe du zu, daß du dieß Stücke nicht darzu thust, nämlich, Haß und Feindschaft wider Christum und sein Wort, und daß man die Sunde verneinet.

Darumb so saget Christus recht: Das ist das Gerichte, daß das menschlich Geschlecht so blind ist, daß ihre Sunde nicht soll Sünde sein, so doch Christus in die Welt kommen ist, die Sunde wegzunehmen. Aber das ist der Knot, daß Christus itzt soll ein Teufel sein, und die Menschen wollen gerecht und Christus selbst sein. Denn Christus wird von ihnen nicht angenommen. Es ist nicht gnung, daß Christus soll die Sunde auf sich genommen haben, sondern Christus muß unrecht haben und verdampt werden. Das heißt dreimal ärger gemacht, und siebenfältig gesundiget.

So sollt nun ein Iglicher sich gerne strafen lassen, daß er unter dem Papstthumb gesundiget hätte, und falsche Gottesdienst getrieben; und bei uns selber sollten wir auch bekennen, daß wir gestrauchelt hätten, und die Wahrheit nicht verläugnen [19]). Denn wo wirs thun, so ist Gnade und Vergebung der Sunde da, wie denn David im 32. Psalm saget: Do

19) „Hdf. verleugknetten." Anm. v. H.

ich dem Herrn meine Sunde bekennete, do vergabest du mir die Ubertretung meiner Missethat; und im 51. Psalm wirds auch angezeiget. Aber das thut Saul nicht, er macht Gott zum Lugener, und läßt sein Wort liegen, das heißt den Teufel zu Gott gemacht. Also sollen wir uns gewöhnen, daß wir die Wahrheit gerne reden. Die Scribenten ruhmen die Turken, daß sie eben und gleich zusagen die Wahrheit und beschonen sich nicht mit dem Niemands. Wenn man einen uber einer That begreift, so saget er: Ja, ich habs ja gethan. Das ist je eine feine weltliche Tugend, einen solchen Mann hat Jedermann lieb, der do spricht: Ich habs ja gethan, die sich wohl schämen, und dennochs die Missethat bekennen. Nun ists wahrlich eine große Schande, daß der Turke als des Herrn Christi Erzfeind fur uns Christen die Ehre und Ruhm haben, daß sie die Wahrheit reden, und ihre Kinder und Volk auch zur Wahrheit aufziehen. Das ist eine feine weltliche Zucht, daß man die Kinder lehret, daß sie nicht lügen und läugnen, wenn sie Etwas gethan haben. Sonst hat der Türke noch anderer schöner Tugend mehr, wie denn Niemands so bös ist, er hat dennoch etwas Gutes noch an ihme. Aber wir Christen sollten billig diesem Exempel nachfolgen, und zur Wahrheit uns gewöhnen.

So ist nun dieß das Gerichte, daß die Welt ihre Sunde verläugnet, ja noch wohl vertheidinget, und machet aus Einer wohl sieben Sunde, dann wir sollten unser Sunde bekennen, unsern Ungehorsam uns lassen leid sein, Christum annehmen. Denn wenn sie das Licht annähmen, so würden sie gedenken, als ich: Lieber, du bist bei 15 Jahren ein Münch und abgottischer Mensch gewesen, es ist nicht recht, ich wills nicht mehr thun, so wäre die Sunde vergeben; und also thun wir auch. Aber sonst sind halstarrige Kopfe, die do sagen: Ei, sollten sie allein klug sein? bleiben denn in der Finsterniß, und hassen das Licht, verfolgen es und vertheidingen ihre Finsterniß. Also sind unserer Leute auch noch viel, die nicht allein *sundigen, sondern wenn* sie Boses gethan haben, so verneinen sie es noch darzu, und rechtfertigen es, wollen ungestraft, ja noch wohl darzu gefeiert und gelobet sein in ihrer Bosheit. Das thut der Teufel, der wollt das Licht gerne auslöschen.

Aber wo ein Prediger in einer Stadt ist, der do siehet die offentlichen Laster, soll wahrlich strafen, und nicht stille schweigen, noch dem Volk zu Gefallen Etwas predigen. Ich soll nicht stille schweigen, wenn ich allerlei Sunde, als Hurerei, Geiz, Wucher, Lügen und Trugen sehe, denn das hieß sonst das Licht wegnehmen. Straft man denn, und saget: Die Bäcker backen das Brod zu klein, so muß es heißen, Schuster, Schneider und Fleischhauer und alle Handwerk geschändet; und ist nicht gnung dran, daß man sundiget, sondern man will noch die Sunde vertheidingen, und nicht erkennen, und liebet man also die Finsterniß. Aber bekehre du dich zu Gott, und thue nicht mehr also. Hast du gesundiget, so demuthige dich und sage: Ich wills nicht mehr thun; hab ich bisher das Brod zu klein gemacht, so will ichs nun großer backen; und sperre dich nicht wider das Licht. Willt du aber dich nicht strafen lassen, so tritt du her und predige. Ich soll ein Prediger des Lichts sein, und soll dir die Sunde anzeigen, und du sollst von Sunden ablassen, und die Werk der Finsterniß meiden; und unser Klage ist auch, daß schier in allen Winkeln dieser Stadt will ein Schandloch werden. Aber sehet ihr zu. Wollet ihr Kinder des Lichts sein, so lebet auch nach dem Licht, und lasset ab von euern bosen Wegen, maulet und murret nicht; wollt ihr uns nicht horen, so gehet zur Kirchen hinaus.

Willt du aber ein Prediger der Finsterniß sein, so thue es auf dein Aebentheur; ich will vom Licht predigen. So ist das Wort auch nicht mein, so ich predige, sondern Gottes, der dich durch seine Diener läßt vermahnen, daß du den Nähesten nicht sollest ubersetzen, noch sonst in deinem Stande Jemands Unrecht thun. Aber es gibt ein Jeder seine Waar, wie er will, und fraget nichts darnach, obs Gott verboten hat oder nicht, und machen aus ihren Sünden noch einen Abgott, und aus dem Licht lauter

Finsterniß. Aber horst du, Geselle, murre nicht viel, sonst mochten wir dir nicht allein aus dem Katechismo einmal das Gesetze schärfer predigen, sondern auch noch wohl verschaffen, daß man dich darzu bei der Nasen nähme, und ins Loch stecken [20]). Darumb laß dein Schmollen anstehen wider das Wort Gottes, dann es ist dir zu stark.

So ist nun dieß das Gerichte der Welt, daß sie ihre falsche Gottesdienst wider Christum behalten wollen, item, daß sie sundigen, und ihre Sunden nicht erkennen, sondern schutzen. Nun meinethalben magst du es nicht thun, denn ich gebe dir Nichts, so gibst du mir auch Nichts. Aber am jungsten Tage wird Gott zu mir sagen: Hast du das auch gepredigет? und ich denn sagen werde: Ja; item, Gott dann zu dir sprechen wird: Hast du das auch gehört? und du antworten wirst: Ja; und er ferner spricht: Worumb hast du es denn nicht gegläubet? und du sprichst denn: O, ich hielts für ein Menschenwort, so ein armer Kapelan oder Dorfpfarrherr gesaget hatte; so wird dich dann dasselbige Wort, das in deinem Herzen stickt, verklagen, und dein Kläger und Richter am jungsten Tage sein. Denn es ist Gottes Wort, du hast Gott selbst gehört, wie denn Christus spricht: Wer euch horet, der horet mich [21]); und ich hab denn meinem Ampt fur dem Gerichte und Angesicht Gottes gnung gethan, wenn ich dir deine Sunde und Laster offenbaret und drumb gestraft hab, und bin denn rein von deinem Blut. Du magst denn zusehen, wie du bestehest.

Es sind Prediger und Zuhörer balde gescheiden, aber das Wort Gottes und dein Gewissen oder Gehöer lassen sich nicht scheiden. Das wird dann dir dein Herz am selbigen Tage, und auch die Welt zu weit machen, und mußt verdampt bleiben, dann das Wort wird dich verdammen. So sollt man nun (wie ich sonst oft gesagt hab.) Gottes Wort von den Personen scheiden, und nicht an den Personen hangen, sondern allein an dem Worte, so ihr horet.

20) Hdſ. ſtehen. 21) „S. Luk. 10, 16.“ Anm. v. H.

Die funf und dreißigste Predigt.

In vigilia Michaelis sabbato post Mauritii Anno 1538. [1])

Wer Arges thut, der hasset das Licht, und kompt nicht an das Licht 2c. [2]).

Dieser Wort konnen wir fein anstatt eines Sprichworts gebrauchen. Wir haben aber neulich darvon Etwas gesaget, und mussen noch immerdar darvon reden, und haben gehört, daß der hochste Artikel unser christlichen Lehre sei, daß Gott hab seinen Sohn gesandt zum Heiland der Welt, auf daß er uns von Sunden erlösete, und vom Tode, Höllen, auch von allem Ungluck hulfe. Das ist aber der ewige Streit, daß Gott uns muß ein Lugener sein, und wir halten uns fur gerecht; item, er ist ungerecht, wir aber sind gerecht; deßgleichen er ein Tyrann, wir aber sind barmherzig. Damit haben alle Propheten und Apostel zu thun gehabt, daß sie diese zwei Stucke nicht haben konnen versuhnen, Gott und Mensch. Denn Gott muß uns zu Fußen fallen, und sagen: Gnade Junker; wir aber sind das Licht der Welt, deren man nicht kann entrathen. Anders gebets nicht zu, also fähret man mit Gott. Er ist barmherzig, gnädig und wahrhaftig gegen Allen, und thut säuberlich gegen uns; aber ob er wohl gerecht ist, so kann er doch diesen seinen Titel unter den Menschen nicht erhalten, er muß unrecht sein. Denn Alle sagen und bekennen wohl, Gott sei gerecht, allmächtig, treu und fromm, wer wollte doran zweifeln? Das geben unser Widersacher und die öffentlichen Feinde Gottes auch fur, aber gleichewohl verneinen sie es in der That, und gläubens nicht, konnens auch nicht leiden, daß man sage: Wenn du gläubest, so will Gott dir gnädig und barmherzig sein, und hat dir drumb seinen Sohn geschenkt. Aber nein, nein, das mag nicht seien, sie wissens viel besser.

---

1) „Das war der 28. September." Anm. v. H. 2) † Auff das seine Werck nicht gestraffet werden.

Aber David singet auch also im Psalm: Dir allein, und dir hab ich gesundiget, auf daß du recht behieltes in deinen Worten, und rein seiest in deinem Gerichte [3]). Der hat Gott konnen die Ehre geben. Es ist eine hohe Kunst, sagen: Dir alleine hab ich gesundiget. Alle Propheten haben darob gekämpft, daß Gott gerecht sei in seinen Worten, und rein in seinem Gericht. Es ist ein Wunder, daß mans mit dem Munde bekennet, und dennochs nicht gläubet, ja noch wohl darzu gräulichen verfolget. Derhalben kann mans in der Welt nicht erhalten. Sie saget wohl mit dem Munde: Ei, sollt Gott nicht gerecht sein? Wer wollt anders sagen? Noch, wenn du sprichst, du seiest ein Sunder, do sagen sie dann, auf daß sie in ihren Reden gerecht bleiben: Ei, was sollte Gott mit deinen Sunden zu thun haben? Das ist eben so viel, als Christus allhier saget: Wer Arges thut, der fleucht das Licht, und wer Boses thut, der kann nicht sagen, daß Gott gerecht sei. Er will auch nicht gestraft sein, er spricht nicht zu Gott: Du bist gerecht und rein in deinem Gerichte. Deß nehmet ein Exempel, daß ihrs wohl verstehet. Ein Dieb, der stiehlet und ist ein boser Bube, der kann nicht leiden, daß man ihnen anklage, oder einen Dieb heiße, obs ihme gleich sein eigen Gewissen saget. Item, wenn er gleich des Nachts einbricht, oder auch des Tages offentlich aufm Markt stiehlet, und seinen Näheston betreuget und ubersetzet: noch kann ers nicht leiden, daß man ihnen ein Dieb nenne, auch wenns ihm gleich sein eigen Gewissen [4]) uberzeuget und prediget, daß man nicht stehlen soll, und du im Ampt oder Handwerk gleichwohl stiehlest. Wenns ein Ander ihme saget, so litte ers nicht. Drumb kann er nicht sagen mit dem Psalm: daß du recht bleibest in deinen Worten, denn er kann das siebente Gebot nicht leiden, das er doch fuhlet in seinem Herzen. Noch kann er die Ehre dem siebenten Gebot nicht geben, daß er spreche:

---

3) „S. Psalm 51, 6." Anm. v. H. 4) „Gewissen" fehlt in der Hds. und wurde v. H. ergänzt.

Ich bin ein Dieb, und hab gestohlen, auf daß dein Gebot recht und dein Gericht reine bliebe [5]). Das bekennet Keiner, er werde denn irgends durch ein Ungluck und Noth darzu gezwungen, oder daß Meister Hans der Diebhenker komme. Sonst will Niemands sich Etwas beschuldigen lassen, ob er wohl mit der That daran schuldig ist. Denn er hats heimlich gethan, und hoffet, es solle auch verschwiegen bleiben. Da spricht Niemands: Das Licht ist recht, sondern: Die Finsterniß ist recht. Wurde man einen ein Dieb schelten, so wurde er sagen: Du leugst als ein Bosewicht, ich bin kein Dieb. Item, wider das funfte Gebot schlägt ein Morder oder Straßenräuber einen heimlich todt, oder ersticht sonst einen, oder reibet ihnen mit Gift auf, diese Sunde kann er meisterlich bergen, wie Hiob spricht: Hab ich auch meine Sunde verholen für dir, wie die Menschen thun? [6]) Noch sagets ihme das Gewissen. Wenns ein Ander ihm sagete, so spräch er: Du leugest.

Aber ich frage dich: Ists auch recht, wenn du Sunde thust, welches dann dein Gewissen muß bezeugen und dich drumb anklagen, und du weißt, daß du ein Solcher bist, daß man noch darzu sprechen soll: Nein, du leugest Herr Gott als ein Bosewicht? Also thut auch ein Ehebrecher, der einem Andern zum Weibe schleicht. Wenn es noch heimlich bleibet, und einer sagets ihme, so will er Bäum ausreißen, und wirft unnutze Wort aus. Aber Gott redet wahrlich also in deinem Gewissen: Du sollt nicht ehebrechen. Aber ich bitte dich, siehe dein Herz an, welchs dich selbst verdammet; wäre es nicht besser, sagen und bekennen die Sunde, auf daß Gott in seinen Worten gerecht bliebe, und du Vergebung der Sunden empfiengest, dann daß du Gott verläugnest für der Welt, do doch dein Herz die Sunde selbst bekennet? Sonst hätte David den Propheten Nathan hängen mogen an Galgen, daß er ihnen als den Konig Israel für ein Ehebrecher gescholten hätte, 2. Samuelis 12.

---

5) „Hds. bliebest." Anm. v. H. 6) „S. Hiob. 31,33." Anm. v. H.

Aber es ist David besser, daß er alsbalde seine Sunde bekennete.

Nun sind alle Menschen also gesinnet, daß sie nicht wollen, daß sie und ihre Händel offenbar und bekannt würden. Sie konnen alle leiden, daß man sage, Gott sei gutig, und wer wollt in der Welt verläugnen, daß Gott gerecht sei, und Recht behalte, wenn er gerichtet wird? Dennochs kann man nicht leiden, daß man sie strafe. Do will für der Welt Keiner ein Todtschläger, Dieb oder Geizwanst sein, noch mit andern groben Lastern befleckt sein. Wer hasset denn nun das Licht? Wir alle, denn es ist Niemands unter euch, der do gerne wollte, daß ihme seine Legende an der Stirn geschrieben stunde, sondern wir hören noch alle gerne Lob und Ehre von uns. Niemands gedenkt: Ach, Gott sei mir gnädig! Denn wenn meine Sunde für der Welt offenbar wurden, die mir sonst im Herzen bewußt sein, so wäre ich werth, daß man mich an Galgen hiengè. Die Welt ehret mich wohl, aber wenn sie wußte, wer ich wäre, sie sollte mich anspeien, denn ich wäre werth, daß man mich kopfte. Wenn man aber Solches erkennete, so dienets darzu, daß sich einer fur Gott demuthigte, und eine Furcht hätte, und Andere nicht verachtete, sondern der Hoffart vergäße. Sonst meinet man, daß es Gott auch nicht wissen musse, dieweil es die Menschen nicht wissen, und ist nicht ein vergeblich Sprichwort, daß man saget: Mehr Seelen fahren vom Galgen gen Himmel, dann vom Kirchhof. Denn die an Galgen gehänget werden, die mussen ihre Sunden bekennen und sagen: Herr, ich bin ein Bub, du bist gerecht. Dargegen stirbet ein Ander auf dem Bette, aber er verbirget seine Sunde; wie denn Diebstahl, Mord, Ehebruch grobe Stucke sind: noch will sich derselbigen Niemands schuldig geben. Es ist ein Iglicher also geartet, daß er will dasjenige, so er sundiget, daß es nicht Sunde sei, sondern Gerechtigkeit heiße für der Welt und fur Gott; wiewohl es auch wahr ist, daß sich Niemands selbst verrathen soll und für der Welt an Pranger stellen, *sondern seine Sunden* zudecken, und Gott bitten, daß ers ihme verzeihen wollte, und sich mit denen versuhnen, die man beleidiget hat, und stets deine Sunde und Schand für Augen stellen, auf daß man den Kamp [7]) niederschlahe.

Aber in diesen Stucken ist es noch alles Kinderspiel, daß wer Boses thut, daß der das Licht fleucht. Wenn man kompt in die hohen Stucke, an die hohen Gebot in der ersten Tafeln, als, wenn einer unrecht prediget, und falsche Gottesdienst anricht: do wollen diejenigen, so irren, Nichts wenigers leiden, denn daß man sie anschreie und strafe. Sie wollen nicht darfür angesehen sein, daß sie geirret hätten, daß sie sollten zuruckreten und sagen: Ich hab geirret. Das konnen sie nicht ubers Herz bringen. David thäts, auf daß Gott Recht behielt; wie denn auch S. Paulus saget, daß Gott wahrhaftig sei, sonst sind alle Menschen Lugener [8]). Aber es kann Niemands leiden, daß man ihme das Licht unter die Augen stoße, und sage ihme: Das ist Gottes Wort, dieß ist Irrthumb. Noch wollen Alle zusammen, vom Hohesten bis zum Niedrigsten, nicht gestroft sein, noch Gottes Gerichte von ihrem Leben, Lehre und Satzungen anhoren, und sagen gleichwohl, Gott sei gerecht, wahrhaftig und barmherzig. Strafet man sie denn nun, so sagen sie: In diesen Reden und Worten, so du fuhrest, redet nicht Gott, sondern der Teufel, es ist nicht Gottes Wort, sondern des Teufels Wort. Denn das hat Gott nimmermehr geredet, daß ich Narre sollte geirret haben, und unser Aeltern abgottische Leute gewesen wären mit ihrem Meßhoren und Wallfahrtlaufen 2c. Darumb so muß Gottes Wort verdampt werden, und muß also unser Herr Gott kriegen und kämpfen, auf daß er Recht behalte und wahrhaftig bleibe, dargegen aber die Menschen Unrecht haben und Lügener sein, und wird der Krieg wohl bleiben, daß, wer Arges thut, das Licht scheue. Der Hader wäre aber balde niedergelegt, und Alles schlecht [9]), wenn wir allein sa-

7) H. kam, mit d. Note: „Hdſ. kamp." 8) „S. Röm. 3, 4." Anm. v. H. 9) „S. die Anmerkung auf S. 34." Die Aenderung der paſſ. [illegible], Note v. H.

gen konnten: Ich hab gesundiget, du aber bist barmherzig; ich bin ungerecht, du bist aber gerecht; ich bin ein Lugener, du bist wahrhaftig; ich bos, du fromm. Das ist nicht zu erheben. Es will wider der Türke noch Papst, Fürsten noch Unterthanen, wider Dieb, Ehebrecher, Todtschläger, noch Munch und Nonnen also beichten, noch Gott das wohlgefällige Liedlein singen, daß sie sprechen: Du bist wahrhaftig, ich ein Lugener; du fromm, ich bos. Straft man sie aber umb ihrer Abgotterei und Sunden willen, und saget ihnen Solchs unter die Augen, so werden sie toll und thöricht drüber, und fangen an, mit Gott zu kriegen, und bornen und zerhacken der Papst und Turke die Leute, die Fursten und Herrn verfolgen das gottliche Wort, denn sie wollen Gott nicht lassen gerecht sein. Ist es aber nicht ein erbärmlich Ding, daß unser Heil und Seligkeit uns also nahe ist, daß sie uns nit näher sein konnte? Denn Gott will, daß wir im Herzen nur mit David sagen sollen: Du bist gerecht, ich aber ungerecht, und unsere Sunden erkenneten und klagten, so wollt er sie uns vergeben, denn do hulft nicht, daß man saget: Laß Meß halten, zeuch eine Munchskappen an; sondern sprich nur: Ich hab gesundiget. Noch sind wir also verstockt, daß wir eher verdurben, dann [10]) wir die Wahrheit bekenneten, daß wir Sunder sein, und Gott gerecht machten. David gab aber dem Propheten Nathan recht, do er zu ihme saget: Du bist ein Ehebrecher und Todtschläger, item ein Gotteslästerer. Do er nun horet, daß er gestraft wurde, do sprach er: Das Wort ist recht, bekennete bald seine Sunde. Do erlangete er auch Vergebung der Sunden, und sprach Nathan nicht zu ihm, und schriebe [11]) im Ablaßbrief: Lauf zu S. Jakob, oder laß Meß halten, liege im hären Hembde; sondern: Der Herr hat deine Sunde weggenommen.

Das muß man nun immerdar predigen, daß wir diese Gnade Gottes nicht erlangen konnen, wir bekennen dann unsere Sunde, denn alsdann vergibt

10) A. f. dan. 11) A. Marg. mit d. Note: „Vds. schriebe."

er sie uns balde. Dann wo das nicht geschicht, wie denn Saul furgab: Ich hab nicht gesundiget, und heute zu Tage schreien die Juden, Papst, Türken, Hurer und Geizwänste, daß sie keine Sunder sein, sie seind alle gerecht, ja Gott muß ihnen ungerecht sein: da ist die Hölle aufgethan, und der Himmel zugeschlossen. Nun ists gewiß, daß der Teufel nicht barmherzig ist, noch gerecht und allmächtig, denn er erhält nicht Alles, machet auch nicht das Licht oder die Sonne, sondern ist Jemands, der Solches thut, so muß es Gott sein, der Alles schaffet und erhält, auch die drei Stände in der Welt, als die Kirche, weltlich Regiment und Haushaltung schutzet. Er lässet auch seine Sonne aufgehen uber Gute und Böse, wie das alle Kreatur bekennen, daß Gott gnädig und barmherzig sei, alleine daß es die Menschen verläugnen, und Gott die Ehre nicht geben, so ihm sonst alle Kreaturn geben. Das ist der Hader, daß wer Arges thut, der leidet das Licht nicht; leidet ers aber, o so ists ihme gut, denn es wird ihm geholfen.

Es ist ein herrlich Ding umb das Licht, und ist nichts Bessers, denn das Licht, und Jedermann liebet die Sonne, und alle Kreatur freuen sich ihrer, wenn sie des Morgens fruhe also schon aufgehet. Wer hasset denn das Licht? Der Dieb, der stehlen will, der ist dem Licht der Sonnen und allem Leuchten feind. Denn kompt eine Laterne und beleuchtet ihnen, oder gehet die Sonne auf, so mochte er sich für Zorn druber zu Stucke reißen. Er wollt, daß keine Sonne wäre, so doch das schone Licht Himmel und Erden erleuchtet, und Jedermann siehet solch Licht gerne, allein der Dieb nicht. Worumb? Er will stehlen. Also klagt auch ein Hurer und Ehebrecher, ein Morder und Strassenräuber uber das Licht; sprechen: Ei, ists bereit licht? so doch sonst das Licht Jedermänniglich lieblich ist; allein die Ehebrecher und Diebe konnens nicht leiden. Wen soll man nun drumb beschuldigen und anklagen? Den Dieb oder die Sonne? Die Sonne und das Licht sind keine *Ursache* des Diebstahls, Mords, Ehebruchs, sondern der Dieb, der das Licht hasset. Wenn der Dieb fromm wäre, so sollt er Gott danken für das Licht der Sonnen, wenn sie aufgieng, und sollt sprechen: Welch ein schändlicher Bosewicht bin ich, daß ich stehle, und die Sonne ergreift mich im Diebstahl, ei, ich will nicht mehr stehlen.

Also gehets auch geistlicher Weise zu, wenn Finsterniß in der Welt sind, daß man in der ersten Tafel falsch lehret und Ketzerei anricht. Kompt denn das Licht, und scheinet drein, do wird man zornig, murren und wollen nicht gestraft sein, schreien: Schlag todt! Ei, ists doch Gottes Wort, und du bekennest selbst, daß Gott in seinem Wort gerecht sei. Noch dennochs verdammen sie es, und wollens nicht leiden, sagen: Es ist nicht Gottes Wort, sondern des Teufels Wort. Denn wer Arges thut, der hasset das Licht. Es muß der Dieb selbst bekennen und sagen: Die Sonne ist ein fein Licht, noch dennochs ist er der Sonnen Feind. Also saget der Papst auch: Das Evangelium ist die gottliche Wahrheit, noch dennochs heißt ers dann eine Teufelslehre. Denn sie wollten gerne für Gott alle ihre Lügen und Abgotterei verbergen, gleichwie ein Dieb fur dem Licht seinen Diebstahl verhehlet.

Es ist gar ein schoner Spruch: Wer Arges thut, der hasset das Licht. Es sollte einer Gott danken, daß das Licht käme, ja, er sollt sich nach dem Licht sehnen, und vom Bosen aufhoren, und sagen: Lieber Herre, ich irre, gib mir doch dein Licht, hulf, daß Tag werde und ich sehen muge. Aber sie beten dargegen: O laß das Licht nimmermehr aufgehen, drumb auf daß ich nur [12]) stehlen muge, und man hat also das Bose lieber, denn das Gute.

Was ist aber das, daß ein Ding gut ist, und man dasselbige gute und liebliche Ding hassen solle? Aber der Text saget die Ursachen, und spricht: auf daß seine Werk nicht gestraft werden. Der Dieb nähme das Licht wohl an, und konnte es leiden, wenn er hundert Gulden gestohlen hätte, und man

12) „nur" fehlt.

schenkte ihme den Diebstahl, und spräche: Ei, die hundert Gulden sind nicht gestohlen, sondern es ist dein eigenthumblich Gut. Aber das Licht, so da spricht: Du sollt nicht stehlen, das straft ihnen; Solchs kann er nicht leiden. Also wäre ein Ehebrecher mit dem Licht auch wohl zufrieden, wenn man ihme von seiner Hurerei und Ehebruch Nichts sagete. Aber wenn ihnen das sechste Gebot straft: Du sollt nicht ehebrechen, do will er aus der Haut fahren. Also ist das Evangelium auch wohl eine herrliche, gute Predigt, und konnte gelitten werden, denn sie bringet Vergebung der Sunde, Gottes Gnade und Barmherzigkeit. Aber wenn sie verdammet die Messen, und spricht: Das Fegfeuer ist Nichts, eigene menschliche Gerechtigkeit ist Nichts, das muß denn der Teufel sein, denn man kann nicht leiden, daß die papistischen Gräuel sollten des Teufels Werk sein. Daruber wird das schone Licht des Evangelii von der Welt gehasset und verfolget, denn es straft die Finsterniß. Und folget ferner:

Wer aber die Wahrheit thut, der kompt an das Licht &c. [13]).

Das ist, wer recht thut, und nicht stiehlt, der handlet frei daher, und scheuet sich nicht, bekennet offentlich seine Handelung, und spricht: Hab ich Jemands betrogen, so gebe ichs ihme vierfältig wieder, wie Zachäus der Zollner saget [14]). Der ging mit seinem Diebstahl ans Licht. Also konnen wir Prediger wohl leiden, daß unsere Lehre und Predigt von Jedermänniglich gehört wurde, denn wir wissen, daß unser Lehre und Leben in Gott gethan ist. Also kann ein Ehemann oder Hauswirth den Teufel und die Welt auch trotzen, daß er recht gehandelt hab. Beschuldiget man ihnen mit Mord, Ehebruch und andern Lastern, so fraget er nach den Anklagen nichts. Also auch predigen wir offentlich, und wollen gerne für Jedermann erscheinen, Rechenschaft und Antwort unserer Lehre geben; wer kann, der tadele dann.

---

13) † das seine werck offenbar werden, Denn sie sind in Gott gethan. 14) „S. Luk. 19.“ Anm. d.H.

Do schreiet denn der Papst, wir scheuen das Licht, sind Rebellen und Ungehorsame, wollen fur ihnen nicht stehen. Dorauf antworte ich: Ihr durft der Sorge nicht für uns. Ihr wollet, ein Christen soll fur dem Belial stehen, und do seine Sachen ausfuhren. Do ist er schön verloren, denn unser Widersacher sind Richter und Part. Sie kommen her und verantwerten sich fur uns; wir wissen wohl, daß sie uns verdammen wollen, ja schon längest verdammet haben. Es sind aber Christus und der Teufel zwene Part, do ist kein Richter zwischen. Wenn aber ein Mitteler oder Richter wäre, so käme Christus ans Licht, der Teufel aber bliebe außen.

Also gehets auch mit uns zu. Wir scheuen das Licht nicht, wollens auch nicht fliehen, allein daß sie einen unparteischen Richter geben. Aber sie wollen selbst Richter sein, und schreien dann, wir seind halstarrig und wollen nicht erscheinen. Aber doran thun wir nicht ubel. Worumb kommet ihr nicht auch zu uns, und handelt euer Sache fur uns? Gebet Mittelpersonen, die zwischen uns richten, wir wollen erscheinen. Aber ihr wollt nicht anders mit uns handeln, denn als Strassenräuber, die einen Wandersmann mit Gewalt gefangen nehmen, ihme die Haut voll schlagen, plundern und ins Loch zu andern Mordern und Strassenräubern fuhren, und zwingen wollten, daß er allda fur ihnen klagen solle, und wider die, so ihn geplündert haben, mit seiner Klage procediren, da denn der arme Mann wenig wurde ausrichten, denn sie sind Richter und Part. Also thun unser Widersacher auch. Der Bischoff von Mainz ist itzt Kläger und Richter, und hänget immer frei hinweg seines Gefallens, wen er nur will. Der Kaiser hat acht ganzer Jahr damit umbgangen, daß ein Concilium werden mochte: noch hat ers mit allen Konigen und Fürsten nicht ausrichten konnen. Denn sie fliehen das Licht, und wollen Part sein, wie wir denn auch sind, und dann auch zugleich Richter sein. Aber das danke ihnen der Teufel. Sie wollen zwar nicht kommen; ja, sagen sie, sie mussen uns dennochs lassen Richter sein und bleiben. Aber nicht also,

Geselle, sondern wir mußten Part sein, und die Papisten auch Part, und dann ehrliche, unverdächtige und unparteisch Leute erwählet werden, die do Richter wären, daß uns eine freie Handelung wider den Papst gegonnet wurde. Do soll man denn wohl sehen, ob wir nicht erscheinen wollen. Aber das Wort (ein frei christlich Concilium) das ist des Papsts Gift und Tod. Sie konnens nicht leiden, daß sie gleich als wir Part sein sollten, sondern sie wollen ein solch Concilium haben, da sie Richter und Herrn sein; es soll der Papst nicht ein Part, und die Lutherischen auch ein Part sein, und konnen mit nichten leiden, daß man soll fragen oder disputiren, ob der Papst mit den Seinen auch irre, sondern ihre Lehre und Thun muß alles recht sein, uns aber verdammen sie als Ketzer. Aber das feihlet nicht: Wer Arges thut, der hasset das Licht. Drumb fliehen sie auch das Concilium, gleichwie der Teufel das Weihewasser und geweihet Salz fleucht. Drumb saget: Wir fliehen das Licht nicht, sondern die Finsterniß, auf daß wir auch nicht in ihre Finsterniß gerathen; und wir klagen sie an, daß sie die ganze Welt verfuhret haben: sie sind das beschuldigte Theil, und wir sind Part und Kläger, und begehrn Richter, die uns Kläger hören möchten. Darzu lassen sie es nun nicht kommen, daß ein Concilium versammelet werde, denn sie wollen unverklagt sein. Denn sie sind heilig und rein, und wir sollen vorhin verdampt sein. Man soll kein Verhör uns gestatten, und kein Klage annehmen und hören, und dann wollen sie erst ein Concilium halten. Aber wir sollen das Licht lieben und die Wahrheit bekennen und nicht lassen Noth leiden, auch in der Bekenntniß der Wahrheit sterben und unser Blut vergießen.

Und wir sind auf dem andern Theil, so da saget: Wer die Wahrheit thut, der kompt an das Licht 2c.; item, daß unsere Werk gut sein, denn sie sind in Gott gethan, und sprechen: Ich will Christum nicht fahren lassen, sondern ihnen bekennen für der Welt und den Teufeln. Denn wer das nicht thut, der hat verloren, wie wir denn predigen von Christo, schreien und begehrn, man soll unsere Sache horen und richten; wie denn Kaiser Karl viel Jahr mit allen Fürsten dran getrieben hat, daß ein Concilium gehalten wurde: aber er hat nichts erhalten. Derhalben so mogen wir frohlich sein, die wir bei dem Licht sein, ja im Licht wandeln. Sie aber sind im Finsterniß, dorinnen sie denn auch sterben und verderben, welchs ein gewiß Wahrzeichen ist. Dann ihre Werk sind bose, und durstet sie nach unserm Blut, wollten gerne sehen, daß wir alle erwurget wurden. Dargegen dieweil wir das Licht begehrn und suchen, so sind wir auch aus dem Lichte.

Die sechs und dreißigste Predigt.

Den Sonnabend post Lucae Anno 1538. [1])

Wer aber die Wahrheit thut, der kompt ans Licht. [2])

Nächst haben wir die schöne, herrliche Predigt, so Christus dem Nicodemo gethan hat, fast zum Ende gebracht, und gehört, wie er diese Predigt in Stucke getheilet hat, und halte, daß diese Wort: Wer Arges thut, hasset das Licht ꝛc., seind der Beschluß und letzte Theil der Predigt gewesen, und der Herr damit die Ursach hat setzen wollen, worumb die Welt das Licht, das ist, die Predigt des Evangelii, die reine Wahrheit, ja Christum selbst nicht leiden konne; daß es doher komme, daß die Welt bose und ein Schalk ist, und dennochs will recht haben, auch kann und will nicht leiden, daß ihre bose Werk ans Licht gebracht, offenbaret oder gestraft werden. Dann die ganze Welt ist in dem Wahn und Thorheit, daß sie meinet, man durfe und solle sie nicht strafen. Diejenigen, so mit falscher Lehre umbgeben, welche für der Welt gleißet, aber dardurch die Leute betrogen und verfuhret werden, als der Papst mit den Seinen und andern Ketzern gethan hat, ob sie wohl mit

---

1) „Den 19. October" Anm. v. H. 2) „Wer — — Licht" fehlt.

ihrer falschen Lehre viel verführet, als, mit den Wallfahrten und Messen, wollen dennochs sich nicht strafen lassen noch ans Licht bringen. Denn wenn man sie schilt, daß ihr Thun unrecht sei, so wollen sie es nicht leiden, und das ist denn das Gerichte rc. Darnach die Andern, als, die groben Gesellen, die nicht mit der Lehre umbgehen, sondern dahin leben, als die unvernunftigen und wilden Thier, mit Fressen, Saufen, Huren, Stehlen, und in andern offentlichen Lastern liegen, derer dann die Welt gar uberschwemmet ist, die wollen auch nicht gestraft sein; wie dann heute zu Tage Fürsten und Herrn, die Edelleute, Burger und Bauer, die wollen ungestraft sein, wenn sie Unrecht thun, ja wollen auch nicht leiden, daß man sie deßhalben heimlich vermahne. Man soll nicht sagen: Der ist ein Tyrann, ein Hurer, Ehebrecher, Geizwanst oder Wucherer. Man soll ihnen allein Christum predigen, wie der für arme Sunder gestorben sei. Solche Gnade soll man alleine predigen, daß man durch die gute Werk nicht konne selig werden, sondern man musse allein an Christum gläuben, und sei dann nicht vonnothen, daß man die Sunden und Laster strafe, als Hurerei, Geiz, Fressen und Saufen, Pracht, Diebstahl, Unzucht, sondern sagen, man soll allein von der Gnade Gottes predigen, sagen: Laß mich geizen, ehebrechen, stehlen, rauben, ubersetzen und falsche Waar geben, und schweig du stille darvon. Worumb? Ei, du willt mich strafen und verdammen: das kann ich nicht leiden, denn was gehets dich an, ich lebe gottselig oder gottlos; es mag ein Iglicher selbst zusehen, wie er lebe, und was er thu. Predige du mir nur das Evangelium. Worumb das? Ei, sagen sie, du willt mich ans Licht und an den Tag bringen; und will also die Welt wider umb der Lehre und Glaubens, noch umb des Lebens willen gestraft sein. Es soll das Licht nur verlöschen, darumb daß die Welt mit ihren bosen Werken nicht ans Licht will.

Siehe, das saget der Herr selbst, daß die Menschen wider in der Lehre noch Leben wollen getadelt sein. Nun wenn du denn nicht willt dich vermahnen oder strafen lassen, was machen wir denn da? Worumb sind wir da? Worzu bedarfst du der Prediger und der Lehre? Wenn du thun willt, was du willt, so bedarfst du keines Evangelii, oder Predigers, Oberkeit, Fürsten, oder Meister Hansens, dann dieser aller Ampt ist anders nicht, denn strafen mit Worten und Schlägen. Es kunnte ein Dieb und Morder auch wohl klagen uber den Henker, und sagen: Ich wollt, daß Oberkeit und Henker zum Teufel weg wären, denn sie verrathen mich, und bringen mich ans Licht, und machen mich fur den Leuten zu Schanden, hängen mich an Galgen. Ich wollt sonst wohl ein fromm Mann gewest sein, und hätte noch mehr konnen ubersetzen und betrügen, huren und Buberei treiben [3]), wenn nicht die Oberkeit und Meister Hans der Henker thäte.

Also will die Welt stracks ungestraft sein, sie will in der Finsterniß bleiben, und man solls ihr nicht anzeigen, daß sie unrecht predige und lehre. Aber soll dem also sein, so thue ab die Kirchen und gebe dafür in Kretzmar [4]) oder ins Hurenhaus. Willt du aber selig werden und gedenkst, daß ein ander Leben sei nach diesem Leben, so muß man dich strafen. Willt du aber nicht selig werden, was frage ich dann auch so groß darnach? Gläubest du nicht, daß eine Höll, Tod, Teufel, ewige Verdammniß und Zorn Gottes sei: frage nur deinen Nachbar drumb, der wird dirs wohl sagen, daß wir alle sterben mussen. Aber in Summa, soll die Kirche und das weltlich Regiment sein, so muß man die bosen Werk an Tag bringen, und es muß die Oberkeit und der Henker die grobe Finsterniß und offentlichen Laster, auch das ärgerliche Leben der Menschen an Tag bringen und strafen [5]). Christus und wir Prediger in der Kirchen bringen ans Licht die subtilen Finsterniß der falschen Lehren und Religionen, strafen beide, die Lehrer und die Werkheiligen. Aber die Fürsten,

3) Hdſ. triegen. 4) „Ein slavisches Wort für das deutsche Schenkwirth.“ Anm. v. H. 5) Hdſ. bringe und straffe.

Edelleut, Burger und Baurn werdens dohin arbeiten[6]), daß kein Prediger mehr sei, der das Maul aufthue, und ihre bosen Werk strafe, wie denn bereit die Welt es anfänget, und wenns dahin kompt, so wehe der Welt; und schleuß du also bei dir: Entweder man muß strafen, oder Gott läßt alle Regiment uber ein Haufen fallen. Will man selig werden und Christen sein, so laß man die Strafpredigt geben, und strafe der Prediger, oder lasse sein Predigtampt anstehen[7]), und sei auch der Christ, der die Strafe nicht annehmen will, nicht mehr ein Christ. Es will Christus (der allhier saget: Das Licht kompt in die Welt, daß ihre bose Werk offenbar werden,) das Strafen geben lassen; das wirst du ihme nicht wehren. Der Papst hat wohl gewehret durch seine Bischoffe und gottlose Fursten, aber er kanns nicht wehren. Wer aber von Baurn, Edelleuten und Burgern will ungestraft sein, die laß hinfahren; sie werden ihre Strafe wohl finden, und sehen, wen sie veracht haben. Dargegen saget der Text:

Wer aber die Wahrheit thut, der kompt ans Licht, auf daß seine Werk offenbar werden, denn sie sind aus Gott gethan.

Dieser Spruch ist viel zu weit, und ich bin auch zu schwach, daß ich ihnen nach Nothdurft nicht kann auslegen. Er wäre es aber wohl werth, denn es ist ein gewaltiger Spruch, und will kürzlichen das: Erstlich redet er nicht allein von wahrhaftigen Predigern, daß wer die Wahrheit prediget, scheuet sich nicht ans Licht zu kommen, gleichwie wir denn, Gott Lob und Dank, das Licht nicht scheuen. Wir haben uns nicht geschämet, unsere Lehre für dem Kaiser, Papst, ja auf allen Reichstägen und fur alle unsern Feinden offentlich zu bekennen, unsere Lehre hat uns kein Hehl gehabt. Aber sie sind nicht so keck, daß sie mit ihrer Lehre zu uns kämen, oder do wir zu regieren haben, wie wir doch mit unserer Lehre zu ihnen kom-

6) H. erbeiten, mit d. Note: „Hdſ. arbeitten, so auch arbeitt und arbeitter für das Luthersche erbeit und erbeiter."
7) Hdſ. anstehe.

men. Item, sie konnen auch nicht leiden, daß wir sie richten und verdammen, sondern wolltens gerne dohin bringen, daß sie Richter und Part wären. Das heißt das Licht gescheuet. Das haben wir zu Augsburg Anno 1530 nicht gethan, denn wer recht lehret, der scheuet das Licht nicht. Also auch, welche rechtschaffen leben und wissen sich einer That unschuldig, die bekennen ihr Thun, was sie gethan haben, und lassens Jedermann sehen, kann Gott selbst, ja die lieben Engel Gottes und die ganze Welt zu Richter leiden; und wenns die Christen versehen haben, und in Sunde gefallen seind, daß sie Mord, Diebstahl, Unzucht, Räuberei oder andere Laster und Schande begangen haben: noch darf ein Christ heraus fahren, und es bekennen, auch für den Engeln Gottes; und das ist auch eine rechte Bekenntniß, denn er weiß und gläubets auch, daß Gott und die lieben Engel alle das, was er thut, sehen und wissen. Drumb wenn ers auch gleich ubel ausgericht hat, so bekennet ers frei heraußer, und wird auch deßhalben von Gott und Menschen gelobet. Denn er scheuet das Licht nicht, er spricht: Ich hab gesundiget. Diese Bekenntniß schadet ihme nichts, sondern ist ein Werk der Wahrheit, und der thut ein rechtschaffen Werk der Wahrheit, der also alles bekennet, und sich nicht schämet alles zu bekennen, was er gethan hat. Also ein gewaltig Ding ists umb die Wahrheit, daß man soll an den Sohn Gottes gläuben, und dann in der Welt die Sunde bekennen, denn das heißt ans Licht kommen. Aber das kann die Welt nicht leiden. Es wollen die Bosen ungestraft sein, und nicht unrecht im Glauben oder Lehre, noch auch nicht im Leben sein[8]). Dargegen aber die frommen Christen bekennens, auch wenn sie etwas Boses gethan haben.

Das ist die herrliche Predigt Christi gewesen, so er einem großen Schüler gethan hat, und wäre wohl werth, daß sie reichlicher gehandelt wäre. Wir wollen aber im Text fortfahren, wiewohl ich sehr schwach bin, und furchte mich, ich werde mussen dermaleins ausspannen; und folget:

8) Hds. + wollen.

Darnach kam Jesus in das judische Land. [9])

Dieß ist eine kurze Vorrede auf die Predigt, so hernach folget. Denn der Evangelist Joannes will hinfürter beschreiben, daß Christus, unser lieber Herr, mit seinem Licht Joannis des Täufers Licht verfinstert hab, wie denn droben vom Evangelisten ist gesaget worden, daß er des Herrn Christi Vorläufer gewesen, der ihme den Weg bereitet hab. Dieweil denn nun der Herr gegenwärtig ist, so muß der Knecht schweigen. Denn Joannes der Täufer war nicht drumb gesandt, daß er für und für in seinen Würden bliebe, daß er das Volk lehrete, und das Volk an ihme hienge, und er sie im Regiment behielte, wie das zuvor die Propheten, als Elias, Elisäus [10]), David und andere gethan hatten. Aber darzu war Joannes nicht kommen, das Volk sollt an ihm nicht bleiben, sondern er war nur ein Furbote, der das Volk zum Herrn fuhren, und das Volk am Herrn hängen sollte.

Und ich halte es darfür, nachdem Christus dem Nicodemo diese herrliche Predigt zu Jerusalem gethan hat, und er wiederumb in Galiläam gezogen, daß eine gute Weile nach diesem Sermon dieß wird geschehen sein, das allhier Joannes beschreibet, und mag sich domals zugetragen haben, als Christus seine Apostel oder Jünger berufet, wie es im 4. Kapitel Matthäi zu sehen ist, und wir droben im 2. Kapitel auch darvon gehört haben, do er den Philippum und Nathaniel berufet. Dorumb so ist domal sein Predigtampt allbereit mit Gewalt doher gangen, und der Evangelist sagets, daß es geschehen sei, do Joannes noch gelebt hatte, und war noch nicht von Herode gefangen, welcher nicht viel uber zwei Jahr geprediget hat, ists viel, so sinds drei Jahr gewest. Christus aber hat vierthalb Jahr gepredigt, und siehet sich darfür an, daß dieß große Werk, das diese große zwene Männer ausgericht und geführet haben, als

---

9) † vnd hatte daselbs sein wesen mit jnen, vnd teuffet 10) „Das ist Elisa, welche Wortform auch Luther in seiner Bibelübersetzung gebraucht.“ Anm. d. H.

Joannes der Täufer und Christus, nicht uber sieben Jahr gewähret hat. Ist also Joannes für Christo nährlich hergangen, denn er noch getauft hat, ist noch nicht gefangen gewesen, do Christus anfänget zu predigen. Denn er hat ein halb Jahr oder ein Jahr fast mit Joanne gepredigt. Es ist kurz auf einander gangen, Johannes nährlich zwei Jahr für dem Herrn her gepredigt, ists anders so lange, und Christus etwan ein Jahr mit Joanne, darnach hat Christus allein bei drittbalb Jahr gepredigt. In dieser kleinen und kurzen Zeit ist dieß herrlich Werk unserer Seligkeit und die theuere Predigt des Neuen Testaments erfullet und ausgerichtet worden, doran wir denn noch heute zu Tage zu predigen und lehren haben.

Nun kompt Christus in Galiläam, und hat allda sein Wesen. Es ist aber sein Wesen anders Nichts gewesen, denn predigen, beten, täufen, lehren, gessen, geschlafen und dann wieder gepredigt. Denn er ist nicht mussig gangen eine Stunde, und weil er hat ein Mensch sein wollen, so hat er auch mussen sein warten, wie ein ander Mensch. Aber predigen und beten seind seine fuhrnehmbsten Werk gewesen, und allhier beschreibet er sonderlich die Taufe, als auch seiner Werke eins, und die Taufe ihn auch angehore. Denn er will Joanni die Taufe nehmen, dieweil Joannes nur ein Knecht darzu gewesen. Drumb läßt Joannes auch die Taufe Christo als seinem Herrn gerne folgen, denn Joannes soll nicht der Regent sein, sondern nur für dem Herrn hergehen, und dem Herrn weichen.

Joannes aber täufet auch noch zu Enon, nahe bei Salim, denn es war viel Wassers daselbst.

Joannes hat Lust, daß er sein Allegorien macht, in dem daß er spricht, es sei des Orts viel Wassers gewesen, wie denn Joannis am 6. Kap., do Christus fünf tausend Mann speiset, spricht er, daß viel Gras am selbigem Orte gewesen sei. Item, sonst saget er: *Es war nahe das Fest der Ostern.* Also saget er allhier: *Es war viel Wassers* doselbst. Aber Joannes hat also seine eigene Weise zu reden, darvon wir denn auf ein ander Mal sagen wollen. Denn es dienet nichts zur Historien; noch saget er: Es war viel Wassers doselbst.

Der Jordan hat sonst die Weise, daß ein sehr heimisch[11]) Wasser ist, fleußt krumm und unfreundlich, und man kann an wenig Orten darzu kommen, ist ein stolz tief Wasser gewest, hat viel Schlangenkrümme gemacht, läßt sich nicht gerne gebrauchen, hat zuweilen eine Berg im Wege gehabt.

Es spricht aber Joannes der Evangelist, daß Joannes der Täufer an allen Ortern nicht hat täufen konnen. Dann der Jordan ist ein heimisch[12]) Wasser gewesen, das sich entzeucht, daß mans nicht brauchen kann, als wolle es nicht bei den Leuten sein. Aber an dem Ort, do man hat darzu kommen konnen, als, bei der Stadt Enom, da der Jordan ein Busen[13]) gemacht hat, do hat er getauft.

Dieselbig Historien beschreibet er nun und was sie bedeutet.

Es gehort aber alles ad mysterium, und hat eine schone Allegoria, nämlich, daß die heilige Schrift auch als ein krumb und tief Wasser ist, und nicht ein Iglicher sie verstehen kann, läßt sich von einem Iglichen auch nicht gebrauchen noch fassen, sondern entzeucht sich zuweilen dem Leser, und gehet balde füruber, gleich als ein Regen, daß sie schwerlich kann ergriffen werden. Heute ist Gottes Wort und die heilige Schrift an diesem Ort, balde an einem andern Ort[14]). Aber ich kann von dem mysterio nicht mehr reden, (umb welches willen denn Joannes der Evangelist des Jordans gedenkt,) denn ich bin itzt etwas schwach. Ich wills aber hernacher thun.

---

11) H. bönisch, mit d. Note: „Hdf. heunisch. Vielleicht ist heimisch, hämisch (?) zu lesen.“ 12) H. bönisch, mit d. Note: „Hdf. wie oben“ 13) H. bosen, mit d. Note · „Hdf. Busen.“ 14) „Hdf. wortt.“ Anm. v. H.

Die sieben und dreißigste Predigt.

Am Sonnabend fur der Geburt Christi. [1])

Das ist eine geringe Historia, darumb so wollen wir nicht lange daran predigen, denn ich kann auch nicht viel darvon reden. Jedoch weil sie der Heilige Geist beschrieben hat, so mussen wir diesen Text nicht uberhin laufen, sondern etwas darvon handeln. Es will aber Joannes der Evangelist sagen, dieweil alle Evangelisten schreiben, daß Joannes der Täufer am Jordan getauft hat, welches denn lautet, gleich als sei er in Galiläa gewesen, welches denn auch also ist; aber auf daß man wußte, daß er nicht allein in Galiläa am Jordan gepredigt und getauft hab, drumb so beschreibet er auch, wie er im judischem Lande gepredigt und getauft hab, als, nahe umb Jerusalem und umb Betharaba, dohin die Juden von Jerusalem eine Botschaft von Priester und Leviten zu Joanne dem Täufer schickten. Diese Orte lagen nicht nieden in Herodis Lande. Also meldet er allhier Salim und Enom, welche beide Städte im Land Juda nicht weit vom Jordan gelegen sein.

So will nun Joannes der Evangelist anzeigen, daß Joannes der Täufer das mehrer Theil seiner Predigt zubracht hab in der Wusten, (wie es denn der Evangelist Lucas am 10. Kap. auch zeuget [2]),) als, umb Jericho und bei dem todtem Meer. Doselbst hat er angefangen zu predigen und zu täufen, bis daß er auch in Galiläam kommen ist, und doselbst von Herode ist gekopft worden.

Und liegt Salim am Gebirg herein, ist nicht am Jordan gelegen, sondern etwas darvon; und man siehet allhier, daß Joannes an Einem Ort nicht geblieben ist, sondern hin und wieder gereiset, bis er auch an diesen Ort kommen ist, und fähet seine Predigt im Stamm Juda an, und kompt darmit in Galiläa, bis daß er erwurget wird. Aber Christus thut

---

1) „Der 21. December." Anm. v. H. 2) „Vgl. Luk. 3." Anmerk. d. H.

das Widerspiel, denn er fähet an in Galiläa, u
reiset darnach ins judische Land und gen Jerusale
und wird doselbst gekreuziget.

Was nun Enon und Salim bedeuten, das kon
ich auch noch auslegen, aber ich bin itzt zu schwa
darzu. Es will aber der Evangelist sagen: Do Ch
stus mit Nicodemo im jüdischen Lande also gere
hat, do führet Joannes der Täufer noch sein P
digtampt. Nun ist der Herr lange in Judäa geb
ben, und zeucht darnach gen Capernaum und g
Nasareth, und wohnet doselbst bis daß er stürt
als er wieder gen Jerusalem kam. Aber Johan
ist [3]) — — — — — — — — — — — — — — .

— — — — — — — — — — — — — — — — — — .

sein Weib verlassen wollte, do soll die weltliche Ob

---

3) „Es fehlt hier in der Handschrift ein Blatt, fol 145, mit
Fortsetzung der Predigt. Luther scheint aber, wie bei der
Predigt, so auch hier wegen Leibesschwachheit seine Rede n
weit fortgesetzt zu haben. Schon auf fol. 148 der sehr weitlä
geschriebenen Hds. beginnt die 38 Predigt und läßt keine Lü
in der Erklärung wahrnehmen Die Blätter 146 und 147 enth
ten das Bruchstück einer Vermahnung wegen der Pest. Es fin
sich diese Vermahnung in der Altenburger (VIII, 993), Lei
ziger (XXII, 389) und Walchischen (X, 2348) Ausgabe v
Luthers Werken mit der Ueberschrift: „„„Copia eines Excerpts a
einer Predigt Lutheri. Anno 1539. Daß die Bürger wegen
Pest nicht fliehen sollen.“““

„Unsere Handschrift scheint die Zeit genauer zu bestimmen. S
macht nämlich die Vermuthung wahrscheinlich, daß Luther di
Vermahnung in der Predigt am „Sonnabend vor der Geb
Christi“ ausgesprochen habe. Aurifaber würde die Vermahnu
nicht an diese Stelle gesetzt haben, wenn sie nicht grade da
gehörte. Wenn auch Luther für eine vollständige Predigt ke
Kraft hatte, so mochte er sie immer noch für ein mahnendes W
haben. Dieses mag auch hier aus unserer Hds mitgetheilt werd
weil es daselbst bei weitem treuer ist, als in den eben angefü
ten Werken Luthers Wir setzen es aber unter den Text, da
eigentlich nicht in den Text hinein gehört“ Anm v. H.
diese Vorbemerkungen läßt er das besprochene Bruchstück selbst f
gen. Wir dagegen lassen es unsern Grundsätzen gemäß als T
abdrucken, und das um so mehr, als wir in Folge des verlo
gegangenen Stücks dieser Predigt nicht wissen, wie trefflich
theure Gottesmann sich zu der Ermahnung in Betreff der
den Weg bahnte.

keit wehren. Item, Keiner wollte Fleisch, Fisch, Korn und ander Nothdurft herein fuhren. Ist das: Liebe den Nähesten als dich selbst? Es will auch schier Niemands mehr zum Andern in die Häuser gehen, daß die, so krank liegen, schier Hungers sterben. Wenn wir also gesinnet sein wollen, so ists nicht Wunder, daß die Pestilenz kompt, denn es sollten alle Teufel kommen, und uns deßhalben strafen. Denn wenn wir die Kinderruthe nicht leiden konnen, was sollte geschehen, wenn Gott mit Kriege käme? ja, wenn er mit Donner und Blitz und dem hollischem Feuer käme? Denn wir sind also gesinnet, gleich als hätten wir Gottes gar vergessen, und als hätte Gott keine Gewalt mehr.

Wenn die Pestilenz sollte wieder kommen, so vermahne ich euch, ihr wollet nicht so gräulich euch stellen, oder sehet doch drauf, daß die armen Leute, so die Pestilenz bekämen, mochten versorget werden, und irgends von der Kirchen oder dem gemeinen Kasten ernähret wurden, oder man weise sie aus der Stadt. Man bestelle irgends einen Arzt und Balbier, oder zwene, oder Gott wird euch strafen, und das Holz auf dem Anger wegführen, das Korn nehmen, und was ihr sonst in Kellern habt. Konnet ihr doch desselbigen wohl warten, worumb wollet ihr nicht der Menschen warten? Heißet das den Nähesten lieben, und den Herrn aufnehmen, wenn er schwach ist, daß man ihnen besuche, oder wenn er ein Wandermann ist, daß man ihnen beherwerge? Wie thut Rom, Mailand und Venedig, da fur und fur die Pestilenz ist? und ob sie oft die Städte fegen lassen, noch konnen sie der Pestilenz nicht umbgehen. Es werden ihr täglich Viel mehr geborn, dann ihr sterben. Wie viel Hundert werden ihr wohl täglich hin und wieder geborn? Ist doch einer dem Andern einen Tod schuldig.

So du bleiben mußt, und in einem Ampt bist, so sollst du bleiben. Nimm Aerznei und räuchere, und bleibe bei denen, zu denen Gott dich verordnet hat. Der Fürst hat mir wohl eher geboten, ich sollte von hinnen wegziehen, umb des Sterbens willen, aber ich habe *nicht gewollt.* Denn wenn es gleich allhier Alles stunke von Pestilenz, so soll michs dennoch vom Predigtstuhel nicht treiben. Denn es ist mein Beruf, deß will ich warten und ausstehen. Sterbe ich nun druber, so sterbe ich im Stande der Liebe, und ist dann viel besser, denn wenn ich hundert Jahr noch länger lebete. Zeuchst du aber hinweg, und verlässest deine Aeltern, Weib oder Kinder, so bist du so ein verfluchter Mensch, daß du lieber hundertmal solltest sterben.

Die Pestilenz ist eine feine liebliche Strafe, do man sich läßt berichten und stirbet in Gottes Erkenntniß, mit Glauben und Anrufung Gottes. Aber der Bürger, Baur und Edelmann ringen nach einem Kriege und theuer Zeit: aber Gott erhälts noch, und zeucht die Strafen auf, wiewohl ers wahrlich dräuet. Wenn denn dieselbige Strafe, als Pestilenz, kompt, so fürchtet den Teufel nicht zu sehr, denn Gott versuchet euern Glauben, euer Buße und Liebe. Ob nun der Teufel Gift ausspeiet, wollt ich drumb aus dem Lande fliehen? Hat er uns erwurget und gefressen, er muß uns wohl wieder ausspeien.

Darnach so weiß ich auch nicht, ob ich die Pestilenz abbitten soll. Die Baurn und Edelleute schätzen und steigern itzt alles, was nur auf den Markt kompt, wie sie nur selbst wollen, und gehen dohin, wuschen das Maul. So ist die Oberkeit auch so bos, laß und faul. Wenn Gott nicht drein sähe, so sollte unser einer nicht begehren zu leben. Denn wenn Sunde nicht gestraft wurden, und Jeder thun mochte, was er wollte, und die Oberkeit Alles läßt hin hosen, so sollten wir wunschen, daß unser Herr Gott drein sähe. Denn ist doch nichts Anders, denn schinnen und schaben, gleich als wären sie Gott selbst. Es muß ein Pestilenz kommen, auf daß die Spreu vom Korn gereiniget werde, denn wenn die Burger, Baurn und Edelleute also sollten fortfahren, so wäre es besser, daß wir sturben.

Drumb mache es mit der Pestilenz nit so bose oder arg, als es an ihme selber ist, als, die Baurn wollten lieber theuer Zeit und Krieg, dann die Pestilenz haben. Aber male den Teufel nicht uber die

Thuer, er kompt dir sonst wohl. Derhalben stellet euch nicht so gräulich, sonderlich die ihr bei uns in dieser Kirchen seid, und die ihr des Herrn Christi Wort horet. Gedenket, die Pestilenz ist des Teufels Pfeil. Wenn er mich gleich darmit scheußt, was ist es drumb? Christus lebet dennochs, und ich werde auch leben. Denn er spricht: Wer an mich gläubet, ob er gleich sturbe, so soll er leben; wie denn gemeiniglich diejenigen, so in der Pestilenz sterben, so sein von hinnen scheiden, gleich als schliefen sie. Also gehets nicht zu in der theuern Zeit, noch im Kriege. Aber allhier kannst du noch einen Prediger haben und horen, der dir Gottes Wort fürsaget. Darumb so fürchtet euch nicht zu sehr, auf daß wir Gott nicht zu sehr erzurnen, und er uns etwas Aergers zuschickte; und lasset uns allhier bleiben, die wir angewachsene Personen sein, und ordent Aerzte, Balbier, Spital, daß wir den Nähesten nicht versäumen, und nicht wider ihnen sündigen. Denn wir sind schuldig, mit Leib und Leben ihme beizustehen. Wird ein Haus angesteckt, so ists nur ein Tropflein vom Regen, das Wetter ist noch nicht da.

Ende der Predigt.

Die acht und dreißigste Predigt.

(Am Sonnabend nach Viti [1]).

Darnach kam Jesus.

Alle Evangelisten schreiben, daß Joannes der Täufer sein Predigtampt und Taufe umb den Jordan getrieben hab. Denn das gelobt Land ist ein sehr trocken Land gewesen, und hat keinen Wasserfluß mehr gehabt, dann den Jordan, und der gehet fast mitten durchs Land her, hernacher fället er endlich in den

---

1) „Der 21. Juni im Jahre 1538." Anm. v. H.

schändlichen Pfuhel, do vor Zeiten Sodom und Gomorra gestanden hat. Doselbst wird der Jordan nicht allein verloren, sondern das Wasser ersäuft sich da, und erstickt den Jordan derselbige schändliche Pfuhel.

Dieweil denn nun S. Joannes geschickt war, daß er des Herrn Christi Furläufer sein sollte, und verkundigen, daß der Messias verhanden wäre, und sollte das Zeichen führen, daß er täufete; wie sonst Andere haben andere Zeichen gehabt, als, Esaias ging einmal gar nacket, zum Zeichen, daß Palästina sollte beraubet und geplundert werden; Jeremias truge eine holzern [2]) Ketten am Halse. Also haben die Propheten gemeiniglich Zeichen mit sich gebracht, neben dem Wort; wie denn Gott von Anfang der Welt neben seinem Wort Zeichen auch gegeben hat, auf daß man auch mit leiblichen Augen sehe, daß er sein Volk und Kirche liebete, und ihr Guts thun wollte. Als Adam von Gott die Verheißung von des Weibes Samen empfing, do zog er ihnen einen Pelz an. Als er Abraham wollte zum sonderlichem Volk machen, do gab er ihme die Beschneidung. Dergleichen hat er allezeit neben dem äußerlichem Predigtampt ein äußerlich, sichtlich Zeichen gegeben, auf daß wir ja nicht klagen möchten, wir konnten ihnen nicht finden.

Also hat er zu unser Zeit, im Neuen Testament, uns gegeben die Taufe, das Sakrament des Altars, die Absolution, auf daß wir Christum aufs Allernäheste hätten, nicht allein im Herzen, sondern auch auf der Zunge, daß wir ihnen konnen fühlen, greifen und tappen; und hat Gott solches Alles gethan umb der schändlichen Geister willen, die mit ihrer Vernunft, Gedanken und Träumen Gott suchen ihres Gefallens. Derhalben so gibt er sich an Tag empfindlich und klärlich, auf daß er konne ergriffen werden. Aber wir nehmens nicht also an, fragen nach dem gottlichem Wort nichts, do der Herr Christus doch saget: Das Wort, so ich predige, ist nicht mein, sondern

2) H. hölzern, mit d. Note: „Hdſ. holtzern, und ſo gewöhnlich.“

meines Vatern [3]; item: Wer euch höret, der horet mich [4]); item: Gehet in die Welt, und lehret alle Volker; wer dem Wort Gottes gläubet und getauft wird, der wird selig rc. [5]). Solch Wort des Evangelii, auch die Absolution schlahen wir in Wind.

Also gibt ers uns nicht allein ins Herz, sondern auch in die Augen und in die Hände, denn es ist greiflich und empfindlich. Also hat Gott allezeit sein Volk regieret, daß er sich auch sichtlich ihnen hat zu erkennen gegeben, auf daß man nicht sagen durfte, konnte man Gott finden, man wollte an der Welt Ende nach ihme laufen. Aber es darf der Muhe nicht, daß du weit darnach laufest, wenn du allein horen kounteſt. Denn er will zu dir kommen, und will dich in die Augen stoßen, und in die Fäuste schlagen, und will sagen: Alleine mich hore und ergreife, lange die Ohren und Augen her, do hast du die Taufe und das Sakrament des Altars, reiche deinen Mund her, und laß mich die Hand auf den Kopf legen, das Wasser, das uber dich gegossen wird, das gib ich.

Also hat nun Gott bei der Propheten Leben sich nicht allein im Wort offenbaret, sondern auch in äußerlicher, sichtlicher und greiflicher Gestalt. Also hat Joannes der Täufer auch das mundliche Wort geführet, und mit dem Finger auf Christum gewiesen und gesprochen: Siehe, das ist Gottes Lamb, welches trägt die Sunde der Welt [6]). Darnach mußte der Jordan ihme dienen und ein äußerlich Zeichen oder Bild sein, damit er hieße den gemeinen Mann Gott greifen und tappen, und daß sie nicht sagen durften: O, wußten wir, wo Gott wäre, ich wollt ihn gerne nachlaufen; wie wir denn im Papstthumb auch gethan haben, daß er, der Papst, die Sakrament unter die Bank gesteckt hat, und nur den bloßen Text des Evangelii auf der Kanzel gelesen, hat aber

---

3) „Vgl. Joh. 14, 10." Anm. v. H. 4) „Vgl. Luk. 10, 16." Anm. v. H. 5) „Vgl. Mark. 16, 15. 16." Anm. v. H. 6) „S. Joh. 1, 29." Anm. v. H.

Gottes Wort gar Nichts' sein müssen, sondern
geben: Laufe im Küriß zu S. Jakob, rufe a
Georgium, Erasmum, und Andere. Doselbst
ich denn Nichts, ich fühle auch Nichts, sonder
hellen, lichten Tage bin ich staarblind, und d
gen do Gott sich hat offenbaret, nicht allein in
nem Wort, sondern auch in sichtlichen Zeichen, d
hat mans nicht geacht; und ich fürchte, es wird w
dohin kommen. Du siehest die Taufe, und de
tauft wird, fublets. Wir mogen Gott danken,
er seinen lieben Sohn in den Schooß seiner M
Mariä gelegt hat. Die ihnen nun gesehen haben
haben den Sohn Gottes gegriffen und gefuhlet,
die ihnen gehort haben, die haben auch den G
Gottes gekreuziget; und do der Herr Christus
sonlich und leiblich nicht mehr hat konnen gef
werden, do hat er hinter sich verlassen sein Wort
die Sakrament, welche wir mit unsern funf Si
ergreifen konnen. Noch sollen wir dieß Alles in A
schlagen, und etwas Sonderliches erdenken, wi
Monche gethan haben, und do man doch Nichts
noch greifet, das Gott geboten hat: welcher T
hat dichs geheißen? Denn was kann besser
kostlicher erdacht werden, denn was Gott selbst
ben hat? Darumb soll man wehren unsern G
ken und Träumen, und nicht laufen von dem, so
uns furgehalten hat. Denn Prediger, Aeltern, H
und Frauen sagen uns auch Gottes Willen und W

Enon, Salim. Es ist griechisch geschrieben,
nicht, was es sei. Es lautet aber, als hab J
nes für andern Evangelisten die Art, daß er g
die Namen deutet, und zeiget an, daß man d
eine Meinung nehmen solle, wie er denn droben
gesagt hat, daß Joannes bei Betharaba getauft
item, Thomas, der genannt wird Zwilling [8]). J
Joannes beschreibet für den andern allen die Na
zu einer Vermahnung, daß man soll nachdenken,
es sei und heiße. Und setzet darzu, es sei viel Wa
doselbst gewesen, gleich als läge viel und große W

---

7) fe. 8) „S. Joh. 1, 28 und 11, 16." Anm. v. H.

dran; item, daß viel Volk dohin geloffen [9]) sei, und hab sich wollen täufen lassen, denn Joannes sei noch nicht ins Gefängniß geworfen gewesen.

Es ist aber Joannis Ampt gewesen, daß er täufen sollte. Nun waren im ganzem Lande nicht mehr Wasser, denn allein der Jordan; sonst waren hin und wieder nur etzliche Sumpf, und das Wasser Jordan krumpt sich sehr, und drehet sich hin und her, und hatte tiefe Ufer, und ließ sich nicht schöpfen: aber an etzlichen Orten kunnte man ihnen schöpfen. Denn er ist sehr tief gegangen, und hohen Rasen umb sich gehabt. Wo nun ein Ort war, do man zu dem Wasser kommen mochte, und es schöpfen, do hieß: Viel Wassers war doselbst. Drumb hat sich Joannes an den Ort auch verfuget, daß er doselbst viel täufen konnte. Sonst konnte man nicht allezeit zum Wasser kommen. Denn die Scribenten zeigen an, daß der Fluß weit umbher geschweift hab, und viel Krumm gemacht, daß man schwerlich Wasser hat draus schopfen mogen. Nun, S. Joannes hat Lust darzu, daß er Solches schreibe, und spricht: Es war ein Ort, do man viel Wasser schopfete aus dem Jordan, als man sonst an zehen Ortern nicht hätte thun konnen. Aber worumb beschreibet ers also?

Der Jordan war ein Bild und Figur des ganzen Landes, Volkes und Gesetzes Mosi. Denn die Landschaftbeschreiber messen alle Lande nach den Wassern, und nicht nach den Städten und Schlossern: sondern, der Rhein fleußt also, und hernacher setzet man die Wasser dran und die Wälde [10]). Drumb saget auch der zwei und vierzigste Psalm: Ich gedenke an dich, im Lande am Jordan und Hermonim, auf dem kleinen Berge. Das ganze Land heißet doher das Land des Jordans, denn der ist Herr im Lande. Also auch mit dem Rhein. Dieweil das Wasser fleußt durch dieselbige Lande, so muß das Land nach ihme genennet werden, der Rheinstrem.

Derhalben so ist nun der Jordan ein Figur des

9) H. gelauffen, m. d. Note: „Hdſ. geloffen." 10) H. Welt, mit d. Note: Hdſ. welde."

Gesetzes, so in demselbigen Ort Landes ist gegeben worden, und ist gericht auf Christum, so in diesem Lande sollte geborn werden. Drumb so kompt Joannes und täufet am Ende des Jordans, und hat doselbst gerne getauft, als auch bei Betharaba, das ist, bei Wusthausen, Feldhausen; ist ein wilder Ort gewesen, do keine gute Frucht gewachsen ist, sondern ein weit Feld gewesen. Do ist die Stadt nicht weit darvon gelegen, do dann der Jordan in Pfuhel fällt. Do hat Joannes bei [11]) getauft. Es ist auch Joannes der letzte Prediger des Gesetzes gewesen, ja das Ende des Gesetzes, wie denn der Herr Christus Matthäi am eilften Kapitel saget. Und gehet nun der Jordan durch das judische Land, bis er gen Betharaba kompt, do Joannes getauft hat. Da ersäuft er mit seinem Wasser, und bekompt darnach einen Namen, daß er heißet das todte Meer, und verleurt seinen Namen, do die funf Städte, Sodom, Gomorra, Adama und Zeboim &c. gestanden sein. Do ersäuft der Jordan nahe bei der Stadt Betharaba, do Joannes täufete.

Das will Joannes anzeigen, als durch eine heimliche geistliche Deutung, Joannes sei der letzte und Jordanische Prediger, das ist, das Gesetze solle nun aufhören, und der Mensch solle getauft werden, nicht daß er durch sich gerechtfertiget wurde, sondern sollen vom Jordan hinweg kommen, und mit dem Feuer getauft werden vom Himmel.

Jordan heißt Niederfahrt oder Niedergang, daß dieser Fluß herabfällt und ersäuft im todten Meer, gleichwie die Elbe unter sich fleußt, und in die See läuft, und sich drinnen verleurt. Er hat aber seinen Ursprung in tribu Dan, und kompt aus einem schönen Borne, zeucht sich krumb herab. Hiermit hätte Joannes nicht besser malen konnen Mosen und das Gesetz, welche die zehen Gebot predigen [12]). Diese Lehre krummet sich, und ist tief, weiset uns die Sunde, bis daß sie uns in Tod fuhret, das ist, das Gesetz todtet, und führet sie in Abgrund der Hölle. Zu dem

11) „bei" fehlt. 12) welches — — prediget.

Jordan, das ist, zu der Lehre kann Niemands kommen und davon trinken, und das ist des Gesetzes Kraft, daß sie das Fleisch todte, es ist do Alles todt, fället ins todte Meer; und das gilt sonderlich den Juden, die auf das Gesetz Mosi trotzeten, und wir fallen auch in einen schädlichern [13]) Pfubel, dann der Jordan ist, wenn wir das Gesetz Mosi nicht halten.

Nun Joannes ist am Ende mit dem Gesetze, und spricht: Ich bin nicht der wahrhaftige Meister, sondern der Bräutigam wird kommen, der wirds thun. Ich bin noch ein Stuck vom Jordan; aber der sonst kommen wird, der wird nicht kommen als der Jordan.

Das sei kurz gesagt von den Worten Salim und Enon, und daß viel Leute dohin kommen waren, daß sie sich täufen ließen. Folget:

Da erhub sich eine Frage unter den Jungern Joannis sampt den Juden, uber der [14]) Reinigung. [15])

Das ist der ewige Hader, der sich allhier erhebt uber Christi und Joannis Junger. Und er hat sonderlich allhier gebrauchen wollen des Worts Reinigung, und nicht Taufe, dann balde hernach folget im Text: Von dem du zeugest, der täufet, und Jedermann kompt zu ihm. Die andern drei Evangelisten schreiben, daß Joannes Christum getauft hab; aber der Evangelist allhier meidet dieselbige Wort, daß er Christum getauft hab, sondern saget, daß er von ihme gezeuget hab. Was dasselbige nun sei, will ich sparen bis auf ein ander Zeit.

Dem du hast Zeugniß gegeben, der fähret zu und täufet. Was thut er dir für einen Undank? Du bist ein Prophet, und er ist so undankbar, und fähret zu, und nimpt dir die Taufe. Zuvor hast du als ein Prophet getauft, nun täufet er. Welche

---

13) schendlichern. 14) die. 15) † Und kamen zu Johannes, und sprachen zu jm, Meister, der bey dir war jenseid dem Jordan, von dem du zeugetest, Sihe, der teuffet, und jederman kompt zu jm.

Taufe ist nun rein? Er wills nicht eine Taufe nennen, sondern eine Reinigung, daß wir in der Täufe rein und heilig werden. Nun fragen sie: Ist deine Taufe rein, worumb täufet er denn? Mit der Weise wird er ein Aufruhrmacher, und deiner Taufe zu Schaden thun. Wir sind von dir getauft, auf daß wir durch deine Predigt und Taufe heilig und selig wurden; so hebt der ein Neues an. Mit der Weise wissen wir nicht, ob wir rein sind oder nicht. Dann so wir durch deine Taufe rein sein, worumb täufet er dann?

Und spricht der Evangelist, es hab sich eine Frage erhoben uber der[16]) Reinigung, das ist, uber der Taufe, die er nennet Reinigung, auf daß er anzeige den Irrthumb, der domals gewesen ist, do man gedacht hat, ob man auch durch die Taufe rein werde; und das ist eine Frage, die von Anfang der Welt gewesen ist, und auch bleiben wird bis ans Ende, daß man sich nicht schicken kann in die Reinigung, wie und wo man rein soll werden. Die Vernunft suchet den Weg zur Seligkeit; aber die rohen, wusten und tollen Leute fragen nichts darnach. Aber die betrubten Herzen, die do gedenken, wo sie wollen bleiben nach diesem Leben, auch wie sie Vergebung der Sunden erlangen, und dem Tode entlaufen mochten, und des ewigen Lebens versichert werden, die fragen nach der Reinigung.

Uber dieser Frage erhebt sich unter den Jungern Joannis und den Juden der Zank. Denn die do nicht rohe sind, und die Juden, die auch fromm sein, und an Gott gläuben, und die Seligkeit lieb haben, die werden irre. Denn der sucht dieß, der Ander das; wie denn unter dem Papstthumb auch geschehen ist, do ist einer ein Augustiner-Münch, jener ein Dominicaner-, ein Ander ein Franciscaner-Munch worden. Denn die Vernunft hinderts und gedenkt: Wie werde ich selig und rein; auch los von Sünden und vom Tode, und daß ich einen gnädigen Gott bekäme?

16) H. die, mit d. Note: „Hdf. der, und so immer in dieser Verbindung."

Diesen läuft der Irrthumb in die Fäuste, daß beide täufen, Joannes und Christus. Welches Taufe ist nun recht? Die zehen Gebot sind da; wer die thut, der ist rein; item, so du willt ins Leben eingehen, so halte die Gebot Gottes. Dieß ist am Jordan gepredigt durch Joannem den Täufer. Aber Christus saget: Wer do gläubet und getauft wird, der soll selig werden. Wie reimen sich diese zwei zusammen, daß wer das Gesetz hält, und wer do gläubet 2c.? Welchs ist nun die wahrhaftige Reinigung? Das ist der Hader, und währet noch bis auf den heutigen Tag. Und das Räufen, Schlahen und Zanken ist nicht mit dem Mose, sondern mit den Jungern Joannis; und die do predigen von guten Werken, wollen sich itzt schier schämen, daß sie die Munchs-Kappen und Platten so sehr gelobt haben, wollen itzt Joannis des Täufers Junger werden, und lehren, daß man solle fromm sein und gute Werk thun, und sagen: Man muß gute Werk thun; wer sie thut, der wird selig. Nun wohlan, Christus redet nicht einen Buchstaben darvon; saget wohl: Willt du ins Leben eingehen,[17]) halte das Gesetz[18]); item: Nichts Unreines gehet ins Himmelreich[19]). Das ist Joannis Reinigung, drumb so muß man durch gute Werk selig werden. Ja, thue es, fahre zu, spricht Christus, und halte die Gebot, wie er denn zum Schriftgelehrten auch sprach: Du sollt Gott lieben von ganzer Seelen 2c. Thue das, so wirst du leben[20]). Es ist eine feine Reinigung; aber do wir sie nicht thun und haben konnen, do setzet Joannes darzu: Siehe, das ist Gottes Lamb, welches trägt die Sunde der Welt. Denn wo nicht hin kompt Christi Taufe und Reinigung, so verschlinget der schändliche Pfuhel den Jordan, und fahren wir mit Sodom und Gomorra in Abgrund der Höllen.

Man solls aber thun. Ja, thue es immer. Joannes täufet, ist noch nicht im Gefängniß, das ist,

---

17) + so. 18) „S. Matth. 19, 17" Anm. v. H. 19) „Vgl. Matth. 15. Mark. 7." Anm. v. H. 20) „S. Matth. 22, 34 f." Anm. v. H.

der Jordan ist noch nicht ersoffen. Wir sagen wahr lich auch also, wie Christus: Thue das. Ei, predig ihr doch den Glauben? Ja, wir wollten gerne, da man auch gute Werk thäte, allein daß man er gläube, und darnach gute Werk thue.

Derhalben so bleibet der Hader, daß Joanni Jünger durch ihre gute Werk und Joannis Tau wollen selig werden. Aber er spricht: Ich bin nic der Bräutigam, der Jordan muß abnehmen und e saufen im todtem Meer. Darumb so ist nun ein andere Reinigung da, denn Christus fähet an z täufen, und meine Taufe muß aufhoren, und de Jordan ersaufen. Diese Reinigung wirds thun, da wer gläubet und getauft wird, soll selig werden. De wird denn die ander Reinigung auch wohl finden wenn er erst durch Christum wird gereiniget werden und do folget dann balde die andere Reinigun drauf.

Das ist der Hader, daß man von Anfang de Welt her fraget, ob man durch Werk oder Gnad Gottes komme zur Seligkeit. Do soll denn die Häupt reinigung vorgehen, denn Gnad und Wahrheit is durch Jesum Christum geschehen, item, aus seine Fulle haben wir Alles genommen; und verbieten dan gute Werk nicht, sondern wir predigen, daß gut Werk diese Reinigung nicht machen noch geben kon nen, sondern Christus muß uns rein machen durc sein Blut. Darnach folget denn aus Gnaden di andere Reinigung. Also kommen wir vom Jordan und rothen Meer.

Ende dieser Predigt.

Die neun und dreiſſigſte Predigt.

Am Sonnabend nach S. Joannis Tage den 29. Junii.[1]

Nächſt haben wir gehört von der Frage, die ſich unter den Jungern Joannis uber der Reinigung erhaben hat; welches denn der groſſte[2]) Kampf und Hader iſt von Anfang der Welt, und ewiglich bleiben wird, bis ans Ende der Welt, daß man fraget und ſich zanket uber der Reinigung; und alſo haben auch die heidniſchen Philoſophi gethan, die do geforſchet haben, wie man Gott dienen ſolle und ſelig werden. Er redet aber nicht von der Reinigung der Welt, ſondern für Gott, daß Gott anſehe daſſelbige Bad, und ſpreche denen rein, ſo gebadet wird. Moſes hat viel Reinigung geſtiftet, das Weihwaſſer und Anders, wie denn der Papſt und die Turken auch viel Reinigens haben. Alſo haben die Heiden auch ihre Reinigung und Weiſe gehabt, ſonderlich die Romer und Griechen, wie ſie für Gott rein würden.

Derhalben ſo fähet Joannes eine neue Reinigung an, die zuvor bei den Juden nicht geweſen war, und hatte dann auch noch die Predigt darzu, daß ſie aufhoren ſollten von ihren böſen Werken und Weſen, und warten auf den zukunftigen Meſſiam. Dardurch bezenget er, daß er der nicht ſei, der do rein machen konne, und daß auch ſeine Taufe nicht ſei die Reinigung, ſondern ſpricht: Ich reinige mit Waſſer, nicht daß ihr dardurch gereiniget würdet, ſondern durch denen, der nach mir kompt, der do wird mit dem Heiligen Geiſt reinigen. Noch gleichewohl diejenigen, ſo indeß geſtorben, ſind gleichewohl ſelig, dardurch daß ſie die Taufe Joannis angenommen, und ſich haben reinigen laſſen in dem Glauben des zukunftigen Chriſti, dorauf Joannes geweiſet hat, daß er der wahrhaftige Reinmacher ſein wurde. Alſo ſind alle Patriarchen und Propheten gereiniget worden, und iſt die Be-

---

1) „Die Hdſ. iſt hier ungenau. Der Sonnabend nach Johannis fiel im Jahre [illegible] auf den [illegible]. Juni." Anm. v. H. 2) groſſe.

ſchneidung und alles Reinigen gehängt auf den zukunftigen Meſſiam, und hat ihnen die Beſchneidung geholfen, daß ſie gebeſt und gehängt geweſen iſt auf den zukunftigen Meſſias. Auf den Glauben des zukunftigen Meſſiä hat man ſie beſchnitten und ſind ſelig worden; ſonſt wären ſie nicht ſelig worden. Denn Chriſtus iſt herl et hodie geweſen, das iſt, von Anfang. Habel, das fromm Kind, opferte ein fein fett Lämmlein, und würde ſelig, nicht umb des Opfers willen, ſondern umb der Verheißung willen, daß er gläubte an Chriſtum. Die Verheißung die thäts, daß des Weibes Same ſollte der Schlangen den Kopf zutreten. Solches hat Abel gegläubet, und umb des Glaubens willen auf den zukunftigen Samen iſt er bei Gott zu Gnaden angenommen worden. Chain[3]) aber kam getrollet auch mit ſeinem Opfer, das gut war, das der Acker getragen hatte, und er aus Gottes Geſchenke und Gabe hatte. Was feihlet ihm aber? Daß er nicht hoffte auf den zukünftigen Samen des Weibes, ſondern war ein ungläubiger Mann, und meinete, dieweil er der erſtgeborre Sohn und allein der Furſt unter dem menſchlichem Geſchlechte wäre, drumb ſo ſollte er umb ſeiner eigenen Perſon willen Gott angenehme ſein. Drumb hoffet und wartet er nicht auf des Weibes Samen, ſo der Schlangen den Kopf zutreten ſollte. Dargegen hat Abel gehort vom verheißenen Samen: das gläubet er, und den Glauben zu bezeugen und an Tag zu geben, kame er mit ſeinem Opfer. Aber Chain gedenkt: O, wenn du nur drei Kornlein Waizen opferteſt, und mein Bruder gleich hundert Lämmer auf den Altar legte, dennochs bin ichs Alles, und Abel iſt Nichts. Aber unſer Herr Gott machts anders, daß der, ſo Nichts iſt, muß Alles ſein. Dann er gläubet auf den zukunftigen Samen, Chriſtum. Wiederumb Chain, der Alles war, iſt Nichts, denn er hänget nicht mit dem Glauben an den zukunftigen Samen des Weibes. Do wird denn Chain nicht gereiniget, ſondern Abel.

Doruber hebt ſich der Zank, und ſo gräulich,

---

3) H. Kain, mit d. Note: „Hdſ. Chain, und ſo immer.“

so Alles sein will, den Abel todtschlägt.
für und für in der Welt also gewähret;
alle Historien, wie alle Patriarchen und
geopfert haben, und das Feuer hat solch ihr
erzehret. Do haben denn gottlosen Juden
Gott siehet die Gabe und das Opfer an, do
in lauter Spreu hatte. Aber Gott fraget
den Ochsen, Schafen und Opfern, wie im
n Psalm und ersten Kapitel Esaiä zu sehen
hat euch von den Opfern geboten? saget

ist der Haver, wie in aller Propheten
zu sehen ist, daß die Gottlosen meinen, sie
gereiniget umb ihrer großen Opfer willen.
nun Gott nicht thun, und daruber sind alle
n gemartert und getodtet, und alle große
estürzt worden. Wer aber geopfert hat, und
bei dem Opfer erinnert des rechten Lämm
risti, so für die Sunde der Welt sollte ge
erden, der ist durch und in dem Glauben
ukunftigen Christum selig worden. Wer aber
gethan hat, der ist auch nicht selig worden;
iner gleich tausend Ochsen hätte, die er opfern
so ists Gott gleich so viel als eine Fliege.
den Gottseligen, do hats der zukunftige
ethan, auf den sie ihre Seligkeit gesetzt ha
rhalben so ist auch einerlei Seligkeit, von
d Abel an, und eben die Seligkeit, so wir
. Dann die Verheißung von Christo und
liche Glaube ging balde do an, daß des
Same sollte der Schlangen den Kopf zu
und hat gewähret bis daß er selbst kommen
heißet nun nicht der Glaube in den zukunf
istum, sondern der nun gegenwärtig und
ist; und was im Gesetze sonst gehalten
as gilt itzt nicht mehr, es sei gleich Gesetze
hneidung. Denn Christus ist nun selbst da,
ist Alles gebunden an den Christum.
halben so sind die Juden verdammet, die do
Gott lugenstrafen, und sagen, Christus sei
men, und denen, so da kommen ist, wollen

sie nicht leiden, sondern warten auf einen andern, den sie ihnen selbst träumen und furmalen; wie denn auch gleicher Weise die Türken verdammet sind, die do also lehren: erstlich hab Gott Mosen gesandt, darnach sei David kommen, und hab Moses aufgehört, und David hab gewähret, bis daß Jesus gekommen sei, do höret denn Davids Lehre auf. Die Lehre Jesu währet so lange, bis die Leute bose worden. Do befiehlcht Gott das Regiment dem Mahomed, der solle die Menschen mit dem Schwert regieren; und heben also Christum gänzlichen auf, und der Mahomed solle auch bleiben, bis so lange Gott einen andern Propheten schicke. Denn also denken sie, daß wie Gott im Alten Testament immerdar Propheten gesandt hab, also werde er noch thun zur letzten Zeit der Welt. Aber wisse du, daß balde nach dem Fall Adä Christus uns gesetzt ist zu unserm Heiland. Der hat gewähret zu Abrahams, Mosi und Davids Zeiten, bis er selbst in die Welt kommen ist, und soll auch bleiben bis an der Welt Ende, und an den jungsten Tag, und bis in Ewigkeit.

Das ist wohl wahr, daß immerdar andere Leute gewesen sein, die auch andere Weise gefuhret haben: aber einerlei ist die Lehre gewesen, von Anfang der Welt; soll auch also bleiben bis ans Ende der Welt, alleine daß es vom Anfang der Welt bis auf Joannem den Täufer geheißen hat: Glaub auf den zukunftigen Samen. Nu hinfurter heißts, daß der Messias kommen ist. Also ist allezeit einerlei Christus gewesen, der do ist in praeterito, praesenti et futuro tempore. Also nennet ihnen auch Apocalypsis, daß er sei, der do war, ist, und kommen sollte.

Dieß sage ich drumb, auf daß wir die Lehre von der Reinigung und Taufe recht verstehen. Er hängets Alles an Christum, spricht: Ich bin für ihm her gesandt; und wenn allhier Jemands sagen wollte: Seind doch die selig worden, so für Christo gestorben sein. Ja, sie haben gegläubet, daß Joannes mit seiner Taufe reinigete. Denn er hänget dich mit seiner *Taufe an* Christum, dann wird man selig, wie er

licodemo gethan hat; und als Er [a]) Christus
elbst kompt und gegenwärtig ist, do hat S.
es Taufe müssen aufhoren, wie denn auch die
eidung. Denn es muß nicht mehr heißen: Er
ommen, sondern: Ihr dürft auf keinen Andern
warten, und ich gläube nicht an den, so kom-
, sondern der do gewesen ist, und noch ist. Denn
iben keinen andern Weibessamen, dann denen,
ist zur Zeit Joannis des Täufers gewesen, der
iten zukunftig war, und zur Zeit Joannis des
s gegenwärtig war, und also kommen ist, und
leibet in Ewigkeit. Wer das nicht gläubet und
uf ein Anders, wie die Juden und Turken
der wird ewiglich verdampt. Denn ein Iglicher
n Eigenes erdenken, und siehet Chain saur,
ill Gott zwingen, daß er seine Werk ansehen soll.
r im Papstthumb noch in der Kappen staken,
wir also uberredet, daß wir also heilig und
ären, gleich als wenn wir allererst aus der
gegangen wären, haben unsern Dreck und
verglichen dos Herrn Christi Opfer, und ist
h das Weihwasser, Seelmeß, Vigilien, Alles
ung gewest. So Joannes Taufe, des aller-
ten Mannes, nicht hilft, noch hat mogen hel-
ebern haben mussen sich hängen und gläuben
an Christum, der zukunftig war, und do er
n ist, haben sie mussen aufhoren; und wir sind
cht so gut, als die Juden und Turken, die do
n, Joannis und Christi Taufe hab aufgehört,
er den Mahomed halte, der wär selig. Also
die Papisten wider uns auch geschrieben, daß
ach der Taufe sundiget und fället, der musse
igene Reinigung anfahen. Aber die Heiligen
von Anfang der Welt mancherlei Reinigung
, die doch alle gehängt sein an den Herrn
m. Aber wenn Nonnen und Turken in Sunde
so ist Christus dobin, und alle seine Reinigung,
an musse dann eine eigene Reinigung anheben.
ab so ist der Papst nichts Anders, denn der
ist er anders nicht ärger.

a) ...

Das mag geschehen, mancherlei Taufe, Reinigung und Opfer mag sein: aber es soll bleiben das einige Opfer, Christus. Habel hat die Weise gehabt, daß er ein Lämmlein geopfert hat, und darzu gethan den Glauben auf den zukunftigen Christum. Wenn nu Chain das auch gethan hätte, so wäre kein Unterschied [5]) gewesen unter dem Opfer Abels und Chains. Abraham hat ein anders, und opferte seinen Sohn; ist gar ein ander Weise mit dem Opfer, denn Abel gehabt hat: noch gehet dieß Opfer des Abrahams auf den einigen Samen des Weibes. Moses bauete einen Tabernakel oder die Hutten des Stifts, und richtet ein Volk zu, das ein eigen Reich hatte, item, er führete sie durch das rothe Meer. Aber in diesen mancherleien und neuen Weisen war das einige Stucke, nämlich, des Weibs Same. Drumb so ist nur eine einige Reinigung vom Anfang der Welt her gewesen, do Alle gegläubet haben an Einen Gott, und an seinen Sohn, Jesum Christum, und dann ein Jeder in seinem Stande, es sei gewesen ein Ehemann oder [6]) Gelehrter, denn hat gute Werk gethan. Also sollt eine Nonne auch gethan haben, und gesaget: Ich will einen Schleier und Kron tragen, gleichwie ander Weiber. Aber das hat man nicht gethan. Ein Nonne hat gedacht: Ich will meine Kron in die Reinigung Christi setzen. Aber wer hätte dieß domals also verstanden? Der Zorn Gottes hat den Mahomed und Papst in die Welt gebracht, auf daß wir von der einigen Reinigung Christi abgefuhret wurden, in so mancherlei Reinigung, und daß wir zuletzt solche große Narren worden sein, daß wir auch der Munche guten Werk umbs Geld gekauft haben.

Derhalben thut die Augen auf, und sehet, wie der Teufel will die Reinigung Christi wegreißen, und thut das auf so mancherlei Weise. Denn eins Theils verwerfen ganz und gar das Gesetze oder die zehen Gebot, die Andern wollen des Papsts Kanonichen wieder herein in die Kirch fuhren. Aber saget ihr also,

---

5) H unterscheid, mit d. Note: „Hds. vndterschiedt, und so öfter."
6) † ein.

wie allhier Joannes thut, daß kurzumb keine Reinigung sei, dann allein Christus, des Weibes Same. Kompt aber Menschenlehre in die Kirche, so schlage sie hinaus, daß nicht ein Buchstabe darvon ubrig bleibe, und wisse, daß alle Menschenlehre Abgotterei sei, als gewiß Gott lebt. Denn Joannes der saget:

Der Mensch kann Nichts nehmen, es werde ihm dann von oben herab gegeben.

Wiewohl Joannis Taufe für sich selbst nicht reiniget, sondern hullet sich in den Glauben, noch soll sie nicht von Menschen her kommen, sondern von Gott und aus dem Himmel; wie denn der Glaub auch von Niemands kompt, denn allein von Gott: also auch die Reinigung. Also hänget die Beschneidung auch an dem Zweck Christo, so war sie darnach von Gott auch geboten: aber sie war gehullet und gewickelt in den Glauben. Also sollen auch alle Opfer der Propheten nicht von Menschen, sondern von Gott geboten sein, oder sollen mit Fussen getreten werden. Da soll man dann zu einem Turken auch sagen: Wo hats Gott geboten, was der Machomed prediget? Denn do ist gar kein Glaube. Also hat der Papst auch seine Kanonichen wieder auf den Plan gebracht, und die Kirchen regieret mit Kaseln [7]), Kappen und Platten ꝛc. So ichs denn soll gebotsweise halten, wollt ich nicht einen Faden haben aufm Altar. Aber er spricht: Man muß der Kirchen gehorsam sein. Du leugest. Gott hat dieß äußerlicher Weise aus dem Himmel gegeben, so du führest: darumb so hast du da keinen Glauben.

Derhalben so ist das Papstthumb eitel Abgotterei, wenns noch so herrlich scheinete, und ich wollt auf Sant Joannes Taufe, Abrahams Beschneidung und Mosi Tafeln nicht ein Fliegen geben, wenn nicht darbei stehet: Gott vom Himmel. Noch solls mich

---

7) „Casula (Diminutivum von casa) ein Kleid, welches den Menschen ganz bedeckt. Es wurde nun nicht allein das Mönchsgewand eine Casula, Casel genannt, sondern auch das Chorhemde des römischen Priesters. *Vgl. über das Wort* Du Fresne, glossarium.“ *Anm. d. H.*

nicht helfen, wenn man nicht das Andere darzu setzet, daß mans habe im Glauben. Darumb so soll der Papst aus der Kirchen hinaus, und speie seine Kanonichen an, denn sie sind nicht kommen vom Himmel, sondern von Menschen. Aber man pflegt zu sagen: Es seind gleichewohl weise Leute gewesen. Antworte denn du: Ja, weise Leute thun denn auch keine kleine Thorheit, und sprich: Es ist von Gott nicht geboten; und wenn sie [8]) gleich hundertmal heiliger wären, denn Joannes der Täufer, so weiß ich doch, daß sie ohne Gott und seinem Wort sein, und wenden sich abe vom Glauben, sind nicht gewickelt und gehüllet auf den Heiland Christum, sondern führen ab vom Herrn Christo. Wenn du also thust, und gläubest an Christum, so bist du selig, und hüte dich fur dem, so nicht von Gott geboten ist. Denn es streitet dann wider Gott: darumb so soll mans aus der Kirchen stoßen, als des Teufels Dreck. Denn sie suchen die Reinigung auf ein ander Weise, die Gott nicht befohln hat. Drumb sei es rein todt, denn es ist nicht von Gott geboten. Und er lernet eine andere Reinigung, auf daß wir zum neuen Leben kommen. Es kanns kein Mensch gnugsam bedenken, welch ein erschrecklicher Gräuel sei menschliche Lehren. Die Juristen mögen die Welt lehren. Wenn denn die Welt fromm ist, und kein Mörder, Hurer, Ehebrecher oder Wucherer mehr drinnen zu finden sind, dann wollen wir mit ihnen disputiren. Die Aerzte mogen auch ihres Berufs warten; also auch ein Iglicher thun, was ihme befohlen ist. Denn in der Kirchen soll man deß keins leiden, sondern Gottes Wort soll da allein regieren. So gebeut Gott auch: Du sollt nicht ander Gotter haben. Derhalben so sind die Kanones stracks wider Gott. Nun spricht Gott: In der Kirchen, da will ich alleine Gott sein; welches denn nicht kann geschehen, wenn ich nicht auch allein in der Kirchen rede. Sonst gehet der Sabbath, der Name Gottes, Glaub und Majestät Gottes balde zu Boden.

---

8) „sie“ fehlt in der Hdſ. und wurde v. H. ergänzt.

Die Heiden und andere weise Leute, auch die
[illegible], welche doch das Gebot von der Beschneidung
[illegible] den Opfern hatten, werden gescholten und ge-
[illegible] als abgöttische Leute. Denn sie haben ihre Be-
[illegible]dung, Opfer und Werk abgesundert vom Glau-
[illegible]n den zukunftigen Messiam, und gesaget: Wer
[illegible]pfert, der machet sich durch solch Werk fromm.
[illegible]d haben sie viel geopfert, und mancherlei We-
[illegible] Essen, Trinken und Kleidern getrieben; wel-
[illegible] doch nicht ist Menschending gewesen, wie der
[illegible] und Türke treibet, und dennochs ists zur Ab-
[illegible]ei worden. Worumb? Darumb daß der Juden
[illegible]pfer nicht gebraucht hat, wie er gesollt. Denn
[illegible]te es äußerlich sollen brauchen, zum Zeichen,
[illegible]ich wickeln an den zukunftigen Messiam. Aber
[illegible]hließen sie gar aus. Chain spricht: Gott hat durch
[illegible]r Vater mir das Opfer geboten. Aber sein
[illegible] ist *) blos, und nicht eingehullet in den Glau-
[illegible] welcher allein einen gnädigen Gott machet. Denn
[illegible] ich gläubs, so ist das Opfer Gott gefällig und
[illegible]ehme; wenn du aber des Weibes Samen aus-
[illegible]est, so gefallet das Opfer Gott nicht. Drumb
[illegible]hmen der Papst und Türke Weise für sich, die
[illegible] nicht befohlen hat, darnach so schließen sie Chri-
[illegible] gar aus. Derhalben so sind sie siebenmal är-
[illegible]denn die Juden, welche doch Reinigung und
[illegible] Werk hatten, so von Gott geboten waren:
[illegible] ist es gleichwohl Nichts. Aber man spricht:
[illegible] ist köstlich Ding, es sind weise Leute gewesen.
[illegible]och Joannes der Täufer auch nichts nütze, der
[illegible] vom Heiligen Geiste gesandt war, wenn das
[illegible] geben wird, daß du nicht gläubest. Viel
[illegible]er werden die Kanones etwas nütze sein, wenn
[illegible] setzest den Anhang, daß du dadurch willst
[illegible] werden. Derhalben soll man die Kanonerei aus
[illegible]irchen treiben. Sie wollten gerne wieder her-
[illegible]heißen, aber wir wollen sie noch einmal ver-
[illegible]n, und auf dem Schindeleich verbrennen. Aber
Papst verdammet uns drumb, daß wir sein
[illegible]el und Reinigung, als das Weihewasser und

*) [illegible] lat.

Anders, nicht neben der rechten Reinigung setzen wollen, und drumb hasset er uns auch. Aber es hats im Joanne der Herr Christus zuvor verkundiget, es muß so sein. So sie mich Beelzebub geheißen haben, der ich doch der Herr und Messias bin, vielmehr werden sie meine Junger also heißen [10]). Aber wir haben die wahrhaftige Lehre und wissen, daß wir nicht irren, und für Gott wollen wir der Lehre halben Schismatici nicht genennet werden, denn das Wort ist unsträflich. Ob sie uns nun gleich Ketzer heißen, so weiß es doch Gott und unser Herz, daß man uns Unrecht thue. Auch wissen sie selbst, daß unsere Lehre sei die heilige Schrift. Aber sie wollen die Neben-Reinigung auch haben. Aber die Kinderlein [11]) sprechen in den zehen Geboten: Man soll nicht ander Gotter haben. Er will allein in der Kirchen regieren und keinen Neben-Gott leiden. Leiden konnten sie, daß wir die heilige Schrift und die Taufe haben: aber sie konnen nicht leiden, daß wir ihre Abgotterei anfechten und strafen. Aber wenn Gott uns gnädig ist, so zorne der Teufel mit allen seinen Schuppen.

So sagen nun zu Joanne die Junger: Deine Reinigung ist Nichts; du hast Christo Zeugniß gegeben, daß du die Taufe von ihme genommen habest, auch die Reinigung. Nun richtet er [12]) eine andere an, und so stattlich, daß Jedermann zu ihme läuft: do wehre, lieber Joannes. Aber er spricht: Ein Mensch kann Nix nehmen, es werde ihm dann von oben herab gegeben; als sollt er sagen: Ach lieben Junger, ihr verstehet meine Reinigung nicht recht; er richtet keine neue Reinigung an, es ist nicht menschlich Ding, was er macht. Drumb laßt ihn machen, es ist vom Himmel. Sonst ist Christi und Joannis Reinigung gar einerlei Reinigung, allein daß Joannes eine andere Weise fuhret. Dann Chri-

10) „Vgl Joh. 15, 17 f. Mark. 3, 22. Matth. 12, 24. Luk. 11, 15." Anm. v. H. 11) H. Kindlin, mit d. Note: „Hds. Kinderlein, und so öfter." 12) „er" fehlt in d. Hds. und wurde v. H. ergänzt.

s ist selbst die Reinigung, so Joannes gelehret hat.
e haben sie an ihme gehänget mit ihren Opfern,
d er spricht auch: Ich tause nur mit Wasser.
umb so ist sie nicht von Menschen, sondern von
ott; und redet Joannes sonderlich vom Regiment
ttes, von der Kirchen, da soll Nichts gehandelt
rden, es sei denn vom Himmel gegeben. So es
r nicht von Himmel ist, so heißts Menschentand
d Nichts, und wenns gleich die allerweisesten Leute
f Erden geredet hätten. Sonst muß es von oben
ab kommen, und nicht heißen: Der Mensch hats
kommen oder erdacht. Derhalben so wirft er Alles
der, dardurch man suchet Reinigung, und spricht
annes: Meine Reinigung wäre Nichts, wenn sie
ht an ihme hinge, der do selbst die Reinigung ist,
d der Alle erleucht, und von deß Fülle man Alles
npt; und die Weise ist auch vom Himmel kommen.
nst wäre meine Taufe eben so gut, als eine
onchskappe, wenn meine Taufe nicht vom Himmel
mmen wäre: aber dieweil Gott sie mir befohlen
t, und uber die Weise, daß ich täufe, soll ich auch
gen auf denen, der selbst reiniget.

Derhalben spricht er: Der Mensch kann ihm
ht nehmen. Sie wollens ihme nehmen, aber es
ß zuvor empfangen sein vom Himmel, oder taug
r nicht, nicht allein der Glaube, sondern auch die
eise von Gott, aus dem Himmel offenbaret und
geben, als mit der Taufe. Noch [13]) — — —
— — — — — — — — — —

— — — — — — — — — —
mmel ein, nimps aber, und setze das Auge auf
e Stirn, oder auf ein Bein und Knie, und siehe,
e es stehen soll. Dann wenns nicht stehet, so ists

13) „Hier fehlen zwei Blätter in der Handschrift, fol. 162 und 163. Es muß daselbst die 39. Predigt geschlossen sein, und die 40. Predigt begonnen haben, denn die nächste Ueberschrift zeigt die 41. Predigt an.

der Teufel. Also ist ein Schuster ein fein Handwerk. Aber wenn er wollte aus einem Schuhe ein Hut machen, und zu mir sagen: Halte still und ziehe den Hut an die Fusse. Nun ist der Hut oder Haub fein, und die Füsse auch fein: aber der Hut ist nicht an seinem Ort; und wenn ein Ding noch so kostlich, und ist nicht eben, sondern mangelt ihme Zeit und Stätte, so ists Nichts; wie ich denn vom Auge gesagt hab: Das hat Gott gemacht, ist ein schon und werth Glied des Leibes: aber so es an der Kniescheiben stunde, so erschrickt Jedermann darfür. Item, ist eine Frau noch so schön, und ist eine Hure, so ist sie wohl schön, aber nicht tuchtig zum Ehestande. Und wenn der Aermel soll ein Rock werden, so ist das Tuch wohl fein: aber es schickt und reimet sich nicht. Aber wir Menschen meinen, alles was schon ist, das reime sich auch. Also hat der Papst auch viel Kanones gemacht; aber wenns nur scheinet, so ists aus. Also mit der Reinigung auch, so die Väter geordent haben, ist trauen ein fein Ding: aber wenn mans setzet, do das Häupt soll stehen, das gehet nicht an. Der Papst erdichtet und redet viel, das soll stehen an der Stätte, da Christus soll stehen, denn es ist fein und schön. Nun ist die Braut auch schön, und stehet ihr wohl an, wenn sie bei dem Bräutigam ist. Aber wenn man sie findet im Hurhause, oder einem andern Manne nachläuft, so ist sie schwarz, und gehort das Zetergeschrei uber sie. Schon ists sie, aber beim Ehebrecher solls nichts schon sein, sondern siehet dann wie der Teufel.

Nun will Joannes, daß Christus sei uber alle Menschen, und er hat auch gegeben die Stände, als der Aeltern, Oberkeit, Bürger und Baurn, und alle Stände gezieret, einen iglichen in seiner Ordnung. Aber laß sein an seinem Ort, do es soll sein, und do es wohl stehe. Aber damit sollt du nicht deine Sunde tilgen wollen, wie der Papst und Juristen fürgeben. Es wills nicht thun, daß du Schneider kommest und furgebest, dein Wammes sei ein kostlicher Schuch. Also ist das weltlich Regiment auch *fein: aber laß* es in der Welt bleiben, und setze es

die Brautkammer Christi. Recht laß bleiben in
chen, und setze es nicht in die Kirche. So
geschicht, so siehets menschlich und deine
wenn ein Auge auf dem Knie stunde, und
er auf dem Rucken. Eben ein solch Bild ist
r Papst. Er will den Bräutigam Christum
Kammer treiben, und setzet sich auf den
f, und schreiet, seine Lehre sei heilig, welche
christliche Kirche regieren, und wers nicht
und darnach thue, sei verdammet. Da kompt
r Schneider, wie ich droben gesagt hab. Es
Mensch darbei bleiben, das ihme gegeben ist,
nns einer schon und aufs Beste macht, und
ts nicht recht, so ists wohl schön, aber nicht
So denn das in kleinen Sachen also zugehet,
es Gott geben hat, so muß bleiben in sei-
rkel und ebenen Ort: vielmehr soll in der
Gottes Nichts gemenget sein, es sei gottlich
der Juristerei, noch Joannes der Täufer oder
. Wo man aber das Gegenspiel thut, so
ie Augen oben auf dem Häupt, und die Na-
der Kniescheiben. Was nicht gehet in seiner
nd Person, das ist Nichts. Solches erfahren
geringern Sachen, ja in allen Ständen.
r in der Kirchen, das ist, in Glaubenssachen,
gt der Papst alle sein Handwerk herein, und
nur erdenken kann. Aber Joannes saget:
nsch ist Nichts, noch ich auch nicht, gegen
nn Christo. Derhalben, wer do nun will
Meister oder Regent der Kirchen, der sage:
s lassen, wie es Christus geordent und be-
t. Denn sonst wird es nicht angehen, wenn
n Andern sein Handwerk will meistern. Wenn
neider käme mit dem Leisten und spräche:
mache dir daruber Hosen, und der Schuster
it dem Tuche, und spräche zum Schneider:
mache mir Schuhe; item, die Magd wollte
n reformiren, und der Schuler den Lehrmei-
ern: do würde mans balde merken, daß sichs
nge also leiden wurde.
s aber Joannes allhier nicht von solchen gu

ringen Dingen, sondern von der Reinigung, da Nichts soll sein, dann alleine Christus. Do soll der Mensch Nichts thun noch wissen, denn allein was Christus heißt. Dann so kunstreicher Werkmeister, daß ein Mensch ihr Werk anders mache, denn wie sie es zugerichtet haben: vielmehr solls allhier auch also heißen, do Gott spricht zu seinem lieben Sohn: Du sollst alleine der Bräutigam sein, und sonst Niemands. Also saget Joannes: Ich hab zwar wohl Etwas gethan, und bin des Messiä Fürlaufer gewesen; aber von denen Dingen, darvon ich allhier rede, do hab und kann ich Nichts. Denn wenn einer gleich ehrbar, ehrlich und schon ist, und herrliche Gaben hat, so wird er doch dardurch nicht selig. Es fähret einer drumb nicht gen Himmel, ob er gleich gute Kanones gemacht hat. Es gehort mehr darzu, denn was Joannes und die Propheten konnen (ich geschweige die Juristen), so man will selig werden. Denn Joannes kann sagen: Ich bin der Großte unter denen, so von Weibern geborn sind, noch kann ich darzu nicht kommen, daß ich bei der Braut soll schlafen, das ist, Niemands kann die Kirchen lehren, wie sie solle selig werden. Das aber konnen wir thun, daß wir sie zu ihm weisen und laufen. Darumb so ist etwas Anders drunter, dann schlecht ein Mensch.

Wenn sichs aber hieher findet, welche Reinigung recht sei, ob des Papst Lehre recht sei, oder ob diese, daß Joannes saget: Der nach mir kompt, der ists, es ist noch etwas Anders. Ich, der ich so nahe bin, daß ich mit dem Finger auf dem Messia weise, noch muß ich sagen, daß ichs nicht bin, sondern der allein sei es, der do mit dem Heiligen Geiste täufe; und weiset uns alle auch mit seiner Predigt noch auf diesen. Die Heiligen mogen geschmuckt sein mit schönen Gaben, aber es soll alles Nichts sein. Worumb? Denn wenn mans an ihme selbst besiehet, so ists wohl fein; aber wenn du es hälts gegen dem Bräutigam, so ists Nichts, und heißt nach S. Joannes Wort: Der Mensch kann Nichts nehmen rc. Wo aber das nicht geschicht, so machest du aus einem *Auge eine* Hand; wie der Papst auch gethan hat, der sich hat lassen schon dunken: aber wenn man ihnen gegen dem Bräutigam hält, so ist er Nichts. Derhalben so hulft keine Reinigung, denn alleine diese, welche der Bräutigam selbst bringet. Derhalben so sind die Kanones und Decreta wohl fein, aber es reimet sich hieher nicht. Der Turke hat ein fein Regiment, Moses dergleichen: aber gegen deme solls heißen Nichts, es heiße Koncilia oder Kanonichen. Denn der Mensch kann Nichts thun, allhier gehört ein ander und einiger Mann her, nämlich der Bräutigam, deß Bette soll man nicht beflecken. Er redet gar klar und deutlich darvon, als daß es auch nicht die Handwerksleute konnen leiden. Darumb so sollen Huren und Buben nicht in die Brautkammer kommen, noch was Menschen sonst erdenken. Derhalben so ist alles Nichts, was die Menschen erfinden und erdenken, dann sie haben kein besser Gedanken, denn Kinder zeugen im Ehestande. Das ist Gottes Ordnung; sonst im Ebebruch will er nicht Kinder gezeuget haben. Item, er saget auch: Herrschet uber die Fische im Meer rc. [1]). Drumb so sage: In Sachen belangend die Seligkeit, do weiß ich ganz und gar Nichts, denn allein Christum. Kompst du aber getrollt mit den Kanonichen und Koncilien, so hast du allhier das Urtheil, daß es Nichts sei, sonderlich wenn man das darzu setzet, das im Decret geschrieben stehet: districte praecipiendo mandamus. Das ist der Teufel und Tod, so er spricht: Kusse mir die Fusse, du sollts und mußts thun. Ja kuß dich der Teufel. Aber wenn ich zu guter Freundschaft oder spielweise es thun sollte, so konnte ichs noch wohl thun. Aber wenn du sprichst: So du es thust, so wirst du selig, das gehort allein Christo zu, der allein ein Herr ist uber die Gerechtigkeit; wenn er aber spräch: Ich wills nicht drumb von dir haben, daß du durch meine Gesetze selig werdest, sondern gläube an Christum. Also saget nun Joannes auch: Durch meine Reinigung werdet ihr nicht selig, sondern ich muß klein werden, Christum aber wachsen; und stoßet darmit auf einen Hau-

1) „1. Mos. 1, 28." Anm. d. H.

sen alles, was Menschensinne, Vernunft und Gedanken mehr erdenken mogen. Wir haben in Klostern Viel gethan, und haben doch Nichts gethan, denn es ist alles verloren, denn es ist von Menschen erdacht gewesen. Johannes und die Propheten haben doch auf Christum geweiset, noch thuts nicht; und will sagen: Ich will euch zu Zeugen nehmen, daß es nicht die Meinung sei, daß meine Taufe selig mache, sondern dorumb taufe ich, daß ihr Christum annehmen solltet. Denn ich nicht der wahrhaftige Reinmacher, sondern der Finger und Zeiger des Messiä, der do sei der rechte Reinmacher, und wer an den gläubet und stirbet, der wird selig; nicht daß ich ihnen gereiniget hab, sondern geweiset auf und zu dem, der do reiniget. Ich hab sie ihm an Hals gehänget, alle meine Junger, und euch auch, daß ihr alle wolltet bei ihme bleiben.

Drumb sagen sie: Du hast ihnen getauft, nun laufen sie alle zu ihm. Aber Joannes antwortet: Habt ihr nicht gehört, was ich gesagt hab? Ich muß klein werden [2]), Christum aber wachsen; ich bin ein rufende Stimme gewesen, so für dem Herrn ist her gangen, und euch geweiset auf ihnen.

Joannes ist wahrhaftig, denn er spricht: Ich bin nicht Christus, wie ihnen dann die Juden darfür wollten annehmen. Also sollte der Papst auch thun, und die Seinen. Aber sie haben gethan, wie Christus zuvorn geweissaget hat: Viel werden kommen und sagen: Ich bin Christus [3]). Item, Viel werden kommen in meinem Namen, und fürgeben: Läufst du gen Rom, so erlangest du Vergebung der Sunden. Das saget Joannes nicht, daß er dich reinige, oder die Sunde vergebe, denn ich bin nicht Christus: noch hat sich der Papst deß unterstanden; und möchte Joannes sagen: Ich bin zwar groß, und viel weit großer und besser, denn der Papst, dann Christus spricht selber, ich bin großer, denn die Propheten, dann ich der nächste Engel für dem Herrn gewesen bin: was ich lebe und thue, das wird dich nicht helfen zur Se-

2) Hds. werde. 3) „S. Matth. 24, 5." Anm. v. H.

Denn ob ich gleich einen ledern Gurtel umb
nge, und eine Kameelshaut anziehe, Heuschrecken
nd am Wasser wohne, das machet mich drumb
ein, sondern alleine Christus. Sonst sind alle
e auch fein, das Gesetz Mosi ist auch fein, der
hat auch feine *) Gesetze: aber wenns in die
ung kompt, so ists der Teufel. Die Reinigung
nissen in ihrem Cirkel ist fein; so ist auch fein,
n Bischoff einen Stab und Hut trägt: aber
sollte rein machen, und den Tod wegnehmen,
nn es nicht thun. Ich bin ein Vortäufer, das
r do weiset zum Täufer und Reiniger. Das
Ampt, daß er spricht: Ich bin nicht Christus,
er ists. Also sollen noch Alle dohin weisen,
Monche rc.

as Gleichniß ist von der Welt genommen, ist
reifliche Gleichniß. Die Braut gehöret dem
gam. Wenn man saget: Dieß ist ein feiner
, der die Braut zum Tanze fuhret, worumb
er nicht die Braut haben? Aber es hulft nicht,
einer edel, reich, gelahrt, oder schön, so ge-
ihme doch die Braut nicht, sondern der Bräutigam
zur Braut. Also auch in diesen geistlichen
. Do ist kein ander Bräutigam, der die Braut
denn Christus, und in dem unsterblichem Le-
nn mans auch nicht leiden, daß die Braut ei-
dern wäre, denn allein des Bräutigams. Was
r denn, Johannes? Er mag die Braut dem
gam zuweisen, und mag mit ihr tanzen, essen
nken. Die Propheten und alle Heiligen und
o Brautdiener und Freunde, dienen ihme zur
it: aber ich will die Braut nicht reinigen. Die
haben geschrieben und furgeben, daß sie wären
istlichen Kirchen Bräutigam, und die Bischoffe
kirchen Bräutigam. Aber Hurenwirthe sind sie
. Joannes wills nicht, der doch groser ist,
alle Päpste und Bischoffe, sondern freuet sich
aß er hören moge die Stimme des Bräutigams.
Das weiß S. Joannes vom Bräutigam und der

---

*) ne.

Braut, dieweil er in der Wusten gewesen ist? Er hat aber drumb wollen setzen diese Gleichniß, daß kein Mensch so grob ist, der do nicht wußte, daß die Braut des Bräutigams wäre: also in diesem großem, wichtigen Handel auch Christo alleine die Kirche gebuhre. Denn der Papst will sonst aus der Hochzeit Christi und aus seiner Braut eine Hundshochzeit und Hure machen. Aber Joannes spricht: Ich bin nicht Christus, es ist nur ein Christus. Also saget er nun: Die Braut ist Niemands, denn des Bräutigams, der auch drumb die Braut hat, und Alle mit dem Bräutigam frohlich sein, daß die Gäste zu seinen Ehren geladen worden, und den Bräutigam horen mogen. Joannes ist von Herzen froh, daß es dohin kompt, daß er Christum horen und sehen mag; die Freude ist erfüllet. Joannes hat gepredigt vorher, es soll Joannes nun stille schweigen. Christus ist aufgestanden und predigt selbst, nimpt die Braut in die Arme, täufet und reiniget sie. Zuvor, will Joannes sagen, hab ich gepredigt und gesagt, daß er kommen sollte, und ihr ihm zulaufen möchtet. Do er nun selbst prediget, do ist die Braut zum Bräutigam gefuhret. Mein Ampt ist aus, er soll wachsen. Also weiset uns Joannes immer auf Christum.

Die ein und vierzigste Predigt.

Am Sonnabend nach Chiliani. [1])

Ein Iglicher soll thun in seiner Ordnung, was sein Ampt und Beruf ist, nach dem Spruch im ersten Buch Mosi: Herrschet uber die Vogel in der Luft, und uber Alles, was auf Erden kreucht, [2]) und regieret nur wohl, habt die Vernunft und sonst weltliche Weisheit darzu. Aber allhier, do es heißet, daß

1) „D. 12. Juli 1539." Anm. v. H. 2) „S. 1. Mos. 1, 28." Anm. v. H.

man soll etwas mehr wissen, denn man sonst in diesem Leben weiß, do schweige man stille, und laß Braut und Bräutigam mit einander handeln. Was sonst dahin gehort, daß man ewig leben soll, do muß sonst ein ander Weisheit sein, dann dieser Welt Weisheit, die nur umbgehet mit Häuserbauen und Anderm rc.; wenn der Papst prediget, daß man am Freitag nicht soll Fleisch essen, item, man soll feiern, daß man denn spreche: Halte das Maul zu, und lasse die Gewissen unverworren, oder gebrauch deiner Klugheit in deinem Hause.

Also wollte er gerne die Kirche rein erhalten, daß auch das Wort Gottes rein gepredigt wurde. Darumb will er und andere Propheten Christo weichen: vielmehr sollen die, so aus einem menschlichen Kopf reden, weichen, und wer sie horet, der sage: Wer die Braut hat, der ist Bräutigam. Derhalben so wollen wir des Papsts Lehre nicht mehr leiden, und sagen: Alle Kanonichen, Rechte, Decret und Koncilien, so sie nicht sein des Bräutigams Stimme, so spreche ich: Alle menschliche Lehre ist wahrhaftig ein Abgotterei, drumb so soll man sie auch nicht leiden; und so man die Philosophos und Mosen nicht kann dulden, wie sollte man denn des Papsts und der Koncilien Decret leiden? Drumb fähret Joannes sehr hoch.

Es sind ihr Etzliche, die wider Christum predigen, als, die, so verbieten, man solle nicht beide Gestalt des Abendmahls den Laien reichen, item, die Ehe den Priestern verbieten. Ander sind ohne Christo, die sind ein wenig besser, als, die lieben Väter, die viel Ding gesetzt, aber nicht aus Christo. Er hats nicht geboten, sondern sprechen: Wir habens fur gut angesehen und gesetzt; gleich als wäre es nicht wider Christum, und dennoch ists wider ihnen, wenn mans dem Wort Christi entgegenhält. Darnach ist noch eins, das ist noch hoher, wenn man Christi Wort fuhret, dorinnen der Papst und die Rotten stecken. Diese hören, daß nicht gelte, was man außer Christo und ohne Christo anfähet: noch wollen die der Bräutigam sein, das ist, Christum predigen, do es doch nicht *wahr ist*, *gleichwie eine* Braut, die Jedermann wollte in die Schlafkammer lassen [a]), eine Hure ist. Wenn aber ein Schalk kompt und stellet sich, als sei er der Wirth, also thut der Satan auch. Das sind die Geister, die nicht den Bräutigam horen, sondern sind Diebe und aus dem Teufel, als der Papst gethan hat mit dem Spruch: Du bist Petrus. Do haben sie sich in Christi Namen und Wort geschmuckt, wie denn im 24. Kap. Matthäi geschrieben stehet.

Redet also nicht allein wider die, so offentlich Christo feind sein, als die Gottlosen und der Papst mit seinen Kanonichen, sondern auch wider die, so da führen das Wort Christi. Eine Matron kann betrogen werden, wenn ein Ander eine Sprach hat als ihr Hauswirth. Derhalben sollen wir Acht haben auf den Teufel, daß er uns nicht verschlinge. Denn ein christlicher Stand gehet nicht sicher daher, schläft auch noch schnarchet nicht, sondern ein Christ spricht: Der Teufel ist wacker, und tobet nicht allein offentlich wider Christum, sondern er kompt auch in der Gestalt des Herrn Christi, und verfuhret die Leute. Darumb so sehe die Kirche sich fur, daß sie unter der Gestalt der Stimme des Bräutigams nicht betrogen werde, sondern lerne ihres Bräutigams, des Herrn Christi, Stimme recht erkennen und verstehen. Denn so er die Propheten und Mosen nicht will haben, noch Joannem, der von Gott doch ist, viel weniger kann er leiden die, so ohne oder wider die Stimme des Bräutigams Etwas predigen, und unter dem Schein des gottlichen Worts etwas Anders reden.

Derhalben sollen wir in der Kirchen zusehen, daß wir Nichts predigen noch hören, es sei denn des Bräutigams Stimme, und darzu nicht ein erdichte oder nachgemachte Stimme. Denn Christus solls allein sein, der alleine die Sunde wegnimpt, und den Tod uberwindet. Drumb so gläube Keinem, er komme nun in der Majestät oder Gestalt wider Christum, oder ohne Christo, oder für ihme. Aber alleine merke darauf, und behalte es auch fest, was er gepredigt hat; und wenn nun einer Etwas sagen würde, das

---

a) In der Hdſ. † will.

icht reimet mit der Stimme Christi, und so ich
Gegenspiel befinde, so soll ich sagen: Pfui dich
in Hurentreiber, willt du mich zur Huren ma-
Ei, möchte man sagen, rede ich doch heilig
? Die Vernunft dunkt es selber also gut sein.
sage du: Ich hab die Stimme des Bräutigams,
aß gläuben an den Vater, Sohn und Heiligen
und darnach meinen Nähesten lieben, wie ich
im Katechismo gelehret werde. Aber wir hal-
ür eine geringe Lehre, dann wie Viel sind unser,
che Lehre itzt horen? Itzt ists leichtlich zu ver-
wenn man darwider prediget, als, wenn man
Gestalt des Abendmahls verbeut, und furgibt:
ch in Einem Theil so viel, als in beiden; nimpst
n Leib, so empfähest du drinnen auch das Blut
. Darnach meinet der gemein Pöfel, so er
Gestalt im Papstthumb empfähet, er habs gar.
ge du: Das weiß ich selbst wohl; aber worumb
bet ihr Priester den Kelch, so wir an Einer
t uns sollen genugen lassen? Aber dargegen
sie: Ja, wir sind Priester, und in einem son-
em Stande, denn ihr Laien. Das ist eine
Klugheit. Wo habt ihrs gelernet, daß ihr im
Christo die Priester und Laien unterscheiden
Haben denn auch die Laien eine andere Taufe,
die Priester? Worumb spricht denn der Herr
us, er sei gestorben für die ganze Welt, und
keinen Unterschied unter allen Ständen der Men-
Denn einerlei Taufe haben die Knechte und
aiser, auch zugleich Einen Christum. Worumb
enn das Sakrament nicht gleich ausgehen, so
sie einerlei Taufe, Glaube und Hoffnung an
um haben, und einerlei Heiligen Geist, und
us gehet gleich aus? Ohn alleine machest du
ngleicheit im Sakrament, und sprichst: Der Laie
das Anders, denn der Priester. Soll man denn
nach dem Unterscheid der Menschen die Sakra-
unterscheiden? Was sagest du darzu, hat es
us also geordent, daß der Laie Ein Stucke kriege,
er Priester zwei? Antworte: Nein. Worumb
du denn das, *so Christus* ganz will gebraucht

haben? Ja, sagen sie, es ist die Ordnung der christlichen Kirchen also. Welcher? Es sollte und muß die Kirche unsers Herr Gotts Braut sein. So ist sie des Papsts Braut, do hab ich denn mein Lebtage keine scheußlicher Hure gesehen. So aber sie Braut ist, so höret sie die Stimme des Bräutigams. Nun saget der Bräutigam also: Nehmet hin, esset, trinket. Das horet die Kirche. Denn das ist die christliche Kirche, welche höret die Stimme des Bräutigams. Die aber Solchs nicht thut, soll heißen des Teufels Kirche. Sie machen uns nur eine Nasen mit den Worten: Die Kirch hats gethan. Man mag mich versichern, daß der Papst mit den Seinen die Braut sei, das ist, die Kirche, welche gläubet an Christum, und Alles, was Christus gelehret hat, sie dann Andere auch lehren und halten druber. Nun hat er einerlei Gestalt des Abendmahls nicht geboten, sondern beide. Wie kommen wir denn zu dem schändlichem Hurhause? so doch Christus saget, wir sollen ihnen nicht gläuben, die do kommen unter seinem Namen,[4]) das ist, in dem Namen des Bräutigams: viel weniger soll man die horen, so da in dem Namen der Braut kommen; und soll das Erste nicht gelten, als: Hie ist Christus, und man soll nicht gläuben denen, die in seinem Namen kommen, das ist, der Lehre, die unter dem Namen des Bräutigams gelehret wird: viel weniger soll man dem Namen der Kirchen gläuben; will derhalben die rechte, wahrhaftige Stimme Christi gehört haben, wie denn zun Ephesern am 5. Kap. auch gesaget wird: Die Weiber sollen unterthan sein ihren Männern, und nicht hinwieder die Männer den Weibern unterthänig sein. Denn wenn der Mann Etwas heißt, und das Weib wollt das Gegenspiel thun, was wollt draus werden? Also allhier auch. Christus hat dieß geordent, aber die Kirche hats geändert. Do sprich: Immer weg mit der Kirchen, ich will den rechten Bräutigam und seine Stimme haben.

Und wenn wir es nicht sähen und horeten, so konnte mans nicht gläuben, daß die Menschen so bose

4) „Vgl. Matth. 24, 5.“ Anm. v. H.

wären. Aber man saget: Ei, Lieber, die christliche Kirche hats geordent, daß man einerlei Gestalt den Laien geben solle. Aber es ist eine lästerische Rede. Denn sollst du der Kirchen Schuld geben, daß sie die Stimme Christi mit Fussen träte? Denn es ist keine Kirche, welche Christo nicht gehorsam ist. Es heißt: Wer die Braut hat, der ist Bräutigam. Nun suchet der Teufel die Braut zu verrucken, auf daß sie die Keuschheit und Jungfrauschaft verlieren moge, in der sie Christo sonst ist vertrauet.

Darumb so sollen wir wohl unterscheiden lernen, daß wir wissen, welches des Bräutigams Stimme sei. Denn es komm einer ohne Christo, daß er ihnen nicht mitbringet, oder komm wider Christum, oder unter dem Namen Christi, so sage: Der Name des Bräutigams und der Braut muß nicht gelästert und geschändet werden; sondern sprich: Christus redet so und also. Wer nun der Stimme des Bräutigams folget, der ändert oder verkehret sie nicht. Kanns doch Niemands im Hause leiden, daß das Weib etwas Anders thun wollte, denn der Mann befohln hat. Ist er aber ein Knebel, der mag von der Frauen aufstehen, und einen Andern lassen zu ihr legen. So mans denn do nicht leiden kann, viel weniger wird mans in der Kirchen dulden. Die Kirche kanns auch nicht thun, daß sie Christum den Bräutigam soll lassen reden und ordenen, und sollts ihme dann ändern. Derhalben so sinds lauter Lästerung, wenn man saget: Die Kirche hats geordent. Denn der Bräutigam und die Braut seind Ein Leib, und was der Bräutigam gebeut, das thut die Braut, sagt S. Paulus zun Ephesern am funften Kapitel. Sie thuns nun in der Majestät wider Christum, oder ohne Christo, oder unter seinem Namen, so ists alles Ein Ding, das ist, es ist wider ihnen. Darumb so mussen wir wacker sein wider den Teufel, der uns angreift mit Lehre, die do ist wider Christum, wie denn die Tyrannen thun, und hernacher ohne Christo, als, mit den Kanonichen. Darnach kompt man denn in die Schrift, und zeucht des Herrn Christi Gestalt an, und do *ist man denn auch* wider Christum. Der-

halben bleibe er alleine Bräutigam, wie er denn
den Befehlch hat vom Himmel, daß man diesen h
solle [5]). Wer nun nicht Christi ist, das ist,
die Christus nicht prediget, die mogen billig verst
men. Denn an ihme soll uns gnug sein, sollen
warten auf Mosen, viel weniger auf Andere,
Gott hat ihme sein Wort in seinen Mund ge
In der Kammer soll Christus alleine reden, denn
Vater hats ihme befohlen, und man soll sonst
mands horen, es sei Moses, oder sonst ein E
vom Himmel, wie S. Paulus saget [6]). Und w
bei uns nicht will gelten, wenn wir reden wider C
stum, oder ohne Christo, oder unter dem Na
Christi, was wollen sich denn die Papisten beh
mit dem Namen der Kirchen oder Braut? Denn w
ich mich nicht soll lassen bewegen, so Etwas unter
Namen Christi des Bräutigams fürgeben wird,
der Handel: Du bist Petrus ꝛc., viel weniger soll
mich kehren an den Namen der Kirchen oder Br

So sollen wir nun lernen, daß es der C
gar in seiner Hand hab. Drumb ists zu thun,
wir eine reine, unbefleckte Jungfrau bleiben,
Nichts will wissen, denn alleine von Christo,
sie mit seinem theuerm Blut erloset hab. Da
verwerfen wir nicht die weltliche Obrigkeit, denn
ist auch des Bräutigams Stimme, daß man der O
keit solle gehorsam sein; item, die Aeltern, die
predigen den Kindern von zehen Geboten und
Evangelio: wenn ich do weiß des Bräutigams Stim
so muß ich folgen und gehorsam sein, und ich
dann auch ein Stuck von einer reinen Jungfra
das ist, der Kirchen, so Ein Leib mit Christo ist

Nun ist es eine große Ehre und Herrlikeit,
man des Herrn Christi Braut genennet wird, w
Ein Leib mit ihme sei, derhalben wollts der T
gerne verderben, und wir wissen itzt, welches
Stimme sei oder nicht. Dann der Papst mit s
Kirche ist des Teufels Hurhaus, denn er pred

5) „Vgl. Matth. 17, 5." Anm. v. H. 6) „S. Gal. 1
Anm. v. H.

das wider Christum und ohne Christo ist, auch unter seinem Namen Andern zugeschoben wird. Nun saget Joannes: Ich will nicht Christus sein; viel weniger ists der Papst und die andern Väter und Heiligen; und so er Joannem nicht will haben, wie sollt er denn jene annehmen? Wenn das S. Franciscus auch gehalten und gegläubet hätte, so hätte er nicht so viel Schadens mit der Muncherei gethan. Aber es ist nicht geschehen, und wenn er gepredigt hat: So du eine Kappe anzeuchts, so wirst du selig, dann ist er ärger, dann Judas, und wäre in Abgrund der Hölle. Also hat S. Antonius auch furgeben: Das ist ein Glied der Kirchen, wer in eine Wustung läuft.

Aber die Tolpel, die ihnen nachgefolget sein, habens so gedeutet, wie denn der Papst genarret hat mit der Kappen. Aber halte du immer an Christo, und die Stimme des Bräutigams mit Freuden gehört, oder es ist verloren; und prediget S. Franciscus des Bräutigams Stimme, so höre ich zu; wo nicht, so immer mit ihme zum Teufel zu. Also fährets alles in Abgrund der Hölle, der Papst auch mit den Seinen. Denn er hat Christum aus der Kirchen gestoßen, und die Kirchen zur Huren gemacht.

Die zwei und vierzigste Predigt.

Am Sonnabend nach Maria Magdalena. [1])

Den Text im Joanne: Wer die Braut hat, der ist Bräutigam, haben wir neulich gehandelt, und ist zu thun gewesen umb die Reinigung. Denn es murren Joannis Junger, daß auch Christus täufet, und die Junger zu ihm liefen, und Joannes der Täufer von Tag zu Tage geringer gemacht würde. Dorzu antwortet Joannes: Es ist recht, daß er täu-

1) „Der 26. Juli 1539.“ Anm. v. H.

set, und daß Alle zu ihm laufen, und daß er wachs[e,]
denn es soll auch also sein. Denn sie hätten zuvo[r]
gehört, daß er nicht Christus sei, der den Anhan[g]
solle gewinnen vom ganzem Volke, sondern das s[ei]
sein Ampt, daß er für Christo sollte hergehen. N[un ist]
er aber kommen, und Joanni nachfolget, do sprich[t]
er: Das ist recht, denn also hab ich auch g[e]predigt, daß einer nach mir kommen wird, d[er]
großer sei, dann ich, und deß ich nicht wert
sei, daß ich seine Schuchriemen auflösete [2]). Als[o]
hab ich allezeit gepredigt, daß ichs nicht sei, sonder[n]
ich weise und fuhre euch zu einem Andern. De[s]halben so klaget nicht, daß sie zu ihm laufen, un[d]
daß er täufet, denn drumb ists angefangen. Den[n]
wenn das nicht geschähe, so käme Christus nimme[r]
mehr, so es doch mein Ampt ist, und dohin gerichte[t,]
daß ich auf Christum weise; und wir sollen Joanni[s]
Ampt fleißig unterscheiden von aller Propheten Amp[t]
und Christi. Nun ist Joannis Predigt, daß er sol[l]
für Christo hergehen: drumb so kann sein Ampt un[d]
Taufe nicht bleiben. Do Christus selbst täufet un[d]
prediget, so horet das Ampt Joannis auf; spricht[:]
Er wird nach mir kommen, ich bin fur ihm her g[e]sandt, auf daß ich euch alle hänge nicht an mic[h,]
sondern mit dem Finger weise auf ihn. Wenn i[ch]
das ausrichte, so hab ich das Meine gethan. Joan[]nes Baptista hat nicht länger denn zwei Jahr gepre[]digt, do er die Leute erweckt hat, daß sie Christum
der nach ihm käme, annähmen, ja der do schön ge[]genwärtig war, und also die Taufe Christi annähmen.
Es ist aber einerlei Taufe, so viel das Wasser be[]langet, item, daß er zeugete von dem zukunftigen
Christo. Aber das ist der Unterschied, daß Joanne[s]
spricht, er werde kommen, er hat noch nicht gepre[]diget, und werde in Kurzem predigen, eher dann
zwei Jahr vergehen; und da er nun kompt, do gehet
alles an, darvon Joannes zuvor geweissaget hatte
und also kann gesagt werden, daß die Taufe Mo[ses]
und der Juden ist alle dohin gericht gewesen, da[ß]

---

2) „S. Joh. 1, 27.“ Anm. d. H.

das Volk des Gesetzes Taufe angenommen, als zu einem Vermahnezeichen, welches zeugete, daß sie Gottes Volk wären, nicht daß sie durch die Taufe gereiniget wurden von Sunden, sondern daß sie vermahnet wurden zu sehen auf die Häuptverheißung, und daß ihr gewiß wäret, er würde kommen. Drumb hatten sie die Beschneidung, das Gesetz und allerlei tägliche Reinigung und viel Waschens. Also saget auch S. Paulus 1. Kor. 10., daß die Kinder von Israel im rothen Meer sind getauft worden, und unter der Wolken, auch einerlei Speise wie wir gehabt haben. Wie denn? Ei, saget er, sie trunken alle vom geistlichem Felse, welcher war Christus. Der zoge mit ihnen umbher. Denn Christus ware mit ihnen im rothen Meer, auch bei dem Felse und bei dem Himmelbrod; und das waren eitel Zeichen, doran sie sollten erinnert werden; es waren Zeichen auf den zukunftigen Christum, daß er kommen würde, und sollten nicht bleibende Zeichen sein, als denn die Juden meineten, daß Moses die Gesetze und sein Täufen und Reinigen drumb gegeben hab, daß es sollte ewiglich bleiben, und die Heiden wurden auch darzu kommen, und solch Reinigen annehmen. Drumb hat Moses gesagt, der Messias wurde kommen; item: Gott wird euch einen andern Propheten schicken [3]); item: Des Weibes Samen wird der Schlangen den Kopf zutreten [4]). Drumb so ist all ihr Gesetze, Tauf und Reinigung. Alles dohin gerichtet gewesen, daß das Volk sich sollt schicken und hängen an den zukunftigen Messiam, Also sind auch alle Heiligen selig worden durch den zukunftigen Messiam, wie denn auch wir. Joannes ist der Nächste, der do spricht: Er wird kommen, auch weil ich lebe, und eher zwei Jahr vergehen, und ich will nicht aufhoren zu predigen, bis daß ihr ihnen sehen werdet, von dem alle Propheten geredet haben, und auf den Alles gericht ist, und auf den alle Propheten gehofft haben.

3) „S. 5. Mos. 18, 15." Anm. d. H. 4) „S. 1. Mos. 3, 15." Anm. d. H.

Das ist eine herrliche Predigt, welche den Messiam ihnen fürstellet in gegenwärtiger Zeit. Sonst meineten die Juden, Moses, die Propheten und Joannes sollen sein die Meister und bleiben, und die ganze Welt sollt ihnen zufallen. Aber Joannes saget allhier: Nein, ihr sollt anders werden, und zum Herrn kommen, denn er wird kommen und der Schlangen den Kopf zurtreten, und [5]) der gebenedeiet Same sein. Jakob und Juda soll ein Konigreich werden, aber das Konigreich soll nicht also bleiben; sondern also solls heißen: Der Scepter soll von Juda nicht weggenommen werden, noch ein Lehrer vom Tempel, es sei denn, daß der [6]) Herr selbst komme. Zu dem sollen sich schlaben alle Volker, denn er soll nicht allein ein Konig in Juda sein, welches ein geringer Winkel wäre: aber es soll nicht zu Jerusalem bleiben, sondern die ganze Welt soll zufallen und an ihm hangen.

Manichäus wollt das Gesetz wegwerfen und sprach, der Teufel hätte es gegeben: aber Christus ist heute und gestern. Adam und Eva mit ihren Kindern haben an ihnen gegläubet, denn sie haben die Verheißung gehabt von des Weibes Same, der do würde der Schlangen den Kopf zurtreten. Dieß hat Adam gepredigt und hat mancherlei Zeichen gehabt, aber alle dohin gegangen, daß er gereizt und erweckt würde, auf Christum zu sehen. Also ist Mosi Gesetz, Tauf, Opfer, Konigreich und Priesterthumb nicht geordent, daß es bleiben sollte, sondern nur eine Zeit lang währen. Wie lange dann? Bis daß der Same des Weibes käme, und Alle, die es also verstanden haben, die sind selig worden, als die Patriarchen; wie wir denn auch noch predigen, lehren, täufen und Oberkeit haben, welches alles dohin gerichtet ist, nicht daß es so bleiben soll, sondern daß wir warten und hoffen auf Christum, der do leibhaftig kommen ist. Drumb so sinds nur Wecker, die uns erinnern und vermahnen. Also bleibet nun Christus unser Heiland zukünftig

5) In d. Hds. + und. 6) „der“ fehlt in d. Hds. und wurde von H. ergänzt.

und gegenwärtig. Die Kinderlein, so fur Christo hergehen, singen Hosianna, wie die Patriarchen. Aber wir gehen hintennach, mit der ganzen Welt, und ist einerlei Gesang, so wir von Christo haben, alleine daß sie fürbergangen sein, und wir hernacher folgen. Drumb was geordent ist, ist alles auf Christum geordent. Dober war der Fels Christus, denn er sollte aus diesem Volk kommen. Drumb haben sie mit uns einerlei Glauben gehabt, alleine daß sie sind vorher gangen.

Nun muß Joannes Ampt abnehmen, also auch Adams und Habels, welcher Ampt war, daß sie predigten, des Weibes Same wurde kommen und der Schlangen den Kopf zutreten, und dann opferten. Das war ihr Wecker, das hat aufgehort. Also auch Noe, predigt auch, der Messias wurde kommen, und das war auch der andern nachfolgenden Patriarchen Lehre. Darnach kams auf Abraham, daß in seinem Samen sollten gesegnet werden alle Geschlechter auf Erden, und David, daß aus seinen Lenden sollte der Messias geborn werden. Das ist alles dohin gerichtet auf die Lenden Davids, von den Christus sollte geborn werden. Nun kompt Joannes und saget: Es hat ein Ende mit Adam, Abraham, David und mit seinem Konigreiche, und mein Ampt auch, der ich ihme doch der Näheste bin. Dann wir predigen alle einerlei, aber ihre Predigt ist von ferne, und daß er noch kommen werde. Ich aber sage: Ja, er wird kommen, aber also, daß er schone gegenwärtig und vorhanden ist.

Das soll abnehmen, daß Niemands an seinem, als des Joannis Ampt hangen soll. Wer itzt gläuben wollt, daß er noch kommen sollte, der wäre verdammet; sondern er ist kommen, und spricht: Wer gläubet und getauft wird, der soll selig werden. Do hore ich nicht, daß er sagete: Ich will kommen, sondern: Ich bin kommen. Denn also fähet Markus sein Evangelium an: Die Zeit ist erfüllet, ihr dürfet nicht warten auf Propheceien, noch auf das Predigtampt Joannis. Denn die Zeit ist erfüllet, die sie gemeinet haben, *wie Joann.* am 5. gesagt wird.

Drumb sollt man nicht gedenken von einer andern Zeit, wenn der Messias kommen wurde. Das Himmelreich ist da. Gläuben wir, so werden wir selig; wo nicht, so werden wir verdampt; und wiewohl ihre Prophecelen aufgehort haben, dennochs so sind sie noch nutze, denn sie geben Zeugniß von Christo. Man soll nicht hoffen, daß Adam mit seinem Opfer, und Moses sollen bleiben, denn Christus schlägt ihnen nieder. Joannes hat lange gepredigt, daß ich kommen werde; nun bin ich da, und muß er aufhoren. Drumb ist alles beides falsch, das die Juden gedenken, das Gesetz werde bleiben, und Joannes werde auch bleiben; sondern Joannes spricht: Wer die Braut hat, der ist Bräutigam. Es ist nicht mehr, denn nur ein Bräutigam. Adam ist ein großer Prophet gewesen, denn diese Wort sind durch seinen Mund gegangen; also Noe auch und andere Patriarchen: noch ist keiner der Bräutigam. Joannes ist der großte Mann nach Christo, aber er ist auch nicht der Bräutigam. Denn vom Anfang der Welt her ist nur ein Bräutigam, Christus, er wirds auch bis ans Ende der Welt bleiben. So ist auch die Kirche seine Braut, die von Anfang der Welt bis ans Ende an ihnen gläubet, und wo du seine Zeichen siehest, do wisse, daß daselbst die Kirche sei.

Es ist gar ein lieblich Bild, daß er Christum einen Bräutigam heißt, dann der Bräutigam und die Braut haben alle Guter gemein. Der Mann vertrauet dem Weib alle seine Heimlikeit, sie hat auch seines Leibes Macht, und trägt die Schlussel an ihrer Seiten. Also ist allhier Christus auch der Bräutigam, und ein Fleisch von unserm Fleisch, wie von S. Paulo in der Epistel zun Ephesern gesagt wird [7]), gleichwie eine leibliche Braut mit ihrem Bräutigam Ein Leib ist, und einerlei Guter haben, und do soll kein ander Bräutigam sein. Adam, Abel, David, Esaias, Augustinus seind nicht der Bräutigam, sondern alleine Christus; von dem haben alle Propheten geweissaget, und von seiner Hochzeit geredet. Derhalben so thut

7) „S. Eph. 5." Anm. v. H.

der Papst in deme sehr närrisch, daß er sich ruhmet, er sei der Kirchen Bräutigam, denn das redet der Teufel. Denn die Kirche, die den Papst annimpt, und ihnen hält für ihren Bräutigam, ist des Teufels Hure. Dann in der Welt muß auch nur ein Bräutigam sein, der zur Braut gehöre: also auch nur ein Bräutigam die Kirche allein haben, oder es sind beides Huren; und so Christus ist der Bräutigam, so kanns der Papst nicht sein. Drumb so muß die Kirche allein unter Christo sein, oder ist eine Hure.

Derhalben so soll man diesen Text fleißig merken wider die, so mit der Kirchen buhlen wollen, das ist, die sie mit Gewalt zu Schanden machen und nothzuchtigen wollen, als denn die Tyrannen und die Ketzer thun, und der Papst uns auch zwingen will, daß wir für des Herrn Christi Wort seinen Menschentand und Lugen anbeten sollen. Zum Andern, so kommen sie nicht wider Christum, sondern auch ohne Christo. Jene fangen an zwar mit Nothzuchtigen, aber Andere [8]) thuns mit Buhlen umb die Braut, daß sie kunnten dieselbige erweichen, daß sie sich ließe zur Huren machen. Das sind nun die Prediger, die vom Gesetz, und von guten Werken, und von Wallfahrten predigen. Die wollen alle, daß Christus nicht allein solle Bräutigam sein, sondern wird heiliger denn ein gemeiner Mann, und sollen wir selbst auch der Bräutigam sein. Die Dritten sind noch viel schändlicher, die sich verkäufen unter der Gestalt des Herrn Christi; und das kann nun leichtlicher verstanden und gemerkt werden, wenn man Etwas wider die heilige Schrift furnimpt. Aber wenn diejenigen kommen, die sich kleiden in den Schmuck des Herrn Christi, und führen den Namen der Kirchen und des Herrn Christi, wie im 24. Kapitel Matthäi gesagt wird, und fuhren Christi Wort, doselbst wird dann ein Mensch bald betrogen und verfuhret. Denn sie geben fur: Ei, man muß gute Werk thun, denn so saget der Herr Christus: Gebet, so soll euch wieder gegeben werden [9]); item: Willt du ins Leben ein-

---

8) Hds. andern. 9) „S. Luk. 6, 38." Anm. d. H.

geben [10]), so halte die Gebot Gottes. Dieß v
fuhren die Leute unter dem Namen Christi. Da
ist der Teufel gar ein kunstreicher Werkmeister. D
rumb so halte dich an Gottes Wort, und wisse k
ner von einem andern Wort, es heiße, ohne, un
oder wider Christum, oder wie es sonst wolle.
soll Niemands bei der Braut schlafen, noch Niema
die Braut schwängern oder fruchtbar machen, de
allein der einige Herr Christus, welcher wenn er ni
lehret oder prediget, oder die Seelen schwanger m
chet, so ists verloren. Aber die Predigten im Pa
thumb sind alle ohne Christo gewesen, und hat
Papst fürgeben, man musse außer der heiligen Sch
dennochs auch Gesetze haben. Man mochts w
halten, aber man solle das darzu setzen, es th
gnung für die Sunde, und mache die Leute sel
item, so du diese Gesetze hälts, so ists recht,
nicht, so bist du verdampt. Das kunnen wir ni
leiden. Denn die Kirche hat nicht Macht, daß
Sunde heiße gerecht, und das nicht in der heilig
Schrift ist geboten, doraus einen Schwang zu m
chen. Wenn der Papst spricht: Wenn ein Pries
ein Weib nimpt, so sundiget er und ist verdamm
do machet der Papst Sunde, do Gott gar keine
macht hat. Item, er nennet den digamum, der d
ander Weib nimpt, oder wenn er eine nimpt,
keine Jungfrau ist, und will solchen nicht im Kirch
ampt leiden. Ei, was ists denn fur eine Sund
O, sagt er, es ist wider das Verbot der heilig
christlichen Kirchen. Do sage du dann: Wer h
der Kirchen befohlen, daß sie das Sunde heiße, d
Gott nicht Sunde genennet hat? Ei, man muß glei
wohl der Kirchen gehorsam sein, sprechen sie. Ne
sage du. Worumb? Ei, sie ist nicht [11]) die Kir
Christi, sondern des Teufels Braut. Wenn ich
junger Geselle wäre und bedurfte eines Weibes,
wollte ich zur Ehe nehmen eine Wittwen, die do d
Männer gehabt hätte, allein den Juristen zu Verdri

---

10) „S. Matth. 19, 17.“ Anm. v. H. 11) Das in der
fehlende „nicht“ wurde v. H. ergänzt.

Denn Gott saget: Das ist Sunde, wenn du nicht gläubest 2c.; und die rechten Sunde sind uns angeborn. So willt du Papst uns zu Sunden machen, wenn ich keine Kappe trage. Aber je steifer der Papst drauf dringt, je mehr ihme zu Trotz soll ich darwider thun. Denn sie wollen eine Sunde draus machen, und mich wollen geschickt machen zum Predigtampt, wenn ich eine reine Jungfrau nehme. Ich konnte wohl nicht Fleisch essen, wenn mirs frei stunde; aber wenn man mir will eine Sunde draus machen, wenn ichs esse [12]). Aber thuts nicht, und ob man saget: Man muß der Kirchen gehorsam sein, die Kirche hats geboten, do sage: Eben drumb, daß du es willt haben, daß ich faste, so will ichs nicht thun. Denn es ist mir geboten bei Verlust der ewigen Seligkeit, do ich doch halten soll uber der christlichen Freiheit.

Derhalben so soll man also lehren und thun, und mit Gewalt dohin dringen, daß Christus allein der Bräutigam bleibe. Wenn ich aber Christum nicht fur den Bräutigam halte, und unterlaß Etwas, als wäre es Sunde, do es doch Christus nicht zur Sunde gemacht hat, do lege ich denn ins Brautbette einen Hurenwirth hinein; und als lieb mir ist Christus, so wehe soll mir sein, wenn ich sehe, daß man die Christen also betreuget, und sie mit der Nasen umbführet, mit dem Namen Kirche, Sunde, Gottes Wort; und sage du: Schenke und klopf an, wie du willt, gib auch gute, freundliche Wort, so laß ich doch nicht ein, du bringest denn Christum und Gottes Wort, du mußt mir die Brautschaft nicht wegnehmen. Drumb je härter man drauf dringt, je härter man darwider sich legen soll. Das ist denn eine fromme Braut, die ihre Ehe [13]) so feste hält, daß sie sich auch eher ließ erwürgen, denn daß sie einen frembden Buhlen sollte zulassen; und so Er [14]) Christus nicht allein der Bräutigam bleibet, so werden wir gewiß zu Huren. Aber die Fürsten und Bischoffe notdzüchtigen uns itzt, daß wir ihre Hurerei sollen annehmen. Die Andern sagen: Man soll annehmen Kanonichen, und was die

---

12) „Hdſ. wenn ichs nicht eſſe" Anm. v. H. 13) ehre. 14) Herr.

geistlichen Väter geordent haben, item, wir sol halten der Kirchen Satzungen. Aber sage, was willt, so ist es des Herrn Christi Wort nicht. D halben Alles ins Feuer geworfen. Die Dritten zie Larven an, als sei ihre Lehre Christus selbst. macht man uns denn zu schaffen, denn da bildet Christum mir so für, daß ich meine, er sei es, ist es doch nicht. Also in den Predigten, do schmu sich dieselbigen Geister unter dem Namen Christi, man nicht [16]) kann sagen: Allhier sind Kanones, dern führen Gottes Wort. Aber eine fromme Br erkennet balde die Stimme ihres Bräutigams, wenn sie auch gleich solche Wort horet, als wä sie sein, jedoch so klingts nicht, es ist die Stim Jakobs. Wenn du nicht Christum selbst hast, der täufet, sondern hast Väter und Koncilia, so m man dir ein Nasen, drehens wie sie selber wol Do sage denn allezeit: Die Braut ist nicht Tyrannen, noch des Papsts, noch derer, die u der Gestalt des Bräutigams einherkriechen, sond allein des Herrn Christi. Wir sind nur Freunde Diener; Adam und Eva seind Freunde des Bräutiga Noe, Abraham, David sind nicht der Bräutig viel weniger Augustinus und alle Bischoffe und ter, sondern es ist Niemands der Bräutigam, d allein Jesus Christus, der Sohn Gottes und Ma der Jungfrauen. Was des Mannes Wort nicht do sage: Ich höre es nicht, das Maul soll ihme stehen.

Aber sie sagen: Wirst du es nicht halten, ists unrecht. Ei, antworte du, du hast keine Su zu machen, allein Christus hats Macht; ich will fas wenn mirs gefällt. Aber wenn du sagen wollt Fastes du nicht, so thust du hieran Sunde, so spr Du bist nicht Christus, woher damit? damit? die christliche Kirche hats geboten. Aber es wird hier ein falsch Vertrauen, do es nicht sein so thue den Dreck nicht ins Brautbette.

Drumb so soll uns nichts anfechten der R der Kirchen, der Väter oder Koncilien; und wir

16) In der Hdf. † sagen.

nen den Zwang auch nicht leiden, wollen ihnen auch nicht dulden, denn es heißt gefangen, wenn ich thun muß, was Christus nicht geboten, sondern verboten hat, und diese Stricke wollen wir zureißen. Wir haben Christum, seine Stimme horen wir auch alleine. Kompt irgends ein Tyrann, oder Schein und Gestalt Christi, so huten wir uns darfur, und in den Propheten wird hin und wieder dieser geistlichen Hurerei gedacht.

Nu sollen die aufhoren, so von Christo gepredigt haben: vielmehr sollen die schweigen, so ohne Christo oder wider Christum Etwas predigen, denn dieselbigen sollen auch rein todt sein.

Die drei und vierzigst Predigt.

Am Sonnabend nach Cyriaci. 1)

Wir haben bisher gehört, wie Joannes der Täufer sich gedemutbiget hat, und will nicht der Bräutigam sein, sondern die Ehre lassen, dem sie gebuhret; er freue sich aber deß, daß er des Bräutigams Freund sei, und des Bräutigams Stimme hören möge. Nun saget er ferner:

Er muß wachsen, ich aber muß abnehmen.

Solches soll man verstehen von seinem Ampt, welches war, daß er predigen sollte und für Christo herlaufen, und sagen: Christus der Bräutigam kompt, und kompt balde nach mir, auch do ich noch gegenwärtig bin. Er ist bereit geborn, aber noch nicht ins Ampt getreten.

Nun wir unterscheiden gewiß die Predigt Joannis von aller Propheten, auch von des Herrn Christi Predigt. Denn die Propheten haben verkundiget von Christo in die Ferne, lange zuvorn, da es noch nicht 2) Zeit war. Johannes aber hat in die Nahe 3) von

---

1) „Der 9. August 1539." Anm. v. H. 2) „nicht" fehlt. 3) H. nehe, mit d. Note: Hds. „nahe."

Christo geweissaget, und spricht: Ich bins nicht, so
dern er ist selbst da. Das ist nun, daß er sag
Ich muß abnehmen, das ist, meine Predigt u
meine Taufe muß aufhören. Denn ich predige v
deme, der do kommen soll, und do er nun verhand
ist, so darf man meiner Predigt nicht mehr.

Dieß ist nun ein herrlicher Spruch wider die J
den, die Joannis Taufe und Lehre nicht leiden w
len, und meinen, Christus solle noch kommen, u
verfuhren viel einfältiger und baufalliger Christe
Denn die Leute wissen nicht, daß der christliche Glau
wider der Juden Glauben ist, werden denn wie
Juden, glauben, daß Christus noch kommen so
und ist Joannis Stimme gar veracht, gilt nicht me
denn es heißt nicht: Er wird kommen, sondern. (
ist kommen.

Also dienet der Spruch auch wider das Pap
thumb, do man mit guten Werken hat wollen Ch
stum verdienen, so er doch lange zuvor kommen
do man durch den Heiligen Geist getauft und
dem Reich der Finsterniß gebracht ist; und sollten
nun freuen der Stimme des Bräutigams, und
dere zu ihme auch führen, die ihnen noch nicht
uen. Aber diese treten wieder aus der Taufe, d
durch Christum sind wieder geborn, und werden
diese ärger, denn die Juden.

Nun mussen wir diese Predigt immerdar tr
und lehren, und spricht Joannes: Mein Amt
ein Ende; horet mich nicht mehr, wenn ich pr
Christus werde kommen, denn er ist allbereit
treten, prediget und täufet selbst; und sprich
ner:

Der von oben her kompt ist uber All

Als sollt er sagen: Er ists allein, der v
her kompt. Droben im ersten Kapitel hat er
Niemands fähret gen Himmel; er fähret allein

---

4) † Wer von der Erden ist, der ist von der er
redet von der erden. Der vom Himel komp
uber alle.

fähret auch herab. Das ist, es ist unmuglich, daß der Mensch, geborn von Fleisch und Blut, kann wissen, wie Gott gesinnet sei, und was er beschlossen hab: der Sohn muß uns lehren, der herab von Himmel kommen ist. Wir konnen sonst nicht hinauf steigen, daß wirs erführen, denn Niemands konnt sonst hinauf steigen, oder wieder herabfahren, noch auch droben bleiben. Es kann Niemands sagen: So und so stehets im Himmel. Aber der Sohn Gottes, der droben ist, der do ist im Herzen des Vaters, der steiget herunter und offenbarets uns. Drumb spricht er: Der von oben her kompt, der ist uber Alle.

Nun sollen wir uns gewöhnen, daß wir gläuben deme, so wir gehört haben, und nicht was unsere funf Sinne begreifen mögen, denn das ist unser christlicher Glaube. Wer von der Erden ist, kann anders Nichts [5]); denn was irdisch ist, das ist der Natur Art. Also redet er. Er kann nicht reden von oben her, denn Niemands hat Gott gesehen, und wenn wir von der Erden sein, so konnen wir Nichts, denn irdischen Ding reden. Denn Art läßt von Art nicht, so wird Niemands auch die Natur ändern. Ich kann ein Weib wohl schmucken mit Mannes Kleidern, gleich als wäre es ein Mann: aber drumb kann ich keinen Mann aus dem Weibe machen, und auch aus einem Mann kann man kein Weib machen. Also auch alle Kinder, die außerhalb dem Samen gezeuget werden, sind von der Erden: drumb reden und thun sie auch, was irdisch ist. Und ist dieser Spruch ein harter Stoß wider des Papsts Lehre; und irdisch sein und reden, heißt nicht allein von groben Wesen reden, als von Häuser bauen, Weib oder Mann nehmen, Essen und Trinken, Käufen und Verkäufen, denn davon redet er allhier nicht: sondern so sie wahrhaftig irdisch sein, so reden sie, wie itzt unsere Bischoffe thun. Die fragen nach Gott, seinem Evangelio, Taufe und Abendmahl nichts, auch nicht nach natürlichen und vernunftigen Sitten, sondern weiden sich allein als die Säue, schwelgen, saufen und trei-

5) nicht.

den allen Muthwillen, gleich als wäre kein Gott. Diese sind gar grob. Die Philosophi und Poeten haben doch noch von einem feinen Wandel geredet. Andere sind Geizwänste, drumb reden sie vom Geiz, item, von schandbaren Worten und Werken. Unflätber sind sie, drumb reden und thun sie auch also. Die Natur strafet auch diese Laster. So saget die Vernunft auch: Es ist nicht recht, daß man also stiehlt, raubt, huret, geizet. Aber irdisch reden ist allhier hoher, nämlich, daß man auch von Gott will reden, nicht von Geld, von Unzucht, Geiz 2c., sondern daß man will klug sein in gottlichen Sachen, wie wir Gottes Gnad erlangen mogen, und der Sünde los würden, und ein gut Gewissen haben mochten, und Gott versuhnen: diese Ding meinet S. Joannes sonderlich. Denn S. Joannes verdammete [6]) nicht allein die Sadducäer, so gar Nichts gläubeten, sondern auch die Pharisäer, die hohen, großen, heiligen, trefflichen, weisen Leute, die nicht allein mit herrlichen Gaben der Vernunft erleucht waren, sondern auch die heilige Schrift für sich hatten, daraus sie nach ihrer Weise lehreten den Weg zur Seligkeit.

Die Andern werden auch von der Natur, Vernunft und auch von den Philosophen gestraft. Denn die Vernunft allhier blind, närrisch, und ist ihr zu hoch. Wenn sie auch gleich die zehen Gebot erzählet, daß man nicht ander Gotter haben soll, so ist sie doch nicht so klug, daß sie sehen konnte, wie tief der Mensch verderbt ist, durch die Geburt von Adam; viel weniger verstehet sie, wie Gott uns mochte versuhnet werden. Drumb ist sie allhier zweimal blind, und spricht: Hast du gesundigt, so thue Buße und gute Werk, auf daß du diese Sunde bezahlest, werde ein Monch und Nonnen, und thue Gott die drei Gelubde, der Keuschheit, Armuths und Gehorsams. Dann bezahlest du nicht allein deine Sunde, sondern auch ander Leute Sunde, denn du hast gute Werk übrig, die du Andern kannst mittheilen. Nun ist dirs nicht geboten, daß du Armuth leidest, und deinem

---

6) H. verdampte, mit d. Note: „Hds. verdammete."

sam seiest. Aber der Papst spricht: Du
einem hohern Stande, und setzet dann
darzu, als Vermessenheit in eigene Ge-
und Weisheit. Wenn du nun die drei
ltest umb anderer Ursachen willen, so
, wenn die zwene Junkern nicht dabei
lich, durch solche Werk den Geboten Got-
hun, und daß ich konnte die Gebot hal-
t erlogen, das ist eine grobe und dicke [7])
denn es ist kein Mensch auf Erden, der
Gebot kunnte grundlich und rein halten,
am 5. aus der Predigt Christi zu sehen
gt wird: Es sei denn euer Gerechtigkeit
der Pharisäer und [8]) Schriftgelehrten,
hr in das Reich Gottes nicht kommen.
eineten, sie hielten das Gesetz, und er-
uch, wenn sie es äußerlich hielten. Das
ohl sein, wenn mans hielt. Aber sie sind
nd die Natur zu bös, und wir zu tief
man von ganzem Herzen Gott nicht ver-
nn in der Anfechtung, do gehet Zorn
nd Ungeduld uber Sanftmuth, daß stets
heimlicher Schaden. Drumb ist es ein
chädliche, gefährliche Blindheit, daß der
et, er erfulle das Gesetz.
ige nennet S. Joannes: irdisch reden.
auf den Markt kompt, und ich einem
hle, so muß ich ihme gnung thun und
oder Waar. Item, für Gerichte wird
t oder gebußet; wenn er die Buße gibt,
zahlet. Das ist trefflich und schier grob
o reden wir auch in gottlichen Sachen sehr
chwie man auf dem Markt käuft und be-
thut man hie auch. Du hast gehalten
ebot Gottes, und bist sehr fromm: nun
alle Sunde vergeben. Das heißt ge-
ein Baur aufm Markt und im Kretz-
t, denn er will handeln, will gnung thun,

df. eine, und grobe dicke. 8) „Pharisäer und“ fehlt.
ie Anmerkung 4) zu S. 71.“ Die Aenderung der pag.
eifügung der Notenzahl abgerechnet, Note v. H.

will bezahlen, was das Gesetze von ihme erfodert. Gleichwie ich mit einem Baurn thue, so soll ers mit mir auch machen: das ist gar ein irdischer Kauf und Handel.

Nun ists wohl fein, sich uben in den zehen Geboten, wie die Pharisäer gethan haben, und wir in Klostern gelebt haben, waren den Priorn gehorsam, und plagten uns Tag und Nacht. Aber es war zwiefach irdisch, umb des Zusatzes willen, daß wir gedachten: Gehe ich also einher im Gehorsam, so hab ich nicht allein Gott bezahlet, sondern ich hab noch ubrige Werk gethan. Do ist dann das grobe irdische Wesen herauf geruckt in das gottliche Wesen. Die Vernunft hälts darfur, es sei irdisch, aber der Zusatz ist nicht gut. Drumb so ists die erste Blindheit, daß ein Mensch nicht erkennet, wie viel er schuldig sei, und daß er nicht konne bezahlen. In dieser Blindheit stickt das Papsthumb, und dorinnen liegen noch viel Leute. Aber der Mensch muß wissen, daß er soll die zehen Gebot erfullen, und daß ers dennochs nicht thun konne. Aber die Welt sicht [10]) das oft für Erfullung an, das doch nicht ist. Aber ich betrüge Gott nicht, sondern mich. Das ist nun die Blindheit, darvon Joannes saget, daß die Juden Werkheiligen sein, und die Munche außer sich in geistlicher Zucht stehen. Aber wisset, daß ihr drumb nicht Christum habt, noch Christen werdet dardurch, sondern steckt noch in der alten Geburt Adä, und habt nicht andere Heiligkeit noch Weisheit, denn allein irdische. Damit mußt ihr denn in Abgrund der Höllen, denn ihr machet euch selbst blind, und verfuhret euch.

Die andere Blindheit ist, daß die Vernunft nicht weiß, daß von oben herab muß kommen, sondern wir wollens von unten hinauf ärbeiten, daß die Gnungthuung in mir sei, und will nicht wissen, daß Christus der Sohn Gottes für mich gestorben, und die Sunde mir aus Gnaden vergeben sein: sehen erstlich nicht den

10) S. Aber, mit d. Note: „Hds. sicht."

Feihl, zum Andern, so wissen sie der Arztei [11]) nicht zu gebrauchen. Wer do meinet, er sei stark und gesund, der fraget nach keinem Arzte nicht, denn er sehet erstlich nicht, daß er krank sei, zum Andern, so weiß er keinen Rath oder Aerznei wider die Schwachheit. Das ist eine zwiefache Blindheit. Also will allhier die Vernunft nicht sehen die Wunden und unsere Krankheit, auch will sie keine Hulfe noch Trost haben.

Das ist die irdische Geburt. Wer irdisch ist, der bleibet irdisch, er redet und thut auch nichts Anders, denn irdisch. Nun sollen alle Tugend der Heiden, item, die Muncherei, dorinnen so ein gestrenge Leben ist, wie denn S. Bernhard auch gefühhret hat, alle irdisch Ding sein? Kanns doch die Vernunft reden und sehen, daß es ein ehrlich und heilig Leben sei? Noch ists irdisch, denn es will hinauf, und handeln zwischen Gott und mir. Wenn es ernieden bliebe und spräche: Dardurch will ich nicht verdienen den Himmel, noch für meine Sunde gnung thun, so gings fein hin, daß ein Kind gehorsam wäre, und dürfte die Ruthen nicht furchten. Aber wenn man saget: Gott wirds ansehen, und mir darfür Gnade geben, ja, das heißt zu hoch gefahren. Du wirst nicht hinauf steigen, wenn du Gedanken hast, als die Pharisäer, sondern fallen und den Hals einzwei sturzen; und bleiben also wohl irdisch, denn ihre Lehre und Leben ist irdisch. Drumb wenn sie sich gleich zu todte marterten, wie denn die Konige Israel ihr eingeborne und erstgeborne Kinder opferten, und mit Feuer verbrannten, und welche sie am liebsten hätten, die opferten sie Gott; hatten sie nicht Sohne, so opferten sie doch die Tochter, und opferten sie dem Teufel und hießens Gott geopfert, und meineten, sie wollten Gott einen großen Dienst daran thun; und es ist wahrlich das allergroßte Werk, einen Sohn schlachten, opfern und aufm Altar verbornen [12]) lassen. Es ist ein trefflich groß Werk, daß sich eines Vatern Herz also hat konnen uberwinden, sollte das

---

11) H. erznei, mit d. Note: „Hdſ. ertzeny.“ 12) „S. S. 40. Anm.“ Die Aenderung der pag. abgerechnet, Note v. H.

Gott nicht ansehen? Nein. Worumb? Ei, es ein irdisch Werk. Aber der Gedank eines Heuche ist so groß, daß er meinet, dieß Werk verdiene gebung der Sunde, und gebe Gluck und Selig Der Gedanke aber kompt aus der Vernunft. heißt es: Was aus der Erden geborn ist, das irdisch; und es ist trefflich schweer Ding, leben Keuscheit, denen, so diese Gnade nicht gegeben es sei eins ein Mann oder Weib. Sie schreien w lich [13]) Zeter druber, daß sich einer ergeben soll Lebtag keusch zu leben, item, daß er nichts Eig haben soll, und Alles in frembder Gewalt stehen, nicht leben im Ehestande. Also jenes war auch groß Ding, wenn sie ihre Kinder opferten. wenn sie darzu satzten: Dardurch will ich Vergeb der Sunden erlangen, das verderbts. Also wissen zweierlei nicht, als, wo Vergebung der Sunden nehmen, und daß dieser Schade muß durch ein a Werk geheilet werden, dann durch ein irdisch D Nimm alle Werk der Munche, es sind nicht hi lische, sondern menschliche Werk, gethan von M schen, so aus der Erden geborn und geschaffen.

Wie verlieren wir dann den Namen der I schen? Unser Evangelium lehrets, welchs sie so j merlich verdammen, nämlich, Jesus Christus, G tes Sohn, von dem wir in den Artikeln des ch lichen Glaubens sagen: Ich gläube an Jesum C stum xc., der kompt von oben herab, er ist nicht irdi sondern himmlisch, wie 1. Kor. 15. gesagt wird. D er ist nicht von einem irdischen Menschen empfang sondern vom Heiligen Geist, von oben herab, bringet himmlische Ding mit sich, wird Mensch born, wohnet und lebt auf Erden, betet, fastet, vielen Menschen Guts. Darvon redet nun die nunft nicht, denn sie weiß auch Nichts darvon. mands von Menschen ist sonst vom Himmel gestieg so sind wir auch nicht empfangen vom Heiligen G noch haben gelitten unter Pontio Pilato, noch das ganze menschliche Geschlechte gestorben: sond

13) „wahrlich" fehlt.

mussen sagen mit den Kinderlein: Wir gläuben an Jesum Christum, empfangen, geborn, gelitten 2c. Denn des Mannes Werk allein, die thuns. Alles was unser ist, das ist irdisch; der aber von oben herab ist, deß Sterben und Blutvergießen, das thuts. Auch ein einigk Tropflein seines Bluts, das hilft der ganzen Welt, denn die Person ist wahrhaftiger Gott, von Ewigkeit vom Vater gezeuget. Der hat das Geld und Bezahlung fur mich, und er thuts nicht für sich; er ist auch drumb nicht geborn, noch gelitten und gestorben, daß er dardurch Gottes Sohn würde, denn er wars zuvor: sondern daß ich durch ihnen Gottes Sohn wurde, und meine Gerechtigkeit, Weisheit und Heiligung von oben herab wäre.

Die Welt kennet erstlich ihren Schaden nicht, das ist eine große Blindheit, zum Andern, so weiß sie nicht, wo man Hülfe suchen soll. Sie spricht nicht: Ich gläube an Christum, der für mich gestorben ist. Aber Joannes der Täufer saget: Christus ist von Himmel gefahren, und stirbet für mich. Drumb so hat er eitel himmlische Werk, und was er redet und thut, ist alles himmlisch. Wiederumb was Menschen thun, ist eitel Irrthumb und Blindheit, denn es ist irdisch. Wiederumb wer von Himmel herab ist, der ist himmlisch, redet und thut auch himmlische Ding. Wenn wir dann wissen, wo es uns mangelt, daß wir die zehen Gebot nicht halten, noch decken unsere Sunde nicht zu, sonder bekennen sie, und sage: Ich bin irdisch, und rede irdische Ding, drumb so halte ich mich zum Himmelischen, und zu seinen Werken, Worten und Leiden, welches alles himmelisch ist, und thue darnach Wohlthat gegen dem Nähesten: allda werde ich durch den Glauben dem himmelischen Manne eingeleibet; und saget er denn zu dir: Du bist mein, und ich bin dein, denn diese himmelische Werke hab ich fur dich gethan. Also saget auch der Bräutigam zur Braut: Willt du mich haben zur Ehe, siehe, da hast du die Schlussel und alle meine Guter. So ist sie dann nicht schlecht ein Weibsbild, sondern eine Männin, die des Mannes Guter und Leibes mächtig ist. Drumb so muß auch das Reich

Gottes und das ewige Leben her kommen aus laut
Gnaden, und nicht aus unsern irdischen Werken, s
dern aus des himmlischen Mannes Werken, die
gethan hat eher dann wir geborn sind worden,
die er von Anfang der Welt her gethan hat, alsba
nach dem Fall; wie denn die Verheißung, Adam u
Eva gegeben, lautet, des Weibes Same soll
Schlangen den Kopf zutreten [14]).

Drumb dringet Joannes immer drauf, daß w
lernen Christum erkennen, und daß wir irdi
Menschen sein, wie denn der Papst auch irdisch
und irdisch bleibet, mit alle seinen Werken, u
Leben, ja alle seine Gedanken irdisch sein. Sch
ists auswendig anzusehen, aber die Blattern [15]) u
der Aussatz und [16]) Grind sind mit der Kappen
gedeckt. Aber wenn du den ergreifst, der do v
oben herab zu dir kommen ist, do stehest du wo
Denn er ist nicht irdisch, noch seine Werk auch n
verdammet: sondern er uberreicht Alles, erfullet a
Alles, und du bist nicht zu ihme hinauf in Himm
gestiegen, sondern er ist vom Himmel zu dir auf
den kommen. Wenn du nun bei ihme bleibest, u
sprichst: Ich gläube an den eingebornen Sohn G
tes, Jesum Christum, dann sind seine Werk de
Werk, welchs dann nicht sind irdische Werk, do
sonst auf pochen, daß sie uns helfen sollten, sond
sein Wort und Lehre ist himmelisch und Got
Wort, und du wirst dardurch auch himmelisch u
steigest denn auch hinauf gen Himmel; und der T
fel mit der ganzen Höllen kann dich nicht herun
behalten, sondern fahren mit empor aus der Sün
Tod und dem Teufel aus dem Rachen, denn
Christ ist dann ein himmelischer Mann. Sonst u
sere Gnugthuung erfullet Nichts; unser menschli
Weisheit und Gerechtigkeit verblendet die Mensch
daß sie diese himmelische Gerechtigkeit des himm
schen Menschens nicht sehen, denn sie meinen, sie k
nens mit ihren irdischen Werken thun. Ein Bar
ßer Münch und Karthäuser spricht: Ich bin so u

---

14) „S. 1. Mos. 3, 15." Anmerk. v. H. 15) Blattern. 16) [illegible]

Jahr ein Munch gewesen, und ein harten Orden und gestreng Leben gefuhret, und sollt nicht mehr verdienet haben, denn ein Kind, das heute geborn wäre, oder irgends ein Magd und Knecht im Hause? und werden sehr zornig druber, denn es verdreußt sie, daß wirs so leichtlich uberkommen wollen. Saget man denn, Christus sei von Himmel kommen, so sprechen sie, es sei Ketzerei, und wir verbieten gute Werk; sagen: Ei, sollt ich so lange im Kloster gelebt haben, und nicht mehr verdienen? Ich hab auch bei funfzehen Jahr also ubel und schändlichen gelebt.

Do hast du nun dein Urtheil, daß du von der Erden bist. Zureiße dich drumb und zürne, wie du willt. Denn was du redest von deinen Regeln, Statuten und herrlichen, großen Werken, das ist alles irdisch geredet und gethan. Aber worumb thust du nicht also, daß du Gott vielmehr darfür Dank sagest, daß dir die Gnade widerfähret, daß du die zwölfte Stunde ergreifest, und kömpst aus den irdischen zu den himmelischen Werken, ob ich gleich eilf Stunde gearbeitet [17]) hätte, und die Hitze und Last des Tages getragen.

Dieß ist der einige Weg. Wer von oben herab kompt, der ist uber Alle, das ist, der himmelische Mensch muß zu Hulfe kommen, sonst ists mit dem irdischen verloren, er sei wie hoch er wolle. Wahrlich die Munche sind nicht Christus, derhalben so sind sie von der Erden. Franciscus ist nicht Christus, noch seine Werk auch nicht Christi Werk. Also ist S. Augustinus auch ein großer Mann, auch ein heiliger Mann, aber drumb will ich ihme nicht das Liedlein singen: Ich gläube an S. Augustinum; sondern vom Sohn Gottes saget man alleine: Ich gläube an Jesum Christum, der mich hernieden gesucht und geholet hat, und wieder gen Himmel gefahren ist. Drumb so ists eine große Gotteslästerung, daß wir unsere irdische Werk uber Alles setzen, auch uber Christum selbst, der doch drumb kommen ist, daß er uns alle zu himmelischen Menschen machete.

---

17) H. gearbeitet, mit d. Note: „f. Hd. gearbeittet.“

Nun folget eine Klage drauf, daß man solche Lehre erst lästert und schändet:

Und sein Zeugniß nimpt Niemands auf.

Als sollt er sagen: Ich senke mich dir zu Liebe auf Erden, werde ein jung Kind, hab Leib und Seel, und menschlich Natur an mich genommen, ohne Sunde, durch den Heiligen Geist empfangen, und werde ein himmelischer Mensch, und doch ein wahrhaftiger natürlicher Mensch, der do hat Fleisch und Blut, Leib und Seel, dir zu Trost, auf daß ich fur dich sturbe, und fahre für dich in die Hölle. So du nun das gläubest, ob du gleich in der Höllen oder im Grabe wärest, so wenig als dieß alles mich gehalten hat, so wenig solls dich auch halten. Denn du bist itzt ein himmelisch Mensch, und nicht mehr [18]) irdisch, gedenkest, redest und thust nicht mehr irdisch, sondern himmelisch.

Das ist nun der Welt Blindheit, daß sie nicht weiß, daß unser Seligkeit stehet auf dem Mann. Es sollen Christen gute Werk thun, darvon denn Joann. am 14. Kapitel redet. Aber wenn ich Christum ergreife, so bin ich ein himmlischer Mensch geworden. Paulus hat tausendmal mehr bekehret, denn Christus bekehret hat, denn Paulus ist bei zwanzig Länder ausgereiset und doselbst gepredigt. Drumb spricht Christus: Wer an mich gläubet, der wird eben die Werk thun, die ich thue, das ist, himmelische Werk thun: so kompt man zu guten Werken. Nun geben sie uns Schuld, daß wir gute Werk verbieten sollen. Aber wir predigen von himmelischen Werken, sie aber von irdischen. Nu wohlan, lasse sie irdische Werk thun; wir wollen himmelischen Werk haben, und nach ihren irdischen und garstigen Werken nichts fragen, und bleiben bei den Werken Christi, die er für uns gethan hat, und uns [19]) geschenkt, und dardurch in uns noch immerdar auch wirket.

---

18) † ein. 19) „uns" fehlt.

Die vier und vierzigste Predigt.

Den Sonnabend nach assumtionis Mariae den 16. Tag Augusti.

Bisher haben wir gehört von dem Ampt Joannis des Täufers, daß ers hin richten soll auf den Sohn Gottes. Denn für dem hat er sollen gehen, und zeigen auf ihn mit Fingern und Worten, auf daß die Welt ihnen nicht versäumet, wie sonst den Juden geschehen ist, die sein gefeihlet haben, und noch heute zu Tage nicht finden konnen. Es ist aber beschlossen, daß was der Sohn Gottes nicht ist und nicht thut, das ist ungethan, denn Alles ist in ihn gelegt, und Alles wird in ihme gefunden werden, denn durch ihn hat man die Schätze der Weisheit. Aber also, daß wir heimlich und verborgen drinnen liegen. Denn keine Vernunft kanns begreifen, sondern man muß das Wort Gottes horen, und durch den Glauben ergreifen, denn Fleisch und Blut kanns aus ihrer Vernunft und Geschicklikeit nicht sagen, daß Josephs Sohn von Nazareth Alles in seinen Händen hab, was im Himmel und auf Erden sei. Sie siehet nicht weiter, denn daß er ein Mensch sei, wie andere Menschen, oder wenn sie ihn hoch ansiehet, so hält sie ihnen für einen heiligen Mann, als den Propheten Jeremiam, Esaiam oder David und Petrus; und wenn der Mensch gleich zu Hulfe hat die zehen Gebot, so erlanget er doch dardurch noch lange nicht, daß er wisse, daß diese Person Gott sei, oder daß außer ihme kein Gott ist. Drumb was außer ihm beschlossen wird, das ist gefeihlet. Drumb so muß er also gegriffen sein, daß er Gott und Mensch sei, an dem es alles gelegen ist, sonst ists verloren. Wer das nun thut, und hält ihn für den, der do sei uber Alles, der wird denn hernach erfahren, was fur ein tiefer Abgrund der Weisheit von Gott und allen Dingen in ihme sei. Denn er ist das Licht und das Leben. Derhalben so ists alles drumb zu thun, daß in uns gebildet würde, daß wir nach keiner Weisheit fragten, denn allein nach des Herrn Christi Weisheit, sonderlich in *denen Sachen*, die do betreffen das

ewige Leben, denn das weltliche Regiment ist vor Christo geschaffen und geordnet; sondern rede von der Weisheit, darinnen die Welt will klug sein, und will wissen, wie sie mit Gott dran ist.

Wenn man davon redet, das außer und uber dieß [1]) Leben ist, do ist es alles Blindheit und Thorheit, denn es ist nicht Christus. Darumb so beschleuscht S. Joannes, daß viel weise Leute gewesen sein und noch sind, die do fürgeben, so und so solle man leben. Die Turken meinen auch, sie haben große Weisheit, und daß sie Gott dienen, und ihnen loben: dennochs ist ihre Weisheit und großer Schein gar Nichts, wenn mans setzet und hält gegen Gottes Weisheit. Aber an den Mann setzen sie alle, und wollen ihnen nicht hören noch sehen, und erwurgen alle die, so gerne von ihme horen. Aber man saget: Der Papst und die Kaiser sind nicht Narren. Sie gehen auch in dem Wahn doher, als wollten sie selig werden, singen und ruhmen auch, daß Jesus Christus Gottes Sohn sei. Woran fehlets denselbigen? Der Turke ist ein offentlicher Feind Christi, aber der Papst nicht, sondern ein heimlicher Feind und Verfolger, ein falscher Freund: drumb ist er dester ärger.

Derhalben so beschleußt er, daß alle Weisheit und Heiligkeit verdammet sei, wo nicht darbei ist Gottes Gnade, Gottes Weisheit, und wahrhaftiger Dienst Gottes. Es ist sonst eitel Teufels Ding, es gleiße wie schön es wolle. Denn Christus ist uber Alles. Hat denn David und Andere nicht die Wahrheit gepredigt? Wenn Adam, Eva, Isaak und Andere nicht so klug gewest wären, und hätten ihr Ding auf diesen zukunftigen Messiam gerichtet, so wäre alle ihre Weisheit und Heiligkeit Nichts gewesen. Aber ihr Glaube ist auf ihn gericht gewesen. Abraham spricht: Mein Isaak, ich und die Beschneidung und alle meine Heiligkeit sein Nichts, werdens auch nicht thun: sondern der verheißene Same, dardurch alle Volker sollen gesegnet werden. Also haben alle

1) H. diesem, mit d. Note: „Hds. dieß."

Heiligen von Anfang der Welt gethân, daß sie sich an Christum gehängt haben, und es mussens noch alle Menschen thun, bis ans Ende der Welt; oder sind allzumal verloren. Der Mann Christus thuts allein. Adam, indem er will selig werden, do muß er ein Christen heitzen. Also auch alle Ander, oder sie sind gar Nichts.

Mogst du sagen: Sind sie doch nicht getauft? Do liegt Nichts dran. Sie haben auf die Taufe und Lehre von Christo gehofft, und habens im Glauben gehabt, und haben andere Zeichen gehabt, als, die Opfer. Aber es ist Alles auf Christum gericht gewesen, der soll heitzen uber Alles. Darumb so soll man Nichts hören, was das ewige Leben belanget, denn allein die Stimme und Lehre Christi. Wenn man sonst eine andere aufnimpt, so ists mit uns aus. Denn der Turke hat Christum weggesetzt, und nimpt den Machomed an; der Papst verwirst Christum, hält sich an seine Kanonichen. Also thun auch die Munche und Nonnen mit ihren Regeln, sprechen denn: Meinen wirs doch von Herzen gut. Meinen hin, meinen her, wenn du nicht Jesus Christus bist, so ists Nichts, Christus aber ist nicht hie noch da; oder daß du ein Munch seiest, und keusch lebest, oder daß du nichts Eigenes habst. Es ist unsers Werks und Thuns nicht die Seligkeit, sondern wer von Herzen gläubet und hänget mit rechtem Glauben an dem Herrn Christo, und versiegelts in sein Herz, und zweifelt nicht dran, daß Christus sein Heiland sei, der hats. Ein rother Rock wird nicht drumb genennet ein roth Kleid, daß er von rothem Tuche gemacht ist, sondern daß er rothe Farbe hat. Also wird ein Christ auch nicht doher, daß einer eine Kappe anzeucht, und Munch wird, und sich zumartert. Woher kompts denn? Doher, daß er in sein Herz drucket und verpitschiret: Ich gläube an Jesum Christum. Das sind nun zumal gemeine Wort, und ist ein Laienpredigt. Die Munche und Priester mussen etwas Hohers haben, dann diese gemeine Lehre. Denn sie sprechen: Sollt ich zehen, zwanzig oder dreißig *Jahr ein Munch* gewesen sein, und sollt nicht mehr verdienet haben? Nu fahe es an, greifs streng an, wer wehret dirs? Aber wenn du von hinnen sollt, do wirst du im hären Hembde und Karthäuser-Ord n nicht bleiben, sondern du mußt heraus, und mußt unter die Würmer. Wenn du auch gleich ein englisch Kleid anhättest, wo willt du denn bleiben? Do horet auf Kappe, Platte, Vater und Mutter, Stand und Alles. Was bleibet denn? Der do sitzet zur rechten Hand Gottes, ein Richter der Lebendigen und der Todten. Wer dann den hätte, und in ihme gekleidet und geschmuckt wäre, der stunde wohl; wo nicht, so wirst du sehen, daß Kappen, Platten, Papst- und Turken-Glaube den Stich nicht halten werden. Aber wer in seinem Herzen hat das Siegel und Pitzschaft: Ich gläube an Christum, und drauf gelebt und gestorben, der bleibet wohl. Denn wer an Christum gläubet, wird selig. Denn Joann. am 14. Kap. wird gesagt: Ich lebe und ihr werdet auch leben. Weil ich lebe, und ihr an mich gläubet, so werdet ihr nicht sterben, sondern wie ich lebe, so sollet ihr auch leben, so an mich gläubet. Item: Dieser ist uber Alles. Drumb an den gehängt, oder man ist verdampt und verloren.

Worumb dringet Joannes so heftig drauf? Das Volk war so jämmerlich verführet, daß sie vom Messia Christo nichts hielten, sondern hoffeten auf einen Messiam, der mit aller Pracht kommen würde, und ein Herr der ganzen Welt sein, in einem gulden Harnisch reiten, mit viel tausend Pferden. Wer nun darwider predigte, den hießen sie einen Narren, und sprachen, er hätte den Teufel, und er lebt nicht, wie andere Leute, und seine Lehre reimet sich mit ihren Gedanken nicht; do mußt er den Teufel haben. Do denn nun ihre Herzen in solchen Gedanken staken, daß er mit einem großem Kriegsvolk kommen sollte, do war kein Hören. Wenn er aber zu Jerusalem eingeritten wäre mit großer Pracht, und hätte gesagt: Ich bin der Christus, do wären sie ihme alle zu Fuße gefallen, und hätten ihn angenommen. Derhalben so muß Joannes da sein, predigen und wehren, und sagen: Der vom Himmel kompt, ist uber Alle, er ist

anden, und wird nicht so herein platzen, wie ihr
on traumet, ihr werdet ihn ubersehen.

Drumb sollen wir den Artikel auch treiben, denn
Welt veracht ihnen, und wenn wir sterben wer-
so wird man den Artikel gar wegnehmen wollen,
werden die Rotten es alles umbkehren, und
istum malen, wie ihnen der Papst malet. Der-
en wider diese Meinung der Juden folget im
::

erzeuget, was er gesehen und gehort hat.

Was soll der Christus, und was ist der Messias
? Was ists für ein Messias? Soll er sonst
ts thun? Platzt er so herein? Was thut er?
zeuget. Wenn er so schwach herein gehet, und
t sein Regiment nicht anders, denn daß er zeu-
kann er denn sonst Nichts mehr, denn predigen
sagen? Er führet kein Schwert, hat auch nicht
r Hand breit Land und Leute, was ist denn sein
n? Predigen. Ja wahrlich einen solchen Mes-
mußten wir annehmen. Ey, wie du willt. Itzt
man eben auch also: Ach, was sollt das sein,
die von Wittemberg itzt schreiben und predigen?
ns der Papst, der Kaiser oder Bischoff von
nz thäte, lehrete und schriebe, und wenns das
cilium beschrieben hätte, dann wollten wirs an-
nen; sonst sinds geringe Leute, die es predigen.
, wenns Gott denn also haben will, daß der Mes-
nicht soll kommen als ein Kaiser? Es ist, mit
ub zu reden, ein Dreck und Unflath mit alle dem,
der Türke und Kaiser hat. Er will ihnen nicht
Ehre thun, daß er also gewaltig käme, als sie
sind. Daß er aber so bloß kompt, und anders
ts thut, denn prediget, das ist eine unaussprech-
Weisheit und Stärk, ja der Schatz der Weis-
und Erkenntniß, nämlich, daß wer an ihnen
bet, der soll ewiglich leben. Gläubet er und
die Werk seines Berufs, so soll er Konig und
er im Himmel sein, und den Engeln gleich. Also
sein Reich seine Predigt sein. Wer siehets aber?
sollts *nicht sehen.* Seine Regierung und Pre-

digt ist ein Zeugniß. Wer do nun fur Gott will gerecht werden, der hore den Zeugen, das ist, den Prediger. Es ist eine Predigt, die alleine zeuget von denen Dingen, so man nicht siehet, noch horet in den Rechtsbuchern, noch sonst in der Welt. Es heißt zeugen, das einer nicht gesehen hat. Ein Richter richtet nicht, das er siehet, sondern er muß Zeugen haben. Aber allhier heißts, etwas reden und predigen, das man nicht siehet. Also ist der Herr Christus des Vaters Zeuge vom Himmel uber Alle. Er soll Nichts thun, denn allein das Maul aufthun, und seine Predigt soll ein Zeugniß sein vom Vater, wie er gesinnet sei, und wie er wolle die Menschen selig machen, und erlosen von Sunden, Tod und des Teufels Gewalt. Das zeuget er. Er läßt sich Mensch werden, sterben und von den Todten wieder aufstehen, und will sagen: In diesen Worten stehet mein Zeugniß. So ihr nun diesem Zeugniß und Werken gläubet, dann gläubet ihr dem Zeugniß Gottes.

Was will er nun darmit machen, daß wir nicht sollen verloren werden, sondern sollen das ewige Leben haben? Das ist sein Zeugniß, daß er kommen ist, und will ein Priester und Herr sein, aber so heimlich, daß sich auch die Vernunft dran stößt. Denn der Herr ist arm und hat nicht eines Hellers Werth, sondern Weiber ziehen ihme nach, und ernähren ihn. Dieweil er denn selbst nichts eines Hellers Werth hat, wie sollte er denn Andern geben konnen? Aber wenn du der Vernunft folgest, so hast du gefeiblet, wie es dann dem Papst und Turken also gegangen ist: sondern höre allein, und sprich dann: Ob ichs gleich nicht verstehe, so gläube ichs doch; ist es denn verborgen, so solls also sein, und allein durch den Glauben ergriffen werden; ich solls nicht sehen, noch ergreifen. Dieses will nun die Welt nicht thun, und will immerdar klugeln mit dem Sakrament des Altars, und mit der Taufe; denn die Sakramentirer verläugnen, daß im Abendmahl nicht der wahre Leib und Blut Christi sei. Sie will auch nicht gläuben, daß die Jungfrau Maria einen Sohn geborn hab, der do Gott und Mensch sei.

Denn die Welt saget: Wie kann Gott und Mensch Ein Ding sein? Denn Gott ist ein ewige' Natur, der Mensch aber ist sterblich. Also hat die Welt immer wollen klugeln und es begreifen. Aber wenn wirs hätten begreifen konnen, so hätte er nicht durfen von Himmel kommen, und es uns offenbaren. Denn die Vernunft ist blind, und der Mensch soll sein Ohr hängen an seinen Mund und horen sein Wort. Was wird er denn predigen? Wie man gläuben soll. Derhalben so thut derjenige, so uber Alle ist, anders Nichts, denn daß er zeuget.

Do hast du nun den Messiam abgemalet und beschrieben, von dem alle Propheten zeugen, nämlich, daß er soll ein Prediger sein. Das soll sein Reich und Regiment sein, predigen, und in diesem Zeugniß, do ist alle Weisheit, Leben und Wahrheit. Denn er ist ein solcher Zeuge, der es selbst gesehen und gehoret hat. Wo dem nicht also wäre, so durfte ers nicht offenbaren und zeugen; und was er nun prediget, das hat er selbst nicht erdacht noch geträumet, sondern er hats gesehen, denn er ist Gottes Sohn, und weiß den Abgrund Gottes Willen und Weisheit, und was der Vater bei ihme beschlossen hat, das zeuget er uns. Dieß Wort ist nun wider den Papst und Turken, die do nicht hören dieses Mannes Zeugniß.

Die funf und vierzigste Predigt.

Am Sonnabend nach dem Tage Timothei.[1])

Nächst haben wir gehört, worumb des Herrn Christi Predigt ein Zeugniß geheißen wird, denn es ist eine Predigt, welche die Vernunft nicht begreift, sondern die Vernunft muß horen und ihr sagen lassen, und des Messiä Reich soll heißen ein Zeugniß, das ist, er soll predigen, und solche Predigten thun,

1) „Der 22. August 1539." Anm. v. H.

so Niemands gehort noch zuvor gesehen hat. Darumb so muß er zeugen.

Aber Joannes der Täufer spricht:

Und Niemands nimpt sein Zeugniß an.

Ei, habens doch die Aposteln und die Kirche angenommen? und wir sagen auch: Ich gläube, daß eine heilige christliche Kirche sei. Aber S. Joannes siehet den großen Hausen an in der Welt, der es nicht annimpt. Denn der Turke, Papst und seine Kirche, nehmen ihnen nicht an; die Andern aber, die do bleiben am Zeugniß Christi, die meinet er, daß sie versiegeln, daß Gott wahrhaftig sei. Und als der Herr zu Jerusalem einzog, do nahmen der großte [2]) Hause, als der Pharisäer und Andere, das Zeugniß nicht an. Er redet aber von dem andern Häuflein, also, daß der es annimpt, der siegelts. Dann Etzliche horens und nehmens an, und die nun die Predigt horen, die nehmen an, das sonst unbegreiflich, ja uber alle Vernunft ist, und geben Gott die Ehre, und halten Gott für einen wahrhaftigen Gott.

Im ersten Artikel des christlichen Glaubens, als, von der Schopfung, do sind wir alle eins. Darnach im andern Artikel von der Erlosung, und an Jesum Christum, durch aus, do scheidet sichs. Denn do gehet das Zeugniß an, darvon er allhier redet, daß er der Sohn, vom Heiligem Geist empfangen, und von eim Weibsbilde geborn sei, und der Jungfrauen Marien natürlicher Sohn sei, und dennochs der eingeborne Sohn Gottes, ein rechter Gott. Da stoßt sichs, do will Jude, Turke, Tatter nicht, daß Christus das Zeugniß annehme, und der Papst hälts mit uns, so viel die bloßen Wort anlanget, denn er siehet dorauf, daß man mit unsern Werken soll gnung thun für die Sunde. Denn das zeuget die Muncherei. Denn keiner ist drumb ein Munch worden, daß er ein Fastnachtspiel treibe, sondern daß er dardurch seine Sunde bußete. Wer nun mit den

---

2) große.

Kindern gesprochen hat: Christus ist gestorben und begraben, der ist selig worden. Aber do bleibet der Papst hangen. Denn er gläubet von Christo nicht, daß er kommen sei, daß er für die Sunde gnung thäte. So ist nun dieß das Ampt des Herrn Christi, daß er zeugen soll. Das sind nun wohl, wie die Kinder sagen, kurze Wort, aber unausforschliche und unergrundliche Wort, und diejenigen, so es nicht Scherzwort lassen sein, sondern sie mit Ernst annehmen, und also, daß sie druber leben, sterben, thun und lassen Alles, dieselbige versiegeln, daß Gott wahrhaftig sei.

Solches lautet seltsam und wunderbarlich. Kann denn Gott nicht wahrhaftig sein, er nehme dann von uns das Siegel, und bekomme das Zeugniß, daß er wahrhaftig sei? Ich meinet, wir sollten Siegel und Briefe von ihm empfahen, aber so wird allhier das Gegenspiel gesaget. Das ist nun der Hader, der von Anfang der Welt gewesen ist, und bleiben wird bis ans Ende, wie auch im 51. Ps. gesagt wird: auf daß du recht behaltest in deinen Worten, wenn du gerichtet wirst; und zun Romern am 3. Kap. fuhrets S. Paulus auch ein. Das ist der Hader, die Welt will Gott nicht lassen wahrhaftig sein. Gott wenn er ist in seiner Majestät, da werden wir ihnen nicht wahrhaftig machen. Wir reden nicht mit ihme, wie er ist in ihme selbst und in seiner Majestät, do ist er zu hoch: sondern reden von Gott, wie man ihme dienen soll, und wie von ihme geprediget wird. Dasselbige saget eben auch der 51. Psalm: auf daß du recht behälts. Wo? In deinen Worten. Worinnen wirst du denn gerechtfertiget? Nicht in seiner Majestät, sondern: in deinen Worten und Predigten, und in deinen Reden wirst du gerichtet und wirst uberwunden. Das muß er leiden. In der Majestät, do ist er ein verzehrend Feur. Aber wir wollen den Gott haben, der do ist Fleisch worden, und der die Bruste der Jungfrau Maria säuget, und ihnen sehen, wie Maria ihnen auf den Armen trägt, und soll mir ihnen furbilden, wie er *am Kreuz* hänget. In dem Stuck, *als er ein Prediger ist*, und prediget, do gehet der Hader an. Adam versuchts im Paradies, und Lucifer im Himmel, das fuhren sie dann nicht hinaus: sondern der Gott, der do ist Mensch worden, geborn von Maria der Jungfrauen, der leidet den Stich und Biß der alten Schlangen. Aber er wird drumb nicht gar aufgefressen und verschlungen. Das heißt unsern Herr Gott richten, strafen und verdammen. Nicht in der Majestät, sondern in seinen Reden und Ampt wird er verdampt, daß die ganze Welt schreiet: Das ist Ketzerei, drumb immer todtgeschlagen und darmit zun höllischem Feuer! Und der Papst ist wider diese Lehre also verbittert, daß er eher [3]) den Türken und Teufel annehme, dann sie. Die Juden, wenn sie es horen, so speien sie vor Bosheit an die Erden, und heißen Mariam eine Hure. Also wird nun Christus verspeiet und verspottet, wie wir sehen, do er am Kreuz hinge, nun ist wahrlich gestorben und offentlich gericht und verdammet aufs Allergräulichst. Darumb so hat der Vater den Sohn gesandt, daß er predigen sollte. Aber was geschicht? Alles was er thut und schafft durch den Sohn, das muß des Teufels Predigt sein und Ketzerei heißen; und wir sehens itzt offentlichen, daß die Welt nichts Anders thut, denn Gott muß ihr Lugener sein, nicht in der Majestät, sondern straft ihnen in der Predigt, die aus Christi Maul herfleußt. Das Evangelium hält sie für eine Lugen und Ketzerei. Wenn einer nun zu Christo sagte: Du bist ein Lugener, Ketzer und besessen mit dem Teufel, ist Solches nicht geredet wider den Vater, der zu uns den Sohn gesandt hat? Doher spricht der Herr Christus: Ich thue die Werke nicht von dem Meinem, sondern der Vater, der in mir ist, der thuts [4]). Item, die Lehre, so ich führe, ist nicht meine, sondern des Vaters [5]). So ich nun Christum Lugen strafe, so thue ichs dem Vater auch, nicht in der Majestät, sondern in Christo, den er zu mir gesandt hat, und in seiner Predigt.

---

3) „eher" fehlt in der Hds. und wurde von H. ergänzt. 4) „Vgl. Joh. 5." Anm. v. H. 5) „Vgl. Joh. 7, 16." Anm. v. H.

Deine Predigt ist also, welche die Welt stracks verdammet, und wenn sie kunnte dieselbige austilgen, so thäte sie es. Die Welt ist anders Nichts, denn ein Haufe Volks, so Gott in seinen Reden schändet und lästert.

Daraus kann nun der Text S. Pauli verstanden werden, daß der Antechrist im Tempel, das ist, in der christlichen Kirchen wird ein Regent und Konig, ein Prediger sein [6]). Da wird er sitzen, und wird sich erheben und widerstreben Gott, nicht uber Gott in seiner Majestät sein wollen, sondern uber den gepredigten und geehreten Gott. Das ist, er soll sich hoher setzen, denn Gott ist, nicht in der Majestät, sondern in seinen Worten, nämlich, daß wo die heilige Schrift etwas gebeut, das muß ihme nicht Gottes Wort sein. Item, er spricht: Beide Gestalt des Abendmahls ist recht; noch soll mans nicht halten, verdampts und nennets eine Ketzerei. Item, der Ehestand ist von Gott geschaffen und geboten, daß die Menschen fruchtbar sein sollten. Aber er spricht: Du sollts nicht thun, ob es auch Gott gleich geboten hab. Also ist auch Jedermann frei, zu essen, was einem Iglichem gefället. Aber er hat Fleisch essen, Käse und Butter verboten; und ist also des Papsts Lehre anders Nichts, denn ein Erheben und Widersetzen wider Gott, nicht wie er in seiner Majestät ist, sondern wie er sich in seinem Wort gegen uns offenbaret hat, oder wie Gott uns geprediget wird; und je heller sein Wort ist, je hoher und mehr er wider Gottes Wort getobet hat. Der Turke sitzt nicht in der christlichen Kirchen, aber der Papst handhabt die Bibel und Sakrament. Dennochs setzet er sich mit aller Gewalt darwider, und hat also ihme das gottliche Wort und die Sakrament mussen unrecht heißen, und die Lugen und der Teufel muß recht haben. Aber es währet so lange, als kann, und wie der Psalm: auf daß du recht behälts, wenn du gerichtet werdest, dann dich verdammen sie, aber zuletzt behälts du doch recht. Die Schlange mag dich

---

6) „S. 2 Thess. 2, 4.“ Anm. v. H.

beißen in die Fersen, und dich verdammen, dennochs sollt du recht behalten. Also geschichts noch heute zu Tage. Der Papst hat Christum in die Fersen gebissen, aber das gottliche Wort kompt itzt wieder herfur an Tag, und die Menschen haltens hoher, dann den Papst; und der Herr Christus hebt itzt wieder einen Fuß auf, und zutritt diese Schlange (den Papst) wieder. Also wirst du rein und heilig, wenn du gleich verdammet bist, das ist, dein Wort hat heißen mussen Ketzerei und ein unreine Wort, ein unflätbige Rede und unreine Gift. Aber du sollts gereiniget werden, und das Wort, welches sie also besudeln und beflecken, soll so rein werden als die Sonne ist. Also wird aus der Sachen selbst verstanden, was do sei: Du wirst gerichtet werden. Denn Gottes Wort muß Dreck und Ketzerei heißen, aber es soll wieder auferstehen von den Todten, und herrlich leuchten. Als, itzt hält man das gottlich Wort hoch, aber der Papst, der jenes Mal als die Sonne leuchtete, ist itzt Dreck.

Derhalben, wer nun des Herrn Christi Zeugniß annimpt, das doch sonst von Jedermann verdampt wird, der versiegelts, daß Gott wahrhaftig sei, das ist, er gibt Gott die Ehre, daß er wahrhaftig sei und gerecht, und kann sagen, daß der Papst, (welchen man zuvor fur einen wahrhaftigen Prediger aufgeworfen hatte, der denn das gottliche Wort hieße Lugen,) itzt sei mit seiner Predigt ein Erzlugener, wiederumb Gottes Wort, das er verdammet hatte, nun die ewige Wahrheit sei; und Gott oder sein Wort bedarf wohl nicht unser Brief und Siegel, aber es geschicht uns zu Gut, daß sein Wort die Wahrheit sei, denn wo das nicht ist, so seind wir verloren. Dann wo das Wort nicht leuchtet und scheinet, do gehets eben also zu, wie der Herr Christus saget, daß ein Blinder den andern fuhret, und beide in die Gruben fallen [7]).

Wenn aber Gott in seinem Wort gerechtfertiget ist, das ist, recht behält, so erlanget er seine Ehre, nämlich, daß sein Wort und Sakrament eitel rein,

7) „S. Matth. 15, 14." Anm. v. H.

und Seligkeit und ewiges Leben sei. Do fället denn der Papst mit seiner Lehre, und wird gar zunichte, ja er wird in Abgrund der Höllen verdampt. Denn wenn ich Gott für gerecht halte, so gebe ich ihme die Gottheit. Wie da? Also, daß ich bekenne, sein Wort sei wahrhaftig. Do wird dann Gott gnädig uber uns, nicht in seiner Majestät, dann do ist er uns zu hoch. Also auch, wenn ich sage: Das Sakrament des Abendmahls ist recht, der Ehestand ist ein heiliger Stand, do mache ich Gott zu Gott. Zuvor hat der Teufel an seiner Statt gesessen. Aber nun setze ich wieder dohin Gott, der mir sich hat lassen anbieten, der mir gepredigt hat, und dem ich gedient habe, der sich auch mir in seinem Wort zu erkennen gegeben hat, in seinem Wort und in Sakramenten; nicht in seiner Majestät, sondern wenn er sich demuthiget und wird Mensch, redet mit uns und gibt seine Sakrament: do wird derselbige gepredigte Gott Mensch, leidet, stirbet und stehet wieder von den Todten auf, der mir dann kompt in die Ohren, und durch die Ohren ins Herz. Wer nun diesen Christum schändet, der lästert auch Gott, denn er ist eine Person in der Gottheit.

Was ist aber das, daß wir Gott wahrhaftig machen durch unser Zeugniß? Worumb nennet ers versiegelt und verbriefet? Das ander Theil thut deß Nichts, sondern wollts lieber in Grund vertilgen, und sich dargegen an Gottes Statt setzen. Aber diese sinds gewiß, und machens auch gewiß, und ist Alles mit ihnen gewiß und ungezweifelt.

Unter den Leuten ist Nichts gewisser, denn Siegel und Briefe. Wenn ich Etwas hab in Brief und Siegeln, so ists auch gewiß, und itzt gebets also zu, daß die Leute ihres Geldes wollen gewisser sein mit Siegeln und Briefen, denn wenn sie das Geld im Kasten hätten, do es ein Dieb stehlen konnte. Drumb so ist unter Menschen Siegel und Brief gar ein gewiß Ding. Also ist unter den Christen das Zeugniß auch gewiß. Sie haben keinen Zweifel dran in ihrem Herzen [8]), und reden mit dem Munde und Zunge darvon, bekennens auch mit ihrem ganzem Leben, und machens auch gewiß, daß diese Lehre sei die lauter liebe Wahrheit; gleichwie auch die liebe Märterer sind drauf bestanden, die henken [9]) und drucken, meine ich, ja ein Siegel dran, daß sie ihr Leib und Leben druber lassen.

Man muß der Schrift gewohnen. Versiegeln, daß Gott wahrhaftig sei, heißt, in kein Zweifel setzen, Gott sei Gott und wahrhaftig. Aber der andern Viel horens wohl, aber es gehet zu einem Ohr ein und zum andern wieder aus, gläuben eine Zeit lang, aber zur Zeit der Anfechtung und Trubsal, do fallen sie wieder abe. Denn ihr Herz ist nicht gewiß noch beständig, zur Zeit der Trubsal lassen sie es wieder wegfahren, denn es ist nicht versiegelt, halten fester an Geld und Gut, Ehre und Gewalt, dann an Gottes Wort. Aber wer die Predigt des Evangelii einmal recht annimpt, bei dem ist eitel Siegel und Brief, und sagen [10]) dann: Do heißt Siegel und Brief, Leib und Leben und alles was sie haben. Das ist, das Herz ist gewiß, und hat keinen Zweifel dran, und wenn mans gläubet, so machts die Zunge nicht disputirlich, das Leben richtet sich auch darnach.

Siehe, was S. Paulus thut. Der spricht: Ihr seid mein Brief, und das Siegel meines Briefes, wir bedurfen keines andern, wir haben den Brief geschrieben [11]); machet die Kirche zu Korinth zu einem Briefe, der an allen Ortern solle gelesen werden, nicht, spricht er, daß wir der Erzschreiber wären, sondern durch einen Diaconum. Denn Jesus Christus ist der wahrhaftige Schreiber, in seiner Federn, das ist, in seinem Predigtampt, bringet er nicht Tinten, sondern den heiligen Geist und seine Gabe, wie denn in der ersten Epistel zun Korinthern am 12. Kapittel gesaget wird. Das ist die Tinte, die Predigt, das schreibet er durch die Apostel, und der Heilige Geist hats durch uns geschrieben. Christus ist der Schreiber,

---

9) H. hengen, mit d. Note: „Hds. hencken." 10) sage. 11) „Vgl. 2. Kor. 3, 1 ff. und 1. Kor. 9, 2. 3." Anm. v. H.

und schreibets in unser Herz, nicht durch Tinte, sondern die schonen Buchstaben des Heiligen Geistes sind der Glaube und Hoffnung, welches sind feurige und lebendige Buchstaben, so [12]) herausfahren.

Anderswo sagt er: Ihr seid versiegelt im Herzen, ja auch in Händen, in Worten und Werken. Der Christ ist unsers Herr Gott Brief, und die do gläuben und christlich leben, die sind versiegelt, das ist, sie haben den Glauben, und der Heilige Geist hat das Wort also ins Herz geschrieben, daß es sei die Wahrheit. Denn es ist nicht die Vernunft, sondern ein lebendiger Buchstabe durch unser Predigtampt und die Sakrament hinein ins Herz geschrieben, daß das Herz gar voller lebendiger Buchstaben ist, die do brunnen [13]) in Liebe. Der wahrhaftige Glaube leuchtet doher und verdammet alle Ketzereien und Irrthumb, und schreibet die Wahrheit ins Herz durch das Predigtampt des Heiligen Geistes, daß es spricht: Ich zweifele nicht drau, daß Jesus Christus sei Gottes und Marien Sohn. Do gehet denn der Text doher, so wir geschrieben haben.

Also nennet S. Paulus die Kirche einen Brief, und sich die Feder. Wir bereiten den Brief. Wordurch? Ich bin die Feder, darmit geschrieben wird, und Christus nimpt die Buchstaben, daß ein Christ aus des Heiligen Geistes Herzen die Wahrheit und den Glauben bekompt. Das thun Andere nicht, drumb versiegeln sie es auch nicht, denn jene haben den Heiligen Geist, der ins Herz gepredigt hat, daß sie sagen: In diesem Wort ist die Wahrheit. Dardurch macht er dann, daß Gott sei Gott im Herzen. Drumb wird auch an einem andern Ort gesaget: Ihr sollet nicht betruben den Heiligen Geist, mit dem ihr versiegelt seid [14]). Worzu? Im Herrn. Ihr habt ein Pfand euers Erbe empfangen, nämlich den Heiligen Geist, der do ist in euerm Herzen [15]), doch

12) Hds. und H. † er. 13) H. brennen, mit d. Note: „Hds. brunnen d. i. brünnen.“ 14) „S. Eph. 4, 30.“ Anm. d. H. 15) „Vgl. Eph. 1, 14 und 2. Kor. 1, 22.“ Anm. d. H.

durch das mundliche Wort. Der hats geschrieben durch seine Gaben, und gedruckt ins Herz, daß Pfand, Siegel und Burge Ein Ding ist, nicht daß ihr Gulden darmit sammlen sollet, sondern darzu seid ihr versiegelt, geschrieben, und habt das Pfand empfangen, daß ihr gläuben sollet und sagen: Ich gläube an Jesum Christum, und daß ich werde sein unter dem Haufen der Auserwähleten; und der Heilige Geist wird uns nicht unter der Erden lassen, denn drumb ist es geschrieben, daß wir erloset sein und Gottes Kinder, und wer das Wort Gottes lieset, mit denen redet auch der Heilige Geist. Do ist dann Reden und Schreiben Ein Ding, allein daß das mundliche Reden stärker ist, denn das schriftliche, denn durch Schrift kannst du auch reden mit denen, die uber hundert Meilen von dir seind.

Also ist des Heiligen Geistes Reden sein Schreiben und Versiegeln. Wenn der Heilige Geist prediget, und hat die Feder in der Hand, und drucket die Buchstaben auf ins Herz, do werden die Leute gar anders und verändert, und ein Solcher ist gewiß, denn es ist ihme in sein Herz geschrieben und gedruckt, er trägt ein Pfand, einen Ring und Pittschaft, daß er keinen Zweifel dran hat, Gott sei wahrhaftig; und das ist eine große Herrlikeit in seinem Herzen, daß Gott wahrhaftig sei. Wer es aber veracht oder verdammet, der straft Gott Lugen, und stoßet Gott aus dem Herzen, und setzet den Teufel an die Statt; und ist die großte Ehre, so wir Gott geben konnen, nämlich, daß wir seinem Wort dienen. Wer das thut, der spricht: Gott ist wahrhaftig. Wer aber nicht gläubet, der spricht zu Gott: Du läugest und bist nicht wahrhaftig. Also wird auch zun Romern am 4. Kap. gesaget: Abraham gab Gott die Ehre, do er gläubte, denn er wußte es gewißlich und eigentlich. Das ist das Siegel, daß er hatte helle, seine Buchstaben im Herzen, und ein rein und scharf gegraben Siegel, das heißt, er wußte gewißlich.

Nun, Gott Ehre geben ist, wenn ich sage, daß sein Wort wahrhaftig sei. Denn die Wahrheit, so er hat in seiner Majestat, die behält er. Wiederumb die do gläuben, als, Abraham, die wissens gewiß, die habens so hart ins Herz gedruckt, daß sie drauf sterben und leben.

Dieselbigen lobet Joannes also, daß do sie Christum aufnehmen, daß sie geben Gott Ehre, machen Gott wahrhaftig, versiegelns und verbriefens, und zweifeln nicht dran, sind deß gewiß. Denn was sollt man sonst thun? Wenn wirs nicht gewiß sein, so thut man Nichts, man leidet auch Nichts drumb, man stirbt auch nicht drauf, denn sie haben kein Siegel und Brief; sterben nicht drauf. Drumb so muß das Wort rein sein und bleiben, und sollt die Welt druber zu Trummern gehen. Es ist aber nicht so eine geringe Kunst, Glaub, Glaub, wie es diejenigen wohl für ein schlecht Ding halten, so Christum nicht annehmen. Dann dieselbige haben nur einen Wahn vom Glauben, daß Christus gestorben sei, reden darvon, als eine Dole, Psittig oder Papagei redet. Aber daß einer so gewiß soll sein, daß Gott wahrhaftig ist, do gibt der Heilige Geist dem Glauben das Ampt, daß er Gott rechtfertiget.

Man hält die für Zäuberer und Schwarzkunstige, welche aus Kupfer konnen Gold machen, aber gute und erfahrene Kunsteler konnens. Aber wer Gott rechtfertiget in seinen Worten, das ist ein rechter Meister, hält Gott für wahrhaftig in seiner Majestat und in seinem Wort. Derhalben so treibet der Glaube den Teufel aus, aus seinem und anderer Leute Herzen, und muß der Teufel aus dem Herzen, und Gott an seine Statt gesetzet. Es ist ein ander Ding umb den Glauben, dann sie meinen; er soll ein lebendig Schrift, Siegel und Fingerreif sein, daß einer gewiß sei, und druber Alles lasse. Do kompt denn Gott zu dir, und macht allda eine Wohnung, und wird aus deinem Herzen ein Himmelreich und Paradies. Es geschicht Alles uns zu Gut. Denn so wir Gott wahrhaftig halten, so haben wir von ihme Gerechtigkeit und ewige Leben, und wird einer dann seines Glaubens so gewiß, daß er spricht: Wer Gottes Wort verdampt, der ist aus dem Teufel, und läßt sich druber zu todte martern. Denn diesen Fingerreif trägt er bei sich, und läßts ihms nicht nehmen.

Die sechs und vierzigste Predigt.

Am Sonnabend nach Joannis Enthauptung. 1)

Joannes hat bisher gepredigt von Christo, daß er ein trefflicher Prediger sein sollte, denn er würde sein Zeugniß vom Himmel bringen, und wer es annehmen wurde, der solls versiegeln, daß Gott wahrhaftig und Gott Gott sei. Nun folget ferner:

Denn welchen Gott gesandt hat, der redet Gottes Wort.

Dieß ist eine Predigt Joannis des Täufers, die sonst von keinem Evangelisten beschrieben worden ist. Denn die andern alle schreiben wenig von Joanne dem Täufer, sagen allein, er hab gepredigt: Ein Ander wird nach mir kommen, deß ich nicht werth bin, daß ich seine Schuchriemen auflose, und wie er gescholten hab die Pharisäer. Aber Joannes der Evangelist beschreibet seiner Predigten viel, so er gethan hab, sonderlich allhier, nämlich, daß Gott wahrhaftig werde auf Erden. Das gehet nu seltsam zu. Denn das mehrer Theil der Welt machet Gott zum Lugener, und daß er ungerecht sei, und der Teufel bleibet ihr Gott, und sie dienen ihme redlich. Aber Christus sei drumb in die Welt gesandt, daß er Gottes Wort reden solle. Darumb spricht er: welchen Gott gesandt hab, der redet Gottes Wort. Aber was darfs der Predigt? Ist doch die Welt so trefflich fromm, wenn sie horet Gottes Wort, daß man gläuben soll, und daß man den, so Gott gesandt hat, soll hören.

---

1) „Der 30. August 1539." Anm. v. H.

Ei, sagen sie, do ist kein Zwiespalt, auch unter den Heiden, denn man weiß das vorhin. Muß Joannes so darvon predigen, und von Christo sagen, daß er von Gott gesandt sei? Wer wollte die fromme, tugendsame Welt so schelten, daß sie nicht horete Gottes Wort, und nicht gläube deme, der ihr gesandt ist worden? Thut sie doch das von Herzen. Item, der Vater hat den Sohn lieb, und hat ihm Alles in seine Hand gegeben. Ei, das ist nicht Wunder, daß er den Sohn liebe, liebet er doch alle Heiligen, er schaffet sie auch alle. Item, wer von Gott gesandt worden ist, der redet Gottes Wort. Do spricht balde die Vernunft Ja. Worumb erhebt sich dann dieser Hader und Kampf, daß Kain den Abel todtschlägt? und der Papst uns verdammet, und für des Teufels Kinder und Ketzer hält, und wir hinwieder sagen, daß der Papst sei des Teufels mit allen Bischoffen und Kardinäln? Nun wird auf beiden Seiten gesagt von Gott und seinem Wort, so wollen sie auch die Personen, so predigen, hoch halten, und das Wort annehmen und anbeten, und sind ja eins mit der ganzen Welt, Turke und Papst. Aber da stoßt sichs, daß Gottes Gebot ist: Man soll den Sohn horen, und seine Diener soll man ehren, und versiegeln, daß Gott wahrhaftig sei. Aber daß Christus Gottes Sohn sei, und seine Predigt Gottes Wort sei, da stoßt sichs. Die major propositio ist vera, sed minor negatur, daß Christus Marien Sohn auf Erden es nicht sei, und sagen die Juden: Wir seind Gottes Schüler, Moses hats von Gott gebracht, aber Christi Wort ist vom Teufel. Wo ist er her? Darüber ist der ganzen Welt Zank. Er ist von Gott gesandt, und bringet Gaben mit: aber es sollt wohl angelegt sein, so werden wir uneins druber. So wir leiden konnten, daß der Papst von Gott gesandt wäre, so wäre es kostlich Ding. Aber wir sagen, er hab sich selbst eingedrungen als ein Morder und Dieb. Denn Gott hat ihnen nicht dahin gesetzet, do er itzt sitzet. Darumb so hat ihnen Gott auch nicht gesandt. So er von Gott kommen wäre, so horeten wir ihnen billig; wo nicht, so horen wir ihnen auch nicht. Aber wenn er dargegen sagt: Ich bins gewiß, daß ich

Gottes Wort hab, aber ihr, woher habt ihr das Zeugniß, daß ihr von Gott seid? Drumb so ist euer Lehre und Sendung nicht von Gott. Also stunden die Juden auch drauf, daß Moses ihr Meister und Präceptor wäre, und Christus nicht von Gott gesandt wäre, drumb so höreten sie auch nicht sein Wort. Der Turke saget wohl, daß er von Gott gesandt sei, aber sein Ampt habe ein Ende, und Machomed sei nach ihme kommen, und von Gott gesandt, was der itzt sage, das solle man horen und annehmen. Also sagen wir Christen auch: Moses und Abraham sind beschnitten worden, aber nun ist die Beschneidung todt. Also saget auch der Turke: Das Wort und Sendung Christi gilt nicht mehr. Wer ist nun Richter unter uns, do wir in majore propositione mit einander eins sind, daß man alles Wort Gottes horen soll? Spricht man denn: Dieß ist auch Gottes Wort, do verläugens die Juden und Turken.

Darzu saget nun Joannes: Wer von Gott gesandt ist, der redet Gottes Wort. Ich bin deß Zeuge, dann ich bin sein Fürlaufer, und Gott hat mich geordent, daß ich ein Prophet sein sollte. Er hat auch viel geprediget, so nicht beschrieben ist, darmit er seinen Beruf bestätiget hat. Ich bin, sagt er, sein Vorlaufer, nach mir werdet ihr keinen andern Christum haben, sondern der itzt gesandt ist, der ist uber Alle, so je sind gesandt worden. Do soll ich zuhören, und nach seinem Tode flugs sehen, drauf merken, wer ihme nachfolgen werde. Denn von ihme hat er gesagt: Der nach mir kommen wird, der ists gewiß. Aber sie todteten Christum und Joannem, und fragten nichts nach dem Zeugniß Joannis. Denn Christus trat flugs auf, predigte und thät Mirakel, und beweisete seinen Beruf gewaltiglich, sandte nur die Propheten für ihme her, und stunden darnach Christi Lehre und Mirakel da, die von ihme zeugeten, wer er wäre. Aber man fraget nach allen diesen Dingen nichts, wider nach der Lehre, Mirakeln, noch Zeugniß Joannis, ja sie kreuzigten noch den Herrn der Ehren darzu. Nun hatten sie keinen Zweifel dran, er wäre von Gott gesandt, und daß er Gottes Wort predigte. Aber das konnten sie nicht ubers Herz bringen, daß der Jungfrauen Maria Sohn (welche arm war und hatte einen Zimmermann,) sollte der Herre sein, von deme Joannes also zeugete. Hätten sie das möcht beredet werden, so hätten sie sagen konnen: Er sei gleich eines Schusters Sohn, oder weß er wolle. Was gehets mich an, daß er eines armen Weibesbildes Sohn ist? Wahrlich, er thut dennochs dasjenige, was Joannes von ihme verkundiget hat. Aber es hilft nicht, sie gehen noch heute zu Tage und gaffen, Gott soll ihnen ihren Messiam senden. Aber er hats gethan, und ihnen gesandt, und ist Gottes Sohn Mensch worden. Den haben sie gesehen, gehort, gefuhlet und gegriffen, und auch gekreuziget; itzt schreien und blöken sie, und gucken an Himmel. Aber sie werden nicht erhöret, denn sie wollen einen solchen Messiam haben, wie sie einen ihnen träumen.

Derhalben so prediget Joannes drumb so fleißig, daß man auf sein Zeugniß Acht habe, und spricht: Der Vater hat den Sohn gesandt, und Alles in seine Hand gegeben: wer an ihn gläubet, der hat das ewige Leben; und spricht: Dieser ist nun der wahrhaftige Messias. Aber die Andern halten das Gegenspiel, und stehen drauf, daß er nicht aus Gott sei. Drumb kreuzigen sie ihnen auch als einen Gotteslästerer und Aufruhrer.

Also gehets mit uns auch noch zu. Wir stehen drauf, daß Gott uns gesandt und berufen hat. Denn wir reden Gottes Wort, und die zwei Ding reimen sich zusammen, daß diejenigen, so Gottes Wort reden, daß die auch mussen von Gott gesandt sein, und hinwieder, die von Gott gesandt sind, anders auch nicht denn von Gottes Wort reden mogen. Denn aus der Vernunft kann man von Gottes Wort nicht reden, es muß von oben herab gegeben werden. Wahrlich, wir predigen nicht von menschlicher Weisheit der Philosophen, Juristen, Aerzte, oder sonst von einer andern Kunst. Wir wissen zwar wohl, was die Poeten, Philosophi und Juristen konnen: aber wir predigens drumb nicht. Item, wir wissen auch, was des *ganzen Papstthumb* und aller Monche Lehre ist: aber wir predigens drumb nicht, was aus unser Vernunft her gesprungen ist. Denn die Vernunft hat sonst eine Herrschaft empfangen, uber Fische, Vogel und Thier zu herrschen, Genesis am ersten und andern Kapitel, und wie ihrs da werdet machen, solls recht sein. Denn euch und die Vernunft setze ich hieruber zu Regenten und Herrn, wenns euch recht dunkt, daß ein Acker vier Gulden gelte, und ein Schoffel Korn so viel gelte. Item, wie theuer das Haus, Tuch, das gebe ich euch vollmächtig heim. Also regiert die Vernunft in Juristenbucher, in allen Kunsten und Handwerken, Gesetzen, Gerichten rc. Aber wir predigen auch nicht darvon, sondern gehort alles für die Vernunft, und mussen die Juristen Städte, Land und Leute regieren. Aber daß Gott Schopfer Himmels und der Erden sei, item, daß Gott von Ewigkeit seinen eingebornen Sohn gezeuget hab, item, daß der Heilige Geist sei die dritte Person in der Gottheit, und daß Gottes Sohn sei Mensch worden, item, daß die christliche Kirche gläube Vergebung der Sunden, da weiß wider Vernunft, noch Kühe, noch Acker kein Wort von. Drumb so hat diese Predigt des Evangelii Christus uns gebracht und befohlen den Aposteln zu predigen. Von den Aposteln ists auf uns kommen, und wird bleiben bis ans Ende der Welt. Welche nun das predigen, die heißet man von Gott gesandt.

Daß nun der Papst herkomme und spricht: Man soll Kräuter weihen, ein grauen Rock und breite Platten tragen rc., dardurch sollst du selig werden; do sprich: Geld, Kleidung und Anders ist alles der Vernunft unterworfen. Woher mit deiner Weisheit? Laß das die Juristen machen. Kaiser, Konige, Fürsten und Herrn, das sind alles erdichte Ding ex ratione, was hulft dichs und michs zur Seligkeit? Aber unsere Predigt ist diese, daß wer höret diese Predigt von Christo, und gläubet an ihnen, der hab das ewige Leben. Das Wort Gottes, so vom Himmel gesandt ist, das soll darzu gehoren, daß, wenn du gar zu Aschen gebrannt wurdest, du dennochs wustes wo aus. Denn was gehets mich an, da seiest ein Ehemann oder lebest keusch, habst Geld und Gut? Wir mussen doch alle sterben, und am jüngsten Tage muß es alles verbornen [2]). Drumb so ist eitel vergänglich Ding, so für die Juristen und Aeltern gehört. Noch thut der Papst anders Nichts in seinen Buchern, denn wie man die Herrlikeit der Bischoffe erhalten möge, und eins so, das Ander sonst setzen, einen solchen Rock tragen, ein breite Platte und Kappe tragen. Aber hie auf dem Holzlein soll man das Wort predigen, so nicht von Menschen erdicht ist, sondern vom Himmel gesandt ist, daß ein Christ konne sagen [3]), er hab sein Glauben und Predigt nicht von den Philosophis, so in Persia, Gräcia oder zu Rom gewesen seind, sondern aus dem Wort Gottes, so von Himmel kommen sei, do man bekenne und sage: Ich gläube an Gott den Vater, Gott den Sohn, und Gott den Heiligen Geist, Vergebung der Sünden, Auferstehung des Fleisches, und ein ewiges Leben. Diese haben ander Reden, die do sein nicht von vergänglichen Dingen, sondern daß man nach diesem zeitlichem Leben hab das ewige Leben und die Auferstehung von den Todten. Do muß der Vater, Sohn und H. Geist zu kommen, an die sollen wir gläuben. Derhalben so haben wir Gottes Wort gewiß, und daran Wahrzeichen gnung, daß wir berufen sein. Denn wir sind getauft, und die do getauft sein, die seind auch berufen, loben, preisen und bekennen Gott nach ihrer Taufe, wie S. Agnes, Agatha, Anastasia und Andere gethan haben, welche ob sie gleich nicht sind Predigerin gewesen, dennochs so haben sie ihren Glauben bekannt gehabt, daß sie sind getauft gewesen.

Also hat Gott dich auch [4]) von Himmel gesandt. Wie denn? Du kompst aus der Taufe, do wirst du ein Kind Gottes geborn durch Christum; und wenn wir dann alle berufen sein, so konnen wir dann nicht alle zugleich predigen, aber gleichewohl bist du schuldig, daß du Christum offentlich bekennest. Man soll

2) „Vgl. S. 40 Anm.“ Die Aenderung der pag. abgerechnet, Note v. H. 3) konne, sagen. 4) „auch“ fehlt.

aber Etzliche erwählen, der den andern Allen predige, und die andern Alle ihme zuhoren, und Ja darzu sagen, und bekennen mit der That, daß es die Wahrheit sei. Der Hause, so getaust ist, bewilliget ihn einen besondern Beruf, nämlich in Priesterweihen, und die also berusen werden, die reden Gottes Wort.

Do hebt sich nun ein Disputation, daß wahrlich nicht alle Priester sein. Wie kompts, daß viel Ketzer sein, die doch alle getaust sind, und sind von Gott berusen, reden aber dennochs nicht die Wahrheit? Aber die do Christen sein, halten gewiß, daß sie berusen sein, zu bekennen Gott. Den Kresem und das priesterliche Kleid empsahen wir alle in der Tause, wie in der ersten Epistel S. Petri am 2. Kap. gesagt wird, daß wir aus der Finsterniß in sein kostliches und herrliches Licht berusen sein, daß wir verkundigen sollen seine Tugend, Krast und Wunderthaten. Also schreibet er der ganzen Kirchen, daß wer do will ein Christ sein, der muß bekennen und sagen: Was ich in den Predigten gehort hab, dorauf will ich sterben und leben. Was seinds denn vor Tugenden? Ich predige, und du gläubest und bekennest, daß du durch die Tause erlöst bist, nicht von der Pestilenz oder Aussatz, sondern vom Tode, Sunde und des Teufels Gewalt, und wirkt in mir die Seligkeit und das ewige Leben. Das laß ein Wunder sein, daß ein Mensch, der verdampt und verlorn ist, gestorben, der im Grabe stinket, dennochs solle den Trost haben, daß ihme die Sunde vergeben sein, und uber ihn soll leuchten Gnade und Barmherzigkeit, und er umbfangen sein mit Gnade und Barmherzigkeit, und soll ewig selig sein. Das soll man predigen, und wer es gläubet, der solls gewiß haben, wie denn hernach folget: Wer an den Sohn gläubet, der hat das ewige Leben. Das sind die Wunderthaten, die Gott in uns wirket durch das mundliche Predigtampt.

Nun predige ich mir selbst nicht, sondern du mußt mit, daß du sagen konnest: Dieses hat nicht mein Prediger gesprochen, sondern ist eine himmelische *Predigt,* und ist versiegelt. So du gläubest, bist du berufen und bist in der Zahl derer, die gläuben und bekennen. Also beweisen sie ihren Beruf, erstlich durch die Taufe, do Alle in einen christlichen Haufen gebracht sind, und haben die Sakrament und Absolution. Drumb so sind wir die christliche Kirche, oder ein Stucke darvon, und dieselbige hat Gewalt, hält Prediger, und nimpt aus einem Haufen die, so darzu geschickt sein und tuchtig, nicht umb ihrentwillen, sondern der Kirchen zu Nutz, und wenn eine Noth dober kompt, so muß ein Iglicher für sich sehen [5]. Aber sie konnen drumb nicht alle predigen, sondern einer alleine redet für dem ganzen Haufen. Drumb so ist das Predigtampt nicht mein, sondern aller der Andern, ist ein offentlicher Beruf und Bekenntniß. Drumb sage ich auch zum Papst: Wo seid ihr hergesandt? Und beweiset uns, daß euer Lehre Gottes Wort sei, und siehe, ob wir anders predigen, denn allhier ausgedruckt ist, und ob ihr auch also prediget: wir halten euch Gottes Wort fur. Item, siehe, ob wir täufen, und die Absolution haben, und Prediger haben und Leute, die das Wort gerne horen. Wo das ist, so mußt du Zeugniß geben, daß wir gesandt sein, und daß wir Gottes Wort predigen. Wahrlich wir habens nun erlebt, und dohin gebracht, daß unser Widersacher alle mussen bekennen, daß wir Gottes Wort predigen, und von Gott gesandt sein.

Woran stoßt sichs? Die Juden, wenn sie Christo hätten nachgelassen, daß er von Gott kommen wäre, so wär es recht gewesen; aber sie thun, wie der Papst uns thut. Aber sie sollten Gottes Wort darneben predigen. Do ist der Papst in dem ärger, denn die Juden. Denn er bekennet, daß wir Gottes Wort haben, und daß wir getauft sein: dennochs will er, daß wir auch seine Dekretal und Bullen-Brief sollen annehmen. Gleich als wenn ein Baur zu mir käme und spräche: Du predigts Gottes Wort, von Gott dem Schopfer und dem Erloser Christo; aber ich hab nicht gnung dran, thue noch das darzu, und predige mir, daß man ein Schoffel Korn umb

5) Lehen.

zehen Groschen gebe; do wurde ich wahrlich sagen: Gehe hin und frage den Markt drumb. Spräche er dann: Ei, willt du das nicht thun, so will ich dich nicht hören, so sprech ich: So laß es. Also will der Papst auch, ich sollt neben dem, daß Christus in die⁶) Welt gesandt ist, daß man durch ihn selig wurde, welches denn wohl gepredigt sei, auch predigen, daß dennochs die Moncherei nicht zu verwerfen sei. Aber das kann ich nicht thun. Wenn mir außerhalb der Kirchen frei stunde zu tragen ein Kappe, oder was ich wollte, so konnte ichs wohl thun. Wenns nur nicht in die christliche Kirchen käme und keine Menschenlehre unter diese Lehre gemenget würde, so konnten wir uns wohl vertragen. Wenn er nur nicht seine Lehre neben der setzete, noch den saurn Essig neben dem Malvasier, sondern wollt ich gerne ein Kappen tragen, allein daß man nicht sage, es sei also nothig zur Seligkeit. Scherzen will ich gerne. Die Vernunft soll allhier herrschen, wie man soll käufen, verkäufen, regieren. Wenn eine Stadt ordnet, was ein ehrliche Matron tragen soll, und ein Jungfrau ein Kränzlein trage, das ist fein; aber setze nicht darzu: Also wird sie heilig. Aber wer do will gerechtfertiget werden fur Gott, der höre denen, so vom Himmel gesandt ist, daß man sage: Ich gläube an Gott, den Vater, Sohn und Heiligen Geist. Wer nun außerdem etwas Anders suchet, das nothig zur Seligkeit sei, den hore nicht. Do sagen sie denn, das sei wohl recht und fein gepredigt, und sie selbst predigen auch den Katechismum, allein sagen sie, daß wir ihr Ding auch annehmen. Ja, das wollten wir auch wohl gerne thun, doch so weit, daß uns nicht unser Gewissen beschweret. Denn daß ihr Ding sollts Christo gleich sein, das nehme der Teufel an, an meiner Statt. Er muß in das Credo und in den christlichen Glauben nicht kommen, und druber wollt ich eher Leib und Leben lassen.

Der Papst läßt uns nach, es sei ein Beruf und Gottes Wort. Aber dieweil wir sein Ding nicht

6) Hdſ. der.

auch mit lehren wollen, drumb so sind wir nicht die Kirche, und also sei auch unser Beruf Nichts, und wir haben denn auch nicht Gottes Wort, und macht uns denn das Wort Gottes, die Taufe und Abendmahl zunichte. Was predigt er denn? Wie viel ein Dumbherr mehr Gulden einzukommen hab, denn ein ander Priester, oder wie man Kappen und Platten tragen solle. Was ist nun dasselbige Narrwerk gegen dem Blut Christi? Noch sollen wir druber Ketzer sein, so doch Christus und die Aposteln im Neuen Testament nicht einen Buchstaben darvon gepredigt haben. Ich finde keine Kappen oder Platten drinnen, sondern man soll sich täufen lassen, und zum Sakrament gehen, sich lassen absolviren. Das betrifft doch nur Christum allein.

Die sieben und vierzigste Predigt.

Am Sonnabend nach Aegidii. [1])

Johannes redet allhier von der Sendung, welche mancherlei ist, sonderlich aber von der Sendung des Sohns, und ich habs fürgenommen, weitläuftig zu handeln von demselbigen Stucke; und wird zweierlei Weise geredet vom Senden, erstlich, daß Gott seine Leute sendet ohne alle Mittel, als die Propheten und Aposteln, Mosen und S. Paulum, die nicht von Menschen berufen, als durch ein Mittel, sondern ohne alle Mittel von Gott gesandt, und haben mundlichen Befehl. Dasselbige Senden ist nicht eher geschehen, es hat denn Gott etwas Neues anfangen wollen, als durch Mosen und die Propheten. Im Neuen Testament hat er aufgehört, denn der Apostel Sendung ist die allerletzte gewesen. Das ist das hohe Senden, welches alleine von Gott ist.

Das ander Senden ist auch wohl von Gott, geschicht aber durch Menschen und Mittel, nachdem das Ampt gestift ist von Gott, daß man predigt,

---

[1]) „Den 6. September 1533." Anm. v. H.

und die Gewalt der Schlussel gebraucht werden. Das wird denn bleiben, und wird kein andern Predigtampt sein. Aber die Personen bleiben nicht, sondern sterben, drumb muß man immer neue Prediger haben. Das gehet denn ohne Mittel nicht zu. Das Ampt, als das Wort G., die Taufe und Abendmahl ist schlechts ohne Mittel von Christo, aber hernacher ist Christus nicht mehr auf Erden. Do ist denn eine andere Sendung, die ist denn durch Menschen, und nicht von Menschen. Also sind wir gesandt, und wir erwählen Andere auch, und setzen sie in das Ampt, daß sie predigen und die Sakrament reichen, und gleichewohl ist diese Sendung auch von Gott. Denn Gott hat sie geboten, und wenn man darzu hulft, so sendet er selbst Arbeiter in seinen Weinberg, und dennoch thut ers durch Menschen.

Drumb wisse ein Jeder, daß er muß gesandt sein, das ist, er muß wissen, daß er berufen sei, und nicht von sich selbst herein schleiche, sondern offentlich geschehen. Das heißt denn eine Sendung von Gott, und geschicht gleichewohl durch Menschen, als, eine Stadt, Furst oder sonst ein Gemeine, die wählen und erkiesen einen aus 2c.

Nun möchte man allhier fragen: der von Gott gesandt wird, der redet Gottes Wort, sind ihr doch viel, die nur eitel Lugen predigen? Wie kompt das? Der Text muß nicht wahr sein, denn es sind viel Teufelskopfe, die das Wort Gottes nicht reden. Als, Judas ist nicht allein ohne Mittel von Christo selbst berufen, sondern hat noch druber Christum verrathen. Also sind im Alten Testament viel falscher Propheten gewesen. Item, Kaiphas und Hannas waren schier ohn alles Mittel von Gott gesandt, denn das Priesterthumb war von Gott geordnet. Nun waren sie nicht alleine falsche Lehrer, sondern sie kreuzigten auch Christum. Itzt sitzen die Bischoffe und Päpste in der Apostel Stuhel und Stätte, und thun dennochs das Widerspiel. Do mag man fragen, daß wen Gott sendet, der redet Gottes Wort, obs wahr sei. Denn wen Gott sendet, das ist, daß er ein Ampt hat, das *von Gott* ist 2c. So will S. Joannes mich domit überweisen und zwingen, daß ich alles höre und gläube, was der Papst oder ein Ander, der gesandt ist, redet oder fürgibt, und hätte Christus selbst und die Aposteln auch müssen Kaiphä Lehre hören, und Esaias, Jeremias hätten müssen sagen, daß die Hohenpriester recht lehreten, denn sie wären gesandt.

Erstlich muß mans also verstehen: Die da gesandt sein, reden Gottes Wort, nämlich, so sie bleiben in ihrem Ampt, und besitzen das Ampt, wie sie es empfangen haben. Dann do reden sie gewiß Gottes Wort, wie denn Christus von den Pharisäern saget: Sie sitzen auf dem Stuhel Mosi rc.[2]); und die nun den Stuhel Mosi haben, die sind gesandt. So sie predigen, was Moses geprediget hat, so höret sie. Aber nach ihren Werken thut nicht, das ist, wenn sie anders predigten, und aus der Bahn treten, und brechen ihren Befehl, und halten sich nicht ihres Befehls. So ein König einen Gesandten oder Botschaft abfertiget, so derselbige den Befehl und Instruktion behält, so thut er recht; wo er das nicht thut, so häuet er ihme den Kopf ab. Also kanns auch geschehen, daß einer berufen ist, und in einem Ampt sitzt, und dennochs ein Schalk ist. Derhalben befiehlcht er, man soll bedenken das Gebot und den Befehl, man soll Nichts darzu thun, noch darvon thun. Derhalben so sehen wir, daß einer berufen ist, so ist er in einem Ampt. So er nun prediget, was sein Ampt erfordert, und er predigt das Wort Gottes, darauf das Ampt gestift ist, so gehets recht; thut ers nicht, so heißts: Hütet euch für den falschen Propheten. Bleibet er aber im Ampt und prediget das Wort des Ampts, do stehets recht. Droben hat er auch gesaget: Es kann der Mensch nicht thun, es sei ihme denn von oben herab gegeben.

So saget er nun: Wen Gott gesandt hat, das ist, Gottes Wort wird nicht genennet, denn das do gesandt ist. Das ist, Niemands gedenke, daß Gottes Wort auf Erden komme aus menschlicher Andacht. Solls Gottes Wort sein, so muß gesandt

---

2) „S. Matth. 23, 2 f." Anm. v. H.

sein. Sonst ists unmuglich, daß die heilige Schrift konne verstanden oder ausgelegt werden aus eigener Andacht, Willköer. Es gilt nicht, daß einer soll reden, und ist nicht berufen, denn Gottes Wort kompt alleine doher, daß es Gott sendet. Wo nicht, so kann nicht die ganze Welt reden dasjenige, was da konnte erlosen von Sunden, und die Gewissen trösten. Wenn er das Wort und das Ampt nicht gesandt hätte, so hätten wir Nichts. Darumb so soll man Nichts reden noch hören, denn alleine das Wort Gottes. So es erdicht ist aus menschlicher Wahl und Andacht, so meide es. Es kompt nicht, es sei denn vom Himmel gesandt. Und wer nun mit den Munchen soll umbgehen, der frage, ob ihr Ding auch Gottes Wort sei. Do wirst du horen, daß sie fürgeben: Es ist aus guter Meinung, Gott zu Ehren, gethan; derhalben so ists ein Gottesdienst und Gottes Wort. Aber es gehört mehr darzu, dann gute Meinung, daß man Gottesdienst thue, und Sunde bezahle; es fleußt aus deinem Herzen die Andacht, der Gutdunkel. Sprich du aber, obs Gott vom Himmel gesandt hab, auch ob ers geboten hab. Ja ists doch Gott zu Ehren geschehen? Deste ärger ists und eine zwiefache Gotteslästerung, daß du dasjenige heißest Gottes Wort und einen Gottesdienst, das du selber erdacht hast. Also hat der Papst unter dem Namen und Titel der Kirchen die Welt verführet. Aber ohne Gottes Sendung kompt kein Wort in die Welt. So es aus meinem Herzen gewachsen ist, so hänge ich nach Chrysostomo [3]), Augustino und Ambrosio; so ists dann Gottes Wort nicht. Denn es ist ein großer Unterscheid unter dem Wort, das vom Himmel gesandt ist, und das ich aus eigener Wahl und Andacht erfinde. Die heilige Schrift, so sie auf Erden gewachsen, so spricht Joannes: Wer von der Erden ist, der redet irdisch Ding. Drumb müssen wir lernen unser Seligkeit grundlich zu setzen auf Gottesworts Kraft, und nicht auf unser Andacht oder Dunkel.

3) Hdſ. Chriſoſtimo.

S. Joannes gehet allhier insonderheit auf Christum, darvon er allhier prediget und spricht: Denn welchen Gott gesandt hat, der redet Gottes Wort. Das Gesetz Mosi war gegeben, und die Propheten gesandt, aber es war Alles dohin gericht auf Christum. Da sollt jenes aufhören. Drumb sprachen sie: Er wird kommen, das soll aufhören, wenn er kompt. Wer denn nun noch prediget: Er wird kommen, der verläugnet, daß der, so von Maria geborn ist, der Messias sei. Do haben alle Propheten gesagt, der Messias werde kommen. Diese Reden halten die Juden als gälten sie noch, so sie doch längest erfullet seind. Sie haben nicht gelogen, sondern die Wahrheit gesaget. Denn er ist zu Bethlehem geborn, und zu Nasareth gewohnet. Wenn ich das hore, denn ist Zeit, daß ichs gläube, denn wer druber hingehet, der hat ihn verloren. Und siehet Joannes mit seiner Predigt in Spruch Deutero. am 18. Kapitel: Gott wird euch einen andern Propheten aus euern Brudern erwecken, gleich als mich, den sollt ihr horen, und dem wird er sein Wort in seinen Mund legen, und soll mit euch reden. Welche Seele ihnen nicht hören wird, von der will ers selbst fordern und sie strafen; als sollt Moses sagen: Ich Moses predige euch itzt. Aber aus euern Brudern wird ein Prediger erweckt werden, in deß Mund wird Gott sein Wort legen. Do gedenkt, daß ihr ihnen höret. Saget nicht: Wir sind Mosi discipuli. Ich weise dich auf einen Propheten, der do nicht kommen ist aus fremdden Landen, sondern aus deinen Brudern soll geborn werden, und er wird Gottes Wort bringen. Darumb so gehets, daß das Gesetz soll abgethan werden, und die Verheißung erfullet werden, daß keine Predigt mehr gelten soll, denn was der Messias sagen wird. So ist er nun gesandt, wie denn von ihme alle Propheten zeugen. Er ist da, spricht Joannes, den Gott hat senden wollen, und hat ihnen itzt gesandt, von dem er hat lassen weissagen lange zuvor, daß er kommen sollte. Derselbige redet auch alleine Gottes Wort. Wer sonst etwas Anders redet, er komme vor den Propheten oder hernacher, deß Predigt ist Nichts. Denn es ist nicht Gottes Wort, so ist auch sonst Keiner gesandt, denn der so Gottes Wort redet.

Derhalben so sollen wir uns unserer Andacht nicht ruhmen, item, daß wir der Propheten discipuli sein, oder der Patriarchen Kinder. Ihr sollts nimmer sein. Denn der Vater hats Mosi aus der Hand genommen, und dem Sohn gegeben. Derhalben unangesehen euer Andacht und Gutdunkel, auch Mosi und alle Propheten, denn sie haben ihre Zeit aus: so soll man nicht predigen eigen Dunkel und Andacht, sondern allein denen, so da kommen soll, und der do uber Alle ist. Also sollt ihr thun, oder ihr seid verloren. Die Propheten haltens nicht mit euch. Denn sie zeugen alle von dem, und lassen dann ihr Wort wenden. Alle sagen sie: Den wollten wir. Er ists, sagen sie. Jeremias, Esaias gelten nichts gegen dem, denn sie predigen nur, daß der Messias kommen solle, und horen die Propheten und Joannes auf, und sagen: Er ist da. Darumb aller Welt Ohren binden sich an den Mund dieses Gesandten, denn er spricht: Er soll heißen geschickt, und also, daß er allein gelte im Himmel, auf Erden und in der Höllen, auch wider die Sunde und den Tod. So ist nun das Joannis-Ampt und sein hochster Fleiß, daß er alle seine Predigten richte auf ihnen, daß er musse wachsen, und alle Propheten abnehmen. Da hort man dann, denn aus seinem Munde do wird Gott selbst gehört. Es liegt große Macht dran, der Teufel richt großen Hader an, die Welt will auch immer etwas Anders und Vollkommlichers machen, und läßt den Mann fahren. Der Turke hat ihnen verlassen, spricht: Der Messias ist lange todt; ich hab itzt einen Andern, gehet fúruber, spricht, er hab ausgelernet. Die Juden hoffen noch auf ihnen, daß er kommen soll. Der Papst ist wie der Turke, spricht: In der Taufe hast du wohl bekommen Vergebung der Sunden. Aber dieweil du hernacher wieder gesundiget hast, so ist dir Christus nirgends zu nutze. Drumb so lauf in ein Kloster. Der wirft etwas Anders in Weg, gleichwie der Turke auch thut. Also gehen sie alle für dem Mann uber, und schlahen ihnen einzweder zu Grunde, oder hoffen auf etwas Anders. Aber laßt euch keinen andern Prediger furbilden, der do lehren sollte, wie man von Sunden solle los werden, dann diesen. Sprecht nicht: Er ist gewesen, oder ist längst hinweg; sondern er ist gestern und heute, und bleibet mein Heiland bis in die Gruben, und aus der Gruben, und bis auf den jungsten Tag, und in Ewigkeit.

Derhalben stehet immer im Joanne: Der Vater hat gesandt, gesandt, daß Er[4]) Christus der rechte Gesandte sei; Keiner sei also gesandt, und sein Wort solls gar sein, wie er lehret, also soll man gläuben, vertrauen, hoffen; und thut Joannes als ein getreuer Furlaufer, warnet und vermahnet, daß außer ihme sonst kein Wort sei, noch kein Gesandter. Er ist auch also nicht gestorben, als Jeremias, Esaias, oder als Moses und Andere. Drumb so gilt für und für sein Evangelium. Das Wort ist durch ihnen angefangen, und bleibet auch in Ewigkeit, und dardurch wird man selig. Augustinus spricht, daß man vor Zeiten nicht recht verstanden hab den Spruch von Christo. Aber hernacher sei er besser verstanden, do das Gesetz abgethan worden, und die Prophezei erfüllet sei, und man solle nun Niemands horen, denn alleine ihnen. Hutet euch für andern Allen. Horet ihr einen Andern, so wisset, daß er nicht gesandt sei, und werdet auch von ihme nicht Gottes Wort hören: sondern horet allein diesen, denn er hat Gottes Wort.

Gott gibt den Geist nicht nach dem Maaß.

Das ist auch seltsam geredet. Er will aber in uns bilden und treiben, auch für die Augen stellen, daß wir Nichts horen noch sehen, denn allein Christum. So ers allein ist, so ists gnung, denn Moses und die Propheten sollen aufhoren. Denn die Ehre des Messiä ist allen Andern abgeschnitten, und wer auf seine eigene Heiligkeit pochet, als der Papst und

4) Herr.

Türke thun, der ist verdampt. Das wäre ohn
wenn der Papst und Türke also lehren wollten.
Joannes redet also darvon, daß es Christu
alleine thun, wie ich denn von seinem Wort,
führet, auch gesagt hab, daß Gott im Deuter
18. Kap. spricht: Ihr sollt mein Wort aus
Munde hören. Höret ihrs nun, so sollet ih
werden: wo nicht, so werdet ihr verdampt sein
sagen: Moses Ding ist abgemessen gewest, da
in den zehen Geboten lebt, und Guts thut rc.,
wie ein gespannter Haas. Do ist keine Freiheit
von S. Paulus sonst saget, daß wo der Ge
do ist Freiheit [5]). Diese Lehre wird den H
Geist geben ohn Maaß, und diese Person ha
ein Stück oder zwei vom Heiligen Geist, a
Propheten, Aposteln und wir haben, wie in
zun Korinthern am 12. Kap. gesagt wird. D
wird der Heilige Geist ausgetheilet nach Stucken
denn auch zu Mose gesagt wurde: Nimm zw
siebenzig Mann, aus einem iglichem Stamm
und sie werden von deinem Geist empfangen [6]).
wird gesaget, daß der Heilige Geist unter di
und siebenzig Mann getheilet sei; das heißt
theileter Geist, in mancherlei Ampt und Gaben
nicht Einem Alles gegeben. Aber Christus h
Heiligen Geist ohn alle Maaß. Drumb gedenke
daß er nur ein Stucke vom Heiligen Geist hab.
er ist viel ein ander und ein wunderlicher P
und Lehrer, do der Heilige Geist nicht stucklicher
innen ist, als in andern; sondern zun Kolosser
gesagt: In ihme sind die Schätze der Weisheit
Lebens, der Seligkeit, Gnade und Barmherz
denn die Gottheit wohnet in ihme leibhaftig [7]).
umb so ist der Heilige Geist ganz und gar
alle Maaß, denn er ist der eingeborne Soh
Vaters. Wir sind wohl auch Gottes Kinder,
nicht der, so da Alles hat, und von deß Fül
Alles nehmen. Denn ihnen hat er uns gegeb

5) „S. 2. Kor. 3, 17.“ Anm. v. H. 6) „Vgl. 4. M
Anm. v. H. 7) „S. Kol. 2.“ Anm. v. H.

Weisheit, Gerechtigkeit und uber Alles. Drumb so ist kein Ander gesandt, er allein bringt das Wort, darinnen Alles ist. Das heißt nun den Geist haben nicht nach dem Maaß.

Nun kompts uns auch zu Gute, daß er hat den Geist ohn alle Maaße, denn seine Erfüllung bringet uns die christliche Freiheit. Sonst wer in den zehen Geboten einhergehet und im Gesetze lebet, der ist gleichwie in einen Kerker gespannet. Aber wer an Christum gläubet, der wird theilhaftig dieser unmeßlichen Freiheit, do der Geist spricht: Du bist nicht allein vom Gesetze Mosi frei, sondern auch von aller seiner Anklage und Verdammung. Derhalben so haben wir nun einen Prediger, der Alles hat; den andern hat ers mit Maaßen gegeben. Wir, so da gläuben, kriegen aus demselbigen unmäßigem Geiste auch, genießen seines auch als des Häuptgutes durch den Glauben.

Darnach machet er Christum ihme gleich, und so groß als er ist, als Joann. [8]) 14. Kap. auch gesagt wird. Aber wir sind von ihme, und nicht von uns selbst; wir sind frei nach dem Gewissen, von allen Gesetzen und Schrecken, aber in ihme. So nu in Christo der Geist vollkommlich ist, so haben wir durch ihnen den Geist auch. Wir haben einen solchen Prediger, da wir aus der unaussprechlichen Fülle zu schöpfen haben. Da trinken wir aus, und werden satt an ihme, an Leib und Seel.

Deß gibt er nun Ursach: Denn der Vater hat ihn lieb, und hat ihm Alles in seine Hände gegeben.

Die acht und vierzigste Predigt.

Den Sonnabend nach nativitatis Mariae, den 13. Septembris.

Gott gibt den Geist nicht nach dem Maaß. Dieser Spruch wird eigentlich und sonderlich geredet allein

8) Joan.

von der Person Christi, daß er den Heiligen G
hab nicht gemessen oder ein Stucklein darvon, sond
ganz und gar mit einander. Denn in andern
ligen ist der Geist ausgetheilet und ihnen stuck
gegeben, Niemands hat ihnen gar, auch nicht Mo
Aber diesem allein wird er gegeben, dann er ist
voller Gnaden und Wahrheit, und S. Paulus spri
daß in ihme verborgen sein die Schätze der W
heit [1]), denn außer ihme do ist eitel Blindheit,
gotterei und Unwissenheit.

Und gehet diese Predigt und das ganze Evan
lium Joannis dohin, daß wir uns alle hängen s
an den Mann, und außer ihme sonst keine Seli
suchen, und sicher sein aller Predigten, sie sei
Papsts, oder das Kaiserrecht, und Gesetz Got
und wie weis, klug und hoch sie sein mugen, sei
dieselbigen hintangesetzet. So helfen sie alle
zum ewigen Leben. Aber diese Lehre thuts alle
und wenn wir bei derselbigen Lehre geblieben wä
so wären nicht so viel Rotten worden, dann
Fulle ist bei dem Menschen, und ist Gott leiblic
ihme, und der Heilige Geist ahn alle Maaße.
Andern haben ein Stucke darvon, und Austheil
des Heiligen Geistes, wie zun Korinthern ge
wird [2]). Aber doch gleichewohl werden wir d
und in ihme auch des Heiligen Geistes und der G
den theilhaftig, die do unmäßig genannt wird;
S. Paulus saget: Etzliche haben Gnade, daß e
ein Apostel, der Ander ein Prophet, der Dritte
Evangelist ist, oder die Schrift auslegen kann.
in der Häuptgnade da theilen wir uns alle in
Fulle unsers Herr Gotts. Also reichlich ist die Gn
und Barmherzigkeit Gottes uber uns ausgeschutt,
es auch kein Maaß ist, sondern ewig, zu allen
ten, in die Hohe, Tiefe und Breite. Das h
Gnade. Denn andere Gaben sind mancherlei, h
aber alle auf, darmit die Kirche regieret wird.
die Gnade und Barmherzigkeit ist ewig, und ist u
Vergebung der Sunde nicht auf ein oder zwei tau

1) „S. Kol. 2" Anm. v. H. 2) „S. 1. Kor. 12." Anm. v

ght gerichtet, sondern eine ewige Erlosung, Selig-
it, Freude, Leben und Vergebung der Sunde, ahne
le Maaße. Das haben wir auch von ihme, uns
itgetheilet; es ist nicht in uns, als in ihme, ur-
runglichen. Derhalben so haben wir auch Gnade
d den Heiligen Geist ahne Maaß, nicht umb unser
erdienst willen, sondern daß wir an ihn gläuben.

Der Vater liebet den Sohn [3]).

Der Evangelist fuhret immer ein die Predigt
hannis des Täufers, daß man nirgends Nichts höre,
och sonst hin laufe, denn hieher; als sollt er sagen:
Dieser ist uber Alles, denn er ist vom Himmel und
det Gottes Wort, und gibt den Heiligen Geist nicht
ach dem Maaß; und sind diese Wort (der Vater
ebet den Sohn,) die Ursache deß, das er bisher
sagt hat, als sollt er sagen: Auf daß ihr wisset,
rumb ich von ihme also rede: Der vom Himmel
mmen ist und uber Alles ist, das ist die Ursache
d Grund: Denn er ist der geliebte Sohn, und
er den Sohn hat, hat auch den Vater; und in der
aufe Christi spricht der Vater selbst: Dieß ist mein
liebter Sohn, an dem ich einen Wohlgefallen hab;
n sollt ihr hören [4]).

Hie unterscheide nun, welche do sollen vom Himel sein, und die unten auf der Erde sein, denn also
s beschlossen: Alles Andere heiße wie es wolle, so
ists unter dem Zorn Gottes. Do ist kein Liebe
er Gnade, sondern Ungnade, so du außer dem
lanne bist, denn Gott der Vater hat sonst nirgends
n seine Liebe gewandt, denn auf den Sohn. Der-
lben so will er auch uns rufen und sammlen unter
ese Gluckhenne, daß wir nicht in der Irre laufen
ter dem Geier, denn keine Gnade zu erwarten ist,
n allhier. Sie plagen sich alle vergeblich, es ist
och sonst keine Liebe, denn allein in und unter die-
m Sohne. Außer ihme ist eitel Zorn, Ungnade
d Unwillen, und saget S. Paulus zun Philippern,

---

3) + vnd hat im alles in seine hand gegeben. 4) „S.
Matth. 3, 17 und 17, 5.“ Anm. v. H.

doch nur Eine Person, und daß diese zwo N
führen und behalten, ja mit einander theil
Eigenschaften.

Dieß Ding hat Viel irre gemacht, d
Mensch, so Jesus Christus heißt, und Marien
ist, geborn aus Maria, nicht älter ist, denn
funf hundert und neun und dreißig Jahr.
schleuscht man balde: Ei, so ist er nicht ewig
dieser Mensch Christus hat zu der Zeit, do P
Pilatus Pfleger in Judäa war, gelitten am
Do saget man denn flugs: Ei, wie kann e
Alles in seinen Händen haben? So er denn
hat, so muß ers zuvor haben, eher dann er
worden ist. Wie bringt man das zusammen?
wie die zwo Naturen, die Menscheit und G
unzertrennet sein, sondern also vereiniget in
Person, daß was von einer Natur geredet wi
wird der andern auch zugeschrieben. Als, ster
menschlicher Natur eigen, do ist denn die men
Natur vereiniget in Einer Person mit der G
daß der Tod, der doch allein der menschlichen
wird zugesprochen, auch der Gottheit zugeeiger
und dann gesagt wird: Gott ist Mensch r
Gott hat gelitten und ist gestorben. Wenn d
wolltest trennen die Menscheit von der Gott
ists erlogen, denn Gott kann nicht sterben. E
in Einer Person die zwo Naturn bei einand
ben, so ists recht geredet und wahr. Geborn
und an Brusten saugen, das gehoret der mens
Natur eigentlich zu, denn Gott säuget keine
Ja, wenn Mensch und Gott nicht Ein Per
Aber sie sind also vereiniget in Einer Person
man recht saget: Gottes Mutter ist eine Ju
Gott ist geborn. Denn weil Gott und Men
Person ist, so wird der Gottheit zugeeignet, t
Menschheit allein gebuhret, denn die Eigen
der beider Naturen vereinigen sich auch. N
born werden stehet der gottlichen Natur zu rc.
beten und bekennen auch also im Glauben
empfangen und geborn ist. Das ist menschlich;
zur Rechten, will gottlich werden, obs auc

menschlich. Also, das Kind, das der Mutter Milch trinkt, ist ewig, der da für der Welt Anfang gewesen, und Himmel und Erden geschaffen hat. Denn die zwo Naturen sind in Einer Person vereiniget, drumb sind die Folge und Eigenschaft auch vereiniget; und ist wahr, daß die Eigenschaft der gottlichen Natur reimet sich nicht mit der menschlichen Natur, und ich will noch mehr sagen: Gott und Mensch reimet sich noch weniger, und dennoch sind die zwo Naturen also vereiniget, daß do Ein Gott und Herr sei, daß Maria Gott säuget mit ihren Brusten, und Gott badet, wieget und hebet, item Pilatus und Herodes Gott gekreuziget und todtgeschlagen haben; und reimen sich die zwo Naturn also zusammen, daß die wahre Gottheit und Menschheit Ein Ding ist. So nun ein wahrhaftiger Gott in Christo ist, der geborn ist aus Maria, das ist, der Alles gemacht und geschaffen hat, so muß man sagen, daß sie nicht allein ihr Natur zusammen gefaßt und getragen haben, sondern auch ihre Eigenschaften, ausgenommen die Sunde.

Wenn derhalben die heilige Schrift redet von Christo als einem Menschen, so soll man die Gottheit auch bekennen. Im hundert und zehenten Psalm wird gesaget: Setze dich zu meiner Rechten. Dieser Text lautet von der Menscheit allein, aber er ist auf die Gottheit auch zu ziehen. Denn nach seiner Auffahrt hat er angefangen, da zu sitzen. Zuvor hat die Menscheit allda nicht gesessen. Aber das wollt draus drumb nicht folgen, daß er als Gott zuvor da nit sollt gesessen haben. Also wird nun Christus, wahrer Mensch, genennet ein Herr uber Alles, denn er ist wahrer Gott; und man soll nicht sagen, wie Arius furgab: So er itzt hinauf gen Himmel fähret, ec; so ist er zuvor droben nicht gewesen. Nein, er ist zuvor droben gewesen, aber er war noch nicht Mensch. Do er aber nun Mensch ist, do tragen die zwo Naturen ihr Eigenschaft zusammen, und gibt die gottliche Natur der menschlichen ihre Eigenschaft, und hinwieder die Menscheit auch der gottlichen Natur; und redet Joannes *durch sein ganz* Evangelium von

Christo als einem pur, lautern Menschen, und wi derumb rc. [5]). Allhier redet er von Christo, der g born und getauft ist, und der discipulos hat, als d wahrhaftig ein naturlicher Mensch ist, und dennoch gibt er ihme Alles in seine Hände, das Gott allei gehört, und dennochs spricht er: ihme gegeben. Da stehet einem Menschen zu.

Also sind die zwo Naturen vereiniget in Ein Person, daß do nicht zwene Christus sind. Drum wenn du horest einen Spruch von Christo, daß ih Gott Alles in seine Hände gebe, und ihnen von de Todten erwecke, Solches ist dann von Christo gered als einem Menschen. Wiederumb saget man: C sitzet zur rechten Hand Gottes des Vaters. Do wi vereiniget die menschlich Natur mit der Gottheit, un ist dann gekreuziget werden und leben Ein Din hunten und droben sein Ein Ding, wie wir drob im 6. Kap. auch gesagt haben. Stoßt dich das nu für den Kopf, daß Christus gestorben sei und leb vielmehr sollt dich das seltsam dunken, daß Christu Gott und Mensch sei Eine Person, daß Christus a Kreuze stirbet als ein Mensch, und bleibet doch Chr stus in Ewigkeit.

Also sollt ihr euch gewöhnen, daß ihr rich hindurch gehet durch alle Aergerniß, und wir heiß auch drumb Christen, daß wir ihnen erkennen au seiner Lehre. Wie kann ihm dann Etwas gegeb werden? Nach der Gottheit nimpt ers nicht, sonder weil Gott und Mensch Eine Person ist, do hat Christo gegeben. Darumb daß der Sohn ein Mens ist, so ist dem Menschen gegeben, was do Gott war. Darumb do es nun wird dem Menschen g geben, so wird es auch Gott gegeben. Denn w do anrubret und anbetet diesen Menschen, der b auch Gott an, denn er ist wesentlich Gott. W den Sohn siehet, der siehet auch den wahrhaftig Gott, saget Christus zu Philippo, Joannis am 1 Kapitel. Denn ich bin der Weg, die Person, welc Thomas für Augen siehet, weiß aber nicht, daß

5) „und wiederumb rc.“ fehlt.

der Weg sei, item, die Wahrheit und das Leben. Das sind göttliche Eigenschaften, denn ein Mensch ist kein Weg zum Leben. Aber es machts, daß die Person Christi nicht allein ein blos Mensch ist, sondern persönlich und wesentlich Gott. Drumb wer ihnen siehet und höret, der höret Gott. Also saget er allhier: Der Vater hat ihme Alles in seine Hände gegeben. Nun, Alles in seinen Händen haben, heißet Gott sein, denn Gott gibt Niemands seine Ehre, wie im Esaia geschrieben stehet [6]). Allhier gibt ers dem Sohn, der do aus Maria geborn ist, daß ers alles in seinen Händen habe. Wie kann nun das sein? Hat ers doch zuvor alles gehabt. Ja er ist zuvor nicht Mensch gewesen, aber itzt do er stirbet und von den Todten wieder auferstehet, do heißt es allererst dem Sohn gegeben, auf daß du sagen kannst: Der, so am Kreuz hängt, ist ein Herr uber Alles, und itzt kriegt er erst die Herrschaft, denn das macht die Einigkeit der beider Naturn. Zuvor ists nicht also gewesen. Nun ist er verkläret, und wird Jedermann verkundiget, daß er ein Herr uber Alles sei.

Also kompt nun die menschliche Natur in Christo zu den Ehren, daß sie alle Eigenschaft trägt, die Gott sonst zustehen, und heißt drumb ihm gegeben, daß die menschliche Natur darzu kompt, die es empfähet, und es zuvor nicht gehabt hat. Doher wird denn wahrhaftig und recht gesaget, daß Gottes und Marien Sohn von Ewigkeit gewesen sei, und itzt noch Christus, Gottes und Marien Sohn, ein Herr uber Alles sei, und daß Christus, Gottes Sohn, Alles hab von seinem Vater. Nun außer diesem Menschen Christo, der do von der Jungfrauen Maria geborn ist, und gelitten hat, sollt du keinen Gott suchen, noch einig Heil oder Hulfe, denn er ist selbst Gott. Das stoßt die Juden fur den Kopf, und meinen, wir sind närrische Leute, allegirn auch das erste Gebot: Du sollt nicht andere Götter haben. Item, der Türke spricht: Ihr seid große Narren, denn ihr betet drei Götter an. Aber wir seind nicht

6) „S. Jes. 42, 8 und 48, 11." Anm. v. H.

so grobe Esel, daß wir zwene oder drei Götter [illegible]
ten, sondern beten nur einen Gott an, der ein [illegible]
haftiger Gott ist. Aber dorinnen sind drei Per[illegible]
derer Person eine ist Christus, von dem wir [illegible]
gehort haben, daß die Fülle der Gottheit in [illegible]
wohnet, und von seiner Fulle nehmen wir alle, [illegible]
umb Gnade, und wer an den Sohn gläube, [illegible]
das ewige Leben.

Die neun und vierzigste und letzte Predigt [illegible] das dritte Kapitel Joannis.

Der Vater hat den Sohn lieb, und hat [illegible] Alles in seine Hand gegeben.

Wir mogen den lieben Herrn Christum pre[illegible] so lang uns Gott die Zeit gibt, denn wir seh[illegible] mehr wir predigen, je ärger und undankbar die [illegible] wird; und drumb siehets mich auch also an [illegible] werde nicht lange währen. Jedoch so wolle[illegible] predigen und Gott danken, so lange wir leben.

Johannes der Täufer spricht aber allhier: D[illegible] ter hat den Sohn lieb. Droben haben wir gehört, [illegible] gebe den Geist nicht nach der Maaß, denn der [illegible] gibt ihme Alles in seine Hand. Er redet abe[illegible] Christo, den wir nennen unsern Heiland, d[illegible] ihme nicht sei der Heilige Geist ausgetheilet stück[illegible] wie in andern Menschen allen. Denn er hat [illegible] weniger gehabt, do er auf Erden gangen ist, d[illegible] itzt hat, denn in ihme ist keine Sunde, noch [illegible] Irrthumb, wie in allen andern Heiligen. Es [illegible] Prophet gewesen, auch Moses selbst, der nicht [illegible] mussen ein Pater noster beten. Allein dieser M[illegible] Christus, des Weibes Same, ist geruhmet, [illegible] Esaiä am 53. Kap. und 1. Petri 2. von ihm[illegible] saget wird, daß er keine Sunde gethan hab, [illegible] kein Betrug sei in seinem Munde befunden w[illegible] Denn der Heilige Geist ist also reichlich un[illegible] alle Maaß in ihme gewesen. Das gehet nun seine Person an. Wir Christen haben auch den Heiligen Geist, aber stuckweise; jedoch wird er unser eigen, und seine Fulle stehet für unsern Mangel und Gebrechen. Christo aber mangelt Nichts, denn in ihme ist die Fulle der Gottheit. Aber dieselbige Fulle wird auch unser, nicht personlich, wie er sie hat, sondern durch den Glauben, daß wir bezahlen konnen, und wo der Herr ist, do ist auch der Geist, ja da ist Alles.

Denn der Vater liebet den Sohn. Der Evangelist redet von der Sachen also, gleich als sähe er sonst Nichts, davon wäre zu predigen. Er thut Alles weg aus den Augen, und siehet allein auf den Sohn Gottes, wie wir denn auch thun sollen; und billig, auf daß wir das groß Wunderwerk für Augen behalten, und alles Andere fur eitel Spreu gegen den Sohn Gottes achten. Denn er hat den Himmel, die Erden und alle Kreatur geschaffen, davon man wohl zu singen und zu freuen hätte. Aber wenn er den Sohn für die Augen stellet, so zeucht er alle Kreatur mit hinein. Er hat ihme Alles gegeben, was auf Erden ist; will sagen: Ich will euch zeigen das Häupt, dorunter Alles sich zeucht, das ist mein Sohn.

Wenn ich das nun für Augen hab, daß Gottes Sohn ist Mensch worden, und ich gläube an ihnen, so wurden uns alle Kreaturn hundertmal schoner sein, dann sie itzt sind. Dann wirst du recht verstehen, was die Sonne, Mond, Stern, Bäume, Opfel und Birn wären, nämlich, wenn du verstehest, daß er Herr sei, und Alles umb ihn zu thun ist. Also redet der Heilige Geist im achten Psalm auch von ihme: Du hast ihnen zum Herrn gesetz uber Alles. Ob er nun wohl von Maria der Jungfrauen geborn ist, so sitzet er doch zur rechten Hand Gottes. Nun ist die rechte Hand Gottes, uber Alles herrschen, seinen Stuhel uber die Sonne, uber den Mond und alle Kreatur setzen. Wir bekummern uns sonst umb viel Ding. Aber wenn wir allein gedächten an Jesum Christum, von Maria geborn, so würden wir gerne *verlieren unser* Thaler, Gersten und

Korn. Aber wir wenden uns also von dem schön Blick, und fallen auf die arme Kreatur, und gläub nicht, daß er ein Herr sei. Dann wenn wir ihn für Augen hätten, so wurden wir nicht so sehr g denken, wie wir Thaler und Korn wurden habe Aber Fleisch und Blut thuts nicht, sondern steckt s in den Kornhaufen und in den Beutel, mit Aug und Herzen, und spricht: Was Christus? Derhalb so erkennen wir ihnen nicht, halten ihnen auch ni für einen Herrn uber Alles, wie Joannes ihnen a hier auch ruhmet.

Der Vater liebet ihnen. Gott liebet auch Seinen, item, die Kreaturn, denn sonst hätte er nicht geschaffen. Denn alles was er geschaffen h siehe, das war sehr gut, wird im ersten Buch M. gesaget. Aber was der Teufel machet, das ist all häßlich. Er spricht aber zu keiner Kreatur: Sei H uber Alles, und Keinem gibt er den Heiligen Ge ohn Maaße, als dem Sohn. Derhalben so liebet den Sohn also, daß er zu ihme saget: Sei du Herr uber Himmel und Erden, auch uber den Te fel, uber Sunde, Leben, Gerechtikeit, und Alles in deiner Hand. Das ist wahrlich eine große Lieb und Solches ist auch umb unsertwillen geschriebe auf daß wirs lernen und gläuben, denn es folget Text drauf:

Wer an ihn gläubet, der hat das ewige L ben. Wer aber dem Sohn nicht gläube der wird das Leben nicht sehen, sonde der Zorn Gottes bleibet uber ihm.

Wir haben einen gewissen Herrn, den wir greifen konnen, in seiner Mutter Schooß liegen, Kreuz hangend, und der aus einem unendliche Gott ist ein endlicher und beschließlicher Mensch w den; und doselbst ist das Herz gewiß, daß es ein wahrhaftigen und rechtschaffenen Herrn hab, den Alles unterworfen sei, was im Himmel und auf E den ist, und Engel und Teufel unter seinen Fuß liegen, und ihnen liebet der Vater als seinen eing bornen Sohn. Wenn ich nun das weiß, und bl gewiß, daß er ein Herr sei uber Alles, uber Himmel und Erden, uber die Engel und alle Kreatur, und weiß, daß Gott einen Wohlgefallen an ihme habe, daß er ihnen auch setzet zu seiner Rechten, und also der Mensch, so von Maria der Jungfrau geborn ist, doselbst auch herrschen und regieren soll; wenn ich nun das weiß, (sage ich,) so hat mein Herz gewonnen und spricht: Ei, hab ich den mir gonstig und gnädig, der ein Herr ist uber die Engel und den Teufel, uber Tod und Leben, ich geschweige uber Gold, Silber, Korn, Gersten, so will ich mich fur der Welt auch nicht fürchten, und kann mich zu Gott versehen, daß kein Unglucke mir schaden solle. Denn es ist beschlossen, daß auch der Zorn Gottes solle von den Gläubigen weggenommen sein, dann Gott liebet den Sohn. Dann kann ein Herz unerschrocken sein und sagen: Was kann mir der Teufel, Tod und Welt thun? Dann dieser Herr ist mir gnädig und hold, welchen Gott sonst zum Herrn uber alle Kreatur verordent und gesetzet hat, und bei ihme ist die Fulle des Heiligen Geistes und die Majestät Gottes; und alsdann ist man auf den Namen Christi freudig und unerschrocken, wenn man gleich vom Turken und Teufel geplaget wurde, allein daß wir glauben konnten, daß dieser Herr uns gonstig wäre.

Und sollt nicht gedenken: Was hulfts, ob Christus mich gleich liebet? Wie wenn der Vater mit mir zornete? Nein, der Vater gibts von ihme. So du des Sohn Gunst und Gnade hast, spricht der Vater, so zweifele auch nicht an meiner Gnade. Es soll dich dann wider der Türk noch Teufel und Tod wegführen und todtschlagen. So soll dich auch wider Schwert, noch Feuer, noch keine Gewalt von Christo scheiden a), denn es ist Christo Alles in seine Hand gegeben. Liebet er mich denn nun, so bin ich sicher, so ferne ichs gläube, und so stark ichs gläube, so stark bin ichs gewiß.

Dieses wird nun gepredigt. Aber die Welt ists nicht werth, und hasset uns auch umb dieses

---

a) Rö. 8.

Lichts und Erkenntniß willen. Aber wollt Gott, daß wir unser Herz dohin gewöhnen konnten, daß wir eine Kreatur, welche es auch sein möchte, ansähen und dann sagten: Das ist eine Kreatur meines lieben Herrn, der für mich gestorben ist. Käme dann Wind oder Wasser, so spräche ich: Es ist auch meines Herrn Kreatur. Läßt ers nun anders gehen, denn ichs gerne habe, so ist er der Herr, und bleibet die Kreatur unter ihme, und ich auch, denn der Vater hat ihme Alles in die Hand gegeben.

Das ist der Christen Predigt, welches eine solche Weisheit ist, die sonst Niemands kennet, dann alleine die Gottfürchtigen. Die Andern fragen nach dieser Predigt nichts, sondern gehen mit Wucher und Wollust umb, kommen auch nimmermehr zu dieser Weisheit. Derhalben so mögen wir Gott dankbar sein, und diese Predigt gerne horen und lernen. Denn wir werdens nimmermehr auslernen, daß der Sohn Mariä, Christus, ein Herr uber Alles sei; und das sehe ich in allen Kreaturn. S. Paulus spricht, daß er Alles erfüllet[1]). Worumb? Ei, er nimpts aus diesem Text. Gott hat Alles geschaffen und Christo unter die Füße geworfen. Wo ich nun die Augen hin kehre, so sehe ichs. Also ist die Welt gar voll geschrieben eitel Christus, aber es sehens ihr Wenig. Darumb so scheiden sie auch den Sohn vom Vater, und gedenken, sie mussen mit ihrem eigenen Thun kommen zum Vater, wie denn der Turke und Papst thut, meinen, Christus schlafe. Das Regiment ist uns zu hoch, wir konnens nicht verstehen, sondern mussens gläuben, denn wenn die Welt gleich voller Teufel wäre, wie sie denn schier voll ist, doch wird das Evangelium Christi und die Taufe bleiben; und ob sich das Gegenspiel sehen ließ, dennochs saget der Heilige Geist, daß die ganze Welt ist eitel Christus, Gottes und Marien Sohn. Es kann kein Sperling fliegen, es muß sein Rath sein; und wisse, daß der Glaube ihm gefället, dann er liebet den Sohn, und drumb wirds auch geschrieben, daß wirs lernen sollen.

1) „Vgl. Eph. 1, 20 ff.“ Anm. v. H.

Nun folget, worumb das geschrieben sei, und worumb mans auch noch prediget. Worumb geschichts? Wer gläubet an den Sohn, hat das ewige Leben. Diese vorigen Wort, als, daß er den Heiligen Geist ohne Maaße hab, und daß er ein Herr sei, und Alles unter seinen Füßen hab, wie der 8. Psalm und 110. Psalm zeugen, werden drumb von ihme geprediget, mir und dir zu Gute, daß wirs gläuben, und ihnen lernen erkennen. Denn so du diese Predigt horest und gläubest, daß es also sei, ob sichs gleich anders stellet, denn es sind viel Aergerniß; dann sprichst du: Ob die ganze Welt gar voll Teufel wäre, item, der Tod und Teufel uns unter die Augen schlugen, item, Hunger und Kummer, item, es sähe suße oder saur, so frage ich nichts darnach, und thue nur die Augen zu, und reiße hindurch. Wohlan, so sollt du das ewige Leben haben, denn der Sohn hat eben die Macht, so Gott der Vater hat.

Dieses das wird drumb gesaget, auf daß du es gläubest, daß der Herr Christus umb der Sunde willen sei Mensch worden, wie das in den Artikeln des christlichen Glaubens angezeiget wird. Dann do bin ich versichert des ewigen Lebens, und der Teufel soll mich nicht fressen, der Tod nicht verschlingen, item, die Armuth, die dich drucket, nicht Leid thun. Ach welche eine trostliche Predigt dieß den gefangenen Christen in der Turkei, die konntens gläuben, wie gräulich auch der Turke toben und wuthen möchte; und also haben auch die Märterer gethan. Die haben gesagt, wenn man ihnen das Schwert an Hals gesetzt hat, und das Feuer angezundet: Noch will ich ihnen für meinen Herrn halten. Es scheinet aber oft, gleich als konnte er uns nicht helfen von der Sunde, Tod und Tyrannen, und doch wissen sie, daß sie geliebet werden vom Sohn und dem Vater. Wollt Gott, wir konnten[2]) das predigen unsern Brudern, die unter des Papsts und Turken Tyrannei gefangen wären, denn wir sind dieser Lehre mude und uberdrüssig, fragen nichts mehr darnach. Aber wir mogen

2) Hds. kondte.

Aug sein und die Schanze nicht versehen [3]). Der Turke will herzu, und solche bose Buben su Siehe darnach, was dich die Thaler helfen. die Welt gläubets nicht, stecket sich in die Thale Wollust dieser Welt, und weiß doch wohl, da sterben muß. Da werden Thaler, Geld und nicht helfen. Ja, sagen sie, ists noch so lange Wahrlich, es ist nicht Schimpf. Worumb kehre dich nicht zu Christo, der do dein Heiland ist, wi dir wider der Tod, Teufel noch Turke kann nehi Ach wo wollen die hin kommen, die nicht a nicht gläuben, sondern haltens für ein L lein? Ja, sagt die Welt, ich lobs, wer den K voll Gulden, und den Boden voll Korns, und voll Weins hat; was glauben? Aber wo wollen bleiben, die das Evangelium verfolgen und läs Derhalben so mogen wir unserm Herr Gott dankbar sein, wenn er mit uns redet, und un ruft zum Himmelreich. Man hat zu Rom nich merdar das Evangelium gehabt, so ist es auc Zeiten in der Turkei geprediget worden. Kom auch einmal von uns, so werden wirs nicht w bekommen. Es hat zu Rom und Jerusalem nicht ein gewollt, drumb haben sie es auch verl

Lasset aber Christum das einige Bild sein u Herzens, daß ich sage: Ich gläube an einen H der heißt: Jesus Christus, der von einer Jungfr geborn ist, und ist ein Herr uber Alles, der schaffet, daß ich sagen kann: Einen solchen hab ich an Christo Jesu, der von Gott, dem hi schen Vater, Alles empfangen hat in seine H daß also der Herr Christus nicht allein Gott ist, dern auch Mensch, und derselbige Mensch, von T

3) „In einer jetzt veralteten Bedeutung ist Schanze so v Wurf im Würfelspiel, dann das Würfelspiel, weiterer Bedeutung ein jedes Spiel (vgl. Mummenschanz her die Redensarten: auf seine Schanze, d. i sein Spiel, d. i. seine Sache wahrnehmen, und: die Schanze versehe sein Spiel, seine Sache vernachlässigen. Das Wort selbst her von dem Französischen chance, eine Art von Würf Vgl. die Glossarien.“ Anm. v. H.

born, sei ein Herr uber Alles. Denn diese einige erson ist Gott und Mensch, und diesen Herrn mogen ir finden in allen Kreaturn. Alsdenn so wurden ir nicht also[4]) scheußlich geizen, sondern wurden gen: Hab ich doch einen Herrn, der do schaffet orn, Wein, und alle Nothdurft. Hab ich nun denlbigen Herrn, so werde ich auch Alles mit ihme iben. Nimpt ers aber hinweg[5]), so will ichs auch duldig leiden. Wenn du denn nun an ihn gläubest, bist du gewiß des ewigen Lebens, es erwurge dich m der Tod, daß du wirst begraben, oder es todte ch die Pestilenz. Dennoch so wirst du leben, wenn eich alle Franzosen und Pestilenz uber dich fielen, umb daß der Herr Christus ein Herr uber Alles . Aber daß er die Pestilenz dich wurgen läßt, darit straft er dich.

Was hat er denn für eine Liebe gegen Gott? ieß saget das Symbolum, er sei geborn, gelitten. solches ist alles eine unaussprechliche Liebe.

Wer aber nicht an ihnen gläubet. Das ist beblossen, daß Alles unter seinen Händen und Fußen in soll. So das nun also ist, so muß er dirs gen. Drumb heißets: Ich gläube an ihnen. So enn Alles in seinen Händen ist, worumb willst du denn an andern Ortern suchen? Vergissest du sein, nd läufst einem Andern nach, was wirst du finden? öllisch Feuer, denn du suchest da, do du Nichts unst finden. Wo willt du hin? Dem Teufel in n Hintern. Denn er ists allein, den der Vater ebet, und ist eitel Liebe des Sohns gegen uns, denn ist für dich gestorben. Derhalben hieher gelaufen nd hie gesucht, denn do wird auch allein gefunden. der thust du es nicht, so findest du auch Nichts. enn er spricht: Wer nicht an ihnen gläubet, der verloren, item, der Zorn Gottes bleibet uber ihn, kann ex ira Dei nicht kommen; spricht: Er bleit uber ihnen. Gläubst du aber an ihn[6]), so verdienst nicht Zorn, sondern bist in Gnaden. Denn sonst

4) so. 5) weg. 6) „ihn" fehlt in der Hds.

Papstthumb gläubte ich nicht
ich wohl, daß er kommen
bendigen und Todten, Gere
nenneten wir denen einen
für seine Sunde gnug thät
sollte gestorben sein, das wa
Herzen. Also lehrete man
mochte ein Iglicher gedenken
Dergleichen ist auch der tu
fromm und gerecht, und thus
lig; und also lehren alle Wer
uns selbst gefuhret und gesetz
und gebeten, daß uns Gott
unsere gute Werk ansehen.
les außer Christo, dem doch
seine Hand gegeben, daß wer
hab einen gnädigen Gott und
wir fliehen von diesem, und w
ohne ihnen. Also läuft der T
so im Papstthumb sein, die ve
Christi, dem doch der Vater All
gegeben, und liebet ihnen, a
gläuben sollen.

Laß dichs aber nicht

so siehe dich fur, daß du dich nicht dran ärgerst, und dein Glaube nicht gedämpft werde. Ein Sunder kanns besser denn du, dann er hat nicht solche Stoß und Widerstand. Aber wir sehen oft so schreckliche Ding, daß wir meinen, der Herr Christus hab gar kein Reich; und wenn der Turke alle Konige und Reiche erorberte, dennoch mußte man sagen, daß der Turke auch unter Christo sei; und wenn die Stoße, Puffe, und Anfechtung nicht wären, so wäre der Glaube eine schlechte [7]) Kunst. Aber wir mussen alle Aergerniß verschlingen, und es wird noch eigentlich auch dohin kommen, daß der Himmel und die Erden werden durchs Feuer verwandelt werden, aber einen neuen Himmel machen werde. Wenn du denn Christum verachten wolltest, und ohne ihn anderswo Vergebung der Sunden, oder das ewige Leben außer ihme suchen, so wirst du Nichts erlangen. Denn er hat nicht geben wollen S. Petrum, noch Joannem den Täufer, noch einen Engel, viel weniger dich selbst, daß du durch deine Hulfe solltest von Sunden los werden: sondern hat seinen eingebornen Sohn gegeben. An denen gläube, oder du bist verloren, dann der Vater hat ihme Alles in seine Hand gegeben. Do gehen der Papst und alle Abgotterei und Gräuel und falsche Gottesdienst zu Boden, denn wir haben nur einen Herrn, von dem die Kinderlein sagen: Ich gläube an Jesum Christum; sonst will ich keinen andern haben. So du dann an ihn gläubest, so erschricke nicht, denn das ewige Leben ist dein. Sonst gehe barfuß, und zu S. Jakob, und laß dich mit Feuer verbrennen: dennoch so wird Nichts draus. Willt du aber dir selbst wehethun, und dich peitschen, so ergreife erstlich den Sohn Gottes, daß der Vater dich liebe. Darnach werden dann wohl flagella kommen, und des Teufels feurige Pfeil, und du im Geist zu thun haben, daß du uberwindest die gräulichen Stucke, daß er die Welt gibt in die Hand des Papsts und Teufels, und die Christen dargegen steckt in unzählig Trubsal und

7) „Vgl. S. 34 Anm. 6." Die Aenderung der pag. und die Zahl der Anm. abgerechnet, Note v. H.

... bis in seine G...
nach Armuth darzu, Kranki...
andere Trubsal, do wirst ...
schwere Arbeit es sei, ve...
Sohn Gottes, welcher ein ...

Ende der Predigten D. M. ...
Kapitel Jo...

Das vierte Kap...

Gepredigt von D. ...

Angefangen am Sonnabend vor Lae...

Dieß seind einfältige Wo...
beschrieben sein, und doch nicht...
Ende des dritten Kapitels hat ...
hab den Sohn lieb, und wer ...
der hab das ewige Leben. N...
spricht: Do er erfuhr...

issens recht und wohl lernen verstehen. Denn wer n Mann recht erkennet, der hat den Heiligen eist, und hat Alles zu richten und zu tadeln. Wer er Christum nicht kennet, er sei so gelehrt als er olle, so bleibet er doch gottlos und verdampt, wie : denn droben gesagt hat im 3. Kap.: Wer an ihn läubet, der hat das ewige Leben. Allhier aber wird esaget, er sei geflohen für den Pharisäern. Wo t nun der Mann? Er will Herr sein, und fürchtet ch allhier für den Pharisäern, und fleucht ins ga- läische Land.

Johannes hats mit großem Fleiß beschreiben ollen, auf daß wir sehen mochten, wie er unterschied- ich nach Art beiderlei Natur gelebt hat. Denn er t selbst das Leben und stirbet doch; er ist Alles, nd gleichwohl auch Nichts, und darumb daß er Al- es ist, do wäre er wohl anzubeten. Drumb so ist as majestätisch geredet: Wer do gläubet an den Sohn, der hat das ewige Leben. Dann so er kann eben das ewige Leben, so ists gewiß, daß er Gott t. Denn keiner Kreatur noch Engel stehets zu, das wige Leben zu geben, denn allein dem Sohn Got- es, welcher das in seiner Gewalt und Händen hat, as der Vater selbst hat. Derhalben wer an den Sohn gläubet, und ihnen anbetet, der hat das ewige eben. Und dennochs ist er auch Marien Sohn, nd das noch ärger ist, so fleucht er allhier, und ßt sich todtschlagen. Also setzet Sant Joannes im- erdar bei einander die ewige Allmacht Christi und ie unmäßige Schwacheit. Der Glaube an Christum, en Sohn Gottes, macht selig, und dennoch fleucht llhier der Herr Christus: das heißt der christliche laube. Wer nun will gläuben[2], der thue es; er nicht will[3]), der lasse es.

Die menschliche Vernunft wollts lieber anders aben. Aber wie solls unser Herr Gott anders achen? Was willt du ihm für ein Mittel furschla- en? Do würde einer sagen: Ich will in ein Kloster aufen; der Ander wurde fürgeben, er wollte in

2) Hdf. glaube. 3) „will" fehlt.

einem Kuriß zu S. Jakob gehen. Aber er sp
Ich gebe euch meine zehen Gebot. Ich wills
auf Eine Weise, do ihr sonst mancherlei Weis
tet, und will sagen, was euch zu thun sei: Ih
let nicht ander Götter haben, den Namen G
nicht vergeblich führen ꝛc. Wie thäten wir da? I
das konnen wir nicht horen noch leiden, denn ein
redete da aus der Majestät. Wie denn? Rede ich
mit euch, spricht Gott, so gehet ihr alle dohin
Iglicher auf seinem Wege. Derhalben so
er einen gemeinen Weg, ja eine Landstraß
den zehen Geboten. Denn es will nicht g
was wir erwählen aus unser eigenen Weisheit
denn auch bei uns nicht gelten will, was Gott
redet. Derhalben sprechen die Kinder von Isra
Moise: Rede du mit Gott, und was er uns s
wird, das wollen wir thun, allein daß wir
nicht horen reden; und Moses saget auch: Si
nen dich nicht hören, dann wann du redest, so r
der Berg Sinai. Dorauf antwortet Gott und s
Dieweil sie denn das nicht konnen horen, so w
noch eine Weise mit ihnen fürnehmen, und wil
furter nicht mehr vom Himmel mit Donnern
Blitzen, und in der Majestät mit ihnen reden,
dern ich will annehmen einen Menschen aus
Brudern, der soll mit ihnen reden, und wills
ihn lieblich und suße machen; und sprach: Du
gebeten auf dem Berge, ich sollte auf ein ander
mit dir reden. Nun hat dich Gott erhört [4]
will dir geben einen Propheten, in welches Mu
seine Wort legen wird; wer ihnen nicht horen
von dem wills Gott selbst fordern [5]). Das sin
zwo Weisen, dardurch Gott mit uns geredet hat
ser eigen Erwählung taug nichts, da werden
nimmer eins: drumb taugs nicht diese zwe
Wir konnen nicht leiden, daß Gott in seiner Ma
mit viel unzählig tausend Engeln mit uns
Derhalben so ist die beste Weise, daß wir
Gedanken aufhuben, und Gott horeten reden in

4) gehört. 5) „Vgl. 2. Mos. 19; 5. Mos. 5 und 18." Anm

...jestät. Aber wir konnen diese Sprache nicht er-
...gen. Aber Gott spricht: Nun will ich meine Ma-
...tät aufs Tiefste verbergen, und will meinen Sohn
...sen Mensch werden, von einer Jungfrauen geborn,
...d den Menschen lassen Guts thun und ihnen pre-
...gen Vergebung der Sunden. Der solls aufs Freund-
...ste machen, allein daß ihr gedenkt, daß dieser
...ensch ebenderselbige Gott sei, der geredet hat in der
...ssten am Berge Sinai mit den Kindern von Israel.
...rumb gläubet, daß ihr ihnen höret. Er hat seine
...ajestät in der Menschheit verborgen, kompt her
...treten, nicht mit Blitz, Donner oder Engeln, son-
...n von einer armen Jungfrauen geborn, und redet
...t ihnen von Vergebung der Sunden. Daruber
...rden sie toll und thöricht, und schlagen ihnen ans
...euz. Was sollen wir thun? Wenn Gott käme mit
...nen Engeln, so konnte Niemands ihnen hören.
... spricht er: Ich will kommen in einer einfältigen
...d demuthigen Gestalt, in menschlicher Person, der-
...lben so gläubet mir nun. Aber wir wollen ihnen
...ch weniger hören, und verachten ihnen; er soll
...lechts in der Majestät kommen, und konnen ihnen
...ch nicht ertragen. Jenes konnen wir nicht leiden,
...d das wollen wir auch nicht leiden. So er denn
...mpt als einer armen Jungfrauen Sohn, so sprechen
...ir: Ach soll das der Messias sein, und hat nicht
...viel Eigens, do er sein Häupt auf legen mochte?
...d wird dann in seiner Armuth und Demuth ver-
...chtet, und ist doch zuvor geweissaget und verheißen,
...ß er nicht kommen wurde in der Majestät, sondern
... Demuth, er wurde ein armes Kindelein werden.
...enn itzt der Herr Christus käme mit einem halben
...ügel eines Engels, so wurde Papst und Turke und
...dermann ihme zun Fußen fallen. Aber weil er
...n sich predigen läßt, daß er von einer Jungfrau
...born sei, und Gott und Mensch sei, do meinet man,
...lt sich der Papst- und Turke demuthigen gegen
...m?

Derhalben so laß die Welt fahren in Abgrund
...r Höllen, und wir *sollen gedenken*, wenn wir hören
...*nen reden und* Wunderwerk thun im Evangelio,

daß er ein Herr sei, der gottliche Majestät hab; und die Juden, wenn sie ihnen hätten horen reden, und sehen Wunderwerk thun, so sollten sie nieder gefallen sein und Gott in seiner Majestät, als der auch am Berge Sinai geredet hätte [6]) mit ihnen, erkannt haben. Denn auch noch heutiges Tages ist die Taufe und die Predigt gottliches Worts nicht meine Taufe oder mein Wort, sondern Gottes, und wenn wirs horeten, sollten wir gedenken, daß Gott selbst mit uns redete; und Konige, wenn sie es horeten, und sehen die Sakrament, so sollen sie ihr Kron und Scepter zun Fußen legen und sagen: Allhier wohnet, redet und wirket Gott. Du möchst aber sagen: Ein armer Priester stehet da, und reichet das Abendmahl. Ja, wenn du es also ansiehest, so bist du kein Christ. Wenn ich dich schlechts horete predigen, so gäbe ich nicht einen Strohhalm fur deine Predigt. Aber Gott redet da, er täufet und wirket, und ist selbst gegenwärtig da. Derhalben so hat der Prediger nicht für sein Person gepredigt, sondern Gott, der himmlische Vater, und du solltest sagen: Ich hab Gott selbst gesehen täufen und das Sakrament des Altars reichen, und das Wort hören predigen. Aber wenn wollen wir die Leute das bereden, daß sie horen Gott selbst reden? Wir aber gläubens, daß Gott sich erbarmet, und durch Menschen mit uns also handelt. Was hinderts, daß er nicht in der Majestät mit uns redet, noch uns sich in seiner Herrlikeit offenbaret? Ja, wenn wir ihnen in seiner Majestät also sehen konnten. Es ist unmuglich, daß wir da sollten die Augen gen Himmel aufheben, und daher scheinet die Taufe auch gering sein, dann sie wird durch einen Menschen gehandelt und gereicht. Wie soll mans denn gemacht haben? Es heißt wahrlich hintangesetzt unser eigen Andacht und Erwählung in gottlichen Sachen. Denn wo die Platz haben soll, so will man Gott wider in seiner Majestät, noch viel weniger in seiner Demuth leiden, sondern etwas Eigenes erwählen und machen. Do hat denn einer die Junonem angebetet,

6) „hätte" fehlt.

r Ander ist ein Munch worden. Aber wir Chri-
en sollen lernen und wissen, daß Gott mit uns nicht
det in seiner Majestät; er will auch unser eigen
ndacht nicht haben, sondern spricht: Hore mich, der
mich gedemuthiget hab und mit dir in meinem
Wort rede. Denn für des turkischen Kaisers Maje-
ät fürchtet man sich, wie viel mehr wurde man sich
rchten, wenn Gott in seiner Majestät und mit sei-
en Engeln redete. Derhalben so hat er beschlos-
n, daß ers so suße und liebliche machen will, daß
s nicht sußer machen konnte. Dann ist das nicht
blich, daß Christus, Gottes Sohn, nicht in seiner
Majestät kompt, dann da flohe Jedermann: sondern
läßt sich kreuzigen. Ich meinet, er wäre ein Gott,
r mit der Majestät käme her geprasselt, daß für
me Himmel und Erden erzitterte?

So lernet nun, daß Christus beides thue. Wenn
anfähet zu reden, so fähret er zuweilens doher
Gott, und läßt seine Herrlikeit sehen, und die-
vige Gottheit läßt sich für uns kreuzigen und tod-
, auf daß ich mich nicht fur ihme fürchtete. So
e ich denn zu, und verachte ihnen.

Aber der große Herr, (welcher selig machet Alle,
n ihnen gläuben, und hilft ihnen also, daß sie
ewige Leben haben, und der Zorn Gottes kann
weggenommen werden, dann alleine durch ihn,)
thut er? Er fleucht aus dem judischem Lande.
soll ich an den gläuben, der do fleucht? Kann
denn nicht erwehren der Pharisäer? Ja, saget
vangelist, dieser Herr, der Gott ist und hat
ding in seinen Händen, der fleucht, stellet sich
als furchte er sich für ihnen. Nun er ist
ftiger Gott, der Alles gibt, und darnach auch
ter naturlicher Mensch, der do thut eben als
Menschen thun; wenn sie sehen, wo die Ge-
groß, so weichen und fliehen sie. Sonst
in seiner Majestät wohl sagen konnen: Trollt
Jerusalem weg und laßt mich Gott sein im
Er hätte das eben so wohl konnen sagen,
er sonst spricht: Hebe dich Teufel, Tod,
Sunde! Do ist er denn in seiner Maje-

stät, wenn ich an ihnen gläube, und alsdann müssen die Pharisäer, Sunde, Tod und Teufel stilleschweigen, dann do ist eine wunderbarliche Gewalt und Majestät. Aber allhier ist eitel Menscheit, als mans kunnte finden. Er räumpt das Land und fleucht fur den Pharisäern, der sonst die Hölle mit Füßen tritt, den Teufel und alle Gewalt auf Erden vertreibet, alle Menschen für ihme Wasserblasen sind, Tod und Hölle für ihme sich furchten mussen. So ist er nun wahrhaftiger Gott, und das beweiset er damit, daß er das Leben gibt, und daß er nicht ein gemalter oder geheuchleter Mensch sei, so stellt er sich als wahrhaftiger Mensch, nimpt Sorge, Schwacheit und Furcht an sich, und stellet sich als ein wahrhaftiger Mensch; wie S. Paulus zun Philippern am andern Kapitel saget, daß er dienstliche Form und Weise an sich nehme, Knechtesgestalt, ist so schwach gewesen, also gessen und getrunken, auf daß man sehe, daß er ein wahrhaftiger, natürlicher Mensch gewest sei, und Alles drumb gethan, auf daß er uns an sich ziehe, und wir erkenneten, daß derselbige arme, schwache, geringe Mensch sei die allmächtige, ewige Gottheit. Darumb so durfen wir Gott nicht hören in seiner Majestät, do er dann unträglich ist, sondern er hat sich gesenkt aufs Tiefste ins Fleisch und Blut, daß er nicht allein unser Natur annimpt, das ist, Leib und Seel, sondern auch alle Gebrechen, die Leib und Seel anhangen, als Furcht, Traurigkeit, Zorn, Haß rc. Das heißt ja tief beschorren die gottliche Majestät, und dasselbige wird uns geprediget, daß er schwach sei und gleich sei als ein ander Mensch an Leib und Seel, und alle Gebrechen an sich genommen hab als ein anderer Mensch, der do durstet und hungert, und alles was Fleisch und Blut anhänget. In dieser Schwacheit läßt sich der ewige, wahrhaftige Gott finden, und für mich demuthiget er sich also bis ans Kreuz, und ist gleichwohl wahrhaftiger Gott, der mich von Sunden und Tod erloset.

Also prediget der Evangelist zweierlei von Christo, *erstlich*, daß er herrlich sei, und in Pracht und gott*licher* Majestät zu uns komme; darnach, daß er auch

hwachheit und hochster Demuth kompt, auf daß
issen, er sei wahrhaftiger Gott. Dann er ist
ven, und hat die Hölle zurissen, die Sunde
nommen, das ist eitel Gottheit und eitel gott-
Werk. Darnach beweist er, daß er wahrhaftiger
h sei, dann er fleucht, und will nicht in Judäa
, für den herrlichen Prälaten, den Pharisäern,
doch konnte mit einem Odem umblasen.

Also ist in der christlichen Kirchen auch sein
die Taufe, das Abendmahl und Absolution,
aß wir lernen sagen: Schwach siehets, es ist
r, Wein und Brod, und schlecht Wort eines
gers, und ist Alles ein gering Ding; aber lerne
n, was fur eine große Majestät drunter sei.
In dem Herrn Christo auch eine große Schwachheit,
as ist er selbst die gottliche Majestät. Also
den geringen, verächtlichen Stucken redet und
t Gott selbst auch; und thun wir, wie die Ju-
daß wir die Majestät umb der Demuth und
chheit willen verachten, und sagen itzt, Gott gebe
faffen höllisch Feuer. Wenn sie aber gedäch-
Der Pfarrherr redet nicht mit mir, sondern der
durch ihnen, der do hat in seiner Hand Don-
Blitz und höllisch Feur; aber dieweil wirs nicht
n, so halten wir die Prediger für Narren und
; sagen: Ei, man soll nicht schelten. Nun
chs. Wenn ich schelte, so folge mir nicht; ich
s auch nicht, und so ich dich absolvire, und
er heiligen Schrift troste, so hats der Teufel
. Darumb so siehe nicht nach der Person,
s hore, was man sage [1]), nicht wer do redet,
obs Gott durch sie redet oder thut. Ists also,
Gott redet, so ducke dich; und wenn ein Bürger
Baur einen Prediger höret, sollt er sagen: Ich
wohl und erkenne die Stimme des Pfarrherrs,
ie Wort, so er redet, sind nicht seiner Person,
Person ist zu schwach darzu, sondern die hohe
tät Gottes redet durch ihnen. Also wenn ein
Prediger mich trostet, so soll ich so klug sein,

---

[1]) Hs. sagen.

daß ich gedenke: Du redest nicht mit mir, Stimme ists wohl, aber Gott redet durch dich.

Also konnte ich denn frohlich sein und s Gott, der Himmel und Erden geschaffen hat, d ist die gottliche Majestät, hat geredet mit mir. Durch meinen Mitbruder. Er thuts uns zu item, zur Liebe und Freundschaft. Aber wenn einen Prediger ansiehet, so gedenkt man: Es i arme elender Mensch, und betrachtet Niemands die gottliche Majestät drunter liegt. Ein Eng machen den Himmel voll Feuers, daß ein Blitz Donner herein schlägt, und daß Himmel und den schwarz werden, und daß Alles einfället. umb willt du denn nicht Gott hören, der stellet als ein schwacher Mensch, der sich ver und gleich den lieben Aposteln sich hält? Dru ists nicht eines Predigers Wort, sondern Gottes Dieweils dann Gottes Wort ist, so solltest d darfür entsetzen oder frohlich werden. Aber man nicht, denn man meinet, man konne es alles

So sind nun in Christo die zwei Stuck, er die erschreckliche und hohe Majestät, welche kan machen, und die schwache Menscheit, auf daß w ihme hangen konnen. Es lernet sich nicht, daß stus sei Gott und Mensch. Alle Weisheit in mel und auf Erden ist in dieser Person besch Aber dieweil wir gedenken: Ein armer Dorf herr prediget, kommen wir nimmermehr darzu. Propheten aber haben diesem tief nachgedacht, konnen sie auch darvon reden und schreiben. aber nicht verstehet, wird Nichts darvon reden ko wirds ihnen auch nicht nachthun. Es ist allhi hochste Allmacht, und auch die [8]) großte Ahm keit in der Person Christi. Die gottliche M hat er eingezogen und verborgen, denn wir k sie nicht leiden. Wiederumb seine Menscheit Schwachheit wollen wir auch nicht haben, so verachten sie. Was wollen wir denn haben?

---

8) „die" fehlt in d. Hds.

der Papst und Teufel muß etwas Neues erdenken und erwählen: do platzen wir zu und nehmens an.

Die andere Predigt uber das vierte Kapitel Joannis.

Gepredigt am Sonnabend nach Judica, den 13. Martii[1]).

Der Herr hat sich schwach gestellt und fleucht, zeucht wieder heim in Galiläam, und doch nicht heim. Joannes aber zeiget an, daß die Juden sind zornig worden, daß der Herr mehr Jünger hat angenommen, und hat ihr Viel getauft, wiewohl Joannes anzeiget, daß der Herr Christus selbst nicht getauft habe; und will Joannes darmit anzeigen, daß er gepredigt hab und ihnen ins Regiment gegriffen. Das war Gift. Ein solch frei Wesen anfangen, das macht einen großen Ekel, daß sie auch zu Joanne schickten und ließen ihnen fragen: Bist du der Elias? Machst du die Leute von uns abfällig, daß sie vom Tempel und unsern Gottesdiensten abweichen, und machest gar ein Neues. Und es ist wahr, es ist nicht recht, wenn ein Regiment ist gefaßt, sonderlich von Gott, und man zeucht dann die Leute von dem Gehorsam und Dienste Gottes. Es ist ein Aufruhr, ordentliche Regiment zureißen und nicht zuvor die drumb grußen, so die Regiment inne haben, sondern greifen heimlich drein und ziehen Volk an sich. Das soll man nicht leiden, es sei im weltlichem Regiment, oder im geistlichem. Im Hausregiment sollt du es nicht leiden, daß ein Ander dir deinen Sohn abspanne, denn es stehet geschrieben, man soll Vater und Mutter ehren. Ein Räuber, der die Leute zwinget, daß sie

---

1) „Der 13. März war nicht der Sonnabend nach Judica, sondern vor Judica." Anm. v. H. — Uebrigens sind die Worte: „Gepredigt — — Martii" in d. Hdf. nur Randglosse.

schwören mussen, nicht nachzusagen, wer sie geplundert oder gefangen genommen hat, der thut wider die Oberkeit und wider die Ordnung Gottes. Also thun auch die Rottengeister, die etwas Anders denn Gottes Wort lehren. Aber ein Ketzer lasse sich horen für dem Pfarrherr, oder man sage ihme, daß er zerreiße und zertrenne die Sammlung. Damit haben wir bisher den Aufrubrern gewehret. Aber Joannes der macht eine Predigt, und fraget die Herrn Pharisäer zuvor nicht drumb; er fähret noch wohl uber sie her, und heißt sie Ottergezüchte, und greift ihnen in ihr Ampt, und tritts mit Fußen. Also thut der Herr Christus auch. Er machet eine neue Kirche, eine neue Taufe und Gottesdienst, und spricht: Der alte Gottesdienst soll nichts mehr gelten. Das ist ein neue Regiment angefangen und das alte, das Gott gestiftet hat, mit Fußen getreten. Solches hat kein andere Gestalt, kann auch nicht anders dann als für ein Aufruhr angesehen werden. Derhalben seind sie im Judenthumb aus dieser fleischlichen Weisheit fortgefahren, und Joannem gekopft, und Christum sampt den Aposteln, als die Lande und Leute verfuhreten, getodtet.

Hat denn Christus und Joannes wohl dran gethan, daß sie nicht zuvorn die Hohenpriester, Pharisäer und Andere, die im Ampt saßen, begrußet und umb Rath und Erlaubniß gefragt haben? Hebt also Joannes ein neu Regiment an [2]), und hernach Christus auch. Haben sie recht dran gethan und das Volk, das ihnen angehangen? Oder hat Kaiphas recht dran gethan, der sie hat umbgebracht? Allhier siehe auf den Unterschied. Das judische Reich war also gefasset durch Mosen selbst und hernacher durch alle Propheten, daß sie gewiß warteten auf den Messiam, der ihnen verheißen war, und von dem Gott im funften Buch Mosi am 18. Kapitel saget, daß sie ihnen horen sollten. Denselbigen Text haben sie fur sich gehabt, und er ward weidlich getrieben. Drumb

2) Das in d. Hds. fehlende „an" wurde v. H. ergänzt.

sie zu Joanne: Bist du Christus? oder
oder ein Prophet? Dann sie wußten, daß
kommen sollte, und Joannes in der Kraft
Propheten für ihme hergehen und predigen,
Messiam sollten sie horen. Derhalben so
nicht entschuldiget, daß sie fürgaben: Wir
dem Stuhel Mosi, und das Volk soll uns ge-
in; item: Moses hat unsern Stand gestif-
des ist wahr, es ist aber auch darzu gesetzt,
auf einen andern Propheten, der uber Mosen
alle andere Propheten wäre, wartete. Sollten
allhier gedacht haben: Wie, wenn es dieser
rvon wir in allen Propheten lesen, daß er
wurde? Der Welt Reich und Regiment hat
ssagung von einer andern Lehre, aber sie
e Verheißung, daß sie auf den wahrhaftigen
, durch Mosen versprochen, hoffen sollten.
so seind die Priester und das judisch Volk
huldiget, dann der geringste Jude im Lande
denn Gott sprach durch Mosen: Ich will
ort in seinen Mund legen [3]). Do ist die
nd ihr Ampt genennet worden, und wenn
mehr weltliche Konige haben wurden, so sollt
, und im Daniele seind die Wochen gerech-
Zukunft [4]). So wird auch im Propheten
Ort seiner Geburt, als Bethlehem, gemel-
darzu der Stamm ausgemalet, als Juda,
er sollte geborn werden, und das Geschlechte
Aber das gilt ihnen alles nicht, sie haben
hie ist Kaiphas Hoherpriester rc. Willt du
einem zeitlichen Regiment, das seine be-
lt hat, ein ewiges machen? Darnach wenn
da sein würde, so sollte er aus dem Stamm
handen [6]) sein. Do sollten sie gedacht ha-
phas sitzt wohl da, item, Herodes, der frembde
auch da. Wo kompt er her? Er ist nicht

—

. Mos. 18, 18." Anm. v. H. 4) „S. Daniel 9."
v. H. 5) „S. Micha 5." Anm. v. H. 6) H.
nen, mit d. Note: „Hds. verhanden."

aus dem Stamm Juda. Drumb haben sie es wohl gewußt, aber sie habens nicht wissen wollen. So ist auch dieser Ursach halben der Herr Christus kein Aufruhrer, denn er hat den Befehl nicht allein itzt, sondern eher dann Moses sein Regiment gestiftet hat, geistlich und weltlich.

Am Berge Sinai sprachen die Kinder von Israel zu Mose: Rede du mit uns, und rede auch von unsertwegen mit Gott. Do antwortet der Herr: Sie haben recht gesaget, ich will ihnen auch einen Propheten erwecken aus ihren Brudern 2c. Eher nun Mosi Stift ist angangen, so ist er verheißen, und hat seinen Befehl zuvor lange ausgerichtet, eher Moses es fasset, das Volk ins konigliche und priesterliche Volk. Derhalben so hat Christus recht, und ihm ist von Gott dem Vater, Mose und den Propheten Thur und Fenster aufgethan, eher Moses Stift das Regiment, eher er ihnen gibt Gesetze und Rechte, ihre eigene Bucher, darauf sie trotzen, nimpt ihnen ihr Regiment. Darnach so habens alle Propheten geweissaget, wenn das Konigreich Juda wurde aufhoren, so wurde der Messias kommen. Do sollten sie gesagt haben: Die Zeit ist hie, wir haben einen frembden Konig Herodem, und Joannes bereitet ihme den Weg, spricht: Er ist allbereit da, und rumpelt nicht herein mit Harnisch, sondern heißet die Aussätzigen rein sein, und erzeiget sich als ein Herr aller Kreatur, und do der Vater am Jordan von saget: Dieß ist mein geliebter Sohn, den sollt ihr horen [7]). Aber die Gottlosen thun Augen und Ohren feste zu, wollen dieses alles nicht horen. Joannes und Christus sagen: Wer nicht gläubet und getauft wird, ist ewiglich verdampt. Das ist, euer Priesterthumb und Gottesdienst soll ein Ende haben; werdet ihr nun diesen nicht annehmen und euch täufen lassen zur Vergebung der Sunden, so seid ihr verdampt.

Das heißt nun nicht aufruhrisch gehandelt, son-

---

7) „Vgl. Matth. 3, 17 und 17, 5." Anm. v. H.

ern mit Gottes Befehl, mit vorgebenden Prophezien
das Ampt getreten. Wenn der Churfürst zu Sach-
n dir gäbe Brief und Siegel, und eine bestimpte
eit, oder ein Zeichen, wenn die Elbe auslaufen
urde, und spräche: Sei du Bürgermeister zu Wit-
nberg, wer konnte es wehren oder hindern? Also
t es allhier auch gegangen. Drumb so sage ich, do die
uden meineten, sie hätten Ursach ihme zu verbieten,
o er ihnen das Regiment angriff [8]). Solch Ding
aben wir nun nicht. Wir haben kein anders, denn
as einige: Gehet hin in alle Welt und lehret alle Völ-
r. Das bleibet bis ans Ende der Welt, keine andere
redigt werden wir kriegen, es stehet auf keiner Per-
n oder Stätte. Der Papst hats ihme allein zugeeig-
et, daß er allein lehren und täufen solle, und Sol-
es erhalten durch den Spruch: Du bist Petrus [9]).
ber wir nehmen dem Papst sein Volk, und predigen
der ihnen, und verdammen ihnen. Da seind wir
enn alle Aufruhr. Do schreiet man: Zuvor war
s alles stille und friedlich, nun aber ist die Christen-
eit zertrennet, und vom Papst abziehen, sagen sie,
t von der christlichen Kirchen abziehen. Solches ist
ine böse Dialektika. Wo sind die Christen hin ge-
ihren, die do fur dem Papst gelebet haben, balde
ach der Apostel Zeit? Es hat Augustinus keine
essere Lehre, war er unter dem Papst? Wenn wir
en Augustinum nicht hätten, die Andern ließen uns
inen Bloßen legen [10]). Er hat uns besser gelehret
nd regieret, dann der Papst mit allen seinen De-
reten. Ehr führet mich Augustinus zu Christo, und
icht vom ihme. Der Papst hat nicht ein Wort
ewßt wissen darvon, da er Bischoff zu Hippon war.
ber der Papst reißet die lieben Leute von dem Häupte
hristo und spricht: Es hulft euch die Taufe, Abso-
ution, Abendmahl und Evangelium nicht, wenn ihrs

8) H. angreiff, mit d. Note: „Hds. angrieff." 9) „S. Matth. 16, 18." Anm. v. H. 10) „Einen Bloßen schlagen, legen, d. i. einen Schaden, eine Beschimpfung erleiden, eigentlich: so fallen, daß man seine Blöße sehen lasse. Vgl. das alte Sprüchwort: Ein Esel merket die Straße, darauf er einmal *einen Bloßen gelegt.*" Anm. v. H.

von mir nicht habt. Was wird dann S. A[...] nus sagen? Ich und die andern Bischoffe habe[...] Abendmahl gereicht und gepredigt ohne des [...] Geheiße und Autorität. Was schreiest du [...] Man reißt das christlich Volk von mir, item, will mich nicht Rath fragen, wenn man die S[...] ment handeln und austheilen soll? Wenn die[...] gument gelten sollte, so wären Alle Aufruhrer, [...] brosius uud Augustinus, item, die Bischoffe in [...] chenland, und die sonst in der Welt geprediget [...] und den Papst nie drumb umb Rath gefraget, [...] Andere, die nicht das Volk auf den Papst, [...] dern auf Christum gefuhret haben und gesaget: [...] stus täufet dich, Christus lehret dich auch das [...] gelium, und vergibt dir deine Sunde. Also pr[...] wir auch noch. Derhalben so zerreißen wir di[...] chen nicht. Ob wir aber nach dem Papst nicht f[...] do liegt Nichts dran. Es heißt die rothe Hur[...] Teufels Synagog zu Rom zerrißen [11]), sie [...] schreien so lang als sie wollen.

Wenn ich thue, wie die heiligen Bischoff[...] Märterer gethan haben, so bin ich wohl zufr[...] dann sie sind den lieben Aposteln nachgefolget. [...] Papst weiß wohl, daß die Taufe nicht sein sei, [...] also die Einsetzung der Taufe: Gehet hin [...] Welt, und lehret alle Volker, und täufet sie. Er [...] nicht: Gehet hin zum Papst und laßt euchs [...] ben. Worumb will man uns denn zwingen gen [...] Es ist wahr, man soll das Volk nicht reizen [...] locken von seinem ordentlichen Regiment, wir [...] auch nicht, sondern sollen denen wehren, die das [...] wollen, wie denn im zwanzigsten Kapitel der Ap[...] geschichte gesagt wird: Es werden Ketzer kom[...] welche die Junger an sich ziehen werden. Hieb[...] die Bischoffe zu Rom. Do wehret, spricht S. [...] lus. Derhalben daß wir dem Papst wehren, [...] sind wir schuldig, und euch Zuhorer reißen wir [...] aus dem Reich Christi, sondern dem Teufel au[...]

11) zureissen.

n. Darumb so will er sagen: Daß ihr dem
in die Wolle greift, doran thut ihr recht, und
ihr ihnen gleich gar zurisset, so schadets nicht,
er ist der Wolf. Denn er fraget nichts darnach,
Taufe und der Leute Seelenheil und Seligkeit
wenn er nur Geld und Gut hätte; und der
Christus hat sein Blut nicht drumb vergossen,
dem Papst sollte gehorsam sein, sondern daß
ch ihnen Vergebung der Sunde und das ewige
bekäme: darumb werde ich getauft und em-
das Abendmahl. Also haben die Aposteln ge-
nd Augustinus. Derhalben so hat der Papst
zu klagen, daß wir sein Regiment zureißen.
nd drumb hie, und sind nicht Aufruhrer, son-
Hirten, die den Wolf anschreien und ihme in
olle greifen. Er bekennet selbst, daß wir die
heit predigen. Wenn ich aber lehre, erkenne
äube an den Heiland, und ich soll denn zufah-
d dasselbige fallen lassen, und den Scheißdreck
t, das lasse ich. Wenn wir thun, wie die
affenen Bischoffe, Hilarius und andere, gethan
und wie es Christus und die heilige Schrift
n, so thun wir recht. Wir wissen keine andere
, dann die do höret die Stimme Christi und
ist. Von der Kirchen, so da heißet Kappen
n, Wallfahrten gehen, da [12]) wissen wir Nichts.
as Evangelium saget, daß wir an ihnen gläu-
en, und darnach uns unter einander [13]) lieben.
d thut er uns Unrecht in dem, daß wir ihm
olk abreißen sollen. Er hat das Volk Christo
sen, er ist der rechte Bärwolf und Turke.
ber Christus fähet an zu predigen und täufen,
Regiment an, er hats Recht und Macht. Also
wir auch, als S. Augustinus gethan hat, und
Kirche ist weit besser. Wenn alle Päpste zu
hen gemacht wurden, so gebe ich nicht ein
ein drumb, dann S. Augustinus wohl ein

) „da" in d. Hds. gestrichen sein soll, ist zweifelhaft. 13) H. un-
nander, mit d. Note: „Hds. vnder einander, und so immer."

Zentner schweer und hoher soll gehalten werden; und so S. Augustinus recht gelehret hat, der so ein geringe Pfarr gehabt, und nicht alleine seine Kirche, sondern nun nach seinem Tode bei eilf hundert Jahr die ganze Kirche lehret, so ist unsere Kirche auch großer, wenn wir also leben und predigen, als er gethan hat; und domals ist der Papst zu Rom nur ein Bischoff gewesen, und wie sie haben absolviret, die Sakrament gereichet, also haben wir auch dieselbige heilige Schrift. Aber der Papst lehret Munch und Nonnen machen, da weiß Hilarius und Ambrosius Nichts von. Derhalben so sind wir nicht Aufrubrer, sondern bleiben in den Fußstapfen der heiligen Väter, und thuns wider den neuen Wolf, der uns von Christo gar gezogen hat. Aber ich will bei S. Augustino bleiben, sonderlich aber bei dem Herrn Christo, der do hat das Wort der Wahrheit.

Folget im Text:

Wiewohl Jesus selber nicht täufet, sondern seine Junger.

Worumb das? Die Juden hätten es schier geschehen lassen, daß er gepredigt hätte: aber täufen und eine neue Weise machen und anrichten, das dunkt sie zu viel sein; gleich als itzt viel Fursten thun, die do lassen predigen, daß beiderlei Gestalt des Abendmahls recht seind, aber nicht ein Haar geändert, und wider Vigilien noch Seelmeß abgethan. Also hätten die Juden das Predigen auch nachgelassen, aber das ändern und wegthun, das sie selbst angericht hätten, das war ihnen unleidlich. Wir haben Nichts abgethan, sondern nur das herfür gethan, das unter der Bank stak. Wir haben die Lampen gereiniget, daß man nun sehe, was die Taufe, Abendmahl und Gewalt der Schlussel oder Absolution sei. Aber der Papst spricht: Man solls nicht anders machen, man soll in der Kappen bleiben und Meß halten. Also konnten die Pharisäer leiden, daß Jesus predigte; aber daß er täufet und ziehet die Junger

sich und Joannes der Täufer spricht: Er muß
hsen [14]), das verdreußt sie.

Worumb spricht er aber, daß Jesus selbst nicht
ufst hab, und daß S. Paulus auch nicht getauft
? Ist denn die Taufe so gar Nichts? Es ist ein
: Ding, wiewohl die Taufe ein neue Regiment
jedoch so ist allhier angezeiget, daß die Leute
zeit mehr sehen auf das äußerliche Wesen, dann
die Lehre, und also hat man das Abendmahl,
ufe und Absolution verloren. Die Welt will haben,
soll das Evangelium predigen, das ist, wie die
en Christum gemartert haben. Aber Christus
das Sakrament des Altars eingesetzt, daß man
nnen Wasser und Wort solle ansehen. Sonst
n man das Wort fahren läßt, so ist die Taufe
er Wasser, und das Abendmahl ist Brod, dann
rechte Kern des Sakraments ist das Wort. Die
ligkeit S. Petri macht kein Sakrament, noch auch
t die Materia, sondern alleine das Wort, als:
täufe dich im Namen des Vaters, Sohns und
ligen Geistes; und wenn das Wort zum Element
pt, so wirds ein Sakrament, und ist die Taufe
n ein Bad der Wiedergeburt. Sonst wo das
rt nicht darbei ist, so bleibet Brod nur Brod,
Wasser ist dann Wasser. Wenn aber das Wort
zu kompt, das do gesaget wird: Dieß Brod ist
n Leib, und der Kelch ist mein Blut, item: Die-
thut zu meinem Gedächtniß, so ists ein Sakra-
t. Item, wenn du beichtest, so stehe nicht auf
er Beichte und Kontrition, sondern siehe dorauf,
du horest den Prediger sagen: Ich verkundige
Vergebung deiner Sunden im Namen des Va-
, Sohns und Heiligen Geistes. Do weißest du
n, daß deine Beichte auf solch Wort Gottes wohl
undet sei.

Der Papst disputirt, wie doch Brod konne
isch werden, und wie der Prediger konne die Sunde
eben, und setzet das Wort vom Abendmahl und
Taufe weit hinweg. Aber wisset ihr, daß Got-

) „Ev. Joh. 3, 30.“ Anm. d. H.

tes Wort sei dorinnen das Häuptstucke. Gleichwie der Mensch hat zwei Theil, aber das fürnehmbste ist die Seel, das ander Stück ist der Leib, und ohne Seel ist der Leib anders Nichts, dann ein faul, stinkend Aas: also ist auch das Abendmahl Nichts, wenn nicht das gottliche Wort darbei ist, dann durch das Wort hat das Wasser in der Taufe diese Kraft, daß es von Sunden wäschet.

Und S. Joannes hat aus den Augen wegräumen wollen den Spruch S. Augustini, daß wenn einer das hochwürdige Sakrament unehret, und der Ander das Wort verachtet, daß der Erste eine großere Sunde begehet, dann der Letzte. Er war ein neuer Theologus, und hielte viel von Sakramenten, und vom Wort nicht so groß. Drumb spricht Joannes: Er täufete nicht, das ist, er ordnete die Taufe, und ließ die Junger sie austheilen. Er aber treibe das Wort personlich und täufte nicht. Dann es ist viel gelegen am Wort, das muß die Leute vor gewöhnen und lernen verstehen, was die Taufe und das Sakrament des Abendmahls sei. Derhalben so will S. Joannes das Wort preisen, und dargegen geringschätzig machen die heilige Gestalt der äußerlichen Dinge.

Die dritte Predigt uber das vierte Kapitel Joannis.

Den 28. Tag Augusti.

Da nu Jesus mude war von der Reise, saßte er sich also auf den Brunn, und es war umb die sechste Stunde. Da kompt ein Weib von Samaria, Wasser zu schopfen. Jesus spricht zu ihr: Gib mir trinken.

Wir haben bisher gehört, daß der Herr Christus aus Judäa gegangen sei und nach Galiläa ge-

andelt, und uber der Reise mude worden, und umb
en Mittag umb zwolf Uhr sich an den Brunn ge-
ßt, und seind die Junger in die Stadt gangen,
iß sie Speise käufeten. Da kompt ein Fräulein aus
amaria und will Wasser schopfen. Do hat der
err mit ihr ein lange Rede uber dem Trinken.
nd hat ihnen naturlich gedurstet, dann er ist von
r Reise mude worden, und hungerig und durstig
wesen, aber mehr durstig, auf daß er sie tränkete
it dem lebendigen Wasser. Und ist ein wunderlich
ing, daß der Mann soll auf Erden so geben und
tteln ein Trunk kaltes Wassers, und hab nicht so
el Eigens, darvon er essen konnte oder einen Trunk
ltes Wassers bekommen, sondern er muß es vom
Beibe betteln. Aber es ist geschrieben zur Warnung,
er sich will warnen lassen, daß do Christus auf
rden ist, da hungert und durstet ihnen, er ist elend
d nacket, stirbet auch am Kreuz. Worumb ist er
ht im Himmel geblieben, do er ein Herr uber
es war, und hätte nicht Mangel und Hunger lei-
dürfen? Dann alsbalde er in die Welt, und
Teufels Reich und zu seinen Kindern kompt, so
ets ihme also, daß er nicht einen Trunk kaltes
ssers hätte; und auch am Kreuz muß er Durst
en, und wurde ihme Essig, mit Myrrhen vermischet,
rinken gegeben.

So spricht er nun allhier zum Weibe: Gib mir
inken. Dieß Weib scheinet, als sei sie nicht ein
Weib gewesen, noch wehret sie sich, und will
o nicht Wasser geben, spricht: Wie butiest du
ir trinken, so du ein Jude bist, und ich ein
itisch Weib? Aber das ists, daß Christus muß
rs und Durst sterben. Es gehet allezeit also
d Er[1]) Christus hat selbst zuvor also geweis-
do er spricht: Ich schicke euch als die Schafe
unter die Wolfe[2]); und saget ferner: Wer
ropheten aufnimpt, der nimpt mich auf, und
en Trunk kaltes Wassers gibt einem aus den
n der Meinen, der hat mirs gegeben, und

2) „S. Matth. 10, 16. Luk. 10, 3.“ Anm. v. H.

es soll ihm nicht unverlohnet bleiben [8]). Ei was
Noth? Ist er doch so ein großer Herr und Pro
was darf er darfür sorgen, daß den Seinen
Trunk kaltes Wassers gegeben wurde, und daß e
so hoch erbeut, er wolls theuer gnung bezah
Meinet ich doch, man sollt ihme alle Keller und
sten aufschließen, und ihnen mit Gesange und
den empfangen, wie man am Palmentage thäte

Nun bei den Christen do findet man Essen
Trinken, und freuen sich seiner, und thäten g
was sie sollten. Bei den Seinen hats nicht
wiewohl dieselbigen auch oft in der Welt H
und Kummer leiden. Aber bei den Ungläubige
wird ihme nicht ein Trunk kaltes Wassers, ja sie
gen Christum ans Kreuz, todten und jagen ihnen
Welt hinaus, oder seind so schändliche Geizhälse,
sie ihme nicht ein Bissen Brods geben; und
wir itzt nicht die geistlichen Güter noch hätten, w
unser Vorältern gegeben haben, damit man Kir
Schulen und Spital versorgete, so kunnte man
einen Pfarrherr ernähren, ja, ein Nachbar v
itzt den andern. In Summa, wir mußten alle
gers sterben; es wurde kein Pfarrherr, Prediger
Schulmeister unterhalten. Es fragen itzt die Bü
Bauern, Edelleute und Fürsten nicht darnach.
näheren uns noch von den Gütern, welche unser
ältern, die längest begraben seind, zu Gottes Eh
geben haben.

Sonst muß also sein, wie allhier geschrieben
het, daß Christus in der Welt bettelt und sp
Gib mir trinken, oder reiche mir ein Trunk
Wassers. Solches thäten nun Christen. Ab
Geiz und Wucher hat die Leute besessen, daß it
Klagen hulft. Daß da nicht sollte ein Strafe
men; das ist kein Wunder. Unser Gebet hat
her aufgehalten; wollt Gott, es bliebe die Stra
der Pestilenz und theuer Zeit, und nur nicht
käme. Es ist eine große, treffliche Plage, da
Leute im Geiz also ersoffen seind. Die Christen

---

8) „S. Matth. 10, 41. 42." Anm. v. H.

wohl, was fur ein Plage sei Wucher, aber
allens für eine Wollust und Freude. Wie-
) ists eine große Gnade und eine christliche
hat, daß einer mit seinem Gelde kann helfen
ı und Schulen halten. Denn rechene du, der
mst, der viel Menschen, ja eine Stadt und
and auswuchert, der ist also geplagt, daß sie
zehen, zwanzig oder dreißig tausend Gulden.
Gott gibt ihnen nicht so viel Ehre, daß sie
wären, daß sie einen Trunk kaltes Wassers der
ı geben sollten. Dieß ist wahrlich eine gräu-
lage für Gott, daß einer von Gott also gewird, daß er sammlet Geld und Gut mit Hau-
id hat dargegen nicht so viel Gnade, daß er des
einen Gulden armen Leuten gebe. Darumb
geschehen, daß sie werden in der Theurung den
voll Geldes haben, und den Boden voll Korns,
ch armen Christen nicht einen Schopfel darvon
und sind also die Wucherer nicht alleine Geiz-
sondern auch Todtschläger, denn sie seinds nicht
daß sie einen Schopfel geben zu Erlosung eines
ensleben; der Ehren werden sie nicht würdig
Dennoch werden sie sich schmucken und weiß
ı konnen, und sagen: Ich gebe den Zehenten
em, das ich hab; item, ich gebe meinem Weibe,
ı, Gesinde und Taglohnern, und sagen: Ich
dem Prediger gerne geben, wenn er nicht ein
wäre. Er prediget mir nicht, das der Philoso-
pnlich wäre. Item, ich wollte dem Nachbarn
ben, so will er nicht thun, was ich will, sonst
ns ihme ins Herz und in Leib hinein stegen;
des scharren und kratzen sie, und lassen Chri-
it seinen Jungern Hungers und Durst sterben.
ı nicht eine teufelische Plage, daß einer von
then oder zwanzig tausend Gulden hat, und
s nicht werth sei, demselbigen Gott wieder
Schopfel Korns zu geben, von dem man doch
lles hat? Er läßt auch den armen Lasarum
ier Thuer sitzen, der solch Stuck Brod von
ettelt und fordert; noch soll er wohl sagen:
Ile gerne geben, wenn ich ihme nicht gram wäre.

Dieß ist uns zur Warnung geschrieben, a
wir nicht in Wucher und Geiz gerathen. Denn
sollen den Schaden dagegen und die Seuch
Halse haben, daß sie Niemands einen Pfenni
ben, und wenn du stirbest, so fährest du zum
und läßt solch erwuchert Gut Andern, die es
nen Dank wissen, und es wieder durch die
jagen. Aber sie wollens also haben. Das h
plagt sein an Leib und Seel, Gut und Ehren,
und Kind. Drumb so ist nicht ein verfluchter
auf Erden, dann ein geiziger reicher Mann
dennochs nicht werth, daß er Gott und M
mit seinem Gute dienete. Der ärmeste Bettel
elendeste Mensch ist nicht also geplaget, ist auch
gegen dem Geizwanste, der in Mardern-Schau
einhergehet, und hat solcher Geizhals dennoch
die Gnade, daß er Gott einen Pfenning gebe
wirds denn kommen am jungsten Tage, wie
im Matthäo saget: Ich bin hungerig gewesen, ih
habt mich nicht gespeiset [5]). Do gedenken sie:
wollte nicht den Hungerigen speisen? Es ist
lich ein Großes, daß er spricht: Ich bin h
gewesen. Ei, hast du doch dein Weib, Kind
Nachbarn gespeiset. Ja das heißt nicht C
sondern deine gute Freunde, und wird Chri
gen: Ich hab das davon gehabt, daß ich ha
sen Durst und Hunger sterben, und daß ma
Hunde besser wartet, dann der Christen; ma
für Christo das Haus nicht auf. Ja, saget
wenn du Herr Christe selbst kämest, wahrl
gäbe dir mit Haufen. Ich hab nicht woll
Pfarrherrn und andern Kirchendienern geben, d
gram und feind waren. Aber wenn du selbst k
wärest, so wollten wir mit Wagen zugefuhret,
Korn und alle Nothdurft gebracht haben. Als
den sie sich entschuldigen am jungsten Tage.

---

4) „Schaube, eine Art von langen Kleidern, die gewiß Marder-Fellen verbrämt war.“ Anm. v. H. 5) „C. M.“ Anm. v. H.

Dergleichen saget man noch heute zu Tage: Was ...llte ich dem Bosewicht geben? Ich bin ihm gram. ...ch sehe den Nachbarn oder Schulmeister nicht. Ja ...u wollst ihm nicht ein Trunk kaltes Wassers geben, ...nd spricht Gott: Ich will nicht kommen in meiner ...Majestät und mit den Engeln, sondern umb ein Stucke ...Brods betteln. Woher hast du das? Do will Chri...us sagen: Ich hab dirs in meinem Wort offenba...rt, welcherlei Gestalt und wem du geben solltest. ...Du gibst mirs nicht in Himmel, do ich sitze zur rechten ...Hand meines himmelischen Vaters, sondern ich komme ...i dir in der Demuth. Fleisch und Blut stelle ich ...ime fur die Thuer und sage: Gib mir trinken. Do ...illt du mir denn geben, und ein Stift bauen, do ...h hie hoben im Himmel nicht bedarf der Speise, ...r ich sonst allen Menschen und den Engeln im Him...el das Leben gebe. Sondern er spricht: Ich komme ...us Judäa, gib mir trinken; und ich hab dirs lassen ...urch die ganze Welt predigen, daß was du thätest ...nem aus den geringsten der Meinen, das hättest ...s mir gethan.

Ich bin hungerig gewesen. Willt du verstehen ...as Wort Ich? Gott verkleidet sich in Gestalt eines ...Christen, spricht: Es kompt zu dir mein armer Apo...el und Christ, der gar Nichts hat. Derselbige Apo...el oder Prediger führet den Namen Ich. Willt du ...ir nun geben und hofiren im Himmel, Lieber, thue ...irs hie auf Erden, droben bedarf ichs nicht. Aber ...ß deinen Pfarrherr und Kaplan nicht nothleiden. ...ilf, daß mein Reich gefordert werde, siehe auf den ...Nähesten und auf deinen Bruder, der do darbet und ...Mangel leidet, und labe ihnen, daß er nicht Hunger ...nd Durst leidet. Du hast zehen tausend Gulden, ...nd konntest sechs Personen speisen, ahne deinen ...Schaden: noch lässest du sie Hungers sterben. Es ...ird dann keine Entschuldigung helfen, daß du fur...ibst: Ich mags ihm nicht geben. Denn Christus ...pricht: Werde ich Durst und Hunger leiden in mei...em Apostel, Christen, ja an einem Kinde, das ein ...Christ ist, oder an einem armen Manne, der Labung ...edarf *und in Noth liegt,* und du weißests im Lande,

und bist dennochs ein Erzschinder und schleuschts
Augen zu, so wisse: Ich bin derselbige, der do
ger und Durst leidet. Wirst du ihnen dann sp
so hast du mich gespeiset; läßt du ihnen durster
hast du mich Durst gesterbet. Es hulft nicht,
du sagest: Wenn Christus selbst käme, ich w
ihme die Schlüssel geben und sagen: Nimps
Aber es ist ein verzweiselte und verfluchte Sch
daß dieses uns gesaget und geprediget wird, und
achtens nicht. Ein Heide weiß es nicht, wenn
einem Armen Etwas gibt, daß ers Gott selbs
Aber wie kann unser Herr Gott mildiglicher
zu Almusengeben und dem Nähesten zu helfen,
daß er spricht, es werde ihme gegeben? Und wi
len dennochs Kasten und Keller noch zuhalten,
du doch weißt, du gibst es Gott selbst und nicht
schen. Es ist hart gnung gesaget, es muß j
verflucht Gut sein, das Christus nennet ungere
Mammon, das voller Unrecht steckt, daß einer
darf schenken einen Schäffel Korn seinem Gott,
dern sitzet und sammlet, als sollt er Alles zu
kratzen. Aber die Geizwänste fragen nichts dar
Jedoch laßt es uns gesagt sein, und laßt uns
Lehre mit Danksagung annehmen, daß wir w
wenn wir Etwas zun Kirchen geben, daß wir es
derlich unserm Herr Gott geben. Daß es abe
Baurn, Burger und Edelleute nicht thun, Nicht
ben, sondern Alles zu sich kratzen und scharren,
werden sie in Kurzem wohl erfahren. Denn e
zu grob, Christum lassen Hungers sterben, da
darzu helfen, so viel an ihnen liegt, daß der Pr
stuhel, Pfarr und Schulen zergehen. Also
Christus begehrn, daß man ihme einen Trunk
sers geben wollte.

Aber die Christen, die wahrhaftig erkennen
Herrn Christi Gnade, die theilen ihr Essen und
ken gerne mit, als das feine Fräulein. Obs
erstlich sich hart stellet, dennochs do er so fein pred
do wird sie bekehret und die ganze Stadt, offnen
die Stadt, nehmen ihnen mit Freuden auf und
ten ihme alles Gutes; und bleibet doselbst zwene T

tten gerne gesehen, daß er länger doselbst gewäre. Solches thun die Christen. Aber die
sollen also thun, daß sie sagen: Ich muß es
haben, gedenke, wie du auch Etwas bekommen
t, und denn sagen: Den Pfaffen soll mans
, die Pferde verlähmen, und halb Spreu und
zu Zins geben. Aber Alles in seinen Sack
et, daß dann Gott wird müssen regnen lassen
el und höllisch Feuer, und Bruder Landsknecht
lassen, der dir den Spieß ans Herz setze
Thaler heraußer suche. Wir sollten uns für
Exempel der Samariter, so Christum in die
führen, schämen. Sie haben einen großen
für uns in der Schrift, die doch im Bann
wie denn Solches im Text gemeldet wird.
r Herr rühmet sie sehr, und wird im Evan-
icht gesagt, daß er nur einen Tag allda gesei, sondern zwene Tage.

e Samariter beten auch an Gott, den Schöpfer
ls und der Erden. Aber das war der Man-
e gingen nicht gen Jerusalem, hielten nichts
empel und dem Gottesdienste doselbst, opferten
ichts; sondern auf dem Berge Grisim [6]) do
sie eine eigene Kirche, und behölfen sich doit, daß doselbst Jakobs Bronn gewesen, do
gewohnet hab. Das werden die Prediger hoch
ützt haben und gesaget: Jerusalem hin, Jeher, es hat allhier der Patriarch Jakob ge-
und manche schöne Predigt gethan, und manch
bet gesprochen haben; und do sind sie zuge-
und gesagt: Hie ist die Kirche gewesen. Aber
führet diese Stimme, er bittet Almosen, Esinken. Darbei wollen wirs itzt bleiben lassen.

Garizim, mit d. Note: „Hds. Grisim, und so regelmäßig.“

Die vierte Predigt uber das vierte Kapitel Joannis.

Am Sonnabend nach Nativitatis Mariae [1]).

Wir haben neulichen gehort, wie der Herr Christus aus Judäa in Galiläa kommen sei, und hab mussen durch Samaria reisen, und an den Brunn Jakob kommen, da ohngefähr auch ein Weiblein hin kommen und Wasser geschopft, welche der Herr zum christlichen Glauben bekehret hab. Nun folget im Text:

Wie bittest du von mir Wasser? [2])

Es waren die Juden und Samariter mit einander uneins, und verdampt einer den Andern. Die Samariter wollten recht haben, und die zu Jerusalem auch. Aber der Herr scheidet allhier den Hader, und saget, daß wider die Samariter noch die zu Jerusalem recht haben. Die Samariter hatten nicht recht, dann sie hatten alleine für sich das Exempel der Väter oder Patriarchen, und nicht Gottes Gebot. Der Berg Grisim war darzu geordent, als die Kinder von Israel aus Aegypten zogen, daß man den Segen uber das Volk dorauf gesprochen, und auf dem andern Berge den Fluch. Von der Zeit an ist der Berg geehret gewesen, daß man darauf lief (wie man im Papstthumb gethan, daß man auf die Berge und Thal Wallfahrten gelaufen ist), und opferten und schlachteten doselbst, und ließen den Tempel zu Jerusalem anstehen, und sich allezeit mit dem Exempel der Väter beholfen und weiß gebrannt, als mit Josua und Andern, die doselbst Gott angebetet und das Volk gesegnet haben. Drumb meineten sie, der Berg wäre also heilig als Jerusalem selbst. Solches hat die Welt für und für gethan, daß man den Vätern

---

1) „Der 11. September 1540." Anm. v. H. 2) † so du ein Jüde bist, und ich ein Samaritisch weib? Denn die Jüden haben keine gemeinschafft mit den Samaritern.

und Kirchen hat nachfolgen wollen, wie sie denn noch heute zu Tage die Schrift hieher ziehen, man müsse halten, was die Väter und die Koncilia geschlossen, und unsere Vorfahren und Väter gehalten haben, und binden also unsere Seligkeit an Stätte und Personen.

Aber also sollten sie gesaget haben: Wir Samariter wissen, daß unsere Väter allhier Gott angebetet haben, und die zu Jerusalem wissen das auch wohl. Aber das ist nicht recht, daß ich meinen Gottesdienst dohin legen will, do meine Väter Gott gedienet und angerufen haben. Denn das gehoret hierzu, daß man wisse, ob Gott in seinem Wort dir das auch befohlen und geboten hab, daß du an demselbigen Orte ihme dienetest, item, ob an dem Orte man auch Gottes Wort hab. Also muß man antworten auf alle Objektion, do die Papisten ruhmen die Väter und Koncilia, daß du sagest: Ich weiß wohl, daß sie heilige Leute gewesen sind; aber ihre Heiligkeit hilft mich nichts, sondern ich muß Gottes Wort haben, das mir zuspricht und saget mir [3]) in meiner Person, was mir Gott gebiete. Ich frage nach den Vätern und Koncilien nichts, mir gebuhret dorauf zu sehen, wie ich mit Gott stehe, und daß ich sagen konne: Das hat mich Gott geheißen. Dann dem Abraham und Andern hat er die Beschneidung geboten, mich aber gehet die Beschneidung nichts an. Derhalben so muß ich zusehen, wie mein Stand und Leben Gott gefalle. Sie schreien nur: Väter, Väter. Aber wir Christen seind also gelehret und unterrichtet, daß unsere Taufe nicht gebunden sei an Rom, sondern allhier habe ich die Kirche, das Predigtampt, Taufe und Abendmahl, auch mein Haus mit meinem Weibe und Kindern, item, meinen Nachbarn: da soll ichs finden, was zur Seligkeit dienet. Darwider hat der Papst gar das Gegenspiel gelehret. Drumb sehe ein Iglicher wohl zu, daß er wisse, was Gott von ihme haben wolle, auch was Gott dir sage, und thue immer hinweg aus deinen Augen den Berg

3) „mir" fehlt.

Grisim. Denn das hat Gott in die ganze Welt ausgeschrieben, er hat dirs auch in dein Ohre gesaget und in dein Herz gelegt, daß wer gläubet und getauft wird, der soll selig werden. Besser darfst du es zu Rom nicht suchen. Du findest es in deiner Kirchen, und doheim in deinen Buchern liegen. Wenn du betrubet bist, so hast du deinen Pfarrherr oder Brudern, der dich kann von Sunden absolviren, und mit dir von Gottes Wegen reden. Also läuft Gott dir nach. Hast du denn Fursten und Oberkeit, so sei ihnen gehorsam. Du darfst nirgendshin laufen, sondern Gott will das von dir haben, daß du liesest, schreibest und deines Ampts wartest. Ein Weib sehe auf ihr Vokation und Beruf, ziehe die Kinder zu Gottesfurcht. Aber der Papst hat uns auf Stätte und Person gewiesen, und gesagt: Des Berufs warten und der Haushaltung pflegen, das gehort für die Laien; du mußt sehen, was die Väter gelehret und was die Koncilia beschlossen haben. Aber siehe du, was dir Gott aufgelegt hat, und laß das Fräulein mit dem Berge Grisim fahren. Das ist der Hader gewesen zwischen den Samaritern und denen zu Jerusalem. Dann die zu Jerusalem hättens besser, sie hätten fürgeben konnen, Gott hätte die Kirche zu Jerusalem gestift und nur einmal auf dem Berge Grisim geredet, aber hernach hätte er den Gottesdienst gen Jerusalem gelegt.

Dieser Streit und Kampf horet nimmermehr auf zwischen der rechten und falschen Kirchen; er hat von Anfang der Welt gewähret. Die Rotten und Ketzer haben sie allezeit angefochten, wie denn auch [4]) allhier das Fräulein saget: Willt du von mir trinken haben, dieweil du ein Jude bist und stickst im Bann, ich aber bin ein Samariterin und heilig? Dann die Samariter stunden drauf, weil sie anbeteten auf dem Berge Grisim, drumb so wurden sie selig. Aber das Weiblein ist nicht halstarrig, hat auch nicht einen hartnäckigen Kopf, daß man sie nicht konne zurecht bringen. Also wunschen wir, daß ihr Viel unter dem Papstthumb wären, die also gefangen sind durch des

4) „auch" fehlt.

Papsts Finsterniß, daß sie sich nicht konnen heraußer wirken, bis daß Christus kompt und sie bekehret; und diese gehoren zu diesem samaritischen Weibe. Sonst nimpt der Teufel die Rottengeister ein, daß er sie alsbalde aller funf Sinne beraubet. Das haben alle Propheten erfahren, und wir auch zu unser Zeit, und ist ein Schwärmer ein pur Narr. Er nimpt Nichts an, denn was er in seinem Herzen für recht hält, und wormit er umbgehet, gleichwie der Wolf thut, der schreiet immer: Lamb her. Da gehet ihre Strafe hin mit den Ihren. Was man dem Munzer saget, noch mochte sein Geist nicht irren: also war er besessen, gar voll und ein Trunkenbold. Wenn sie aufwachen, so sehen sie, wie es umb sie stehet. S. Paulus saget: Man soll sie bitten, ob sie wieder mochten nuchtern werden [5]). Dann sie horen Nichts, dieweil sie schlafen, allein was ihnen gefället. Diese sind schwerlich wieder zu bringen. Also gehets mit den Sakramentirern, daß sie die gewisse Wahrheit anfechten. Gott behute uns, daß wir der Art nicht sein. Aber dieß Weiblein, ob sie wohl in Irrthumb liegt und nicht recht gläubet, dennoch so ist sie vom Teufel noch nicht besessen, daß sie am Irrthumb hängete und klebete, und sie nicht konnte darvon gerissen werden. Derer sind noch Viel heute zu Tage. Denselbigen ist noch zu helfen, und umb derselbigen willen muß man predigen, wie denn allhier der Herr selbst mit dem Weibelein thut. Nu sie will sich entschuldigen, daß sie heilig sei, und der Herr Christus nicht; ihr Gewissen ist gefangen von den unnutzen Plauderern, und spricht: Ich wollte dir gerne trinken geben, wenn du nur ein Samariter wärest. Aber du bist ein Jude, welche uns haben in Bann gethan und als Ketzer verdammet. Also furchtet sich ihr Gewissen, als mochte sie sich versundigen an den Juden.

Siehe aber, wie fein der Herr mit ihr umbgehet. Er läßt nicht abe, hebt an: Liebe Tochter, daß ich trinken von dir begehre, ist wahr; ich bin mude, was meinen Leib anlanget. Aber es ist mir

5) „Vgl. 2. Tim. 2, 25. 26." Anm. v. H.

und bist dennochs ein Erzschinder und schleußts
Augen zu, so wisse: Ich bin derselbige, der do
ger und Durst leidet. Wirst du ihnen dann sp
so hast du mich gespeiset; läßt du ihnen durste
hast du mich Durst gesterbet. Es hulft nicht,
du sagest: Wenn Christus selbst käme, ich
ihme die Schlüssel geben und sagen: Nimps
Aber es ist ein verzweifelte und verfluchte Sch
daß dieses uns gesaget und geprediget wird, un
achtens nicht. Ein Heide weiß es nicht, wen
einem Armen Etwas gibt, daß ers Gott selbs
Aber wie kann unser Herr Gott mildiglicher
zu Almusengeben und dem Nähesten zu helfen,
daß er spricht, es werde ihme gegeben? Und wi
len dennochs Kasten und Keller noch zuhalten
du doch weißt, du gibst es Gott selbst und nicht
schen. Es ist hart gnung gesaget, es muß
verflucht Gut sein, das Christus nennet ungere
Mammon, das voller Unrecht steckt, daß einer
darf schenken einen Schäffel Korn seinem Gott,
dern sitzet und sammlet, als sollt er Alles zu
kratzen. Aber die Geizwänste fragen nichts dar
Jedoch laßt es uns gesagt sein, und laßt uns
Lehre mit Danksagung annehmen, daß wir w
wenn wir Etwas zun Kirchen geben, daß wir e
dersich unserm Herr Gott geben. Daß es abe
Baurn, Burger und Edelleute nicht thun, Nicht
ben, sondern Alles zu sich kratzen und scharren,
werden sie in Kurzem wohl erfahren. Denn
zu grob, Christum lassen Hungers sterben, da
darzu helfen, so viel an ihnen liegt, daß der Pr
stuhel, Pfarr und Schulen zergehen. Also
Christus begehrn, daß man ihme einen Trunk
sers geben wollte.

Aber die Christen, die wahrhaftig erkenner
Herrn Christi Gnade, die theilen ihr Essen und
ken gerne mit, als das feine Fräulein. Obs
erstlich sich hart stellet, dennochs do er so fein pre
do wird sie bekehret und die ganze Stadt, offnen
die Stadt, nehmen ihnen mit Freuden auf und
len ihme alles Gutes; und bleibet doselbst zwene

hätten gerne gesehen, daß er länger doselbst ge-
ven wäre. Solches thun die Christen. Aber die
ern sollen also thun, daß sie sagen: Ich muß es
r haben, gedenke, wie du auch Etwas bekommen
btest, und denn sagen: Den Pfaffen soll mans
nen, die Pferde verlähmen, und halb Spreu und
e zu Zins geben. Aber Alles in seinen Sack
sarret, daß dann Gott wird müssen regnen lassen
wefel und höllisch Feuer, und Bruder Landsknecht
men lassen, der dir den Spieß ans Herz setze
die Thaler heraußer suche. Wir sollten uns fur
em Exempel der Samariter, so Christum in die
dt fuhren, schämen. Sie haben einen großen
theil für uns in der Schrift, die doch im Bann
en, wie denn Solches im Text gemeldet wird.
r der Herr ruhmet sie sehr, und wird im Evan-
o nicht gesagt, daß er nur einen Tag allda ge-
en sei, sondern zwene Tage.

Die Samariter beten auch an Gott, den Schopfer
mels und der Erden. Aber das wär der Män-
sie gingen nicht gen Jerusalem, hielten nichts
Tempel und dem Gottesdienste doselbst, opferten
Nichts; sondern auf dem Berge Grisim [6]) do
ten sie eine eigene Kirche, und behalfen sich domit, daß doselbst Jakobs Bronn gewesen, do
b gewohnet hab. Das werden die Prediger hoch
emußt haben und gesaget: Jerusalem hin, Je-
lem her, es hat allhier der Patriarch Jakob ge-
net und manche schone Predigt gethan, und manch
Gebet gesprochen haben; und do sind sie zuge-
en und gesagt: Hie ist die Kirche gewesen. Aber
sus führet diese Stimme, er bittet Almosen, Es-
Trinken. Darbei wollen wirs itzt bleiben lassen.

---

6. Garizim, mit d. Note: „Hds. Grism, und so regelmäßig.“

Die vierte Predigt uber das vierte Kapitel Joannis.

Am Sonnabend nach Nativitatis Mariae [1]).

Wir haben neulichen gehort, wie der Herr Christus aus Judäa in Galiläa kommen sei, und hab mussen durch Samaria reisen, und an den Brunn Jakob kommen, da ohngefähr auch ein Weiblein hin kommen und Wasser geschopft, welche der Herr zum christlichen Glauben bekehret hab. Nun folget im Text:

Wie bittest du von mir Wasser? [2])

Es waren die Juden und Samariter mit einander uneins, und verdampt einer den Andern. Die Samariter wollten recht haben, und die zu Jerusalem auch. Aber der Herr scheidet allhier den Hader, und saget, daß wider die Samariter noch die zu Jerusalem recht haben. Die Samariter hatten nicht recht, dann sie hatten alleine für sich das Exempel der Väter oder Patriarchen, und nicht Gottes Gebot. Der Berg Grisim war darzu geordent, als die Kinder von Israel aus Aegypten zogen, daß man den Segen uber das Volk dorauf gesprochen, und auf dem andern Berge den Fluch. Von der Zeit an ist der Berg geehret gewesen, daß man darauf lief (wie man im Papstthumb gethan, daß man auf die Berge und Thal Wallfahrten gelaufen ist), und opferten und schlachteten doselbst, und ließen den Tempel zu Jerusalem anstehen, und sich allezeit mit dem Exempel der Väter beholfen und weiß gebrannt, als mit Josua und Andern, die doselbst Gott angebetet und das Volk gesegnet haben. Drumb meineten sie, der Berg wäre also heilig als Jerusalem selbst. Solches hat die Welt für und für gethan, daß man den Vätern

1) „Der 11. September 1540.“ Anm. v. H. 2) † so du ein Jüde bist, vnd ich ein Samaritisch weib? Denn die Jüden haben keine gemeinschafft mit den Samaritern.

und Kirchen hat nachfolgen wollen, wie sie denn noch heute zu Tage die Schrift hieher ziehen, man müsse halten, was die Väter und die Koncilia geschlossen, und unsere Vorfahren und Väter gehalten haben, und binden also unsere Seligkeit an Stätte und Personen.

Aber also sollten sie gesaget haben: Wir Samariter wissen, daß unsere Väter allhier Gott angebetet haben, und die zu Jerusalem wissen das auch wohl. Aber das ist nicht recht, daß ich meinen Gottesdienst dohin legen will, do meine Väter Gott gedienet und angerufen haben. Denn das gehöret hierzu, daß man wisse, ob Gott in seinem Wort dir das auch befohlen und geboten hab, daß du an demselbigen Orte ihme dienetest, item, ob an dem Orte man auch Gottes Wort hab. Also muß man antworten auf alle Objektion, do die Papisten ruhmen die Väter und Koncilia, daß du sagest: Ich weiß wohl, daß sie heilige Leute gewesen sind; aber ihre Heiligkeit hilft mich nichts, sondern ich muß Gottes Wort haben, das mir zuspricht und saget mir [3]) in meiner Person, was mir Gott gebiete. Ich frage nach den Vätern und Koncilien nichts, mir gebuhret dorauf zu sehen, wie ich mit Gott stehe, und daß ich sagen könne: Das hat mich Gott geheißen. Dann dem Abraham und Andern hat er die Beschneidung geboten, mich aber gehet die Beschneidung nichts an. Derhalben so muß ich zusehen, wie mein Stand und Leben Gott gefalle. Sie schreien nur: Väter, Väter. Aber wir Christen seind also gelehret und unterrichtet, daß unsere Taufe nicht gebunden sei an Rom, sondern allhier habe ich die Kirche, das Predigtampt, Taufe und Abendmahl, auch mein Haus mit meinem Weibe und Kindern, item, meinen Nachbarn: da soll ichs finden, was zur Seligkeit dienet. Darwider hat der Papst gar das Gegenspiel gelehret. Drumb sehe ein Iglicher wohl zu, daß er wisse, was Gott von ihme haben wolle, auch was Gott dir sage, und thue immer hinweg aus deinen Augen den Berg

3) „mir" fehlt.

und bist dennochs ein Erzschinder und schleuschts
Augen zu, so wisse: Ich bin derselbige, der do
ger und Durst leidet. Wirst du ihnen dann sp
so hast du mich gespeiset; läßt du ihnen dursten
hast du mich Durst gesterbet. Es hulft nicht,
du sagest: Wenn Christus selbst käme, ich w
ihme die Schlüssel geben und sagen: Nimps
Aber es ist ein verzweifelte und verfluchte Sch
daß dieses uns gesaget und geprediget wird, und
achtens nicht. Ein Heide weiß es nicht, wen
einem Armen Etwas gibt, daß ers Gott selbs
Aber wie kann unser Herr Gott mildiglicher
zu Almusengeben und dem Nähesten zu helfen,
daß er spricht, es werde ihme gegeben? Und wi
len dennochs Kasten und Keller noch zuhalten,
du doch weißt, du gibst es Gott selbst und nicht
schen. Es ist hart gnung gesaget, es muß j
verflucht Gut sein, das Christus nennet ungere
Mammon, das voller Unrecht steckt, daß einer
darf schenken einen Schäffel Korn seinem Gott,
dern sitzet und sammlet, als sollt er Alles zu
kratzen. Aber die Geizwänste fragen nichts dar
Jedoch laßt es uns gesagt sein, und laßt uns
Lehre mit Danksagung annehmen, daß wir w
wenn wir Etwas zun Kirchen geben, daß wir es
derlich unserm Herr Gott geben. Daß es abe
Baurn, Burger und Edelleute nicht thun, Nicht
ben, sondern Alles zu sich kratzen und scharren,
werden sie in Kurzem wohl erfahren. Denn e
zu grob, Christum lassen Hungers sterben, da
darzu helfen, so viel an ihnen liegt, daß der Pr
stuhel, Pfarr und Schulen zergehen. Also
Christus begehrn, daß man ihme einen Trunk
sers geben wollte.

Aber die Christen, die wahrhaftig erkennen
Herrn Christi Gnade, die theilen ihr Essen und
ken gerne mit, als das feine Fräulein. Obs
erstlich sich hart stellet, dennochs do er so fein pre
do wird sie bekehret und die ganze Stadt, offnen
die Stadt, nehmen ihnen mit Freuden auf und
ten ihme alles Gutes; und bleibet doselbst zwene T

tten gerne gesehen, daß er länger doselbst gewäre. Solches thun die Christen. Aber die sollen also thun, daß sie sagen: Ich muß es aben, gedenke, wie du auch Etwas bekommen :, und denn sagen: Den Pfaffen soll mans , die Pferde verlähmen, und halb Spreu und zu Zins geben. Aber Alles in seinen Sack et, daß dann Gott wird müssen regnen lassen el und höllisch Feuer, und Bruder Landsknecht lassen, der dir den Spieß ans Herz setze Thaler heraußer suche. Wir sollten uns für Exempel der Samariter, so Christum in die fuhren, schämen. Sie haben einen großen für uns in der Schrift, die doch im Bann wie denn Solches im Text gemeldet wird. r Herr ruhmet sie sehr, und wird im Evancht gesagt, daß er nur einen Tag allda gesei, sondern zwene Tage.

e Samariter beten auch an Gott, den Schöpfer s und der Erden. Aber das war der Man: gingen nicht gen Jerusalem, hielten nichts empel und dem Gottesdienste doselbst, opferten ichts; sondern auf dem Berge Grisim [8]) do sie eine eigene Kirche, und behoffen sich doit, daß doselbst Jakobs Bronn gewesen, do gewohnet hab. Das werden die Prediger hoch tzt haben und gesaget: Jerusalem hin, Jeher, es hat allhier der Patriarch Jakob geund manche schöne Predigt gethan, und manch bet gesprochen haben; und do sind sie zugeund gesagt: Hie ist die Kirche gewesen. Aber führet diese Stimme, er bittet Almosen, Esinken. Darbei wollen wirs itzt bleiben lassen.

Garizim, mit d. Note: „Hdſ. Griſim, und ſo regelmäßig."

Die vierte Predigt uber das vierte Kapitel Joannis.

Am Sonnabend nach Nativitatis Mariae [1]).

Wir haben neulichen gehort, wie der Herr Christus aus Judäa in Galiläa kommen sei, und hab mussen durch Samaria reisen, und an den Brunn Jakob kommen, da ohngefähr auch ein Weiblein hin kommen und Wasser geschopft, welche der Herr zum christlichen Glauben bekehret hab. Nun folget im Text:

Wie bittest du von mir Wasser? [2])

Es waren die Juden und Samariter mit einander uneins, und verdampt einer den Andern. Die Samariter wollten recht haben, und die zu Jerusalem auch. Aber der Herr scheidet allhier den Hader, und saget, daß wider die Samariter noch die zu Jerusalem recht haben. Die Samariter hatten nicht recht, dann sie hatten alleine für sich das Exempel der Väter oder Patriarchen, und nicht Gottes Gebot. Der Berg Grisim war darzu geordent, als die Kinder von Israel aus Aegypten zogen, daß man den Segen uber das Volk dorauf gesprochen, und auf dem andern Berge den Fluch. Von der Zeit an ist der Berg geehret gewesen, daß man darauf lief (wie man im Papstthumb gethan, daß man auf die Berge und Thal Wallfahrten gelaufen ist), und opferten und schlachteten doselbst, und ließen den Tempel zu Jerusalem anstehen, und sich allezeit mit dem Exempel der Väter beholfen und weiß gebrannt, als mit Josua und Andern, die doselbst Gott angebetet und das Volk gesegnet haben. Drumb meineten sie, der Berg wäre also heilig als Jerusalem selbst. Solches hat die Welt für und für gethan, daß man den Vätern

1) „Der 11. September 1540." Anm. v. H. 2) † so du ein Jüde bist, vnd ich ein Samaritisch weib? Denn die Jüden haben keine gemeinschafft mit den Samaritern.

und Kirchen hat nachfolgen wollen, wie sie denn noch heute zu Tage die Schrift hieher ziehen, man müsse halten, was die Väter und die Koncilia geschlossen, und unsere Vorfahren und Väter gehalten haben, und binden also unsere Seligkeit an Stätte und Personen.

Aber also sollten sie gesaget haben: Wir Samariter wissen, daß unsere Väter allhier Gott angebetet haben, und die zu Jerusalem wissen das auch wohl. Aber das ist nicht recht, daß ich meinen Gottesdienst dohin legen will, do meine Väter Gott gedienet und angerufen haben. Denn das gehoret hierzu, daß man wisse, ob Gott in seinem Wort dir das auch befohlen und geboten hab, daß du an demselbigen Orte ihme dienetest, item, ob an dem Orte man auch Gottes Wort hab. Also muß man antworten auf alle Objektion, do die Papisten ruhmen die Väter und Koncilia, daß du sagest: Ich weiß wohl, daß sie heilige Leute gewesen sind; aber ihre Heiligkeit hilft mich nichts, sondern ich muß Gottes Wort haben, das mir zuspricht und saget mir [3]) in meiner Person, was mir Gott gebiete. Ich frage nach den Vätern und Koncilien nichts, mir gebuhret dorauf zu sehen, wie ich mit Gott stehe, und daß ich sagen konne: Das hat mich Gott geheißen. Dann dem Abraham und Andern hat er die Beschneidung geboten, mich aber gehet die Beschneidung nichts an. Derhalben so muß ich zusehen, wie mein Stand und Leben Gott gefalle. Sie schreien nur: Väter, Väter. Aber wir Christen seind also gelehret und unterrichtet, daß unsere Taufe nicht gebunden sei an Rom, sondern allhier habe ich die Kirche, das Predigtampt, Taufe und Abendmahl, auch mein Haus mit meinem Weibe und Kindern, item, meinen Nachbarn: da soll ichs finden, was zur Seligkeit dienet. Darwider hat der Papst gar das Gegenspiel gelehret. Drumb sehe ein Iglicher wohl zu, daß er wisse, was Gott von ihme haben wolle, auch was Gott dir sage, und thue immer hinweg aus deinen Augen den Berg

3) „mir" fehlt.

Grisim. Denn das hat Gott in die ganze Welt ausgeschrieben, er hat dirs auch in dein Ohre gesaget und in dein Herz gelegt, daß wer gläubet und getauft wird, der soll selig werden. Besser darfst du es zu Rom nicht suchen. Du findest es in deiner Kirchen, und doheim in deinen Buchern liegen. Wenn du betrubet bist, so hast du deinen Pfarrherr oder Brudern, der dich kann von Sunden absolviren, und mit dir von Gottes Wegen reden. Also läuft Gott dir nach. Hast du denn Fursten und Oberkeit, so sei ihnen gehorsam. Du darfst nirgendshin laufen, sondern Gott will das von dir haben, daß du liesest, schreibest und deines Ampts wartest. Ein Weib sehe auf ihr Vokation und Beruf, ziehe die Kinder zu Gottesfurcht. Aber der Papst hat uns auf Stätte und Person gewiesen, und gesagt: Des Berufs warten und der Haushaltung pflegen, das gehort für die Laien; du mußt sehen, was die Väter gelehret und was die Koncilia beschlossen haben. Aber siehe du, was dir Gott aufgelegt hat, und laß das Fräulein mit dem Berge Grisim fahren. Das ist der Hader gewesen zwischen den Samaritern und denen zu Jerusalem. Dann die zu Jerusalem hättens besser, sie hätten fürgeben konnen, Gott hätte die Kirche zu Jerusalem gestift und nur einmal auf dem Berge Grisim geredet, aber hernach hätte er den Gottesdienst gen Jerusalem gelegt.

Dieser Streit und Kampf horet nimmermehr auf zwischen der rechten und falschen Kirchen; er hat von Anfang der Welt gewähret. Die Rotten und Ketzer haben sie allezeit angefochten, wie denn auch[4]) allhier das Fräulein saget: Willt du von mir trinken haben, dieweil du ein Jude bist und stickst im Bann, ich aber bin ein Samariterin und heilig? Dann die Samariter stunden drauf, weil sie anbeteten auf dem Berge Grisim, drumb so wurden sie selig. Aber das Weiblein ist nicht halstarrig, hat auch nicht einen hartnäckigen Kopf, daß man sie nicht konne zurecht bringen. Also wunschen wir, daß ihr Viel unter dem Papstthumb wären, die also gefangen sind durch des

4) „auch" fehlt.

Papsts Finsterniß, daß sie sich nicht konnen heraußer wirken, bis daß Christus kompt und sie bekehret; und diese geboren zu diesem samaritischen Weibe. Sonst nimpt der Teufel die Rottengeister ein, daß er sie alsbalde aller funf Sinne beraubet. Das haben alle Propheten erfahren, und wir auch zu unser Zeit, und ist ein Schwärmer ein pur Narr. Er nimpt Nichts an, denn was er in seinem Herzen für recht hält, und wormit er umbgehet, gleichwie der Wolf thut, der schreiet immer: Lamb her. Da gehet ihre Strafe hin mit den Ihren. Was man dem Munzer saget, noch mochte sein Geist nicht irren: also war er besessen, gar voll und ein Trunkenbold. Wenn sie aufwachen, so sehen sie, wie es umb sie stehet. S. Paulus saget: Man soll sie bitten, ob sie wieder mochten nuchtern werden [5]). Dann sie horen Nichts, dieweil sie schlafen, allein was ihnen gefället. Diese sind schwerlich wieder zu bringen. Also gehets mit den Sakramentirern, daß sie die gewisse Wahrheit anfechten. Gott behute uns, daß wir der Art nicht sein. Aber dieß Weiblein, ob sie wohl in Irrthumb liegt und nicht recht gläubet, dennoch so ist sie vom Teufel noch nicht besessen, daß sie am Irrthumb hängete und klebete, und sie nicht konnte darvon gerissen werden. Derer sind noch Viel heute zu Tage. Denselbigen ist noch zu helfen, und umb derselbigen willen muß man predigen, wie denn allhier der Herr selbst mit dem Weibelein thut. Nu sie will sich entschuldigen, daß sie heilig sei, und der Herr Christus nicht; ihr Gewissen ist gefangen von den unnutzen Plauderern, und spricht: Ich wollte dir gerne trinken geben, wenn du nur ein Samariter wärest. Aber du bist ein Jude, welche uns haben in Bann gethan und als Ketzer verdammet. Also furchtet sich ihr Gewissen, als mochte sie sich versundigen an den Juden.

Siehe aber, wie fein der Herr mit ihr umbgehet. Er läßt nicht abe, hebt an: Liebe Tochter, daß ich trinken von dir begehre, ist wahr; ich bin mude, was meinen Leib anlanget. Aber es ist mir

5) „Vgl. 2. Tim. 2, 25. 26." Anm. v. H.

nicht allein umbs Leibes Trinken zu thun, ich suche etwas Anders, ich suche euch Samariter, daß du mich hören sollest; und hebt an und predigt ihr eine schone Predigt, und spricht:

Wenn du erkenneteſt die Gabe Gottes, und wer der ist, der zu dir saget: Gib mir trinken, du bätest ihnen, und er gäbe dir lebendiges Wasser.

Ich wollt dir lieber trinken geben, und kehrets gar umb. Drumb bin ich itzt da, und suche den Trunk zur Nothdurft des Leibes, auf daß ich dir trinken geben moge. Wenn du wußtest, was für eine Gabe itzt auf Erden wäre, so wurdest du drumb mich bitten, und ich gäbe dir einen andern Trunk, der besser sollt schmecken, dann dieser Trunk Wassers. Doran liegts noch, wenn man die Gabe erkennet, und daß man wisse, wer der sei, der sie gibt. Aber die Gabe wird nicht erkannt, noch auch der nicht erkennet, der sie gibt. Das klagen wir auch, und wird in Ewigkeit beklagt werden, daß die Rottengeister nicht alleine die Gabe nicht erkennen, auch wenn sie deßhalben vermahnet werden, sondern auch der gemeine Hause verachtet den theuern, unaussprechlichen Schatz, erkennen auch nicht die Person, welche die Gabe gibt. Ja, wir die do Heiligen sein wollen, gedenken nicht dran und erkennen nicht, was es für ein Schatz sei, der uns angeboten wird durch das liebe Evangelium. Lieber, wie Viel sind unter uns, die Solchs rechnen für einen rechten Schatz und ewig Kleinod, und für das ewige Leben? Es mussen ihr Etzliche sein, die do dran setzen Leib und Leben, wie Matth. am 13. Kap. gesaget wird, daß einer in einem Acker eine Perle funde, und verkaufte Alles, und kaufte den Acker und die Perle drumb. Also findet man ihr Viel, die ließen sich druber martern, die kriegen auch den Trunk. Aber der ander Hause spricht: Was frage ich darnach? Wo man das Silber aus der Erden gräbet, do findet man hundert tausend Menschen, die es einen Schatz nennen; do kann einer Tag und

Nacht ärbeiten, daß er den vergänglichen Schatz bekomme.

Wollt Gott, wir konnten uns einmal dahin gewöhnen, und unser Herzen dorauf richten, daß man des Predigers Wort ansehe als Gottes Wort, und daß er ein gelahrter Konig sei. Denn do ist kein Engel, noch hundert tausend Engel, sondern die gottliche Majestät selbst, der do prediget, alleine daß ichs mit den Ohren nicht hore, noch mit den Augen sehe. Dann ich hore allein des Pfarrherrn und meines Mitbrudern oder Vatern Stimme, und sehe einen Menschen gegenwärtig. Aber wenn ich das darzu setzen konnte, daß die Stimme und Wort des Vaters oder Pfarrherrs wären Wort und Lehre, nicht sein, sondern unsers Herr Gotts, do thäte ich recht. Dann ich hore nicht[6]) einen Fürsten, Konig oder Erzengel, sondern denen, der do spricht, er konne Wasser des ewigen Lebens geben.

Wenn man das konnte gläuben, so wären wir wohl zufrieden. Aber der Mangel ist in der ganzen Welt, und auch in uns, daß wir diese Gabe nicht erkennen, noch auch nicht den Geber; und mir feihlets selbst auch noch dran, ich habs nicht so tief und stark, als ichs gerne wollte. Dann Fleisch und Blut verhinderts, welches nur den Pfarrherr und Bruder ansehet, und die Stimm des Vaters horet, und kann sich nicht erschwingen, daß einer sagte: Daß ich hore das Wort, do hore ich einen Donnerschlag und sehe die ganze Welt voll Blitzes. Aber wir thuns nicht, und das ist eine erschreckliche Plage, und die Schuld ist Fleisches und Blutes, welches nicht betrachtet, daß das mundliche Wort und Predigtampt sollte ein solcher Schatz sein, der theuer und besser wäre, denn Himmel und Erden. Sonst gedenken die Leute also: Wenn ich konnte Gott reden horen in seiner Person, ich wollte laufen, daß mir die Fuße bluten sollten. Drumb ist man vor Zeiten zur Eicken, gen Aach, ins Grimmthal hin und wieder gelaufen, daß S. Maria an denselbigen Orten den Leuten helfen sollte. Do

6) „nicht" fehlt in der Hdf. und wurde v. H. ergänzt.

der do sagen kann: Ich bin Gottes Schüler, den höre ich reden, nicht einen Engel, Pfarrherr oder Fürsten, sondern Gott selbst, und ich bin sein Rath. Dann er spricht: Meine Predigt ist eine treffliche Gabe, und der Welt Reichthumb und Herrlikeit seind eitel Dreck dargegen. Lieber, laß das ein Schatz sein, daß Gott mit dir in dein leiblich Ohr redet, und feihlet allein doran, daß wir diese Gabe nicht erkennen. Dann ich höre wohl die Predigt, aber wer redet? Der Pfarrherr? Nicht also, du hörest nicht den Pfarrherr. Die Stimme ist wohl sein, aber das Wort, das er führet oder redet, das redet mein Gott. Darumb so soll ich das Wort Gottes in Ehren halten, daß ich ein trefflicher Schuler des Worts werden möge.

Wenn wirs nun darfur hielten, so wurden wir gerne zur Kirchen gehen und Predigt hören und allein dem lieben Wort zuhören, und da wurde folgen, das Christus spricht: Gib mir zu trinken. Aber dieweil wir dem gottlichem Wort keine Ehre anlegen, auch nach unser selbst eigenen Herrlikeit nichts fragen, derhalben so hören wir das Wort nicht, und wird Keiner gerne gehört, er hab dann eine gute, helle Stimme. Wenn du dahin kompst, so bist du allbereit halb Jakob werden, wenn du mehr siehest auf den Pfarrherr, dann auf Gott, und siehest die Person Gottes nicht, sondern gaffest allein dorauf, ob die Person gelehrt und geschickt sei, und güte Sprach oder Ausrede hab. Dann der redet eben so wohl Gottes Wort, der ubel redet, als der, so wohl reden kann. Der Vater redet eben so wohl das Wort, als Gott, und dein Nähester redet so wohl Gottes Wort, als der Engel Gabriel. Es ist kein ander Wort, das ein Schuler redet, und das der Engel Gabriel führet, allein daß einer kanns besser fürbringen, denn der Ander. Laß die Schüsseln ungleich sein, etzlich sind silbern, andere zinnern, oder von Thon geglasuret [9]), irdische Gefäße: aber einerlei Speise wird in Silber und Zinn, ꝛc. angericht, und

---

9) G. glasuret, mit d. Anm.: „Hs. verglasuret.“

hmeckt das Wildpret, so wohl gewurzt und zugericht t[10]), eben so wohl aus einem holzernen Becken, ls aus einem silber. Also halte auch von der Taufe und Absolution. Das laß deinen Trost sein. lber sie erkennen nicht die Person Gottes, sondern affen allein auf die Person des Menschen; als wenn in Muder und Hungeriger nicht wollt essen, es wurde ihm dann die Speise in einem silbern Becken urgetragen, wie man dann itzt viel Prediger wählet, nd fallen ihr viel durch den Korb, werden verjagt nd vertrieben.

Solches ist ein Stuck von denen, so diese Gabe icht erkennen, und meinen, es rede ein Mensch llda, so doch nicht ein Engel dein Lehrer ist, sondern ein lieber Gott, der do schaffet deinen Leib und Seel. Nicht daß man die Gaben verachten und wegwerfen sollte, die Gott nach seinem Maaß hat ausgetheilet, einem weniger, dem Andern mehr, wie dann ie Gaben mancherlei seind; jedoch ist nur Ein Gott, er durch dieselbige Gaben wirket. Man muß den Schatz nicht verachten umb der Person willen. Das will unser Herr Gott nicht allein dem Fräulein gesagt haben, sondern auch uns allen. Und es will Christus sagen: Es ist mir drumb nicht zu thun, daß u mich tränken sollts; er will uns lebendig Wasser eben. Aber ärgerlich stehets, daß Christus auf Erden gehet betteln, auch bei den Seinen, und schreiet: anem propter Deum. Er will uns reizen, daß wir enen gerne geben sollen, die im Predigtampt seind. lber obgleich Christus schreiet und bittet: Panem ropter Deum, so wird er doch nicht erhoret, denn nan meinet, es sei etwa ein armer Pfarrherr. Wahrlich Himmel und Erden bedurft er nicht; er konnte wohl essen und die Seinen satt machen: aber er will agen: Daß ich bettele, das thu ich drumb, daß du ssen und trinken kriegest. Drumb gebrauch ich auch ner Hulfe, daß ihr mich und die Meinen speiset, uf daß ihr[11]) denen erkennet mochtet, der den wahr-

10) Hds. † schmeckt. 11) „ihr" fehlt in der Hds. und wurde von H. ergänzt.

...em propter Deum, auf
sei, der mit dem Weib
wieder bitten, und er wur
gäbe das ewige Leben, d
Aber es muß vorher geber
nen und den Lehrer, un
alleine Alles geben, sonde
Herr, gib mir auch des en
ich im ewigen Durst verd
ben. Derhalben so sage ich
Panem propter Deum, dan
will geben.

Ende der Predigten D. M
Kapitel Joannis, und hat a
gehöret, dann Doktor Pom
reich Dännemark wie

XLVII. Auslegung
Kapitels des Ev
hannis ...

sammelte sie aus den Handschriften Veit Dietrichs, Gg. Rörers, Anton Lauterbachs und Phil. Fabricius, die sie Luthern nachgeschrieben hatten und ließ sie zuerst in seiner Sammlung drucken.

In den Sammlungen.

Eisl. II. 145. — Altenb. V. 615. — Leipz. IX. 544. — Walch VII. 1888. Wir geben den Text nach der Eisleb. Sammlung.

Auslegung uber das sechste, siebente und achte Kapitel des Evangelisten Joannis, geprediget zu Wittemberg Anno 1530. 1531 und 1532.

Des sechsten Kapitels Joannis

die erste Predigt [1]).

Jesus antwortet ihnen und sprach: Wahrlich, wahrlich, ich sage euch: Ihr suchet mich nicht darümb, daß ihr Zeichen gesehen habt, sondern daß ihr von dem Brod gessen habt, und seid satt worden.

Wir hören in diesem Text, daß Christus zu den Jüden saget, warümb sie ihm nachlaufen, nämlich nicht umb seiner Wunderwerk und Lehre willen, sondern des lieben und leidigen Bauchs halben; denn sie gedacht haben: Das ist ein rechter Lehrer für uns, der wird uns eine leibliche Freiheit bringen, da ein Iglicher satt und Gnüge habe, und thun möge was er wollte; und will der Herre hiemit anzeigen, was die Lehre des Evangelii für Schüler hab a). Denn das Evangelium auch noch heute zu Tage solche Leute findet, die da meinen, es sei eine solche Lehre, die nichts Anders gebe, denn daß sie nur den Bauch fülle, allerlei Wollust bringe, und für dieß zeitliche Leben allein diene.

---

a) Was das Evangelium für Schüler hab, nämlich Bauchknechte.

1) Das sechste Kapitel St. Johannis vom 26. Vers bis ans Ende.

15*

..., und ihren eigen N...
für eine Bauchlehre, da...
saufen b). Dieß sind sch...
von unten an bis oben
Fürsten, Grafen, Edelle...
gern und Bauern gehets d...
Evangelium für eine Bau...

Aber diese Lehre ist
gesandt, daß ein Jeder
und draus saugen wolle w...
sie uns den Bauch fülle,
statte; es hat Christus sei...
vergossen: sondern das Ev...
von dem Lob und Preis u...
hin gerichtet, wie Gott v...
Denn Gott will von uns g...
und daß wir thun, was i...
wir denn erstlich Gottes E...
so will er dir wiederümb ge...
lich Leben, und alles, was
sondern auch das ewige Lebe...

Denn Gott hat vorhin
sie für den Bauch bedarf c)
wäre, daß man umb des Ba...
lium itzt predigen sollte. D...

; speiset ihren Keller und Küchen reichlich, daran Freude und Wohlgefallen hätten. Zuletzt gibt hnen auch die Sonne, so des Tages ihnen leuch- und der Mond des Nachts, daß die Menschen Thier, wenn sie von ihrer Arbeit müde und satt en', schlafen und rugen möchten, und hat sonst n alles gegeben, was sie haben sollten.

Derhalben so hätte Christus nicht kommen dür- daß er von diesen Dingen lehrete. Denn die iche Güter sind auch denen gegeben, so nach isto nichts fragen, sondern gottlos sind; ja, die n wohl am allermeisten Reichthum in der Welt, hwie wir sehen, daß der Türke viel Königreiche r ihme hat. Wie kämen wir nu darauf, daß meineten, das Evangelium sei eine solche Lehre, da Unterricht gäbe, wie man Alles zu sich schar- kratzen und wuchern möge, und unter dem Schein Deckel des Evangelii Wücherer, Geizhälse und hlräuber sein möchten? Aber es hat diese Meinung d). Dennoch stecken die Leute in den Gedanken Evangelio, daß man fürgibt: Ei, Christus ver- lget uns im Evangelio eine Freiheit! ist das r? o so wollen wir Nichts arbeiten, sondern fres- und saufen; und scharret denn ein Jeder in sei- Sack, daß nur der Bauch gefüllet werde.

Und diese Kunst wissen unsere Widersacher auch, daß sie können zu den geistlichen Gütern grei-), Klöster und Bisthum einnehmen, und ein ber Bauer, der nur fünf weiß zu zählen, der t Acker, Wiesen und Hölzer zu sich von den stern, und treibt alle seinen Muthwillen, wie er will, unter dem Schein des Evangelii, wollen alle gute Christen sein; welchs mich, wahrlich, verdreußt, und gerne sagen wollt: Fahret hin es Teufels Namen mit euerm Fressen und Sau- wenn ihr nicht wollet in Gottes Namen euer Se- eit und Gottes Herrlichkeit bedenken.

Aber was hilfts? Dieweil es unserm Häupt,

Das Evangelium ist nicht eine [illegible]lehre. o) Mißbrauch der geistlichen Güter.

...nd, da er nicht will ihr...
Gottes Ehre, da hat er b...
gehets uns auch noch heu...
Aber dieß sei unser
Tages uns auch also gehe...
gepredigt wird, und unse...
nen, solche Lehre verfolge...
digen lassen, und wir in ...
müssen Hungers sterben! ...
ohne Ursach. Denn diese ...
sein, und verursachen, daß
Evangelio haben. Denn ...
der sich zum Evangelio nich...
sich dawider und verfolget...
mit so großer Liebe, Furcht
digt hören. Wir würden ...
daß wir einen frommen g...
Denn im Oberlande gäbe ...
nach eines Jahrs uber mö...
Aber unsere Baurn sagen:
Pfennig drumb geben. De...
nicht thäte, so würden wir
sein, als unser Widersacher,
Pfarrherrn auf den Dörfern
sterben lassen ...

also gehen werde, daß du einen guten Prediger und das Evangelium auf hundert Meilen suchen wirst; aber es wird verloren sein, und wirsts nicht finden; und da du itzt einem Prediger nicht 3 Pfennig gebest, so würdest du ihme darnach gerne 3 Gülden geben wollen. Man gläubts aber nicht, sondern man wills erfahren. Denn die Jüden gäben itzt auch eines Kaisers Schatz drümb, daß sie nur einen Apostel oder Propheten sollten predigen hören; aber sie müssen keinen mehr hören.

Nu, ein Prediger muß sich mit diesem Exempel trösten, daß wo das Evangelium gepredigt wird, so werden Säue und Hunde deine Zuhörer und Schüler sein, da wird nicht anders aus; die suchen nichts Anders bei dem Evangelio, denn ihren eigenen Genieß h). Und wenn dirs also gehet, so sage: Was willt du dich viel drümb bekümmern? du bist nicht besser, denn der Herr Christus; so es ihme also gangen ist, so wird dirs anders auch nicht gehen. Es wird doch redlich bezahlet.

Was thut nu der Herr Christus dazu? Er wollt sie gerne von solchem falschen Wahn und eigennutzigem Suchen abeweisen i), vom Bauche auf den Geist bringen und ziehen; denn ihnen das Evangelium darümb nicht geprediget würde, daß sie zeitliche Nahrung und leibliche Güter davon hätten, sondern es wolle etwas Bessers geben, denn Essen [8]), Trinken, Haus und Hof, Weib und Kinder. Es soll nicht allererst lehren geizen, sicher sein und faul werden; denn Solchs auch wider die erste Schöpfung des Menschens wäre, da Gott dem Adam gebot, den Garten zu bauen, nach dem Fall aber ihm saure Arbeit aufgelegt, daß er im Schweiß seines Angesichts das Brod esse.

Dahin mußt du nu dein Herz richten, wenn du das Evangelium hörest, daß es viel mehr gebe, denn die ganze Welt vermöge, oder alle Kaiser, Könige, Fürsten und Herrn haben. Darumb spricht der Herr:

---

h) Was das Evangelium für Schüler haben werde. i) Christus will uns allhie abweisen von der Bauchsorge.

8) + und.

... und begehren ...
Speise geben, so nicht ver...
wahren soll, welchs euch ...
sondern erhalten zum ewig...

Aber da sie dieß Wo...
Bäcker und vom Gelde ...
Acker und von der Erden ...
wolle, da gefällets ihnen ...
ihme abe. Denn Fleisch ...
nirgends nach, denn nach ...
Item, dem gemeinen Pöbe...
nach dem Geiz. Item, ...
ders Nichts, denn Geld und ...
Aber Christus redet Solchs ...
mer Herzen willen, die die...
und weiter gedenken, denn a...
und Gut; die Andern möge...
darnach?

Er setzt aber allhie zwei ...
eine ist vergänglich, die ande...
diese zwei Stucke einem zu ...
er drauf trotzen, und nicht a...
also hangen, sondern sagen: ...
spricht, es sei eine vergängli...
ewige Speise. ...

nisch Kaiser hat, was wäre ihm denn mehr? Er
ts wohl eine Speise sein; aber nur ein vergäng-
e Speise, die nicht ewig währet. Dieser Zusatz,
gänglich, macht solche Speise verächtlich. Denn
se-Speise soll verderben, sie verschleicht und ver-
rt sich, und hilft nicht, sie verdammet auch noch
hl Leib und Leben, wenn sie mißbraucht wird; was
ft dich denn dein Schweren? Das vergänglich Brod
t nur das zeitlich Leben auf. Und ist Solchs ge-
glich gnug geredet, daß wenn einer gleich aller
elt Güter hätte, so ist es doch alles vergänglich.
as hilft es dich denn, daß du umb dieses vergäng-
en Brods und Lebens willen die unvergängliche
eise und das ewige Leben hintansetzen und ver-
ten willt? Bist du nicht toll und thöricht?

Es ist kein Baur so toll, daß er hundert Schäf-
Korns gäbe für ein zurissen Papier, oder ein
rger hundert Brau Biers für einen Trunk Was-
s; sondern die Bürger wollten lieber einen Trunk
ers für hundert Gülden ausschenken, und der Baur
en Schäffel Korns auch für hundert Gülden ge-
. Aber Christus spricht allhie: Es ist vergäng-
, und wer diese ewige Speise haben möchte, der
lte Alles drümb geben, was er hätte. Aber also
ets in der Welt; schlecht umb das Vergänglich
angenommen, und das Ewige nicht angesehen;
n nähme ein Hand voll Korns, und ließ das
angelium immer hinfahren. Damit wollen wir
innige Narren denn Gott trotzen. Aber weß der
haden sein soll, das wird sich wohl finden im
de.

Darümb wollt er uns von unserm Schaden und
rderben gerne abwenden, warnet uns, daß wir
ht also närrisch handelten, und vermahnet uns
der ewigen Speisen). Denn dieselbige Speise ist
ht vergänglich, und wenn sie hinweg genommen
d, so mußt du in Ewigkeit sterben. Wie viel-
hr sollt du nach dieser Speise trachten, und sie
ht verachten, sondern die fürnehmeste sein lassen,

) Die ewige Speise.

jaget: Du hast Worte des e
solche Wort, die das ewige
bei solcher Predigt geblieben,
weichen. Aber die Andern hal
rohe und gottlose Leute sagen:
mel! wer hie Mehl gnug hätt
du vom ewigen Leben? wer al
hätte! Und die wollen dennoch
Leute sein.

Aber es will der Herr sie
also an den zeitlichen Gütern,
Nahrung kleben sollen, in B
ihnen dasselbige zuvor reichlich
wohl zufrieden ist, daß sie e
Nothdurft, und Gott damit die
weiter gedenken, und spricht:
verdirbt. Das ist ein Hebraism
Ihr sorget allein für den Bauch
aber gedenkt, daß ihr recht B
solch Brod und Korn oder
nicht vergänglich ist p). Säet a
det ein solch Aeckern, sammlet
Vorrath in die Scheuren, also

nicht, denn im ersten Buch Mosi hats Gott befohlen; aber das verbeut er allhie, daß mans nicht also suchen solle, als daß man dabei alleine bleibe, und die Lehre und Zeichen Christi verachtete, wie er denn allhie klaget und spricht: Ihr suchet mich nicht darümb, daß ihr Zeichen gesehen habt, sondern daß ihr von dem Brod gessen habt. Ihr sollet mich nicht darümb suchen, umbs Vergänglichen willen; denn ich (will er sagen,) bin ein ander Lehrer, der nicht von vergänglicher Speise prediget, wie man säen, backen und pflügen solle, denn dieses Alles wisset ihr zuvor wohl, und Moses hat Solches zuvor euch gelehret, wie ihr arbeiten sollet. Meine Lehre ist dahin nicht gerichtet, sollet auch darümb zu mir nicht kommen; sondern daß ich eine ewige Speise gebe.

Also führet er sie auf einen andern Vorrath der Speise. Aber wenn man Solchs dem Fleisch und Blut des Menschen prediget, da ists denn balde mit der Lehre aus q). Denn ein Iglicher will bleiben bei dem Brod, das er siehet und greifet; wie denn der Baur auch bei seinem Korn bleibet und spricht: Ich höre wohl, du willt mich speisen und mir Brod geben; aber ich höre nicht Gülden klingen, noch sehe Säcke mit Korn; wo hast du es? Bist du doch selber ein Bettler; wo hast du deinen Kornboden? Wo ist denn dieselbige Speise? Darauf spricht er:

Welche euch des Menschen Sohn geben wird.

Mit diesen Worten reißet er unser Aller Herzen und Augen aus aller Bäcker Häuser und Kornböden, und aus allen Kellern, Boden, Aeckern und Beuteln, ja, von aller Arbeit, und zeuhets auf sich, daß er ein köstlicher Bäcker sei r); er wolle geben, das sonst kein Acker noch Beutel trägt. Diese Speise werdet ihr sonst nirgends bei keinem Bäcker finden, noch auch durch euer Arbeit erlangen. Arbeitet sonst euer Aecker, die euch von Adam befohlen sind: aber ich will euch diese Speise geben, denn euer Kornboden und Vorrath solls nicht thun. Was hast du denn?

---

q) Verachtung dieser Lehre von der ewigen Speise. r) Christus der rechte Speisemeister.

nus gibet: der ist der r
meister, der uns ein an
in der Welt haben; un
sehen, und nicht auf die
man[5]) ein Auge haben
und Kratzen nicht nach
meiden.

Das fähet der Herr
mit ist seine Predigt ba
man gut evangelisch, wen
man sich aus solcher Pred
und reich werden möge.
bei dem Evangelio[6]).
man durch solche Predigt
Teufels Gewalt solle erre
dahin und schlägts alles
Evangelium verachtet.

Als, itzt ist eine rech
da die Leute in einen gr
Alles will zerrinnen, auch
feln wollen. Nicht, daß e
Gott hat in diesem Jahr g
Gottes Gnaden noch gnug
machen solche muthwillige T
nu Gott ...

denn unser Geiz, und daß wir diese ewige Speise also veracht haben für der Speise des Bauchs?

Es kann die Strafe umb unser Undankbarkeit und bösen Muthwillens wegen nicht lange außen bleiben. Denn ob sie ein oder zwei Jahr verzogen wird, so kömmet sie doch zuletzt. Denn es wird nicht allein sein Wort veracht, sondern man machts also grob, daß man ihn schier nicht will lassen unsern Gott mehr sein. Man sammlet also ein, als wäre unser Herr Gott gestorben. Ich hoffe, ihr sollt ein Sammlung anrichten, daß ihr so wenig behalten sollet, als wir, die ihr uns alle gar ausschaben und ausschinden wollet. Nu, Theurung wollen wir haben, so müssen wir auch alle Krankheit, Pestilenz, Tod und Krieg für gut annehmen, weil wir immerhin in aller Hänger Namen geizigen; das wird uns gewißlich auch widerfahren. Es mag aber ein Iglicher zusehen, und sich mit dem Wort Gottes gerust machen, seinen Glauben uben, und ihme eine ewige Speise, so nicht vergänglich ist, zuwegen bringen. Denn Gott kann nicht leiden, daß man sein Evangelium also mißbrauche, und unsern Eigennutz und Geiz unter dem Schein des Evangelii suche. Denn er läßt uns nicht umb des Bauchs, sondern umb unserer Seelen Heil und Seligkeit willen predigen.

Die ander Predigt [6]).

Also hat hiemit der Herr Christus die Jüden abführen wollen von der Bauchsorge und vergänglichen Speise, und zu einem Andern weisen, daß er das ewige Leben ihnen gebe, und sie damit locken zur geistlichen Speise, auf daß sie nicht gedächten, daß die Propheten und die heilige Schrift ihnen nicht wollte Etwas mehr geben, denn was nur zu diesem zeitlichen Leben gehöret und sonst Kaiser, Könige, Fürsten und Herrn in der Welt geben können: sondern sie wollen etwas Mehres und Größers reichen und darbieten, als das unvergänglich ist, und eine

6) „Die ander Predigt" fehlt.

liche, seltsame Reden fur de
Leuten u), und werden die
unsinnig, toll und thöricht
was hat es für ein Ansehen,
und Klappen, daß dieser arm
tritt, und darf fürgeben für
sonderlich für den Jüden,
ein [7]) Speise geben, welche
gen Leben erhalten? Gered
Es laut gleich als wenn auf
krämer spräche zum Bawern,
und Arznei verkaufen, wer
nimmermehr krank, noch gesch
werden, sein Theriak sollte s
würde Idermann spotten. Al
einer ewigen Speise gar eine
Bettler; denn Christus hat
Eigenes gehabt. Wenns do
König sagete, so hätts doch
Nu sagt er: Es ist Nichts
schen, und auch die ganze W
will euch eine andere Speise
soll. Darümb so hätte allhie
sagt: Woher mit dem Narren

denn es ist eine Predigt, die allein für die Christen dienet; die Welt verstehet sie nicht, weiß auch von dieser Speise Nichts. Aber ein Christ, der da Gottes Wort weiß, und dem es der Herr Christus ins Herz gibt, der erkennet Christum allein durch den Glauben; und er bleibet auch bei Christo, und hält ihn für den, der vom Vater versiegelt sei, daß er die Speise gebe. Dieser Christe hänget an solcher närrischen Predigt, und gläubet dem närrischen Gott, der seinen Sohn dazu gesandt hab, daß er die Speise geben solle. Wer ihn nu dafur nicht halten will, der mag immer hinfahren.

Und daß er saget: des Menschen Sohn, damit zeigt er klar und offentlich an, daß Gott der Vater einen Sohn hab, welchen sie denn für Augen sehen, greifen, hören und fühlen; wie S. Joann. davon auch sagt und spricht: Den wir gehort, mit unsern Händen angegriffen haben 2c.; derselbige leibliche Mensch, so von der Jungfrauen Maria geborn ist, der wird eine ewige Speise euch geben w). Er will selber sein der Geber, Bäcker, Kellner, Bräuer, ja der Koch; item, die Schussel und die Teller, so uns die ewige Speise gibt. Mein Fleisch und mein Blut, will er sagen, das ihr da sehet, das ist die rechte Speise, die euch ewig erhält, daß ihr auch im Tode sollet des Lebens sicher sein. Aber es möcht einer gedenken: Wie ist das möglich? Wo ist denn der Vorrath? Wo ist die Fleischbank und das Kornhaus? item, die Küche und der Keller? Denn darnach siehet sich die Vernunft umb, und flattern die Gedanken dahin. Aber da saget Christus allhie: Esset, ich will euch eine Speise geben; das bin ich, mein Fleisch und mein Blut. Er will, daß ich nicht gedenken soll an meinen Keller, Boden, Korn, Brod und Wein; sondern solches Alles aus dem Sinne schlagen, und auf sein Fleisch denken, und die Kornböden oder Keller ausschlagen. Aber das ist der Vernunft gar ein toll Ding, da Christus saget: Ich will der Geber, Bäcker, Brauer und Ackermann, ja die Speise selbr

w) Christus ist der Geber der ewigen Speise.

So meinet nu allhie w
nicht verdienet haben, sond
sie ist eine Gabe, und ist e
leibliche Speise, und ist ein l
das leiblich Essen auch ei
Denn es ist kein Mensch,
der ein Körnlin vermochte a
Pflügen, ackern und aussaen
nicht dabei ist und segenet,
Körnlin wieder davon bek
Brod draus backen lassen, so
Segen, der muß es schenke
manns Arbeit alle umbsonst
und Segen nicht dazu kame.
daß wir die Taufe, Abend
Absolution haben, und wir
Gott solche Speise auch geg

Denn denselbigen hat
siegelt.

Das ist auch äbentheurl
daß Gott hab den Sohn,
diese Speise und der Kornm
ner und Vorrath ist, Jesum
gemacht; den meine ich, d

Siegel soll Christus sein und kein Anderer,
t und verdammet damit alle andere Siegel.
t ein stark Wort, welches aus der Massen
nd sich greifet, daß wer da will ewiglich leben,
sse diese Speise haben, welche der Sohn gebe,
dem Sohn, der da versiegelt ist, sich finden
sonst, wo er den nicht hat, so wird er des
Lebens feihlen. Denn allhie ist das Siegel
ugniß drauf gedruckt.

it diesem Wort, versiegelt, will er dieser
und diesem einigem Meister Christo unterwer-
s, was stolz, heilig und weise ist in dieser
). Denn heute zu Tage disputiret man noch,
durch unsere Zubereitung und gute Werk,
unsere Liebe, Thun und Verdienst gerechtfer-
verde und das ewige Leben erlange. Aber
u die zwei gegen einander, und siehe, ob das
so du thust, item, dein Verdienst, Fasten, Be-
Wallfahrtlaufen sei das Fleisch und das Blut
hristi, obs die Speise sei, so des Menschen
gibt. Zeuchs zusammen: Mein Leib, mein
und Arbeit; und Christi Leib. Wenn ich gleich
fastet, und die Heiligen angerufen hab, auch
hrt gelaufen bin, nicht geschlafen, dieß und
Werk gethan hab; so nimms zusammen auf
Haufen, und wirfs in einen Sack, und siehe,
e Werk sind der Leib und Blut Christi. Das
ar weit feihlen. Wie kömmet man denn zu
Ruhm, daß man will durch diese Werk selig
? Wir können uns nicht selbs diese Speise [10])
sondern sollen sie von des Menschen Sohn
en a). Darümb so soll Christus nur sein
drauf drucken, da weiß ich denn, daß mein
Gott mir gnädig ist. Denn er spricht nicht:
rst mir die Speise, so dich ewiglich erhält,
und fürsetzen; sondern er spricht: Ich wills
ben. Des Menschen Sohn, welchen du für

...heiligkeit verworfen. a) Christi Leib und unser Werk sind
...erlei.
...g. weiset.

geborn von Maria der Ju
Mutter, hat ihn auch nich
Heilige Geist, von dem er
nur ihren Leib und Gliedm
von ihr zur Welt geborn n
so närrisch, daß ich mit mei
richten wolle? rc.

Denselbigen hat Gott

Dieß Wort hat auch
Nachdruck hinter ihme; al
nicht ein schlechter Mann
sein Vater; sondern ich wil
Er ist Gott; der ist der V
der Vater hat seine Augen
und ihme Alles unterworfen,
und sein Blut trinken soll
werde; oder müssen Alle
den Sohn, Christum, alle
gelt, und alle seinen Wille
auf Christum geleget, und a

Dieweil denn Gott sein
hat, und er hat nur ein S
den H. Geist gegeben, auf
auf ihn sehen sollen, und di

Sophisten thun, die weisen dich auf deine Werk b), d brauchen noch dazu die Sprüche der h. Schrift, s die das Ansehen haben, als sollten gute Werk rgebung der Sünden verdienen (als im Daniele: ccata redime eleemosynis); da sprich du denn: hre immer hin, bring deß Brief und Siegel, denn hie stehet das Widerspiel: Gott der Vater hat den ohn, Christum, allein versiegelt; wo willt du denn mit sen guten Werken und mit diesem deinem Siegel n? Dieses ist in der h. Schrift also geschrie- t; wem soll man billiger gläuben? So du denn dieß Siegel wegreißest, so bedarfst du Christi nir- nds zu. Darümb so gehe hin, und siehe, ob es Gott der ater versiegelt hat, was man dir prediget und du gläu- n sollest; wo nicht, so reiße das Siegel hinweg.

Also stehets nirgend in diesem Text geschrieben, ß man Christum mit den Werken soll zusammen hen c), daß beide [11]) uns die Vergebung der Sün- n erlangen; sondern fuße auf den Text, daß Chri- s allein unser Seligkeit sei. Er ist alleine vom ter versiegelt, der wills alleine deuten, und laß n Zusatz mit den Werken fahren. Denn sollens Werk thun, so hast du die Seligkeit verloren. ll ich dir weichen? Warümb räumest du mir nicht? t mußt eines lassen fahren, und dahin kommen, ß du kurzumb Christum lassest den Mann sein, n Gott versiegelt hat. Das Häupstück muß man halten, man helfe den Sprüchen von den guten erken wie man will; wie denn gelahrte Leute lchs wohl thun können, und armen Unverstandi- n damit ein Geplärr für die Augen machen mö- n: so kann man doch diesen Text allhie nicht ver- gnen. Und ich setze, daß ich gleich den Spruch nielis nicht verantworten noch solviren könnte, ß ich dazu gar zu gering und ungelehrt wäre; noch so wollt ich lieber das lassen fahren, daß durch die gute Werk sollte selig werden, denn en klaren, hellen Text, daß Christus meine Speise

---

b) Gute Werk und Menschenlehre sind nicht das rechte Siegel.

c) Christum und gute Werk muß man nicht zusammen ziehen.

1) † [Stücke].

..., so mein Fleisch
Text bedarf keiner Glossa; do
chen von guten Werken, bedar
gesaget wird: **Machet euch Fr
rechtem Mammon; item: Geb
gegeben werden. Vergebet, so
geben werden;** da kann ich
ein Christ sein, der muß Solch
ken beweisen, die Fruchte mus
guter Baum wird aus den Fr
oder gemacht, sondern er wird
kennet. Dort kann ichs so g
kann ich keine Glossen geben,
Des Menschen Sohn wird euch

Sehet nu zu, was ihr a
Es stehet klar allda: Der Va
und Bullen an den Sohn ge
Worten er allen andern Lehrer
ernäheren wollen, abreißt ihre
und vermahnet, daß man allei
als sollt er sagen: Sehet zu, d
haltet; kömmet eine andere Lehr
sen will, und hat das Siegel u
so Christus ist, so hüte dich daf

Das muß ich ...

enn wir seinen Leib essen und sein Blut trinken. as wird Niemands umbstoßen, dabei wirds wohl [12]) bleiben in Himmel und in der Hölle; denn ott hats versiegelt. Bei dieser Speise des Herrn esu Christi und des Heiligen Geistes bleibe auch, d wisse, daß Niemands von seinen Werken und mosen lebe, sondern allein von dieser Speise, von m Leibe und Blut Christi, dieselbige thuts alleine; rnach werden die guten Werk wohl von ihnen bs folgen, daß ich dem Nähesten Guts thue, speise d rathe ihme; dasselbige hat einen [13]) Bescheid. wird auch denen ernstlich geboten, so diese ewige peise haben, und in der Hoffnung des ewigen Le- ns stehen. Denn, wenn Gottlose gleich Almosen ben, und haben die ewige Speise nicht, so fraget h unser Herr Gott nichts nach ihren Almosen, sie lfen ihnen auch nichts zum ewigen Leben. Denn das ewige Leben zuvor vorhanden ist, da ist chtlich zu rechnen, daß die Werk nicht selig machen.

So nu die guten Werk gethan werden, nachdem s ewige Leben erlanget ist a), so geben sie je nicht s ewige Leben; und reime du zusammen, daß Nie- ands gottgefällige Almosen gebe, und recht barm- rzig sei, er sei denn zuvor ein Christ worden, und aube an Christum, und sei mit der ewigen Speise sättiget. Und daß Danielis 4. geschrieben stehet: elös deine Sünde mit Wohlthun, daraus folget unwidersprechlich, daß der Christ, so gute Werk ut, zuvor das ewige Leben hab, so ihme geschenkt : warümb wollt ers denn erst durch die gute erk suchen, so er durch diese Speise selig gemacht , ehe denn er gute Werk thut? Es müssen die prüche von den guten Werken eine Glossa anneh- en, auf daß sie sich mit diesem Text reimen; denn eser muß stehen bleiben. Daß wir aber nu gute erk thun und Almosen geben, das dienet dazu, f daß die Menschen damit beweisen ihren Glau- n. Die guten Werk sind ein Zeichen und Zeugniß,

---

a) Wenn die guten Werk geschehen.

12) „bei" fehlt. 13) seinen.

daß wir die ewige Speise empfangen haben,
wir leben werden; sie zeigen an den Glaube
wir gegen Gott haben.

In Summa, mit diesem Text will der
Christus die Jüden weisen, daß nicht gnug sei
leibliche Speise haben; sondern sie sollen auch
ken auf eine andere, als, auf die geistliche Sp
welche ist die Lehre des heiligen Evangelii von
und seinem Leib und Blut, uns geschenket,
durch den Glauben von uns ergriffen wird.
ich diese Speis hab, so will ich nicht allein v
sen die leibliche Speise, sondern auch alle
geistliche Speise der Schwärmer und Rotteng
alle Heuchlerei und Gleißnerei, welche sie auf
und schöne Lehre fürgeben, dadurch die Leut
Himmel führen wollen, und Gottes Ehre un
men ihnen anmassen. Aber sehet drauf, Chris
allein versiegelt, daß er Gottes Gnade, Verg
der Sünden, das ewige Leben und den Heiligen
gebe. Also hats Gott verbunden und versiege
der Speise und bei dem versiegelten Sohne sol
lesse bleiben. Wo der bleibet, da bleibet auch
damit steuert und wehret[14]) Gott aller ander
und Glauben. Und so Gott selbs Solchs thu
wird Niemands dawider sein, es wird bei
Speisemeister wohl bleiben, so wollen wir au
ihme bleiben; und wo der Artikel bleibet, da
gar; wo der fället, da fällets auch gar.

Die dritte Predigt[15]).

Also haben wir bisher gehört, daß der He
Jüden dieß Nüßlin fürgibt zu beißen, daß sie
die leibliche Speise an ihme suchen, sondern die
Speise wirken sollen, so der Sohn geben würde:
will sie lehren, daß sie nicht allein auf dieß

f) Wir müssen die geistliche Speise haben.

14) † auch. 15) „Die dritte Predigt" fehlt.

gedenken, sondern wie sie auch nach diesem Leben ewiglich bleiben mögen; dazu er ihnen denn helfen wolle und dieselbige Speise geben. Nu wären sie wohl zufrieden gewesen, daß er ihnen nur hätte zu essen gegeben; aber daß er sie wollt meistern, und sie etwas Bessers lehren, und ihnen noch etwas Bessers geben, und mehr wissen, denn sie, das ist ihnen nicht zu leiden. Darümb fragen sie ihn davon weiter.

Da sprachen sie zu ihm: Was sollen wir thun, daß wir Gottes Werk wirken?

Es ist eine stolze Frage g). Sie meineten, daß sie zuvor Alles wüßten, fromm gnugsam wären, und Alles erfüllet hätten, daß sie seiner, als ihres Meisters und Lehrers, nicht bedürften, noch ihnen drumb fragen müßten, was sie thun sollten: sondern man sollt ihre Heiligkeit ansehen; geben mit ihrer Frage so viel zu verstehen, als ob er sie für Narren und Kinder halte, die da [16]) nicht wüßten, was sie thun sollten; rücken ihme gleich auf, er würde zu geben gnug haben, wenn er ihnen täglich sollte Brod geben, und auch noch dazu [17]) ihre gute Werk und Verdienste bezahlen, wie denn die Mönche und unsere Heuchler auch sagen, lästern unser Evangelium, und sprechen: Was predigst du uns viel vom Glauben? Denn sie meinen, Gott müsse ihnen das ewige Leben umb ihres Verdiensts und heiligen Lebens willen geben. Das ist ein verdrießlich Ding, wenn man die Lehremeister will zu Schüler und Discipel machen; sie meinen, sie wissen zuvor Alles, man darf sie nicht lehren. Darümb verdreußt es sie, daß er kömmet und will sie noch viel lehren, fahren ihn trotzlich an, und sprechen: Was sollen wir thun? als sprächen sie: Du triffsts; wir wissens bereit besser, denn du es uns sagen oder erdenken kannst. Bei uns haben wir die Schriftgelehrten, den Gottesdienst,

---

g) Ein stolze Frage der Jüden.
16) es. 17) † ihnen.

Das ist Gottes Werk, d
gläubet, den er ges

h) Da verderbt ers gar. E
ist nicht gut deutsch geredet; abe
stehen lassen, umb des Worts
das da heißet wirken, und darüm
Sprach nach der ebräischen lenke
lein Gottes Werk i), was er thut
auch was wir thun. Also heißt
was er gebeut und befohlen hat, und
ihme zu Ehren. Also wird eine
Haus genennet, welche doch die
und nicht Gott; aber weil es Gott
sie ein Gotteshaus heißen. Also
den Propheten auch Gottes Wer
nennet, die wir thun aus Gott
heiße, damit ihm gedienet werde
der Könige spricht das Volk zu
Mann, der des Herrn Kriege füh
Kriege, die Gott nachgelassen, ge
hat, und die Gott zu Ehren und
nicht, daß Gott gekrieget hätte, so
dienet Gott zu Ehren. Im Buch
liche Meister geordent, die da G

gethan. Denn unser Fleisch und Blut, auch
rnunft und Natur ist nicht dazu geschickt,
rm Herrn Gott durch sie ein Haar breit ge-
rde, und Gotts Werk thun; sondern Fleisch
dienet ihme selbes. Darümb, soll ein einig
ottes geschehen, so muß es von Gott gege-
den, alsdenn ist es seines Geistes Werk k).
n redet er allhie nicht allein von äußerlichen,
die er für sich schlechts thut, ohne uns;
oon denen Werken, so wir thun durch seinen
d Gnade, und von denen Werken, die er
eißen hat, die Gott von uns erfodert, und
ine Ehre, Dienst und Gehorsam angehen.
ist nu eine sonderliche Weise also zu reden:
Werk l). Im Propheten Daniel [18]) wird
Ich war betrübt, und thät das Werk mei-
igs; welches ein Hebraismus ist, und also
als: Ich thue die Geschäfte, die mir der
efohlen hat, und die ihm gehören und an-
Aber wir Deutschen reden nicht also, es klap-
Art zu reden bei uns nicht, daß der Knecht
Ich will hingehen und meines Herren, oder
d, der Frauen Werk thun; denn es lautet
ndern wir sagen: Ich will thun, was mich
oder die Frau geheißen hat, was ihn an-
d was ich schüldig bin, und das zu seinem
. Aber die hebräische Sprache redet also.
g ich darümb, daß nicht einer irgends an
istern Worten anlaufe.
wollen aber fragen und sagen m): Wer bist
du uns lehren willt, wie wir Gott dienen
Du willt ein Herr sein. Meinest du nicht,
auch Gottes Werk erkennen? Haben wir
Tempel, die Priester und den Gottes-Dienst
Erkenntniß: noch redest du von einer un-
ichen Speise. Sage uns doch von dem Werk

Gottes Werk geschehen, wider die Syner. l) Was da
s Werk sei. m) Gegenwurf der Jüden.
David.

iwien äußerlichen Gottesd
Werk n). Denn sie mei
Gehorsam Gottes einher
äußerlichen Werken, Ceren
ubeten, mit sonderlicher Sp
item, wenn sie Kälber, B

Aber Christus nenne
die sich nicht hält, die
hilft zum ewigen Leben; d
gleichwie ein Tag vergehet
und ein Kleid veraltet nach
gehet nicht mit dem umb, d
gedenkt auf ein andere Sp
befleißiget euch des Gottes
ret; denn diese Speise b
also auf einander der v
Gottesdienst, den sie bish
nen sie anders Nichts ges
leibliche Speise, und der
liche Gottesdienst o), davon
haben; als, daß der Vat
Und wer Gott dienen will
Gottesdienst richten. Den
und das ist der rechte Gott
an den, den der Vater

er Psalm, und nicht mehr, zu allen Helden,
: und Völkern allzumal: Hüldet dem Sohn,
on allein, lasset den euern Herrn und König
hmet ihn an. Also redet auch Sankt Paulus,
ristus unser Häupt sei. In diesem hats Gott
sset und geschlossen, daß, wer an ihn nicht [20])
, der solle mit keiner Gerechtigkeit, Heil und
it für Gott bestehen, sondern es soll Alles
net sein.

ß diesem wahrhaftigen Gottesdienst stimmet
ze heilige Schrift uberein. Denn er ist auch
heiligen Schrift gegründet; daß willt du Gott
so gedenke, daß du gläubest an den, den der
esändt hat q). Willt du nu wissen, wie man
Gnade erlangen und zu Gott kommen möge,
für deine Sünde möge gnug gethan werden,
Vergebung der Sünden bekommest, und dem
ntlaufen mögest: so ists das wahr, das will
aben, das soll sein Werk und wahrhaftiger
heissen, daß du gläubest an Christum. Redet
n dem Werk, das wir thun sollen, nämlich
. Denn der Glaube ist ein Werk, das von
Menschen geschehen muß, und wird auch Got-
rk geheißen. Denn das soll das rechte We-
Werk, Leben und Verdienst sein, damit Gott
hret werden und ihme gedienet haben. Außer-
em Glauben nimmet Gott Nichts für einen
ienst an. Das ist die Antwort auf die Frage,
der rechte Gottesdienst sei, nämlich, die Lehre
lauben an Christum.

oher aber der Glaube kömmet r), (denn den
n hat Niemands von sich selber,) das wird
s hernacher lehren, da er saget: Es kömmet
nds zu mir, der Vater ziehe ihn denn. Item:
ubet Niemands an mich, es werde ihme denn
einem Vater gegeben. Denn der Glaube ist

: wahrhaftige Gottesdienst ist Glaube an C. r) Woher der
ube komme.
hr" fehlt.

das außer und über uns gar weit
Christus, welchen der Vater send
Fasten, Beten, Wachen, Arbeiten
Fasten ist ein Werk, das von mir
ist auch ein Werk meines Häupts
Almosengeben, Arbeiten, und wa
seinem Leib, Leben und Seel thun
les unser Werk, das von uns k
außerhalb uns geschieht; aber wo i
Denn Christus ist nicht dein Mund
Augen, Hände, Leib oder Seel,
Ort des Leibes, sondern ist gar
gleichwie die Sonne nicht mein A
Bauch ist, sondern ist auch gar
Die Augen können wachen; ich fü
Christum drümb nicht. Item, ich
Augen, aber drümb treffe ich Chri
er will sich mit unsern Gedanken u
begreifen lassen. Und ist also der
ser Werk, denn ich werde zu Chri
ich nicht fühle noch sehe.

Derhalben so stellet er uns
für, das wir nicht können tappen n
reißet uns außer uns selbs und

lein Christus ist nicht in mir, ich sehe ihn nicht so leiblich, als ich meine Faust und meinen Mund hen kann, denn er sitzet zur rechten Hand Gottes, nes himmlischen Vaters. Da wird nu allhie in esem Text gesaget: Wer an ihn gläubet, der diet mir. Wir müssen unser Herz an ihn hängen, d anstehen lassen Fasten, Beten und Almosengen, das ich bei mir fuhle, und muß Christo außer einem Werk allein dienen, daß ich gerechtfertiget erde.

Also stehet die christliche Gerechtigkeit und der haftige Gottesdienst außerhalb unser Kraft, irken [21].) und Verdienst, allein in Christo u): da Gott unser Vater und Gott sein, so wir gläu- n an den, so nicht in uns ist, sondern zur rechten and Gottes sitzet. Darumb soll man den Text ohl ansehen. Wenn du willt ein Werk thun, das ottes Werk sei, so spricht er nicht: Schlachte mir Ochsen, ein paar Turteltauben, faste dreimal in Wochen, halte diesen oder jenen Feiertag; item: illt du mir ein Gottesdienst thun, so lauf hin zu ankt Jakob, iß und trink also, kleide dich also, mur- ele also, gelobe Keuschheit, Armuth und Gehorsam, he eine Kappe an; der Dinge stehet keins allda, n Speise, Kleider, Schuhe, Häuser, Wallfahrt, egeln und Gelubden. Denn aller Menschen Regel d Nichts allhie, werden auch mit keinem Wort ge- cht, sondern außer und weit uber diese Werk alle ll Gott ein ander Regel geben, und andere Diener ben, ohne unsere Verdienst und Wirken; es soll e Gabe Gottes sein, ohne Kappen und Platten, ch Mannern oder [22]) Weibern gegeben werden, mlich, die da glauben. Der Glaube ist der rechte ottesdienst; man muß gläuben, daß außer Christo n Heil noch Seligkeit sei. Diese thun alleine Got- Werk, so da glauben an Christum.

Wenn man aber also prediget v): Ich will

u) Unser Gottesdienst stehet in Christo. v) Des Papsts Werk und Gelübde.

21) Werken. 22) und.

jollen, daß du ihme also d
Widersacher sehen selbs, d
ben, und schamen sich der
nen geschieht nicht mit Klei
oder in eine Winkelkirchen
es stehet nicht in äußerliche
stum gläuben, und jenes od
also weit als Himmel und
terscheiden w). So sind au
Regel Sankt Francisci, Be
stini, und der Glaub an
du ein Pfaff werden, o d
gläuben. Aber Gott sprich
Gottesdienst anrichten, so th
kann mir nicht anders diene
sen,) denn gläuben an den,
Daneben will er die gu
nicht verworfen haben x), als
sein, und die Aeltern ehren,
thun; welchs wahrlich auch
Gottes ist, denn es ist von
gehet solch Werk nicht strad
gegen den Menschen. Es ist
Gottesdienst, der nur die M
aber redet er vom ...

ott und nicht den Menschen dienen, und haben die
dere Werk der Welt und Menschen gar vernich-
; und mit solchen Werken allein umbgegangen,
s da Gotte daran zu Dienst geschehe, daß Gott
: die Kappe, Platte, Fasten und Gebet ihnen
ädig sein müßte; auch auf solche Werk getrotzt
d gepochet, und hat man sie gefraget: Warümb
gest du eine Kappe? so haben sie gesaget: Gott
Dienste.

Wider dieselbigen gehet dieser Text, und redet
r allhie von dem Gottesdienst, so allein und eigent-
Gott zugehört, und nicht von denen Aemptern,
erken und Früchten des Glaubens, oder von den
ßerlichen Werken, so in der andern Tafeln
zehen Gebot befohlen werden; sondern von den
erken der ersten Tafeln z). Als, das heiße ich
ht ein Gottesdienst oder ein Werk Gottes, wenn
Jüden im Tempel schlachtet; es ist aus, Gott
lls nicht mehr haben, denn in Christo ist weder
schneidung noch Vorhaut, weder Jüde noch Grieche,
eib noch Mann; und vielweniger gelten da der
ıpisten, Mönche, Nonnen und Pfaffen Werke, die
s Teufels und Antichristi Kreaturen sind, und
ott gar nichts dienen, und in lauter Menschensatz-
gen das Himmelreich und den Gottesdienst suchen.
arümb, heraus aus dem Kloster, in Gottes Na-
n, und diene der Welt in einem rechten Stande;
n dein Stand ist sonst nicht Gottes Werk, da-
ıb immer weg mit ihme! Willt du aber Gott
nen, so weiß ich von keinem andern Werk und
ottesdienst, denn, gläube an Christum, und nimm
ı Sohn an, den Gott dir gesandt hat; höre ihn.
) du aber den Gesandten nicht annimmest, so wirst
kein Werk Gottes thun, sondern ewiglich verdam-
t werden. So soll man nu unserm Herrn Gott
nen Gottesdienst anrichten, er wills nicht haben,
darf deiner Werk nicht, sondern hänge mit dem
auben an Christo.

z) Dieser Text redet von der 1. Tafel, und nicht von der 2. Tafeln.

Also ist dieser Spruch gar ein herrlicher Text, damit man stürmen kann wider die verdammeten, falschen Gottesdienste; denn Gott hat es gestift und geordent, wie man gegen ihme und den Menschen leben solle, und er bedarf nicht des Tempels und Opfer, Speise und Betens: sondern gedenke, daß du dich bekümmerst mit dem Herrn Christo, den höre, dem siehe ins Maul, lasse diesen Boten zu dir vergeblich nicht gesandt sein.

Wenn ich ein Herr [24]) in einem Hause wäre a), und ein Knecht wollt mich lehren, was ich thun sollte, oder die Magd wollt der Frauen ubers Maul fahren, das wäre seher verdrießlich, und würde mich nicht gelüsten. Ich würde sagen: Immer zum Teufel und zur Thur hinaus mit diesem Knechte und Magd; sondern also muß [25]) zugehen: Der Herr spricht zum Knecht, und die Frau zur Magd, was man thun solle. Also ists ein böse Ding, Gottes Wort, Gebot und Befehl aus den Augen wegthun, und denn unsern Herrn Gott lehren wollen, wie man ihm dienen solle; ja, du verdienest damit höllisch Feuer auf deinen Kopf hinauf.

Also haben die heillosen Mönche auch gethan. Sie haben Gottes Gebot anstehen, und Christum, auch seine angebotene Gnade und Barmherzigkeit fahren lassen, und sind getrollt kommen mit ihren Regeln und Werken; und damit haben sie ihren Jahrmark und Ablaßkram der Werk bestätigen wollen, und lassen anstehen, was Gott geboten hat. Aber allhie saget er: Wo hab ichs euch befohlen? Ich habe meinen Sohn zu euch gesandt, und ihn lassen Mensch werden, auf daß du an ihn gläubtest, und Gott dafür Dank sagtest, und wüßtest, wie man Gott dienen sollte, nämlich an den Sohn gläuben und ihn annehmen. Aber die Welt dankt Gott nicht dafür, daß Gott ihr anzeiget, wie man ihm dienen soll. Darümb so ist die Werkheiligkeit ein äußerlicher Gottesdienst; denn wir wollen unsern Herrn

---

a) Gleichniß von der Haushaltung.

24) Orig. Knecht. 25) † es.

Gott lehren, womit wir ihm dienen sollen. Und will Christus allhie sagen: Der Pharisäer Gottesdienst will meine Ehre haben, die mir gebühret; das wird ihnen nicht gelingen, sie sollen von diesem Dienst höllisch Feuer auf den Kopf bekommen. Aber ich habe dir fürgeschrieben, wie du mir dienen sollest, nämlich: Gläubet an mich, Christum, erkennet mich; also dienet man mir. Nehmet den Sohn an; so komm ich denn zu dir und du zu mir, und denn werden wir der Sachen eins, und Gott ist mit uns wohl zufrieden. Darnach so [26]) gehören die äußerlichen guten Werk für den Nähesten, und will Gott denselbigen Dienst auch haben, ferner geschieht nu den Menschen, und wird wohl folgen, wenn wir Gott seinen Dienst erst geleistet hätten; also würden wir zusammen kommen.

Es ist gar eine stolze, hoffärtige Frage b), daß sie sprechen: Was sollen wir thun, daß wir Gottes Speise wirken? Sie haltens für einen Spott; als sollten sie sagen: Ei, du Bettler, willt du uns lehren, was wir thun sollen? Du hast nicht einen Heller im Beutel, und sprichst: Es ist Nichts umb euern Gottesdienst; ehret aber den Sohn, gläubet an den, den Gott gesandt hat, dieß ist der rechte Gottesdienst. Also verlachen uns auch noch heute zu Tage unsere Widersacher, verlästern die Lehre des Glaubens: Solltet ihr von Wittenberg alleine klug sein? Sollen wir von euch lernen? Wir haben auf unser Seiten die Patres, die alten Lehrer der Kirchen, die Concilia und hohen Schulen; meinet ihr, daß unser Väter geirret haben? haltet ihr uns für Türken? was predigt ihr vom Glauben? Pfui dich Maul an, mit deiner neuen Lehre!

Aber dieser Text und die ganze heilige Schrift zeugen, daß Gott unsere Werk nicht achtet c), sie sollen nicht der Gottesdienst sein, dadurch man ihme dienete. Darümb darfst du es nicht, hilft dich nichts,

---

b) Die Frage der Jüden ist ein lauter Spott. c) Gott achtet die Menschen-Werk nicht.

26) „so" fehlt.

in ein Kloster laufen, ein Mönch, Pfaff und Nonne werden! Er will aber von dir haben: Ehre deine Aeltern und Oberkeit, ehre, hilfe[27]) deinen Nähesten, daß du gebst armen Leuten, vergebst dem Nähesten, wenn er dich beleidiget hat; und spricht denn ferner: Das ist ein Werk, damit du mir nicht hilfst noch mir hofirest. Willt du mir aber ein wohlgefälligs Werk thun, so mußt du ein höher Werk haben, das mein Gottesdienst genennet werde, nämlich, gläube an den Sohn, laß dir den befohlen sein, höre ihm zu; denn er ist mein Bote, er wird dir alles sagen, was du thun sollt, und was er nicht saget, das lasse anstehen, denn es soll nichts gelten.

Es sind viel Sprüche hin und wieder in Sankt Paulo, als zun Romern, Galatern und Kolossern, die da sagen, daß Gott in eine Summa gezogen hab alle Gottesdienst im Jüdenthum, daß Christus soll sein finis legis; item, daß er sei plenitudo legis, temporis, et plenitudo omnium rerum; der Christus solls gar sein und Alles haben d), also, daß wer den Mann im Glauben ergreifet, dem soll die Sünde vergeben, das Gesetze erfüllet, der Tod erwürget, auch der Teufel uberwunden, und das ewige Leben geschenkt sein. Denn in dem Mann ists alles beschlossen, er hats alles erfüllet. Wer den ergreift, der hats gar, wie denn zu den Kolossern auch gesaget wird: In illo consummati estis. Wenn ich der Höllen Angst und die Sunde[28]) fühle, und ich Christum hab, so bin ich vollnbracht, es kann mir weder Tod, Sünde noch Teufel schaden. Denn, gläube ich an Christum, so habe ich das Gesetz erfüllet, es kann mich nicht verklagen, ich hab die Hölle uberwunden, sie kann mich nicht behalten, und ist alles dein, was Christus hat; denn durch ihn erlangen wir auch alle seine Güter und das ewige Leben. Und ob ich gleich schwach im Glauben bin, so hab ich doch den Schatz und eben den Christum, den Andere haben: da ist kein Unterscheid, wir sind

---

d) Alle Werk und Gottesdienst sollen sich auf Christum ziehen.

27) haben Ehre; deine — Obrigkeit ehre, hilf. 28) Orig. Sunde

durch den Glauben an ihn alle vollkommen; aber nicht aus den Werken.

Gleich als wenn ihr Zween hundert Gülden haben; einer mag sie in einem Papier tragen, der Ander aber in einem eisern Kasten führen und bewahren, und haben dennoch beide den Schatz ganz und gar: also ist auch einerlei Christus, den wir haben. Obgleich ich oder du stärker oder schwächer gläuben an Christum, so ist doch Christus einerlei. Wir habens alles in ihme, wir habens mit einem starken oder schwachen Glauben gefasset. Der ganze Gottesdienst stehet darinnen: Gläube an Christum, den der Vater zu dir gesandt hat; was der dir predigen wird, das nimm an. Daran kannst du Gott nichts Lieberś thun, weder in Himmel noch auf Erden.

Aber nu werden die Jüden zornig, daß er sie einen neuen Gottesdienst lehren will, und werden ihn aufs Maul erst schlagen.

e) Dieses hat der Herr Christus geantwortet auf der Jüden Frage f), da sie zu ihm sagten: Was müssen wir thun, daß wir Gottes Werk thäten? Nämlich, das sei Gottes Werk, daß sie sollen gläuben an den, so Gott zu ihnen gesandt hätte; das ist, sie sollen die Lehre des Evangelii annehmen, so Christus predige: das sei das fürnehmeste Lehre- und Häuptstücke, so Christus anzeiget, daß wer Gott dienen wolle, daß er in diesem Werke erfunden werde, nämlich, daß er gläube an den, so Gott gesandt hab. Der Antwort hätten sich die Jüden nicht versehen, daß sie noch etwas Anders und Bessers lernen sollten, denn sie allbereit konnten; sie wollen sonst aller Welt Lehrmeister sein. Darümb verdreußt es sie, daß er ihnen also antwortet, er wolle sie etwas Sonderlichs lehren, und dazu, daß sie an den, so Gott gesandt hat, das ist, an ihn, den Herrn Christum, gläuben sollen. Darümb so murren sie wider ihn, und werden erst recht schellig, sagen:

---

e) Die vierte Predigt. f) Den Jüden thut diese Antwort Christi wehe.

cher Teufel hat dich b
sein willt und uns leh
dir gläuben sollen?
Meinest du, du seiest
nicht, wir sind auch P
dern Prediger und Me
als, Mosen und die Pro.
also, wie Moses geth
sein? Sollten wir dir
wissen, was wir thun
sollen an dich gläuben,
Und setzen ihme den M
auch ihre Väter, das jü
sprechen: Moses hat a
rechte Doktor, und wir s
ein ander Lehrer, deine
gegen: laß mir Mosen
du gleich stolz bist. E
Manna, er predigt und
kel, wie dieselbigen beschr
geboten, daß du es ihme

Also wollen sie den
und seine Predigt danied
nicht gläuben sollte. un

ı Christum, den Nasenweisen und Klüglingen nicht
fallen.

Dieß Glück hat das göttliche Wort in der Welt,
ıß die Lehrer und Werkheiligen Alles besser wissen.
arümb sagen sie auch: Was thust du für Zeichen?
ıben des Mirakels vergessen, so er neulich für ihren
ugen gethan hat, da er mit 5 Gerstenbrod und
veien Fischen fünf tausend Mann gespeiset hatte, das
dahin; als sollten sie sagen: Wir ließen wohl
schehen, daß du uns zu essen und zu trinken gä-
st; aber daß du uns lehren willt, und unser Mei-
er sein, das können wir nicht leiden. Also gehets
ch in der Welt zu, und also wirds wohl ewiglich
eiben, daß die Leute sich ließen speisen und reich
achen, und daß das Evangelium ihnen zu weltlichen
ütern hülfe, Nahrung, Geld, Ehre und gut Ge-
ach ihnen brächte; aber daß es die Leute in dem
ottesdienst will meistern und lehren, das kann man
cht leiden. Sie haben Gott lieb nicht anders, denn
e die Läuse den Betteler lieb haben, auf daß sie
n fressen und das Blut aussaugen, und nicht sein
estes suchen. Also lieben wir das Evangelium auch,
ß wir dabei nur Fressen, und unser Bestes und
gen Nutz suchen, amore concupiscentiae, non ju-
itiae, amatur evangelium. Sie nehmens nicht dar-
ub an, daß man ihme gehorsam sei; das will nicht
ppen: sondern wenn er sie alle Tage gefreßt und
änkt hätte, da wäre er der liebe Christus gewesen.
er da sie fragen: Was müssen wir thun, daß wir
ottes Dienst und Werk thun? und er spricht:
läubet an mich; da antworten sie: Müssen wir
nn so eben dir gläuben? deine Lehre ist Nichts ge-
n Mosi Predigen.

Aber Christus antwortet schlecht drauf, und re-
t nicht viel von den Zeichen, sondern spricht:

Wahrlich, wahrlich, ich sage euch: Moses
at euch nicht Brod vom Himmel gegeben,
sondern mein Vater gibt euch das
rechte Brod.

Diese Historie vom Himmelbrod ist wohl be-

Wunderwerk Gottes:
ses Gebets willen, d
Manna sammlen, so v
welchs ein groß, äbenth
war Manna ein weiß
riander, Hirsen oder
konnten, was sie gelüst
dem Felde auf, als v
ten, trugens heim, un
wie es einem Iglichen
rakel vierzig Jahr an e
undankbarn Israeliten tä
sie wurden des Himmelb
gerne wieder in Aegypte
und Zwiebeln; gleichw
auch also thun. Da w
ren, da schrien wir Zete
errettet gewesen: itzt wä
und das kann noch wohl

Der Herr Christus
daß er soll ein Zeichen
und antwortet auf das
Lehre Mosi und das Mir
fene Speise k), und sprich
Manna gessen

gläubigen, daß Gläubige und Ungläubige davon
en bei sechsmal hundert tausend Mann; und sind
ichwohl alle gestorben. Derhalben predige ich
ill er sagen,) von einem andern Essen, denn ihr
stehet oder meinet. Ich rede nicht von der Speise
d Brod, davon euer Väter gessen haben, denn so
selbigen Himmelbrods Kraft gewesen wäre, daß
einen zum ewigen Leben erhalten hätte, so wären
nicht gestorben; aber es hat sie nichts geholfen.
rümb so ist ein ander himmlisch Essen und Brod,
ich gebe, davon ich allhie rede; wiewohl es wahr
daß die Väter, so in der Wüsten gegläubt haben
den zukünftigen Christum, durch das Himmelbrod
ewigen Todes nicht gestorben sind.

So will er nu ihnen so viel sagen: Ihr rühmet
h fast, daß ihr in der Wüsten Himmelbrod gessen
bt; aber was ist das für ein Ruhm? Was haben
r Väter davon gehabt? Haben sie darümb ewig-
gelebt, und sind sie dadurch selig worden? Nein,
nen. Derhalben spricht er: Wahrlich, wahrlich,
ses thuts nicht, da wird nicht aus. Was hat
h Moses für Brod gegeben? Die heilige Schrift nen-
das Brod, so Moses gegeben hat, Brod vom
mmel; aber es ist nicht das rechte Brod, denn
hdem sie gessen hatten, sind sie alle gestorben.
enn es nu das rechte Brod gewesen wäre, so wä-
sie lebendig blieben, und nicht gestorben. Da-
mb spricht Christus, daß die Lehre, so sie gehört,
d die Zeichen, so sie gesehen haben, das sind äußer-
e Zeichen und Mirakel gewesen, die sie ohne Glau-
und Geist angenommen und gebraucht. Sie ha-
ihr Himmelbrod gessen anders nicht, denn als
nn ein Sau gleich lange Kleien und Träbern
t, es hilft sie nicht viel, sie wird balde geschlach-
wenn sie gemästet worden ist: also haben sie eben
Himmelbrod auch gessen. Aber ich bin nicht
mmen, daß ich euch also auch (wie eine Sau)
sten sollte, und nur leiblich speisete und feist
chete: ich suche etwas Anders, denn allein dieß
en, nämlich Brod und Speise, so da bleibet,
nn dieß *Leben und die* leibliche Speise aufhö-

ue, es ist nicht recht Brod
Lehre, Moses hat euch das
sondern mein Vater. Hebt
lich auf Mosen mit seiner
rakeln; als sollt[32]) er sa
sen ansehen, sondern mich
alle seine Lehre auf mich ge
sollt ihr hören m), und nic
so Moses gegeben hat, ihr
nach dem rechten Brod tra
welchs eine ewige Speise i
den, so Gott gesandt hat,
Christum, sehen.

Aber diese Rede Christi
gewesen, die sie nicht versta
ken sind nur dahin gangen:
gegeben, das haben wir in
Nu spricht er allhie: Es i
welchs er also beschreibet u
esse, der lebet ewig, daß
sein, denn Mosi, oder sonst
denn auch ist, denn sie nic
näheret[33]), sondern speis
Aber sie habens nicht verstan
frembde Sprache, daß er

kofen gebacken wird o), nicht Mosis, nicht der
igel noch Menschen Brod; sondern Gottes Brod,
lches Brods ihr nicht gesucht, ihr nicht gewirkt
ch gebacken habt, wird auch nicht durch euer Mühe
d Fleiß und Arbeit erlanget, sondern es kömmet
euch vom Himmel, Gott gibt und schickt es euch
rümb, daß man nicht allein zeitlich, sondern auch
iglich davon lebe: dieß Brod gibt der Welt das
ben.

Solches alles [34]) redet er darümb, daß sie nicht
ch der vergänglichen Speise sich umbsehen sollen,
ndern auf den sehen, den der Vater versiegelt hat,
äuben an den, den der Vater gesandt hat 2c. p).
enn er ists allein, und bleibts alleine, dieses Brod
bt der Welt das ewige Leben, und hebt auch den
od auf. Denn, so es gibt der Welt das ewig Le-
n, so folget draus, daß es muß auch den Tod ver-
iben. Denn die Welt wird in Sünden und Tode
born, und ist des Teufels Eigenthum. So muß
dieſe Speise die Sünde wegnehmen, und vom
ode und des Teufels Gewalt erretten. Wo nicht,
ist kein Leben da. Denn wenn der Tod auch
ggeräumet ist und wegkommen soll, so muß Sünde
d Teufel auch weg sein, denn der Tod ist der
ünden Sold; und ist die Sünd weg, so muß der
eufel auch weg sein.

Derhalben so ist dieß die Summa davon, daß
ein solch Brod sei, welches der ganzen Welt gibt
s Leben q): das Werk, vom Vater versiegelt, gib-
ein das ewige Leben; als sollt er sagen: Alle ant
re Gottesdienst und menschliche Satzungen, wie sie
ien Namen haben mögen, sind alle eitel todt Ding,
ist kein Leben drinnen, sie lassen bleiben die Sünde,
od, Teufel, Höll und bös Gewissen; aber dieß
rod und kein anders, das Christus gibt, item,
eß Werk Gottes, vom Vater versiegelt, das gibt
eine Gottes Gnade und ewiges Leben. Denn die-

---

o) Unterscheid zwischen dem Brod. p) Auf Christi Himmelbrod soll man allein sehen. q) Christi Brod gibt allein das Leben.

34) „alles" fehlt.

Werk lassen die Sünde al
nicht gnug an dem Glaub
Werk thun.

Aber siehest du nicht a
uns gar ein sonderlich Br
ewige Leben gibt? Diesen
Klamanten unter die Nase
gen: Wenn es unser Wer
hätten thun sollen, wahrlich
auch; noch wird dasselbige
sagt: Moses thuts nicht m
Brod thuts alleine, so mei
Moses thuts nicht, er wird
ers nu nicht thut mit seiner
er Niemands erhält; wer
wirst es viel weniger thun,
zusammen bringen so eine fi
als Moses in seinem Gesetz
than, und uns gar herrliche
man soll an Gott gläuben,
noch dennoch wird allhie ges
alleine Christus solls thun.

Diesen Text sollt man
an alle Wände schreiben.

als, daß er im Kloster bleibet, und höret, was S. Benedictus, Franciscus, Dominicus und Augustinus sagen, oder der ein Karthäuser wird, o der fähret von Munde auf gen Himmel. Ja, in Himmel, da es zischet. Denn was sind diese Werk alle gegen Mosi? Dreck ists, ja lauter Dreck gegen Mosi Gesetze. Denn da Mosi göttliche Gesetze Nichts geben kann, was wird denn der Papst thun, der da saget nur von einer solchen Speise und Trank, daß sie gebieten von Kappen, Stricken, hären Hembden, da doch Moses vom Gottesdienst redet? Noch spricht Christus: Mach mir Mosen so groß als du willt, und wenn du gleich alle Gebot Mosi gehalten hättest, so ists doch Nichts, er gibt dir nicht dieß Brod t); so helfen seine Mirakel auch nicht, daß du das Leben dadurch haben könntest, noch dich von Sünden erlöseten; er hilft auch nicht zur Gerechtigkeit, erlöset nicht von Gottes Zorn, Teufel und Höllen. Er nimmet ihm alle Gewalt, daß er nicht helfe zum Leben.

Wozu dienet aber sonst das Gesetze und Moses? u) Davon frage S. Paul., der antwortet also drauf: nicht, daß es das ewige Leben gebe. Denn wenn du Moses Schüler bist, so hast du nicht davon das ewige Leben, sondern du lässest dich dahin führen, da dich Moses hin weiset, nämlich zu Christo, so die rechte Speise und Brod ist. Also sollt ein Barfußermönch und der Papst auch sagen: Ich will dich äußerliche Zucht lehren, daß du Niemands tödtest, nicht stehlen mögst; aber so du willt das ewige Leben und die Rechtfertigung für Gott haben, so siehe hieher auf Christum: allhie ist das wahrhaftige Brod, diesen hat der Vater versiegelt, an den gläube. Also hats ihme Moses nie in Sinn genommen, oder jemals ein Anderer, daß er davon das ewige Leben haben wollte: sondern also haben sie gesagt, wie Moses Deut. im 18. Kap. spricht: Der nach mir kommen wird, der soll das ewige Leben austheilen, den sollt ihr hören v); und Christus spricht auch sonst im

t) Mosi Speise. u) Wozu Moses und sein Gesetz diene. v) Moses zeuget von C.

... Stein, ja, von ... sen, dem Gott seine zehe... von Christo gegeben, und w... ist, das kömmet von Mo... Quelle.

So denn nu ein Gesetz... Menschen helfen sollte, so ... thun für allen andern Me... es ist nicht ein solcher treffli... wesen, der da Gottes Wort ... Moses. Die andern Pr... Discipuli: Moses ist der ... ist die Quell und Brunn, d... pheten geflossen sind w); noch ... das Häupt und die Brunnqu... sen, für sich, und spricht: ... aufs Maul, und wisset nicht ... Meinung ist. Gedenket nich... was helfe zum ewigen Leben ... warten auf mich; unterdeß ... Schulmeister, heißt euch Zuch... ses ein Zuchtmeister gewesen, ... Leben angerichtet hat. Wen... und weißest, daß dir Gott de... Heilande geben wolle, so ...

ich machen; sondern er soll ihn lehren und wohl ziehen, und wenn der Knabe wohl erzogen ist, so ill ich als der Vater ihme denn ein Weib, item, ein Gut, Haus und Hof geben.

Also lehret mich Moses auch, und zeuhet mich hin, daß ich in Zucht lebe, und daß ich gewiß sei, Gott wird mir den Heiland Christum senden, der ich solle selig machen. Denn wenn ich gleich ein ommer Bürger bin, eine fromme [36]) Obrigkeit, dait fahre ich nicht gen Himmel; und damit bin ich och nicht selig, daß ich ein Schultheß in einem Dorf, oder ein Häscher in der Stadt bin: das sind ußerliche Werk, die zum äußerlichen Gottesdienst nd Zucht gehören; da lehret Moses, wie man in r Welt leben solle, und ein fein zuchtig Leben fühn möge. Darümb so sollen wir nicht auf Mosen, sonern auf Christum sehen. Moses bleibet Schulmeier, aber Christus gibt das ewige Leben; und so es Moses nicht thut, vielweniger wirds thun der apst, Kaiser oder Türke, noch wer sonst auf Erden roß sein möchte. Gott der Vater aber gibt den, f welchen Moses geweiset hat.

Also ist kurzümb beschlossen von allen Lehren, aß durch keine Werke wir gerechtfertiget werden soln, sondern der Glaube an Christum soll selig machen. Dieser Text ist ein rechter Donnerschlag, da sagen sollest: Was mag mich mein Leben und ute Werk helfen? Moses gibt mirs nicht; Moses allhie nur ein Schulmeister, und lehret von äußerchen Gottesdiensten, daß einer aufs Gestrengste sein eben fuhret: aber die Werk Mosi machen nicht leendig noch selig. Aber außer Mose wird von einem ndern und bessern Brod allhie gesagt, so Gottes rod heißt, das vom Himmel kömmet, und nicht f Erden gebacken ist, sondern der Heilige Geist gibts, nd dasselbige bringt das ewige Leben: es ist nicht n verdienet und erworben Leben, sondern ein gegen Leben vom Himmel.

Also sehet ihr allhie zweierlei Brod, eins, das

36) „fromme“ fehlt.

erlange ichs; und wird al
den geschlagen. Moses h
sie sind gestorben. Mein
aber davon stirbet man n
lebendig, denn es wird
Barmherzigkeit gegeben,
Verdienst allhie keinen Pl
delmark nicht leiden. We
so reimet sichs nicht y), d
dienst aufrucken, und sage
geprediget. Moses führet
thue nach seinem Ampt, abe
Brod, Lehre und Leben da
sondern er soll dienen und
Christus gibt das ewige
Text? Moses solls nicht
Nichts; sondern es wird e

Und wenn du es denn
doch ist der beste Lehrer,
nehmeste, item, der Grund
rer, und er dennoch, gege
Nichts ist: o so magst du
andern Menschenlehrern,
Traditionen und Satzunge

od, das der Vater versiegelt hat. Ihr müßt gläu- und diese Speise wirken: daß ihr gläubet an , so der Vater gesandt hat, dabei müßt ihr al- e bleiben, und auch den Mosen drüber fahren en.

Dieser Hader Christi wider die Jüden, da er sen zu Boden schläget, ist viel ein gräulicher edigt gewesen z), denn ich itzt wider den Papst re; wiewohls die Welt itzt auch nicht leiden will. er, was ist die ganze Möncherei und das Papst- m gegen Mose? Nach demselbigen Gesetz frag- sie, so von Gott gegeben war: noch hebts Chri- gar auf, und greift allhie in den Mosen hinein, es kracht; da haben sie müssen sagen: Du bist und thöricht, und haben ihn für den ärgesten er gehalten. Aber Christus redet ferner, und cht:

les, was mir der Vater gibt, das kömmet zu mir.

Dieß ist eine hohe Predigt und gar ein seher waltige Rede, da ihr auf alle Wort fleißig merken et; denn er sie damit gerne an sich ziehen wollte, sonst kein Rath noch Hülfe sei, wenn Christus ht hülfe, welcher das rechte Brod ist a). Moses sein Gesetz nicht darümb geben, daß das Volk euer Väter sich daher rühmeten des Heiligen istes; wiewohl ihn Moses auch gehabt hat, wie seine Zeichen beweisen: so haben derer Väter doch nicht gehabt, und sind gestorben. Und ich e es, daß sie den Heiligen Geist gehabt hätten, sie ihn denn nicht gehabt haben; was ists denn? icht mir doch Moses, (will er sagen,) der den iligen Geist gehabt hat; denn es ist allhie geschrie- und beschlossen, das Brod, Christus, solls al- e thun, nicht Moses; man müsse allein an Chri- m gläuben, wolle man das ewige Leben haben. as kann man doch hiewider fürgeben? So Moses

) Dieß ist den Jüden ein ärgerliche Predigt. a) Christus will die Jüden allein auf sich ziehen.

rumd kommen, daß er sie
hat ihnen sein Gesetz ge
Zucht und Ehrbarkeit lebt
von Christo, und sie au
weisete, der das ewige L
Mosi Ende, darauf sollt

Die Mönche und Pa
Christus sei kommen und
dennoch so müssen wir M
sind auch vonnöthen zur
Vätern diese Ehre geben
gegeben haben. Aber M
gen: Ich kann das ewig
benedeiete Same, Christus

Trotz allhie aller Hei
muth, er hebts alles auf;
alleine anhangen solle, so
Strick nicht ausmachen. I
diesem Kapitel deste zorni
Jammer und Noth heben,
ßen will. Aber sollt G
nicht mit Donner und Bl
gen? wie könnt ers doch

Thut also Johannes
er mit Gewalt die einige

ganz und gar e), und saget zu den Jüden: wenn sie gleich lang auf Mosen traueten und pochten, so gebe er ihnen doch nicht das Himmelbrod; und will die Lehre, so Moses gepredigt hat, gar auf sich ziehen, und ihnen anzeigen, daß sie etwas Größers und Bessers haben müssen, denn Mosen; wie er ihme denn das Himmelbrod fürbehält. Dieweils denn Moses nicht thut, vielweniger soll man auf andere Lehre trauen und pochen, die viel geringer sind, denn Mosi Lehre f); denn, spricht er:

Moses hat euch nicht Brod vom Himmel gegeben, sondern mein Vater gibt euch das rechte Brod vom Himmel; denn dieß ist das Brod Gottes, das vom Himmel kömmet, und gibt der Welt das Leben.

Das sind Wort, die ihnen nicht zu leiden sind. Die Welt kanns nicht leiden, daß er spricht, er sei das Brod, das Leben und die Seligkeit der Menschen, welcher der ganzen Welt das ewige Leben gebe. Dieß Brod, so nicht ein Bäcker gebacken hat, das näheret allein. Alle andere Speise, Brod und Nahrung muß man fahren lassen, wie sie einen Namen haben mögen, geistlich oder leiblich: so hat doch der Mensch kein ander Futter, Nahrunge und Unterhaltung, denn durch dieß Brod g); denn Christum hat der Vater versiegelt, daß seine Speise und Brod solle die Macht und Gewalt haben, daß sie das Leben gebe. Dabei wirds und muß es wohl bleiben, denn das Gesetze, auch alle Gebot und Werk sind Nichts gegen dem Evangelio und Christo: dieß Wort des Evangelii und dieß Brod Gottes gibts, und was nicht dieß Brod ist, das gibt nicht das Leben, ernäheret auch nicht.

Was ists denn, daß man mit andern Lehren und Werken also dawider ficht und streitet? Denn wo das Brod nicht ist, da ist gewaltiglich beschlossen, daß da kein Leben, sondern der ewige Tod sei h).

---

e) Moses wird von Christo verworfen. f) A majori ad minus. g) Dieß Brod ist allein der Menschen Speise. h) Ohn dieß Brod ist kein Leben.

und den Bauch füllen;
geistliche Speise 1), das
Gesetz, Werk und Gebot
Da muß man sagen:
Christus ist nicht dein G
ein gebacken Brod im O
Er ist auch nicht die Le
auch nicht des Kaisers,
des Papsts Lehre: sie fi
Christus allhie ist. Es
auch nicht das Leben od
weltliche Recht, geistlich
Was ists? Sind sie ni
der Teufel dabei, wenn
geben. So ist nu dieß
sers Herrn Gotts eigen
schenkt zum Leben; nicht
er dargibet zu gebrauchen
haben. Aber das ist
lächerig Ding gewesen,
wäre ein guter Hauswirt
wollen wir haben, er wil
du das Brod geben? wi

Da sprachen sie zu

ht? und wir möchten diesen Prediger auch wohl
Sie sehen nicht auf seine Wort, wo er sie
n führen, sondern freuen sich auf ihren Bauch,
lle er allein Geld und Gut geben. Aber das
nicht thun, denn das Evangelium hat Anders
ffen, denn daß es uns nur sollte den Bauch
Also thut man auch noch heute zu Tage:
das Evangelium geprediget wird, so sucht ein
r dabei, daß er gnug haben möge, und damit
nan zufrieden. Aber Christus saget:

in das Brod des Lebens: wer zu mir
et, den wird nicht hungern, und wer
ich gläubet, den wird nimmermehr
dursten.

, das klingt nichts uberall m). Sie werden
das Maul und Augen aufgesperret haben, und
e Böden voll Korns und Gersten, die Keller
Weins und Biers, die Beutel voll Geldes ge-
haben. Aber nu gedenken sie (als er also an-
Ich bin das Brod des Lebens): A weh [n])!
ein Narr ist das, er wird gewißlich besessen
aß er sie auf sich weiset, und daß er so när-
det, daß er will Nahrung, Speise und Brod
geben, daß ein Mensch nimmermehr sterbe.
at doch je Solchs gehört? Und da sie fragen:
da? wo da, mein lieber Bruder? wir werden
gedenken, als hättest du das Gebot und Herr-
uber die ganze Welt, daß du die Menschen
näheren könnest. Ei, es ist gewiß eine schänd-
ügen, gedenken sie. Denn es wird der Herr
in einem grauen Rock einhergangen sein,
abe keinen Bissen Brods selber zu fressen ge-
; denn er ist ein armer Mann gewesen, wie
er saget: Die Vogel des Himmels haben Nee-
nd die Füchse Löcher; aber des Menschen Sohn
cht, da er sein Häupt hin lege. Dennoch
ihnen antworten: Ich bin das Brod; saget

richt! Reden dünken die Juden lächerlich sein. n) Ironia.
weh.

den Turken und Tatern
viel Geldes geben, als m
und er sollte sich drauf
nehmen, wenn ich nicht n
und kein Heller im Beute
men? Würde nicht der
sagen: Bewahret den gu
und irgend toll und unsin
Also haben die weltw
digt Christi angehört, so
da er saget: Ich bin das
denn? Nach dem fleisch
sich nach dem Keller und
umbgesehen. Aber er red
Und es ist ein wünderlich
von einem Menschen, d
predigt, und spricht: Ich
der ganzen Welt fürgelegt
daß man also in Christo
Seligkeit. Es ist eine är
Juden haben wohl gewußt
arm war, und weniger, d
ist Keiner in dieser Stadt,
er gehabt hat: noch spri

vitae, ein Trank oder Purgation geben, daß dich der Tod nicht soll erwürgen, und du dich nicht fur dem Tode fürchtest, sondern fur ihm sicher seiest. Aber es ist ihnen unmöglich gewesen, daß sie diese Wort hätten verstehen sollen r), daß er ihnen eine solche Speise und Trank geben wolle, daß, wer sie isset, der solle fur dem Tode sicher sein und fur ihme bleiben. Wer dieß Brod gegessen habe, der solle leben, und einer sagen können: Wenn gleich alle Töde auf einander säßen, item, der Tod komme wenn er wolle, so will ich fur ihm zufrieden bleiben; du Tod sollt mir Nichts thun, denn ich habe diesen Trank getrunken, und dieß Brod gegessen. Darumb, wenn alle Tode auf einander säßen, und noch so keck wären, so sollten sie dieser Menschen keinen fressen noch verschlingen, denn Christus will ihn am jüngsten Tage auferwecken; und wenn er gleich tausend Ellen tief unter der Erden begraben läge, oder von den Wolfen zurissen und Fischen gefressen, und vom Feuer zu Pulver verbrannt wäre, so soll er doch wieder leben. Das können sie nicht leiden, und stoßen sich dran.

Es hat Joannes der Evangelist diese Predigt mit großem Fleiß und Lust beschrieben s), da Christus spricht: Ich bin das Brod des Lebens; aber da wirst du nu hören, wie sie sich an dieser Antwort gestoßen haben. Er saget:

Wer zu mir kömmet, den wird nicht hungern.

Hebt allhie an vom Leben zu reden, spricht: Ich will also gewiß das Leben geben, daß einen nimmermehr dursten noch hungern soll, das ist, nimmermehr sterben soll, er soll satt zu essen und zu trinken haben ewiglich, das ist, sie sollen ewig leben. Es sind aus der Massen starke und harte Wort, und ist schier in der ganzen heiligen Schrift nicht eine schärfere Predigt t), daß Christus ein Brod und Speise sei, von Gott gegeben, auf daß, wer solch Brod isset, ewiglich lebe und satt werde, und nicht hungern und

---

r) Die Juden verstehen diese Wort nicht. s) Diese Predigt ist fleißig beschrieben. t) Dieses ist eine herrliche Predigt.

Heilige Geist kömmet und spricht: Willt du nicht sterben oder verdammet sein, so komme zu Christo, gläube an ihn, halte dich an ihn, isse diese geistliche Speise. Das laß das Erste sein.

Zum Andern, so soll man diesen Text wohl merken zu einem großem Trost und Stärkung des Glaubens, daß der Herr saget: Wer zu mir kömmet, den wird nicht hungern noch dürsten; das ist, er wird nicht sterben. Diese Wort sollt man mit güldenen Buchstaben, ja, mit lebendigen Buchstaben (das wäre besser,) ins Herz schreiben a), daß ein Iglicher wüßte, wo er solle seine Seele lassen, wo er sollt hinfahren, wenn er aus dieser Welt scheide; oder wenn er zu Bette ginge, frühe Morgens aufstünde, oder sonst etwas Anders thäte, daß er diese güldene Kunst wüßte: Hie, bei Christo, bleibet meine Seele, daß man nicht hungern oder dürsten dürfte. Dieser Mann wird mir nicht lügen. Es sind gar köstliche, theuer und werthe Wort, die wir nicht allein blos wissen müssen, sondern uns auch zu Nütze machen und sagen: Darauf will ich des Abends schlafen gehen, und des Morgens wieder aufstehen; auf die Worte will ich mich verlassen, schlafen, wachen, arbeiten, und uber die Brücke gehen. Denn wenngleich Alles zu Trümmern ging, und Vater und Mutter, Kaiser und Papst, Mönch und Pfaff, Fürsten und Herrn dich verließen, auch Moses mir denn nicht helfen könne, und ich nur zu Christo laufe, so will er helfen b). Denn diese Wort sind gewiß, und er spricht: Halte dich an mich; kömmest du zu mir, so sollt du leben. Ja, ich sterbe aber? Ei höre, was er wiederümb drauf wolle geben, nämlich, wo einer gleich stürbe, so soll er leben.

In Summa, es ist ein köstlich Kapitel, da die Wort uns nicht allein ins Ohr gehen sollen, sondern wir müssen uns drauf verlassen, und der Wort uns annehmen c). Denn es thuts nicht, schlecht davon wissen zu reden, (es ist wohl etwas, wenn mans

---

a) Ein güldener Text. b) Bei Christo haben wir alleine Hülfe.
c) Dieß Kap. sollen wir wohl lernen.

verstehet, wie ichs und meines Gleichen verstehen,) sondern du mußt dichs im Gewissen auch annehmen, und dafür halten, es sei wahr, es gehe wie es wolle: der dieß redet, sei gewiß, und werde mir das nicht lügen; und wir sollen auch zu Christo sagen d): Gib uns allwegen solch Brod, darauf er denn antworten wird: Ja, von Herzen gerne, ich wills geben, denn darümb bin ich vom Himmel kommen; nehmet mich allein an, laßt mich euer Speise sein, verlasset euch nicht auf andere Speise; hütet euch dafür. Denn ich bin das Brod, nicht der Papst, noch kein Mensch auf Erden: es wird euch sonst Niemands helfen, denn ich, und hanget ihr an mir, so wird euch weder Papst, Kaiser, noch Teufel schaden, denn hie ist das Brod, das uns nicht hungern lässet.

e) Das ist des Herrn Antwort, da ihn die Jüden baten, und sagten: Gib uns allwegen solch Brod; daß er spricht: Ich bin das Brod rc. Wer an mich gläubet, den wird nicht hungern; und ist die Meinung solcher Wort, daß wer gläuben kann an den einigen Menschen, so Jesus Christus heißt, der ist satt, und darf nicht Durst und Hunger leiden f).

Das ist ein wünderliche, köstliche Predigt, die in keines Menschen Herz recht kömmet, oder begriffen wird, daß er spricht, er sei das Brod des Lebens. Und darümb siehets der Herr selber wohl, daß diese Wort ihnen nicht wollen eingehen; es ist auch nicht müglich, daß sie einem eingehen. Denn, wenn ein Mensch zu dir käme, und spräche: Ich bin das Brod, und das Brod des Lebens; da würdest du sagen: Das ist eine ungeschwungene Rede, die nichts taug. Wer würde da nicht sagen: Wer spricht dieß? Ist doch der ein Mensch, und nicht Brod. Und da Christus allhie saget, er sei das Brod des Lebens, welchs, so es Jemand esse, der werde nicht sterben: Wer mich isset, der wird ewig leben; da kanns Niemands verstehen, und halten ihn für einen Narren. Darümb saget er:

d) Wir sollen dieß Brod auch bei Christo suchen. e) Die 6. Predigt.
f) Glaube an Christum läßt nicht Hunger leiden.

Das ist die Glosse: ihr
ich euch geprediget, im
ihr mich essen und trinke
det ihr des ewigen Todes
man ihn essen möge, da
eine deutliche Glosse g),
sagt, daß ihr mich ges
nicht.

Das ist die Glossa g
man mich essen und trink
Ein Ding und Ein Fleis
ich, daß ihr an mich g
Summa Summarum un
vom Essen rede, daß ich
die darinnen stehet, daß
ihr eine andere Speise ha
ter in der Wüsten gehabt
Brod, so auf Erden wä
Speise, so ich geben will.
essen und den Trank trinl
hast du es kürzlich alles r

Das ist nu gar eine
erhört worden, daß Esse
als gläuben h). Das ver

sagen vom geistlichen Essen i), da sie denken an Christum, wie er sitze im Himmel zur rechten Hand seines himmlischen Vaters, da sie doch gar Nichts von verstehen. Es ist gar ein ander Ding, als, geistlich essen ist gläuben an den Herrn Christum. Von seinem Fleisch und Blut essen und trinken, das ist, feste gläuben an ihn. Und redet allhie nicht vom Sakrament, sondern von denen, die ewiglich leben sollen. Denn Viel laufen zum Abendmahl des Herrn, und dennoch ewig Hungers und Dursts sterben. Aber allhie ists ein Anders, daß wer den Leib isset, den soll nicht hungern und dursten: da redet Christus allhie von dem Stück, so da heißt glauben. Denn er spricht: Ihr sehet und höret mich, und dennoch gläubet ihr nicht; als sollt er sagen: Ich predige euch seltsame Predigt, daß ihr mein Leib essen und mein Blut trinken sollet, ihr höret und sehet mich; noch gläubet ihr nicht. Wenn ich euch schön lange predige und sage, so ist es doch alles vergeblich, und haltet mich für einen Narren, meinet, ich rede Solchs als ein Trunkener, gläubt mir nicht, gedenket nicht, daß ich mit meinem Leib und Blut euch ernähren könne. Aber dennoch predige ich nicht gar vergeblich, mein Wort ist nicht verloren.

Alles, was mir mein Vater gibt, das kömmet zu mir; und wer zu mir kömmet, den werde ich nicht hinaus stoßen.

Wenn wir gleich predigen, daß Niemands will gläuben k), und ihr selbs auch nicht gläuben wollet, so fahret immer hin; ich weiß gleichwohl, was ich predige. Das ist euch seltsam, zu wilde und wüste, nämlich, daß ich Gottes Sohn sei, und man an mich gläuben müsse: dennoch so werden Etliche sein, die noch gläuben werden.

Also sagen wir auch wider den Papst: Sie wollen uns nicht gläuben, was gehets uns denn an? wir wollen nichts darnach fragen. Ihr höret und

---

i) Der Schwärmer Opinion vom geistlichen Essen. k) Diese Predigt will Niemands gläuben.

gen. Wollt ihr andern
so fahret hin; wir woll
der Sommer und Winte
auch sagen: Wollt ihr n
ich habe dennoch Schüler,
Was mir der Vater gib
Ich kriege dennoch Schül
den, die von Herzen dies
drüber verwundern l): d
Prediger ausgesandt hat,
ler geben, die meine Leh
der Papst, Kaiser, Fürste
wollen annehmen, so laß

Das ist ein stolzer,
kühne redet. Wenn ich
wollt ich den Mann und
er mir so in meine Herr
drießliche Reden m): Wol
will ich euer auch nicht.
Ei, wie, wenn ichs nicht
Kaiser und Papst? Den
und Gewaltigen werden
ich Kaiser wäre, so wollt
aus dem Buche auslöschen
sten, in dem Teufel, und

en Trost sollen wir aus diesem Text haben n),
enn 44) Gott die Gnade gibt, daß Jemand
isto kömmet, der hat einen großen Vortheil,
rühmen kann: Der Vater hat mich Christo
t, daß ich Christum erkenne, und sagen kann:
Mensch, der da ist Christus, hat sein Fleisch
lut mir zur Speise geben, daß ich selig werde,
von esse und guter Ding sei.
s sind die feinsten Wort: Wer zu mir kömmet,
erde ich nicht ausstoßen; daß, wer an mich
, den muß Gott der Vater mir geben o), und
de ihn nicht ausstoßen. Ob ihr gleich lange
und H. seid, fastet, betet, und ärgert euch an
altet mich für einen Narren: aber wer an mich
t, der hats vom Vater, es wird ihm vom
gegeben, daß er zu mir komme; und wer zu
mmet, der esse getrost und trinke seher, er soll
halben nicht weggeworfen werden.
er an mich gläubet. Er denkt tiefer denn
ressen und Saufen, nämlich, wer sein Wort
net und ihme nachfolget, und gläubet an ihn,
l denn versiegelt und verbrieft sein, daß er ihn
will ausstoßen; als sollt er sagen: Du sollt
mb Nichts bitten, ich will ehe bei dir sein,
u zu mir kömmest, und williger und bereiter
geben, denn du zu bitten p). So du kannst
kommen, so fürchte dich nicht für mir, ich will
ein Richter noch Henker sein.
nd als er die Wort geredet, hat er also ge-
Es werden falsche Propheten und Prediger
n in meinem Namen, die die Leute und Ge-
ausstoßen werden, so zu mir kommen; aber
mich gläubet, daß ich das Leben geben kann,
rd nicht verstoßen. Sie haben das Reich
also gemacht, daß sie die, so auch an Chri-
aben gegläubt, ausgestoßen haben. Aber Chri-

...ser Text ist uns tröstlich. o) Gläuben an Christum, das ... vom Vater gegeben. p) Gläubigen werden nicht aus-... ...stoßen.

...g. man.

stus hat ein Pflock dafür gesteckt, und spricht: Wenn du kömmest, so gläube, denn hats kein Mangel, deine Gebrechen und Feihl sollen dir nicht schaden; wie zun Römern im 14. und 15. Kap. gesaget wird [45]). Er hat Vergebung der Sünde, und Christus wirft ihn nicht so balde weg. Wer einmal zu mir kömmet, so er gläubet, so will ich also mit ihme handeln, daß ob er gleich ins Strauchеln kömmet, (wie denn die Sünde an den Christen im Fleisch bleibet, als böse Zuneigung, wie zun Römern am 6. 7. und 8. Kap. gesagt wird,) so solls ihm nicht schaden, das ist, die Sünde im Fleisch soll uber euch nicht herrschen; denn es ist nichts Verdammlichs an denen, die Christo Jesu eingeleibt sind, ob sie wohl noch nicht gar rein sind, noch das Fleisch an ihn getödtet ist.

Aber die Jüden verstehens nicht, daß wer gläubet und zu mir kömmet, der hab gewißlich den Vortheil, daß ich ihn nicht will [46]) ausstoßen, will ihn nicht wegwerfen.

Es sind Wort, die viel in sich haben. q) Wenn ein Knecht wäre, der gehorsam gewesen und umb seinen Herrn sich wohl verdienet, so ists nicht ein große Tugend, wenn der Herr spräche: Ich will ihn nicht von mir stoßen. Es ist dem Herrn ein Glimpf. Aber wenn der fromme Knecht aus dem Hause gestoßen würde, das wäre nicht dem Knechte ein Untugend und Hohn, sondern dem Herrn. So er aber böse wäre, und der Herr ihn dennoch im Hause behielt, das wäre dem Herrn ein Glimpf. Also, ob du auch gleich fällest und sündigest, dennoch will dich Christus nicht ausstoßen. r) Eine Mutter wirft ein beschissen, räudig und krank Kind auch nicht weg; der Sohn und Tochter thun im Hause oft das unrecht ist, werden drümb nicht enterbet und ausgestoßen; sondern der Vater saget: Willt du mein Sohn und Tochter sein, und ich soll Vater bleiben, so thue

q) Gleichniß vom wohlverdieneten Knechte. r) Gleichniß von unreinen Kindern.

45) „wird" fehlt. 46) „will" fehlt.

as und jenes nicht, dießmal will ich dirs geschenkt aben.

Dahin gehet der Herr Christus auch. Er will agen: Ihr gläubet nicht, darumb denke ich, soll es uch Jemands haben, so muß[47]) ihme mein Vater eben, und so ers einem gibt, so wird ers gewiß haen; aber ihr wollt meine Meister sein, und ich soll uer Schüler werden: das wird noch lange nicht angehen. Lieben Herrn, wollt ihr die Lehre annehmen; wohl: wo nicht, so laßts. Was ists denn, aß der Bauch euer Gott ist? Man siehet daran, aß ihr nicht berufen seid. Es werden dennoch Andere kommen, die es werden annehmen, und die er icht wird ausstoßen. Wir werden noch Schüler haen; wollt ihr Papisten nicht, so wollen Andere, und ollten dieselbigen gleich schwache und ungeschickte hristen sein, dennoch sollen sie nicht ausgestoßen erden, wenn sie nur gläuben. Ihr aber, weil ihr ngläubig seid, sollet fur tausend Teufel ausgestoßen werden s): die Andern kommen zu mir, so halte ich ich also gegen ihnen, daß ich sie nicht ausstoße, ill sie dulden, denn sie weichen auch nicht von ir t): darumb soll mir ihrer Keiner auch nicht weg.

u) Also leget der Herr selber seine Wort aus, aß er Brod des Lebens geben wolle. Denn das t die Glossa: Ich bin das Brod des Lebens, wer n mich gläubet 2c. Und sehet klar, daß er allhie on einem geistlichen Brod, Speise, Trank, Durst nd Hunger rede, und daß er sie schilt, und saget: ich habe euch gesagt, ihr habt mich gehört und gesehen, und gläubet mir doch nicht. Da will er sprechen: Was hilfts! wenn ich euch gleich lange viel avon predige, so gehets zu einem Ohr ein, und um andern wieder aus. Ich muß so viel davon agen, daß ich die geistliche Speise sei, und ihr höret as Brod und sehet die geistliche Speise: aber ihr

s) Ungläubige werden ausgestoßen. t) Christgläubigen bleiben bei Christo. u) Die 7. Predigt.

47) f al.

nämlich, daß diese Spe
set fassen oder erlangen
und freien Willen w).
werden, daß du dieß
wird der Durst dadurc
fastest und Almosen gib
Hunger zu stillen, da
Speise zu, daß du gläub
stark allhie, und bedeut
alleine nennet er die gei
stum gläubt, der isset d
auch sagen, wenn man
diesen Hunger zu vertre
Aber er spricht, wer an
diese geistliche Speise und
Theil geredet, die Chri
doch an ihn nicht gläube
vergebens gepredigt sein
dern Theil.

Was mir der Vater gib

Wir müssen der C
hat er gesagt: Wer zu
hungern. Was ist aber
ist, an Christum gläuben
pitel auch sagen wird.

ören, und dennoch mir nicht gläuben: derhalben id ihr nicht der Haufe, den mir der Vater gibt z); iget damit an, daß sie nicht allein vor ihme ;ab- lviret und fremde sind, sondern auch fur seinem ater, verstößet und verwirfet sie gar vom Evange- oz und daß sie es nicht in Wind schlagen möchten, ls wäre es ein gering Ding, wenn sie nicht an ihn läubten oder ihn höreten, so saget er allhie: Es ilt so viel, daß wer mich nicht höret, der höret uch nicht den Vater. Damit will er mit hellen Vorten ausdrucken den Verächtern des Evangelii nd Gottlosen ihre Strafe, daß da sie Christum und ein Wort hören und sehen, und dennoch daran nicht läuben, daß sie durch Gott von Christo und seinem Vort gestoßen und ausgeschlossen sind a). Sie sind ider Gott, denn sie gläuben nicht diesem Manne: as ist ihr Bann und Urtheil, dieser Sentenz ist uber e gesprochen, dieser Donnerschlag ist uber sie gegan- en. Sie mögen denn fasten, und thun, was sie ollen, so gehören sie doch nicht zum Vater, denn e gläuben Christo nicht. So gibt sie auch der Va- er ihme nicht, denn wer an Christum nicht gläubet, b er gleich der Allerheiligste wäre, so gefället er doch ott nicht.

Zum Andern, so ist der Text fur diejenigen eher tröstlich b), so fromm und gläubig sind; wie er enn auch erschrecklich ist den Gottlosen, da er erstlich en Juden saget: Es soll gleichwohl umb euerwillen iese Predigt nicht untüchtig und ohne Frucht blei- en. So ihr nicht wollet, so wird ein Ander wol- en; gläubet ihr nicht, so gläubet ein Ander. Ihr Weisen und Klugen kommet nicht zu mir, denn ihr isset einen bessern Weg, denn ich euch zeigen könne. lber es ist noch ein Häuflin da, als arme, betrübte nd erschrockene Gewissen, welches Häuflin, so zu ir kömmet, und mein Wort annimmet, das an mich läubet, das da isset mein Fleisch und trinket mein

z) Ungläubige sind nicht der Haufe, die Gott dem Sohne gibt. a) Verächter und Gottlose werden ausgestoßen. b) 2. Ist der Text den Gläubigen tröstlich.

nicht gläuben; und gebet
wer da spielt, der kann
der kanns allgebot besse
es besser machen wollen
mehr man dazu thut,
helfen, je storriger und
vorhin. Aber was soll
Tritt her in meine Stätte,
es kannst, und laß ihn
sprichts allhie Christus sel
noch Folge geschehen, e
men, die es werden ann
Die mir der Vater gibt.

Es heißt, zu mir ko
nunft wird mein Wort
das in der Heiden und
Lehren sehen, daß sie Go
rechnet haben, und von
schen geredet, wie das Ei
haben: malen Gott abe
redet ein Rottengeist au
gerne hätte, wie es der
muß Gottes Wort auch a
denkt nicht, wie wir Men

Vernunft thut es nicht; Reichthum und mensch-
Weisheit, und alles, was nicht Gott ist, das
ert, und ist keine Förderung zu der Kunst, zu
m Brod und geistlichen Mahlzeit, da wir die
ise und das Brod des Lebens essen. Gott muß
lleine thun. Was die Leute thun, wie leicht es
net, ist alles eine große Hinderung; und köm-
ein hochgelehrter, erfahrner, kluger Mensch dazu,
ället er mit seiner Vernunft flugs drein, wills
tern, ärgert und stößet sich denn am Evangelio,
es sind nicht solche Leute, die da Gott lehren
. Aber Christus will Schüler haben, die da ein-
g sind g), so sich demüthigen, und dem Wort
tes anhangen und zufallen, und sich lehren lassen.
n sie es hören, so urtheilen und meistern sie die
e nicht, sondern lassen sich vom göttlichen Wort
:miren, meistern und lehren, und fallen dazu.

Davon könnte man nu viel sagen; denn es ist
tröstliche Rede denen h), die da fühlen und wis-
daß sie zu Christo kommen sollen, daß sie sagen
schließen können: Nu weiß ich, daß ich dem
rn Christo vom Vater gegeben sei. Wer das
gläuben kann, daß er sei ein Stück, das zu
isto soll kommen, der hat Trost davon; denn er
et, daß sein Wort ihme von Herzen gefället, und
drüber auch lassen alles, was er hat, und kann
chen: Ich bin der Geschenkten einer, die zu Christo
men sollen.

Dieses Kommen i) aber ist nicht leiblich, daß
r in den Himmel und uber die Wolken klettern
lt. Es geschieht auch das Kommen nicht mit
iden und Fussen, sondern das Herz kömmet zu
t durch den Glauben. Wenn du sein Wort hö-
und es dir gefället, daß du dich dran hängest,
gehet das Herze zu ihm, da issest du denn diese
eise, da ist denn der Glaube ein Gabe und Gnade
tes; es ist nicht eine menschliche Kraft noch un-
Werk. Daher saget Sankt Paulus: Non omnium

) Einfältige Schüler Christi. h) Der Christen Trost. i) Was
da sei, kommen zu Christo.

nicht in Sinn, so kraus
mit deiner Vernunft her
Christum nicht meistern,
wird allhier verworfen.

Also gedachten auch
prediget Christus, wir
denn er; meineten, sie
wohl kommen zu der S
Aber Christus will also
fur die Thür stecken, d
sollet; nicht, daß ich eu
sondern, daß ihr auf ein
müsset, wollet ihr zu C
Trank und Speise erlang
Weisheit thuts nicht. C
men, so muß euch der
werdet mir Nichts geben
euren Kräften, darumb d
ben. Ihr sollet mit eu
Klugheit nicht zu mir ko
euch selber, und bedürfe
nichts. Es ist dieselbige
leidige Teufel m), und g
daß ich Gott gerne lehre

alles, und wollen sich selbs herzuführen, sie dürfen keines Predigers. Aber wenn die letzten Züge und Streckbein kommen, so wirst du es wohl lernen, was das Wort sei: Alles, was mir der Vater gibt 2c., und mir denn großen Dank wissen, und eigentlich sehen, ob dein Schnorrkopf oder Kunst dich hinzu getragen habe, und ob du von dir kömmest zu mir, oder nicht.

In Summa, er will sagen: Die Juden fragen nichts darnach, achten mich auch nichts; und ich frage wieder nichts nach ihnen. Ich wollt euch die Speise und den Trank gerne geben, so wollt ihr nicht; so lassets, ich will euer auch nicht. Ihr seid nicht hungerig oder durstig n), arm und unheilig; darumb so bleibet reich, gelahrt, heilig, sicher, weise und klug, die Alles meistern wollen, ihr werdets wohl finden im Auskehrich. Mein Häuflin, das mir der Vater gibt, die ihnen selbs nicht wissen zu helfen, und lassen sich lehren und tragen, hören das Wort, lernens, und können der Speise nicht satt werden, noch ihren Durst löschen o), und es ist ihnen ein Ernst, dieselben bleiben hungerig und durstig, wissen Nichts von ihrer Gerechtigkeit und Frömmigkeit, und leiden, daß der Heilige Geist in ihnen wirke, und sie durch seine Kraft zurichte, daß sie zu mir gezogen werden, und der Vater gibt ihnen auch den Heiligen Geist, daß das Wort kräftig in ihnen sei; denn sie stehen nicht auf ihrer Heiligkeit, und bauen nicht auf ihre Weisheit.

Das muß man predigen umb der stolzen Esel willen, die da meinen, sie wissen Alles, und dennoch Nichts wissen, daß mans ihnen sage, daß sie es nicht wissen; und wenn sie es verachten, so laß man sie fahren. Es wird bei dem wohl bleiben, daß der Vater diejenigen muß ziehen, die da sollen zu Christo kommen; wie er denn allhie spricht: Alles, was mir mein Vater gibt, das kömmet zu mir, und wer zu mir kömmet, den werde ich nicht ausstoßen; das ist,

---

n) Die Juden sind nicht hungerig. o) Die Christen konnen der Lehre nicht satt werden.

dieses Häuflin bleibet. Es ist ein trefflicher Trost fur betrübte Gewissen p). Er redet sie freundlich an, das uber alle Maß ist, auf daß Niemand gedenke: Soll ich zu Christo kommen, wie käme ich denn zum Vater? Darauf antwortet er: Sorge nicht dafur; kömmest du nur zu mir, so kehre dich nicht an diese Gedanken, du bist bereit lange bei dem Vater gewest. Da zeuhet er uns zu sich, daß wir nicht fragen: Wie sollen wir fromm und selig werden? Denn mit unsern Gedanken werden wir den Vater nicht finden. Sage nicht, wie der Apostel Philippus Joann. 14. sprach q): Herr, weise uns den Vater; welcher auch Christum wollt aus den Augen thun, und eine andere Strasse gehen zum Vater, welchs eine Holzstrasse war, und den Vater ohn Christo suchen. Aber ihm wird gesagt: Kannst du gläuben, und deine Augen zuthun, und von mir essen und trinken, kannst du zu mir kommen, so bist du allbereit bei dem Vater gewesen, du hast den Vater in mir schon getroffen, du hast daran gnug, denn der Vater hat dich zu mir geführet; und wer zu Christo kömmet, der kömmet auch zum Vater, wie denn das im vierzehenten Kapitel Joannis klärlich gesaget wird, daß wer zum Vater kömmet, der kömmet auch zu Christo; und wiederumb, wer zu Christo kömmet, der kömmet auch zum Vater; denn der Vater und Sohn sind Ein Gott, daß welchen Gott du suchest, derselbige hat dich zuvor zu Christo gebracht. Wer nu zu Christo kömmet, der hats gar erlanget.

Es ist Alles darumb zu thun, daß wir zu dem Mann kommen; aber Niemand kömmet zu ihm, denn durch den Vater; und wiederumb, unser Essen und Trinken zum ewigen Leben und Seligkeit soll stehen auf dem Menschen, der allhie spricht: Ich bin das Brod des Lebens. Item, ihr müsset zu mir kommen, und sonst zu Niemand anders, es soll auf kein ander Person gesetzt sein, er soll ein Zeichen

p) Der Christen Trost, wie man zu Christo komme. q) Philippus Frage, wie man zu Gott komme.

ein Ziel, Zweck oder Anzeigung sein, daß wer
Person trifft, der feiblet des Vaters nicht, er hat
Vater auch troffen r); wie Christus zu Philippo auch
t: Philippe, siehe auf mich, wo flatterst du hin
deinen Gedanken? Wer zum Vater will kommen,
muß durch mich zu ihm kommen; und er gibts
: und wer zu mir will kommen, der muß es
h den Vater thun. Der Herr Christus redet all-
davon, gleich als wolle er uns nicht zum Vater
en, sondern er, der Vater, bringe uns zu ihm:
heißet in einander geprediget. Dieses ist der hö-
: Trost, gehört fur die schwachen Gewissen, die
nicht wissen, wie sie mit Gott dran sind, und im-
dar sich fürchten, daß sie einen ungnädigen Gott
en; die können durch diesen Text ihr Herz zufrie-
stellen, und auf die Person Christi ihren Glauben
en und gründen.

Dieser hoher Artikel von dem einigen göttlichen
sen und von den dreien Personen darinnen, ist
ig bekannt s); item, daß Christus wahrhaftiger
t und Mensch ist, und daß zwo Naturn in der
son Christi sind, als die Menschheit und Gottheit,
der Vernunft zu hoch, und es hats kein Dok-
noch weltweiser Mensche können zusammen brin-
, sondern alle haben sich dran gestoßen; und
sich dawider gelegt haben, und die Gottheit von
isto haben scheiden wollen, sind zu Narren drü-
worden. Aber Joannes der Evangeliste redet mit
ern Worten davon, auf daß er Christum nicht
Erden allein setzete, und den Vater im Himmel
in ließe, sondern er bäckt die zwo Personen, den
er und den Sohn, also hart ineinander, daß ers
t härter machen kann t). Denn Christus spricht
ie: Wo du mich triffst, da triffst du den Vater,
wenn du Christum hast, so hast du auch den
er, und verbeut, daß man ja nicht weiter in
mel flattere; wie er denn zu Philippo saget:

Wer Christum hat, der hat auch den Vater. s) Die Gottheit und Dreifaltigkeit ist Wenigen bekannt. t) Christus und der Vater sind mit einander vereiniget.

Siehest du mich, Philippe, so siehest du auch den Vater; hörest du mich, so hörest du auch den Vater.

Das können die Schwärmergeister nicht verstehen u), darumb soll man sie mit ihren Gedanken auch fahren lassen. Aber diese Wort müssen uns erhalten, daß wer Christum erkriegt, und gläubet an ihn, der kömmet zu ihme, und wer zu Christo kömmet, der kömmet auch zum Vater; denn der Vater hat ihn dem Herrn Christo gegeben, und er ist zuvor bei dem Vater gewesen, auf daß du Gott den Vater nicht außer oder neben Christo suchest, sondern bei dieser Person bleibest, so hast du gewiß den Vater. Spekulire sonst nicht zu hoch mit deinen Gedanken gen Himmel, denn es ist nicht gut davon nach der Schärf zu predigen, ungeflogen, ungeflattert und ungeklettert heißts: sondern hange und klebe an Christo, es muß auf der Person Christi allein geblieben sein. Wenn du die hast, so hast du Alles empfangen; wenn du aber die verleurest, so hast du auch Alles verloren. In Christo kömmest du zum Vater, und vom Vater wirst du zu Christo geweiset: da bleibe bei Christo Jesu, der da spricht, er sei das lebendige Brod, und flattere nicht weiter, ob du das gleich mit den Augen nicht siehest, noch mit der Vernunft begreifest v). Ei, Lieber, es läßt sich mit der Vernunft nicht fassen, denn was dürft ichs sonst gläuben? Wenn du dieß mit Ellen willt ausmessen und an den Fingern ausrechnen, daß Christus als ein Kindelin in der Krippen liegt, und auf Erden ist, so wirst du sagen: Wie kann er denn im Himmel sein? Aber es ist der Vernunft unbegreiflich, daß Gott solle im Himmel sein, und auch ein Kindlin in der Jungfrauen Marien Leibe liegen und getragen werden. Das verstehet sie, das mein Hund auch wohl weiß, wenn Beine unter den Tisch gefallen sind, daß er sie fressen soll; denn hat man sie unter den Tisch geworfen, so gehören sie nicht wieder auf den Tisch.

---

u) Die Schwärmergeister verstehens nicht. v) Vernunft kanns nicht fassen.

Aber höre du, was Christus allhie saget: Ich bin das Brod des Lebens; führet uns zurücke, daß Gott sei der Brunn und Quell des Lebens, und Niemand kann das Leben geben, denn Gott. Denn du möchtest gedenken: Ei, wie kannt du Mensch, Christe, auf Erden der Brunn des Lebens sein, und Brod des Lebens geben, es sei denn, daß du Gott wärest? Ja, das ist er auch, und Gott wirst du im Himmel, noch in der Höll und Meer nicht finden, außer Christo; und wenn du auch itzt gleich in Himmel kämest, so würdest du so balde nicht zu Gott kommen, wenn du nicht zuvor zu der Person Christi kämest, die Gott und Mensch ist. Wenn nu der Vater in Christo ist, was willt du ihn denn anderswo suchen? In Christo hast du das Brod des Lebens, er kann dir das ewige Leben geben, und dich vom Tode erretten, und den Teufel allein fangen. Darauf mußt du dich erwegen, daß Christus der Brunn des Lebens sei, und Gott hat seine Gaben, seinen Willen, und das ewige Leben in Christo ausgeschüttet, und auf ihn gewiesen; da sollen wirs alles finden. Wenn du den ergreifest, so hast du Alles und die ganze Gottheit ergriffen. Wo du das nicht willt gläuben oder verstehen, so bist du gleich ein solcher Geselle, wie allhie die Juden sind. Es gehört hieher eine demüthige und ledige, hungerige und durstige Seele w), die an den Worten hange, und Gott nirgends, denn in Christo suche, der in der Krippen liegt, oder wo er sonst ist, am Kreuz, in der Taufe, Abendmahl, oder im Predigampt des göttlichen Worts, oder bei meinem Nähesten und Bruder; da will ich ihn finden. Alle andere Sekten, als, Papisten, Mahomedisten und Schwärmer, finden ihn sonst nicht, denn sie suchen ihn ohne diesen Steig, Leiter, Meister und Latern, so da ist Christus. Darumb finden die Türken ihn auch nicht, sondern werden schändlich betrogen. So sage du nu auch: Ich bleibe bei dem göttlichen Wort und bei dieser Person, dem Herrn Christo, und nicht bei meinen Gedanken.

---

w) Eine demüthige Seele gehöret zu der Predigt.

x) Alles, was mir der Vater gibt, das kömmet zu mir.

Aus diesem Text höret und vernimmet man, daß Sankt Joannes am meisten den hohen und Häuptartikel unsers christlichen Glaubens, nämlich, gläuben an Christum, treibet y); daher wir denn auch Christen genennet werden. Sonst findet man in seinem Evangelio nicht viel Predigten von den zehen Geboten, sondern das ist seine größte Arbeit, daß er den hohen Artikel, von der Gerechtigkeit des Glaubens, wohl pflanzen und den Leuten einbilden möge, denn wo der rein und unverfälscht bleibet und feste bestehet, so hats nicht Noth; aber so er liegt, so ists umb uns all gethan, und sind denn nicht besser, denn die Juden, Heiden, Tattern und Türken, ja, wir sind so arg als die Papisten. Und ist derhalben der Evangelist Joannes hoch zu preisen, daß er diesen Häuptartikel so fleißig treibet.

Daß nu der Herr spricht: Wer zu mir kömmet, den werde ich nicht hinaus stoßen, damit will er sich uns gar freundlich furbilden und abmalen z), auf daß wir wüßten, wofur man ihn halten sollte, nämlich, so du die Gnade hast, daß du Gottes Wort hörest und gläubest, und nimmest diesen Mann, Christum, an, das heißt denn, zu ihm gebracht, und vom Vater dem Sohn gegeben; und sollt wissen, er will dich auch gerne haben, er will dich annehmen, und du sollt denn nicht fürchten oder gedenken, daß er ein zorniger Richter sei, der mit der Keulen hinter der Thür stehe, und dich richten und verdammen wolle, denn er ist der rechte Bischoff der Seelen, ein wahrhaftiger Lehrer und getreuer Pfarrherr. Kömmest du nur zu ihme, so will er dich nicht wegstoßen oder dir ein Leid thun, sondern er will dich erhalten, und spricht: Fürchte dich nicht, es soll an mir nicht mangeln, daß du bei mir bleibest.

Aber im Papstthum hat man von ihme viel

x) Die 8. Predigt. y) S. Joannes treibt den Artikel von der Gerechtigkeit des Glaubens fleißig. z) Christus malet sich freundlich ab.

s gepredigt, und uns, die[49]) mir getauft wa-
zu dem Manne mit Gesetzen und allerlei guten
en bringen wollen, und Christum uns furgema-
gleich als wäre er ein grimmiger Tyrann, ein
nder und gestrenger Richter a), der viel von
oderte, und gute Werk zur Bezahlung fur un-
ünde uns auflegete; wie denn dieß schändliche
ästerliche Bilde oder Gemälde anzeiget von dem
en Tage, da man gemalet hat, wie der Sohn
m Vater niederfället und kniet, und zeiget ihme
Wunden, und Sankt Joannes und Maria bit-
hristum fur uns am jüngsten Gerichte, und die
er weiset dem Sohne ihre Brüste, die er geso-
at, welches aus Sankt Bernhards Büchern ge-
en ist b); und ist nicht wohl geredt, gemalet
gemachet gewesen von Sankt Bernhardo, und
sollte noch solche Gemälde wegthun, denn man
damit die blöden Gewissen geschrecket, und den
i eingebildet, daß sie sich fur dem lieben Hei-
fürchten und fur ihme fliehen sollten, gleich
wollt er uns von ihme wegtreiben, und sollte un-
Sünde strafen. Das machet denn, daß man
gerne zu ihme gehet. Denn wenn sich mein
ssen fürchtet, so ists gnug hinweggestoßen, ich
f denn keines Jägers, Leithundes oder Jagd-
s, Malers oder Treibers, daß ich von ihme
t würde: sondern mein Herz und schwach Ge-
i fleuget von deme selbs weg, da ich mich fur
e, die Furcht und Schrecken stößet und treibet
ab, daß ich nicht bei ihme bleibe.

Derhalben sollte man solche Gemälde nicht lei-
, denn der Herr Christus spricht allhie: Ich
dich nicht wegstoßen; kömmest du zu mir, das
läubest du und bist getauft, und erkennest, daß
Christus, fur dich geborn und gestorben sei, so
denn mit der Furcht aus, du darfst denn nicht

Das Papstthum malet Christum als einen zornigen Richter.
) S. Bernhard ist ein Anfänger dieses Irrthums. c) Diese
Gemälde soll man abthun.
49.

erschrecken. Christus will nicht ein Tyrann noch Stockmeister sein, er will dich nicht wegjagen, noch von sich stoßen. Solches ist nu unsere Lehre von Christo. Aber im Papstthum ist diese Lehre gar unter der Bank gesteckt und veracht gewesen, denn der Papst d) hat die Leute nur mit guten Werken wollen zu Christo treiben, daß sie fur ihre Sünde gnug thäten, und am jüngsten Tage fur dem Gerichte Gottes sageten: Siehe, Herr Christe, das habe ich gethan, so viel hab ich gefastet, diese und jene Werk gethan; und wenn hernacher das auch nicht helfen will, daß man sage e): Du liebe Maria, tritt herfur; hilf mir du, lieber Sankt Joannes, Sankt Peter und Paul. Das heißt den Teufel gelehret, und nicht Christum geprediget, sondern von Christo getrieben und gestoßen. Also hat man den armen Sündern den Herrn Christum aus den Augen gethan, ja, gar aus dem Herzen genommen.

Aber der Herr Christus saget allhie: Siehe du zu, daß du nur zu mir kömmest, und daß du die Gnade hast, daß du in deinem Herzen es dafur haltest, gewiß seiest und gläubest f), daß ich umb deinenwillen in die Welt gesandt sei, daß ich meines Vaters Willen ausrichtete, und dir zur Versöhnung, Gerechtigkeit, Heiligung und Erlösung gegeben sei, und alle Strafen umb deinenwillen auf mich gelegt habe. Wenn du dieß gläubest, so fürchte dich nicht: ich will nicht dein Richter oder Henker und Stockmeister sein, sondern dein Seligmacher, Mittler, ja freundlicher, lieber Bruder und guter Freund sein; verlasset alleine euer Werkheiligkeit, und bleibet in festem Glauben bei mir.

Man muß aber allhie wohl unterscheiden die Gerechtigkeit des Glaubens und der guten Werke g), auf daß der Artikel von der Gerechtigkeit des Glaubens bei den Christen rein bleibe. Denn es wird

---

d) Wie der Papst hat wollen zu Christo führen. e) Anrufung der Heiligen. f) Glaube gehöret zu diesem Kommen. g) Die Gerechtigkeit des Glaubens und der guten Werk muß unterschieden werden.

allhie nicht verboten, daß man nicht sollte gute Werk thun. Wenn ich nach dem Gesetze lebe, und thue gute Werk, halte die Gebot der andern Tafeln der zehen Gebot, ehre meine Obrigkeit, stehle nicht, tödte Niemand, begehe nicht Ehebruch, daran thue ich recht, und wird allhie nicht gestraft. Aber das ist Werkheiligkeit h), daß die Papisten gute Werk thun, ehe denn sie den Herrn Christum erkennen und an ihn gläuben; sie faben von den Werken ihre Seligkeit an, und lassen den Glauben an Christum fahren. Aber die da gläubig worden sind, und wissen, daß Christus nicht ein Stockmeister sei, und denn anfahen Guts zu thun, dieselbigen thun denn rechtschaffene gute Werk; und heißen dieselbigen Werk, vor oder nach dem Glauben geschehen, nicht Heiligkeit noch Gerechtigkeit, wie es die Papisten nennen. Denn allein der Glaube an Christum ist unser Gerechtigkeit, und von Christo werden wir Christen genennet, und auch zu Heiligen gemachet; denn der Vater bringet dich zu dem Sohn, ohn alle deine Werk und Verdienst. Das ist der Artikel von der Gerechtigkeit des Glaubens i), daß man an Christum gläube: diesen Artikel hast du mit keinen Werken, Fasten, Beten, noch Anderm erworben, sondern vom Himmel ist er dir geschenkt.

So redet er nu nicht an diesem Orte von der Gerechtigkeit der Werk, die fur dem Glauben geschehen möchten: sondern von der Häuptgerechtigkeit k), daß man Christum erkenne, und an ihn gläube, wie die Wort im Symbolo lauten; und wer den Artikel annimmet, den hat der Vater zu dem Sohne Christo gebracht. Wenn das geschieht, so fürchte dich darnach fur ihme nicht; denn das Herz ist sonst von Natur so blöde, daß es immer dahin arbeitet, als sei Christus ein Henker oder Richter, und werde mit uns handeln nach dem Gesetze mit der Schärfe: wir wollen immerdar einen Mosen oder

---

h) Werkheiligkeit. i) Artikel von der Gerechtigkeit des Glaubens.
k) Allhie redet er von der Häuptgerechtigkeit.

Gesetzgeber aus ihme machen l). Dieses Laster kann ich nicht uberwinden, und so wenig von mir treiben, als von dir. So kömmet auch der Teufel und die Rottengeister oder falschen Lehrer, und plagen ein erschrocken Gewissen noch mehr; welche Rottengeister von diesem Artikel Nichts wissen, die tragen Stroh und Holz zum Feuer, daß es flugs brenne, und stärken dasjenige, dazu ich von Natur Lust habe und geneigt bin m). Denn ich liege in den Gedanken, wie Gott zornig sei; so kommen sie denn, und lehren uns Gottes Zorn mit Werken büßen, wie denn die Papisten auch sagen, daß wir fur unsere Sünden mussen gnug thun. Da gehets denn an, daß man Christum zum Richter machet, den man müsse mit guten Werken stillen und versöhnen. Diese Lehre findet einen guten Zunder in mir, daß wir von Natur also gedenken, daß wir dennoch auch müssen etwas Guts thun. Kömmet denn der Schwefel und das hollisch Feuer falscher Lehrer dazu, und schlägt drein, so ist es als Oel, so das Feuer anzündet, und lichterlohe brennend machet, daß die Herzen gar müssen verzweifeln.

Solches weiß der Herr Christus, der tröstliche Lehrer und getreue Hirte, daß unser Herz sich von Natur der Sunden halben fur ihme scheuet und fürchtet n); item, daß der Teufel seine falsche Lehrer auftreibet, welche diesen Wahn aufblasen und stärker machen, und das Herzleid anrichten, daß man an Christo verzweifele, und ihn fur einen zornigen Richter und Stockmeister hatte, der nur saur siehet; und wenn ich mich denn gleich zu todte marterte, und mir viel abbräche, so wäre doch das Herz damit nicht zufrieden. Daher ist man zugefahren, und Sankt Mariam und Sankt Nicolaum und andere Heiligen angerufen, und ihre Furbitte gesucht. Denn dahin zwinget mich mein Herz, wenn ich Christum fur einen Richter und Stockmeister halte. Und wenn

---

l) Unser Herz machet Christum zum Henker und Moise. m) Die Rottengeister helfen auch dazu. n) Christus weiß, daß unser Herz sich fur ihm fürchtet.

wenn das auch nicht hat geholfen, wie es denn nicht hat können helfen und trösten, so hat man gesagt: Da ist keine Hülfe noch Rath mehr denn die Verzweifelung o). Denn wo Christus verlassen wird, da muß Verzweifelung folgen, da ist denn dein Werk verloren, und der Heiligen Furbitte ungewiß. Dieß Feuer kann man nicht auslöschen: gute Werk vermögens nicht, so vermags der Heiligen Furbitt auch nicht. Also bleibet Christus in deinem Herzen ein Richter, und du mußt denn in Todesnöthen verzweifeln.

Und möchte allhie Jemand sagen: Soll ich denn verzweifeln? Das heißt Christus nicht. Denn allhie spricht er: Male mich nicht also abe, halte mich auch nicht fur einen solchen Richter. Willt du die Heiligen anrufen, so rufe mich an, da hast du den rechten Mittler und Heiligen. Komm nur zu mir, da hast du alle gute Werk, und glaube den Artikel, denn wirst du dich fur mir nicht fürchten, sondern du kömmest denn zu mir p); und frage allhie nicht dein Herz umb Rath, höre auch nicht die falschen Lehrer und Doctores, die dich reizen zur Furcht, glaube nicht deinen Gedanken und bösem Gewissen, sondern mir und meinem Wort, denn ich bin dir gewisser, denn dein eigen Herz und Gewissen ist. Ich will dich nicht ausstoßen: dein Gewissen läugt dir, wenn es furgibt, ihr sollt mich fürchten als einen Richter. Woher kommen dir solche Gedanken? Ich sage Nein dazu, ich will dich nicht wegstoßen, und sage zu dir: Furchte dich nicht.

So kann man derhalben zum Papst und zu allen Werkheiligen sagen q): Ihr sprechet, Christus sei ein Richter, der ernstlich die Sünder strafe, darumb so solle ich meine Sünde büßen und dafur gnug thun, sonst werde mich Christus mit seinem Schwert tödten; lehret mich also die Werkgerechtigkeit und Furbitte der Heiligen. Aber ich weiß, daß ich ge-

o) Anrufung der Heiligen machet Verzweifelung. p) Christum soll man anrufen und der Verzweifelung wehren. q) Wie man dem Papst antworten solle, so Christum zum Richter machet.

bleiben. Denn es wird f
sagt, daß er mich nich
unvertrieben haben will, d
soll; sondern an einem a
get, Niemand soll sie
Christus will mich schütze
wenngleich alle Teufel un
wären, so sollen sie doch

Das sind gar tröstl
allein gesaget, die da Chr
man diesen Artikel wohl l
absondere den Glauben
Denn der Glaube ist das
len hernach folgen: aber
Tugend und Kraft, die
ret, zueigenen, die Werke
nicht. Der Glaube soll
stus nicht ein Richter sei
Ich bin nicht kommen, da
dern daß die Welt durch
ter hat ihn nicht gesandt,
erschrecke, oder ihnen Leid
sondern, daß er sie bei si
nen, die nicht gläuben, de

gegläubet, der Vater hat dich mir gegeben; darumb tritt hieher, ich will dich nicht wegstoßen. Zu den Andern aber wird er sprechen am jüngsten Tage, er wolle ihr Richter sein; denn sie wollen zu ihm nicht kommen. Alsdenn werden zwene Haufen sein, und allda wird er die Gottlosen absondern von den Christen, und scheiden die Böcke von den Schafen, und sagen zu den Gottlosen: Ihr habt mich nicht haben wollen, und an mich nicht gegläubet, sondern ihr habet mich verfolget, meine Christen getödtet, mein Wort gelästert, und mich und die Meinen ausgestoßen; so gebet auch hin ins höllische Feuer. Denn sie halten Christum nicht fur gütig; so sollen sie ihn auch nicht als gnädig und gütig haben, sondern [56]) sollen in die Hölle fahren. Derhalben so wollen wir Christum haben fur einen gnädigen Herren, die wir zu ihm kommen. Der Regenbogen, da er auf sitzen wird, erschrecket mich nicht, sondern hilft mir zum Heil; wir sehen ihn nicht als einen Richter: er wird dich holen und nicht wegstoßen, und auch schützen wider den Teufel. Und spricht im Text ferner, worumb er sie nicht ausstoßen will.

Denn ich bin vom Himmel kommen, nicht, daß ich meinen Willen thue, sondern deß, der mich gesandt hat; daß ich Nichts verliere von Allem, das er mir gegeben hat, sondern daß ichs auferwecke am jungsten Tage.

Wie fein reimet sich das zusammen! Er spricht u): Ich will dich nicht hinwegstoßen; das ist sein Wille; und allhie spricht er, daß er wolle des Vaters Willen auch thun; welches Wille denn auch ist, daß er uns nicht will verwerfen. Denn S. Joannes flichts in einander, und knüpfts also zusammen, daß des Vaters und Sohns Wesen sei Ein Wesen, Ein Wille, Ein Geist, einerlei Weisheit, Werk, ja, sei einerlei

u) Worumb die Gläubigen nicht ausgestoßen werden.

56) † sie.

Gottheit und Ein Ding. Also freundlich stellet er sich uns für, auf daß wir an ihm hangen möchten, daß, wenn ich des Sohns Willen höre, so höre ich auch des Vaters Willen. Siehes du auch den Sohn, so siehest du den Vater selber; und hast du meinen Willen, (will er sagen,) so hast du des Vaters Willen und Gütigkeit auch, und fürchte dich fur dem Vater nicht. Denn dein Herz soll nicht also sagen: Ja, Herr Christe, ich gläube deinen Worten, daß du mich nicht verstoßen wirst; aber wie, wenn der Vater mir ungnädig wäre, und mich verstoßen wollte? Nein, antwortet er, es ist kein Zorn mehr im Himmel, wenn du mit mir einig bist v); denn der Vater hat dich zu mir gebracht, und er ist meines Willens, und hat dich gelehret mich erkennen und an mich gläuben, und der Vater hat eben den Willen, den ich habe w). Denn hätt er dich wollen verderben und wegstoßen, so hätte er dich zu mir nicht gebracht und gelassen; er hätte dir auch nicht sein Wort, den Glauben, die Taufe, und das Erkenntniß dieses hohen Artikels gegeben, daß du ihn angenommen und gegläubet hättest. Darumb sollt du zwischen mir und meinem Vater nicht zweene Willen setzen. Denn mein Wille ist, daß ich dich nicht wegstoßen will: Solches ist auch meines Vaters Wille. Ich will dich nicht verdammen, und er auch nicht.

Das ist nu eine neue Predigt, daraus wir lernen wollen, was des Vaters Wille sei x), und wie man Gottes Willen thue. Die Papisten haben also davon geredet, Gottes Wille sei, halten seine Gebot, und mengens unter einander, ziehen diesen Willen Gottes auf die guten Werke. Aber ich sage, es sei wohl auch ein Wille Gottes y) die äußerliche Disciplin, daß man den Aeltern gehorsam, und der Obrigkeit unterthänig sei, Niemand morden, nicht Unzucht treiben, rauben oder stehlen, oder andere gute Werk thue und ein fein äußerlich, züchtig Leben in der an-

---

v) Der Vater liebt die Gläubigen. w) Christi und des Vaters Wille ist einerlei. x) Was des Vaters Wille sei. y) Die zehen Gebot sind auch Gottes Wille.

dern Tafeln führen. Es ist Solches zwar auch der göttliche Wille und eine Gerechtigkeit: aber Solches ist darumb nicht die Gerechtigkeit des Glaubens. Denn wenn ich lehre von guten Werken, so lehre ich nicht vom Glauben; und hinwieder, rede ich vom Glauben, so meine ich nicht die Werke, denn ein Igliches hat seinen Raum und seine Predigt. Nu hörest du allhie, daß Christus saget, er sei kommen. Worumb? Umb der Werk und Gesetzes Mosi willen, daß du den Aeltern und Obrigkeit gehorsam wärest? Weißest du das nicht zuvorn? Denn, wissen doch dieses auch die Heiden. Nein, darumb ist er nicht kommen in die Welt, sondern er ist umb etwas Höhers willen, denn diese Werk sind, in die Welt kommen z). Denn die guten Werk und Gesetze sind zuvor durch Mosen uberflüssig beschrieben und geboten, und hätte Christus nicht darumb dürfen Mensch werden, daß er uns davon predigte; und die Heiden haben auch ihre Bücher und Lehren von guten Werken geschrieben.

Derhalben so redet er allhie von einem andern Willen Gottes des Vaters, welcher viel von andern Sachen handelt, und ein anderer Wille ist, denn die zehen Gebot halten, oder vom Gesetz predigen. Denn die blinden Leiter, die Papisten a), haben Solchs aus ihrem Kopf erdichtet und fürgegeben, daß Gottes Wille sei, die Gebot Gottes halten, und haben den Glauben in das Gesetze gestecket, und gar in einander gemenget, und ihre Gedanken und Traum in diesen Text gestoßen: da bleiben sie auf, und ziehen den göttlichen Willen auf die Gebot Gottes; darumb soll man sie auch immer hin fahren lassen. Aber sage du drauf, daß Gott nicht einerlei wölle b); er redet auch nicht allenthalben von Einem Ding: er hat mehr denn einerlei Willen und Dienst. An einem Ort gebeut er und will haben, daß man soll [51] Aeltern gehorsam sein, und daß die Obrigkeiten Lan-

z) Worumb Christus sei in die Welt kommen. a) Was der Papst von Gottes Willen lehre. b) Gott will nicht einerlei.

51) † den.

den und Leuten treulich fürstehen, und die Unterthanen die Oberherrn ehren c), item, die Knechte ihren Herrn wohl dienen; auch daß man nicht tödte, ehebreche und stehle, das ist alles sein Wille. Und wie viel ist des Willens? davon er denn allhie gar nicht redet; sondern er handelt allhie von dem rechten Willen Gottes, des himmlischen Vaters, der die Gebot und Gesetze gar nicht angehet, nämlich, wer an den Sohn gläubet, der solle nicht verloren werden, sondern das ewige Leben haben. Darumb mußt du diese Willen auch nicht in einander mengen; sondern rede davon, wie Christus selber redet, und wie der Text allhie lautet. Das ist nu ein ander Stücke, ja, ein ander Ding, denn, wenn man saget: Ehre deine Aeltern. Er saget hie von einem andern Willen; du mußts nicht in einander bräuen und kochen.

Der väterliche Wille allhie, da Christus von redet, erstreckt sich dahin d) und lehret, daß er, der Herr Christus, Nichts verlieren solle von Allem, das zu ihm kömmet, oder das ihme gegeben ist, das ist, der an ihn gläubet, sondern Alle erhalten werden und ewig leben sollen; wie denn an einem andern Ort Christus auch saget: Das ist der Wille deß, der mich gesandt hat, daß wer den Sohn siehet und gläubet an ihn, habe das ewige Leben, und ich werde ihn auferwecken am jüngsten Tage. Das heißt je nicht von sich gestoßen, sondern bei ihme behalten. Das ist gar ein ander Wille, denn das Gesetz sonst von uns erfodert e); und man müsse solche Willen Gottes von einander scheiden, denn der Wille Gottes an dem Ort ist, daß der Herr Christus Keinen soll verlieren, die da an ihn gläuben. Der bildet Gott uns gar freundlich für, da aller Blitz, Donner, Ungewitter, Hagel, ja Zorn und Ungnade Gottes weichen und verschwinden solle, und daß sein gnädiger Wille sei, daß, wer den Sohn siehet und an ihn gläubet, der solle selig und erhalten werden, und wohl blei-

---

c) Rom 13. d) Gottes Wille ist allhie, daß die Gläubigen nicht sollen verloren werden. e) Das ist ein ander Wille, denn des Gesetzes Wille.

ben. Denn Gott handelt wider ihn nicht mit Recht, gerechtes Urtheil und Strafe; sondern Gott hat gegen ihme einen gnädigen Willen. Denn Gott kömmet nicht zu strafen; sondern in Christo ist ein eiteler gnädiger Wille des Vaters, der uns freundlich zu sich locket.

Das heißt, den Artikel, an Christum gläuben, herrlich getrieben, daß S. Joannes zusammen setzet und bindet, auch in einander kochet, des Vaters Willen und des Sohns Willen f); daher er denn auch an einem andern Ort saget: Die Wort, so ich rede, sind nicht meine Wort, sondern des Vaters Wort, der mich gesandt hat g); daß wenn ich den Menschen Christum höre, so kann ich schließen, daß das Wort, so ich höre, auch des Vaters Wort sei, und aus des Vaters Herze gehe, und sei Alles einerlei Ding, auf daß ich nicht gedenke, es sei eines Andern Wort oder Wille, sondern sagen kann: Was aus des Sohns Munde gehet, das gehet auch aus des Vatern Munde, und redets der Vater auch; ja, die ganze Gottheit und des Vaters Herz redet mit mir, wenn ich den Mann höre. Das thut Joannes darumb, daß er gerne wollte, daß wir diesen Artikel fest behielten. Denn Joannes wills zusammen bringen, und anzeigen, daß wenn man dieses Mannes, Christi, Wort höret, so höre man die göttliche Majestät selbs. Es sind nicht zweierlei, daß hörest du mich, so hörest du mich nicht, wie du mich ansiehest, sondern hörest Gott selber; denn Christi Wille und Christi Wort und Werk sind des Vaters Wille, ja, auch des Vaters Wort und Werk.

Also saget er auch allhie: Mein Wille ist nicht mein Wille allein, oder etwas Anders, denn des Vaters Wille; denn was ich will, das will er auch, und wenn du mich hörest, so flattere nicht hin und wieder, gleich als wolle Gott etwas Anders dir furhalten, denn ich dich lehre. Denn das ist sein Wille,

---

f) Gottes und des Sohns Wille werden zusammen gezogen. g) Joa. 14. Christi Wort sind des Vaters Wort.

daß ich sage: Wenn man zu Christo kömmet, so will der Vater dich nicht wegstoßen. Damit hebt er auf allen Unwillen, Zorn, Feindschaft und Ungnade Gottes, daß wir gewiß sind, Christus wolle uns nicht wegwerfen und der Vater auch nicht verstoßen; und also kann einer denn bleiben, wenn da kömmet eines böse[52]) Gewissen, daß er nicht sage: Ich habe heilig gelebt; denn das ist nicht gnug, du kannst damit nicht bestehen: sondern sich also tröste und spreche: Ich gläube an Christum, der von der Jungfrau Maria geborn ist, gelitten und gestorben ist, und verlasse mich darauf, daß er selber saget, wer zu ihm kömmet, den wolle er nicht ausstoßen. Auf diese Wort verlasse ich mich, und komme drauf[53]) zu dir, lieber Herr Christe; denn das ist dein Wille und Herz, auch dein Mund, die Wort sind mir gnug und gewiß, ich weiß wohl, daß du mir nicht leugst, die Wort werden mir nicht feihlen, du willt die nicht wegstoßen, die zu dir kommen. Ob ich schon ein Bube bin, und nicht gnug heilig oder fromm, daß ich bestehen könnte, so bist du dennoch wahrhaftig, und willt, daß ich am jüngsten Tage soll auferwecket werden. Ob ich nu nicht kann bestehen, so wirst du doch, lieber Herr Christe, wohl stehen, und mich nicht verwerfen.

Es sind schöne, treffliche Wort; wollt Gott, daß wir sie wohl lerneten, und den hohen Artikel wohl fasseten. Denn ich fürchte mich trefflich seher für den Schwärmern und Rottengeistern, die kommen möchten, und diesen Artikel zureißen werden, wie sie zuvor gethan haben h); und fället er dahin, so ists mit uns aus; und sie heben schon an, ihn mit ihren guten Werken zu zerreißen: dahin kommen sie, daß in allen ihren Büchern man nichts Anders findet, denn, so viel Almusen hat er gegeben; item, so Guts gethan, dieses und jenes verdienet: bleiben nur in Werken, und treiben Nichts von dieser Lehre und von diesem tröstlichen Artikel, daß Christus uns ge-

h) Warnung wider die Rottengeister, so diesen Artikel werden zureißen.
52) ein böses. 53) „drauf" fehlt.

holfen habe: sondern sie haben nur gelernet, daß man möge gute Werk thun. Aber kömmest du nicht höher, denn allein auf die Werkheiligkeit, so bist du kein Christ. Darumb so mußt du dahin kommen, daß du sagest: Ich bin gewiß, daß der Vater mich berufen und zu dem Manne Christo gebracht hat: ich bin getauft, und gläube diesen Artikel, und verlasse mich auf dieß Wort, das er gesagt hat, er wolle mich nicht wegstoßen. Das ist nu ein gewiß Zeichen, daß ich zu ihm gebracht sei. Dieweil denn ich zu ihme komme, sein Wort höre, und an ihn gläube, so werde ich wohl bleiben. Da stehets, er wolle nicht ansehen, was einer könne thun, oder wie viel menschlicher Gerechtigkeit und Heiligkeit er habe; sondern, daß ich nur zu ihme komme.

Dieser Artikel muß sitzen uber den guten Werken, er schwebet uber alle Werk i), daß du erstlich gewiß dafur haltest, du habst einen gnädigen Gott, der dich nicht hinweg stoßen wolle, darumb daß du an Christum gläubst, und weil du seiest Christo gegeben, daß du nicht verloren werdest; denn das ist der Wille Gottes. Darnach so sei denn auch fromm, ehre die Aeltern, und sei der Obrigkeit gehorsam, und sei ein fromm Kind Gottes, das den Nähesten liebe: thue gute Werk, und leide umb Gottes willen, was du sollt leiden; item, thue dieß oder jenes Werk, alleine, daß diese Häuptgerechtigkeit vorhergehe, nämlich daß du gläubest, du habst einen gnädigen Gott, daher, daß du an Christum gläubest, und ihn gesehen hast; denn deinen Willen und nach deines Gewissens Willen will er nicht thun, er will nicht mit dir handeln, wie dir dein Gewissen saget oder furhält. Denn allhie spricht er: Das ist der Wille Gottes, daß ich Nichts verliere, daß er nicht allein Niemand ausstoßen oder wegtreiben will, sondern er will sie auch bei ihme behalten, und soll sie auch Niemand ihme nehmen k).

---

i) Der Glaube sitzet uber den Werken.　k) Christus will die Gläubigen schützen.

Wenn nu dieser Artikel bleibet, so sind wir unverloren und unverführet. Denn der Heilige Geist und diese Wort stehen allhie, und erhalten einen, daß er bei Christo bleibet, und einer nicht verführet wird. So bleibet einer denn ein erleuchter Mensch, der da urtheiln und richten kann alle Werk und Lehren, Rotten- und Schwärmergeister l), die da Liebe und gute Werk, und nicht den Glauben an Christum (welches der Häuptartikel ist,) lehren; diese kann ich denn urtheilen und sagen: Ihr seid nicht recht, ihr lehret falsch.

Es ist wohl zwar eine gute Lehre und Rede, den Aeltern gehorsam und der Oberkeit unterthänig sein, und andere Werke des Gesetzes und der Liebe thun: aber damit sollt du mir noch keinen Christen machen. Denn es erhält mich nicht, es ist viel zu gering diese Lehre; wenn ich auch gleich von der vollkommenen Liebe redete, so ist sie doch nicht gnugsam. Denn der Text allhie saget: das sei des Vaters Wille, daß man zu dem Sohne komme, und ihn höre, sehe und an ihn gläube. Da ist denn gläuben und den Aeltern gehorsam sein, oder dieß und jenes Werk thun, nicht einerlei Ding; es ist auch der Glaube nicht dein eigen Werk. Die Aeltern ehren ist denn ein groß Werk und Gottes Wille, und die Werk der Liebe sind gute Predigten: sie machen [54]) noch nicht Christen.

Dieweil denn derjenige, so an Christum gläubet nimmermehr sterben soll, so kann einer auch, der diese Lehre angenommen hat, durch keinen Rottengeist verführet werden m); und man mag viel von guten Werken predigen, welches denn auch ist recht geprediget: aber man machet damit nicht Christen, sondern Türken, Juden und Papisten, die alleine von ihrer eigenen Gerechtigkeit predigen. Darumb kannst du Solches bald aus diesem Artikel urtheiln, und du mußt allein auf den Artikel sehen und Ach-

---

l) Ein Gläubiger urtheilt die Schwärmergeister. m) Die Gläubigen werden durch Rottengeister, nicht verführet.

54) † aber.

tung haben. Denn wenn du ihn fahren läßt, so kann irgend ein Narr in einem grauen Rock kommen, als ein Wiedertäufer oder Andere, und dich balde verführen n). Denn also sagen sie, die Wiedertäufer n*): Wahrlich, man muß also thun, sich also kasteien, und nicht lieben die Kreaturn, noch Lust zu Gelde und Gut haben, noch Lust zu Weib und Kind haben, sondern saur sehen, Haus und Hof verlassen, und das Fleisch tödten. Da gehets denn an, daß man saget: Wahrlich, das sind fromme, heilige Leute, sie verlassen Haus und Hof, Weib und Kind, gleißet und scheinet ihr Ding. Also haben die Wiedertäufer die Leute betrogen, und also hat man uns auch mit diesem Geplärre verführet, daß wenn einer ein grauen Rock hat getragen und saur gesehen, o so ist er frömmer, denn Andere gewesen; item, ist er von Weib und Kind gelaufen, darumb ist er heiliger und besser, denn der, so im Ehestande geblieben ist. Also gehets, wenn man dieß Licht des göttlichen Worts und Glaubens nicht hat, und daß man auf solche Heuchelei fället, daß man durch gute Werke will Christen machen; da hat man gut verführen gehabt o). Denn wenn ein Christ da wäre, der spräche: Du bist ein verzweifelter Bube, daß dich der Teufel wegführe, der dich auch hergebracht hat; denn du lehrest, daß man Christen mache durch gute Werk. Es muß etwas Höhers dazu kommen, es sollens nicht gute Werk thun, Gott gebe, es heiße Gottes Liebe oder des Nähesten Liebe, es heiße Leiden oder gute Werk, so machen sie doch keinen Christen; sondern vom Glauben solltet ihr lehren, wie man erst ein Christe werde, und darnach predigen, wie man das Kreuz tragen solle, und gute Werk thun möge.

Darumb so lernet den Artikel wohl unterscheiden von den Werken p). Denn wenn der Artikel liegt, so können sie einen balde verführen; denn sie wissen

---

n) Wer ohne Glauben ist, wird balde verführet. n*) Wiedertäufer. o) Ohne Gottes Wort und Glauben ist man balde verführet. p) Glaub und Werk müssen unterscheiden werden.

nicht, was gläuben heiße; sondern sie stehen darauf, wer viel leidet und viel Guts thut, daß er Gott und den Nähesten liebet; item, fromm und gehorsam sei: das sei denn köstlich Ding. Da sprich du: Das ist alles gut und fein; aber damit wird einer kein Christ, man kömmet dadurch auch nicht gen Himmel, denn die Werk sind zu schwach dazu; sondern sage also: Ich will zuvor ein Christ werden, der soll darnach lieb haben Gott und Menschen. Denn die Werk sollen keine Christen machen, aber ein Christ soll denn gute Werk thun und machen; denn durch die Werk wird Keiner kein [55]) Christ. Aber also wird einer ein Christ q), wenn Gott einem die Gnade thut, daß er zu seinem Sohn, Christo, kömmet, daß einer auf ihn getauft wird, sein Wort höret, und Christum durch den Glauben annimmet. Denn Christum und diese seine Gnade hat er nicht geschnitzt, du hast Nichts dazu gethan, du hast Christum nicht gemacht, geschnitzt oder gebacken. Es ist dein Glaube, und nicht deine gute Werk. Und er saget denn: Ich gläube an Christum, der empfangen sei vom Heiligen Geist, und geborn von Maria der Jungfrauen, gestorben, gekreuziget und begraben, und am dritten Tage von den Todten wieder auferstanden umb meinenwillen. Da hat man den Trost, daß du Nichts hiezu gethan hast, daß Christus ist geborn und auch gelitten hat [56]), es sind nicht unsere Werk; darumb kann mans mit Werken nicht fassen. Es ist der Teufel, und verdreußt mich uber die Massen seher, daß man die Artikel des Glaubens also fallen läßt, und stracks auf den Werken liegt.

So lasset uns nu lernen, daß daran viel liegt, daß wir einen Unterscheid machen zwischen dem Glauben und den guten Werken eines Christen r); wir müssen unterscheiden ein christlich Wesen und sonst eines Heiligen Leben, daß du alsbalde fragest, obs ein Werk oder der Glaube sei, das gen Himmel heb

---

q) Wie man zum Christen werde. r) Am Unterscheid des Glaubens und Werken ist viel gelegen.

55) ein. 56) „hat" fehlt.

sen und selig machen solle s). Ist es denn ein Werk, so sage: Das macht gewißlich keinen Christen; denn was selig machen, und gen Himmel helfen, und einen Christen machen solle, das muß größer und höher sein, denn aller Menschen Werk, ja, wenn es gleich größer wäre, denn Todten auferwecken. Welcher Teufel könnte es denn mit den erdichten Werken thun, daß ein Mönch eine Kappen anhat und Platten trägt, wenn diese große Werk allhie nichts gelten sollten? Noch haben sie sich viel besser und heiliger gehalten umb solch ihres Kleids, Platten, Essen und Trinkens willen, denn andere Christen wären t). Aber ich wollt dir lieber rathen, daß du Malvasier trünkest, und nur an Christum gläubtest, und ließest den Mönch Wasser oder seinen eigenen Urin saufen, wenn er an Christum nicht gläubet. Es hilft ihn doch nicht, denn er muß mit seinem gestrengen Leben doch verdammet werden. Darumb möcht er fur sein hären Hembde lieber einen seidenen Rock tragen, denn diese seine Andacht hilft ihme doch nichts.

Aber allhie reden wir von einem Willen des Vaters, welcher gericht ist auf die Person Christum u), und nicht auf die guten Werk, und will da der Vater, daß, so du zu dem Sohn kömmest, so hast du an ihm einen gnädigen Priester und Mittler; und er spricht selber: Ich will dich nicht ausstoßen noch verlieren. Derhalben, bleibst du bei dem, so wird dich von ihme nicht reißen weder Teufel, Welt, Tod, Rottengeist, Schwärmer, noch des Teufels Anfechtung, schöne Werk und gestrenge Leben, noch dein eigen blöde Gewissen, viel weniger auch nicht deine menschliche Weisheit. Also lehret dich dieser Artikel, daß du bei Christo bleibst und er bei dir; denn das ist des Vaters Wille, welcher auch des Herrn Christi Wille ist, daß wer an den Sohn gläubet, daß er nicht verloren werde.

---

s) Frage, darnach ein Christe sich richte. t) Die Mönche haben sich lassen heilig dünken. u) Der Wille des Vaters ist auf den Sohn Christum gerichtet.

sen haben. Aber allhie ist n
tes, daß Christus solle sein d
das himmelische Brod, das i
Leben, und helfe den Leuten
ist aber in einander gefloch
auch des Vaters Wille, un
Alles stehe auf dem Häupt
predigen, nämlich, daß sons
oder Seligkeit in allen ande
gegeben hat, denn allein in d
und daß wir zu ihm kommen
gläuben, so thun wir Gotte
unmöglich, daß wir die Gebot
denn alle andere Gebot sind
nicht thun können. Aber w
und hänget sich an ihn, der h
des Vaters Willen. Denn wa
auch nicht thun kann, das soll
willen, an den er gläubet, verg

Und itzt erkläret er sich,
schreibet, was der Wille des
er hat gesagt, er wolle nicht
Denn Jemand möchte sagen:
Wille? Haben wir nicht zuvo
Propheten und ...

ten oder thun, noch ein ander Wille des Vaters, den ich euch verkündige x), nämlich, daß ich Keinen soll verlieren von denen, die mir gegeben sind; und zeiget damit an, daß er der Mann sei, der da Jedermann soll beim Leben und Seligkeit behalten, denn er spricht: Ich soll Keinen verlassen noch verlieren, das ist meines Vaters Befehl und Gebot: ich solls thun, und dich annehmen und halten, das ist Gottes Wille, und wills auch gerne thun. So du mich nu dafur erkennest und hältest, so bin ichs auch, und wills gerne und von Herzen thun. So du aber außer mir bist, und du meiner, als des Gesandten, feiblest, und hängest dich nicht an mich, so kann ich dich nicht, will auch dich nicht erhalten, und du mußt denn ewig verloren sein.

Es ist ein hoher Artikel des Glaubens, und beides schweer y), als, gläuben, daß ers könne thun, und daß er Befehl habe: daß alles Heil und Seligkeit soll rein abgeschnitten sein von unsern Werken, von den zehen Geboten und unser Seligkeit; und darumb müssen die Juden, Karthäuser, Mönche und Nonnen, mit alle ihrer Heiligkeit, Nichts sein: wie große Werk sie thun mögen, so ists doch alles verloren. Denn Christus spricht: Ich solls sein, da ist sonst keine andere Hülfe. Denn der Vater hat sich abgewendet von allen andern Dingen, und seinen Willen von allen heiligen Werken abgestellet und abgekehret, er will kein Werk ansehen, denn sie können Nichts thun; und will allein hieher auf den einigen Mann, Christum, seinen Willen gerichtet haben, denn er soll alleine der Mann sein, der es kann thun.

Solcher Artikel wird gar saur und schweer, daß man ihn gläube z). Denn den Juden und der ganzen Welt ists ein schweer Ding, sie wollens nicht hören, dieweil sie von Christo also gedenken: Ei, solltest du der Mann sein, der da sollte selig machen? sollen wir deine Schüler werden? So will die ganze Welt und unser Vernunft mit Gott auch gerne also

---

x) Niemand verlieren ist Gottes Wille. y) Schwerheit dieses Artikels. z) Der Glaube an Christum ist ein schwer Ding.

... sei? Christus sagets w
verlieren, aber wer weiß,
einen andern Gedanken hätte
net sei? So flattern wir den
gen Himmel, und verleuret
und Christum aus den Augen
von, daß wir auch müssen Ch
Aber Christus vermahnet
Siehe dich nicht umb, gedenk
andern Willen des Vaters
denn das sein Wille ist,
daß Christus dich nicht soll ve
dieß Wort aus Christi Munde,
Wort, sondern des Vaters
Wille a): du wirst Anders bei
bei mir, wenn du mich hörest re
dich nicht, höre auch anders N
ich mit dir reden möge; und w
bist du nicht verloren. Es is
daß ein Mensch mit alle seine
dem Herzen sich könne ergeben
Person Christi; denn da werd
Sie sahen aber etwas Anders o
lich Werk an, und gerathen drü
men weit davon ...

Zum Andern, so ists auch schweer, daß wir uns
ht wollen zu Christo halten, und Solches ist unser
rnunft und des Papsts Schuld, daß wir an Chri-
m nicht gläuben. Denn unser Natur scheuet sich
Christo, und hält Christum nicht fur den Mann,
es könne und wolle thun, sondern fleucht fur
ne b), spricht: Willt du selig werden, so thue dieß
d jenes. So schlägt denn das auch dazu, daß die
pisten Christum zu einem Richter machen, der ur-
iln und richten wolle nach den Werken; wiewohl
te Werk auch sein sollen; aber ich rede itzt nicht
i Gesetzen und Werken, daß sie fur Gottes Ge-
hte etwas helfen sollten. Da machts denn unser
tur und die Menschenlehre, daß wir Christum
lieren, sie bringet uns von Christo. Denn wer
sen Willen nicht hat, der hat auch nicht den Va-
; und alsdenn hat man beides, als des Vaters
d Christi Willen, verloren, denn es soll durch
erke nicht geschehen. Daher kömmets denn, daß
er ist ein Karthäuser, der Ander sonst ein Mönch
rden, und allerlei Werk erdacht c). Nicht daß sie
e Werk thun wollten, denn sonst hätte man kön-
t bleiben ein Iglicher in seinem Stande, den El-
n dienen, den Nähesten lieben, und hätten Weibe
d Kinde gepredigt und nichts Neues oder Beson-
s angehaben: sondern es ist darumb zu thun gewe-
, daß wir uns haben wollen umb Gott verdient
chen, und Gott mit solchen Werken gewinnen und
rgebung der Sünden erlangen.

Aber also solls nicht sein. Willt du Gottes
hn werden, und zum ewigen Leben kommen, und
lt du der Sünden los werden; so ist das der
iff, nämlich, daß ihr meinen Willen und des Va-
s Willen annehmet, das ist, an mich gläubet, daß
das Brod des Lebens sei. Ein Christ muß allein
Gerechtigkeit suchen bei Christo, daß er des Herrn
risti und des Vaters Wille ergreife. Darnach so
he hin, und sei ein Richter, Oberkeit, Vater und

b) Flucht fur dem Herrn Christo. c) Eigener Werk Erwählung.

die ewige Gerechtigkeit, sich
Gedanken nicht fassen oder
eine ewige Kunst, die weder
kann ausgelernet werden.

So hat er nu den W
legt, welcher ist, daß er Ni
denen, die zu ihme kommen.
kannst dein Herz zufrieden
Ich will thun, was ich thun
fohlen ist. Dadurch aber
frei, sondern ich wäre glei
ich nicht Christum hätte.
Christus heißt, muß ich ha
denn das ist des Vaters
Nichts verliere, so zu ihme
len auch mit allem Ernst und
daß wir Christum ergreifen.
zu ihme? Da saget er ferner

Das ist der Wille deß,
hat, daß, wer den Sohn
bet an ihn, habe da

Da mußt du es scheiden
oder nicht.) daß die ...

was Höhers denn aller Heiligen Heiligkeit; und ucht der Herr also unser Herz außer und uber lès das, so da heißet gute Werk und zehen Gebot, nn sie sind nicht der Sohn, und wenn es auch eich das Gebot wäre, daß man Gott von ganzem erzen, Seele und allen Kräften lieben solle, wel es von Gott selber gebcten ist: dennoch ist es doch cht der Sohn; und wenn ich auch gleich sehe und fabe Gott und den Nähesten zu lieben und das esetz zu thun, so siehest du und hast du dennoch cht den Sohn: sondern das ist der Wille und Wohl fallе des Vaters, das will er haben, daß wer den ohn siehet, und gläubet an ihn, habe das ewige ben. Wollt Gott, daß es ins Herz ginge! Es ist utlich, dürr und klar gnug gesagt, wenn man ihme r nachgedächte, daß wer den Sohn hat, solle is ewige Leben und Vergebung der Sünden auch iben, und des Todes los sein. Aber wovon? Da- n allein, daß du hörest und siehest den Sohn, und äubest an ihn.

Solches ist stolz und stark gnug geredet wider le gute Werk. Aber man rücket uns allhie auf, ob an denn nicht solle gute Werk thun f). Ja, dem lauben sollen sie folgen, denn der Glaube muß gute Jerk haben: aber das Leben wird durch die Werk cht erlanget, denn es ist unmöglich, daß man das esetz halten könnte; und es ist kein Heilige auf Er- n nie erfunden, der da Gott und den Nähesten n ganzem Herzen, und als sich selber, geliebet hätte: ndern das Gesetz ist eine unträgliche, unmügliche ürde und Beschwerung gewesen; wie auch Sankt etrus im funfzehenten Kapitel der Apostelgeschichte get, das Gesetz sei ein Joch oder Bürde, so weder r noch euer Väter haben ertragen können. Das ißt alle Heiligen hingeworfen, daß sie dem Gesetz cht können gnug thun.

Aber was müssen wir denn thun, daß wir selig ürden? Wir sollen den Sohn ansehen, und an ihme ngen, und uns an ihn halten, ihn lieben, und an

f) Ob man solle gute Werk thun.

ich aber sage: Herr Christe
hange an dir, oder glaube
alleine; und denn will ich
Gebot fur mich nehmen, u
uben. Aber mein Häuptstü
an Christum halten will, un
Leben geschenkt werde. Na
ich denn anfahen Gott und
als [57]) viel ich kann, und
stehe denn sicher, daß mein
helfen. Mein Leben und W
ringe dazu, daß ich den Tod
schlosse, und die Sunde wegn
Himmel aufschließen. Gott
daß ich die Person sein sollte
geben, oder mich selber erhalte
nen das Gesetz nicht halten
uns wohl an die Gebot Gotte
erhalten sollten: aber da es
halten, da gibt Gott einen M
uns nicht verlieren, er soll uns
verderben, unter dem sollen w
sterben.

Das macht aber diese Leb

kein Heilige hat auslernen oder ausgründen kön-
en, es sei denn, er habe gesteckt in Verzweifelung,
Todesnöthen oder äußersten Gefährlichkeiten. Denn
sehet man des Glaubens Kraft und Wirkung
lererst in den Anfechtungen, als, daß der Glaube
berwinde die Sünde, den Tod, Teufel und Höllen.
as sind nicht schlechte Feinde, sie treiben einem aus ein
chweiß, und zubrechen einem seine Gebeine, und
achen einem Himmel und Erden zu enge. Da ist
enn [58]) Niemand, der helfen könnte, wenn der Teu-
l und der Tod kömmet, denn allein diese Person,
e da spricht: Ich solls sein, der ich dich nicht ver-
eren solle. Solches ist des Vaters Wille. Da ler-
et man denn, was der Glaube sei.

Darumb ists nöthig, daß man davon predige,
aß wenn sie kommen und lehren i): Wenn du die
ebot Gottes hältst, so wirst du das ewige Leben
aben; und sprechen, Christus habs selber gesagt k):
hue das, so wirst du leben; so sprich du: Ja, gehe
n, und thue also. Aber der Pharisäer im Evan-
elio ließ es wohl anstehen. Es ist balde gesagt:
hue es; aber es wird nicht draus, ich kanns nicht,
ein Halten ist nicht gnug. Soll ichs aber halten,
ist das Ziel mir gesteckt, daß ich den Gehülfen
hristum muß haben, der mir die Sünde vergibt,
nd den Heiligen Geist verleihe, daß ich die zehen
ebot thue. Ja, ich bekomme aber dadurch den Himel? Dazu werden uns die zehen Gebot nicht helfen
on sich selbs: der Herr Christus muß es vorhin
un, und das ewige Leben geben. Christus muß
zuvor thun, darnach so thue denn gute Werk, so
ott gefallen.

nd ich werde ihn auferwecken am jüngsten Tage.

Dieß ist ein nöthiger Zusatz und herrliche Zusag-
ng, welche zweimal gesaget und wiederholet ist, da-
mb, daß man immerdar furwendet: Ei, wie rei-

---

i) Wie man die Gesetzlehrer soll abweisen. k) Hoc fac et vives.

58) „denn" fehlt.

Kopf ab; wie reimet sich
die Treppen hinein uber
Es scheinen diese Wort, a
und ihr sehet, wie es gehe
stum gläuben; sie werden
und vermaledeiet sie, köpft
man läßt ihnen keinen
Solchs das ewige Leben,
und getödtet werde, so lebe

Da liegt nu viel an,
Sachen, die da zu dem Gl
Glaube soll die Augen zuth
urtheiln nach dem, so ma
Denn das Leben, so der hat
soll er nicht empfinden oder
ich ihn von Todten auferwe
Tode verborgen und zugest
decken und unter den Boden
sen, so lange ich lebe, oder
Vergebung der Sünden ha
größten Sünden fühle, sage
ich Vergebung der Sünden;
allermeisten die Sünde fühle,
sten beißen, jagen und ersch

sind deine Sünde vergeben; und: Du sollt das ewige Leben haben, und ich will dich auferwecken am jungsten Tage.

Mittlerweile urtheile nicht nach deinem Fühlen. Denn äußerlich wirst du den Tod und die Sünde fühlen, und das Herz wird dir ein bös Gewissen machen, das böse Leben wird dich strafen, das Gesetz erschrecken, die Welt wird dich verfolgen, und der Teufel dir böse Gedanken und Anfechtung eingeben. Aber erschrecke nicht, habe Geduld, es sind nur eitel äußerliche Larven, die den Glauben uben und treiben n), daß er lerne, er hab das ewige Leben, und wo er solch Leben habe; und wenn ich gleich stürbe, und ein Bär mein Häupt fräße, und ein Fisch meinen Bauch, oder ein Wolf meine Hand fräß, oder gleich in tausend Stücken zurissen würde, dennoch weiß ich, daß ich das ewige Leben habe solle.

Allhie siehest du, was der Glaube sei. Es deuchtet einen wohl, daß [59]) eine schlechte Kunst sei, gläuben; aber es ist ein hohes und groß Ding drümb o). Darumb, wenn du die Sünde fuhlest, und das bös Gewissen dich beißet, oder daß du verfolgt wirst, so siehe, ob du auch gläubest. Aber man läuft denn zu den Heiligen und Nothhelfern in Klöster und in die Wüsten, daselbst suchet man Hülfe, und man spricht: O Lieber, betet fur mich! O lieber Heilige hilf mir! O lasse mich leben, ich will fromm werden, und viel guter Werk thun; also saget ein erschrocken Gewissen. Wo ist nu der Glaube? Aber also sollt du Christ sagen (wenn du den Worten Christi gläubest, da er saget: Die du mir gegeben hast, der hab ich Keinen verloren): Ich weiß keinen Heiligen hie, ich bin ein armer Sünder, und habe den Tod verdienet; aber uber die Sünde und Tod halte ich mich an dich, und will von dir nicht weichen. Ich habe dich, lieber Herr Christe, ergriffen, du bist mein Leben, und dieß ist des Vaters Wille, daß Alle, die

---

n) Christen-Prüfung. o) Hoheit des Glaubens.

59) † es.

Ihr habt gelesen d
rion p), der drei und
und kein Brod gegessen,
ben in der Wüsten geführet
war sein Herz betrübt, und
was fürchtest du dich, b
Gott wohl 83. Jahr gedie
und tröstete ihn nicht. De
ist, so thuts nichts, es stehe
nicht drauf; sondern schlec
gefahren und die Vergebun
Barmherzigkeit Gottes bei
zu Christo gekommen, und ni
gesehen, denn kein Werk ka

Das ist nu die Kunst d
ergreife dasjenige, so ma
alles, was wir von Christo
wird gleich das Widerspiel
Glaube siehet, das er nicht
ist die Kunst des Glaubens,
hat der Glaube, daß wenn
mir den Kopf abhäuet oder
getödtet werde, das fühle ich,
den Augen; da soll ich denno

die Seligkeit und das Leben, so ich in Christo habe, welcher spricht: Ich will dich nicht verlieren. Item, in Trübsaln und Anfechtungen hören wir Trost in Christo Jesu. Wer nu das versuchet, der sage mir wieder, was es fur eine schlechte Kunst umb den Glauben sei. Denn alles andere Leben ist Heuchelei. Wenn man auch gleich in den Geboten Gottes daher gehet und lebet, so ists doch nicht gnug, und ist nur eine lautere Heuchelei: vielmehr wird nicht gelten, was wir von guten Werken erwählen; denn kein Leben noch Gesetz und Werk thuts.

Nu fahen die Jüden [60]) an zu murren; und es [61]) ist auch kein Wunder. Aber Sankt Joannes hat den Gebrauch allezeit, daß er den hohen Artikel sehr gewaltiglich beschleußet, daß Christus sei wahrhaftiger Gott und Mensch in Einer Person r), und daß diese Person auch unser Heiland sei, durch den wir selig werden, und der unser Leben und Gerechtigkeit sei; wie wir denn im Symbolo sagen: Ich gläube an Jesum Christum, unsern Herren, der empfangen ist vom Heiligen Geist ꝛc. Und daher werden wir auch Christen genennet. Denn das ist unser Titel. So ist er nu wahrhaftiger Mensch, dawider viel Ketzer gestritten haben; dazu ist er auch wahrhaftiger Gott, welchs viel Ketzer auch verneinet und angefochten haben, und fürchte, es werden derselbigen Ketzer noch mehr kommen, die wider solchen Artikel toben und wüthen werden.

So lernet nu aus diesem und andern Sprüchen, daß Jesus Christus ein wahrhaftiger Mensch sei, denn ihr höret und sehet ihn fur den [62]) Augen, daß er allhie redet als ein Mensch; item, daß er auch ein wahrhaftiger Sohn Gottes s) und eine solche Person sei, daß wer an ihn gläubet und an ihm hanget, der hat das ewige Leben, und ist sicher fur der Höllen, Teufel und Tode, und er soll haben das Leben und die Seligkeit, denn er wird ihn erhalten, und er wird auch können die Gebot Gottes thun.

---

r) Christus wahrhaftiger Gott und Mensch. s) Gottheit Christi.
60) Orig. Jünger. 61) „es" fehlt. 62) „den" fehlt.

bekennen wir, daß wirs vo
haben, und Niemand kanns
ein Härlin krümmen, er la
Teufel dem Hiob Nichts thun
es ihm denn.

Diesen und dergleichen S
ten t), damit wir unsern G
daß Christus wahrhaftiger
denn er schreibet ihme das We
Todten auferwecken könne, w
derholet, und daß er Niemand
daß er das Brod des Leben
Werk eines Engels oder eini
der göttlichen Majestät Werk

Also ist der Evangelist
uber alle andere Evangelisten,
sen Artikel treibet, daß Jesus
tiger Mensch und wahrer Got
turn vereiniget er zusammen.
wird, redet er mit uns, und
stirbet nach seiner Menscheit.
auch seine Gottheit mit einfälti
daß wer an ihme hänget, ode
den erlöset, erhalt und hilft e
allem Unglück, und den will
wecken, er will ihn bewahren,

den nehmen; denn ich bin Gott selber. Und es wird uns noth thun, daß wir diesen Artikel, daß Christus Gott und Mensch sei, wohl einbilden und wissen, denn von Natur können wirs nicht fassen noch verstehen. So fichtet der Teufel und die Welt auch dawider; und ob sie gleich davon predigen, so verfinstern und verdunkeln sie doch mit ihren Quaestionibus solchen Artikel.

v) Solches ist nu ein Stück von der Predigt des Herrn Christi gewesen, so er von dem Willen seines himmlischen Vaters gethan hat, welche Predigt zu Capernaum geschehen ist. Nu folget hernach, wie die Predigt unter dem Volk gerathen sei [63]).

Da murreten die Juden darüber, daß er sagte: Ich bin das Brod, das vom Himmel kommen ist, und sprachen: Ist dieser nicht Jesus, Josephs Sohn, deß Vater und Mutter wir kennen? Wie spricht er denn: Ich bin vom Himmel kommen?

Dieß Stück hat S. Joannes auch hinein schreiben wollen, wie sich die Juden zu der Predigt und Rede gestellet haben w), nämlich also, daß sie drüber murren. Denn es dünket sie eine lächerliche, ärgerliche und närrische Predigt sein, daß er darf sagen, er sei vom Himmel kommen, und gebe solch Brod, so das ewige Leben bringe; da sie doch seinen Vater, Joseph, und seine Mutter, Maria, kennen wollen. Darumb wollen sie mit ihrem Murren anzeigen, daß es müsse ein große Lügen mit ihme sein; oder er müsse ein großer Narr sein, daß er uns uberreden will, daß er sei vom Himmel kommen, so doch allhie zu Capernaum sein Vater und seine Mutter wohnen.

Aber Joannes zeiget uns allhie das zum ersten an, daß er Alle, so diese Lehre von Christo hören, warne, daß wir in Gottes Wort und Sachen nicht

v) Die 10. Predigt am 27. Tage Januarii 1531. w) Der Juden Aergerniß.

63) ist.

hange ich denn. Denn
vermahnet habe, daß man
der Vernunft nachgedenken
Sachen, die Artikel des G
fend. Denn so balde ein
reimen, klügeln und zusam
mit der Vernunft schicke,
wir fallen dahin.

Origeni y) und anderen
gegangen, die haben sich a
sie haben die Vernunft u
vergleichen wollen mit den
Glaubens, so doch diese
ist unserer Vernunft, sie las
urtheiln; es thuts nicht. Es
die Artikel des Glaubens,
fangen haben mit aller ihrer
Verstande; sie will allein he
nicht will lassen gefangen n
denn der Teufel führet ihn
zerei und Sekten. Also ists
Ario und den andern alten
unsern Rottengeistern, und
es uberlegen, ob sichs

sers in der Taufe ist Wasser, es ist ein [64]) äußerlich Ding, wie kann es denn die Seele waschen und reinigen, und die Sünde vergeben? Wasser bleibet Wasser a). Das macht nichts Anders, denn daß sie das Wort Gottes (Gehet hin und täufet alle Völker im Namen des Vaters, Sohns und Heiligen Geistes,) messen nach ihrem Schulregister und Ellen, wie sie es dünkt, daß es recht soll sein; und so wollen sie es machen, und so muß unser Herr Gott hernach gehen, allhie aller Menschen Schüler sein b); aber was sie daran gewinnen mit ihrer Meisterschaft, das erfahren wir wohl. Christus läßt sich wohl meistern und richten, aber er bleibt dennoch der oberste Meister und Lehrer; wie denn geschrieben stehet im ein und funfzigsten Psalm: Du wirst doch Recht behalten in deinen Worten, und dazu gewinnen, wenn man dich lange richtet; da denn bekennet der Prophet David, daß unser Herr Gott muß herhalten, und einem Iglichen fur Gerichte stehen, und sein Wort muß sich leiden: aber in fine videbitur, cujus toni, das ist, am Ende wird man sehen, was die Glocke geschlagen hat.

Also gehets nu allhie den Juden auch, die Christum hören predigen, und sagen, daß er sei das Brod vom Himmel; so fahren sie flugs in Marien und Josephs Haus hinein, und sprechen c): Maria ist seine Mutter, und Joseph sein Vater 2c., wir kennen ja sein Geschlechte, sein Haus, seine Gassen, die Steine und Holz. Wie reimet sich das zusammen, wie kann er vom Himmel kommen sein? Sein Haus ist nicht im Himmel, denn sein Haus und Aeltern wohnen auf Erden, zu Capernaum: darumb ists unrecht, und eine solche Narrheit, daß es nicht größer sein kann; achtens fur eine Lügen. Also thun auch unsere Sakramentirer, die Tropfen, so furgeben d): Christus sitzet zur rechten Hand Gottes, und ist im

a) Die Taufe kann aus der Vernunft nicht verstanden werden. b) Gott soll Schüler und der Mensch will Meister sein. c) Dieß Brod kann von der Vernunft nicht verstanden werden. d) Sakramentirer urtheiln vom Abendmahl nach der Vernunft.

64) „ein" fehlt.

...nöthige Artikel dergabe
stünde, so würde unser Kei
mußten Alle verloren sein.
nicht dazu; was wir mit
und vernehmen [65]), das w
selig machen. Es muß Etn
Vernunft und Weisheit sei
führen soll. Denn wenn a
zusammen thäten, so könnte
ter gen Himmel machen, da
steigen möchte.

Dieses ist uns aber zur W
daß wer da will in den Artik
handeln, der lasse sein Forsc
frage nicht, wie es sich reim
obs Christus gesagt habe oder
so bleibe er dabei, es klappe
es wolle. Denn ich will ihn
meine Vernunft oder ich bin.
der da redet, und laß ihn klü

Und das sehen wir auch
Sachen also zugehe. In der
der Herr oft den Knecht Etwa
doch nicht verstehet, ob es gu
oder wie es sich rei...

Sollte auch ein Fürst g) alle seine Räthe und Anschläge unter das Volk lassen kommen und herausgeben, oder den Unterthanen von seinem Willen sagen; oder ein Kriegsöberster seine Praktiken und Anschläge in einem Feldlager lassen laut und offenbar werden oder aussagen, das würde ein edel Regiment und Wesen werden. Und dennoch wollen wir Narren allhie ins Teufels Namen unserm Herr Gott auch nicht ehe gläuben, er hätte uns denn derselbigen Artikel und Dinge halben zuvor Rechnung und Ursach angezeiget; wie man denn itzt auch grübelt und fraget, worumb der Herr Christus das Sakrament also hat gegeben und eingesetzet h)?

Aber im Paradies ging der Teufel damit auch umb, daß er zu Adam und Eva saget: Worumb hat Gott das gethan? An den Galgen mit dem Maul, das Gott fraget: Worumb hast du das gethan? Fragest du aber, so frage in aller Teufel Namen, und stecke deinen Rüssel, ich weiß wohl wohin. Darumb so soll man diese Klügling immer fahren lassen. Ists nicht denn eine große Kühnheit i), daß du Gott, deinen Herrn, willt fragen, da du doch nicht darfst deinen Brüder, Nachbar, Herrn oder Frau fragen, warumb sie dieses oder jenes thun? Item, auf Erden muß Mancher viel leiden, muß auch mancherlei sehen, und aus eines Andern Geheiß viel thun, das er nicht verstehet, und denn, wenn es ausgerichtet wird, daß es einer allererst erkennet, und denn der Herr zum Knecht spricht: Siehe, das wollt ich damit gemeinet und gethan haben; und der Knecht sagt denn: Das habe ich wahrlich nicht verstanden, daß du das im Sinn hast gehabt. Ja, hätt ich dirs gesagt, antwortet der Herr, so hättest du es nicht gethan. So das nu mit uns Menschen geschiehet, vielmehr sollt man in unsers Herr Gotts Sachen nicht also thun, daß man ihn allwege fragen wolle, worumb er dieß oder jenes also ordne; sondern sage du nur also zu ihme: Herr, du bist mein Gott, ich

g) Gleichniß vom weltlichen Regenten und Krieges-Obersten. h) Man soll sich hüten fur der Frage: Quare? i) Menschliche Kühnheit in Gottes Sachen.

... geboren ꝛc. A
der Vernunft ergreifen od
jenige, so da mit einer F
uberspannen kann, und z
sitzet, dennoch in einer en
und der Mutter Maria Brü
sich das zusammen, daß Et
mel, und ein kleines Kindlin
liegt? Ja, wenn ichs rein
werde ichs durch die Vernunft
men; denn er liegt da, und
vom Vater. Aber thue dein
dich an das göttliche Wort:
sammen gereimet durch das g
also gesaget hat, daß er Got
laß ichs bleiben: da ists d
und gebacken, daß die einige
Gott und Mensch.

Dahin kommen Juden,
mermehr, denn sie stoßen und
wenn Gott wider die Juden,
Verfolger dieses Artikels halben
schreiben lassen, so sollte er die
geschrieben haben, denn es
Klugheit gerichtet ...

schänden uns, die wir an Christum, den Sohn Gottes, gläuben, und tritt ihn der Papst mit Füssen, nimmet ihn gar hinweg mit seiner Gottheit, und führet die Leute dahin, daß sie gute Werk sollen thun, dieß und jenes thun, so würden sie selig. Der Türk hält wohl etwas von Christo, als, daß er ein großer Prophet sei; aber daß er Gottes Sohn solle sein, das geben sie nicht zu m). Aber unser Seligkeit soll stehen in dem, daß wir auf den Mann sehen, und in ihme das Brod des Lebens haben. Das gläubet ihrer Keiner, und es ist auch bei ihnen nicht allein geschwiegen, sondern es wird noch dazu mit Füssen getreten.

Das ist nu der Juden und Türken Glaube, die dennoch besser sind, denn der Papst, welcher allein mit dem Namen Christum bekennet, daß Christus Gott sei; aber seine Kraft verläugnet er. Er ist ärger, denn der Türke und die Juden, und hat darnach ins Teufels Namen das Fest des Frohnleichnams angericht n), auf daß er mit demselbigen Feste Christum zu Grunde stoße, und Anders nicht gethan, denn daß man das Sakrament anbeten und ehren sollte, und Ablaß damit verdienen. So liegt denn der Artikel von der Gottheit Christi im Papstthum, Judenthum und Türkenthum im Drecke, welchen doch alle Evangelisten, und sonderlich S. Joannes und S. Paulus, haben hinter sich lassen wollen, daß er nicht unterginge, und den Artikel mit der heiligen Schrift und herrlichen Sprüchen in ihren Büchern bestätiget und erhalten. Denn sie haben sichs wohl besorget, es werde nach ihrem Tode also gehen, daß der Teufel diesen Artikel nicht wurde unangefochten lassen; wie denn bisher solche Bücher bei uns auch sind unter der Bank gelegen.

Das ist uns nu zur Warnung geschrieben o), auf daß wir aus S. Joannis Evangelio diesen Artikel wohl fasseten, denn er stellet uns Christum

m) Was der Papst und Türke von Christo hält. n) Frohnleichnams-Fest im Papstthum. o) Dieser Artikel stehet uns allhie zur Warnung.

fallen wir aus diesem Arti
kein Ende noch Aufhören.

Derhalben so sehen w
umb den Artikel nicht murr
solcher Artikel, der ohne
kann gegläubet oder erhalte
nicht in die Vernunft, d
kommen sei**), und Gottes
wahrhaftige Himmelbrod sei,
Mutter und Vater habe. Aber
thue deinen Dünkel hinweg,
nicht, und thue deine Aug
aus der Hand, und laß
gläube aber dem Wort q),
fürstellet, als, daß er ist von
ist, er ist Gottes Sohn, u
und von Maria geborn, nich
schen, in sündlicher Empfäng
reinen Geburt, vom Heiligen
ist da eitel Gnade, Leben un
Geburt gewest, da kein irdi
zu kommen ist; wie denn all
den in Sünden geborn, und
dische Geburt

Jungfrauen, derer Fleisch und Blut gereiniget worden ist, daß aus ihrem Fleisch eitel lauter heilig Fleisch und Samen käme und gemacht würde; das heißt denn, vom Himmel kommen. Das wußten sie nicht; ich weiß es auch nicht: ich höre es aber, und die heilige Schrift sagets, und ich gläube der Schrift. Willt du es aber nicht gläuben, so laß es; denn der Schade wird dein sein. Es ist gnugsam gesaget und geprediget, daß er also vom Himmel kommen sei. Gläubest du es nu, so wirst du es verstehen. Derhalben antwortet der Herr Christus balde drauf, und spricht:

Murret nicht unter einander; es kann Niemand zu mir kommen, es sei denn, daß ihn ziehe der Vater, der mich gesandt hat.

Der Herr will so viel sagen: Mit dem Murren richtet ihrs nicht aus s); ihr wollet mich messen und reimen, und mit der Vernunft urtheiln mein Wort, und euern Kopf zuvor darumb fragen, ob ich recht rede oder nicht: aber ich sage euch, das ist nicht der rechte Weg und Strasse, daß man zu mir komme, da wird Nichts aus; wenn ihr euch schon zu todte fraget, so werdet ihrs doch nicht ausrechnen.

Er straft aber die kluge Vernunft, die da will sein Wort meistern, da denn Nichts aus wird t). Denn seine Wort wollen unser Vernunft nicht eingeben; darumb laßt es uns und der ganzen Welt gesagt sein. Denn er redets nicht allein allhie zu den Juden, sondern daß ein Iglicher, der ein Christ sein will, gedenke und halte sein Maul, murre nicht, und gebe sich zufrieden. Will er anders selig werden, so denke er ihme nicht nach, murre nicht, nehme es ihme auch nicht fur, daß er es wolle aussinnen, ausmessen, oder mit der Vernunft ausrechnen, und gedenken: Wahrlich, also ists recht, es dünket mich also gut sein.

In äußerlichen und weltlichen Sachen, da laß man der Vernunft ihr Urtheil u). Denn da kannst

s) Dieß Murren ist vergeblich.

t) Die Vernunft wird allhie gestraft ihres Klügelns halben.

u) Was der Vernunft Werk und Weisheit sein sollte.

..., wie du ein Pferd zäu
ret dich die Vernunft; un
hat auch dazu die Vernun
melken und Pferde zäum
hundert Gülden mehr sind,
darinnen beweis deine Kl
ein fein Geselle, und bra
allhie, wenn es dahin kön
werden im himmelischen W
Glaubens, da thue die Ver
nicht nach der Vernunft;
Hie kann ich nimmer, es r
mit den andern Stücken,
Da zähme die Vernunft u
nicht, ich wills nicht rechne
halten und hören; denn es
Vernunft unbegreiflich.

Das meinet er allhie
nicht. Worumb? Es kann
der Vater ziehe ihn denn v).
Das ist kürzlich abgesagt.
rother Tinten, oder mit güld
Herz; denn, thue was du w
zu mir, denn der, so mei
Spruch ist ein Donnerschl

Was soll man denn thun? soll man verzweifeln? Nein, es ist geredet wider deine Vermessenheit, menschlich Vermögen, Klugheit, Kunst und Vernunft x), dieß will er damit im Zaum halten, und redets auch wider die schändlichen Leute, die da wollen Gottes Wort meistern, darinnen und dadurch sie sollen selig werden, und also sich selber führen; wie denn des Arii Klugheit y) auch war, welcher die Gottheit Christi verneinet. Mit derselbigen Lehre wirst du zu Christo langsam kommen, wenn du nicht gläubest, daß er wahrhaftiger Gott sei; dafur es denn ein Christ gewiß hält. Aber Narrius kanns nicht gläuben, wollt ihn sonst lassen die höheste Kreatur sein. Dergleichen Weisheit geben auch die Wiedertäufer für z), daß das Wasser in der Taufe dich nicht selig machen könne; item, du mußt Nichts lieben, sondern dich äußerlich von allen Kreaturn entledigen, und darnach mußt du dieß und das thun, denn so kommest du hinein in Himmel und ins ewige Leben.

Aber allhie spricht der Herr Christus: Du kannst nicht also hinein kommen, denn da stehets: Es kann Niemand zu mir kommen, es sei denn, daß ihn der Vater ziehe. Was heißt Niemand? Meinest du, es heiße allein eine Kuhe oder Esel, und ander Viehe? sondern Niemand wird das ganz menschliche Geschlecht allhie genennet a), die ganze Welt, kein Mensch ausgenommen, die allermächtigsten, heiligsten, klügsten und gelehrtesten. Das ist kurz geredet, aber gar ein gewaltiger Spruch ists, der niederschlägt und zu Boden stößt Alles, was menschliche Weisheit, Verstand, Urtheil, Gerechtigkeit und Heiligkeit, auch Religion und Gottesdienst heißt b). Denn zu diesem Artikel und Seligkeit in Christo zu kommen, da hilft keine Weisheit, Klugheit, Blutvergießen oder Almusengeben, noch was sonst das ganze menschliche Geschlecht vermag, mit Klugheit, mit Frömmikeit oder Heiligkeit. Denn es heißt: Es kann Niemand zu mir kom-

---

x) Die Vernunft wird allhie gestraft. y) Arii Klugheit. z) Wiedertäufer-Weisheit. a) Niemand heißt allhie das ganz menschliche Geschlecht. b) Menschliche Werk werden allhie verdammet.

nem, daß sonst Etwas s
mache, nämlich, das Bl
net; welches denn nicht
Das können die Gottlosen
sollte Nichts sein, und sp
mein Klosterleben, mein Al
Leben und gute Werk? D
mit aus, denn daß du t
Feuer auf den Kopf. Ei,
ren sein? Ja, es ist allzu
Christus spricht allhie, daß
könne kommen; so willst du
diese Stücke in Himmel kle

Derhalben ist dieß ein
müssen drüber murren, s
Denn es ist ihnen unleidl
Türken, Juden und Papst:
setze sind verloren, und ihr
euer Gerechtigkeit. Was h
Ein Murren, Unwillen und
wollen ihre köstliche Weish
nicht lassen Nichts sein, oder
verwerfen lassen; so können
ihr Thun, Heuchelei und Leb
lassen ...

aller Menschen Werk, heilig Leben, Vernunft und Gerechtigkeit e), die dich denn nicht zu Gott ziehen, sondern dich zurückejagen, und ein Murrer und Zanker [68]) aus dir machen, oder daß du noch dazu verzweifelst. Denn Christus sagt klärlich: Der kömmet alleine zu mir, und sonst Niemand empfindet den Glauben, ohne welchen der Vater zu mir zeuhet.

Das Ziehen ist nicht wie der Henker einen Dieb auf der Leiter und an den Galgen zeubet; sondern es ist ein freundlich Locken und an sich Ziehen f), wie sonst ein holdseliger Mann die Leute an sich zeuhet, damit, daß er freundlich und leutselig ist, und Jedermann gerne zu ihm gehet. Also lockt und bringet Gott die Menschen auch säuberlich an sich, daß sie willig und gerne umb und bei ihm sind. Und will damit anzeigen, daß man nicht gedenken dürfe, daß man damit zu ihm komme, daß du klug sein willt, denn da wirst du erst recht unwillig werden: sondern damit, wenn dir der Vater wird furbilden seine große Barmherzigkeit, und daß er sich wird dir zu erkennen geben, daß er den Christum aus väterlicher Liebe in die Welt gesandt habe; wie Joannis am dritten Kapitel geschrieben stehet: auf daß alle, so [69]) an ihn gläuben, nicht verloren werden, sondern das ewige Leben hätten; und hörest, daß dir Gott nicht feind sei, sondern sei dein gnädiger und barmherziger Vater, und gebe seinen Sohn fur dich, und lasse ihn sterben fur dich, und wecket ihn wieder auf von den Todten, und weiset dir den Sohn, und er läßt ihn dir gepredigt werden. Wenn nu das recht gelehret wird, so kommet man denn zu ihme; das heißt gezogen g).

Sonst läuft man von unserm Herrn Gott h), wie fur dem Teufel und fur einem Tyrannen, wenn man prediget, daß Gott zornig sei, und man müsse ihn mit guten Werken versöhnen, und der Heiligen Fur-

e) Wie das Wort Vater zu gebrauchen sei. f) Wie das Ziehen sei. g) Was da sei, daß der Vater einen zu Christo zeuhet. h) Gesetz-Lehre machet, daß man von Gott wegfleuhet.

68) Orig. Zanner. 69) die.

und Papisten einen Gott habe
Himmel als ein Richter, u
gute Werk fodere. Da ist
det viel, betet viel, und g
seine Werk wohl. Aber da
net Gott nicht also. Denn
und gläubet, daß er ein z
ihn auch also finden. D
hält, gläubet, und man ihn
und man 60*) befindet ihn
zornigen Gott.

Aber wenn ich gläube i
in die Welt gesandt habe,
Welt kommen, daß ich ei
und gläube an ihn, nehme
stere ihn nicht: da nimmet
der Heilige Geist in das
dich denn der Vater gezogen
wohl, daß du dieß Wort
nämlich, daß der Vater de
sandt habe. Darumb so zeu
hin, sondern das göttliche

Aber da kömmet die
gerne irre machen, und spr
zeuhet, so will ich Christum

Nicht, daß Jemand den Vater habe gesehen, ohn der vom Vater ist, der hat den Vater gesehen.

Er gibt erstlich mit den Worten gleich zu verstehen, als sollt er dich von sich zum Vater weisen: aber es ist das die Meinung nicht; wie er sich denn balde selber ausleget und erkläret, und [70]) der Verstand gibts auch. Denn er will sagen: Man muß mich nicht also absondern, und gaffen zum Vater, bis er dirs ins Herze gebe, und mich denn gehen und fahren, oder immerhin predigen lassen; wie denn die Schwärmer und Rottengeister das äußerliche Wort oder Predigampt verachten und wegwerfen m), und sagen: Es ist Nichts mit dem Predigampt und dem äußerlichen Wort; denn es wurden die Leute je nicht [71]) frömmer und besser davon. Nu hörens ihr Viel, und bleiben hernacher so arg, wie zuvor; das macht nu, daß sie nicht alle zu Christo balde kommen, die das Wort Gottes hören. Aber sage du nicht also, wie sie: Ei, hilft das mündliche Wort nicht, so will ich in die Kammer gehen, spekuliren und gaffen, bis daß mich der Vater zeuhet, und das Herz rühre. Aus, aus mit deinen Gedanken! Mit nichten, denn da ist der leidige Teufel; und wenn alle deine Gedanken allhie gleich so süsse wären als Zucker, so sind sie doch der leidige Teufel. Denn der Herr Christus spricht hie: Nicht, daß Jemand den Vater gesehen habe, ohn der vom Vater ist, der hat den Vater gesehen. Darumb gedenke nicht, (will er sagen,) daß ichs so meine, daß du den Vater wollst sehen ohne mich; nicht, nicht, da siehe dich für, denn ohn Christo wirst du zum Vater nicht kommen, und ohne den Vater kannst du auch nicht zum Sohne gebracht werden; Niemand wird auch den Vater ohn Christum sehen n). Willt du nu hinauf zum Vater, so laß Christum nicht hinter dir; denn sonst wirst du nicht zu ihm kommen.

---

m) Die Rottengeister verachten das mündliche Wort. n) Wer zum Vater will, muß Christum mitbringen.

70) „und" fehlt. 71) „nicht" fehlt im Orig.

Denn er spöndets so fest in einander und verbindets, daß er dem Laster wehren und steuren konnte, daß man außerhalbe Christo nach dem Vater gaffet; welches er denn ernstlich verbeut. Denn man außer der Person, Christo, nicht gedenken soll zum Vater zu kommen o). Denn Niemand höret noch weiß Etwas vom Vater, denn der, so vom Vater kommen ist. Will derhalben nicht dulden noch leiden, daß man nach Gott trachte außerhalb Christo, auf daß man die Schwärmer niederstürze. Denn er will sagen: Durch mich und in mir wirst du den Vater sehen, sonst ist keine andere Weise den Vater zu erkennen.

Entlaufe mit dem Stücke nicht, daß man ohne die Person Christi zum Vater kommen möge p). Darumb so bindet er unser Ohren und Herz an das Wort dieses Mannes, denn ich muß es durch den einigen Mann haben, welcher den Vater gesehen hat, soll ich den Vater auch erkennen, sehen und hören; denn der Vater zeuhet dich. Womit bringet er dich zu mir? Damit, daß er mich in die Welt schicket, und durch meinen Mund redet er mit dir, und zeuhet dir so das Herz, wenn du das Wort annimmest, so Christus mit dir redet, als des Vaters Wort q), und läßt das Wort dich nicht weiter treiben, denn auf die Person, auf den Vater.

Wenn derhalben der Herr Christus so vom Vater redet, da kriege keinen Flattergeist, reiß auch nicht aus, suche ihn nicht im Himmel, und laß diesen Menschen, Christum, liegen. Denn indeß ich soll außer dem Menschen, Christo, und seinem Wort, keinen Gott suchen noch finden. Finde ich aber einen, so werde ich nicht den wahrhaftigen und rechten Gott, sondern einen zornigen Gott antreffen. Also führet und zeuhet uns der Vater zum Sohn r), durch seinen Mund, Lehre und Wort. Denn die Lehre gehet vom

---

o) Außer Christo ist kein Gott. p) Ob der Vater wohl zeuhet, so soll man den Sohn derumb nicht fahren lassen. q) Der Vater zeuhet durch des Sohns Wort. r) Wodurch der Vater uns ziehe.

Vater durch den Sohn, und dennoch zeuhet er uns damit zu dem Sohn; und wenn du ihn hast, so ergreifst du den wahrhaftigen Sohn Gottes, und siehest, oder du hast und ergreifst denn auch Gott den Vater selber: die ganze Heilige Dreifaltigkeit wird in der Person Christi erkannt. Denn kommen wir zum Sohn, so sind wir auch bei dem Vater. Wer die Person, von der Jungfrau Maria geborn, siehet, der siehet auch den Sohn Gottes; denn der Vater stellet dir für des Sohns Wort und Person. Darein ists alles gefasset, daß es alles soll bleiben in der Person, und man nicht anders gedenke noch im Sinne hab von Gott. Denn wenn diese Person redet, und du hörest des Sohns Wort und Stimme, so ist es Gottes des Vaters Stimme, der vom Sohn prediget und redet, daß er für dich in die Welt gesandt sei, gelitten und gestorben rc.; und damit erfreuet er dein Herz, und führet dich allein zu Christo; weiter bringet er dich nicht, weiset dich auch nicht anderswohin die Stimme des Vaters, wenn er durch den Sohn redet.

Also thut er nicht mit andern Heiligen a), von denen ich auch Gottes Wort höre, oder durch welche Gott mit mir redet; als, mit dem Propheten Esaia, Mose, Jeremia, Sankt Johanne dem Täufer, oder Sankt Paulo. Er führet mich nicht zu ihnen, daß er spreche: Wenn du Jeremiam oder Esaiam hörest, so hast du es gar; denn ihre Wort sinds nicht gar. Das thut der Vater nicht, daß er von den Propheten also redete, sondern von Christo saget ers; denn es heißt: Der Vater zeuhet dich zu mir. Bei der Person Christi da bleibe auch, denn alleine des Herrn Christi Wort ist des Vaters Wort, und lerne nicht flattern, auch hin und her gedenken; wird nicht irre, denn wenn der Sohn in der Menschheit und Fleisch ist, und prediget, so hörest du denn auch wahrhaftig den Vater selber predigen.

Und zu Philippo saget der Herr Christus auch

---

a) Gott führet uns nicht auf die Heiligen, sondern zum Sohne.

ner geseihlet wird, so ist d
Irrens kein Ende. Wenn
und nehme ihn an, und
mich der Vater dadurch zu
die Engel u); hinwieder f
zum Vater. Sonst, aus
licher Weisheit, will er
mir kommen; sondern der
mich, und da höret ihr de
reden, und das Herz erweic
zu mir, und zeuhet euch n
Da habt ihr denn das B
Himmel kommen ist: dabei
nicht weiter. Das wird
und spricht:

v) Wer es nu höret vo
der kömmet zu mir.
den Vater hat[12]) ges
Vater ist, der hat d

Die Wort, so der Her
nicht unter einander, diene
sollen, daß er gerne wolle g
ben dem Laster, so da heißt

die Meisterschaft liegen lasse, und schlage der menschlichen Klugheit die Flügel nieder x). Denn Gottes Wort ist nicht eine solche Lehre, die man mit Vernunft kann fassen, sie gehet nicht ins menschliche Herz; und je gelehrter und höher die Vernunft ist, je ungeschickter die Leute dazu sind, und je weniger sie es verstehen, denn diese Lehre klinget und lautet bei der Vernunft nicht. Darumb so muß die Vernunft auch drüber murren y). Denn es leidet sich gar nicht, daß ich mein Heil soll aus den Händen weggeben, und von mir soll wegwerfen alle meine Werk und Kraft, daß sie alle verloren sind, das ewige Leben zu erlangen, und darumb Hände und Füsse muß gleiten lassen, und auf einen Andern setzen, der außer mir ist, und sich läppisch und närrisch stellet, und der sich kreuzigen läßt, an den soll ich gläuben, daß er mein Heiland sei. Das ist nicht gefasset oder gelehret von der Vernunft, darumb so wirds auch mit seiner Klugheit und fünf Sinnen Keiner begreifen; sondern man muß die Vernunft allhie gefangen nehmen unter den Gehorsam des Herrn Christi.

So spricht er nu: Murret nicht unter einander, daß ich das Brod vom Himmel sei; meinet, ihr wollets von euch selber fassen, und klüger sein, denn ich selber bin, und sprecht: Kennen wir nicht seinen Vater und Mutter? Aber es heißt: Ich predige und bringe euch eine solche Lehre, die da ist des Vaters Ziehen, nicht, daß mans in die Vernunft oder in unsern Kopf hinein bringen werde. Wenn du nu von des Vaters Ziehen hörest, so zeuhe es wider das Ziehen der Vernunft z); denn wer diese Predigt will verstehen, der muß die Augen zuthun, und die Vernunft zusperren, und sich leiten lassen wie ein Blinder. Solch Leiten will Gott haben. Denn wer sich nicht will leiten lassen, und wills mit der Vernunft fassen, dem wird es also gehen, daß er sich dran ärgern, stoßen und immerdar murren soll.

Dawider sind die Schwärmergeister z*), wenn

---

x) Wozu diese Lehre diene. y) Vernunft murret wider Christi Lehre. z) Der Vernunft Ziehen. z*) Die Rottengeister versie hören, daß allhie gesagt wird: Wenn euch der Vater nicht zeuhet, so könnet ihr zu mir nicht kommen; die verachten denn das äußerliche Wort, wollens gar wegnehmen und fahren lassen, und machen, daß man auf das Wort nicht will Acht haben, das Christus doch selber mit seinem Munde geredet hat: sondern man soll in einen Winkel kriechen, das Häupt in die Hände fassen, spekuliren, und von Gott forschen a), auf daß sie fur dem Wort und ohne das Wort gezogen würden, und die Seligkeit erlangten, ehe sie der Vater erhöret. Das soll auch nicht sein; es ist alles umb die Vernunft zu thun, die ist gar schlüpferig, und will nicht hinzu, sie könne denn selbs hinbrucken und dazu bauen, oder daß sie es mit ihrer Meisterschaft erlange, nämlich, daß sie einen Geist vom Himmel höre, ohne das göttliche Wort.

Also gabs der Münzer auch für b), daß er wollte unsern Herr Gott selber hören mit sich reden, daß er ihn unter die Zahl der Propheten setzet und thäte. Die wollen alle hinauf ohne das göttliche Wort, verachten es, und behelfen sich alle mit diesem Text, gleich als wäre der Vater weit etwas Anders, denn der Herr Christus, so allhie redet. Man muß weislich und fursichtiglich hierin handeln c). Denn Salomo saget: Scrutator Majestatis divinae opprimetur a gloria, das ist, wer die göttliche Majestat erforschen will, der soll gestürzt werden von der Herrlichkeit Gottes: da wird nicht anders aus, er wird den Hals brechen. Darumb hüte dich fur dem Forschen, harre nicht, daß dir Gott ein solch Wort vom Himmel gebe, das du wolltest mit deiner eigenen Vernunft fassen, und hinauf klettern in Himmel, und suchen, was der Wille Gottes oder der rechte Verstand sei, und dieses meistern mit deiner Vernunft; item, ohn Gottes Wort sitzen und harren, bis daß du Gottes Willen erkennest. Da wirst du den Hals brechen, denn Gott hat allein durch den Sohn geredet.

---

achten das Predigampt und wollen sich selber ziehen. a) Der Rottengeister Ziehen. b) Münzers Irrthum mit dem Ziehen. c) Von Gott soll man Nichts forschen ohne sein Wort.

Siehe unsere Schwärmer an d): sie haben das Wort Gottes gehört von den Sakramenten, Taufe und dem Abendmahl, daß wer gläubet und getauft wird, solle selig werden; item: Das ist mein Leib, der fur euch gegeben wird; item: Das ist der Kelch, ein neue Testament in meinem Blut, so fur euch vergossen wird, zur Vergebung der Sünden. Aber da gehen sie hin, und klettern hinauf, und nehmen das Wort von den Sakramenten, lassen die Wort der Taufe liegen, und hören nur die Vernunft, und sagen: Wasser ist Wasser; spekuliren denn ferner, Gott sei ein Geist, und die Seele ist auch ein Geist; wie kann denn das Wasser die Seele täufen, purgiren und reinigen? Darumb so gehen sie dahin und klettern Gott in Schooß; so doch Gottes Wille und Meinung nicht ist, daß er uns mit Wasser täufe, sondern daß wir auch den Geist haben. Aber sie sind gestürzt und haben den Hals gebrochen, schließen die Taufe sei lauter Wasser, oder nur ein äußerlich Zeichen; gleichwie man eine Kuhe oder Schaf mit Röthelstein malet. Darumb soll man diejenigen fliehen und meiden, die mit dem Forschen umbgehen, und die da Gottes Wort fahren lassen.

Sie haben aber den Hals gestürzt. Die Ursach ist e), daß sie nicht wollen dieser Lehre Jünger und Schüler sein, und sich leiten lassen, sondern sie wollen selber die Majestat Gottes erforschen, und selber Alles ausrechnen und ausmessen; ja, sie wollen selber sehen, was Gott redet und thut. Kann es doch ein Hauswirth nicht leiden im Hause f), wenn er dem Knechte durch den Sohn befiehlet, daß er Mist laden und ausführen sollte, und der Knecht wollt in die Kammer gehen, darinnen er heimlich bei seinem Weibe und Kindern wäre, und wollt der Knecht gucken, was der Herr machet mit seinem Weibe und Kindern, und nicht ehe Mist laden, er hätte denn den Befehl vom Herrn selber angehöret, und sonst alle Heimlichkeiten im Hause wissen: würde der Hausvater mit diesem

d) Die Schwärmer lassen Gottes Wort fahren. e) Ursach, worumb die Schwärmer gestürzt werden. f) Gleichniß von einem Hausherrn.

Knechte zufrieden sein, der seinen Befehl, durch den Sohn, Tochter oder Frau ihme anzeiget, nicht ehe ausrichten wollte, er hätte denn sonderlich die Meinung vom Herrn selber auch angehöret? Wie vielweniger kann Gott das leiden, daß ich die göttliche Majestät erforschen wolle, und wissen, wie ers meine; item, daß er mit mir eine besondere Rede anheben solle, und ich dem Sohne nicht gläuben will?

Derhalben so lernet erstlich g), daß allhie, in Gottes Sachen, wenn Gott mit dir redet, du in geistlichen Sachen stille schweigest, und es nicht balde mit deiner Vernunft verstehest und fassest. Gehe nicht beiseit aus und frage deine Vernunft darumb, sondern laß dirs gesagt sein, und bleibe bei dem äußerlichen Wort, und höre es. Denn es saget, daß er dein gnädiger Vater sei; dadurch zeuhet dich der Vater. Willt du ins Teufels Namen zum Vater klettern, und ihn sehen, so doch Christus allhie spricht: Nicht, daß Jemand den Vater habe gesehen? Hörest du es, daß ihn Niemand kann sehen? Denn er wohnet in einem Licht, da man nicht zu kommen kann h). Darumb so wirst du ihn nicht sehen mit deinem Klettern, sondern du mußt herunter zu dem, der ihn gesehen hat, und der vom Vater kommen ist, und bei ihme gewohnet hat, der wird dirs wohl sagen. Sonst hast du keinen andern Weg, denn in Christo, zum Vater zu kommen. Derhalben so höre ihn auch, dann er ist vom Vater kommen, und er ist auch von Ewigkeit bei ihm gewesen, und weiß von ihme zu reden; und der Vater mit seinem Ziehen und Lehren weiset dich auch zu Christo, den er gesandt hat, auf daß du ihn hörest, denn darumb ist er auch in die Welt geschicket. Wo du ihn aber nicht hörest, so sollt du verloren sein kurzümb. Denn wenn einer ein Ding nicht gesehen hat, was soll er davon reden oder begreifen? Christus kann aber von Gott reden, denn er hat ihn gesehen, und wir sollen ihme gläuben i); wie er denn Johannis am dritten

g) Wie man dieser Lehre gebrauchen soll. h) 1. Tim. 6. i) Christi Zeugniß von Gott soll man folgen.

Kapitel auch saget: Wir reden, das wir gehöret haben, und wissen und zeugen, das wir gesehen haben. So ich nu den Vater nicht sehen kann, wie will ich denn von ihme reden? Und der Sohn Gottes sagets allhie, daß es unmöglich sei, daß den Vater Jemand je gesehen habe.

Derhalben wirds dabei wohl bleiben, daß die Vernunft mit ihrem Gaffen müsse aufhören, und ich mein Klettern lasse; dagegen aber Christum allein ansehe, und sein Schüler sei. Denn er ist in die Welt vom Vater darumb gesandt, und bringet ein solch Wort, das er von wegen seines himmlischen Vaters mit mir reden solle; und durch das Wort des Vaters zeuhet er dich denn zu sich.

So wirft nu Christus hinweg mit diesen Worten: Nicht, daß Jemand den Vater habe gesehen, ohn der von ihm ist, rc. Alle, die außer ihme gen Himmel klettern wollen k), und verdammet auch diejenigen, so ihr Herz von seinem Munde abkehren, und etwas Sonderlichs suchen, oder es mit der Vernunft verstehen wollen, und auf den Vater harren; denn du wirst es nicht begreifen, hören oder sehen, es sei denn, daß du mir ins Maul sehest, und mein Wort alleine hörest.

Was heißt aber: Der Vater muß dich ziehen l)? Sie haben dieß Wort seltsam gedeutet und gedehnet, und Augustinus hat gesagt: Si non traheris, volo ut traharis; das ist, bist du nicht gezogen, so wirst du aber gezogen; bist du nicht versehen, so wirst du wohl versehen werden: bitte auch den Vater, daß du möchtest zu Christo gezogen werden, denn der Vater muß beides thun, und thuts auch; äußerlich zeuhet er durch Christi Wort, und innerlich durch den Heiligen Geist. Diese Werk eignet er dem Vater zu, darumb, daß er uns von der Vernunft und menschlicher Weisheit abführen will, und uns einbilden, daß wir Christi Wort ansehen, nicht als irgend eines Menschen Wort allein, sondern als des Vaters Wort,

---

k) Wer ohne Christo gen Himmel klettert, ist verloren. l) Was das Ziehen sei.

denn er saget balde drauf: Wers vom Vater höret, und lernets, der kömmet zu mir; und wir wollens deutlicher machen, daß, werde ich den Mund des Herrn Christi hören reden, so höre ich den Vater.

Allhie werden nu zweierlei Schüler, und theilen sich die Zuhörer des göttlichen Worts m); denn ein Haufe n) höret das äußerliche Wort Christi, und weiß, daß sie[73]) es gewiß hören, als denn die Juden auch thun: aber sie können nicht gläuben, noch es dafur halten und sagen, daß es Gottes des Vaters Wort sei; es gehet nicht ein, das Wort klinget und schallet nur äußerlich fur ihren Ohren, und kömmet nicht ins Herz o). Und dieweil einer sich deß nicht erwegen kann, noch das gewiß hinzusetzen, daß es des Vaters Wort sei, so kömmet er zu Christo nicht. Denn er bleibet noch im Klügeln und Forschen, will Meister sein, und wird nicht Jünger, dieweil er siehet, ob sichs reime; er kann sich nicht brechen, daß er sagete: Das ist Christi und Gottes des himmelischen Vaters Wort; sondern er klügelt, gleichwie ein Apotheker oder Bäcker klügelt, der aus Zucker oder Teig machet Schaflin, Hundlin und allerlei Docklin, von Manns- und Frauenbildern. Also haben die Gottlosen auch wohl das wahrhaftige Wort Gottes, und hörens; gleichwie der Teig gut und recht ist: aber es mangelt daran, daß sie es nicht halten dafur, daß es Gottes Wort und Teig sei.

Da gehöret nu zu der ander Zug p), daß man nicht allein Gottes Wort höre, sondern auch dran nicht zweifele, es sei Gottes Wort. Denn heißets gegläubet und gelernet, daß wenn du hörest das Wort aus dem Munde Christi, so kannst du dazu setzen, daß es nicht eines Menschen Wort, sondern gewißlich Gottes Wort sei q); und denn bist du Gottes und des Herrn Christi Schüler und gläubest

m) Zweierlei Zuhörer des Worts. n) Der erste Haufe. o) Diese gläuben nicht, daß Christi Wort des Vaters Wort sind. p) Der ander Haufe Zuhörer. q) Diese werden gezogen vom Vater, daß sie gläuben, daß sie des Vaters Wort durch Christum hören.

73) Orig. sies.

recht, und Gott der Vater lehret dich denn inwendig: da bist du vom Vater gezogen. Es kann aber Niemand das thun, es sei denn, er habs vom Vater gelernet, und der Vater habe [74]) ihn gezogen.

So lange man aber im Herzen das nicht setzen, oder gewiß dafur schließen und halten kann, daß es Gottes Wort sei, so höret mans wohl: aber man bleibet im Zweifel, und man höret das Wort nicht recht, denn man gläubet nicht dran. Sonst, wenn man wüßte, daß es Gottes Wort wäre, so ließ es einer walten, und gedächte: O sei du nur Schüler und Jünger, und gläube, laß dich meistern; ob es sich gleich nicht reime, da schlage Glück zu, denn es nicht eines Menschen Wort, das lügen und feihlen könnte, sondern Gottes Wort, der die ewige Wahrheit ist. Meine Vernunft ist zu geringe dazu, ich bin in den Sachen gar ein Narre. Und wenn mans fur Gottes Wort hielt, welcher Teufel wollt da disputiren, obs wahr sei, und ob mans gläuben solle, oder ob mans glossiren möge. Aber wenn mans glossiren will, so thue man durch die Wort einen Strich, daß der Vater einen zeucht; denn der Vater hat durch den Sohn geredet. Solch Wort erschallet in deinen Ohren, und wenn du solch Wort des Sohns hörest, so hörest du auch den Vater reden, so Himmel und Erden geschaffen hat, denn er hat das Wort aus dem Munde des Herrn Christi geredet. Da hörest du Etwas mehr, denn das bloße äußerliche Wort. Wenn du nu das gewiß gläubest, daß es Gottes Wort sei, so bist du sein Jünger, und der Vater hat dich gewiß gezogen.

Das meinet nu der Herr Christus, daß wir bei dem äußerlichen und mündlichem Wort bleiben und dabei fest halten sollen r), und hat damit die Vernunft niedergelegt, auf daß wir ihme schlecht auf den Mund sehen sollen, und uns dazu gewöhnen, daß man das Wort fleißig höre und lerne. Bist du noch nicht geschickt dazu, daß du es fur Gottes Wort hältest, so thue noch das dazu, und höre es noch mehr,

r) Man soll bei dem mündlichen Wort bleiben.

74) „habe" fehlt.

so wird eine Stunde kommen, daß unser Herr Gott einmal dir Solchs in das Herz drucken wird, und du denn sagst: Was hast du fur ein Wort gehört? Ei, es war ein gute Predigt, du hast Gott, den himmlischen Vater, gehorel. Wenn du das hinzusetzest: Der Vater hats geredet; so fället denn alles Fragen danieder, du fragest nicht viel mehr s). Denn so es Gott gesprochen hat, so sagest du: Ich wills wahrlich gläuben; und denn feihlets nicht, du bist gläubig und ein Jünger Christi, und der zu ihme kommen ist, denn der Vater hat dich gezogen, und zu Christo gebracht. Das bedarf denn nicht viel hoher Kunst, noch hohe Schulen und Philosophos umb Rath fragen, es gehet sehr leichtlich zu, man darf in keinen Winkel laufen. Nimm nur das Evangelium an, und siehe Christo auf den Mund, höre denselbigen alleine; denn durch den Mund Christi geschiehts, und muß Alles zu Christo gebracht, gelehret, und vom Vater gezogen werden. Denn bist du [75]) ein Junger Christi und bist gezogen vom Vater.

Also sind nu zweierlei Zuhörer t): eins Theils hören das Wort allein aus dem Munde Christi, hören das Gekläpper, haltens aber nicht, daß es gewiß der Vater habe geredet; denen mangelts daran, daß sie nicht gläuben, daß es des Vaters Wort sei. Derhalben muß Gott einen weiter ziehen, daß, wenn einer das Wort höret, so gibt er ihm ins Herz, daß es des Vaters Wort gewiß sei: höret er denn dieses Menschen, Christi, Wort, daß er denn auch Gottes des Vaters Wort höre; und wenn das Herz Solchs bei ihme schließen kann, daß Gott der Vater selber mit uns redet, so gehet denn der Heilige Geist und das Licht ein, und wird der Mensch erleuchtet und ein fröhlicher Meister, und kann denn von allen Lehren urtheilen und richten, denn er hat das Licht und den Glauben an das göttliche Wort, und denkt gewiß in seinem Herzen, daß seine Lehre Gottes Wort sei.

---

s) Wer den Vater höret, der fraget ihn nicht, sondern hält das Wort Gottes fur Wahrheit. t) Zweierlei Zuhörer des göttlichen Worts.

75) denn du bist.

Das sind nu die rechtschaffenen u), die nicht allein das Wort hören, wie der gemeine Haufe thut, sondern halten es fur Gottes Wort. Derhalben spricht der Herr Christus: Was zanket oder disputiret ihr? Murret nicht, das thuts nicht, also gehets nicht zu, ihr werdets mit eurem Gedenken [76]) nicht ausrichten. Das ist nicht die rechte Weise, daß ihr drüber zanket; sondern das ist der rechte und einige Weg: höret mein Wort und höret mir zu, lasset euch dünken und gläubets, daß meine Wort sind meines Vaters Wort v). Denn der Vater läßt also sein Wort durch meinen Mund in der Welt hören, und gibt dirs ins Herz, daß du schließen mögest, es sei sein Wort. Also zeubet der Vater, saget Christus, wen er zu mir bringen will. Man soll den Sohn lassen das Wort reden, und wir sollen ihme zuhören; also gibt er den Glauben.

Darumb so thuts die Vernunft nicht. So hat er auch damit deinen eigen Dünkel und Vernunft niedergelegt; er verdammet auch die Gaffer und Erforscher, und die da das mündliche Wort wegnehmen, und warten wollen, und ein Sonderliches haben, daß ihnen unser Herr Gott den Geist gebe, und selber von Himmel mit ihnen rede. Denn sie wollen eine Stimme von Himmel hören; das solls nicht thun. Derhalben gehet außer diesem Wege nicht, und ich bitte euch, ihr wollets lernen, was da heiße, daß der Vater ziehe, nämlich w), hören den Mund Christi, und von ihme lernen, und von seinem Munde nicht weichen; und nur hinweg mit dem Fragen, denn durch den Mund, so du hörest, da wirst du erhalten, da wirst du auch erleucht, gelehret, gezogen und zu Christo gebracht. Denn erstlich hörest du den Vater in dem Sohn reden. Du hörest die Stimme oder das Wort; damit bist du noch nicht gezogen, denn die Vernunft spricht, es sei Christus nur ein Mensch, und seine Rede nur Menschenwort. Aber

u) Rechtschaffene Zuhörer. v) Wer Christum höret, der höret den Vater. w) Was da sei das Ziehen.

76) euren Gedanken.

darnach, wenn du gerne mit dem Wort umbgehest, liesest, hörest es predigen und liebest dasselbige, so wirds einmal und balde dazu kommen, daß du sagest: Gott hats selber geredet, und sprechest: Wahrlich, das ist Gottes Wort. Also kömmet der Glaube dazu. Wenn du das dazu setzen kannst, und du fühlest es in deinem Herzen, denn rechne dich unter die Schüler des Herrn Christi, und du wirst ihn denn wohl lassen Meister sein und dich gefangen geben. Also wirst du selig, denn es heißt: Nur von seinem Munde und Wort nicht gewichen noch abgegangen.

Solches meinet er auch, da er balde drauf saget: Sie werden alle von Gott gelehret sein x), wie das im Propheten Esaia geschrieben stehet; als sollt er sagen: Wer da will in der Christenheit sein, und ein Glied oder Jünger des Herrn Christi genennet werden, der soll kurzümb Gott selber hören. Wie höre ich ihn denn? Wie soll ich von ihm gelehret werden? Ein Rottengeist y) läuft in einen Winkel, thut das Maul zu, muß nicht lesen noch hören, sondern wartet, bis unser Herr Gott mit ihme rede, und wartet auf den Geist, und spricht: O dieses ist, von Gott gelehret sein. Ja, es ist dir den Teufel auf den Kopf; sondern von Gott selber gelehret sein, ist, wenn man des Herrn Christi Wort höret und lernets von ihme, und ist denn gewiß, daß es Gottes Wort sei. Das heißt Gott selber hören; und wenn es auch gleich ein Esel wäre, der es redete, wie mit dem Bileam geschahe, doch so wäre es Gottes Wort. Also, wenn du von S. Paulo oder von mir hörest die Predigt, so hörest du Gott den Vater selber, und wirst denn mein Schüler nicht, sondern des Vaters Schüler, denn ich rede es nicht, sondern er; ich bin auch nicht dein Meister, sondern wir beide, als du und ich, haben Einen Schulmeister und Lehrer, den Vater, der es uns lehret: wir sind beide, als Pfarrherr und Zuhörer, nur Schüler, allein, daß Gott durch mich mit dir redet. Das ist nu die herr-

x) Was da heiße, von Gott gelehret sein. y) Wie die Rottengeister wollen gelehret werden.

liche Kraft des göttlichen Worts, dadurch Gott selber mit uns handelt und redet, und wir da Gott selber hören.

Moses und die Propheten haben geprediget; aber da hören wir nicht Gott selber. Denn Moses hat das Gesetz von den Engeln empfangen z), und er hat auch einen andern, geringern Befehl. Denn mit der Gesetzpredigt treibet man die Leute nur zu
17) guten Werken. Gleich als wenn ich den Kaiser höre, so höre ich darumb nicht Gott, ob es wohl Gottes Wille ist, daß ich dem Kaiser soll gehorsam sein, und thun, was er gebeut, und die Aeltern ehren. Wenn ich nu Mosen höre, der da treibet zu guten Werken, so höre ich ihn gleich als einen, der eines Kaisers oder Fürsten Befehl und Rede ausrichtet. Aber das ist nicht, Gott selber hören. Denn wenn Gott selber mit den Menschen redet, dieselbigen können Anders nicht hören, denn eitel Gnade, Barmherzigkeit und alles Guts: es sind väterliche, freundliche Reden; wie er denn von Natur gnädig, gütig und freundlich ist a). Wenn du aber Gott hörest reden durch einen Bürgermeister, derselbige ist nur ein Werkprediger. Gott aber kann nicht anders reden, denn er von Natur geartet ist; da ist er alles Gutes, Gnade und Barmherzigkeit. Solches hörest du von Gott dem Vater reden, und nicht durch einen Knecht, oder durch ein ander Mittel, als vor Zeiten durch die Engel, oder durch Mosen, oder sonst eine Oberkeit, welches alles denn ein Befehlpredigt ist; sondern seither redt er selber mit uns durch den Sohn b) und den Heiligen Geist, und denn höret man eine väterliche Stimme, da eitel grundlose, unaussprechliche Liebe und Gnade ist, und er eitel Wohlthat, Gutes, Süßes und Liebes redet; denn das heißt auch ein Gott.

Die Vernunft wird diese Lehre nicht geben c), denn sie urtheilt diese Lehre als unrecht; darumb

---

z) Woher Moses gelehret sei. a) Gottes Wort ist ein Wort der Gnaden. Joel 2. b) Solch Wort redet Gott durch den Sohn. c) Vernunft lehret noch gibt uns solch Wort nicht.

17) f den.

heißts ein Gotteslehre, daß man von Gott selber gelehret werde, und wir sein selbs Wort allein hören und dafur halten, daß es Gottes Wort sei. Das Wort kann ich nicht erdenken, sondern ich höre es durch den Mund Christi d), und ich kanns nicht verstehen, hören, lernen noch gläuben, wo ers nicht ins Herz gibt, und wo wir nicht vom Vater gezogen werden, daß wirs dafur halten, daß es des Vaters Wort sei. Denn heißt es von Gott gelehret, und zu Christo kommen, wenn du es kömmst bei dir schließen, daß es Gottes Wort sei. Es hörens aber die Bösen sowohl als die Guten durch den Mund Christi; aber sie lernens nicht e). Wenn du aber es fur Gottes Wort hältst, und nimmest es an, denn so hast du es von Gott gelernet. Die Andern die klügeln, oder wenn sie es besser machen, so machen sie aus der Taufe, Glauben, Abendmahl und dem Evangelio ein lauter Gesetz und Gebot; wie die Wiedertäufer und Sakramentirer thun. Das ist nicht recht Gottes Wort gehöret, und heißt denn nicht Gott, sondern die Engel, Propheten, die Aeltern oder den Kaiser hören. Aber man muß Gott selber hören, nämlich, durch seinen Sohn, durch den Mund Christi, und gläuben seinem Wort. Denn ists in deinen Ohren, und er gibt dirs ein, daß sein Wort sei, und wenn du seinem Wort gläubest, daß ers geredet habe, so hast du es von ihme gelernet, und bist ein wahrhaftiger Schüler Christi und von Gott gezogen; und da ist denn eitel süße Lehre.

f) Wer nu ein Christ sein will, der soll sich deß befleißigen, daß er die Vernunft zuthue, erwege und hänge sich allein an das Wort, welchs der Mund Christi redet. Denn solche Artikel unsers Glaubens lauten fur der Vernunft so lächerlich und närrisch, scheinen auch also lügenhaftig, daß wenn allhie die Vernunft ist, und da urtheiln und richten soll, so

---

d) Christus gibt solch Wort. e) Die Christen lernen auch solch Wort, aber die Welt verachtets. f) Die 12. Predigt am 11. Tage Febru.

kann sie dieselbigen nicht gläuben, sondern fället stracks davon, gehet in der Irre, und hälts fur eitel Nichts. Also können die Juden sich in diese Predigt und Wort Christi auch nicht schicken, sondern ärgern sich dran, murren und zanken drüber, daß er soll die ganze Welt mit seinem Leichnam speisen, den doch wohl zweene Hunde auffressen hätten mögen.

Daher g) hat der Heide Averrois geschrieben, daß kein Volk so närrisch, gottlos und unsinnig wäre auf Erden, als eben wir Christen. Denn alle andere Völker lehreten und sagten, man sollt Gott ehren und auf den Händen tragen; wir aber lehreten, daß man unsern Gott essen sollte. Es ist auch noch heute zu Tage den Türken, Juden, und unserer Vernunft, auch denen, die bei uns wohnen, lächerlich und ärgerlich, wenn sie ohne Gottes Wort davon gedenken und reden. Aber wir müssen nicht darnach fragen, wie es sich reime mit unserer Vernunft, denn Vernunft kann sich hierein nicht schicken, sie muß draußen bleiben. Und was fraget unser Herr Gott auch darnach, obgleich die Türken und der Papst nicht gläuben? Er ist gleichwohl so mächtig, daß er sein Reich und Verheißung erhält, und werden wohl andere Leute diese Artikel von Christo glauben, ob diese schon nicht gläuben wollen; wie denn hie, in diesem sechsten Kapitel, etliche Jünger Christi nicht gläuben wollen seiner Lehre, und von Christo abfallen.

So lerne nu hieraus, daß man in Gottes und Glaubens-Sachen Nichts thue noch handele mit unserm Reden, Schreiben oder Gedenken, man muß das göttliche Wort dazu nehmen h). Ohne Wort soll man Nichts thun, man muß von Gott gelehret sein, wie der Prophet saget, und Gottes Wort allein hören. Wo man aber das nicht thun, noch gläuben will, sondern mit der Vernunft Alles fassen, so wird man aus menschlicher Weisheit drüber murren. Es ge-

---

g) Aergerniß des Türken und Vernunft. h) Gottes Wort soll man hören in Gottes Sachen.

höret ins Wort, und nicht in unsere Klugheit; wie der Herr Christus hie auch lehret, und spricht: Seid so klug, als ihr immer wollet, so wird doch Nichts draus, ihr werdets nicht verstehen noch fassen, ihr müßt Gott allein hören, und Gott muß euch lehren; denn wo Gott nicht allein Schulmeister ist, und das mündliche Wort gibt, so gehets nicht ein. Wollt ihr euch aber selbs helfen, was darf ich denn predigen? Ihr bedürfet meiner da gar nichts.

Diese Predigt wird von keinem Meister gelehret, denn allein von Gott, er will keinen andern Meister lassen sein i): darnach richte dich, und gläube seinem Wort. Man mag drüber toll oder [78]) unsinnig werden, so verstehet man Nichts davon, und kennet Niemand Gott, er höre denn zuvor sein Wort, so aus dem Munde Christi geprediget ist. Will also Gott demüthige Schüler und Albere wie die Kinder haben und finden, die es gläuben. Wollens die Andern nicht hören, und auf seinen Mund sehen, oder sich halten an sein Wort, so mögen sie es lassen: die Christen aber sollen hierin ihre Vernunft fahren lassen.

Dieweil er nu gelehret hat, daß man kurzümb auf seinen Mund und auf seine Wort solle sehen und hören k), und alle andere Lehrer, auch die Vernunft, Disputation und Spekulation fahren lassen, so gehet er noch weiter, fähret gar heraus, und macht sie itzt noch toller und thörichter, und spricht:

Wahrlich, wahrlich, ich sage euch: Wer an mich gläubet ꝛc.

Allda stehet die Gloß, daß der Herr dreimal schwöret l), und spricht: Es ist ungelogen Ding, ich bin der Prediger und Doctor, mir ists befohlen zu reden, und ihr sollt mir alleine zuhören, (und sonst Niemand,) als dem, der vom Himmel gesandt ist. Darumb sage ichs euch auf mein Seel: Wer an mich

---

i) Göttliche Meisterschaft. Es. 63. Matth. 23. Joh. 13. k) Auf Gottes Wort muß man sehen. l) Christi Eid.

78) und.

, der hat das ewige Leben; das ists gar.
ist die Propositio. Joannem den Täufer treibe
und predige euch, ihr sollet mein Brod essen;
h bin das Brod des Lebens, das vom Himmel
t ist, das rechte Manna oder Himmelbrod: von
ssen und Trinken hab ich zu euch geredet;
denn so viel ist gesagt, daß wer an mich
, der ist selig.
as m) ist nu auch nicht zu leiden; es ist
. Fur der Vernunft scheinet es, als wär es
ahr. Predigest du es auch einem Menschen,
der Vernunft herfähret, daß er gläuben soll
, der da stehet und prediget, so stimmet es
it seiner Vernunft. Ein Türke oder Papist
es nicht, daß der sollte das ewige Leben sein,
a stehet und prediget.
so predigen auch unsere Schwärmer, Zwing-
und andere, man müsse die Menschheit in
ausschließen, die Gottheit gebe das ewige
und die Menschheit nicht; und zutrennen den
Christum. Wer lehret sie es aber, daß sie es
, daß sie aus Christo, Marien der Jungfrauen
ein andere Person machen, die auch Gottes
sein solle? sonderen also von einander Marien
und Gottes Sohn, sprechen denn: Christus
selber: Das Fleisch ist kein nütze; so gehet
e Schrift dahin und sagt, man solle auf Men-
icht trauen, sondern allein Gott vertrauen;
muß es diese Deutung haben, daß wer an
äubt, der hab das ewige Leben, das ist, die
t, und läßt die Menschheit fahren.
so klug sind wir nicht o); sondern wir müssen
, daß unser Herr Gott seinen Sohn, Jesum
n, gesandt hab, der denn von der Jungfrauen
geborn ist; wie wir denn in unserem Sym-
kennen: Ich gläub an Jesum Christum, seinen
rnen Sohn, unserm Herrn rc.; an den gläube
h gläube also an den Sohn Gottes, daß ich

---

t der Wahrheit. m) Zwinglii Lehre. o) Einfalt christ-
s Glaubens.

ihn nicht reiße von dem Sohn, so von Maria geborn ist. Mein Glaube haftet nicht allein an Gottes Sohn oder an der Gottheit, sondern auch an dem, der da heißt von Maria geborn und ist derselbige; ich will sonst von keinem Sohn Gottes wissen, er heiße denn auch, geborn von der Jungfrauen Maria, der gelitten hab: daß der Sohn Gottes eingewickelt sei in die Menschheit, und Eine Person sei, daß ichs nicht von einander solle trennen und sagen, die Menschheit sei kein nütze, sondern allein die Gottheit.

Viel Lehrer haben also gelehret p), und ich bin vor Zeiten auch ein solcher Doctor gewesen, daß ich hab die Menschheit ausgeschlossen, und es dafür gehalten habe, ich thäte wohl, wenn ich Christi Gottheit und Menschheit von einander scheidete. Das haben vor Zeiten die höhesten Theologi gethan, daß sie von der Menschheit Christi geflogen sind zu der Gottheit, und sich allein an dieselbige gehänget, und gedachten, man müßte die Menschheit Christi nicht kennen. Aber man muß so steigen zu der Gottheit Christi, und daran sich halten, daß man die Menschheit Christi nicht verlasse, und zur Gottheit Christi allein komme. Sonst fallen wir von der Leitern herab in aller Teufel Namen. Darumb nicht also, du sollt von keinem Gott noch Sohn Gottes Etwas wissen, es sei denn der, so da heiße, geborn aus der Jungfrauen Marien, und der da sei Mensch worden; wie der christliche Glaube davon redet.

Und so Jemand ihn scheiden will von Gottes Sohne q), und eine Wand machen zwischen Gottes Sohne, und dem Sohne von Maria der Jungfrau geborn, so nimm einen solchen Prediger nicht auf, und höre ihn nicht; sondern sage: Ich weiß von keinem Gott oder Gottes Sohne, denn da der christliche Glaube von sagt: Ich gläube an Jesum Christum ꝛc. Ists nu nicht der Mensch, der von Maria geborn ist, so will ich ihn nicht haben.

Kannst du dich nu demüthigen, und hängen mit

---

p) Irrlehre die Menschheit Christi belangend. q) Christus.

dem Herzen an dem Worte, und bleiben bei der Menschheit Christi, so wird sich die Gottheit wohl finden, und der Vater und H. Geist, und die ganze Gottheit dich ergreifen r). Dieser Artikel läßt dich nicht irren. Gläubst du also an Christum, Gottes und Marien Sohn, so bleibst du nicht im Irrthum. Und S. Paulus treibet den Artikel fleißig, daß Gott Alles ziehen will zu dem Christo; und wollt Gott, ich D. M. Luth. könnts auch also predigen, wie ichs gern wollte. Es ist wohl gefasset in den Artikeln des christlichen Glaubens, da die Wort nicht vergeblich also gesatzt sind: Ich gläube an seinen eingebornen Sohn; wie es die Kinder bekennen, denn daß kann man nicht gläuben, denn es im Symbolo gefasset ist. Welche aber mit diesen Worten der Docken spielen wollen, und des Artikels feihlen, die laufen ubel an.

Die Sophisten haben gelehret s): Du mußt Christum versöhnen durch Marien. Aber siehe du zu, und sage: Ich gläube an den Sohn Gottes, der sich vom Himmel herab gelassen, und die Menschheit an sich genommen hat, und von der Jungfrau Maria geborn ist; den wollen wir haben, der da geborn ist von der Jungfrau Maria. Das ist des H. Geistes Lehre, davon sonst Fleisch und Blut und die Vernunft Nichts weiß oder kann. Aber höre du Gott zu, Gott muß hie dich lehren, er muß beide, predigen und eingeben; es ist sonst unmöglich, daß ein Turke, Papst, oder ein Ander diese Lehre gläube und wisse, Gott muß es allein lehren durch sein Wort.

Der Türke spricht t): Das wirst du mich nicht uberreden, daß der solle ein Gott sein, der von einem Weibe geborn wird, und läßt sich herab vom Himmel, und liegt 9. Monat in dem Leib Marien, der Jungfrauen, scheißet und pisset in die Wiegen, darnach stirbt er am Kreuz erbarmlichen, als ein Dieb und Schelm; sollt das ein Gott sein? Darauf stehen

---

r) Weise der Erkenntniß Christi. Luc. 2. Matth. 9. s) Der Sophisten und Christen unterscheidene Lehre. t) Der Vernunft Anfruck.

die Türken fest, die Juden auch, und verwerfen Gottes Wort; denn ihr Glaube ist eitel Vernunft, darnach sie wollen den christlichen Glauben urtheiln. Sollen sie nu gläuben, daß der Christus, so gekreuziget ist worden, sei Gottes Sohn, und sonst kein Ander, denn der also geborn, und darnach gekreuziget wird, da gehöret zu, daß Gott, der himmlische Vater, sie lehre und ziehe; sonst, wo er nicht Verstand gibt, so wird Nichts draus, du mußt an seinem Wort hangen. Sie aber wollen die Schrift urtheiln, und sagen: Das ist recht; das ist unrecht. Summa, da gehöret zu, daß du Gottes Schüler werdest, sonst gläubst du es nicht, wenn er nicht gibt Wort und Glauben; da wird anders Nichts draus.

So laß nu die Gedanken nicht flattern, klettere nicht zu Gott durch einen andern Weg, denn durch Jesum Christum. Denn Christus ist die Brücke und der Weg, und sage: Ich will keinen Christen höher und weiter lehren, außer dem H. Christo, von Maria geborn; denn ich soll mir nicht einen eigen Weg zu Gott mit meinen Gedanken machen, dieß oder jenes zu thun: sondern da soll es bei bleiben, da es Gott hin gelegt hat u), und also sein, wie Christus gesagt hat: Wer an mich gläubet 2c. Wenn du den Mann ansiehest und hörest, und dein Gesicht von der Person nicht abwendest, so aus Maria geborn ist, so bist du unsers H. Gotts Schüler, und feihlest nicht. Wendest du aber deine Augen von der Person hinweg, so die Jungfrau Maria zur Welt geborn hat, so sollt du gar keinen H. Geist haben, sollt mich auch nicht treffen, sondern hast gefeihlet; denn die Brücke ist abgeworfen, und der Weg ist verstöret. Aber die Welt achtets nicht; so fragt Gott auch wiederumb nichts nach ihr, und laß schauen, ob sie ihn werden finden. Aber die ihn also suchen, wie Gott ihnen das Mittel gestellet hat, die werden sein nicht feihlen. Höret das Wort, ich bin euer Prediger, will er sagen; ich rede auch mit euch.

---

u) Gottes Schulrecht.

. Was sagst du denn? Wahrlich, wahrlich, wer
n mich gläubt etc. Das ist ja ein harter Text; spricht:
assts euch gesagt sein: Wer an mich gläubt, der hat etc.
) Wer ist denn der Ich? Wer bist du? Denn die
Rottengeister sagen: Zum ewigen Leben gehört mehr
enn ein Mensch; wer das ewige Leben will geben,
er muß Gott sein. Es ist wahr, wenn ich die
Menschheit allein will haben, und wollte theilen die
enschliche Natur von der göttlichen, und die
Menschheit allein in den Predigstuhel zu Capernaum
tzen, da Christus zu demmal ist Bischoff und Pfarr-
err gewesen, und wollt die Gottheit anderswohin
thun, als, in den Himmel, so wäre es unrecht, und
achte mich denn ein Mensch nicht selig. Ich soll
uch nicht an Marien, oder S. Petrum etc. gläu-
en, daß er ein Heiland sei; sondern an Gott soll
h gläuben. Aber sie wissen das nicht, daß dieser
Mensch, Christus, zugleich auch wahrhaftiger Gott
t. Und wenn ich an Christum gläube, so gläube
h nicht allein an einen Menschen, sondern auch an
Gott; denn Gott und Mensch ist da Eine Person
worden, in der Person Christi[79]) findet man die
Gottheit und Menschheit: wer seine Menschheit bekömm-
et, der hat auch seine Gottheit.

S. Paulus, Joannes der Täufer, Maria sind
uch wohl Gottes Kinder und Freunde w); sind aber
darumb nicht Gott. Der ist aber Gott selber, und
wenn ich ihn angreife, sehe oder kreuzige leiblich, wie
ie Juden ihn gekreuziget haben, so greife ich alsdenn
Gott an, ich sehe Gott mit meinen leiblichen Augen,
nd denn kreuzige ich mit meinen leiblichen Händen
en Sohn Gottes x); denn man feihlet Gottes da nicht,
: ist persönlich da, ob er wohl allda heimlich und
erborgen ist.

Ich muß ein grob Exempel geben. Wenn ich
inem seine Tasche stehle, und spreche denn: Ich hab
icht das Geld, sondern die Tasche genommen;
ürde nicht der Ander sagen: Du hast nicht die Ta-

v) Christus Predigt.
w) Heiligen sind auch Gottes Kinder.
x) 1. Korinth. 2.
79) „Christi" fehlt.

schen, sondern 100. Floren mir gestohlen? Also wol lens die Rottengeister auch trennen y). Aber da di Juden Christum gekreuziget, und ihm in die Auge gespiegen haben, sagen wir: Sie haben den Soh Gottes persönlich gekreuziget, und in die Augen ge spiegen, und ihn ans Kreuz geschlagen; wie denn S. Petrus [Paulus] auch saget: Sie haben den Herr der Ehren gekreuziget. Acto. 2. [1. Kor. 2, 8.]

So spricht er nu selbs: Wer an mich gläubet rc. Diese Ehre gebühret sonst keiner andern Person, i auch keinem Menschen zugelassen, daß er also rede wie Christus hie redet: Wer an mich gläubet rc. E ist nicht allein ein schlechter Mensch, sondern au wahrer Gott; denn gläuben gehöret Niemand zu denn allein Gott, die Ehre will Gott sonst Nieman anders gönnen.

So will Christus nu sagen: Wahrlich, wahrlich, man soll mir glauben. Glaubt ihr an mich, der ic Marien, der Jungfrauen, Sohn bin, geborn zu Beth lehem, so gläubt ihr auch an Gott, und an der wahrhaftigen Heiland; und dieser Glaub soll euch erhalten, daß ihr nicht sterbet z). Der Glaube fu sich gebühret alleine Gott; dergleichen, das ewige Le ben geben, stehet auch alleine Gott zu, es ist Gottes Werk. So sehen wir nu fur Augen, daß der H. Christus, der das ewige Leben gibt, wahrer Gott ist, und Gott ist persönlich da, denn er ist Mensch ge born von der Jungfrau Maria a). So ist Gott wohl allda verborgen; aber gleichwohl gegenwärtig. Also müssen wir den Artikel von Christo fassen.

Dieser Artikel macht nu Christen b), und sonst keiner, und wenn dieser verloren wird, so helfen die andern alle nicht; und mit dem Artikel werden wir auch von allen falschen Christen und Heiligen ab gesondert, welche sonst alles uns nachthun können, was wir thun, als, das Wort nach dem Buchstaben hören, und sich täufen lassen, und das Sakrament

---

y) Rottengeister. z) Christen-Glaub. Johann. 14. a) Acto. 16. Koloss. 1. b) Artikel von Christo.

empfahen, und äußerliche gute Werke thun, ohne [80]) das Herz erwegen auf ihn, und sagen: Wir gläubens gründlich, wollen auch von keinem Andern wissen, denn der von Maria geborn ist. Nu, wenn ich den erlange, so habe ich den Vater, Sohn und Heiligen Geist; aber außer dem hat man Nichts.

Der hat das ewige Leben.

Von diesen Worten sollt man nu hundert tausend Jahr predigen, und es für und für ausstreichen c), ja, man kann nicht gnug davon reden; denn Christus sagt stracks zu das ewige Leben dem, der da gläubet, und spricht nicht: Wer an mich gläubet, [81]) wird das ewige Leben haben; sondern: Alsbalde du an mich gläubest, so hast du es schon; redet nicht von zukünftigen Gaben, sondern von gegenwärtigen Geschenken, nämlich: Kannst du an mich gläuben, so bist du selig, und ist dir das ewige Leben schon geschenkt.

Aus diesem Text kann man urtheilen alles, das man itzt streitet und fichtet d); denn er ist der Grundstein unser Rechtfertigung. Denn wir sagen, daß unsere gute Werk uns nicht gen Himmel führen, noch etwas fur Gott helfen, sondern allein der Glaube. Die Werk sollen wohl geschehen, und Gott hierinnen Gehorsam geleistet und Frommkeit geübt werden: aber sie werdens nicht thun, daß sie die Seligkeit erlangten. Ich hab das ewige Leben vorhin. Kriege ichs hie auf Erden nicht, so uberkomm ichs dort nimmermehr; sondern hie in diesem Leibe muß es erlangt und erkriegt werden. Wie kriegts mans aber? e)) Gott fähet an, und wird dein Meister, prediget dir; er fähet das ewige Leben an, daß er dir predigt das mündliche und äußerliche Wort, und gibt darnach das Herz, daß man das Wort annehme und ihme gläube; also hebts sich an. Und dieselbigen Wort, die du hörest und gläubest, führen dich nirgends hin, denn

---

c) Übung dieses Artikels. d) Form zu urtheilen die Streitpunkt.
e) Weise der Bekehrung.
80) † [das können sie nicht thun, daß sie]. 81) † der.

auf die Person Christum, von der Jungfrau Maria geborn; weiter kömmest du nicht. So du ihme gläuben, und an ihn dich hängen kannst, so bist du erlöst vom leiblichen und geistlichen Tode, und hast schon das ewige Leben.

Dieses ist ein klarer, heller Text: Wenn du Christum hast, den ich dir zu gläuben fürgestellet, so hast du f) das ewige Leben, und sollt des ewigen Tods los sein. Sind wir denn des ewigen Todes los, so sind wir auch des zeitlichen Todes los, und ist aller Verdienst und Schuldregister, so der zeitliche Tod mit sich bringet, hinweg, als da ist die Sunde; und ist die Sünde weg, so ist auch das Gesetz weg. Ist nu das Gesetz weg und erfullet, so ist Gottes Gericht und Zorn auch weg, zudem der Teufel, Tod und die Holle ausgelöscht, und Alles beigelegt und vertragen; sonst hieße es nicht das ewige Leben. Gläubst du nu an Christum, so hast du es alles hinweg; so ist die Holle schon gedämpft, die Sunde hinweg, der Tod uberwunden, und hast die ewige Gerechtigkeit, Seligkeit und Leben. Wer will den Schatz ausmessen? Da sollt du denn in der Wahrheit befinden, daß ich dich mit Glauben nicht verfuhret habe.

Es sind aber freche, rohe und heillose Geister, die nicht wissen, was Glaube sei, und sprechen: O! Glaub ist ein gering Ding, wer gläubet nicht? du sihehests ja g). Aber es sind heillose Geister, freche Leute, die nie erfahren haben, was Glaube heiße. Und ist glauben, daß einer anhebt, und erweget sich, daß er mit ganzem Herzen und Ernst sich verlasse auf diese Wort, in allen Anfechtungen. Wenn sie das thäten, und ernstlich glaubten h), so sollten sie anders, und nicht also schimpflich davon reden. Ja, sagen sie, gläube ich an Christum, so fühle ich gleichwohl den Tod, daß ich und Andere sterben müssen. Ich fürchte mich auch fur dem Tode und fur der Sünde, wie denn alle Heiligen, als S. Petrus und S. Paulus, und andere drüber klagen, und das Vater Unser durchaus gebetet haben; sagen

f) Nutz dieses Artikels. g) Sicherer Geister Merkmal. h) Glauben.

auch: Remitte nobis debita nostra, vergib uns unsere Schuld.

Es muß Niemand aus den Heiligen oder in der Christenheit sagen, daß er ohne Tod, ohne Furcht, und ohne Sünde und Anfechtung seie i). Wie reimet sich denn das? Wer an mich gläubet, der hat das ewige Leben: so darf ich nicht beten wider die Sünde, denn es sind zwei widerwärtige Ding, das ewige Leben haben, und gleichwohl beten wider die Sünde, Tod, Teufel und Höllen. Nu ist dieß gewißlich wahr, daß wer gläubet an Christum, der hat das ewige Leben. Das mangelt aber dran, daß ich noch Sünde fühle k), und mich der Tod und Hölle druckt, daß ich das ewige Leben und Christum im Glauben hab, und noch nicht in der That. Soll nu der Glaube bestehen, so muß bleiben noch ein äußerlich Fühlen des Todes, der Höllen, des Teufels, der Sünden und des Gesetzes. Ob du es gleich fühlest, so ists nur ein Kampf, der dich hindern will, daß du nicht das ewige Leben haben sollest, und will Christum wegnehmen. Aber diese Sünde sollen dich nicht behalten, und da soll man denn sagen: Ich gläube an Christum Jesum, der ist mein; und so weit ich ihn hab, und an ihn gläube, so weit bin ich fromm, und hab das ewige Leben, denn er ist ein Herr uber Alles.

Derhalben, wenn ich ihn habe, so hab ichs alles gewiß l); denn er ist selbs nichts Anders, denn eitel Gerechtigkeit, Leben und ewige Seligkeit, und ein Herr uber den Tod. Christus ist ohn allen Mangel und Feihl, das ewige Leben, Freude, Gerechtigkeit und Seligkeit: der Schatz ist gar da vorhanden, das hab ich an Christo, denn er ists alles: da ist kein Gebrechen, an ihm mangelt Nichts; es mangelt aber noch an mir, daß ichs noch nicht vollkömmlich fassen und gläuben kann. Als viel ichs nu fasse und gläube, so viel hab ich; und so ich dabei bleibe, so nehme ich immer zu, und lerne je länger je mehr gläuben, bis es wird kommen in jenes Leben, da ichs denn

i) Heiligen Gleichheit. Röm. 3. k) Sünden Empfindung. l) Glaubens Gut.

gar fassen und erkennen werde, und wird der Mangel an uns auch aufhören, und werden die Sünden nicht mehr fühlen, noch fur dem Tode erschrecken, oder den Teufel fürchten. Fleisch und Blut ist sonst die Maur zwischen mir und Christo; die wird denn auch hinweg gerissen werden, und Christus mit [82]) eitel Gerechtigkeit und Seligkeit da sein.

Dieweil wir aber allhie auf Erden leben und der alte Adam währet, da kann diesen Schatz das Fleisch nicht so gar ergreifen und fassen m). Die Augen sehen es nicht, die Hand fühlets nicht, so schmeckets der Mund auch nicht, und alle andere Glieder könnens nicht tappen oder ergreifen. Aber dort wird Alles gewiß seyn. Denn die Augen werdens in jenem Leben sehen, der Mund schmecken, und die Nasen riechen, der Schatz wird leuchten an Seel und Leben; denn es wird da eitel Sicherheit und empfindlich Erkenntniß sein, daß er das ewige Leben sei. Ob ichs nu mittlerweile nicht schmecke, tappe, fühle noch sehe, oder mit meiner Vernunft begreife, so hab ichs doch im Glauben, und höre sein Wort; daran hab ich in diesem Leben gnug, bis daß der Tod kömmet, und der faule Leib zu Aschen wird, denn wird der Glaub aufhoren, und ich werde es fur meinen Augen sehen. Es wird sich selbs geben, daß wirs fühlen an Leib und Seel und allen Kräften.

Darumb heißts: Wer da gläubet n). Das sollen wir wohl merken, denn wir sehens allhie, daß es unsere Werk nicht vermögen, und Christus, unser Herr, ist nicht dein und mein Werk, sondern er ist empfangen vom H. Geist, und von Maria der Jungfrauen geborn, da hab ich Nichts zugethan; so hab ich ihn nicht geschnitzt aus einem Holz, oder aus einem Teig gebacken: er ist Gottes und Marien Sohn, da hab ich Nichts an gethan. Dennoch spricht er: Wer an mich gläubet, der hat das ewige Leben, der solls haben. So werden wir mit unsern guten Werken Gott

---

m) Itziges und künftiges Leben. 1. Kor. 13. n) Gläuben und nicht sehen. Johann. 20.

82) Orig. mir.

nicht versöhnen, noch gerecht gesprochen, sondern davon, daß man an ihn gläubet.

Derhalben muß es Gott thun. Er muß anheben und predigen durch seinen Geist vom Sohne o), so schlägt dirs in die Ohren, und hernach sinkets weiter in unser Herz, daß wirs hören und gläuben. Das geschieht ohne mein Werk und Zuthun, ich werde es mit meinen Werken nicht machen, daß Gott mit mir redet und mich erleucht; sondern der Vater schickt den Sohn, und redet vom Sohn, erleuchtet mich durch dieß Licht, daß ich Christum erkenne. So soll nu unser Seligkeit allein dem Sohne zugeschrieben, und dem Vater, der vom Sohne durch den Sohn redet, die Ehre gegeben werden [83]): meine gute Werk sollen mir das ewige Leben nicht geben; ja vielmehr, ehe denn ich etwas Gutes thue, so soll ich zuvor den H. Geist und das ewige Leben haben, und Gottes Kind sein.

Nach diesem Artikel muß man die Schrift deuten p). Wer den Artikel hat, wird nicht irren, aber wer des Artikels feihlet, der wird Nichts ausrichten. Darumb, wenn Matthäus und die andern Evangelisten von guten Werken reden, so muß man Joannem lassen furgehen, der lehret, wie wir zum ewigen Leben und zur Gerechtigkeit kommen, daß die Gerechtigkeit fur allen Werken müsse da sein, und daß erst der Glaube zuvor da sei, daß man den Sohn Mariä fasse mit dem Glauben, und darnach gute Werk thue; und wenn Matthäus und Lukas von guten Werken reden, so soll man sie nach dieser Regel verstehen und urtheiln.

An diesen Reden ärgern sich die Juden q). Aber wenn man im Glauben diesen Sohn Mariä ergreifet, der auch wahrhaftiger Gott ist, so kann man so wunderlich Nichts von ihm predigen, es lautet mir nicht seltsam, denn ich gläube an ihn. Er ist mein Gott, ich bleibe bei seinem Wort, und lasse mich Nichts irren. Wenn ich aber die Vernunft beginne zu fragen, und

---

o) Der Seligkeit Anfang, Mittel und Ende. p) Der Schrift Richtscheit. q) Jüdischer Anstoß.

83) Orig. werde.

will dem Bäcker in die Faust sehen, daß er dieß Brod gebacken habe, so gehets dahin; item, höre ich meinen Gedanken zu, daß Christus ist aus der Jungfrau Maria geborn, so sage ich balde: Maria ist ehe gewesen, denn dieser Gott, so doch der Gott älter ist, denn Maria, denn er ist ewig, Maria aber ist nicht ewig. Also gehet man dahin, daß man verloren ist, wenn man nicht bei Christo bleibet. Darumb höre du Gottes Wort vom Sohne, bleibe bei demselben, so hast du es; wo nicht, so bist du verloren.

r) Ich bin das Brod des Lebens, vom Himmel kommen 2c.

Der Herr Christus will uns auf diesem Häuptartikel, unser Rechtfertigung fur Gott, behalten, daß wir an ihn gläuben sollen. Denn wir immerdar predigen, daß diese zwei Stück zu einem christlichen Leben gehören s): erstlich, daß man an Christum, den Gott gesandt hat, rechtschaffen gläube; zum Andern, daß man gute Werk thue, und fromm sei. Matthäus der Evangelist aber treibet den hohen, rechten Artikel vom Glauben an Christum nicht so seher, als Joannes, sondern legt vielmehr aus das ander Stücke, von den Werken und Früchten des Glaubens: dagegen Joannes der Evangelist höher und stärker ist zu treiben den christlichen Glauben, denn die andern Evangelisten, welche am meisten die Mirakel des H. Christi beschrieben haben.

So hat der Herr droben gesagt: Wer an mich gläubet, der hat das ewige Leben; item: Ich bin das Brod des Lebens, an welchen Worten sich die Juden seher ärgerten, daß dieser Mensch sollte den Ruhm haben, daß er die Person wäre, die selig machete und das ewige Leben gäbe, auch vom Tode, Sünde und allem Unglück uns erlösen sollte. Es [84]) hatte je das Ansehen nicht fur der Welt t): er war ein ar-

r) Die 13. Predigt am Sonnabend nach Valentini. s) Des Christenthums Zugehöre. t) Gestalt des H. C. im Augenschein. Esa. 53.

84) Er.

mer Mensch, eines armen Zimmermanns Sohn, einer armen Mutter Kind, ohn alle Kraft. Darumb reimet sichs fur der Vernunft nicht, daß er saget: Wer an mich gläubet, der soll das ewige Leben haben. Aber ich hab gesagt: Wer ein Christ will bleiben und erhalten werden, der muß nicht sehen, wo die Augen hin weisen, oder was fur seinem Gesicht ist, auch nicht die Vernunft umb Rath fragen, oder die andern Sinnen hierinnen gebrauchen: sondern höre allein was man ihm saget, und neige sich zu dem Munde dieses Mannes. Wo einer das nicht thut, und Gottes Wort fahren läßt und verleuret, so ist er verloren.

Derhalben so schwöret Christus und spricht: Wahrlich, wahrlich, ich sage euch: Wer an mich gläubt, der hat das ewige Leben; das ist der einige Weg zum ewigen Leben, und daß man von Sünden, Tod und Teufel los werde, nämlich, daß du an mich gläubest, denn ich bin das Leben und der Weg u). Wenn du dieß Brod kannst zu essen kriegen, und läßt dich von mir speisen, das ist, so du an mich gläubest, denn bist du gesund, und thut die Sünde, Tod und Hölle dir Nichts, sondern du bist frei von allen diesen Feinden.

Diese Wort v) muß man stehen lassen, wie sie da geschrieben sind, und sie nicht glossiren, wie vor Zeiten in den Schulen die Sophisten gethan haben, und gesagt: Wer an mich gläubet und gute Werk thut, der hat das ewige Leben; gleich als könnten gute Werk auch Etwas ausrichten, und geben den Werken mehr, denn dem Glauben, und ziehens mit der Gloß auf die guten Werk, und zerstören den Glauben gar w). Aber wir sagen auch nicht, daß man solle schlecht gedenken: Wenn ich gläube, so ists schon ausgericht, und daß ich auch nichts Guts sollte thun. Nein, wir sollens nicht scheiden. Du mußt gute Werk thun, und allezeit gute Werk gegen dem Nahesten uben, auf daß der Glaube äußerlich leuchte im Leben, wie er sonst inwendig im Herzen leuchtet. Aber du

---

u) Johan. 11. v) Wort Christi. w) Werkheiligkeit.

sollt dennoch sagen, daß dieß wohl Leben dir nichts hilft, sondern der Glaube hat dir allbereit geholfen. Der Glaube findets und gibt das Brod des Lebens und das ewige Leben. Ich müßte sonst lange gute Werk thun, daß ich diese Speise bekäme. Ich muß den Glauben zuvor haben, der da gibt das ewige Leben; wie er denn rund saget: Wer von diesem Brod isset, der wird leben in Ewigkeit. Sonst müßte S. Joannes sagen: Dein Leben und deine gute Werk sind das Brod des Lebens, oder das ewig Brod. Zwar was sagen sie sonst Anders, wenn sie sagen: Glauben thuts nicht, sondern gute Werk die thuns? krümmen also die Zungen, und schlagen also S. Joannem aufs Maul, daß sein Brod sind meine gute Werk x). Aber Christus redet allhie vom Brod des Lebens, welches er selber ist, wie er denn spricht: Ich bins. So ers denn selber ist, so könnens ja nicht dein Leben oder gute Werk sein. Ich meine, es ist weit gnug von einander gesetzet Christus und mein Fasten, oder Liebe des Näheften und Almusengeben: Christus ist viel ein ander Ding, denn alle meine gute Werk.

So unterscheiden wir den Glauben und die [35]) Werk y) und sagen nicht: Meine gute Werk sind [36]) Brod des Lebens; wie es die Sophisten dazu gemachet haben, indem sie furgeben: Wirst du recht leben und gute Werk thun, so hast du das ewige Leben. Also soll mein Leben das Brod des Lebens sein, oder das Leben geben; so doch Christus nicht mein Werk ist z), ich habe ihn nicht gemacht oder geschaffen, sondern er ist zu seiner Zeit von der Jungfrau Maria geborn, und Gottes Sohn in Ewigkeit vom Vater gezeuget. Derhalben kann mein Almusengeben und mein Fasten nicht genennet werden das Brod des Lebens. Aber soll ich das Leben haben, so muß ichs von Christo haben, der ist das Brod des Lebens. Gläube ich an ihn, so ist er mir das Brod des Lebens, so genieße ich seiner, denn

x) Die Rottengeister verkehren diese Wort Christi. y) Sonderung zwischen Glauben und Werken. z) Psal. 100.
35) + [guten]. 36) † das.

spricht: Wer von mir isset, soll leben, und nicht
rben.

Das ist wohl zu merken und zu fassen, auf daß
i jeder Christ bereit, gerüst und geschickt sei a),
ß er darauf antworten konne, wieferne die guten
erk dienen oder nicht. Deinen Nähesten sollt du
ben, und ihme alles Guts thun; aber dieselbigen
ten Werk laß nicht dein Trotz, Trost und lebendi-
s Brod oder geistliche Speise sein, durch welche
wolltest das ewige Leben, und die Rechtfertigung
r Gott haben. Denn die wird vom H. Christo ge-
gt: Ich bin dein Leben. Dasselbige ewige Leben
rd nicht genossen mit den Werken, sondern alleine
t dem Glauben: der Glaub ist das recht Nießen
d Essen des ewigen Lebens. Wenn der Glaube da ist,
hast du schon das ewige Leben; denn der Glaub er-
eift den H. Christum, nicht als eine ledige Schalen
er Hülse, sondern der selber das ewige Leben ist. Sind
r nu nicht Narren, daß wirs mit unsern guten Wer-
z verdienen wollen, das wir zuvor durch Christum
langt haben?

Man sagt aber: Ja, ich sehe es nicht. Ei, Lie-
r, es heißt gläuben b); ob es gleich nicht scheinet,
ist es doch in ihme. Wer nu an ihme hanget,
r wirds finden. Wenn ich anfahe zu gläuben, so
sse ich den Glauben. Darnach soll ich gute Werk
un. Gleichwie der Sohn ein Erbe ist, alsbalde,
enn er geborn wird, er hat Nichts uberall darumb
than, die Geburt bringet ihn dazu, daß er erbet
me alle Verdienst und gute Werk, und ein Herr
ird uber Haus, Hof, Aecker und Wiesen. Er hat
ichts darumb gethan; allein, daß er vom Vater gern ist, dadurch kömmet er alsbalde in die Gemein-
haft aller Güter, die Geburt machet ihn zum Er-
n: also, wenn ich an Christum gläube, so brin-
t mir der Glaube das ewige Leben c), und ich bin von
euem geborn; was soll ich denn thun? Der Sohn darf
i Hause nicht dienen, daß er sich stelle wie ein Knecht,

a) Christen Geschicklichkeit. b) Glaubens Eigenschaft. c) Die Himmel-Erbschaft.

das Erbe ist vorhin sein, er darfs nicht verdienen: gleichwohl hilft er dem Vater den Acker arbeiten, denn er ist ihm mit zuständig, und arbeiten Vater und Sohn den Acker, auf daß er Frucht trage, und spricht: Lieber Vater, ich will dir helfen pflügen und ackern, denn das Erbe ist unser beider, auf daß unsere Erbgüter deste mehr uns nütze sind. Eben also, wenn ich das ewige Leben durch den Glauben erlanget habe, so soll ich darnach gute Werk thun d), und ube mich in dem Erbe des ewigen Lebens mit Wohlthun, Lehren, Rathen und Helfen; welchs denn die Früchte des ewigen Lebens sind. Das Erbe ist das ewige Leben: solchs hab ich schon durch Christum, und darf es nicht verdienen; sondern ich ube es, daß Andere auch herzu kommen, und die Früchte des ewigen Lebens gesehen werden.

Den Artikel von der Rechtfertigung e) treibe ich immer, auf daß man ihn gründlich und unterscheidlich erkenne, den Glauben und gute Werk wohl untern ander abtheile; und Joannes der Evangelist handelt ihn auch furnehmlich fur den andern Evangelisten. Der Glaube gibt mir das ewige Leben, denn er gibt den, der das ewige Leben und das Brod des Lebens ist. Die Sophisten aber meinen nicht anders, Christus sei nur ein Lehrer, der von guten Werken predige, und einem Gesetzgeber gleich sei; welches er denn nicht thut, sondern er theilet Gnade aus, und zeubet uns zu sich, und spricht: Ich bin das ewige Leben, wer von mir isset, der soll leben, das ist, ich biete dir das ewige Leben an, welches ich selber bin.

Das heißt die Leute an sich gezogen, und Gnade ausgetheilet f). Wenn er spricht: Ich bin das Leben, so redet er de donanda vita, redet vom Geben, ich gebe dir und biete dir an das ewige Leben, das ich in meiner Gewalt habe; so deuten sie es vom Nehmen, als müßten wir ihm geben, und er von uns empfahen. Geben und nehmen ist nicht einerlei.

---

d) Des Glaubens Fruchtbarkeit. e) Lehre von der Justifikation. f) Christi Gnadenspende.

Also müssen wir sein Ampt nicht deuten, daß wir ihm geben sollten, oder er von uns nehmen müßte, gleich als wäre er nicht allein der Geber des ewigen Lebens.

Darumb so lernet, daß ihr Christum dafur ansehet, daß er sei das Brod des Lebens g). Kein Papst, Sophist, hohe Schule oder Papist siehet ihn dafur an, sie schlagen ihn dürstiglich aufs Maul, darumb, daß er saget: Ich bin das Leben. Denn sie sagen: Wenn ich gute Werk thue, so verdiene ich das Leben. Item: Der Glaube an Christum ist Nichts, wenn du nicht auch gute Werk hast. Ja sie geben fur: So ich gute Werk thue, so kriege ich das ewige Leben. Aber Christus will sagen: Ich hab euch so gepredigет: So Jemand an mich gläubet, der hat das ewige Leben; item: Ich bin das Brod des Lebens. Daran hast du gnug, wenn du an Christum gläubest, und also Brod des Lebens issest. Darnach sollen die guten Werk geschehen, denn sie bleiben nicht außen; wo der rechte Glaube ist, da folgen sie hernacher.

Das ist nu eine ärgerliche Predigt, daß er saget h): Ich bin das Brod des Lebens; und zeiget den Leuten nicht mehr, denn einen armen, verachten und gebrechlichen Menschen, der auf Erden als ein ander Mensch umbgangen ist. Es scheinet je, lieber Herr Christe, nicht. Sie werden wahrlich gefragt und gesaget haben: Wen machest du aus dir selber? Wofur wirfest du dich auf? Weißt du nicht, was da sei, das ewige Leben geben, oder das zeitliche Leben erhalten, und den Tod vertreiben? Wer kann Solches, denn allein der einige, ewige Gott? und du sprichst, du bist der, so eine solche Speise geben könne, daß, wer davon isset, habe das ewige Leben; redest davon gleich als wärest du Gott selber, und ein Herr uber die Sünde, den Tod und das Leben. Kein Heilige kann das Wort reden, er muß etwas mehr sein, denn ein Kreatur, der Solchs von ihm selber saget.

g) Erkenntniß Christi. h) Der Welt ists ärgerlich, daß Christus lehret

ist, so werden meine
noch das ewige Leben
denn sie sind nicht Ch
mein Leben, denn mein
es nicht ausmachen.
von guten Werken nicht
Papisten, führen, denn
sie gehet.

Euer Väter haben
der Wüsten, u

Itzt antwort er ihne
sie droben einführeten, u
Väter haben in der Wüs
gestorben; als sollten sie
sere Väter sind wohl a
du, sie haben je Himmelb
das? Was thust du fur
Nichts, das du thust; un
schämeter Prediger, daß
an dich, und willt unser
mehr sein, denn alle Prop
Nichts sein, und gar nich
sie so viel zu verstehen

men: Euer Väter haben Manna gessen, und sind gestorben? als wollt er sagen: Wie gefällt euch das? Es haben das Himmelbrod auch die bösen Buben sowohl gessen, als die Frommen. So es denn so köstlich war dasselbe Himmelbrod, wie ists kommen, daß euer Väter alle gleichwohl gestorben sind, und nur zweene, als Josua und Caleb, lebendig geblieben, welche ins gelobte Land kamen? Darumb, das Himmelbrod hat ihnen nicht das ewige Leben gegeben, es hat den Tod nicht verjaget, es hat auch dieß zeitliche Leben wenig gefristet. Werden sie nu Nichts mehr denn dieß Himmelbrod haben, so werden sie umb des Brods willen nicht wieder von den Todten auferstehen.

Damit wird er sie erst zornig machen m), daß er seine Speise höher und besser hält, denn ihr Himmelbrod, und was er gibt, daß es besser sei, denn jenes, daß wer an ihn gläubet, der soll nicht sterben, und wer sein Brod isset, der soll ewig leben. Himmelbrod ist eine vergängliche Speise gewesen, als andere Speise, wie Oepfel und Birnen bei uns sind; wiewohls ein wunderbarlich Brod war, doch wars eine natürliche Speise und Brod, gleich als wenn unser Herr Gott aus Steinen Brod machet, so ist es doch Brod, oder wenn er aus dem Felse Wasser gibt, so ists recht natürlich Wasser, oder aus Wasser Wein machet, wie er auf der Hochzeit zu Cana thät n), welchs wohl ein Mirakel ist, dennoch so ists ein natürlicher Wein, und behält seine natürliche Kräfte. Also war das Manna auch ein Nebel vom Himmel, welches Brod nur den Leib erhielt und ernähret, äzete und speisete nur, mehr gab es nicht, denn sonst ander natürlich Brod. Aber hie ist Brod des Lebens, so vom Himmel kommen ist; wer davon isset, der wird nicht sterben.

Das haben sie nicht fassen können o), es ist ihnen unmöglich gewesen und zu hoch. Derhalben verwirft der Herr nicht allein alle ihre Mirakel und

---

m) Diese Antwort erzürnet die Juden. n) Joann. 2. o) Jüdische Gescheitigkeit.

Wunderzeichen, sondern auch alle ihre Lehre muß zu scheitern gehen, und spricht: Wenn ihr die Lehre nicht annehmet, die ich euch furlege und bringe, und nicht sehet auf den Häuptartikel, so ich predige, daß ihr an mich gläubet, so wird euch Moses und alle euer Mirakel, Manna, Gesetz und Ceremonien nichts helfen. Denn es ist Mosi und Andern, die große Mirakel gethan haben, nicht gegeben, daß sie sollen lebendig machen, und Etwas wider den Tod thun: sondern der Person allein, die Christus heißet p). Sonst wächst kein Kraut wider den Tod, hilft auch keine Aerznei dafur, denn allein Christus: dieser ist das rechte Brod vom Himmel, wer davon isset, der soll lebendig bleiben.

Er setzets affirmative, er soll leben, und nicht sterben, hält beides gegen einander, leben und nicht sterben: redet offenbar, klar und deutlich davon q), daß man nicht gedenken soll, er sage es dunkel und verborgen, oder verblüme die Wort; sondern spricht: Ich bin das Brod, eine Speise, die vom Himmel kommen ist; wer von mir isset, der soll leben. Da kann Niemand anders sagen, denn er rede von sich selber. Dieweil er denn von sich selber, das ist, von seiner Person, redet, darumb soll man die Person Christi gewiß fassen und ergreifen, und auf andere Wege nicht spaziren gehen, daß wir gedächten, dadurch dem Tode zu entlaufen und selig zu werden: sondern sollen an dem hangen und haften, der hie stark und gewaltiglich saget zu beiden Seiten, wer von ihme isset, der soll nicht sterben ewiglich, sondern soll das ewige Leben haben.

Aber man ärgert sich daran am meisten, daß er saget: Ich r). Wer solch Aergerniß uberwindet, der hat gewonnen. Denn dieß ist die rechte Kunst und höheste Weisheit des Glaubens, wer sich nur könnte erwegen, und diese Person Christum halten fur Gott, fur seine Speise und Brod des ewigen Lebens, ja,

---

p) Vorzug des H. Christi. Johann. 1. q) Gewißheit dieser Vertröstung. r) Des H. Christi Person ist ärgerlich. Matth. 11. Luc. 2.

fur seinen Trost, Heiland und Seligmacher; denn was er ist, das kriegst du mit ihme. Dieser Artikel macht dich zum Christen, daß man dich von Christo auch einen Christen nennet, und du bekömmest auch Christenrecht durch ihn.

Aber es ärgern sich die Juden seher dran; denn es gläubets Niemand, denn die das Wort Gottes hören, und die der Vater lehret s). Der Türke verlachets. Averrois, einer aus den Mahomedischen Schreibern, hat spöttlich von den Christen geschrieben und gesagt, es sei kein giftiger, schändlicher und lästerlicher Volk, als eben die Christen, denn sie sollten ihren Gott ehren, so fressen sie ihn, und predigens noch dazu in allen Schulen und auf der Kanzel. Also lächerlich lautets fur der Vernunft, wenn man sich nicht an Gottes Wort hält: da fragen die Juden und Papst nichts darnach. Aber es ist besser, daß wir unsern Herr Gott essen, denn daß uns der Teufel fresse. Sie tragen ihren Gott, aber unser Gott tragt uns. Die Vernunft siehet ihn an, daß er ist ein armer Betteler, und selber gestorben; darumb was sollt er helfen? spricht sie. Summa, es ist der höheste Häuptartikel, daß du gläubest, er sei es, und du dich an seiner Person nicht ärgerst.

Darnach stößt sich die Vernunft auch daran t), wie er könne die Speise sein, oder wer ihn essen könne. Aber das muß vorhergehen, daß wir in unserem Herzen gewiß sind, daß er Gott und das Leben, ja die Speise und Brod des Lebens sei, und daß ich wisse, man soll Gott anderswo, außer dieser Person, nicht suchen. Denn, gläubest du an ihn, so von Maria der Jungfrau geboren, und daß er auch der rechte wahrhaftige Sohn Gottes ist, so hast du auch Gott den Vater und Gott den Heiligen Geist. Denn sonst sollt du Gott nicht ergreifen, finden, suchen und wissen, denn in dieser Person, wenn du an Christum gläubest, daß du denn auch an den himmlischen Vater und Heiligen Geist gläubest.

Daher erhebt sich denn ein Murren, daß sie fra-

---

s) Verhütung dieser Aergerniß. t) Anstoß der Vernunft.

gen: Wie kann mán dein Fleisch essen? u) Da ist der Sachen also gerathen, namlich, daß er redet vom geistlichen Fleisch und vom geistlichen Essen. Der Glaube ists, der ihn isset; wie er sich denn selber ausleget, da er spricht: Wer da gläubet an mich, der hat das ewige Leben, derselbige isset recht, denn ich bin das Brod des Lebens: der Glaub ist der Esser, der isset und gläubet an Christum. Die Seele aber und der Glaube haben nicht ein Maul, Zähene, Hals und Bauch, wie der Leib hat; sondern haben ein ander Maul, Bauch und Ohren, isset auch anders, denn der Leib, sie hat auch ihren Sinn, Willen, Muth, Verstand, Lust oder Vernunft, daß einer ein Ding verstehen kann, und Neigung dazu hat, also, wenn man diese Wort höret, daß Christus eine Speise und Himmelbrod seie, daß man sich mit dem Glauben hinan hänget, und fället mit Verstande und Lust darauf.

Es sind verdrehete und verblümete Reden, und heißet hie essen ein geistliche Nießung und Essen. Diese Rede und Disputation des Herrn Christi durch dieß ganze Kapitel hat sich entsponnen und erhaben uber dem Mirakel v), daß er mit funf Gerstenbroden eine solche Menge Volks gespeiset hatte. Da spricht er: Es ist nicht allein umb das Essen oder diese Speise zu thun, daß man den Bauch fülle, wie die Säue; Lieber, gedenket nach einem andern Essen und Speise, daß ihr nicht sterbet. Ihr gedenket allein auf das leibliche Essen; also haben euer Väter in der Wüsten auch gessen. Aber kommet zu der Speise, davon ihr nimmermehr sterbet, denket, daß ihr ein ander Essen anfahet.

Aber die groben Juden stoßen und ärgern sich hieran, daß sie das Wort essen nicht können verstehen w), welches ein gering Aergerniß ist; und ist ein gemeine figura metaphora, und Weise zu reden, als, wenn wir Deutschen sagen: Das ist ein Stück der blut nicht; item: Ist doch ein Wort kein Pfeil

u) Christi Fleisch nießen. v) Ursach dieser Rede. w) Göttliche Sachen fur menschlichen Sinnen. Johann. 2.

Schwert; item: Der Pfeil kömmet nicht aus
n Köcher: da verstehet man des Menschen Wort
Rede fur einen Pfeil. Also ists hie auch mit dem
: essen, das da einen andern Verstand hat.
janken sie aber, und das will nicht ihnen ein-
, daß er spricht: Lernet essen und trinken, auf
ihr dem ewigen Tode, Hunger und Durst ent-
:. Man kann je noch etwas Anders vom Essen
, denn daß man mit dem Maul allein isset.
ist denn dasselbig Essen? Darauf antwort er:
ins, ich bin die Speise. Das ist wahrlich noch
ehr ärgerlich: sie stoßen sich drob, und könnens
leiden, wollen ihn auch nicht haben, daß er soll
Brod sein (wie denn hernach folget). Aber es
schlossen, daß man Gott nirgend finden soll,
allein in dieser Person.

Da spricht denn der Türke, der Jude und Papst x):
gläube an Gott, den Schöpfer Himmels und
rden; und suchen alle Gott anderer Weise im
nel, finden ihn aber nicht, denn er will sich auch
finden lassen, denn allein in dem Christo. Du
t noch triffst ihn nirgend, denn also. Dieser
s ewige Leben, die Wahrheit und Gerechtigkeit;
: aber ausgelassen wird, so hast du keine Speise
wigen Lebens oder Seligkeit, und bleiben denn
Gedanken, ja, man erdenket eigene Weisen, wie
Gott dienen, und ihn versöhnen möge mit un-
guten Werken. Daher kömmets denn, daß die-
in Karthauser, der Ander ein Barfußer wird.
es feihlet uberall, daß man Gott mit diesen ei-
: Gedanken ergreifen sollte. Darumb, willt du
nicht feihlen, Gott finden und ewige Speise
t, so höre diesen, der da spricht, er sei das
des Lebens; willt du das ewige Leben erlan-
so suche es bei dem Christo, und sonst nir-
.

Damit gehet Joannes umb y), daß er rein und
: handele diesen Artikel, welcher ist der Glaub
esum Christum, daß man den rein predige, ohne

Der Gottlosen Aberglaube. y) S. Joannis Intent.

Zusatz der guten Werk. Der Werk muß man hie gar schweigen, auf daß ein Herz einen gewissen Trost habe, und wisse, worauf es in seinen letzten Nöthen beruhen solle, daß es von keinem andern Gott, Lehre, oder Brod wisse, denn so Christus heißt. Hernacher wird er noch mehr sagen: Mein Fleisch ist die rechte Speise; auf daß er uns gewiß versichern möge, daß er das Fleisch sei, das wir essen sollen, und wird seine Widersacher noch mehr angreifen.

z) Und das Brod, das ich geben werde, ist mein Fleisch, welches ich geben werde fur das Leben der Welt.

Bisher hat der Herr Christus geprediget, daß wer von dem Brod esse, der werde leben in Ewigkeit. Dabei ist er erstlich geblieben. Aber itzund wird er noch weiter gehen, und noch besser dieß Brod a) ausstreichen, und damit die Juden seherer erzörnen, und spricht, das Brod sei vom Himmel kommen, und sei sein Fleisch. Er schüttets gar grob aus, und stößt dem Faß den Boden aus, spricht: Ich habe gesagt, ich bin vom Himmel kommen, wer mein Fleisch isset, und trinket mein Blut, der hat das ewige Leben. Er machets so grob, daß es nicht gröber sein könnte, auf daß sie ja nicht denken sollten, er redete von einem andern Stücke, denn das sie da fur Augen hätten, sondern daß er von sich rede; und aus der Ursach, weil sie ihr geistlich Flattern nicht lassen, daß er nicht sei, wie er da fur den Augen stehe, oder auf ein andere Weise das Brod und ewige Leben sei, nicht das Fleisch und Blut, so sie fühlen und sehen. Diesen Flattergeistern b) will er zuvor kommen, und will, daß unser Glaube hangen und haften solle an dem Fleische und Blute, das sie da sahen, und das man kreuzigen werde und sterben solle. Da müssen alle Christen an hangen, und nicht weiter flattern, noch einige andere Glossen oder Gedanken ihnen machen lassen von einem andern Fleische und Blute, denn man allda fur Augen siehet an ihme.

---

z) Die 14. Predigt, am ersten Sonnabend in der Fasten. a) Christi Brod. b) Flattergeister.

Das stößt sie allererst recht fur den Kopf, daß : ihnen den Weg verrennet, und alle Ausflucht verunft c), daß sie nicht anderswohin gedenken sollen, enn an sein Fleisch und Blut, das da gegenwärtig ar. Also, wenn diese scharfe und grobe Predigt anhet, soll man wissen, (wie ihr auch droben gehört abt,) daß dieß Kapitel nicht redet von Sacramentis, ndern von der geistlichen Nießung und Essen. Denn oben hat er gesagt, wer Christum höret und an ihn äubet, der solle das ewige Leben haben, der Vater erde ihn lieben, solle nicht sterben, sondern das ewi: Leben haben, sie sollen auch nicht dursten noch ingern, die das Brod essen. Darumb so kanns nicht zogen werden aufs Sakrament d). Denn Viel nehen es zum Verdammniß und Gerichte, und haben cht das ewige Leben; denn sie sind vom Vater nicht lehret noch gezogen.

Aber er redet hiemit vom Häuptstück, als von m rechten christlichen Glauben, der also heißt und than ist, daß du gläuben sollt an sein Fleisch und lut. Denn hängest du deinen Glauben nicht dan, so sollt du verloren sein, du seiest Türke oder ude. Er hats gefasset in den Artikel: Willt du ein hrist sein, so mußt du an das Fleisch und Blut Christi äuben; er will nicht, daß man anders gläube; ill man Gott treffen, so soll man sich dem nach haln. Werdet ihr nicht essen, spricht er, so ist beschlos n, daß die ganze Welt den Gott nicht anders han soll, denn mit Essen. Dieser Text ist ein Donerschlag wider die Schwärmer.

Das lautet gar schändlich und ärgerlich in den eischlichen Ohren, es könnte auch nicht ubeler klapn, denn daß, wer dieß Fleisch esse, der habe das vige Leben. Die Vernunft spricht darauf e): Fleisch Fleisch, Blut ist Blut, mache draus was du willt, wird doch nichts Anders draus. Also sagen die Sakramentirer auch. Aber thue du die Augen auf, alte her das Herz und die Ohren, und mache einen

c) Vermöge dieses Kapitels. d) Wider die Irrdeuter. e) Einrede der Gelehrten.

Unterscheid zwischen Fleisch und dem Wort: meinem Fleische. Es ist ein großer Vortheil hierinne, daß wenn du vorhin kannst schließen, daß, der da redet, ist Christus, und du gläubest an ihn, so ist da in diesem Christo die ganze, vollige Gottheit. Der spricht denn: Mein Fleisch ist die rechte Speise, und mein Blut ist der rechte Trankt. Da hats einen andern Verstand.

Aber die Sakramentirer und Rottengeister fallen auf das Wort Fleisch f), und verstehens wie es in der Scherrn gekauft wird, oder wie es die Wolfe oder Hunde fressen; da verstocken sie in dem Wort Fleisch, sagen: Fleisch, Fleisch. Das ist nicht eine große Kunst, ich weiß und verstehe es auch wohl: Ein Wolf kann einen alten Mann fressen, oder eine Sau ein Kind fressen; ich kann auch gedenken, gleich als esse ich schweinen Braten. Aber wenn Christus saget: Mein Fleisch g), da habe Achtung drauf, wer der sei, der das saget. Zu wem gehöret das Wörtlin mein? So wirds denn Etwas mehr sein, und wird nicht so ein Fleisch sein, das die Kraft des Fleisches und Bluts alleine habe; es wird etwas mehr Kraft haben, denn schlecht Fleisch und Blut, durch das Wort mein. Es ist mein Fleisch, du mußt sehen, wer das saget, denn da wirds nicht fleischern sein, da rothe Würste draus gemacht werden.

Und, daß ich deß ein grobe Gleichniß gebe, kanns helfen, so helf es: Wenn ein Arzt ein rein, lauter Wasser nimmet, und machet ein Zuckerwasser h) oder Klaret draus, denn heißt es nicht mehr ein schlecht Wasser, sondern Zuckerwasser; man saget auch nicht: Du trinkest Wasser, obs wohl wahr ist, man trinket Wasser, dennoch schmeckets nicht wie Wasser, denn es hat einen andern Schmack und Kraft, und schmecket nach dem Zucker. Es ist Wasser; aber nicht eitel Wasser, sondern Zuckerwasser, und thut das Wasser nicht, wie es thun sollte, denn es ist Zuckerwasser. Da darf ichs nicht dem Wort Wasser nach rechen,

---

f) Ursach der Aergerung. g) Christi Fleisch. h) Zuckerwasser.

es ist zwar Wasser gewesen, aber der Zucker, die
ıetrinde, und die andern Specereien, habens itzt
eingenommen, daß es gar in ein ander Wesen
ȝret ist, und ein ander Kraft und Schmack hat,
sonst Wasser.

Dieß ist ein grob Gleichniß, dienet aber fur die
ltigen, und gehört dazu, daß man Christum nicht
ıt ansehe, wie einen andern Menschen i). Fleisch
Blut, Mark und Bein, Haut und Haer sind
wahrhaftig da, denn er ist von der Jungfrau
a geborn, hat Haer, Häupt, Bein, Arm, und alle
maß wahrhaftig, als ich und du sie haben.
ich bin lauter Fleisch und Blut, du auch; wir
eitel Wasser, Knochen und Fleisch. Aber zu
ı Fleisch ist ein Zucker kommen, daß wer das
ȝ ansiehet, kostet und trinket das Blut, der siehet
betet auch Gott an. Wiederumb, wer sich
vergreifet, der kreuziget und schändet Gott.
ſſet und trinket man die Gottheit in der mensch-
Natur; gleich als wenn ich Zuckerwasser an-
, so greife ich den Zucker auch an, und koste,
oder lecke ihn mit.

Derhalben so will er sagen: Das Wort lautet
ubel k), daß die ganze Welt in den Gedanken
eführet werden, daß sie alle ihre Klugheit herab
rißen vom Himmel, als die Gedanken, von der
eit, item, wie er Himmel und Erden geschaffen
wie er die Welt regieret, und andere Werke
s thut; und soll denn sprechen: Das ist der
der Alles geschaffen hat und noch erhält, und
l sich nicht finden lassen, will auch nicht ange-
ı werden, denn in dies Fleisch und Blut des
s Christi. So ihr a. den Sohn gläubet, ihn
met, und kostet das Fleisch, so habt ihr mich
getroffen, spricht Gott der Vater; sonst, auf
ındere Weise sollet ihr mich nicht haben noch
.

Damit sollen alle andere Gottesdienst gescheiden
ı. Der Papst, Juden und Türken, und alle

———

Christi und unsere Person. k) Richten durchs Wort. l) Die

Sekten und Rotten gläuben und beten den Gott an, so Schöpfer ist Himmels und der Erden; aber sie feihlen sein. Denn sie gläuben nicht, und haben auch nicht das Fleisch. Nu saget der Text, es sei beschlossen, daß wo ihr nicht gläuben werden, daß Christus, wahrhaftiger Gott und Gottes Sohn, ins Fleisch sei kommen, Mensch worden, hab Fleisch und Blut an sich genommen, so ists alles verloren, und lässet sich Gott nicht ergreifen, wenn man nicht dieß Brod isset, denn dieser Artikel machet uns auch zu Christen; und will Sankt Joannes alle Welt dahin reißen, wenden und führen, daß sie zu Christo kommen, denn da soll man Gott allein finden.

Gleichwie im Alten Testament auch geschahe, da Gott zu Jerusalem im Tempel allein wollt gefunden sein m); da dünketen sich alle Heiden umbher viel heiliger, und ihre falsche Gottesdienst, da sie die Abgötter anbeteten, hatten einen größeren Schein der Heiligkeit, denn der Juden Gottesdienst. Dennoch war das so sein Ordnung, daß Gott nicht wollt gefunden werden, denn allein in dem Tempel zu Jerusalem: sonst hat er in der ganzen Welt keinen Gnadenstuhel angericht, denn da alleine; und würden sie von dem Tempel weglaufen, und an andern Oertern Gott suchen, so sollten sie verdammet sein, und Gottes feihlen.

Aber die Juden gaben für n): Ist er ein Schöpfer Himmels und der Erden, so ist er auch auf diesem Berge, Hügel, und in diesem Thal; fuhren zu, und baueten hin und wieder Tempel, Kirchen und Altar auf Bergen, in Wälden und anderen Oertern, richteten daselbst Gottesdienst an und sprachen: Der Tempel, der finster Winkel zu Jerusalem, wird ja nicht unsers Herr Gotts Kerker sein; obgleich unser Herr Gott da ist, so ist doch der Hain ja auch sein, als wohl als Jerusalem; so klug waren sie. Also konnten sie schließen: Gott ist ein Schöpfer Himmels und der Erden, derhalben so ist er an allen Orten,

---

Christen von allen andern Religionen abgesondert. m) Ort Gottes bei den Juden. n) Jüdische Klugheit.

auch auf diesem Berge, oder in dem Thal und Walde, und wo ich ihme diene und anbete, so ists recht. Aber noch nicht also, denn im fünften Buch Mosi saget Gott o): Hüte dich, opfere mir nicht an allen Orten, die du siehest, ich will mich nicht finden lassen, und will nicht hören noch angebetet sein an den Orten, die du erwählest. Denn die Städte, Wälde und Anger, Berg und Thal sind alles mein; aber ich will da nicht angebetet, nicht geehret, nicht erkennet sein: sondern ich will, daß du an der Stätte und auf die Weise mich anbetest, wie ich dir befehlen werde.

Was sollt denn Anderer Andacht thun, weil es alles nichts gelten und Nichts sein soll? Als, ein Karthäuser spricht p): Ich will Gott dienen in meiner Kappen, ich will nicht viel schlafen, fasten, beten, dieses und jenes nicht essen. Aber Gott spricht dazu: Ich wills nicht haben q). Willt du nu Gott haben, so höre, wo er sich hin setzet, und wo man ihn antreffen solle; derhalben spricht er: Hieher sehet, dieß ist mein geliebter Sohn, den ich euch gesandt habe, an dem ich ein Wohlgefallen habe, den sollt ihr hören r). Wo der Sohn nicht ist, da ist das Wohlgefallen aus, und euer Gottesdienst ist denn Nichts. Item, er selbs spricht an diesem Ort: Ich bin das ewige Leben, das lebendige Brod; wollt ihr nu auch leben, und nicht Hungers und Durst sterben, so esset und trinket mich. Hieher müssen wir uns halten an sein Fleisch und Blut; dieweil einer fragen möchte: Wo sollen wir hin laufen, daß wir das ewige Leben haben? Daher gefället es denn dem Vater wohl, alles, was der Sohn saget, nämlich, daß wir sein Fleisch essen sollen, und stehet nicht geschrieben, daß wir zu Sankt Jakob laufen, noch gen Jerusalem, oder zu Sankt Katharinen wallen, noch Sankt Barbaren Fleisch essen, und Sankt Christophels Blut trinken.

---

o) Gott wollt sich allein im Tempel finden lassen. p) Der Karthäuser selbsterdichte Heiligkeit. q) Matth. 25. r) Matth. 3. 17.

Kurzümb, hie hast du zwei Wort, erstlich Fleisch, daß er spricht: mein Fleisch; redet nicht wie die Geister, die da hin und wieder flattern, sondern setzet dazu das Wörtlin mein, daß es sein wahrhaftiges Fleisch und Blut sei, das er ihnen zeiget und fur die Nase hält, damit sie sich ergötzen sollen; saget nicht von Adams Fleisch noch Joannis des Täufers Fleisch, oder irgends eines Engels Fleisch, nicht Marien der Jungfrauen, oder eines Thieres Fleisch; sondern: mein Fleisch. Das Wort mein reißt hindurch, und machet einen Unterscheid s). Er will so viel sagen: Fleisch und Blut setze und lege ich dir für, isse und trinke es, das ist, gläube es. Denn essen heißt hie, gläuben: Gläube an das Fleisch und Blut. Denn so du mein Fleisch ergreifest, so ergreifest du nicht schlecht Fleisch und Blut, sondern issest und trinkest Fleisch und Blut, das göttert, das ist, es gibt die Art und Kraft der Gottheit; es fleischert oder blutert nicht, sondern es hat die Art und Kraft, so Gott hat; gleichwie ich droben gesagt habe, daß das Zuckerwasser nicht mehr wässert, sondern es zuckert, es gibt und wirket die Kraft, so der Zucker hat.

So hält es sich hiemit auch: Dieses Fleisch fleischert nicht t). Wenn du dieß Fleisch issest, so wird dirs dein Fleisch nicht stärken, es wird dir nicht gebären Sünde, ein bös Gewissen oder den Tod, wie ander Fleisch sonst allein thut: sondern wird dich durchgöttern, das ist, göttliche Kraft, Tugend und Werk dir geben, und Sunde wegnehmen, vom Teufel und Tod erlösen, und von allem Jammer helfen. Wenn es aber also wäre, daß das Wasser vom Zucker gescheiden wäre, denn bliebe Zucker Zucker, und Wasser schmeckte und wäre auch Wasser, und bliebe ein igliches nach seinem Wesen und Substanz. Aber wenns durch einander gekocht und gesotten oder vermenget wird, so wässerts nicht mehr, sondern es honiget und zuckert. Also ists in dem auch. Wer so gläubet und redet, wie die Rottengeister und

s) Unterscheid des Fleisches Christi von der andern Heiligen Fleisch.
t) Des H. Christi Fleisch.

Schwärmer fürgeben, daß das Fleisch und Blut allein sei anzusehen, und scheidets von Gott, dem ists auch nur schlecht Fleisch und Blut, wie ers gläubet, er hat nicht mehr weder lauter Fleisch und Blut.

Dafur halten es viel Ketzer, und anders nicht u), nämlich, die Valentiniani, Manichäi, und noch die Türken. Wie sie gläuben, also schmecket ihnen auch das Fleisch, als lauter Wasser, und nicht als das Fleisch und Blut Christi; sie haben nicht das rechte Fleisch Christi, sondern alleine ihre eigene Gedanken. Ja, wenn es so wäre, daß Christus ein Mensch wäre, wie ich und du, so wäre es schlecht Fleisch, und da müßte man das Wort mein wegthun. Aber dieweil ers dazu thut, so befindest du, daß es ein vergöttert Fleisch ist, daß ich und du sagen muß: Ich weiß nirgend keinen andern Gott zu finden, weder im Himmel noch auf Erden, denn in dem Fleische Christi; es ist auch sonst nirgend Zucker und Wein, denn in diesem Wasser, wissen sonst von keinem Zucker noch Wein.

Er hat uns nicht wollen seine Gottheit blos geben; das war unmöglich v). Denn Gott hat gesagt: Es wird mich Niemand sehen und leben; dabei bleibts. Darumb muß sich Gott verbergen, verkriechen und verdecken, auf daß wir ihn fassen und ergreifen können. Er muß sich verstecken ins Fleisch und Blut, ins Wort und äußerliche Predigampt, in die Taufe, ins Sakrament und Abendmahl, da er uns im Brod seinen Leib, und im Wein sein Blut zu essen und zu trinken gibt, und sonst in ander Bildniß sich verhehlen, da er denn sein Wort hinzugethan hat, auf daß wir ihn erkennen können. Da ist denn das Wort nicht ein bloßer Schall, das Brod nicht schlecht Brod, der Wein nicht schlecht Wein, Taufe nicht alleine schlecht, gemeine Wasser. Es bleibet wohl Wasser, Brod und Wein, aber nicht allein, sondern es heißt nu sein Brod, sein Wort, sein Wasser, sein Fleisch und sein [87]) Blut. Wenn das Wasser durch-

---

u) Ketzerische Gedanken. v) Ursach der Weisung auf sein Fleisch.

87) „sein" fehlt.

zuckert ist, so sind zwei Stücke da, nämlich Zucker und Wasser. Also ist hie Fleisch und mein Fleisch, Blut und mein Blut.

Darumb spricht Christus: Das Brod, das ich euch gebe, ist mein Fleisch. Was meinest du fur Fleisch? w) Nicht Kalbfleisch oder Rindfleisch, so in Küheställen ist. Das ist auch wohl ein Fleisch; es ist aber nicht, das ich geben werde fur das Leben der Welt. Es ist ein lebendiges Fleisch, und auch ein todt Fleisch, so gestorben ist, dadurch doch die ganze Welt lebet. Da gehoret kein Joannis Baptista noch Maria zu, oder einiger Engel; sondern diese einige Person, Christus. Sein Fleisch thuts alleine; daran will uns Gott haben geheftet und gebunden: außer der Person, so von Maria geborn ist, und hat wahrhaftig Fleisch und Blut, ist gekreuziget worden, soll man Gott nicht suchen noch finden. Denn Gott soll man allein durch den Glauben ergreifen und finden im Fleisch und Blut Christi, und wissen, daß das Fleisch und Blut nicht fleischert noch blutert, und doch Fleisch und Blut sei, sondern beides vergöttert sei; wie ich denn vom Zuckerwasser gesagt habe.

Nehmet ein ander Gleichniß, vom Eisen. Wenn es ohne Feuer ist, so ists auch Eisen; wenn es aber glühend gemacht wird, und Feuer oder Hitze drein kommet x), so kann ich denn sagen: Dieß Eisen das eisert itzt nicht mehr, sondern es feuert gar. Es ist wohl Eisen; aber es ist so gar durchfeuert, daß wenn du es siehest oder angreifest, daß du nicht sagen kannst: Es ist Eisen, sondern du fuhlest eitel Feuer, es brennet dich, so gar ist eitel Feuer fur deinen Augen. Wenn du nu willt ein Loch damit durch ein Faß bohren, oder ein Zeichen auf Etwas brennen oder machen, da thuts das Eisen nicht, sondern das Feuer thuts. Denn wenn ich kalt Eisen nehme, das nicht glühend wäre, so würde ich noch lange nicht ein Zeichen damit auf Etwas brennen: sondern ich muß das Eisen nehmen, darinnen das Feuer ist; und wiederumb

w) Eigenschaft des Fleisches Christi. x) Feuriges Eisen.

will das Feuer seine Arbeit nirgend thun, denn in dem Eisen, daselbst brennets und bohrets. Also ist die die göttliche Kraft in der Menschheit Christi auch leibhaftig, und thut wie ein Gott thun soll, oder thut wie das Feuer im Eisen thut. Man siehet wohl nur Fleisch und Blut; aber der Glaube siehet einen solchen Menschen, ein solch Fleisch und Blut, das da sei wie ein feurig Eisen, denn es ist durchgöttert.

Das behaltet wohl wider die Ketzer y), erstlich, daß er wahrhaftig Fleisch und Blut sei, gleichwie das Wasser im Zucker ist, und das Eisen beim Feuer; zum Andern, daß das Wort mein solch Fleisch und Blut durchgöttert, und es nu nicht mehr fleischert und blutert, sondern machets zu Gottes Fleisch und Blute. Es bleibet wohl da Fleisch und Blut, aber das Wort mein durchgötterts. Darumb scheidets nicht von einander, wie es die Rottengeister verkehret und verdrehet haben; sondern lassets in Einer Person bleiben. Denn wenn du Christum also kannst nehmen oder an ihn gedenken, denn so nimmest du und gedenkest gewißlich an den rechten, wahren Gott, dieweil sonst kein Gott ist. Wir essen sein Fleisch, und gläuben an ihn; darnach so spricht denn der Vater: Daran habe ich einen Wohlgefallen.

Sonst laß dir keinen andern Gott einreden z); laß andere Schwärmer immerhin klettern in Himmel, laß sie immer gehen oder einher getrollt kommen mit Rosenkränzen und hären Hembden und andern erdichten Werken: sie werden ihren Lohn wohl finden. Denn er wird zu denselbigen sagen: Wer hats euch geheißen? der mag euch auch lohnen und danken. Aber wir gläuben an den, so wahrhaftiger Gott und Mensch ist, und von dem der himmlische Vater saget: Dieß ist mein geliebter Sohn, an dem ich einen Wohlgefallen habe, den sollt ihr hören. Deß kann sich kein Karthäuser rühmen.

Darumb so ist die Predigt von Christo weit eine andere Lehre, denn die Welt, der Türke, Juden

---

y) Diese Lehre dienet wider die Ketzer. z) Schutz wider Verführer.

und menschliche Vernunft fassen kann; ja, s
gar Nichts davon. Aber daher werden wir auch
sten genennet, daß wir an Christum gläuben,
ihn halten für einen Gott und wahrhaftigen
schen, und nicht weiter suchen. Dieser Glaube
nicht gelehret, wird auch nicht gefasset ohn
Heiligen Geist. Wenn er aber gefasset ist, k
der Heilige Geist mit andern seinen Gaben
druckt Gott mit Gnade und Geist hinnach-in
zen, daß man wahrhaftig siehet und gläubt,
ein vergöttet Fleisch, und daß diese Predigt rec

(Fortsetzung im nächsten Band.)

[illegible]

[illegible]

Sechster Theil.

[illegible]

[illegible]

von

Dr. Johann Karl Seidemann,

[illegible]

[illegible]

Berlin.

[illegible]

[illegible]

Dr. Martin Luther's

exegetische

deutsche Schriften.

Nach den

ältesten Ausgaben kritisch und historisch bearbeitet

von

Dr. Johann Konrad Irmischer,

k. zweitem Pfarrer an der Neustadtkirche zu Erlangen.

Sechzehnter Band.

Erlangen,

Verlag von Heyder & Zimmer.

1851.

Dr. Martin Luther's

sämmtliche Werke.

Acht und vierzigster Band.

Dritte Abtheilung.

Exegetische deutsche Schriften.

Sechzehnter Band.

Fortsetzung von Nr. XLVII. Auslegung des 6. 7. u. 8. Kap. des Ev. Johannis. 1530—1532.

Erlangen,
Verlag von Heyder & Zimmer.
1851.

Inhaltsverzeichniß

des

sechzehnten Bandes

der exeget. deutschen Schriften Luthers.

Fortsetzung von Nr. XLVII. des vorhergehenden Bandes: Auslegung des 6. 7. und 8. Kapitels des Evangeliums Johannis. 1530 — 1532.

Kap. 6. Vers 52.

a) Der Herr Christus, wie gehört, hat seine Wort selber ausgelegt, und dahin gedeutet, daß das Brod, so er gebe, sei ein Fleisch, welches fur der Welt Leben gegeben werde. Darauf stehet der Häuptartikel unsers christlichen Glaubens, daß man dieß Fleisch, so er nennet sein Fleisch, fasse ins Herze. Denn es ist nicht schlecht Fleisch, welches Nichts thät; sondern, als Christus spricht, es sei sein Fleisch. Da ist das menschliche Fleisch verbunden mit der Gottheit, es ist vergöttert. Gleichwie ein Zuckerwasser verzuckert ist, oder ein glühend Eisen heiß ist: also ist und fühlet man auch dabei mehr, denn allein Fleisch. Nu folget weiter:

Da zankten die Juden unter einander und sprachen: Wie kann dieser uns sein Fleisch zu essen geben?

Es schreibet S. Joannes, wie sich die Juden haben an der Lehre gestoßen und geärgert b); und solchs Aergerniß ist von Anfang der Welt gewesen, ist auch noch zu unsern Zeiten, und wird wohl blei-

a) Die 15. Predigt, am Sonnabend nach Reminiscere, den 4. Mar.

b) Der Juden Aergerniß uber dieser Lehre.

ben bis ans Ende der Welt, daß man die Wort nicht leiden kann. Denn die Vernunft ist so grob, wenn sie diese Wort höret: Ihr werdet mein Fleisch essen und mein Blut trinken, da klebet und hänget sie, und gedenkt Nichts [1]) mehr, denn Fleisch; spricht: Fleisch ist Fleisch, Blut ist Blut. Wie soll uns der sein Blut geben? etc., gehen flugs in die Fleischbänke, da man Ochsen, Kälber, Schafe und Böcke schlachtet, und gucken in die Küche, da man das Fleisch in die Töpfe hauet. Weil sie denn in diesem Verstande sind, können sie es nicht verstehen, es ist nicht möglich.

Aber wenn sie gedächten: Siehe, er setzet deutlich dazu: mein Fleisch, mein Blut c). Item, er hat droben ausgelegt und gesaget, was da sei, essen und trinken, nämlich, gläuben an mich, daß wer mit dem Glauben sich an mein Fleisch und Blut hänget, der issets und trinkets, und dieser Glaube, dieß Essen und Trinken, oder diese Speise und Trank, gibt das ewige Leben. Denn dieß Fleisch ist nicht blos ledig Fleisch, sondern ein durchgöttert Fleisch; und wer das Fleisch trifft, der trifft Gott. Sonst, wenn einer will das Wort Fleisch und Blut allein ansehen, so ists und bleibts Fleisch und Blut. Item, wenn man denket blos von dem Essen, so ists Essen; Trinken, so ists Trinken. Aber er spricht: Davon predige ich euch nicht, ihr durfet daran nicht gedenken, es ist etwas Anders, wie er droben auch gesaget hat, daß es nicht sei Kuhefleisch, sondern ein solch Fleisch, das da gegeben werde fur das Leben der Welt. Darumb gibts der Welt auch das Leben; denn ich bins, und es ist mein Fleisch.

Das sollt man mit großen, groben Buchstaben den Menschen ins Herze bilden, daß er spricht: Mein, mein, mein Fleisch. Aber das Mein will man nicht ansehen. Die Rottengeister können das Wort mein nicht fassen d). Aber mit dem Wort mein unterscheidet und sondert er sich ab von allem andern

c) Auf das Wort mein muß man Achtung haben. d) Rottengeister lassen das Wort mein fahren.

1) nicht.

Fleisch, wie es möge genennet werden. Denn da heißt mein Fleisch so viel als, ich bin Gott und Gottes Sohn, mein Fleisch ist durchgöttert, und ist ein göttlich Fleisch. Gleichwohl gehet die Vernunft mit den Juden dahin, und denkt also: Fleisch ist Fleisch. Das weiß ich nu wohl. Denn wenn du lange Kälberfleisch issest, oder sonst Fleisch und Häring dir speisen lässest, so wirst du darumb nicht selig; lassen also das Wort mein fahren, welches, wenn mans höret, so wirds alles anders. Item, sie sehen nicht an, wer die Person sei, so Solches redet, sondern lassen gänzlich das Wort mein fahren, wollen nicht dahin; darumb können sie sich nicht drein schicken.

So haben wir nu gelehret und geprediget, daß uns das ewige Leben nicht gegeben werde umb unser guten Werk willen e), sondern durch den Glauben an Christum allein, an den wir müssen gläuben, und das Essen und Trinken verstehen, wie es hie von Christo selber ausgelegt wird, nämlich, anders nicht, denn daß man an den Mann Christum gläube. Da will man nu nicht an, sondern die Lästermäuler sprechen: Gläube hin, gläube her, man muß wahrlich gute Werk thun, du mußt von guten Werken erst anfahen; und ist denn das eine ärgerliche und ketzerische Predigt, die man nicht leiden kann, daß man nicht durch die guten Werk, sondern durch dieß Fleisch Christi selig werde. Da schreien denn die Ketzer: O sie verbieten gute Werke.

Was kann ich denn Anders reden, denn der Herr in eigener Person redet? f) Es heißt: qui non comederit carnem; als sollt er sagen: Thut, lebet so heilig als ihr wollet; wer nicht isset mein Fleisch, der hat nicht das ewige Leben. Er sonderts ja deutlich und klärlich gnug ab das Essen und Trinken seines Leibes und Bluts von aller andern Speise. Wer ist keck, der widerlege es. Es wundert wohl Viel, daß Essen und Trinken es allein ausrichten soll; aber er spricht: Es soll kein Leben sein, ihr sollet in Sünden bleiben, und seid des Todes eigen,

---

e) Des Papstthums Anlauf. f) Auf G. Wort fussen.

ihr seid unter dem Teufel, und kömmet nimmermehr ins ewige Leben, es sei denn, daß ihr das Blut trinket und den Leib esset.

Es sind helle, dürre und klare Wort, und S. Johannes hat sie mit großem Fleiß also geschrieben, und hats gethan aus des Heiligen Geistes Befehl, auf daß es ja deutlich und klar geredet wäre g): Werdet ihr nicht essen von dem Menschen, und trinken sein Blut, so seid ihr verloren. So denn nu das wahr ist, das er saget, worumb gläubt mans denn nicht? Ists aber erlogen, worumb predigt mans denn? Ists denn wahr, so folget draus, daß das ewige Leben nicht durch etwas Anders herkomme, als durch die gute Werk. Nimme denn alles, was in der Welt ist, der Karthäuser Werk, Messen, Ablaß und Wallfahrt, und setze es gegen den Spruch, der also lautet: Werdet ihr nicht essen mein Fleisch, so ists alles verloren.

Und ist Solches ingemein geredet h). Er hats nicht von groben Leuten, von tölpischen Sündern und losen Buben gesaget, die da nicht essen, daß sie das ewige Leben hätten; sondern von Allen, und sonderlich von den Heuchlern. Wenn wir denn das Leben nicht dadurch haben, so haben wir auch nicht Vergebung der Sünden. Denn die Vergebung der Sünden ist ehe, denn das ewige Leben. Soll das ewige Leben da sein, so muß zuvor Vergebung der Sünde da sein h*). Wo aber Sünde bleibet, da bleibet auch das Gesetz, Gottes Zorn, der Tod und die Hölle. Denn das gehöret alles zusammen. Willt du nu der Hölle, Sunde, Gottes Zorn, Gesetz und diesem Allem entlaufen, so thue nicht dein Werk; wie Solches der Papst gelehret hat, daß man ein Ordensperson werden solle, und fromm sein. Daher mußt du nicht; sondern es heißt, wie im Text stehet: Es sei denn, daß ihr esset mein Fleisch ꝛc. Kann man darüber eine Glossa finden, oder sonst Etwas aufbringen, das helfen kann oder mag zur Verge-

---

g) Der H. Geist hat diese Predigt der Kirchen wider die Ketzer gelassen. h) Allgemeine Predigt. h*) Psal. 32.

ing der Sünden und zum ewigen Leben, so versuche aus, ich wills gerne sehen; aber man wird Nichts iden.

Das ist wahrhaftig der Häuptartikel, den wir hren und fleißig treiben i). Zwar wir lehren auch m guten Werken; aber daß sie gnug sein sollen zur eligkeit, das sagen wir nicht. Denn das ist allein ung, daß er saget, sein Fleisch essen, und sein Blut inken. Darumb dieß Aergerniß der Juden bleibet ohl, daß sie sagen: Der Glaube thuts nicht. Denn meinen nicht anders, denn daß der Glaube sei r ein kalter Gedanke im Herzen, daß ich an Gott denke, und dahin in Wind gläube an Gott und Jesum Christum k). Das ist wahrlich also. Jenn du den Glauben hältst allein fur einen Gedan-n an Gott, so kann mir der Gedanke eben so we-g das ewige Leben geben, als ein Mönchskappe. Jeiter reden sie vom Glauben nicht, schwächen ihn r, legen den Glauben aus nur als einen bloßen edanken.

Wir machen nicht einen solchen ledigen und lo-n Gedanken aus dem Glauben, wie sie thun; son-rn sagen, das heiße der Glaube l), wenn ich sehe, as der Glaube fur sich hat, das er ergreifet und ffet: denn spricht die heilige Schrift, daß ich, so also gläube, nicht habe einen ledigen Beutel, oder le-gen Gedanken von Gott, welchen sonst der Teufel und r Türke auch kann haben. Denn der Türke spricht ich: Ich gläube an Gott, das ist, er gedenkt an ott. Aber das ist der rechte Glaube, daß ich mei-n Glauben, Gedanken und Herz hefte an das leisch und Blut, so fur mich gegeben ist, und das-lbige esse, und kühnlich drauf sage: Ich halte da-n, daß sein Fleisch und Blut da sei, fur mich ge-ben, und mir das Fleisch und Blut in meinen lauben eingeschenkt werde, als der Wein oder Bier ein Glas geschenkt wird. Das ist mein Schatz: ssen, trinken, gedenken und gläuben an das Fleisch,

---

i) Fundament - Lehre der Gläubigen. k) Fides imaginaria.
l) Wahrhaftiger Glaube.

daß ich hafte mit dem Glauben an dem Menschen Christo und an seinem Fleisch, daß ich Christum fasse.

Die aber anders gedenken, wie die Papisten davon reden, haben die leeren Hülsen ohne Kern. Aber unser Glaube hat wohl auch ein Hülsen, aber der Kern ist drinnen, und ist das Herz voll eingeschenkt m). Denn ich gläube, daß Jesus Christus und sein Fleisch und Blut sei fur mich gegeben, und nehme mich also gewiß sein an; wie sich mein Mund sonst der Speise und des Tranks annimmet. Wenn nicht das Maul voll ist von Speise oder von Bier und Wein, so heißts nicht essen oder trinken: also auch, der Glaube muß nicht allein ein schlechter Gedanke von unserm Herrn Gott sein, denn Gedanken thuns nicht; wie denn des Papstes Glaube ist, daß er meinet, er müsse von Gott nur denken. Mein Herz muß den Christum fassen und ergreifen, und ich muß an sein Fleisch und Blut mich hängen, und sagen: Daran hange ich, dabei will ich bleiben, will Leib und Leben drüber lassen, es gehe mir auch drüber, wie der liebe Gott will.

Das thuts n), daß es nicht ein loser Gedanke sei, da ich gedenke, wie Christus gekreuziget sei; sondern uber dem Denken hab ich ein solch Herze, das auf Christum bauet, deß Fleisch und Blut ich in mein Herz nehme, und es dafur halte, daß es fur mich gegeben sei. Das heißt und ist der rechte Glaube, und ohne solchen Glauben ist Alles Nichts, alle Heiligen, alle Mönche zusammen gerechnet, sind Nichts mit allen ihren Werken. Denn Christus spricht: Ihr habt nicht das Fleisch zur Speise, ihr nehmet das Fleisch und Blut nicht an, darumb so hilft euch auch sonst nichts Anders zum ewigen Leben, denn dieß Essen und Trinken.

Das ist ein deutlicher, trefflicher Spruch, da ich nicht weiß uber zu springen o). Ich wollt doch auch meine Vernunft, als irgend ein Ander, haben,

---

m) Des Papstthums und unser Glaube. n) Christen-Glaube.
o) Dieses Spruchs Nachdruck.

und ein Schlufflöchlin finden; aber es ist Nichts, ich kann nicht furuber. Darumb sehe ein Izlicher zu, daß er den Leib esse. Denn es ist kurzümb beschlossen: Alles, was dieß Fleisch und Blut nicht ist, es sei so schon, groß und heilig als es immer wolle, so ists nicht nütze noch noth zum ewigen Leben; das Andere allesampt, so nicht ist dieß Fleisch und Blut, das hilft nicht zum ewigen Leben.

Dieser Artikel, von der Rechtfertigung, ist der höheste, den S. Joannes als ein Meister insonderheit beschrieben hat p). Behaltet den Text wohl. Man kann S. Joannes darumb nicht gnugsam loben, daß er ihn so fleißig und klärlich gehandelt hat. Denn S. Joannes ist auch ein Meister in dem Artikel der Justifikation; ich kanns nicht deutlicher noch gewaltiger reden, denn er es hie geredet hat durch den Heiligen Geist. Denn er spricht: Ihr habt nicht das ewige Leben, ihr esset denn sein Fleisch, und trinket sein Blut; und heißet essen, mit der Seelen essen, daß ich mich des Fleisches annehme, und es fasse und behalte.

Es ist nicht gnug q), gedenken vom Brod und Bier, daß es der Backer hat gebacken, und der Brauer gebrauet; denn damit hast du noch nicht Brod und Bier im Hause: aber wenn du das Brod und Bier ins Maul kriegest, so denkest du nicht mehr an Bäcker oder Bierbrauer. Also sind die Juden hie der Bäcker und Brauer gewesen, sie haben ihn gebacken und gebrauet, da er ist gekreuziget worden. Nu mußt du gedenken, wie du ihn ins Maul kriegest, essest, fassest und in dich nehmest, dich daran haltest: das ist der Glaube. Des meinet er damit r):

Es sei denn, daß ihr esset von dem Fleisch des Sohns, und trinket sein Blut, so habt ihr das ewige Leben nicht in euch.

Nu habt ihr vormals gehört, daß er sich nennet des Menschen Sohn; damit er will anzeigen,

---

p) S. Joannes der Evangelist. q) Zugehöre des Glaubens. r) Eigentliche Meinung des H. Christi.

daß er unser wahrhaftig Fleisch und Blut an sich habe, welchs er von der Jungfrau Maria genommen, darinnen das ewige Leben sei. Das ist der Artikel von der Justifikation s). Der Heilige Geist will, man soll nimmermehr einen andern Gott lehren, wissen, gedenken, hören noch annehmen, denn diesen Gott, deß Fleisch und Blut wir in unser Herz bilden und fassen, wollen wir anders selig werden. Sonst sollen wir uns nicht lassen lehren von einem Gott, der droben im Himmel in seinem Sael sitzet, und also allein in der Gottheit suchen; denn so wirst du verführet. Willt du aber nicht sterben und selig werden, so laß kein Gott zu dir kommen, denn des Menschen Sohn: in dem Fleisch und Blut sollt du ihn finden t), da hat er sich eingethan, da soll man ihn antreffen, da des Menschen Sohn ist. Sonst spricht der Türke, sein Mahomed habe Gott. Der Papst spricht: Der Karthäuser und andere Mönchsorden die haben auch unsern Herrn Gott. Aber hie stehets geschrieben: Des Menschen Sohn ists; aller Anderern Predigt, Glauben und Leben sind ausgeschlossen.

Diese zweierlei Predigt haben wir kurz zuvor auch gehört. Die erste gehet dahin u), daß wer das Fleisch nicht isset, der ist Nichts; die ander, wer das Fleisch und Blut hat, isset und trinket, der hats gar; denn wo das Fleisch und Blut ist, da ist Gott gar, und da will er sein, und sonst nirgend. So folget nothwendig hieraus, daß wer von Gott denket und suchet ihn anderswo, denn in dieser Person, der hat Gott verloren und findet ihn nicht, er irret und feihlet seiner: aber wer ihn angezeigter Weise suchet, der trifft ihn an.

Und ich werde ihn am jüngsten Tage auferwecken.

Kurz zuvor hat er gesagt, wer von seinem Fleisch esse, und von seinem Blut trinke, der solle haben das

s) Artikel von der Justifikation. t) In des Menschen Sohn findet man Gott. u) Inhalt der Predigt.

e Leben. Itzt spricht er, er wolle ihn auferwen am jüngsten Tage v). Dieß scheinet, als wären io contraria, und reimeten sich nicht mit einander. n wer das ewige Leben hat, den darf man nicht wecken oder wieder lebendig machen. Es lautet, ei es eine starke Lügen. Ihr habet zuvor gehört, dieß die Meinung sei, daß, dieweil wir Gläubin diesem Leben sind, und in dem Fleisch und stecken, so ists wahr, wir haben schon das ewige n. Denn Christus spricht: Wer gläubet und gewird, soll selig werden; und das Wort, das haben, ist schon das ewige Leben. Christus ist Speise, sein Fleisch und Blut ist allbereit lebendig, darfs nicht lebendig machen; es kann auch nicht Tode bleiben, dieweil er ist ein Herr des Todes. alben so ist das beschlossen, daß ich schon das e Leben habe, nicht durch meine Werk, sondern den Glauben, dadurch ich gewiß bin, sein Fleisch Blut sei mein Leben.

Was mangelt denn, daß er spricht, er will ihn wecken? So höre ich wohl, daß ich zuvor sterben ; wie reimet sichs denn zusammen, das ewige Lehaben, sterben müssen, und auferwecket wer-v)? Davon ist dieses die Meinung, daß wir das e Leben gewißlich im Glauben haben; ob wir gleich stum nicht in der Hand oder in der Taschen tradoch ist er gewißlich da. Er lebt fur sein Pern Ewigkeit; aber im Glauben hab ich ihn gefasund ich weiß, daß ich durch ihn habe das ewige n. Denn in dem ist er mein ewig Leben, meine se. Das ist aber verborgen und heimlich; sinteindeß der Tod kömmet, daß ich sterbe, oder sehe, Andere sterben an der Pestilenz, am Schwert; , man kömmet, in Gefährlichkeit und Gefängniß, Krankheit, wir sehen den Teufel, Sünde und ei Noth: Christum aber sehen wir nicht.

Aber es heißt: Richte dich nicht nach dem äußern Sehen, sondern nach dem Wort x), welchs dir

---

Auferweckung vom Tode. w) Zutritt zum ewigen Leben. Johann. 11. x) Merkliche Regel in Noth und Tod.

das ewige Leben verheißet und gibt, denn hast du wahrlich das ewige Leben. Ob es gleich anders gehet nach dem Ansehen und Fühlen, das schadet nicht, du hast darumb das Leben nicht verloren; denn die Krankheit, der Tod, Gefährlichkeit und Sünde, so dich anficht, wird dich darumb nicht würgen, oder dich aufarbeiten, es wird dich mussen zufrieden lassen: sie machen Christum nicht krank, würgen ihn auch nicht. Wenn sie nu furüber sind, und du im Glauben beständig bleibest, so wirst du wohl sehen, was du hast geglaubet.

Ja, ich muß aber gleichwohl sterben. O das hindert Nichts; stirbe nur hin in Gottes Namen, laß dich verbrennen oder sonst umbbringen, du bist versichert des ewigen Lebens, und sollt es gewiß haben y). Stirbest du denn, und läßt dich begraben, im Grabe uber dich hingehen, und die Würmer dich fressen, da liegt Nichts an: er will dich doch gewiß wieder auferwecken. Denn du hast die meine Zusage, und gläubst das Wort: resuscitabo; darumb wirst du sehen augenscheinlich, darauf du dich mit Glauben verlassen hast.

Das Wort, auferwecken, ist nicht ohne Ursach hiezu gesetzet z), denn daran ist viel gelegen. Es ist sonst ärgerlich, daß er sagt: Wer an mich gläubet, soll haben ꝛc., und der Tod kömmet gleichwohl mit vielen Gefährlichkeiten, die schlagen einem unter Augen. Das beweget wahrlich unser Vernunft, Gedanken und Sinn, daß sie fürchten, wir möchten betrogen werden, dieweil man das Gegenspiel fur Augen siehet. Darumb so setzet er das Wort hieher, uns zum Trost, daß wir feste halten, stark und getrost sein sollen. Obgleich der Tod uber dich hin läuft mit Füssen, und dich erwürget, so will ich dich wohl erhalten; denn ich bin dein Leben, und bin auch deine rechte Speise, die dich erhält. Darumb will ich dich wohl füttern, daß du in Ewigkeit leben sollt. Derhalben so habe keine Sorge, ich will dich wieder auferwecken, daß Jedermann sehen und zeugen soll, daß du lebest.

y) Ein geistlich Aquavit. z) Des Auferweckens Meldung.

a) Es ist eine lange und herrliche Predigt, die der Herr Christus zu den Juden gethan, nachdem sie gessen hatten die fünf Gerstenbrod und die zweene Fische, wie dieß Mirakel im Anfang des 6. Kapitels Joannis beschrieben ist, und der Herr sie darauf strafet, daß sie nicht so seher nach der Bauchspeise sollten trachten, sondern nach der ewigen Speise, so die Währe hätte, welche Speise der Sohn Gottes gebe, und führet sie allmählig und säuberlich von der leiblichen Speise zur geistlichen Speise. Darumb fahen sie an und sagen b): Gib uns Himmelbrod, davon wir ewiglich leben möchten. Darauf antwort er: Ich bin das Brod des Lebens und die Speise, welche gibt das ewige Leben; ander Brod thut es sonst nicht. Darüber murren sie, und können es nicht verstehen c), wie er die Speise und das Brod sein sollte, so vom Himmel kommen wäre. Da glossirets der Herr, und leget es aus mit diesem Bescheide: Ihr dürft nicht also gedenken, daß ihrs mit den Zähenen wolltet essen; ihr mußt meinen Worten gläuben. Auch der Vater muß dieß Wort ins Herz geben. Er muß euch inwendig lehren, der durch den Mund Christi prediget: sonst werdets ihrs nicht verstehen noch fassen. Darümb dringet er immer weiter nach und spricht: Ihr müsset das Brod essen, das ich selber bin; dieweil euer Vater haben jenes Himmelbrod gessen, aber sie sind gestorben.

Itzt deutet er nu seine Lehre d), was dasselbige Brod sei, daß sie des Brods nicht feihlen, von dem er figurate redet. Denn sie möchten sagen, man hatte wohl ehe solche Rede gehöret, als wenn man saget: Es ist ein seltsamer Vogel; da heißt es einen abentheurischen Menschen, wie denn die hebräische Sprache reich ist mit solcher Art zu reden. Derhalben, daß sie nicht gedächten, daß er, der Herr, das Brod wäre, gleichwie ein Mensch nicht ein Hund ist, und ein Schaf nicht ein Wolf ist; so spricht er, das Brod sei sein

---

a) Die 16. Predigt, am Sonntag vor Palmarum. b) Occasion der Predigt vom Himmelbrod c) Der Juden Unverstand. d) Weitere Erklärung Christi.

Fleisch. 'Damit verderbt ers gar mit einander, daß er saget: Ich rede von solchem Brod, daß ich mein Fleisch meine.' Das Brod, das ich gebe, soll kein Bäcker backen, ihr dürfts auch nicht außer mir suchen; sondern es ist mein Fleisch und mein Leib, den ich gebe fur das Leben der Welt; deutet hiemit klärlich das ewige Brod, so das ewige Leben bringet, daß es sein Leib sei; spricht: Es ist kurzümb ein fleischlicher, lebendiger Leichnam, wie ihr meinen Leib sehet; wiewohl der Leib hat ein ander Wesen, denn unser sündige Leibe haben. Denn in dem, daß er spricht: Es ist mein Fleisch, machet er einen Unterscheid zwischen allen andern Leiben und Fleischen.

Da ists gar verderbet, er hat sie für den Kopf gestoßen, und die Suppen allerding versalzen; gleichwohl fähret er dürre heraus und spricht: Ich wills so haben, mein Fleisch und mein Leib, den ihr sehet, höret reden, der soll eure Speise sein e), oder ihr sollet nicht leben. Uber dem heben sie an zu zanken und murren, und sprechen: Wie schickt sich doch das immer? Wie kömmet auf einen Haufen das allerungereimeste Ding, daß wenns schon müglich wäre, daß man ihn essen könnte, und er gleich gekocht und gebraten wäre, wie weit sollts klecken und reichen für Alle? er sollte balde aufgefressen sein. Denn in einer Stadt schlachtet man oft etlich Ochsen wochentlich, und werden doch alle aufgessen. Dergleichen sagen auch die Schwärmergeister f): Das reimet sich in keinem Wege, denn wenn Alle von ihm essen sollten, so würd er balde aufgefressen werden. Nu schickt sichs nicht, daß wir unsern Heiland essen. Fressen wir seinen Leib, so wird er selbs nicht leben, er muß je sterben; wo bleibet er denn? und wo bleibet das Leben? Er spricht: Mein Leib soll euer Speise sein zum ewigen Leben. So nu der Leib gessen wird, so ist er todt; und saget doch, er lebe und man soll ihn essen, davon sollen wir leben. Ei, welch ein ungeschicktes Fürgeben! Wohlan, die Ver-

e) Unsere Speise und Seelenenthalt. f) Schwarmisten.

nunft bleibet dabei g): Ist er ein Mensch, so ist der Leib tödtlich; sie stößt sich dran, und kann diese Wort nicht leiden. Aber höre du, die Macht liegt am Wort mein und essen; nicht aber essen, wie wir leiblich essen und trinken mit dem Munde. Es gilt ein Essen, wie die Seele isset und trinket, davon sich speiset und näheret. Darümb so soll man der Seelen nichts Anders fürbilden noch fürlegen, damit sie sich speise, denn eben den Leib, der hie genennet wird: Mein Leib.

Folget ferner, was er saget, da sie sich dran ärgern, und könnens nicht begreifen, noch diese Wort leiden.

Wahrlich, wahrlich sage ich euch: Werdet ihr nicht essen das Fleisch des Menschen-Sohns, und trinken sein Blut, so habt ihr kein Leben in euch.

Wohlan, da stehets, es ist klar heraus geschüttet, mit hellen und nicht verdeckten Worten geredet, daß er saget: Ich rede von meinem Fleisch und Blute; und theilet die zwei Wort von einander: essen und trinken, als, daß man den Leib soll essen, und das Blut trinken. Vorhin hat er gesagt und verheißen h): Wer von diesem Brod essen wird, der soll ewig leben; hie thut er uber die Verheißung auch Dräuwort dazu, daß er Keinen will aus der Bahn lassen treten, und spricht: Issest du das Fleisch, und trinkest das Blut, so hast du das ewige Leben; issest du aber und trinkests nicht, so hast du das Leben nicht. Das sind affirmativa und negativa. Er will dich nicht schweben lassen noch spaziren mit deiner Seelen, sondern bei dieser Speise behalten, du sollt das Fleisch und Blut aus der Acht nicht lassen, sondern fur dir haben, so hast du das Leben; wo nicht, so suche, ube, thue oder schaffe was du willt, werde ein Mönch oder Hengst, so hast du doch diese Speise noch das ewige Leben nicht.

Ja, er schwört noch dazu i): Wahrlich, wahrlich.

---

g) Vernunft Fähigkeit. h) Verheißung und Dräuung Christi. i) Eidschwur Christi.

Das meinet der Herr also: Entweder gessen mein Fleisch, und getrunken mein Blut, oder das Leben verloren und nimmermehr selig worden. Droben hat er gesagt: Esset ihr das Brod, so habet ihr das Leben; aber itzt saget er: Werdet ihr nicht essen, so habet ihr nicht das Leben; als wollt er sagen: Es ist beschlossen, entweder das Fleisch und Blut gessen und getrunken, oder in Ewigkeit des Lebens verlustig sein und bleiben. Da stehets dürr gnug, wir können es nicht anders deuten, denn daß kein Leben, sondern eitel Tod sein soll außer dem Fleisch und Blut, wenn mans nachlassen oder verachten wird. Wie will man doch dem Text ein Nase machen?

Wir haben vor Zeiten gepredigt von guten Werken, von Kappen, Orden, Keuschheit, Armuth, und gehorsam sein dem Abt und Prior, darinnen hat man das ewige Leben gesucht k). Diese Definition oder Deutung thuts nicht, sie wird gänzlich verworfen. Denn Keuschheit hin, Keuschheit her, es heißt nicht ein Karthäuser oder Pfaffenstand. Hie frage: Heißets auch Christus, oder heißets auch sein Fleisch und Blut? Nehmet alle gute Werk, auch der [2]) zehen Gebot, als, der Oberkeit gehorsam sein, die Aeltern ehren, nicht stehlen, ehebrechen, noch todtschlagen; heißet dieses Alles auch Christi Fleisch und Blut? Nein, darumb so können sie auch nicht das Leben geben. Darumb so schleußt er es alles mit einander aus, und will das einige Stücke haben, so das ewige Leben gibt; es heißt sonst dem Teufel gedienet. Es sind ohne Zweifel viel heiliger, frommer Leute unter dem Papstthum gewesen, die in guten Werken gelebt haben. Aber alles ihr Furnehmen ist Nichts, man hat dadurch kein Leben, es gilt kein Ansehen der Person oder Heiligkeit; sondern hieher ist das Leben beigelegt und verwahret, da wirds auch wohl bleiben.

Daraus kannst du antworten auf mancherlei Einreden. Denn Werk soll man thun, und gottse-

---

k) Des Papsts Seelspeise.

2) die.

lich leben l); aber das Leben dadurch erlangen, dem Tode entfliehen und Sünde hinwegnehmen, dazu werden die gute Werk Nichts thun. Man muß sich also zur Sache stellen, wie Christus saget: Werdet ihr nicht essen mein Fleisch, und trinken mein Blut, so habt ihr nicht das Leben. Anders sollt ihrs nicht haben. Das ist gleich zugesagt: Wer es gläuben will, der gläubs; wer nicht will, der laß es, er solls wohl innen werden, ob er durch etwas Anders selig werde, oder auf eine andere Weise und Weg das ewige Leben haben möge, denn mit diesen Worten der Herr Christus weiset.

Wo nu der Herr Christus geprediget wird, daß er seinen Leib für unser Sünde in Tod gegeben, und sein Blut für uns vergossen hab, und ich nehme es zu Herzen, gläube es feste und halte mich daran, das heißt und ist, essen und trinken sein Leib und Blut m). Essen heißt an diesem Ort, gläuben; wer gläubet, der isset und trinket auch Christum. Diese Wort können keinen andern Zusatz neben sich leiden, die guten Werk können hie nicht stehen. Denn sein Blut, am Kreuz vergossen, ist ja nicht mein Werk, ich thue es ja nicht. Item, daß er von Maria geborn wird, daß die Jüden ihn kreuzigen, das ist ja nicht mein Werk. Darumb saget er: der Leib oder das Fleisch, für das Leben der Welt gegeben. Denn, daß er für dich stirbet, das sei die rechte Speise.

Kann es Jemand zusammen reimen oder in einander backen, das will ich gerne sehen; ich kanns nicht thun n): daß sein Fleisch, so getödtet, und sein Blut, das ist vergossen worden, soll helfen von Sünden und Tode, und ich daneben auch etwas thun könne, das mich selig mache, als, daß ich eine graue Kappe oder Platten trage, Mönches- oder Ordens-Regeln auch daneben setze; wie schicket sichs doch? Thuts sein Fleisch und Blut, so wirds der Strick, die Kappe, noch die Liebe zum Nähesten, der Gehorsam, Keuschheit und andere Tugend nicht thun, denn meine

l) Werk-Uebung. m) Das Essen und Trinken. n) Werk und Glauben stehen unterscheiden.

Werk und Tugend sind noch lange nicht sein Fleisch und Blut.

Merk diese Wort und den Text aufs Fleißigste. Es ist ein gewaltiger Text, er leidet keine Glossen, er läßt sich nicht deuten, noch aus dem Wege treiben, man kann nicht füruber o). Das sage ich darümb, daß man diesen Artikel in der Christenheit rein behalte. Im Papstthumb ist er unter der Bank gesteckt, viel hundert tausend Ellen tief unter der Erden begraben gewesen. Nu, wo er bleibet, da bleibet auch der Heilige Geist, der nicht läßt in Irrthum stecken oder verderben. Wäre auch dieser Artikel der Justifikatio auf der Bahn geblieben, so wär kein Mönch, Aberglaub noch Irrthum der Werkheiligen und Secten nimmermehr in die Welt kommen. Wenn ich das gläube und weiß: wo ich nicht seinen Leib esse und sein Blut trinke, so werde ich nicht selig, denn so sage ich: Was mache ich doch mit meiner Kappen? sollte ich mit meinem Pfaffenstand das ewige Leben erlangen? so fallen alle Werk der Heuchler dahin. Noch hat man gleichwohl also gelehret, daß man durch die Messe solle selig werden. Daher hat man ihnen die Messe abgekauft, daß die Pfaffen mich haben erbitten sollen, daß ich selig würde. Aber es wäre unmüglich gewest, daß diese Lehre hätte können einreißen, wenn rechte Christen gewesen wären, die gesagt hätten: Es wirds nicht thun; es heißt: Wenn man das Fleisch nicht isset, und das Blut trinket, so ist kein Leben da; so ließe man alle Mönche und [3]) Pfaffen ein gut Jahr haben. Das will der Text.

Derhalben lerne, daß man unterscheide Christi Gerechtigkeit, Leben, Wesen und Werk von aller Menschen Werken und Wesen p), ja, von aller ander Gerechtigkeit und Leben; denn es ist nicht eine Gerechtigkeit, die stehet in guten Werken, es sind alle Werk da rein ausgeschlossen. Wenn ich nu dieß Leben nicht habe, so habe ich den Tod, die Sünde,

---

o) Richtigkeit dieser Lehre Christi. p) Christi und der Menschen Gerechtigkeit.

3) † und.

Teufel und die Hölle, sintemal der Sünden Sold
er Tod. Wo aber das Leben ist, muß keine Sünde
Tod sein, denn das Leben würget sie. Hast du aber
Leben nicht, so wird nicht eine einige Sünde
eben; und laß denn kommen den Papst, Kardi-
und alle Mönche mit ihren Stiften und Klöstern,
önnen sie doch nicht [s]) ihnen selbs, vielweniger
ern, erlangen Vergebung einiger täglichen Sün-
Sie sind nicht Christi Fleisch, und Blut Christi;
mb spricht der Text, daß sie auch nicht haben
Leben.

Hie aber esse und trinke ich den Leib und das
Christi, und thue kein Werk darumb q), allein
Seele nimmet an die Gabe, nämlich, den Leib
das Blut: das heißt nicht ein Werk, das ge-
, sondern empfangen und angenommen wird.
nach, wenn der Glaube da ist, so thut er gute
k. Wenn du lebendig worden bist durch das
n, so ists Zeit, daß du deinen Nähesten auch lie-
und in Gottes Geboten dich ubest; aber nicht
Meinung, daß du das ewige Leben dadurch er-
est, du hast zuvor die Vergebung der Sünden;
daß du dem Teufel wollst entlaufen, Sünde
gen, denn Sünde und Teufel muß vorhin weg,
du von ihnen los sein. Darumb saget ein Christ:
weiß kein Werk, dadurch ich gerechtfertiget
e, sondern mein Leben und Gerechtigkeit stehet
dem einigen Stücke, daß Christus Fleisch und
t hat, welchs meiner Seelen Speise und Leben sei.
Da laß wider predigen, wer da will; der Text
t da r). Hätte er alleine affirmative gesaget:
: isset mein Fleisch, der hat das Leben, so hätte
s können verspotten, und sagen: Ei, so werden
selig, die es nicht essen; wie die Bösewichter,
Papisten, auch sagen: Jener Lehre ist recht, aber
r ist auch recht; bekennen, daß der Glaube an
istum helfe, und sprechen daneben: Der Herr
andere Wege auch nicht ausgeschlossen; und ma-

Werk-Folge. r) Dieser Text ist unverrücklich.
„nicht" fehlt im Orig.

chen also viel Wege zum ewigen Leben, unter welchen ist, die Vorbitte der Heiligen, daß ich die Jungfrau Maria anbete, oder bin ein frommer Mönch, item, halte andere ihre Aufsätze. Nein, es hilft Nichts zum ewigen Leben. Christus schleußt diese Wege alle aus, sie sind gar verworfen. Es gehet hie nicht zu wie mit andern Dingen s), gleich als wenn ich sage: Wittenbergisch Bier löschet den Durst, Annäbergisch Bier löschet ihn auch; da schließe ich kein ander Bier aus. Wie wenn ich sagete: Wo du nicht Wittenbergisch Bier trinkest, so wird dir sonst kein ander Bier den Durst löschen: also saget er auch hievon nicht affirmative allein, er schleußt auch alles Andere aus, und spricht: Werdet ihr nicht essen mein Fleisch und trinken mein Blut, so habt ihr nicht das Leben, daß also außer seinem Fleisch, wenn mans verachtet, Nichts uberall hilft oder gilt; ich rufe gleich Sankt Mariam oder Sankt Peter an, die können doch nicht helfen, es ist rein Alles ausgeschlossen. In Summa, alle andere Weise und Wege sind verworfen.

Solches behaltet ja euer Lebenlang, daß es alles zu thun ist umb den einigen Artikel t); welches ich oft wiederhole, und man kanns nicht gnug treiben, auf daß man ihn erhalte, und wir fein richtig in dem Glauben bleiben, daß man von seinem Fleisch habe Vergebung der Sünden, Erlösung vom Tod und Teufel. Wo diese Lehre auf der Kanzel bleibet, so hats keine Noth, man ist sicher fur allen Ketzern und Irrthumen; dieser Artikel leidet keinen Irrthum bei sich: so ist der Heilige Geist auch dabei, und die Solches gläuben, dulden keinen Irrthum. Werden sie aber verfuhret, so ists ein gewisses Zeichen, daß sie den Artikel nicht verstanden haben. Hätten sie ihn recht gefasset, so wären sie nicht betrogen worden. Alle andere Lehre (wenn sie schon eben die Wort reden, so wir gebrauchen,) sind doch nicht anders, denn von guten Werken; wie un-

---

s) Wider die Temperirer und Menger. t) Artikel von der Gerechtigkeit.

sere Rottengeister, wenn man sie bei dem Licht ansiehet, lehren nur allein von guten Werken, sie verstehen nicht, daß das Leben, die Gnade und Seligkeit ohn unsere Werk daher komme, allein, daß wir gläuben, und aus dem Essen und Trinken des Leibs und Bluts Christi Solchs haben.

Im Papstthum hat man diese Wort im Chor gesungen, in allen Seelmessen auf den Altarn gelesen, und sind gleichwohl furuber gangen, haben gesaget, daß die Seele erlöst werde durch die Meß; wenn man zur Vigilien und Seelmeß gehe, so werde die Seele erlöst u). Also ist Nichts denn eitel Werk gelehret, geprediget, geheulet, gesungen und gelesen worden. Das heißt Blindheit uber alle Blindheit, einen solchen klärlichen Text täglich lesen und singen, und doch nicht ein Syllaben oder ein einigen Punkt davon verstehen. Sie singen: Werdet ihr nicht essen den Leib und trinken das Blut Christi, so habt ihr nicht das Leben; sagen nichts deste weniger: Wirst du Meß hören, also dich halten, da bist du erlöst aus dem Fegfeuer, und wirst ewiglich leben. Ei, du elender Mensch, pfui dein Maul an, daß man die helle, klare Wort soll offentlich singen und reden, und dennoch dawider thun und lehren, daß es Christi Fleisch und Blut nicht alleine thue.

Aber also gehets: wenn einer blind ist v), und von Gott verlassen wird, daß er in Irrthum fället, da hilfts nicht, daß man ihme die Schrift unter die Nasen stößt, und fur die Augen hält, er siehet doch Nichts. Ich habe mich oft seher verwundert, daß solche herrliche Sprüche der heiligen Schrift im Papstthumb gelesen und gesungen, und dennoch Nichts davon verstanden worden, ob sie wohl Tag und Nacht sie gelehret haben. Aber es ist eben also zugangen, als wenn ein Trunkenbold entschläfet, und einher redet, weiß nicht, was er im Schlaf geredet hat: also haben sie auch nicht gehöret noch gesehen, was sie gelesen oder getrieben haben. Wenn sie aber

u) Widerchristliche Werknöthigung im Unverstand. v) Solchs befindet sich an den Irrgeistern.

darauf gemerkt hätten, so hätten sie es verstanden, was es wäre, daß Christus saget: Wer mein Fleisch isset, der hat das ewige Leben. Darnach hätten sie auch gedenken sollen: Was machen wir? Womit gehen wir umb? Aber es sind eitel Trunkenbold gewesen, die da schnarchen und schlafen, und dennoch führen diese Wort der heiligen Schrift im Maul.

Darumb so mögen wir unserm Herrn Gott danken w), daß er unsere Sinne aufgethan, und wir nu wacker worden sind, sehen und verstehen, was wir thun, lesen oder singen, nämlich, daß kurzümb dieses das Leben sei, und sonst nirgend, und man sagen müsse, daß es die Messen, Wallfahrten, Vigilien, Begängniß, Fasten, und andere Werk nicht thun: dieß Fleisch und Blut alleine vermag es, dabei muß ich bleiben. Mit diesem Grunde können wir ihr Ding alles verwerfen, da leucht uns zu dieser Artikel. Diese Sonne sehen wir. Der Tag ist bei ihnen so helle, als bei uns, die Sonne scheinet und leuchtet ihnen also wohl als uns: aber sie thun die Augen zu, schlafen und sehen die Sonne nicht, sind und bleiben starblinde.

Der Herr schwöret mit großem Fleiß: wahrlich, wahrlich, auf daß wir ja diesen Text treulich behielten x); es liegt auch Macht dran. Der Türke, Papst, die Juden, auch Viel unter uns, sind noch weit davon. Es ist ein groß Ding, und sehr schwer, daß einer sein Herz, Glauben und Zuversicht soll setzen auf diese Wort, daß in diesem Fleisch und Blut stehe das ewige Leben. Gott legt uns nicht für die göttliche Majestät, sondern den Menschen Christum. Solches ist der Vernunft das Aergerlichste, daß wenn ich will selig werden, so solls dadurch sein, daß ich mich mit meiner Seelen hänge und binde an das Fleisch und Blut, das fur mich gestorben ist; da soll ich an gebunden und an geknüpfet sein, und stracks sagen: Ich weiß sonst kein ander Leben, noch der Sünden los zu werden, denn daß ich meine Seele

---

w) Es geschicht aber selten. x) Herzliche Wohlmeinung des H. Christi.

wage auf das Fleisch, so fur mich gestorben, und das Blut, so fur mich vergossen ist.

Das lasse ich meinen Trost sein y), und höre sonst von nichts Anders. Kömmet nu der Teufel und spricht: O Geselle, was hast du Guts gethan? Wenn du fromm gewesen wärest, so möchtest du in Himmel kommen: dieweil du aber ubel gelebet, und bist böse gewesen, so mußt du in die Hölle. Aber antworte du darauf: Der Papst, Teufel und Türke lehren also. Nein, ich weiß [5]) viel anders. Wenn ich gleich viel Guts gethan hätte, so wollt ich nicht so viel drumb geben. Wenn ich auch gleich so keusch gelebt hätte, als die Jungfrau Maria, oder so heilig gewesen wäre, als die Engel, ja, aller Heiligen Werk hätte: doch wollt ich Nichts drauf setzen, denn dieses Alles gibt nicht das ewige Leben.

Es heißt nicht wie Hilarion der Einsiedeler gesaget und sich damit getröstet hatte z): Was fürchtest du dich fur dem Tode, meine Seele? hast du doch drei und siebenzig Jahr Gott in der Wüsten gedienet, und viel Guts gethan rc., und doch zuletzt daran verzweifeln mußte. Denn der Teufel führets doch weg, und es gehöret in die Hölle, es hält den Puff nicht; sondern also solls lauten, und also sollt du sagen: Es ist nicht fein, daß ich so ein bös Leben gefuhret habe; aber doch umb des gethanen Bösen willen unverzaget und unverzweifelt, auch umb des Guten willen nicht vermessen: also weder zur rechten noch zur linken Seiten zu weit gegangen, viel besser in der Mittelstraß geblieben, und gesprochen: Da stehet einer, der spricht, sein Fleisch sei unser Seelen Speise, den lasse ich walten.

Weil denn unsere gute Werke nicht den Stich halten, wie sie auch nicht können: so hält doch das Fleisch und Blut Christi alle Züge a). Der Christus kann nicht weichen; aber meine Werk können weichen. Bleibest du nur bei dem Fleisch und Blute, so hats

---

y) Glaubens-Festung. z) Des Einsiedlers Hilarions Trost. a) Der sicherste Weg. Matth. 7. Johann. 14.

5) † es.

keine Noth; so du aber davon fällest, wie denn der Teufel drauf dringet, so hast du verloren, und ist aus mit dir, du bist schon uberwältiget.

Da hast du den Text, worinne du das Leben habest. Weichest du davon, so hast du es versehen. Es ist S. Joannes mit seinem Evangelio dahin gericht, daß er den Artikel der Rechtfertigung der Welt ins Herz bilde, und fur die Augen setzen will. Aber es half nicht viel, man hat ihn im Papstthum nicht behalten; und wird wieder dahin kommen b), daß wenn wir todt sein werden, daß denn furwitzige Leute sich erfür thun, die wieder auf die Werk fallen werden, wie zuvor unter dem Papstthum geschehen ist. Denn so es S. Joannes nicht erhalten hat mit seinem mächtigen Evangelio, so werdens unsere Bücher viel weniger erhalten. Auch ist ja der Text dieses Evangelii in allen Kirchen gesungen und gelesen worden.

Das ist die Predigt gewesen, so der Herr gethan hat auf das Wunderwerk c), da er fünf tausend Mann mit fünf Gerstenbroden und wenig Fischen gespeiset, und hats dahinaus geführet und gesaget, wer nicht sein Fleisch isset, und sein Blut trinket, der habe nicht das ewige Leben. Itzt hebt er an, und schleußet kurzümb:

Wer mein Fleisch isset und trinket mein Blut, der hat das ewige Leben.

Das ist ein epiphonema und Beschluß, damit er Alles wiederholet d), wie man im Beschluß einer Predigt pflegt zu sagen: Meine lieben Freunde, darauf stehets, da bleibets bei, das ist die Summa. So will der Herr auch sagen: Darnach richtet euch, das Ander lasset alles fahren, was man furgeben mag, und bleibet alleine dabei, daß wer isset mein Leib und trinket mein Blut, der hat das ewige Leben, und ich will ihn auferwecken. Das soll der Beschluß sein. Darumb laßt Vernunft und Werk sein

---

b) Prophecei D. M. L. von der Majoristerei. c) Predigt auf das Mirakel. d) Stete Wiederholung einerlei Lehre.

Vernunft und Werk; es lasse sich ansehen wie es wolle, so heißts: Wer isset, das ist, wer gläubet von ganzem Herzen, daß Christus seinen Leib fur ihn gegeben, fur ihn gestorben sei, und von Sünden und Tode erlöset habe, der hat schon das ewige Leben.

Darauf stehets, daß wenn du Christum ergreifest als dein Häupt e), und theuer und hoch hältest sein Fleisch und Blut, also ihm die Ehre und Kraft gibst, welche es auch billig soll haben, daß es ein solch Fleisch und Blut sei, welchs das Leben gibt, und die Hölle hinwegreißet, Teufel und Sünde hinwegjagt, und gewaltiglich vertreibet: so hast du das rechte Häuptstücke deines [6]) christlichen Glaubens. Du mußts mit dem Wort mein thun, daß dieß Fleisch und Blut die Kraft habe, alle Sünde und den Tod hinwegzureißen, Leben und Gerechtigkeit zu geben, und alle Thor in Himmel und Erden zu zerbrechen.

Darumb mußt du diese Wort nicht mit leiblichen Augen sehen f), wenn du anfähest zu reden von diesen Dingen, als, von Uberwindung des Todes, Teufels und [7]) Höllen, von Vergebung der Sünden und vom ewigen Leben. Daher gehören andere Gedanken. Gehe von deiner Vernunft weg, wenns die Sachen betrifft, und man soll von den hohen Stücken handeln. Denn dazu gehört nicht Moses mit seinen Geboten, oder der Kaiser mit seinen Gesetzen, noch ein Mönch mit seinem Orden und Regel: sondern dieser Artikel, von dem Fleisch und Blut des Herrn Christi, ist die Macht und Kraft, von den Todten aufzustehen g). Darumb muß man sein Fleisch und Blut nicht schlecht ansehen, wie sonst Fleisch und Blut, sondern dafur, daß es Macht habe uber allen Jammer in Himmel und Erden, nämlich, uber Sünde, Tod, Teufel, Welt, und was sonst mehr grausam und schrecklich ist; mit denen großen Dingen hat dieß Fleisch und Blut zu schicken.

---

e) Christus ists und thuts alleine. f) Emphasis im Wort mein.
g) Rom. 1.
6) des. 7) † der.

Nach diesem Verstande kömmet man ins Klippenwerk, daß man gehet herunter zu den Menschen, in die Werke oder Gerechtigkeit des Gesetzes h), zu der Petersilgen, so man uber das Fleisch strauet, so das Eingeschneidel ist, welchs man neben das Gebratene setzet; das sind geringere Stücke gegen den vorigen: wie man die Aeltern ehren soll, nicht tödten noch stehlen, da sollen wir das Gesetz umb fragen. Solches ist fur der Welt wohl Etwas, aber fur Gott gilt es gar nichts. Aber unsere Widersacher habens umbgekehret, und ist das Geringeste zum Höhesten worden, daß man das Häuptstücke und Fundament draus gemachet hat. Denn, nicht stehlen, und gehorsam sein den Aeltern, Keuschheit halten, das scheinet und gleißet fur ihren Augen, haltens fur die größten Stücke: aber das Fleisch und Blut Christi und der Glaube gilt bei ihnen gar nichts. Da kehre du es umb, und laß den Glauben das Gebratenes, das ist, das beste Stücke des christlichen Lebens sein, und lerne, wie man dadurch dem Tode, Sünde, Teufel und Hollen Widerstand thun möge. Dieß Stücke will ich nehmen und behalten in andern Dingen: wenn es nicht gilt Tod und Sünde zu vertreiben, sondern unter den Leuten zu leben, will ich die Werk der zehen Gebot auch thun, nicht stehlen, nicht ehebrechen 2c., denn das ist die Petersilgen oder die Laktuken, so man bei das Gebratenes setzet.

Derhalben so gib diesem Artikel seine Ehre i), denn wer isset, das ist, glaubet, der hat schon das ewige Leben; und wenn du das ewige Leben hast, worumb willt du so närrisch sein, und es verdienen? Bist du doch getauft, hast das Abendmahl empfangen, und hast das ewige Leben; bist du denn nicht rasend und toll, daß du willt ins Teufels Namen durch deine Werke allererst die Seligkeit erlangen? Christus saget hie zu dir: Du hast schon durch mein Fleisch und Blut, das ich fur dich gegeben habe, das ewige Leben; so sagest du: Nein, ich will in einen Orden laufen oder

---

h) Zeit und Ort der Werklehren. i) Der Häuptartikel des Christenthums.

sonst Gutes thun, und also das ewige Leben erwerben. Will ichs da suchen, so ists ein gewiß Zeichen, daß ich das ewige Leben noch nicht habe. Denn so ichs hätte, so würde ichs nicht suchen. Aber weil es noch Jemand suchet, so hält ers nicht in seinem Herzen fur Christi Fleisch und fur seine Speise, verläugnet seine Taufe, lästert und schändet Christum und sein Evangelium, ist ein abtrünniger Unchrist, ein Heide und Türke im Herzen.

Aeußerlich ist ein Solcher zwar getauft, heißet ein Christ mit dem Namen k); aber wenn er von Christo etwas hielte, würde er sagen: Worumb sollt ich ins Kloster laufen? Sollt ich das ewige Leben darinnen suchen, hällisch Feuer auf den Kopf würde ich bekommen. Damit verachtet man Christi Fleisch und Blut ganz und gar, und schlägt Christum in die Schanze, wirft ihn zurücke mit seinen Wohlthaten, als gülte er nichts. Das hat man im Papstthum gethan, wenn man ins Kloster gelaufen ist, und heutigs Tages stehen ihr Viel auf, die es noch vertheidigen. Aber wenn der Glaube ohne die guten Werk nicht hilft oder gerecht machet, so gläube der Teufel diesem Text. Wohlan, da stehets, dieß und kein Anders, daß dieß Fleisch essen und Blut trinken gebe das ewige Leben; das ist ja kein menschlich Werk. Noch wollens die Papisten nicht leiden. Das ist gar ein gewiß Zeichen, daß sie nicht verstehen, was der Glaube sei; nur laufen die tollen Narren von Christo zu den Werken.

Es beweiset dieser Text klärlich, daß wenn du anfähest zu gläuben l), so hast du in derselbige Stunde das ewige Leben m), es ist schon dein, du darfsts nicht erwerben. Auch ist kein ander Weise, dem Tode, der Sünden und Teufel zu entfliehen, fromm und lebendig zu werden. So nu das ewige Leben dein ist, so kannst du es nicht erwerben. Allein harre, bis daß es offenbar wird: es mangelt Nichts dran, denn daß es noch im Verborgen liegt, und daß ihr müßt zuvor sterben, und Christus euch von den Todten wie-

---

k) Schein- oder Wortchristen. l) Des Glaubens Gewinn. m) 1. Timoth. 6.

der auferwecke: am jüngsten Tage wirds offenbar werden, was es fur ein Schatz sei, da wird sichs sehen und empfinden lassen, was man itzt hat und gläubet.

Es ist kein Unterscheid unter der Stunde n), wenn du anhebest zu gläuben, und dem jüngsten Tage, allein, daß mans noch nicht siehet noch besitzet; und ihr habt am jüngsten Tage Nichts mehr, denn itzund: eben das Fleisch und das Blut Christi ist diese Stunde mein; das ist da und lebet, wie es auch am jüngsten Tage leben wird, allein, daß ichs nicht sehe noch fuhle, denn es ist im Glauben verborgen, und noch heimlich. Der alte Adam muß zuvor zu Pulver werden, und in die Erden kommen, sonst kann ers nicht begreifen oder vernehmen. Das sind helle und deutliche Wort, die weisen, woher wir das ewige Leben haben.

o) Also beschleußt der Herr und spricht: Summa Summarum, so solls sein, und dabei soll es bleiben, daß wer isset mein Fleisch und trinket mein Blut, der hat das ewige Leben, und ich will ihn auferwecken am jüngsten Tage. Er machets so hinaus, wie angefangen ist, und spricht: Denn mein Fleisch ist die rechte Speise. Damit will er schlecht aus den Augen reißen alle andere Lehre und Speise, die mag gepredigt werden zur Speise der Seelen, oder wird aufgeworfen, daß fur den Glauben dienen soll. Diese Speise allein thuts; darumb sagt er: Ihr höret, es liegt an dem Wort mein; da ist nicht Rindfleisch oder Kuhefleisch, sondern es ist ein Leib und Blut, der voll Gottes ist p), oder das durchgöttert ist. Wie ein Wasser, das durchzuckert ist, daran schmecket man kein Tropflin Wassers, sondern einen sussen, lieblichen Zuckerschmack und Kraft: so auch, wer seinen Leib ergreifet, der hat nicht allein ein schlecht Fleisch und Blut Christi, sondern ein durchgöttert Fleisch und Blut q), ausgenommen, daß man ihn ergreifet in

---

n) Gelegenheit des itzigen und künftigen Lebens. o) Die 17 Predigt, am 15. Tag Aprilis oder den Sonnabend nach Quasimodogeniti. p) Koloss. 1. q) Christi Fleisch.

einer solchen Schalen, wie der Zucker im Wasser geschmecket wird. Hiemit will er sie abziehen von allen andern Gerechtigkeiten, daß er ernstlich saget: Ich weiß, daß nach mir Prediger kommen werden, die euch lehren und Speise geben wollen, damit ihr euere Seelen sättigen sollet r). Aber es wird eitel Betrug und Irrthum sein, sie werden euch die Darre, eitel Gift, und den Tod fur das Leben, Hunger und Darben fur Speise geben; denn die ist allein die wahrhaftige Speise. Werdet ihrs nu thun, was soll euch widerfahren?

Wer von mir isset, der bleibet in mir und ich in ihme.

Das Wörtlin: bleiben in Christo s), und, daß er in uns bleibet, haben Etliche ausgelegt, daß es heiße, nur einen schlechten Gedanken haben von Christo, als, wenn sie betrachtet haben sein Leiden und Sterben, so haben sie gesagt, es sei Christus in ihnen, und sie sind in Christo; und derer sind auch noch Viel unter uns, die allein meinen, wenn sie gedenken an Christum, wie er gelitten hab, so sei Christus in ihnen, und schätzen den Glauben an Christum nicht fur das rechte geistliche Wesen Christi in uns oder unser Wesen in Christo, sondern träumen ihnen selbs, daß fides historica gebe das ewige Leben, wenn sie uberhin laufen, dichten und gedenken von Christo, und allein mit dem Spiegelfechten umbgehen.

Solches hat man im Papstthum stark getrieben t), und noch heutiges Tages, daß man Christi Leiden betrachten solle, das hieße denn Christum in meinem Herzen sein, damit sie das Leiden Christi gar verkehret und zu Boden gestürzt haben. Aber der Herr saget nicht: Deine Gedanken von mir, sind in mir, oder meine Gedanken sind in dir; sondern: Du, du bist in mir, und ich, ich bin in dir. Er nennet nicht einen schlechten Gedanken; sondern, daß ich in ihme mit Leib, Leben, Seele, Frömmkeit, Gerech=

r) Verderbliche Speisemeister. s) Bleiben in Christo t) Der Päpstler Abfertigung zum H. Christo.

tigkeit, mit Sünden, Thorheit und Weisheit sei, und er, Christus, wiederumb in mir auch sei mit seiner Heiligkeit, Gerechtigkeit, Weisheit und Seligkeit. Das gehet nicht zu mit einem Spekuliren oder Schämen [7a]), durch deine falsche Gedanken, da es ein gemalete Wohnung ist, und allein bloße Gedanken sind u). Denn das hält den Stich nicht. Wenn einer nicht mehr kann, denn von Christo allein reden und gedenken, das kann der Teufel und die Papisten auch, die wissen auch von seinem Leiden zu reden; aber es ist Nichts, sie bleiben dennoch voller Bosheit, in Sünden und [8]) ihren Irrthumen stecken, erzeigen sich nicht, daß Christus in ihnen wohne und sei, und thun kein Guts.

Nu sind ihr auch wohl v), die es mit uns halten, und furgeben, daß Christus in ihnen sei, und sie in Christo: aber wenn es kömmet zur Anfechtung, daß sie Schaden sollen leiden am Leibe, Ehre oder [9]) Gut, und sonderlich wenn man sterben soll, oder den Hals darstrecken, da ist Christus nicht einheimisch noch vorhanden, da wollen es die Gedanken nicht thun; die sind nichts Anders, denn dein Werk, Kraft und natürliche Vernunft, und ein schwache Kreatur. Solle aber das Schrecken des Gewissens untergedruckt, der Teufel verjagt, der Tod uberwunden werden, da wird eine göttliche Gewalt zu gehören, und nicht ein Gedanken. Es muß ein Anders in dir sein, daß diese Feinde eine Kraft in dir finden, die ihnen zu stark sei, dafur sie sich scheuen, fliehen, und du ihnen obsiegest.

Der Satan ist sonst ein zorniger Feind, er fraget nach Gedanken nicht viel w); da muß Etwas in dir funden werden, das ihme zu stark sei. Solches siehet man an den lieben Märterern, wie kecke sie gewesen sind, welch ein Muth und Herz da gewesen, wenn sie fur den Richtern gestanden sind, und gemerket, daß ihnen gelte Leib und Leben, Ehre und

u) Unsere schlechte Gedanken sind zu schwach. v) Probirung des Inwohnens Christi. w) Teuflische Böswichtigkeit. Ephes. 6.
7a) Schämen. 8) + in. 9) und.

Gut. Da gehöret ein Trost zu, und nicht ein Gedanken; es muß im Herzen sticken, daß einer alsdenn fröhlich sei wider den Tod und alle Anfechtung, und sagen könne: Fahre hin Ehre, Gut, Leib und Leben, und alles, was auf Erden ist, hie, hie will ich bleiben; und findet sich wohl, ob einer mit Gedanken ein Christen sei, und beständig bleibet oder nicht.

Darumb heißt es: Wer mein Fleisch isset, der bleibet in mir, und ich in ihme x). Auf Hebraisch heißet bleiben, beharren, oder in einem Wohnung haben, damit er will anzeigen, es haben ihr Viel Christum gehöret, können von ihme reden, und fest bei ihm halten, wenns ihnen wohl gehet: aber bleiben, daß es eine standhaftige Wohnung oder Verharrung sei, Christum mit Herzen und Munde zu bekennen, wenns nu zum Treffen kommet, das läßt sich nicht so mit Kinderspiel ausrichten. Das ist aber die rechtschaffene Gegenwärtigkeit und Großmuthigkeit des Glaubens, daß ein Mensch, wenn die Sturme daherg ehen, nicht anders redet und thut, denn wie Christus in ihm redet und thut: das ist ein Hohers, denn sonst menschliche Werk und Kräfte. S. Paulus zun Galatern am 2. Kapitel saget: Ich lebe itzt nicht, sondern Christus lebet in mir y). Er spricht nicht: ich, oder die Gedanken in mir; das alles, was er thut, sichet und ist, als thue es Gott selber.

Diese Wort muß man wohl behalten, und man soll sie nicht lassen so hin glossiren, dieweil auch unter uns ihr Viel sind, die ihnen lassen dran gnügen, daß sie davon horen, lesen, reden oder gedenken; es ist aber nicht gnug. Wenns zum Treffen kommet, so folgen sie ihrem Kopf und Trotz, leiden denn Nichts, thun auch kein rechtschaffene gute Werk, können auch in Trübsal nicht bestehen, prallen denn wieder zurucke. Da ist denn Christus nicht, er redet und thut auch Nichts; denn er ist auch nie rechtschaffen da gewesen. Wo Christus ist, da höret mans

x) Christi Bleiben und Wohnen in uns. Joannis 14. Kap. y) Christen-Leben.

an Worten und spürets an den Werken wohl z), daß man also daher gehet, und saget: Dabei will ich bleiben und es lassen, das wird mir Niemands nehmen. Diese Bekenntniß ist ein Wahrzeichen und Frucht des Baums, daß Christus gewiß da ist und wohnet. Denn wo er nicht drinnen wäre, so vergiengen die Wort und Gedanken allzumal; sintemal Fleisch und Blut dem Teufel viel zu schwach und zu närrisch ist, er kanns uberpoltern und erschrecken, auch einen mit Gedanken und Eingeben uberwinden, daß einer muß weglaufen, ja, er kann einen zerstreuen, wie der Wind ein Blatt wegwehet.

Da ist nu das eine köstliche Wohnung und Ruhm a), daß wir armen Sünder durch den Glauben an Christum und durch das Essen ihn haben in uns mit seiner Macht, Kraft, Stärke, Gerechtigkeit, Weisheit. Denn also stehet hie geschrieben: Wer gläubet an mich, in deme bleibe ich. Er ist unser, daß uns Sünde, Tod, Teufel und Welt, mit alle ihrer Schalkheit, nicht schaden solle, noch uns so verzagt und blöde machen. Das ist eine treffliche, wünderliche Wohnung oder Tabernakel, viel anders denn Mosi Tabernakel war: die ist inwendig schön, herrlich gezieret, mit hübschen Teppichen und gülden Stucken behänget und geschmuckt; aber äußerlich ist es Kalbfell oder Lämmerfelle, wie die Hutten oder Tabernakel Mosi damit auch bedeckt war. b)

Aeußerlich straucheln und fallen zuweilen die Christen, und auswendig anzusehen, so scheinet eitel Schwachheit und Schande, daß die Christen Sünder sind, und thun, das der Welt nicht gefället. Da werden sie denn fur Narren, Aschenbrüdel, der Welt Fußhader, fur verdammete, unvermogende Leute gehalten, die da nichts tügen. Aber es schadet nicht b*). Denn in der Schwachheit, Sünden, Thorheit und Gebrechlichkeit wohnet inwendig und heimlich eine solche Gewalt und Kraft, welche die Welt nicht

---

z) Unbeträgliche Prob. a) Würde und Herrlichkeit der Gläubigen. b) Bezeichniß des Mosischen Tabernakels. b*) Psal. 45. 1. Korinth. 4. 2. Kap. 6.

kann kennen, sondern ihr verborgen ist, doch gleichwohl hindurch reißet, denn Christus wohnet in ihnen, und zeiget sich ihnen. Ich habe ihr Viel gesehen, die auswendig so schwach daher gingen; aber wenn sie zum Treffen und fur Gericht kamen, so reget sich der Christus, daß sie so feste wurden, daß der Teufel fliehen mußte.

Dieß rede ich wider die Arianer, Sakramentirer, und andere Rotten und Schwärmer, welche nicht verstehen diesen Text c). Sie meinen nicht anders, denn als schöpfe sichs mit Gedanken; sie haben auch nur bloße Gedanken von Christo. Darumb ists auch unmoglich, daß sie fur dem Teufel bestehen konnten. Der Teufel hat seinen eigenen Raum unter ihnen, bläset und pfauchet ihnen verderbliche Gedanken ein, die sie balde ausgeben fur Gottes Wort, und als habe es der Heilige Geist geredet. Es heißt: Du sollt an Christum gläuben, essen und trinken von seinem Fleisch und Blut und durch den Glauben dich an ihn hängen, denn wirst du ein andern Muth, Kraft und Herz bekommen.

Es wird sich denn einer nicht mehr täuschen, äffen oder erschrecken lassen d), wie zuvor, und du selber wirst bekennen, du seiest nu ein ander Mann, denn zuvorn. Zuvor hast du dich gefurcht und bist erschrocken fur einer erdichten Sunde, und gezittert fur einem rauschenden Blatte; aber itzt, da du Vergebung der Sünden empfangen hast, fragest du nichts darnach, obgleich der Teufel und Papst thöricht, der Kaiser und Verfolger auch zornig ist, und kannst sagen, wenn du auch gleich viel Sünde und Unflaths noch an dir hast: Was ist ihm denn? Laß sie immerhin zörnen und trotzen; ich bin in Christo, und will wohl bleiben e). Das ist denn viel ein ander Mensch, der sich nicht so balde fürchtet. Da ist Christus rechtschaffen in deinem Herzen mit seiner Gewalt, und nicht allein in dem Munde.

Die Narren, die Sophisten, haben auch davon

---

c) Der Ketzer erbärmlicher Zustand. d) Assecuration wider allerlei Anstöß. e) Psal. 23.

disputiret f), daß Christus sitze zur rechten Hand seines Vaters, und erfülle Himmel und Erden, sei auch in die Hölle gefahren, nicht, was seine Person belanget, sondern was die Wirkung betrifft: also wohne er auch in den Herzen der Seinen; gleich als könnte er helfen und wirken, da er nicht wäre. Aber thut er eine Predigt oder Wunderwerk, das göttlich ist, so wird er nicht weit davon sein; und wenn er so ferne von mir wäre, als in Himmel ist, so dürfte noch wüßte ich nicht für dem Kaiser also beständlich [10]) zu reden.

Darumb so ists dem Herrn Christo ein Ernst, daß er saget: Wenn du an ihn glaubest, so sollt du bei ihme, und er will bei dir bleiben g); ob du schon noch etwas gebrechlich bist, das schadet nicht. Denn ich, spricht er, bin in dir. Mangelt dir nu Etwas, so habe ich Gerechtigkeit, Heiligkeit und Weisheit die Fülle, ich habe keine Gebrechen. Hast du aber Schwacheit, so ist sie in mir, und ich will sehen, daß ich ihr rathe, und deine Schwacheit in meiner Kraft und Stärke ersäufe, deine Sünde in meiner Gerechtigkeit vertilge, deinen Tod in meinem Leben verschlinge. Dieß ist die rechte Meinung, Verstand und Summa dieses Textes, daß wer an ihn glaubet, bei dem ist er auch.

Nu setzet er eine Gleichniß und spricht:

Gleichwie mich der lebendige Vater gesandt hat, und ich lebe umb des Vaters willen: also, wer mich isset, derselbige wird auch leben umb meinenwillen.

Dieß ist eine schöne Gleichniß, da er saget h): Ich bin vom Vater gesandt und kommen als ein Prediger im jüdischen Volk, und ein Mensch worden; aber also ein Mensch, daß ich lebe umb des Vaters willen. Das ist wohl nicht gut deutsch; aber wir

f) Sophistische Träume davon. g) Laut seiner Zusage, Ps. 91. Matth. ult. Johann. 10. h) Abfertigung des H. Christi, davon euch Johann. 3. der Herr redet.

10) beständiglich.

wollen den Text nicht ändern. Denn es ist so viel gesaget: Ich lebe daher und davon, daß der Vater in mir ist, und ich im Vater bin. Darumb, wer mich auch isset, der wird leben umb meinenwillen, daß ich in ihme bin; das ist, wer an mich gläubet und sich hält, der soll daher und davon leben, daß er in mir ist, und ich in ihme bin.

Solches ist ein schöner Johannischer Text, daß er Christum also abmalet und beschreibet i), daß er nicht allein Mensch, sondern auch Gott sei. Er spricht nicht, daß er das Leben daher habe, daß er an den Vater gedenke; sondern: Der Vater ist in mir, der ist mein Leben. So ist sein ewiges Leben, daß der Vater den Sohn gezeuget hat, und nicht der Sohn den Vatern. Solch Leben, so er vom Vater hat, und daß er Mensche worden ist nach des Vaters Willen, hat uns erlöset, und daß nu der Vater in ihme ist, das hat er uns geschenket mit diesen Worten: Wie ich das Leben habe daher, daß der Vater in mir ist, und er es mir gegeben hat; also sollet ihr das Leben auch davon haben, daß ihr in mir, und ich in euch bin. So ist es nu ganz richtig in dem, ausgenommen, daß wir nicht Ein natürlich Wesen mit Gott sind, wie er ist k). Denn die Menscheit und Gottheit ist wohl nicht ein natürlich einigs Wesen; dennoch sind sie in der einigen und unzertrennlichen Person, daß man sie nicht von einander scheiden kann: gleichwie Zuckerwasser ist Wasser, aber also vermenget mit dem Zucker, daß Niemand itzt kann Zucker und Wasser von einander scheiden, obs wohl fur sich zweierlei Naturen sind. Es ist wohl nicht eine vollkommene Gleichniß; aber sie zeiget doch etlichermassen, daß Christus, unser wahrhaftiger Heiland, eine solche Person sei, die Gott und Mensch ist, daß wenn man die Menscheit Christi ergreift, so hat man auch die Gottheit ergriffen: gleichwie im Zuckerwasser du den wahren Zucker

---

i) Des H. Christi Contrafekt. k) Wider Osiand. und andere Christschänder.

befindest; also wird aus der Gottheit und Menschheit des Herrn Christi auch Ein Kuchen.

Wie nu ein unzertrennliche Person gemacht ist an Christo, der Gott und Mensch ist: also wird aus Christo und uns auch Ein Leib und Fleisch, das wir nicht scheiden können, denn sein Fleisch in uns, und unser Fleisch in ihme ist, daß er auch wesentlich wohnhaftig in uns ist rc. l) Aber das ist eine andere Vereinigung, denn ein persönliche Vereinigung: sie ist nicht so hoch und groß, als die Vereinigung, da Christus, wahrhaftiger Mensch, mit dem Vater und mit dem Heiligen Geist ewiger Gott ist; doch dahin gerichtet, daß Christus der Herr durch sein Fleisch und Blut mit uns Ein Leichnam werde, daß ich ihn also angehöre, gleichwie an meinem Leibe alle Glieder an einander gehören. Denn ja meine Hand, Arm, Fuß und Mund gehören zu meinem Leibe, und sind Ein Leib mit einander, auch alle meine Blutstropfen den Leib angehören. Was einem Gliedmaß feihlet, das mangelt dem andern auch; geschieht einem Gliedmaß Ehre, Böses oder Gutes, so geschiehts dem ganzen Leibe m).

Also sind wir auch mit Christo in Einen Leib und Wesen kommen und vereiniget, daß was mich Guts oder Böses angehet, das gehet ihn auch an n). Wenn ich dich schlage, oder dir Leid thue, oder dich ehre, so schlage ich Christum, oder thue Christo selbs Leid oder Ehre, denn was einem Christen geschieht, das geschieht Christo selbs. Er rümpfet die Nase drüber. Der Zahn beißet die Zunge nicht, es fühlets der ganze Leib, und wenn man eine Hand oder Fuß verletzt, so gehet der Wehetage durch den ganzen Leib; ja, wenn man dir ein Haer ausräufet, so fühlets der Leib. Summa, wer die Christen schläget oder in Thurm wirft, der wirft des Herrn Christi Leib selbs in Thurm. Denn die Christen sind seine Gliedmaß, er nimmet sich ihrer an o), und ist unlustig darüber, gleich als wäre es

---

l) Unsere Vereinigung mit Christo. Ephes. 5. m) Röm. 12. 1. Korin. 12. n) Das muß Saulus hören. Act. 9. o) Gott ist an den Seinen viel gelegen.

ihme widerfahren; wie denn im Propheten Zacharia am andern Kapitel gesaget wird: Wer euch anrühret, der greifet mir in meinen Augapfel; und in den Geschichten der Aposteln sagt der Herr Christus zu Saul, der die Christen plagete: Saul, Saul, was verfolgest du mich? Item im fünf und zwänzigsten Kapitel Matthäi stehet klärlich: Was ihr einem aus den Geringesten der Meinen thut, das habt ihr mir gethan.

Es ist aber diese Vereinigung verborgen p), und scheinet nicht fur der Welt; sondern das Gegenspiel sehen wir, daß die gottlosen Bischoffe mit uns also umbgehen, gleich als nähme weder Gott noch Mensch sich unser an, und wäre keine Einigung zwischen Christo und uns. Aber der Glaube siehets, und lernet Christum erkennen in einem unsichtbarlichem Leben und Wesen, nicht aus der Vernunft, und findet sich dennoch die Beweisunge, daß viel frommer Leute sind, die mit aller Demuth und Freudigkeit Christum und Gottes Wort bekennen, wider die Lügen predigen, und darüber ihren Leib und Alles fahren lassen.

Diese Gleichniß hat der Herr Christus darumb setzen wollen q), daß er wohl gesehen hat, es würden sich falsche Lehrer finden, als, die Arianer und andere, die aus dem Glauben eitel Gedanken, und nur ein Spiegelfechten machen würden; wie etliche furgeben, daß wir mit Christo vereiniget sind voluntate, mit dem Willen, wie zweene gute Freunde mit einander eins sind: so hätten wir auch einerlei Willen und Sinn mit Christo, daß er droben im Himmel sei, und wir hienieden auf Erden. Aber wenn ich außerhalb einer Stadt gefangen und angegriffen würde, was hülfe mir denn der, so inwendig in der Stadt ist, ob er wohl [11]) gleich mit mir gesinnet, oder mein guter Freund ist? Darumb ist das nur eine äußerliche Einigkeit oder legalis unitas, wie es die Juristen nennen, da man die Willen, so sonst

p) Darumb gehört sie in des Glaubens Register. q) Ursache dieser Gleichniß

11) „wohl" fehlt.

widerwärtig waren, mit einander vereiniget, und ist gar ein ander Ding von dieser Einigkeit Christi und der Gläubigen; denn Solches ist gar eine weltliche Conventio.

Mit dieser Einigkeit ists also gethan r), daß Christus in mir, und wahrhaftig Ein Leichnam mit uns ist, daß er gewaltiglich mit seiner Kraft und Stärke bei uns hält: so nahe kömmet und ist kein Freund bei dem andern. Wie man nu nennen solle diese Einigkeit, laß ich gehen, denn es ist nicht doch vonnöthen. Es ist gnug, daß man sich an den Text halte, da er spricht: Wie der Vater in mir ist, und ich lebe umb des Vaters willen; also, wer mich isset, derselbige wird auch leben umb meinenwillen. Das bedeutet so viel: Wie er das Leben von Ewigkeit hat vom Vater, also sollen wir in ihme auch leben; doch mit dem Unterscheide, daß er Gottes Sohn von Ewigkeit ist, und uns aus Gnaden aufnimmet zu Erben seiner Güter, und seiner Gottheit theilhaftig machet r*).

Diese Gleichniß nimmet weg s) den falschen Wahn und Verstand von der falschen Beiwohnung oder Beiwesen, davon die Irrgeister träumen und vergeblich plaudern. Der Text ist immer auf den Glauben gericht, wider die Welt, daß es nicht Traumwerk sein soll; darümb höret ihr, daß Christus allezeit dem Essen und Trinken gibt das ewige Leben.

Derhalben können die Sophisten, und Alle, so aus der rechten Kirchen gefallen sind, nicht wissen noch rechnen, was der Glaube sei. Sie können nicht höher kommen, denn wenn das Herz betrachtet, was Christus gebeut und gethan haben will, daß der Leib Solchs ausrichte mit Werken, denn so bin ich in ihme, oder er ist in mir, da hab ich einen gleichen Willen, wie er. O zu langsam Geselle! Das wird nicht angehen, potz Mores zu langsam! willt du t) mit dem Willen, Thun oder Werken, und

r) Christi und der Christen Einigkeit. r*) Ephe. 1. 2. s) Verweisung der Falschlehrenden aus diesen Worten. t) Ihr Kopf, Sinnen und Seelen stecken voll Werke, wie der Jünger Augen mit Schlaf beläßtiget waren. Matth. 26.

nach dem Gesetze, deinen Werken und Willen Solches reguliren, und also den Herrn Christum ins Herz führen und bringen? Das heißt von den Werken anfahen. Sie kommen auch nicht weiter, ihrer Unwissenheit oder Unglaubens halben, uber sich. Soll Christus nicht ehe zu mir kommen, ich thue denn und ziehe ihn zu mir, so wird er nimmermehr zu mir kommen. Das heißt nichts Anders geprediget, denn Werk wider den Glauben; sie wissen und können Nichts aus großer Blindheit.

Soll ich einen rechtschaffenen Willen kriegen zum Gesetz, und thun, was Christus heißet, und in die Werke des Gesetzes gerathen u); so muß er selbs zuvor da sein, und im Herzen seine Erkenntniß, Weisheit und das Vermögen gepflanzt haben, daß Christus hernach anfahe, und fahre heraus durch den Mund, daß du kannst reden und bekennen das göttliche Wort, und seiest im Herzen keck, daß du Leib und Leben dran wagest, und Alles uber solcher Bekenntniß hintansetzest. Er muß der Grundstein sein, und das Fundament legen, und nicht wir. So wollen sie nicht in Gottes Namen vorbauen, und den Grund legen, das ist, fromm sein und gute Werk thun; darnach soll erst Christus kommen, und das Dach bauen. Aber da wird Nichts aus. Es heißt: Wer mein Fleisch isset und mein Blut trinket, der hat das ewige Leben. Christus muß vorher kommen, sollt du das Gesetze thun; wenn Christus kömmet, denn wirst du thun, was im Gesetz geschrieben ist, und was du sonst thun sollt.

Wie kömmet er aber? v) Also: Wer mein Fleisch isset etc. Du sollt von ihme hören das Evangelium, dich lehren und unterrichten lassen, und nicht der Predigt widerstreben, auf daß der Heilige Geist durch das Wort kräftig sei, und dir Christum ins Herz bilde und senke, daß du denn anders predigest, gläubest, redest, leidest, und andere gute Werk thust, denn zuvor, und darnach sagest: Nu will ich leiden umb Gottes Worts willen alles, was ich soll; da ist der

---

u) Gesetzesleistung. Nr. 10. v) Des H. G. Zukunft in uns.

Baum gut worden, und werden die Früchte auch lieblich und gut sein v*).

Ich handele den Artikel nicht vergeblich so fleißig, denn ich besorge, man wird bei dem Artikel nicht bleiben; und es sind leider bereit unter uns Viel, die ihn verachten, und des Artikels nicht hoch sich annehmen werden. So ficht der Papst und die Bischoffe hart dawider. Werden nachmal Prediger kommen, die schläferig, laß und faul den Artikel predigen und treiben w), so ists darumb balde geschehen, und wird ein Irrthum uber den andern kommen. Denn allbereit x) unter dem Gebiet unsers Landfürsten hebt sich ein solch Verachtung des Evangelii, Undankbarkeit und Vergessenheit an, daß mir mein Herz zubrechen möchte. Ich hätte nicht gedacht, daß man des Jammers und Elends, darinnen wir gesteckt sind im Papstthum, also balde sollt vergessen haben und nichts mehr dran gedenken. Wir leben so sicher, als wären wir ewig in dieser Freiheit gewesen. So will auch Niemand zu Kirchen, Predigtstühlen und Schulen mehr Etwas geben. Könnte man die Prediger Hungers sterben, so thäte man es zum allerwilligsten, verfolgen auch die Prediger, und könnten sie dieselbigen zum Land hinausjagen, so thäten sie es viel lieber.

Aber es ist dem Evangelio zuvor auch also gangen, und wird ihm nochmals also gehen. Es waren die Kinder von Israel y) in Aegypten ubel geplaget, daß ihre junge Kinder ersäuft wurden, und sie gar untergedruckt waren; aber da sie heraußer kamen, und von den Aegyptern erlöset worden, da wars balde rein vergessen. Sie gedachten allein an die Zwiebeln und Fleischtöpfe. Dergleich geschieht noch heute zu Tage. Wir gedenken nur darauf, was zum Friede und Wollust dienet. Wohlan, es werden allerlei Plagen darauf folgen z), daß theure Zeit die armen Leute wird drucken, und die Pestilenz die

---

v*) Matth. 12. w) Matth. 13. x) Itzt solltest du heiligen Luth leben und sehen, wie es durch einander ginge y) Der Israeliten Undankbarkeit z) Strafe Gottes, diese Undankbarkeit einzutränken, die durch D. Luther prophezeiet.

ichen würgen, ja auch Blutvergießen kommen wird,
d Tyrannen und Rottengeister werden sich ereig-
n [12]), das Wort Gottes wird auch wieder fallen.
h will aber an dem Artikel lernen und lehren, so
nge ich lebe, er soll in meinen Predigten fleißig ge-
eben werden; denn ich sehe wohl, was er thut, wo
ist, und dagegen was es auch Schaden bringet,
er nicht ist.

Die Rottengeister verstehen dieses Alles nicht.
er das will diese Gleichniß: Wie der Vater in
risto ist a), nämlich, daß es dem Sohn ist von
vigkeit angeborn, er hats nicht verdienet oder er-
rben durch die Werk: also haben wirs auch nicht
s Verdienst oder von unsern guten Werken, son-
rn daher, daß wir Christum essen und trinken, das
an Christum gläuben. Es ist diese Speise und
ank nicht unser Werk, sondern heißt eine Gabe und
schenk, oder der Nutz, den ich empfahe durch den
lauben b). Es muß mir aber ein seltsamer Aezer
n, der Andere will speisen mit der Speise, die er
bs ist; wie folget:

ieß ist das Brod, das vom Himmel kom-
en ist, nicht wie euer Väter haben Manna
ssen, und sind gestorben. Wer dieß Brod
isset, der wird leben in Ewigkeit.

Diese Wort gehören zum Beschluß dieser Pregt; und droben hat er eben dieß auch gesaget, daß
e Väter haben Manna gessen. Aber darauf siehet
ißt c), daß sie gläuben sollen an ihn, daß dieß die
umma sei: Wollt ihr selig sein, so esset dieß Brod.
as ist nu weit ein ander Essen, denn euer Väter in
r Wüsten gessen haben, deßhalben ihr so viel von
ern Vätern rühmet; gleichwohl heißts mit ihnen:
sind gestorben. Denn sie haben sich versündiget
Gott, darümb hat er sie auch geschlagen und ge-
aget, daß sie stürben. Es mögen ihr Etliche zur

---

a) Ebrä. 1. Roma. 6. b) Ende des Glaubens. 1. Pet. 1. c) Des Glaubens Rechtfertigung ist der verkürzete Bescheid. Esa. 2.

12) Orig. ereugen.

Reu und Buße kommen sein, das hab keinen Weg; aber der Hause ist darüber hingestorben in ihren Sünden, und verdammet worden, und hat Manna sie nichts geholfen.

Kurzümb, es will sonst Nichts helfen oder selig machen, denn alleine dieß Brod essen. Manna ist wohl eine köstliche Speise, und ist wahrlich ein Brod und Werk, so vom Himmel kommen ist, und von Gott geschaffen d), aber es nährete allein den Bauch, und half nicht zum Leben, ihre Väter sind drüber gestorben. Denn es hatte nicht Verheißung, daß wer Manna äße, der sollte nicht sterben; wie dieß Brod hat, davon wird gesagt: Ich will euch Brod geben, das lebendig mache; darümb auch jene, so uber und neben dem Manna an Gott, der sie aus Aegypten geführet, gegläubet haben, die sind satt und selig worden. Die haben ihren Glauben dran geübet, und ob sie gleich gestorben sind, so leben sie doch noch.

Verwirft also ihren Ruhm und spricht e): Euer Väter haben Manna gessen, und sind gestorben; als sollt er sagen: Wahrlich, ich will euch etwas Bessers, denn Himmelbrod, geben. Ach was solltest du armer Betteler geben? Ei, ich will euch diese Speise, meinen Leib und Blut geben, welcher Leib für euch dahin geben, und das Blut für euch vergossen wird. So ihr nu den Leib essen, ja, das rechte Himmelbrod, und dasselbige Blut trinken werdet, so werdet ihr in Ewigkeit leben.

Also beschleußt der Herr Christus den Sermon f), nämlich, daß er will von einer andern Speise lehren, denn bisher sie gehöret haben, und daß sie zu keiner andern Speise sonst sich halten sollen. Denn wer das Brod esse, der hab das ewige Leben, denn Christus bleibe und wohne in ihme. Ist er denn in uns, so leben wir schon bereit, dieweil er das Leben selbes ist.

Derhalben so lehren wir nicht, wie die Sophisten

---

d) Manna in der Wüsten. e) Treu und Fleiß im Anhalten. f) Vorbilde in göttlichen Sachen einstimmig zu handeln.

s haben g), als sind wir hie auf Erden nicht
d heilig, und haben Christum allein in Ge-
daher sie denn erdacht das Fegfeuer, und
dem Mißverstand dieses Texts viel gräuliches
s erfolget. Aber bist du ein Christ auf Erden,
ubest an Christum, und issest also seinen Leib,
ıkest sein Blut, so ist in dir schon das Leben.
daß Christus in uns ist, und bleibet bei uns
r in ihme, darümb muß auch sein Leben, Hei-
und Gerechtigkeit in uns sein; wie sichs be-
nit der That, daß es einer in seinem Herzen
bette befindet, daß er da sei. Es sind denn
oße Gedanken, da einer uber die Sünde, Tod
rdammniß hinüber soll.

enn wir Solchs hätten können im Papstthum
ı, so hätte man nicht dürfen h) von so viel
, Begängnissen, Messen plaudern, und daß
te Werk vorhin fürm Fegfeuer schicken, und
er hat thun sollen, damit denn gar danieder
t der köstliche Trost und Trotz, daß Christus
seie, und wo er ist, da folge auch Gerechtig-
rgebung der Sünde und Gnugthuung dafür:
er noch ubrig an mir bleibet von Sünden, das
wohl aussegen; darümb bedarfs keines Feg-
Es ist nur darümb zu thun, daß der alte
nsack aufhöre, hingerichtet werde, verfaule und
l). Wenn der todt ist, so ist denn das Leben
damit er wieder herfür komme durch den, so
wohnet; wie denn Johannis am vierzehenten
stehet von Christo: So Jemand an mich
wird, zu dem wird der Vater und ich kom-
nd wollen Wohnung bei ihme machen. Also
sere Leibe Tempel Gottes, und Wohnung des
ı Geistes; dazu werden sie gemacht allein durch
isch, davon hie gelehret wird.

wir das gläubeten k), könnte man sich aller
ıen entschlagen, ja, ein Richter sein uber alle

---

pistische Verführung. h) Unzähliger Verderbnissen des Wider-
enthums Einbrechung. l) Psal. 90. Rom. 6. k) Brauch
Accommodation dieser Predigt.

falsche Lehren, als vom Fegfeuer und Saugthumme; denn es heißt: Christus wohnet in mir. Hast du denn Sünde, so hat er Gerechtigkeit; hast du einen Schwären oder Wunden an deinem Gewissen, so ist er das Heil, ein allmächtiger Arzt, der dich wohl kuriren kann. Bist du krank, und im Tode, er will dich fein gesund und lebendig machen. Wirft man dich auch (wo es müglich wäre,) ins Fegfeuer hinein, so soll dirs doch nicht schaden. Denn gleichwie an einem natürlichem Leibe ist Leben, Gesundheit, natürliche Stärke und Kraft: obgleich irgend ein Gliedmaß wund, schwach oder voller Blattern ist, kann man doch mit der Zeit ihme Rath schaffen, daß es wieder heil werde; also ist Christus auch in uns, und heilet täglich alle unsere Gebrechen. Damit ist diese Predigt vollendet, und ist dieß der christliche Verstand dieser Predigt. Gott helfe uns auch, daß wirs fassen. Amen!

l) Nu wollen wir hören, wie es den Schülern oder Zuhörern dieser Predigt gehe.

Solches saget er in der Schule, da er lehrete zu Capernaum. Viel nu seiner Jünger, die das höreten, sprachen: Das ist eine harte Rede, wer kann sie hören?

Das ist ein feiner Text, wer ihn nur also handeln könnte, wie er wohl werth wäre. Ihr habet aber gehöret die Predigt m), so der Herr gethan hat vom Essen und Trinken, das ist, vom Glauben an ihn, wie ers selber reichlich und tröstlich ausgeleget hat, daß wir gläuben sollen, er sei Gottes Sohn, der seinen Leib fur uns gegeben, und sein Blut fur uns vergossen. Solches soll das Häuptstücke der christlichen Lehre sein, nämlich, daß bei dem Herrn Christo alleine das ewige Leben, die Vergebung der Sünden, und alle Seligkeit zu finden sei.

Darauf folget ferner, wie man diese Predigt und

---

l) Die 18. Predigt am Sonnab. Jub. m) Summa der vorigen Predigt.

de angenommen, und was fur Schüler draus
nd n). Droben ist auch angezeiget, daß sich
n zanketen uber seiner Lehre, murreten und
Es ist wohl ein feiner Prediger; aber er
ar zu seltsame und frembde Dinge, die ihre
und fünf Sinnen nicht verstehen konnten,
ie es alles ausmessen wollten. Aber nu trä-
ieses zu, daß nicht allein der gemeine, tolle
id Pöbel der Juden, sondern auch diejeni-
sich zu ihme hielten, [13]) mit ihme umbgin-
mit ihrem Meister, und seine Jünger waren,
ere und höhere Leute, denn der gemeine Pö-
murren und zanken sich drüber, und geben
erkennen, was sie von der Predigt halten,
ich seinen täglichen Wandel und Wesen, ja,
underzeichen gesehen, und Predigt gehöret
uch vielleicht selbs Mirakel gethan. Denn
zwölf Aposteln hat er noch ihrer zwei und
angenommen, die den Namen der Jünger
atten o), wie denn in dem Evangelio hin
der angezogen wird, daß Jesus und seine
ja, die Menge der Jünger gepredigt haben.
ben seine eigene Schuler und Jünger, oder
hmesten Pfarrherrn und Prediger in der gan-
t sein sollen, die er in eigener Person er-
atte.

höre, was das fur Gesellen sind. Das Wort,
), halte ich nicht, daß es zu verstehen sei
Kinderschule, oder hohe Schule, sondern ver-
von der Synagog, das wir itzt nennen einen
bel oder Kirchen, oder sonst einen Ort, da
heilige Schrift offentlich predigt und lieset
Gemeine, wie in einer Kirchen oder Kapellen,
Stadtvolk zusammen kömmet, zu hören Got-
. In solchen Schulen sind Moses und die
n gelesen worden. Wie wir das Ampt in der
thun und ausrichten, so haben die Juden in

---

er dieser Predigt. o) Luc. 10. o*) Wider die Winkel-
r. Johann. 18.

ihren Häusern, Schulen oder Synagogen auch gethan.

Es will aber der Evangelist damit anzeigen, daß der Herr Christus solche Predigt nicht allein heimlich in einem Hause, oder auf einem Schiffe, seinen Jüngern gethan habe; sondern er habe Solches gelehret als ein offentlicher Prediger, der das Predigampt geführet hat zu Capernaum. Darumb wird Capernaum seine Stadt genennet p), daß er daselbst ein Bischoff oder Pfarrherr gewesen ist, da hat er am meisten seine Lebtag gepredigt und Zeichen gethan, da hat er seinen Predigstuhel und Kirchen gehabt; gleichwie ich hie ein Prediger bin, und ein Ander sonst an einem Ort lehret. So will nu der Evangelist sagen: Er hats gepredigt zu Capernaum, in seiner Kirchen, da er oberster Superintendens gewesen ist auf seinem Predigstuhel, da er Doctor und Prediger war, und seine Jünger viel schöner Predigten von ihme daselbst gehöret hatten.

Aber da er predigt, spricht der Text: Viel seiner Jünger, die das höreten, sprachen: Das ist eine harte Rede q). Das laut gar schändlich, daß die zu Capernaum haben ihn einen Narren geheißen, der eine seltsame, tolle und ungereimete Predigt itzt gethan habe, die Niemand zuvor thörlicher von ihme gehört habe. Bisanher habe er sonst schöne, herrliche Predigten gethan; aber nu sei er ein wünderlicher, seltsamer Prediger, der lehre, das man zuvor nie gehört habe. Also hat die ganze Stadt gesagèt, auch seine Jünger selber gesprochen: Welch ein wünderliche, seltsame, tölpische Predigt ist das! Wer will sein Jünger bleiben, oder es mit ihme halten? Er spricht: Es sei Nichts, daß die Väter haben Manna gessen; er gebe das rechte Himmelbrod: unser Ding soll Nichts sein, daß die Väter in der Wüsten bei vierzig Jahren Himmelbrod gessen haben rc. Er will gar zu hoch, und greifts zu hart an r). O wäre er hienieden ge-

p) Matth. 9. q) Christi und aller frommen Prediger Lohn oder Verehrung. r) Die G. Weisheit muß sich von ihren Lehrjungen reformiren lassen. Matth. 11. Psal. 51.

, und hätte gepredigt, wie man die Laster stra-
te, und hätte die zehen Gebot getrieben, so
r ein feiner Prediger gewesen. Nu machet ers
grob, daß er spricht, unsere Väter sind Nichts
l, und er sei es alleine; wer will das gläuben?
hen sie dahin. Judas ist gewiß deren einer
l, der gedacht hat: Ich habe einen hübschen
:, er ist visirlich, er predigt als ein Narr; die-
ohne Zweifel der Furnehmeste in diesem Spiel,
ird gesaget haben zu den Andern: Was haltet
l unserm Doctor? wie fein hat er heute ge-
? Ja, wie ein ander Narr; und wird ihrer
on Christo abfällig gemacht haben. Doch isset
inket er noch mit ihme, und hält sich umb ihn,
mmet was ihm werden kann.

onst saget der Evangelist: Die Andern gingen
me an von ihme s). Da wird der Herr Chri-
)ne Zweifel Andere an der zwei und siebenzig
: Statt erwählet haben, wie sie von ihme ab-
l waren. Es ist eine seltsame, wünderliche
t, daß die, so mit Christo wohl dran sind,
ine Jünger heißen, im Namen Christi gepredigt
und vielleicht auch [13*]) Mirakel gethan, daran sich
und hinfallen, und können nicht hören den
, daß er saget: Wer an mich gläubet, der solle
rden; dabei können sie nicht bleiben, auch Solches
erstehen, daß er dagegen saget: So euer Väter
Manna gessen haben, so sind sie doch gestorben.
ber also gehets t). Die Sektarii und unsere
rmer sind auch erstlich des Herrn Christi Jün-
wesen, und haben Christum eben sowohl gehabt,
r, bis sie nu Sakramentirer, Wiedertäufer, und
Rottengeister worden sind. Da geben sie für:
ll Christus sich backen und so schmelzen lassen,
an ihn esse und trinke? Das ist je eine harte
Ja, so muß es zugehen, daß etliche Jünger,
mit dem Herrn Christo halten, zurücke- und
n. Es wäre nicht Wunder, wenns die Papi-

---

r geistlichen Herrn Abtritt. t) Apostaten und Abtrünnige.
„auch" fehlt.

ihren Häusern, Schulen oder Synagogen auch gethan.

Es will aber der Evangelist damit anzeigen, daß der Herr Christus solche Predigt nicht allein heimlich in einem Hause, oder auf einem Schiffe, seinen Jüngern gethan habe; sondern er habe Solches gelehret als ein offentlicher Prediger, der das Predigampt geführet hat zu Capernaum. Darumb wird Capernaum seine Stadt genennet p), daß er daselbst ein Bischoff oder Pfarrherr gewesen ist, da hat er am meisten seine Lebtag gepredigt und Zeichen gethan, da hat er seinen Predigstuhel und Kirchen gehabt; gleichwie ich hie ein Prediger bin, und ein Ander sonst an einem Ort lehret. So will nu der Evangelist sagen: Er hats gepredigt zu Capernaum, in seiner Kirchen, da er oberster Superintendens gewesen ist auf seinem Predigstuhel, da er Doctor und Prediger war, und seine Jünger viel schöner Predigten von ihme daselbst gehöret hatten.

Aber da er predigt, spricht der Text: Viel seiner Jünger, die das höreten, sprachen: Das ist eine harte Rede q). Das laut gar schändlich, daß die zu Capernaum haben ihn einen Narren geheißen, der eine seltsame, tolle und ungereimete Predigt itzt gethan habe, die Niemand zuvor thörlicher von ihme gehört habe. Bisanher habe er sonst schöne, herrliche Predigten gethan; aber nu sei er ein wünderlicher, seltsamer Prediger, der lehre, das man zuvor nie gehört habe. Also hat die ganze Stadt gesagèt, auch seine Jünger selber gesprochen: Welch ein wünderliche, seltsame, tölpische Predigt ist das! Wer will sein Jünger bleiben, oder es mit ihme halten? Er spricht: Es sei Nichts, daß die Väter haben Manna gessen; er gebe das rechte Himmelbrod: unser Ding soll Nichts sein, daß die Väter in der Wüsten bei vierzig Jahren Himmelbrod gessen haben ꝛc. Er will gar zu hoch, und greifts zu hart an r). O wäre er hienieden ge-

---

p) Matth. 9. q) Christi und aller frommen Prediger Lohn oder Verehrung. r) Die G. Weisheit muß sich von ihren Lehrjungen reformiren lassen. Matth. 11. Psal. 51.

gben, und hätte gepredigt, wie man die Laster stra- sollte, und hätte die zehen Gebot getrieben, so ire er ein feiner Prediger gewesen. Nu machet ers r zu grob, daß er spricht, unsere Väter sind Nichts wesen, und er sei es alleine; wer will das gläuben? a gehen sie dahin. Judas ist gewiß deren einer wesen, der gedacht hat: Ich habe einen hübschen leister, er ist visirlich, er predigt als ein Narr; die- : ist ohne Zweifel der Furnehmeste in diesem Spiel, id wird gesaget haben zu den Andern: Was haltet : von unserm Doctor? wie fein hat er heute ge- edigt? Ja, wie ein ander Narr; und wird ihrer iel von Christo abfällig gemacht haben. Doch isset id trinket er noch mit ihme, und hält sich umb ihn, id nimmet was ihm werden kann.

Sonst saget der Evangelist: Die Andern gingen n deme an von ihme s). Da wird der Herr Chri- is ohne Zweifel Andere an der zwei und siebenzig inger Statt erwählet haben, wie sie von ihme ab- fallen waren. Es ist eine seltsame, wünderliche redigt, daß die, so mit Christo wohl dran sind, id seine Jünger heißen, im Namen Christi gepredigt iben, und vielleicht auch [13*]) Mirakel gethan, daran sich gern und hinfallen, und können nicht hören den rtikel, daß er saget: Wer an mich gläubet, der solle lig werden; dabei können sie nicht bleiben, auch Solches cht verstehen, daß er dagegen saget: So euer Väter eich Manna gessen haben, so sind sie doch gestorben.

Aber also gehets t). Die Sektarii und unsere chwärmer sind auch erstlich des Herrn Christi Jün- r gewesen, und haben Christum eben sowohl gehabt, s wir, bis sie nu Sakramentirer, Wiedertäufer, und idere Rottengeister worden sind. Da geben sie für: Vie soll Christus sich backen und so schmelzen lassen, iß man ihn esse und trinke? Das ist je eine harte ede. Ja, so muß es zugeben, daß etliche Jünger, e es mit dem Herrn Christo halten, zurücke- und)fallen. Es wäre nicht Wunder, wenns die Papi-

s) Der geistlichen Herrn Abtritt. t) Apostaten und Abtrünnige.

13*) „auch" fehlt.

ihren Häusern, Schulen oder Synagogen auch gethan.

Es will aber der Evangelist damit anzeigen, daß der Herr Christus solche Predigt nicht allein heimlich in einem Hause, oder auf einem Schiffe, seinen Jüngern gethan habe; sondern er habe Solches gelehret als ein offentlicher Prediger, der das Predigampt geführet hat zu Capernaum. Darumb wird Capernaum seine Stadt genennet p), daß er daselbst ein Bischoff oder Pfarrherr gewesen ist, da hat er am meisten seine Lebtag gepredigt und Zeichen gethan, da hat er seinen Predigstuhel und Kirchen gehabt; gleichwie ich hie ein Prediger bin, und ein Ander sonst an einem Ort lehret. So will nu der Evangelist sagen: Er hats gepredigt zu Capernaum, in seiner Kirchen, da er oberster Superintendens gewesen ist auf seinem Predigstuhel, da er Doctor und Prediger war, und seine Jünger viel schöner Predigten von ihme daselbst gehöret hatten.

Aber da er predigt, spricht der Text: Viel seiner Jünger, die das höreten, sprachen: Das ist eine harte Rede q). Das laut gar schändlich, daß die zu Capernaum haben ihn einen Narren geheißen, der eine seltsame, tolle und ungereimete Predigt itzt gethan habe, die Niemand zuvor thörlicher von ihme gehört habe. Bisanher habe er sonst schöne, herrliche Predigten gethan; aber nu sei er ein wünderlicher, seltsamer Prediger, der lehre, das man zuvor nie gehört habe. Also hat die ganze Stadt gesaget, auch seine Jünger selber gesprochen: Welch ein wünderliche, seltsame, tölpische Predigt ist das! Wer will sein Jünger bleiben, oder es mit ihme halten? Er spricht: Es sei Nichts, daß die Väter haben Manna gessen; er gebe das rechte Himmelbrod: unser Ding soll Nichts sein, daß die Väter in der Wüsten bei vierzig Jahren Himmelbrod gessen haben ꝛc. Er will gar zu hoch, und greifts zu hart an r). O wäre er hienieden ge-

---

p) Matth. 9.

q) Christi und aller frommen Prediger Lohn oder Verehrung.

r) Die G. Weisheit muß sich von ihren Lehrjungen reformiren lassen. Matth. 11. Psal. 51.

en Text nicht ändern. Denn es ist so viel
Ich lebe daher und davon, daß der Vater
st, und ich im Vater bin. Darumb, wer
h isset, der wird leben umb meinenwillen,
in ihme bin; das ist, wer an mich gläubet
hält, der soll daher und davon leben, daß
r ist, und ich in ihme bin.
ches ist ein schöner Johannischer Text, daß
tum also abmalet und beschreibet i), daß
allein Mensch, sondern auch Gott sei. Er
icht, daß er das Leben daher habe, daß er
Vater gedenke; sondern: Der Vater ist in mir,
nein Leben. So ist sein ewiges Leben, daß
r den Sohn gezeuget hat, und nicht der
m Vatern. Solch Leben, so er vom Vater
) daß er Mensche worden ist nach des Va-
len, hat uns erlöset, und daß nu der Vater
ist, das hat er uns geschenket mit diesen
Wie ich das Leben habe daher, daß der
mir ist, und er es mir gegeben hat; also
: das Leben auch davon haben, daß ihr in
ich in euch bin. So ist es nu ganz richtig
ausgenommen, daß wir nicht Ein natürlich
mit Gott sind, wie er ist k). Denn die
t und Gottheit ist wohl nicht ein natürlich
Wesen; dennoch sind sie in der einigen und
nlichen Person, daß man sie nicht von ein-
eiden kann: gleichwie Zuckerwasser ist Was-
: also vermenget mit dem Zucker, daß
itzt kann Zucker und Wasser von einander
obs wohl fur sich zweierlei Naturen sind.
ohl nicht eine vollkommene Gleichniß; aber
t doch etlichermassen, daß Christus, unser
iger Heiland, eine solche Person sei, die
d Mensch ist, daß wenn man die Menscheit
ergreift, so hat man auch die Gottheit ergrif-
chwie im Zuckerwasser du den wahren Zucker

---

i) Christi Contrafekt. k) Wider Osiand. und andere Christ-
der.

ihren Häusern, Schulen oder Synagogen auch gethan.

Es will aber der Evangelist damit anzeigen, daß der Herr Christus solche Predigt nicht allein heimlich in einem Hause, oder auf einem Schiffe, seinen Jüngern gethan habe; sondern er habe Solches gelehret als ein offentlicher Prediger, der das Predigampt geführet hat zu Capernaum. Darumb wird Capernaum seine Stadt genennet p), daß er daselbst ein Bischoff oder Pfarrherr gewesen ist, da hat er am meisten seine Lebtag gepredigt und Zeichen gethan, da hat er seinen Predigstuhel und Kirchen gehabt; gleichwie ich hie ein Prediger bin, und ein Ander sonst an einem Ort lehret. So will nu der Evangelist sagen: Er hats gepredigt zu Capernaum, in seiner Kirchen, da er oberster Superintendens gewesen ist auf seinem Predigstuhel, da er Doctor und Prediger war, und seine Jünger viel schöner Predigten von ihme daselbst gehöret hatten.

Aber da er predigt, spricht der Text: Viel seiner Jünger, die das höreten, sprachen: Das ist eine harte Rede q). Das laut gar schändlich, daß die zu Capernaum haben ihn einen Narren geheißen, der eine seltsame, tolle und ungereimete Predigt itzt gethan habe, die Niemand zuvor thörlicher von ihme gehört habe. Bisanher habe er sonst schöne, herrliche Predigten gethan; aber nu sei er ein wünderlicher, seltsamer Prediger, der lehre, das man zuvor nie gehört habe. Also hat die ganze Stadt gesaget, auch seine Jünger selber gesprochen: Welch ein wünderliche, seltsame, tölpische Predigt ist das! Wer will sein Jünger bleiben, oder es mit ihme halten? Er spricht: Es sei Nichts, daß die Väter haben Manna gessen; er gebe das rechte Himmelbrod: unser Ding soll Nichts sein, daß die Väter in der Wüsten bei vierzig Jahren Himmelbrod gessen haben rc. Er will gar zu hoch, und greifts zu hart an r). O wäre er hienieden ge-

p) Matth. 9. q) Christi und aller frommen Prediger Lohn oder Verehrung. r) Die G. Weisheit muß sich von ihren Lehrjungen reformiren lassen. Matth. 11. Psal. 51.

ihme widerfahren; wie denn im Propheten Zacharia am andern Kapitel gesaget wird: Wer euch anrühret, der greifet mir in meinen Augapfel; und in den Geschichten der Aposteln sagt der Herr Christus zu Saul, der die Christen plagete: Saul, Saul, was verfolgest du mich? Item im fünf und zwänzigsten Kapitel Matthäi stehet klärlich: Was ihr einem aus den Geringesten der Meinen thut, das habt ihr mir gethan.

Es ist aber diese Vereinigung verborgen p), und scheinet nicht fur der Welt; sondern das Gegenspiel sehen wir, daß die gottlosen Bischoffe mit uns also umbgeben, gleich als nähme weder Gott noch Mensch sich unser an, und wäre keine Einigung zwischen Christo und uns. Aber der Glaube siehets, und lernet Christum erkennen in einem unsichtbarlichem Leben und Wesen, nicht aus der Vernunft, und findet sich dennoch die Beweisunge, daß viel frommer Leute sind, die mit aller Demuth und Freudigkeit Christum und Gottes Wort bekennen, wider die Lügen predigen, und darüber ihren Leib und Alles fahren lassen.

Diese Gleichniß hat der Herr Christus darumb setzen wollen q), daß er wohl gesehen hat, es würden sich falsche Lehrer finden, als, die Arianer und andere, die aus dem Glauben eitel Gedanken, und nur ein Spiegelfechten machen würden; wie etliche furgeben, daß wir mit Christo vereiniget sind voluntate, mit dem Willen, wie zweene gute Freunde mit einander eins sind: so hätten wir auch einerlei Willen und Sinn mit Christo, daß er droben im Himmel sei, und wir hienieden auf Erden. Aber wenn ich außerhalb einer Stadt gefangen und angegriffen würde, was hülfe mir denn der, so inwendig in der Stadt ist, ob er wohl [11]) gleich mit mir gesinnet, oder mein guter Freund ist? Darumb ist das nur eine äußerliche Einigkeit oder legalis unitas, wie es die Juristen nennen, da man die Willen, so sonst

p) Darumb gehört sie in des Glaubens Register. q) Ursache dieser Gleichniß

11) „wohl" fehlt.

widerwärtig waren, mit einander vereiniget, und ist gar ein ander Ding von dieser Einigkeit Christi und der Gläubigen; denn Solches ist gar eine weltliche Conventio.

Mit dieser Einigkeit ists also gethan r), daß Christus in mir, und wahrhaftig Ein Leichnam mit uns ist, daß er gewaltiglich mit seiner Kraft und Stärke bei uns hält: so nahe kömmet und ist kein Freund bei dem andern. Wie man nu nennen solle diese Einigkeit, laß ich gehen, denn es ist nicht hoch vonnöthen. Es ist gnug, daß man sich an den Text halte, da er spricht: Wie der Vater in mir ist, und ich lebe umb des Vaters willen; also, wer mich isset, derselbige wird auch leben umb meinenwillen. Das bedeutet so viel: Wie er das Leben von Ewigkeit hat vom Vater, also sollen wir in ihme auch leben; doch mit dem Unterscheide, daß er Gottes Sohn von Ewigkeit ist, und uns aus Gnaden aufnimmet zu Erben seiner Güter, und seiner Gottheit theilhaftig machet r*).

Diese Gleichniß nimmet weg s) den falschen Wahn und Verstand von der falschen Beiwohnung oder Beiwesen, davon die Irrgeister träumen und vergeblich plaudern. Der Text ist immer auf den Glauben gericht, wider die Welt, daß es nicht Traumwerk sein soll; darümb höret ihr, daß Christus allezeit dem Essen und Trinken gibt das ewige Leben.

Derhalben können die Sophisten, und Alle, so aus der rechten Kirchen gefallen sind, nicht wissen noch rechnen, was der Glaube sei. Sie können nicht höher kommen, denn wenn das Herz betrachtet, was Christus gebeut und gethan haben will, daß der Leib Solchs ausrichte mit Werken, denn so bin ich in ihme, oder er ist in mir, da hab ich einen gleichen Willen, wie er. O zu langsam Geselle! Das wird nicht angehen, potz Mores zu langsam! willt du t) mit dem Willen, Thun oder Werken, und

r) Christi und der Christen Einigkeit. r*) Ephe. 1. 2. s) Überweisung der Falschlehrenden aus diesen Worten. t) Ihr Kopf, Sinnen und Seelen stecken voll Werke, wie der Jünger Augen mit Schlaf belästiget waren. Matth. 26.

nach dem Gesetze, deinen Werken und Willen Solches reguliren, und also den Herrn Christum ins Herz führen und bringen? Das heißt von den Werken anfahen. Sie kommen auch nicht weiter, ihrer Unwissenheit oder Unglaubens halben, uber sich. Soll Christus nicht ehe zu mir kommen, ich thue denn und ziehe ihn zu mir, so wird er nimmermehr zu mir kommen. Das heißt nichts Anders geprediget, denn Werk wider den Glauben; sie wissen und können Nichts aus großer Blindheit.

Soll ich einen rechtschaffenen Willen kriegen zum Gesetz, und thun, was Christus heißet, und in die Werke des Gesetzes gerathen u); so muß er selbs zuvor da sein, und im Herzen seine Erkenntniß, Weisheit und das Vermögen gepflanzt haben, daß Christus hernach anfahe, und fahre heraus durch den Mund, daß du kannst reden und bekennen das göttliche Wort, und seiest im Herzen keck, daß du Leib und Leben dran wagest, und Alles uber solcher Bekenntniß hintansetzest. Er muß der Grundstein sein, und das Fundament legen, und nicht wir. So wollen sie nicht in Gottes Namen vorbauen, und den Grund legen, das ist, fromm sein und gute Werk thun; darnach soll erst Christus kommen, und das Dach bauen. Aber da wird Nichts aus. Es heißt: Wer mein Fleisch isset und mein Blut trinket, der hat das ewige Leben. Christus muß vorher kommen, sollt du das Gesetze thun; wenn Christus kömmet, denn wirst du thun, was im Gesetz geschrieben ist, und was du sonst thun sollt.

Wie kömmet er aber? v) Also: Wer mein Fleisch isset ꝛc. Du sollt von ihme hören das Evangelium, dich lehren und unterrichten lassen, und nicht der Predigt widerstreben, auf daß der Heilige Geist durch das Wort kräftig sei, und dir Christum ins Herz bilde und senke, daß du denn anders predigest, gläubest, redest, leidest, und andere gute Werk thust, denn zuvor, und darnach sagest: Nu will ich leiden umb Gottes Worts willen alles, was ich soll; da ist der

---

u) Gesetzesleistung. Nr. 10.   v) Des H. G. Zukunft in uns.

Baum gut worden, und werden die Früchte auch lieblich und gut sein v*).

Ich handele den Artikel nicht vergeblich so fleißig, denn ich besorge, man wird bei dem Artikel nicht bleiben; und es sind leider bereit unter uns Viel, die ihn verachten, und des Artikels nicht hoch sich annehmen werden. So ficht der Papst und die Bischoffe hart dawider. Werden nachmal Prediger kommen, die schläferig, laß und faul den Artikel predigen und treiben w), so ists darümb balde geschehen, und wird ein Irrthum uber den andern kommen. Denn allbereit x) unter dem Gebiet unsers Landsfürsten hebt sich ein solch Verachtung des Evangelii, Undankbarkeit und Vergessenheit an, daß mir mein Herz zubrechen möchte. Ich hätte nicht gedacht, daß man des Jammers und Elends, darinnen wir gesteckt sind im Papstthum, also balde sollt vergessen haben und nichts mehr dran gedenken. Wir leben so sicher, als wären wir ewig in dieser Freiheit gewesen. So will auch Niemand zu Kirchen, Predigtstühlen und Schulen mehr Etwas geben. Könnte man die Prediger Hungers sterben, so thäte man es zum allerwilligsten, verfolgen auch die Prediger, und könnten sie dieselbigen zum Land hinausjagen, so thäten sie es viel lieber.

Aber es ist dem Evangelio zuvor auch also gangen, und wird ihm nochmals also gehen. Es waren die Kinder von Israel y) in Aegypten ubel geplaget, daß ihre junge Kinder ersäuft wurden, und sie gar untergedruckt waren; aber da sie heraußer kamen, und von den Aegyptern erlöset worden, da wars balde rein vergessen. Sie gedachten allein an die Zwiebeln und Fleischtöpfe. Dergleich geschieht noch heute zu Tage. Wir gedenken nur darauf, was zum Friede und Wollust dienet. Wohlan, es werden allerlei Plagen darauf folgen z), daß theure Zeit die armen Leute wird drucken, und die Pestilenz die

---

v*) Matth. 12. w) Matth. 13. x) Jtzt solltest du heiligen Luth leben und sehen, wie es durch einander ginge y) Der Israeliten Undankbarkeit z) Strafe Gottes, diese Undankbarkeit einzutränken, die durch D. Luther prophezeiet.

Reichen würgen, ja auch Blutvergießen kommen wird, viel Tyrannen und Rottengeister werden sich ereignen [12]), das Wort Gottes wird auch wieder fallen. Ich will aber an dem Artikel lernen und lehren, so lange ich lebe, er soll in meinen Predigten fleißig getrieben werden; denn ich sehe wohl, was er thut, wo er ist, und dagegen was es auch Schaden bringet, wo er nicht ist.

Die Rottengeister verstehen dieses Alles nicht. Aber das will diese Gleichniß: Wie der Vater in Christo ist a), nämlich, daß es dem Sohn ist von Ewigkeit angeborn, er hats nicht verdienet oder erworben durch die Werk: also haben wirs auch nicht aus Verdienst oder von unsern guten Werken, sondern daher, daß wir Christum essen und trinken, das ist, an Christum gläuben. Es ist diese Speise und Trank nicht unser Werk, sondern heißt eine Gabe und Geschenk, oder der Nutz, den ich empfahe durch den Glauben b). Es muß mir aber ein seltsamer Aezer sein, der Andere will speisen mit der Speise, die er selbs ist; wie folget:

Dieß ist das Brod, das vom Himmel kommen ist, nicht wie euer Väter haben Manna gessen, und sind gestorben. Wer dieß Brod isset, der wird leben in Ewigkeit.

Diese Wort gehören zum Beschluß dieser Predigt; und droben hat er eben dieß auch gesaget, daß ihre Väter haben Manna gessen. Aber darauf siehet er itzt c), daß sie gläuben sollen an ihn, daß dieß die Summa sei: Wollt ihr selig sein, so esset dieß Brod. Das ist nu weit ein ander Essen, denn euer Väter in der Wüsten gessen haben, deßhalben ihr so viel von euern Vätern rühmet; gleichwohl heißts mit ihnen: sie sind gestorben. Denn sie haben sich versündiget an Gott, darümb hat er sie auch geschlagen und geplaget, daß sie stürben. Es mögen ihr Etliche zur

---

a) Ebrä. 1. Roma. 6. b) Ende des Glaubens. 1. Pet. 1. c) Des Glaubens Rechtfertigung ist der verkürzete Bescheid. Esa. 2.

12) Orig. ereugen.

Reu und Buße kommen sein, das hab seinen Weg; aber der Hause ist darüber hingestorben in ihren Sünden, und verdammet worden, und hat Manna sie nichts geholfen.

Kurzümb, es will sonst Nichts helfen oder selig machen, denn alleine dieß Brod essen. Manna ist wohl eine köstliche Speise, und ist wahrlich ein Brod und Werk, so vom Himmel kommen ist, und von Gott geschaffen d), aber es näherete allein den Bauch, und half nicht zum Leben, ihre Väter sind drüber gestorben. Denn es hatte nicht Verheißung, daß wer Manna äße, der sollte nicht sterben; wie dieß Brod hat, davon wird gesagt: Ich will euch Brod geben, das lebendig mache; darümb auch jene, so uber und neben dem Manna an Gott, der sie aus Aegypten geführet, gegläubet haben, die sind satt und selig worden. Die haben ihren Glauben dran geübet, und ob sie gleich gestorben sind, so leben sie doch noch.

Verwirft also ihren Ruhm und spricht e): Euer Väter haben Manna gessen, und sind gestorben; als sollt er sagen: Wahrlich, ich will euch etwas Bessers, denn Himmelbrod, geben. Ach was solltest du armer Betteler geben? Ei, ich will euch diese Speise, meinen Leib und Blut geben, welcher Leib für euch dahin geben, und das Blut für euch vergossen wird. So ihr nu den Leib essen, ja, das rechte Himmelbrod, und dasselbige Blut trinken werdet, so werdet ihr in Ewigkeit leben.

Also beschleußt der Herr Christus den Sermon f), nämlich, daß er will von einer andern Speise lehren, denn bisher sie gehöret haben, und daß sie zu keiner andern Speise sonst sich halten sollen. Denn wer das Brod esse, der hab das ewige Leben, denn Christus bleibe und wohne in ihme. Ist er denn in uns, so leben wir schon bereit, dieweil er das Leben selbes ist.

Derhalben so lehren wir nicht, wie die Sophisten

---

d) Manna in der Wüsten. e) Treu und Fleiß im Anhalten. f) Vorbilde in göttlichen Sachen einstimmig zu handeln.

gegeben haben g), als sind wir hie auf Erden nicht
ig und heilig, und haben Christum allein in Ge-
nken, daher sie denn erdacht das Fegfeuer, und
aus dem Mißverstand dieses Texts viel gräuliches
rraths erfolget. Aber bist du ein Christ auf Erden,
d gläubest an Christum, und issest also seinen Leib,
d trinkest sein Blut, so ist in dir schon das Leben.
aber, daß Christus in uns ist, und bleibet bei uns
d wir in ihme, darümb muß auch sein Leben, Hei-
keit und Gerechtigkeit in uns sein; wie sichs be-
ifet mit der That, daß es einer in seinem Herzen
Todbette befindet, daß er da sei. Es sind denn
cht bloße Gedanken, da einer uber die Sünde, Tod
d Verdammniß hinüber soll.

Wenn wir Solchs hätten können im Papstthum
edigen, so hätte man nicht dürfen h) von so viel
tiften, Begängnissen, Messen plaudern, und daß
an gute Werk vorhin fürm Fegfener schicken, und
rnacher hat thun sollen, damit denn gar danieder
legt ist der köstliche Trost und Trotz, daß Christus
uns seie, und wo er ist, da folge auch Gerechtig-
it, Vergebung der Sünde und Gnugthuung dafür:
as aber noch ubrig an mir bleibet von Sünden, das
ird er wohl ausfegen; darümb bedarfs keines Feg-
uers. Es ist nur darümb zu thun, daß der alte
chlammsack aufhöre, hingerichtet werde, verfaule und
rwese i). Wenn der todt ist, so ist denn das Leben
r da, damit er wieder herfür komme durch den, so
uns wohnet; wie denn Johannis am vierzehenten
apitel stehet von Christo: So Jemand an mich
äuben wird, zu dem wird der Vater und ich kom-
en, und wollen Wohnung bei ihme machen. Also
d unsere Leibe Tempel Gottes, und Wohnung des
eiligen Geistes; dazu werden sie gemacht allein durch
s Fleisch, davon hie gelehret wird.

So wir das gläubeten k), könnte man sich aller
rthumen entschlagen, ja, ein Richter sein uber alle

---

g) Sophistische Verführung. h) Unzähliger Verderbnissen des Wider-
christenthums Einbrechung. i) Psal. 90. Rom. 6. k) Brauch
und Accommodation dieser Predigt.

falsche Lehren, als vom Fegfeuer und Gaugelwerke; denn es heißt: Christus wohnet in mir. Hast du denn Sünde, so hat er Gerechtigkeit; hast du einen Schwären oder Wunden an deinem Gewissen, so ist er das Heil, ein allmächtiger Arzt, der dich wohl kuriren kann. Bist du krank, und im Tode, er will dich fein gesund und lebendig machen. Wirft man dich auch (wo es müglich wäre,) ins Fegfeuer hinein, so soll dirs doch nicht schaden. Denn gleichwie an einem natürlichem Leibe ist Leben, Gesundheit, natürliche Stärke und Kraft: obgleich irgend ein Gliedmaß wund, schwach oder voller Blattern ist, kann man doch mit der Zeit ihme Rath schaffen, daß es wieder heil werde; also ist Christus auch in uns, und heilet täglich alle unsere Gebrechen. Damit ist diese Predigt vollendet, und ist dieß der christliche Verstand dieser Predigt. Gott helfe uns auch, daß wirs fassen. Amen!

l) Nu wollen wir hören, wie es den Schülern oder Zuhörern dieser Predigt gehe.

Solches saget er in der Schule, da er lehrete zu Capernaum. Viel nu seiner Jünger, die das höreten, sprachen: Das ist eine harte Rede, wer kann sie hören?

Das ist ein feiner Text, wer ihn nur also handeln könnte, wie er wohl werth wäre. Ihr habet aber gehöret die Predigt m), so der Herr gethan hat vom Essen und Trinken, das ist, vom Glauben an ihn, wie ers selber reichlich und tröstlich ausgeleget hat, daß wir gläuben sollen, er sei Gottes Sohn, der seinen Leib fur uns gegeben, und sein Blut fur uns vergossen. Solches soll das Häuptstücke der christlichen Lehre sein, nämlich, daß bei dem Herrn Christo alleine das ewige Leben, die Vergebung der Sünden, und alle Seligkeit zu finden sei.

Darauf folget ferner, wie man diese Predigt und

---

l) Die 18. Predigt am Sonnab. Jub. m) Summa der vorigen Predigt.

Lehre habe angenommen, und was fur Schüler draus worden sind n). Droben ist auch angezeiget, daß sich die Juden zanketen uber seiner Lehre, murreten und sprachen: Es ist wohl ein feiner Prediger; aber er lehrete gar zu seltsame und frembde Dinge, die ihre Vernunft und fünf Sinnen nicht verstehen konnten, darnach sie es alles ausmessen wollten. Aber nu träget sich dieses zu, daß nicht allein der gemeine, tolle Haufe und Pöbel der Juden, sondern auch diejenigen, so sich zu ihme hielten, [13]) mit ihme umbgingen, als mit ihrem Meister, und seine Jünger waren, viel größere und höhere Leute, denn der gemeine Pöbel, die murren und zanken sich drüber, und geben damit zu erkennen, was sie von der Predigt halten, welche doch seinen täglichen Wandel und Wesen, ja, seine Wunderzeichen gesehen, und Predigt gehöret haben, auch vielleicht selbs Mirakel gethan. Denn uber die zwölf Aposteln hat er noch ihrer zwei und siebenzig angenommen, die den Namen der Jünger Christi hatten o), wie denn in dem Evangelio hin und wieder angezogen wird, daß Jesus und seine Jünger, ja, die Menge der Jünger gepredigt haben. Diese haben seine eigene Schuler und Jünger, oder die furnehmesten Pfarrherrn und Prediger in der ganzen Welt sein sollen, die er in eigener Person erwählet hatte.

Nu höre, was das fur Gesellen sind. Das Wort, Schule o*), halte ich nicht, daß es zu verstehen sei von der Kinderschule, oder hohe Schule, sondern verstehe es von der Synagog, das wir itzt nennen einen Predigstuhel oder Kirchen, oder sonst einen Ort, da man die heilige Schrift offentlich predigt und lieset fur der Gemeine, wie in einer Kirchen oder Kapellen, da das Stadtvolk zusammen kömmet, zu hören Gottes Wort. In solchen Schulen sind Moses und die Propheten gelesen worden. Wie wir das Ampt in der Kirchen thun und ausrichten, so haben die Juden in

---

n) Schüler dieser Predigt. o) Luc. 10. o*) Wider die Winkelprediger. Johann. 18.

13) † und.

ihren Häusern, Schulen oder Synagogen auch gethan.

Es will aber der Evangelist damit anzeigen, daß der Herr Christus solche Predigt nicht allein heimlich in einem Hause, oder auf einem Schiffe, seinen Jüngern gethan habe; sondern er habe Solches gelehret als ein offentlicher Prediger, der das Predigampt geführet hat zu Capernaum. Darumb wird Capernaum seine Stadt genennet p), daß er daselbst ein Bischoff oder Pfarrherr gewesen ist, da hat er am meisten seine Lebtag gepredigt und Zeichen gethan, da hat er seinen Predigstuhel und Kirchen gehabt; gleichwie ich hie ein Prediger bin, und ein Ander sonst an einem Ort lehret. So will nu der Evangelist sagen: Er hats gepredigt zu Capernaum, in seiner Kirchen, da er oberster Superintendens gewesen ist auf seinem Predigstuhel, da er Doctor und Prediger war, und seine Jünger viel schöner Predigten von ihme daselbst gehöret hatten.

Aber da er predigt, spricht der Text: Viel seiner Jünger, die das höreten, sprachen: Das ist eine harte Rede q). Das laut gar schändlich, daß die zu Capernaum haben ihn einen Narren geheißen, der eine seltsame, tolle und ungereimete Predigt itzt gethan habe, die Niemand zuvor thörlicher von ihme gehört habe. Bisanher habe er sonst schöne, herrliche Predigten gethan; aber nu sei er ein wünderlicher, seltsamer Prediger, der lehre, das man zuvor nie gehört habe. Also hat die ganze Stadt gesagdt, auch seine Jünger selber gesprochen: Welch ein wünderliche, seltsame, tölpische Predigt ist das! Wer will sein Jünger bleiben, oder es mit ihme halten? Er spricht: Es sei Nichts, daß die Väter haben Manna gessen; er gebe das rechte Himmelbrod: unser Ding soll Nichts sein, daß die Väter in der Wüsten bei vierzig Jahren Himmelbrod gessen haben rc. Er will gar zu hoch, und greifts zu hart an r). O wäre er hienieden ge-

p) Matth. 9. q) Christi und aller frommen Prediger Lohn oder Verehrung. r) Die G. Weisheit muß sich von ihren Lehrjungen reformiren lassen. Matth. 11. Psal. 51.

blieben, und hätte gepredigt, wie man die Laster strafen sollte, und hätte die zehen Gebot getrieben, so wäre er ein feiner Prediger gewesen. Nu machet ers gar zu grob, daß er spricht, unsere Väter sind Nichts gewesen, und er sei es alleine; wer will das gläuben? Da gehen sie dahin. Judas ist gewiß deren einer gewesen, der gedacht hat: Ich habe einen hübschen Meister, er ist visirlich, er predigt als ein Narr; dieser ist ohne Zweifel der Furnehmeste in diesem Spiel, und wird gesaget haben zu den Andern: Was haltet ihr von unserm Doctor? wie fein hat er heute gepredigt? Ja, wie ein ander Narr; und wird ihrer Viel von Christo abfällig gemacht haben. Doch isset und trinket er noch mit ihme, und hält sich umb ihn, und nimmet was ihm werden kann.

Sonst saget der Evangelist: Die Andern gingen von deme an von ihme s). Da wird der Herr Christus ohne Zweifel Andere an der zwei und siebenzig Jünger Statt erwählet haben, wie sie von ihme abgefallen waren. Es ist eine seltsame, wünderliche Predigt, daß die, so mit Christo wohl dran sind, und seine Jünger heißen, im Namen Christi gepredigt haben, und vielleicht auch [13*]) Mirakel gethan, daran sich ärgern und hinfallen, und können nicht hören den Artikel, daß er saget: Wer an mich gläubet, der solle selig werden; dabei können sie nicht bleiben, auch Solches nicht verstehen, daß er dagegen saget: So euer Väter gleich Manna gessen haben, so sind sie doch gestorben.

Aber also gehets t). Die Sektarii und unsere Schwärmer sind auch erstlich des Herrn Christi Jünger gewesen, und haben Christum eben sowohl gehabt, als wir, bis sie nu Sakramentirer, Wiedertäufer, und andere Rottengeister worden sind. Da geben sie für: Wie soll Christus sich backen und so schmelzen lassen, daß man ihn esse und trinke? Das ist je eine harte Rede. Ja, so muß es zugehen, daß etliche Jünger, die es mit dem Herrn Christo halten, zurücke- und abfallen. Es wäre nicht Wunder, wenns die Papi-

---

s) Der geistlichen Herrn Abtritt. t) Apostaten und Abtrünnige.

13*) „auch" fehlt.

sten thäten, und andere grobe Esel; aber daß [14]) die, so Christum annehmen, doch nichts destoweniger wieder abfallen, das ist verdrießlich. Aber sehet zu, daß ihr feste stehet.

Der Evangelist Joannes hat uns dieß zum Trost gesetzet u), daß wir hieran ein Exempel hätten, und wüßten, wenn es dem Evangelio in der Welt recht gehet, so fallen auch die davon abe, zu denen man sichs nicht versehen hätte, und die das Beste dabei thun sollten. Es hat mir dieses manchen Stoß gegeben, daß Christus sich also schwach mit den Seinen stellet in seinem Predigampt, daß Einer hie, der Ander dort davon wegfället; wiederumb, der Teufel sich so stark machet, und mit aller Gewalt dawider legt, daß die besten Leute in der Welt das Evangelium verfolgen, und unter uns auch die Besten gar davon fallen. Es müssen einem zu Zeiten diese Gedanken einfallen: Lieber, ist auch die Lehre recht? Thut Gott auch wohl dran, daß sichs also seltsam anläßt?

Da kömmet denn ein groß Aergerniß aus v); aber es heißt, die Augen stracks zuthun, und sagen: Es falle, wer nicht stehen will, und stehe, wer da stehet, es verfolge auch das Evangelium, wer es verfolgen will; dennoch ists die Wahrheit. Solches ist nicht Wunder, dieweil es dem Herrn Christo selber also gehet, daß dieß Aergerniß noch heute zu Tage uns auch unter die Augen stößet. Aber was kann ich dazu, daß der Papst und die Schwärmer vom Evangelio abfallen, und uns das gebrannte Leid anthun? Ich werde es nicht besser haben, denn mein Herr Christus; da es ihme also gegangen ist, daß sie von ihme abgefallen sind, so werden sie bei uns auch nicht alle stehen. Es wird Lucä am vierzehenten [Matthäi am 10.] Kapitel gesagt: Haben sie den Hausvater Beelzebub geheißen, vielmehr werden sie euch auch also heißen.

Darumb laß immer hinfallen und verfolgen, es

---

u) Der Abfall großer Leute ist uns zum Exempel furgestellet.

v) Aergerniß aus dem Abfall.

14) Orig. † sind.

soll darumb diese Lehre nicht zu Grunde oder zu Trümmern gehen w). Es muß und will doch das Evangelium auf einem andern Grund stehen, denn auf Gewalt, oder auf gelahrten, großen und klugen Leuten. Verfolgen die zornigen Fürsten, auch die unsinnigen und rasenden Bischoffe das Evangelium, oder die gelahrten Leute fallen davon abe; das muß also gehen, daß es auswendig von der Welt veracht, mit Füßen getreten und verfolget werde, ja auch diejenigen, so gute Christen sein wollen, gemeinlich gar davon abweichen: es ist doch eine andere Gewalt, so diese Lehre erhält.

Da Jesus aber bei sich selber merket, daß seine Jünger drüber murreten, sprach er zu ihnen: Aergert euch das?

Da er merket, daß es sie ärgert, und daß sie murren, so hats den guten Mann, Christum, dennoch beweget, und ihme wehe gethan. Ob ers wohl nicht aus den äußerlichen Geberden erkannt, wie sie die Köpf gehänget und die Mäuler darüber gekrümmet haben, so hat er doch ihnen ins Herze gesehen, und ihre Gedanken gewußt x), denn er war Gott. Derhalben hat er balde ihre Gedanken gemerket, als er von dem leiblichen Brod auf das geistliche Essen und Trinken sie gewiesen, und klar gnug den dunkeln Text ausgelegt hatte, und gesprochen, daß, wer an ihn gläube, den hungere und durste nicht in Ewigkeit. Da wards ihnen säuberlich und klar gnug furgelegt; doch hilfts nicht, sie stoßen sich an dem Worte, daß er sagt: Wer isset mein Fleisch 2c. Sie sehen nicht, daß er saget: Wer zu mir kömmet, und an mich gläubet. Darumb spricht er y): Aergert euch das? als wollt er sagen: Ihr habet doch keine Ursach dazu; ists doch klar gnug ausgelegt und gedeutet, was ich meine mit dem Essen und Trinken: noch ärgerts euch. Es ist nichts Anders, denn daß ihr zufahret, und könnet nicht eure natürliche Gedanken lassen, da

w) Christliche Standhaftigkeit. x) Des Herrn Christi Herzforschung. Matth. 9. 22. y) Verantwortung Christi an seine Jünger.

ich doch nach fleischlicher Weise nicht rede, sondern geistlich.

Wahrlich, es thut dem frommen Herzen Christi wehe, und hat ihn seher betrübet, daß man sein Wort veracht, und die Leute sich dran stoßen, denn er hat ihnen darumb geprediget, daß sie selig würden; wie es uns denn auch noch wehe thut: wir predigen nicht darumb, daß wir Jemand Schaden damit zufügen oder verderben wollten, sondern daß die Leute die Wahrheit erkenneten, wie sie gen Himmel kämen, und lerneten, durch was Wege sie selig würden. Daß es aber anders geräth, ist die Schuld nicht unser z), sondern ihrer, und kömmet daher, daß sie es mit fleischlichen Gedanken ausdenken wollen. Solches ist ihme leid, wie es denn mir auch und allen Predigern leid ist; und spricht derhalben: Aergert euch das? Dünket euch das so seltsam sein? Wollt ihr euch daran stoßen, daß ich lehre vom Essen und Trinken, das ist, gläuben, daß es soll Alles thun, oder ihr sollet verdammet sein?

Und wenn wir auch noch predigen, daß der Glaube an Christum alleine selig mache; wie denn Christus hie ausdrücklich saget, daß diese Speise, das ist, der Glaube alleine helfe, und erlange Vergebung der Sünden und das ewige Leben, und die guten Werk denn drauf folgen sollen, denn der Glaube muß nicht unfruchtbar sein: da toben und wüthen unsere Papisten auch dawider a). Wir deuten und erklären es denn wie wir wollen, als, daß die guten Werk dem Glauben sollen nachfolgen: jedoch richten wir Nichts damit aus, da hilft kein Deuten. Darumb muß man sie gehen lassen, wie der Herr Christus auch thut a*). Wir konnen auch nicht also predigen b), wie sie es wollen fassen, und darnach furgeben, wir verdammen die Väter, und verbieten gute Werk; wie diese im Evangelio auch meinen, daß er die Väter, so in der Wüsten Manna gessen hatten,

z) Wer kann wider den Teufel und Unglauben? 2. Kor. 6. a) Der Papisten unbefüget Aergerniß. a*) Matth 15. b) Gottes Diener haben ihren gemessenen und umbzirkelten Befehl. › Haec dicit Dominus.

mme, und deutens auf das Giftigste. Aber wir n es lassen gehen, und sagen: Aergere dich im n; wir sind entschuldiget. Es können Einfäl nd Kinder verstehen und fassen, was da sei, daß laube an Christum allein selig mache, und uns für Gott; item, daß darnach gute Werk folgen Sie wollens böslich nicht verstehen; da müs ir auch sagen: Aergert euch das? Daß ihr da allet, das habt ihr kein Ursache. Es kömmet ergerniß nicht aus dem Wort, sondern es ist Fleisches und menschlicher Weisheit Schuld: es uten und heißen, wie ihr wollet, wie ihrs mei ind deutet; das wird euch noch lange nicht an Nu spricht er also:

wenn ihr denn sehen werdet des Men Sohn auffahren dahin, da er vor war?

Dieser Text siehet ein wenig dunkel, und ich mit unsern Sprachkündigen noch nicht davon ge ich will aber uber dem Text meine Meinung en, treffe ichs, so treffe ichs. Es dunket mich aber, e dieser Spruch (Wenn ihr sehen werdet des Men Sohn auffahren) zweierlei Sinn c), und ist auf Jo ich geredet, und deß Sentenzs oder Meinung feiblen nicht, ob wir gleich der Grammatiken feiblen. atinus hat nicht: Si videritis ascendentem filium is, ubi prius erat, daß es nicht sei gefraget.

Die erste Meinung dieses Texts ist d), daß er : Aergert ihr euch darüber? Ei, was will denn n Aergerniß sich erheben, wenn ich auffahren dahin, da ich vor war? als wollt er sagen: ihr das nicht leiden, noch gläuben, daß ich sage: an mich gläubet, der habe das ewige Leben rc., noch auf Erden bin, und fallet von mir abe: ich ein Gerumpel, Porzeln und Abfallen soll geschehen, wenn ich fahre dahin ich gehöre? at sich gleich der Herr damit getröstet, als sollt en: Ei, will das nicht klingen, wenn ich sage: isset mein Fleisch und trinket mein Blut, der

c) weierlei Meinung dieses Spruchs. d) 1. Die erste Meinung.

wird leben ewiglich; wie will es denn klappen und klingen, wenn der Heilige Geist predigen wird, daß ich, Christus, Gottes Sohn sei, und Gott selber, den ihr gekreuziget und gemartert habt e)? Itzt zwar sehet ihr mich einhergehen als einen wahrhaftigen, natürlichen Menschen, daß ich gewaltiglich predige und Mirakel thue; aber dort wirds allererst weit einreißen. Wie will man die zwei zusammenstimmen, daß ein erhenkter, gekreuzigter und auf das Allerschändlichste verdammeter Mensch, der unter zweien Mördern gestorben ist f), soll dennoch in aller Welt geprediget und ausgebreitet werden, daß er von den Todten auferstanden sei, und sitze zur rechten Hand Gottes, ja, sei Gott selber? Das wird erst ein Aergerniß werden g). Dieß ist die erste Meinung, die ich nicht verwerfe.

Die andere Meinung h) ist des lateinisches Textes: Aergert euch das? wie, wenn ihr sehet &c. Er bricht kurz ab, und es lautet stumpf. Es will sich aber der Herr damit trösten, und in einer Summa sagen: Ihr folget itzt euern Gedanken nach, daß ihr euch ärgert; aber ich wills sparen, bis die Zeit kömmet, daß ihrs gläuben werdet, wenn ich den Heiligen Geist gebe, der mich verklären wird i). Darumb, ob es Etliche itzt nicht gläuben, so wird doch die Zeit kommen, daß ihrs gläubet. So nu dieß Erste euch ärgert, so wird das Letzte euch viel sehrer und mehr ärgern. Doch, ob es itzt Alle nicht gläuben, so laß ichs anstehen, es werdens doch Etliche noch gläuben; wie denn Joannis am 12. Kapitel auch gesaget wird: Wenn ich von der Erden erhöhet werde, so will ich sie alle nach mir ziehen. Darumb will er so viel sagen: Ich sehe, es will nicht anders sein, und es will allenthalben mit meiner Lehre nicht von Statten gehen k): wenn ich gleich lange predige und Wunderzeichen thue, so ärgerts euch doch alles. Nur todt mit mir; wenn ich todt bin, so soll es anders werden, wie denn in obgedachtem zwölften Kapit. Joan-

---

e) Akts. 10. f) Esai. 53. g) Luc. 2. h) 2. Die andere Meinung. i) Johann. 16. k) 2. Thess, ult.

als auch mit einer gar lieblichen Gleichniß furgebildet wird: Wenn das Waizenkorn in der Erden erstirbet und verfaulet, so bringets Frucht; also solls auch nach meinem Tode sich ändern, wenn ich den Heiligen Geist senden werde, der wirds euch alles lehren. Wohlan, sie haben dieser Wort keines verstanden, es scheinet gleich, als hätte ers mit sich selber geredet: das ist die Ursache des Aergerniß. Aber kömmet der Heilige Geist, so werdet ihrs fein verstehen.

Es ist ein Johannisch Stücklin, daß er sagt: Ihr werdet sehen des Menschen Sohn auffahren dahin, da er vor war l). Dieses hat Niemand verstanden. Er hebt aber an und spricht, er sei an einem Ort gewesen, da wolle er wieder hin. Es ist etwas dunkel geredet: Ihr werdet des Menschen Sohn sehen auffahren, da er zuvor gewesen ist. Wo ist er denn gewesen? Von Ewigkeit bei dem Vater im Himmel. Denn der Vater hat ihn von Ewigkeit gezeuget, unaussprechlicher Weise, die man nicht verstehen kann, sondern gläuben muß: da ist er zuvor gewesen, und von dannen herab kommen durch die Menschheit, hat eine Mutter erwählet, von welcher er ist Mensch worden. Zuvor (will er sagen,) war ich nicht Mensch, wie ich itzt einhergehe; aber ich werde wieder von der Erden hinweg und dahin kommen und fahren, da ich vor war, das ist, in das vorige Leben. Ich will sterben, und von den Todten wieder auferstehen, und mich verklären, daß ich Gottes Sohn sei.

Es ist mit trefflichen Worten geredet: des Menschen Sohn m), zeiget damit an, daß er wahrhaftiger Gott und Mensch sei, und will die menschliche Natur mit haben, die er von Maria an sich genommen hat, wie sonst Kinder von einer Mutter geborn werden; und will sagen: Ich bin auch ein Menschensohn, ein recht natürlich Kind und lebendige Person, nicht eine Larve, Gespönß oder Gespenst n); und dennoch will dieser Menschensohn wieder dahin, da er zuvor gewesen ist:

---

l) Ort der Herrlichkeit Christi. Ezech. 3. Luc. 23. m) Christus. n) Wie die Valentinianer und mehr Ketzer furgeben.

flichtets also in einander, daß in Einer Person sei Gottes und Marien Sohn, und eben der Menschensohn will da wieder hin, da er vor war, das ist, zu Gott. Zuvor, ehe er Mensche ward, war er Gottes Sohn von Ewigkeit o); nach der Menschheit aber zu rechnen, hat er zeitlich angefangen, hat ein zeitlich, neue Wesen, und auch ein ewiges zugleich mit einander auf Erden gehabt: also stimmen die zwo Naturn in Einer Person zusammen.

Und spricht, er wolle auffahren. Das Auffahren p) ist anders nicht, denn daß er sich wolle verklären. Das hätte er sonst nichts bedurft, daß er sich läßt sehen unter seinen Jüngern nach der Auferstehung bei 40. Tagen; wie wir denn ihn auch sehen auffahren, sintemal es ist erschollen in alle Welt, daß er aufgefahren ist gen Himmel, und sitze zur rechten Hand seines Vaters. Ja, will er sagen, wenn ihr das sehen werdet, und der Heilige Geist wirds predigen, wie ich hinauf gefahren, nicht allein als ein Mensch, wie ich itzt dafur angesehen werde, sondern auch als wahrhaftig Gott mit zu, denn solls werden, daß entweder ihr besser werdet, und gläubets, oder euch scheußlicher dran ärgern werdet. Ihrer Viel werden, wahrlich, sich drau stoßen, daß der, so also schändlich gestorben ist, sei Gottes Sohn; aber widerumb werden sich auch Viel daran bessern. Durch dieß Auffahren q) kömmet der Heilige Geist, wie Joannis am sechzehnten Kapitel der Herr Christus saget: Wo ich nicht hingehe, so kömmet der Tröster, der Heilige Geist, nicht zu euch.

So ist die Meinung: Wenn ihr werdet sehen, daß ich dahin fahre, wohlan, wohlan, (es ist ein eclipsis,) darnach werdet ihrs besser verstehen, und werdet gestärkt werden, so wirds angehen; denn werdet ihrs entweder vernehmen, oder gar druber zu Boden gehen, daß ich als ein wahrhaftiger Mensch sterbe, und dennoch zur rechten Hand meines Vaters

---

o) Johann. 1. Daher singet die Kirche aus der H. Väter Lehre: Id quod non erat, assumpsit et quod erat, permansit. p) Auffahren q) Nutz der Auffahrt.

fitze, verkläret und bewähret als ein wahrhaftiger und vollkommener Gott: Solchs wird euch entweder ärgern oder bessern. Wähle nu, welchen Verstand du willt. Er scheubeis also hinter sich, bis daß der Heilige Geist komme; als sollt er in dem Text sagen: Was soll ich viel mit euch disputiren? es will nicht ein, ich habs gnug ausgelegt, ich muß es bis dorthin sparen.

Mir gefället diese letzte Meinung am besten r), dieweil er saget: Der Geist ist, der da lebendig machet. Ich muß gen Himmel fahren, und das Reich einnehmen, den Heiligen Geist geben: da soll es denn sich auch rumpeln, taumeln und fallen; wie denn geschehen ist, denn man hat an dieser Predigt sich nicht wollen genügen lassen. Die Jüden können auch noch nicht diesen Artikel hören, daß Christus wahrhaftiger Gott sei; so können wir Christen nichts wenigers, denn dieses Artikels embehren: wer es nicht will gläuben, dem stehet die Thür offen, er gehe immer hin, wo er will. Der Türk gläubets auch nicht. Der Papst spricht wohl, er gläube es; es ist aber nicht wahr. Darümb, wird Jemand ihn nicht fur einen Gott halten, der wird wohl ohne Gott bleiben. Denn das ist der christlichen Kirchen Häuptartikel, und wir wollen keinen andern Gott weder wissen noch haben.

So spricht er nu: Lieben Kinder, daß ihr mein Fleisch essen sollet und mein Blut trinken, und wissen, daß ich Gott sei, und wieder hinfahre, da ich herkommen bin, also verkläret werde als ein Gott s), das ist euch zu hoch: ihr thut, wie die Narren, daß ihr mit der Vernunft an diesen Artikel fallet, und wollet ihn ausgründen. Wenn es dahin geräth, daß man will den Dingen mit der Vernunft nachdenken, und sie ausmessen, so ist Christus bald dahin, und ich bin auch verloren; denn es ist beschlossen, daß das Fleisch kein nütze ist, sondern der Geist macht lebendig. Ihr müßt ja den Geist dazu haben, oder einen geistlichen Verstand bekommen, dieweil es dem Fleisch zu hoch und unbegreiflich ist.

---

r) Lutheri Wahle. s) Recht geboren in himmlischen Dingen.

Er redet aber an diesem Ort nicht von seinem Fleische, wie es die Sakramentirer und Rottengeister gedeutet haben t). Denn wie käme er dazu, dieweil er droben viel anders davon gesagt hat, nämlich, mein Fleisch ist das Leben der Welt; item mein Fleisch ist die rechte Speise: sondern hält hie gegen einander den Geist und das Fleisch, und spricht: Der Geist muß es thun, aber das Fleisch ist kein nütze. In der heiligen Schrift wird Geist genennet, was vom Heiligen Geist ist; und Fleisch heißt, das vom Fleisch geboren ist. Da frage alle Menschen, sonderlich die Weiber, welche wissen, wie ein Kind von einer Mutter geboren wird, mit Leib und Seel. Das ist nicht Fleisch, wie sonst in der Fleischbank feil ist; sondern ein lebendig Kind, das die Vernunft mit sich bringet von der Mutter Leibe, und damit aufwächst. Darümb so heißet Christus alles Fleisch, was vom Fleisch geboren ist, nämlich, alle weisen und klugen Leute in der Welt, die Könige und Fürsten auf Erden. Item, Vater und Mutter ist auch Fleisch, und was aus ihnen besamet, geschaffen und geboren wird, und wächset, gleichwie ein großer Baum aus einem Kern wächset. Summa Summarum: Ein Mensch u), der von einem Manne und Weibe geboren, wird Fleisch genennet; denn er kömmet vom Fleisch her, und wird von Vater und Mutter gezeuget. Was er nu kann von Pflanzen, Bauen, von Kunsten und Handwerken, oder was er von Arbeit und Geschicklichkeit in seinem Kopf träget, und aus der Vernunft vermag, das heißt alles Fleisch, denn es ist des weiblichen Kinds Geschäft, und kömmet vom Fleisch, von Vater und Mutter, seine Vernunft bringets mit; gleichwie ein Baum seine Blätter und Blüthe träget. Darümb, was aus der Vernunft entspringet, das heißt alles Fleisch. Also sind Fleisch die Allerklügesten und Gewaltigsten auf Erden, sampt allen ihren Vermögen.

So will nu der Herr Christus anzeigen: Wer

---

t) Verkehrete sakramentirische Gloß. u) Fleisch und seine Werk.

an mich gläuben will, und meine Predigt fassen v), der gedenke, daß er das Fleisch fahren lasse, und meine Wort nicht urtheile oder fasse mit seiner Vernunft. Denn mein Fleisch hat mit sich gebracht meine Gliedmaß, meine Sinne und Vernunft, und alles, was ich erfahren habe von allerlei Künsten, es sei so klug es immer wolle, doch ists eitel äußerlich und vernünftig Ding, mit den fünf Sinnen erzeuget und erbauet: darümb ists noch alles Fleisch, denn es ist alles aus Fleisch herkommen; daß also in dem Wort, Fleisch, begriffen werden alle Gewaltigsten, Mächtigsten, Reichesten und Klügesten der Welt, klein und groß, hoch und niedrigs Stands, von denen man sagen kann: Dieser ist von einem Weibe geboren, ist eines Weibes Sohn, er heiße Fürst oder Doctor: hat er den Titel, daß er Vater und Mutter hat, so heißt er Fleisch, lasse ihn gleich so klug, gelehrt und heilig sein, als er immer könne; wenn er nicht ist zur andern Geburt kommen, durch die Taufe, so heiße ihn nur Fleisch.

Solches Fleisch, saget Christus stracks, kann in Gottes Reich nicht kommen, noch Gott ergreifen w); will so viel reden: Ihr höret alle meine Predigt, daß ich gesaget habe: Wer mein Fleisch isset 2c.; da gehen nu in eurem Fleisch die Gedanken daher, daß ihr so den Sinnen nach schließet: Ich hab Zähene im Maul, hast du Fleisch, so wollen wir dich bald auffressen, und werden nicht viel Menschen an dir gnug haben, sie werden dich bald verdauet und ausgeworfen haben, du wirst nicht lang Fleisch behalten; wie solltest du uns denn das Leben geben? Also redet das Fleisch, und wird die Vernunft die Wort Christi messen nach ihrer Weise: gleich als wenn ein Kuhe Hau, oder eine Sau ein Galrede frisset, denn hat sie es hinweg und aufgefressen; und wenn ein Mensch sein Brod isset, so hat ers verschlungen, verzehret und verdauet. Aber der Herr spricht: Ihr habt keine Ursache euch zu ärgern, euer Weisheit, Verstand und Vernunft, damit ihr diese Wort richten wollet, ge-

v) Christi Abrichtung für seine Gläubigen. w) Für die Wortredener des freien Willen.

höret nicht hieher: willt du mein Wort verstehen, so richte es nicht nach deinem Kopf und Vernunft, du wirst ein Narr drüber, du kannsts nicht ersehen mit deiner Weisheit, sondern stich die Augen aus, ärgern sie dich x), du mußt hören, was ich sage.

Die Wort, die ich rede, die sind Geist und Leben.

Meine Wort sind geistlich; das Fleisch aber mit aller Weisheit, damit du willt meine Wort y) begreifen, ist eitel todt Ding, so sind meine Wort eitel Leben. Darnach glossirt ers und spricht: Es sind Etliche unter euch, die gläubens nicht. Es wollen diese Wort mit unserm Kopf nicht gefasset sein, darümb Vernunft, Fleisch, Blut oder Klugheit hin und her, sie sind dir nicht das Leben oder Geist, sondern alles todt Ding, was du willt mit der Vernunft fassen: aber meine Wort sind die höheste Weisheit und das Leben, und haben Leben und Geist, machen auch lebendig; aber man muß sie gläuben. Willt du nu das Leben bei dir auch haben, so mußt du ein neuer und geistlicher Mensch werden, der nicht nach der Vernunft urtheile, als ein Mensch von der Mutter geborn, sondern anfahe zu gläuben diesen Worten, sonst wirst du nicht dazu kommen; also wird es dein Leben sein. Das ist der Weg, geistlich und ein neuer Mensch zu werden, wie denn die Wort auch Geist und Leben sind, wenn du diese Wort mit Glauben dir zueigenest z): sonst, außer dem, können diese Wort dich nicht lebendig oder geistlich machen; denn das Fleisch liegt dir im Wege. Da lernet, wie ihr zum Geist und Leben kommet, und was Geist und Fleisch heiße; und wenn die Wort recht verstanden werden, so ists klar, es gilt hie nicht euer Denken; ihr dürft eins andern Meisters zu dem Wort, denn euren Kopf.

Der Geist ists, so lebendig machet.

a) Das ist ein feder feiner Spruch, der itzt bei sechs oder sieben Jahren große Marter und einen harten

x) Matth. 18 y Christi Wort z) Wahre Geistlichkeit. a) 19. Predigt, am Sonnabend nach Misericordias Domini.

Stoß gelitten hat; aber ich hoffe, er hab ausgelitten. Die Sakramentlästerer haben ihn wider das Abendmahl angezogen, und dahin gedehnet, damit aufzuheben, daß Christi lebendiger, wahrhaftiger Leib nicht im Abendmahl sei, sondern schlecht Brod und Wein; item, der Leib und das Blut Christi im Abendmahl diene nirgend zu, es sei Fleisch; und habens damit bestätigen wollen, daß Christus saget b): Das Fleisch ist kein nütze, der Geist aber ists, der da lebendig machet.

Derhalben müssen wir wider diese thörichten, unsinnigen Geister gerüstet sein c). Es spricht Christus nicht: Mein Fleisch ist kein nütze. Denn droben hat er gesaget: Mein Fleisch ist die rechte Speise, und gerühmet, daß sein Fleisch der Welt das Leben gebe. Itzt aber, da sie sich darüber ärgern und es nicht gläuben wollen, daß sein Fleisch die wahrhaftige Speise sei, antwortet er: Was machet ihr? mein Wort sind eitel Leben. Wenn ich spreche: Mein Fleisch ist die Speise; das sind Wort, dazu gehöret der Geist, will man diese Wort verstehen, mein Blut trinken und mein Fleisch essen; es ist eitel geistlich Ding. Und es erzwinget dieser Text unwidersprechlich, daß er nicht rede von seinem Fleische, das wohl auch eine Speise und ein recht geistlich Fleisch ist, voll des Heiligen Geistes und ein göttlich Fleisch, darinnen eitel Geist gefunden wird, das voller Gnaden stickt, denn es gibt der Welt das Leben.

Aber er setzet itzt d) gegen einander Geist und Fleisch, und redet unterschiedlich von einem jeden; darümb kann dieser Spruch vom Fleisch Christi nicht verstanden werden, darinnen ist Geist, und er machet damit lebendig: so sollen wir diese Wort (Das Fleisch ist kein nütze) nicht deuten noch ziehen lassen auf den Leib Christi, von deß Fleisch es nicht mag verstanden werden; sondern das ist die Meinung: gleichwie im ersten Buch Mosi am sechsten Kapitel (da die Welt durch die Sündfluth verderbet ward,) Gott sagete: Mein Geist soll nicht mehr bleiben bei

---

b) Dieses Spruchs Mißbrauch. c) Den Sakramentirern wird das Maul verstopft. d) Fürhaben Christi an diesem Ort.

den Menschen, denn sie sind Fleisch; und droben Joannis am dritten Kapitel spricht Christus auch: Alles, was vom Fleisch geboren wird, das ist Fleisch, und was vom Geist geboren ist, das ist Geist; also setzet er die auch gegen einander Fleisch und Geist e), und spricht: Das Fleisch ist kein nütz, und todt; der Geist aber macht lebendig. Da treibet Christus Fleisch alles, was vom Fleisch geboren ist, alle Adamskinder, so aus dem Fleisch kommen, ausgenommen den einigen Leichnam Christi, der nicht vom Fleisch, sondern vom Heiligen Geist geboren ist; wie wir im Symbolo bekennen: Ich gläube an Christum, der empfangen ist, nicht vom Fleisch, sondern vom Heiligen Geist. Er hat wohl wahrhaftig Fleisch an sich genommen, aber das Fleisch hat ihn nicht gezeuget, er hat keinen Vater gehabt; sondern der Heilige Geist hat ihn gezeuget in dem jungfraulichen Leib Mariä. Das bestätiget unser Glaube. Die Mutter ist mit ihm schwanger worden nicht aus fleischlichen Kräften oder männlichen Werken, sondern aus dem Heiligen Geist und seinem Mitwirken. Darümb, wenn Christus von seinem Fleisch redet, so spricht er: mein Fleisch. Mit diesem Wort: mein f) sondert er ab sein Fleisch von allem anderm Fleisch. Dieß sein Fleisch ist heilig, gesegnet und begnadet mit dem Heiligen Geist; und ist zwar von Natur Marien Kind, aber er hat doch ein geistlich Fleisch, einen wahrhaftigen, göttlichen und geistlichen Leib g), darinnen der Heilige Geist wohnet h), der hat ihn gezeuget, und dasselbige sein Fleisch gar durchgeistet.

Ist derhalben das die Summa: Zu meinen Worten, die ich rede, gehört kein Fleisch: alle Menschen auf Erden werden diese Wort nicht verstehen, werdens durch das Fleisch nicht fassen i); denn was aus Fleisch geboren wird, das ist Fleisch. Alle Menschen heißen Fleisch, ausgenommen Christus und seine Christen. Darumb, wo nicht ist eine höhere Geburt, die aus dem Heiligen Geist kömmet, da ist

---

e) Es ist eine collatio oder Gegenheit. f) Das Wort mein.
g) Psal. 45. h) Esai. 61. i) [illegible]

die fleischliche Geburt nicht tüchtig noch nütz, sondern ist Alles verdammlich. So wird hie von des Herrn Christi Fleisch nicht geredet; sondern er meinet alle die Menschen auf Erden, die klügesten, mächtigsten, schönsten, stärkesten und heiligsten. Item, alle Weisheit, die ein Mensch aus seinem Kopf und Vernunft kann erfinden, es sei so gleißend es wolle, doch ists Fleisch.

Also sind auch aller Juristen Künste und Bücher, welches doch fur sich eine feine Kunst ist k), wie auch andere Künste und Weisheit der hochgelahrten Doctorn, doch heißts alles Frucht des Fleisches. Obgleich diese Künste lehren das Zeitliche zu regieren, sind es doch äußerliche Ding, feine Künste und Gaben, die weisen, wie man ein Haus baue, wie man einen gesunden Leib, hubsche, helle Augen ꝛc. haben möge, schöne [15]) Kinder zeugen, käufen, verkäufen, pflanzen; aber es ist dennoch alles aus dem Fleisch kommen, Jüden, Türken und Heiden haben dieses alles auch l). Es sind ihre etliche feine Leute gewesen, haben sonderliche Geschicklichkeit gehabt: doch sind es Menschen, alle ihr Thun ist aus menschlicher Natur, Kraft und Vermogen m); darümb ists alles Fleisch, da ist kein Gottes-Wort, das lehrete gläuben, oder gen Himmel zu kommen, oder Christum erkennen n). Es ist im Leiblichen und Weltlichen ganz und gar versunken und ersoffen o).

Was aber nicht Fleisch, sondern uber Fleisch ist, das wird genennet Geist p). Er will sagen: Wenn alle Vernunft zusammen käme, so mag sie die Wort nicht verstehen noch leiden q); und je heiliger oder scharfsinniger, geübter und klüger die Vernunft ist, je weniger sie es vernimmet. Sollen aber die Wort verstanden werden, und ins Herz gehen, so muß ein höher kommen, denn aller Menschen Weisheit ist und vermag. Man muß in ein ander Schule kommen, und der Vernunft Urlaub geben, sie nicht

k) Der juristische Ladünkel und Künstler. l) Der Heiden und Unchristen Gebrechen. m) Röm. 1. n) Matth 8. o) 1. Timoth. 6 p) Geistliche Kraft. q) 2. Kor. 12.

15) Orig. habe, mögen schöne.

zu Rath nehmen, sondern schweigen, und heißen todt sein, ihr die Augen ausstechen und die Federn rupfen; wer anders dieß verstehen will. Da gilt und hilft also sagen: Wahrlich, daß ich soll seinen Leib essen und sein Blut trinken, da will ich nicht erst die Vernunft umb fragen, sondern hören, was der Herr Christus selber davon saget r). Denn die Vernunft macht dir einen bösen Gedanken uber den andern; das läßt sie nicht, und rumpft sich darüber. Wer sie aber also uberwinden kann, der kömmet in die geistliche Schule und Wesen; er misset die Wort nicht ab, sondern spricht: Ich will allein hören, was der Herr saget, nämlich, ich soll sein Fleisch essen und sein Blut trinken. Mehr hab ich nicht, dabei bleibe ich, diese Wort hab ich gehort, die will ich gläuben. Es liegt mir nichts daran, daß ich es nicht sehe, oder nicht kann ausrechnen. Es schicke sich in meinem Häupt, wie es wolle, so will ich diese Wort hören. Dazu gehört ein ander Lehrer und Schulmeister, denn die Vernunft, nämlich der Heilige Geist, der muß in dieser geistlichen Schule lehren und fortbringen.

Das will Christus mit den Worten s): Das Fleisch ist kein nutze; nämlich: Meine lieben Leute, wollt ihr meine Wort verstehen, so gedenkt nicht davon fleischlich, thut das Fleisch beiseiten, achtets nichts dafür, daß ihrs mit der Vernunft begreifen und darhinter kommen wolltet; denn so werdet ihr nimmermehr den Verstand meiner Worten erlangen, sondern euch daran ärgern, daß ihr sprecht: Was Fleisch essen! Das kauft man in der Scherren, und gehört in die Küchen. Weiter werdet ihrs nicht bringen. Das ist der Vernunft Zirkel, darinnen sie bleibet t), sie weiß sonst von keinem Fleisch essen, denn wie es die Menschen oder Thiere fressen. Kömmet sie aber zu Gottes Wort, und höret von Christo, man solle sein Fleisch essen, so gedenkt sie: Ich muß ihn zubeißen, wie ein Rindfleisch, oder wie die Hunde ein Stück Fleisch fressen und zukauen. Wie kann aber

---

r) Audiam, quid loquatur in me Dominus. s) Fleißiger Unterricht des H. G. t) Schranken der fleischlichen Sinnen.

der einige Mann von der ganzen Welt gegessen werden? Denn ob er so groß wäre als die größten Berge, wie die Alpes, wäre es dennoch nicht gnug. So und dergleichen klügelt und zerbricht sie sich darüber; und dieweil sie es nicht erreichen kann, so muß nicht recht sein. Da erhebet sich ein Deuten nach ihrem Gefallen, und macht Gloßlin drüber, mit einem solchen Verstande, den sie gerne hat.

Das thun unsere Rottengeister und Schwärmer u). Also hat auch Averrois gethan, der von den Christen geschrieben, daß kein ärger Volk sei in der Welt, denn sie, mit Fressen ihren Gott, das sonst keine andere Menschen thäten, die ihren Göttern Ehre thun und sie hehre halten. Wie spitzig und höhnisch können sie es doch ausecken, daß wir unsern Gott essen? und greifen uns an unsere Ehre. Daher kommen die Verächter, ruchlose und sichere Leute: den Schaden thut allein die Vernunft, und fuhret die sicheren Leute also; wie denn der Türke auch von uns gedenkt und hält uns Christen fur Narren v), er ist gewiß, daß wir unrecht thun, denn wir gläuben an einen Gott, den wir gleichwohl in uns fressen; spricht: Sind das nicht tolle Hunde, solle man die, so ihren Gott fressen, nicht todtschlagen? Darümb meinet er, er thue gar wohl dran, daß er uns verfolge. Also wollen die Jüden auch unsinnig darüber werden, wenn sie hören, wir essen dieß Fleisch; denn sie rechnen es mit fleischlichen Gedanken aus, und zirkelns ab, und ist ihnen sehr lächerlich, daß ein einiger Leib soll die ganze Welt speisen. Also werden wir von Turken und Heiden noch drümb auf diesen heutigen Tag verspottet.

Bei den alten Christen w), wenn man das Abendmahl hat empfahen wollen, haben sich die Christen allein im Chor verschlossen, und das Sakrament daselbst gessen, auf daß nicht die Heiden ihre mysteria anschaueten, und sie verlacheten. Daher hat ein bö-

u) Schwermisten und Averroisten. v) Von den Christen des Türken und der Jüden Urtheil. w) Brauch des Abendmahls in der ersten Kirche. Tertull. in Apologet.

ſer Bube einmal geſagt, da er gefraget ward, was doch die Chriſten thäten, wenn ſie allein im Chor verſchloſſen wären: Was? ſprach er, ſie freſſen einen. Von dem an hielt man ſie fur die Leute, die ſich unter einander fräßen. Uber dem Freſſen mußten ihr Viel ſterben. Das richtet der einige Böſewicht an, der ſo ſpitzig und giftig Solches heraußer geſaget hatte, da er gehört, daß man Chriſtum im Sakrament eſſe; wie es denn auch noch itzund eine ärgerliche Predigt iſt.

Aber ſiehe zu, daß du auch müßt ein ſolcher Schüler werden, und dahin kömmeſt, da der Geiſt iſt, daß der Geiſt dich lehre und leite, dich uber und außer der Vernunft hebe; ſonſt wirſt du dieſe Wort nicht verſtehen. Dahin muß es mit dir gebracht werden, ſonſt iſts ſchabab; du mußt die Vernunft gar ausziehen und hinwerfen durch den Glauben, daß dieſe Wort geben das ewige Leben. Derhalben ſo iſt beſchloſſen, daß, wer Chriſtus Wort hören will, der laſſe den Eſel daheime x), handele und rechne nicht nach ſeiner Vernunft; thut ers aber, ſo wird er ſich ärgern. Darumb Augen und Maul zugethan, und die Ohren auf; allein auf des Herrn Mund und Wort gehorchet, der alſo ſpricht: Wahrlich, wahrlich, werdet ihr nicht eſſen das Fleiſch des Menſchen-Sohns, und trinken ſein Blut, ſo habt ihr kein Leben in euch. Das muß man allein gläuben und uber den Worten ſteif halten: Wer mein Fleiſch iſſet. Ich höre, daß er ſaget vom Fleiſcheſſen, und es ausleget, ſolch Eſſen ſei gläuben. Das kann ich nicht zuſammen bringen mit der Vernunft. Ich höre die Wort wohl; aber was ſie ſagen, das fühle, tappe und ſehe ich nicht: jedoch will ichs nicht widerſprechen, darauf es wagen und ſterben. So macht dich denn der Heilige Geiſt zu einem Schüler, und gibt dirs ins Herz y), (welches die Vernunft nicht thun kann,) daß du gläubeſt und dran dich wageſt. Solches iſt denn nicht deiner Vernunft Werk, ſondern des Heiligen Geiſtes; derſelbige gibts. Es iſt des Heiligen Geiſtes Ge-

---

x) Allusio auf die Hiſt. Abr. Gen. 22. y) Rom. 8.

schenk und Gabe, in dein Herz geleget, daß du es gläubest. Also hat der Herr selber ausgeleget, daß der Geist lebendig mache, heiße gläuben.

Wohlan, so sind nu zweierlei Leut oder zweene Haufen z), die es nicht fassen, verstehen, noch gläuben können. Die Ersten sind, so es schwerlich gläuben, daß Christi Fleisch und Blut sei eine Speise, das ewige Leben zu geben. Das ist ganz schwer zu gläuben, daran stoßen sie sich noch, und fallen Heiden, Türken und Jüden dahin, sonderlich aber dem hohen Stucke, daß Christi Fleisch das ewige Leben gebe. Der Papst mit den Rottengeistern stellen sich wohl, als gläubten sie das Erste, daß Christi Fleisch und Blut wahrhaftig eine geistliche Speise und Trank sei; aber das Letzte gläubet er nicht, daß [16]) ein solche Speise sei, die das Leben gebe, und vom Tod und Sünden helfe. Daß es ein lebendige Speise sei, das wollen sie nicht einräumen, sondern bleiben hienieden, treiben Gesetze und Lehre von guten Werken, und sprechen: Man muß fromm sein, die Werk des Gesetzes und der Liebe thun, denn wird man selig; das sind die besten Lehrer im Papstthum gewesen.

Aber dahin zu kommen, daß du fromm seiest, und gläubest, Christus gebe das ewige Leben, da gehöret fürnehmlich der Geist zu, der dich lehre a), daß nicht allein des Herrn Christi Fleisch eine Speise sei, sondern eine Speise des Lebens, die dich ewig sättiget, lebendig machet, dir hilft vom Tode, Sünden, Teufel. Das ist schwer zu gläuben, wenn Solches gepredigt wird, daß [17]) sein Fleisch und Blut so große Ding thue. Jdoch fähret ein Christ flugs zu (der da isset von dem Fleisch, das ist, gläubet, daß er von dem Fleisch oder durch diese geistliche Speise soll selig werden,) und spricht: Was sollen mir die zehen Gebot? Was bedarf ich des Gesetzes oder der guten Werk zur Seligkeit? Wenns diese Speise Christi ausrichtet, so darf ich keine gute Werk thun, das ewige Leben zu erlangen.

---

z) Zweierlei Schüler. a) Des H. Geistes Handleitung: Phil. 1.
16) † es. 17) † daß.

Unsere Widersacher b), ehe sie ließen ihre Gesetze und die guten Werk fallen, sie lehreten ehe, daß gute Werk hülfen und zur Rechtfertigung vonnöthen wären, denn daß Christi Fleisch essen das Leben gebe. Denn Solches lautet in der Vernunft Ohren zumal ubel. Daher kommen so viel Orden, Klöster, Tempel, Wallfahrt, und Anders mehr. Dabei ist der falsche Verstand gewesen, daß man glauben sollte, man würde durch diese Werk gerecht. Sie sind in dem Wahn gestecket, daß durch solche unsere Werk und Klosterleben man das ewige Leben, Erlösung von Sünden und Tod uberkäme.

So ist nu das der größte und höheste Artikel, auch bei denen, so Christen sein wollen c), denn bei den Heiden ist er gar ärgerlich, daß Christi Fleisch solle eine Speise sein. Auch ists noch vielmehr ärgerlich, gläuben, es sei ein solche Speise, die da lebendig mache, oder das ewige Leben mit sich bringe. Aber bei den Christen ists nicht ärgerlich, daß Christi Leib eine lebendige Speise sei, das ewige Leben zu geben. Denn das ist der Christen güldene Kunst, daß sie ungezweifelt gläuben, Vergebung der Sünden und das ewige Leben komme nicht von [18]) Gesetze noch von guten Werken, von Kappen oder Platten; sondern daher, daß wir Christi Fleisch essen, und sein Blut trinken.

Nichts deste weniger ist Fleisch und Blut so heillos, daß es wüthet und strebet wider diese Lehre; und gleichwie Fleisch und Blut in einem jungen Gesellen wuthet zur Unzucht, also tobet es auch in den großen, klugen und vernünftigen Herzen, und geistlichen, frommen Menschen wider den Artikel, und will immerdar ten Holzweg d). Die Papisten wollen ihren Glauben schlecht grunden oder fußen lassen auf guten Werken, ihre Menschenfündlin. Zwar ich bin auch im Papstthum also gesinnet gewesen, daß

---

b) Der Päpstler Steifsinnigkeit in Irrthumen c) Die Hauptlehre des Christenthums. d) Widerstrebung des Fleischs. Joh. 7. Gal. 5.

18) † dem.

man gute Werk sollte thun, und dadurch selig werden.

S. Paulus zu den Römern am siebenten Kapitel spricht, daß das Fleisch, als ein großer Riese und gewaltiger Kriegsmann, wider ihn streite, nehme ihn schlechts gefangen e). Darümb klaget er: Ich kann nicht thun, was ich thun will, denn das Fleisch fähet mich. Er meinet nicht das Hurenübel, denn er hat viel andere Anfechtung und Püffe des Fleisches gehabt; sondern er habe den Artikel gerne rein gläuben wollen, daß das Fleisch Christi allein selig mache: aber sein Fleisch murre dawider. Er nimmet das ganze Fleisch fur sich, oder das ganze Leben, darin der Mensch sollte fromm sein; aber es fichtet Alles wider diesen Artikel, daß man gläube, es sei sonst kein andere Erlösung vom Tode und Sünden, noch sonst keine andere Hülfe, denn essen das Fleisch Christi, und trinken sein Blut; und will S. Paulus sagen: Diesen Artikel also gläuben, daß es eitel reiner Glaube sei, das ist schwerer, denn Jemand denken kann. Predigen kann ich ihn, will er sagen, aber nicht so fest gläuben; ich befleißige mich aber, daß ich es ergreifen möge.

Wenn du aber erlöset bist durch das Fleisch Christi, daß du hast dasselbige gessen und sein Blut getrunken f), so thue gute Werk und halte das Gesetze. Aber unterscheide es dennoch wohl. Denn gute Werk helfen dir nicht von Sünden, sondern der Leib und Blut Christi. Aber ich thue gute Werk Gott zu Ehren und Gehorsam, und dem Nähesten zum Besten. Es ist Keiner unter uns, er hat noch ein groß, grob Stücke von dem Fleische, ja, einen ganzen großen Backtrog voll.

Der Heilige Geist g) hat aber in uns angefangen, vermahnet uns, und spricht: Ihr höret Christum predigen und lehren, daß sein Fleisch und Blut die göttliche Speise und Trank sei zu unserm Leben und Erlösung; und schreibet der Heilige Geist diese Wort

---

e) Menschenfündlin. f) Wirkung dieser Speise in uns. g) Des Heiligen Geists Meisterschaft.

in das Herz, daß du es gläubest und darauf bleibest, daß kein ander Trost, Hülfe noch Rath sei, der Sünde und Todes los zu werden, denn mit Glauben sagen: Sein Fleisch ist am Kreuz fur mich gegeben, und sein Blut fur mich vergossen. Das geschieht nicht aus deinen Kräften, sondern du hast es durch die Gnade und Gabe des Heiligen Geists. Sonst kann dein Herz den Sinn nicht haben, das Fleisch läßt dichs nicht hören, oder nur aus Gewohnheit hören, und sagen: Es mag das Fleisch Christi eine geistliche Speise sein, nicht mit dem Munde zu genießen, sondern daß man nur daran gedenke, und nicht das Leben davon habe; aber man muß wahrlich gute Werk thun, und Gottes Gebot halten. Da kömmets hin, wenn es auf das Höheste kömmet.

Es gehet mir auch noch also, daß mich die Werk immer hinter sich ziehen von Christo auf mich selber, ich muß mich noch Tag und Nacht damit zukämpfen h). Also bleibts nicht nach, man rücket uns alsbalde für: Ei, man muß gleichwohl gute Werk thun. Das ist wahr, es ist Gottes Wille. Aber das ist auch Gottes Willen thun, essen das Fleisch Christi, das ist, gläuben, und denn gute Werk thun. Gute Werk soll ich thun; sie helfen mir aber nicht von Sünden, können mir auch nicht das Leben geben, sie speisen mich nicht zum ewigen Leben. Diese Ehre will ich ihnen nicht geben, sondern dieses [19]) ihr bescheiden Theil, daß sie Gott zu Ehren, ihn zu preisen und loben, und dem Nähesten zu Nutz und Bestem geschehen.

Darumb, daß gesagt wird i), wir müssen Christi Fleisch essen, damit wird angezeiget von Christo: Wollen wir Gottes Kinder und Schüler sein, und dieses Wort verstehen, so müssen wir höher kommen, denn in das Fleisch, wir müssen weit, weit uber die Vernunft kommen, und in ein andere Schul gehen, da der Heilige Geist Schulmeister ist, der diese Wort zu feurigen Flammen und lebendigen Gedanken machet, darf nicht Federn und Dinten, die sie ins

h) Luther Bekändung. i) Des H. Geist Schul.
19) † ist.

Herz zu schreiben, daß du sie verstehest und gläubest: solche Flammen und Anhauch [19*]) ist des Heiligen Geistes, es tringet das Leben, und machet, daß du diese Wort recht nützen könnest. Aber wenn du im Fleisch bleibest, und willt mit der Vernunft umbgehen, so hast du keinen Nutz davon; du bleibest todt, wie du zuvor bist.

So wisse nu, daß Solches nicht vom Fleisch Christi gesaget wird, sondern von unserm Fleisch, da wir alle Fleisch heißen k), als, wenn wir nicht den Heiligen Geist kriegen, der uns lehre und die Wort Christi in unser Herz drucke, wenn da der Heilige Geist nicht ist, so sind und bleiben wir Fleisch; und wenn dieser Text wohl und recht getrieben würde, so verstünde man draus, daß alle Klöster und Aufsätze des Papsts zu Boden geben, die auf gute Werk sonst bauen und trauen.

Wenn auch der Herr hätte aufgehört an diesen Worten, (der Geist macht lebendig,) würden die Rottengeister geschrien haben: Geist, Geist! Die Taufe und Abendmahl machens nicht aus, darumb mußt du in einen Winkel kriechen, und des Geistes erwarten. Dieses zu verkommen [20]), setzet er diese Wort dazu:

Die Wort, die ich rede, die sind Geist und Leben.

Das ist, der Heilige Geist hats gesagt. Er will dir nicht zulassen l), daß du hin und wieder flattern sollest, einen Geist zu suchen und zu erträumen, daß man spreche: Ich habs aus Einsprechen des Heiligen Geistes. Ja, aus des leidigen Teufels Einblasung magest du es haben. Wie sie zu Augsburg unter dem Reichstage in dem Edikt furgaben: Die Kirche ist fromm, darumb muß sie aus Einsprechung des Heiligen Geistes heilig reden. Solch Einsprechen will Christus nicht haben, bindet allein an das Wort m), er will den Heiligen Geist nicht abgesondert haben von seinem Wort. Darumb, hörest du einen rühmen,

---

k) Verächter dieser Schulzucht des H. G. l) Denen Rottirern wird das Loch verrennet. m) Eph. 6.

19*) Anhang. 20) Diesem vorzukommen.

er habe Etwas aus Eingebung oder Einsprechung des Heiligen Geistes, und es ist ohne Gottes Wort, es sei was es wolle; so sprich, es sei der leidige Teufel. Es will dich Christus nirgend an binden, denn an seinen Mund und Wort, will dich nicht lassen flattern, sondern du sollt sein Wort hören, wie er denn da saget: Die Wort, die ich rede, sind geistlich Ding. Darumb, sollt du den Heiligen Geist erlangen, so halte dich zu meinen Worten, denn sie sind Geist und Leben.

Diese Wort sind viel Goldes werth, daß man auf Gottes Wort sehen und hören solle; Ursache, daher sind alle große und gräuliche Irrthumen n), Abgöttereien und Rottengeistereien zu jeder Zeit in der Welt entstanden, als, S. Franciscus und Dominicus Orden, der Väter Regeln, Messen und Wallfahrten, und Anders mehr: das hat alles müssen heißen vom Heiligen Geiste eingegeben, was irgend einem Narren eingefallen, geträumet und geliebet hat. Da hat ein Iglicher seine Gedanken gehalten fur den Heiligen Geist und seine Offenbarungen. Also hat das Grimmethal auch müssen aus dem Heiligen Geist sein. Solch Einsprechen oder Irrthumen hat der Papst bestätigt; aber es ist ohne Gottes Wort, und darumb ists der leidige Teufel.

Gott hat seinen Heiligen Geist geordent, daß er ordentlicher Weise komme durchs Wort o). Solches spricht Christus selber an diesem Ort. Darumb, wenn dir Etwas furkömmet, das gleich noch so schön und heilig scheinet, daß du auch meinetest, es sei gar ein engelisch Wesen; so nimms doch fur dich, und halte es gegen Gottes Wort, siehe, obs in der heiligen Schrift gegründet sei, und obs Gott geboten, geheißen und befohlen habe oder nicht. Ist es allein ein bloßer Gedanke, eine sonderliche Andacht und gute Meinung, ohne Gottes Wort, so speie es an, es wäre denn, daß Gott dich wollt sonderlich erleuchten, wie Mosen, sonst siehe dich für; und dieweil

n) Ausbruch dieser Irrthumen.

o) Weise den H. G. zu bekommen.

Gott nu das Predigampt bestätiget hat, so hüte dich fur solcher Andacht und Gedanken, die der Teufel wohl kann anrichten, und wenn sie gleich so süsse wären, daß sie grosze Mulden voll Thränen weineten.

Du mußt wissen, welche Andacht böse, oder welche gut, natürlich oder geistlich sei p); denn sie sind alle mit einander fast gleich. Der Mönche Bücher sind voller geistlicher Andacht gewesen, und da ist Mancher betrogen worden durch solche Andacht; denn sie haben nicht können unterscheiden noch schließen, welche Andacht recht, oder welche unrecht sei, dieweil sie das Wort Gottes nicht gehabt, und gesagt, sie dürfen dem Heiligen Geist nicht widerstreben. Aber ich spreche: Ich will ihme widerstehen, wenn sie das Wort Gottes nicht haben. Denn S. Joannes in seiner [21]) Epistel q) befiehlt, man solle alle Geister prüfen und urtheilen und zusehen, wer predige, und was er lehre.

Soll ich den Geist prüfen, so muß ich das Wort Gottes haben r), das soll die Regel sein, der Prüfestein, der Lydius lapis, das Licht, dabei ich erkenne, was schwarz oder weiß, gut oder böse sei, gleichwie die Sonne Alles erleuchtet; und wo dieß Licht nicht scheinet, so sprich: Ich will es gerne lassen schön fur der Welt, auch köstlich Ding sein; aber daß es mir sollte zu Gott helfen, und vom Tode mich erlösen, da will ichs weder hören noch sehen, wenn es mit dem göttlichen Wort nicht ubereinstimmet, wie seher es gleißen mag. Betrifft solche Andacht meiner Seelen Heil und Seligkeit, so will ich sie anspeien, mit Füssen treten, nicht leiden, hören noch sehen; denn es ist nicht Gottes Wort da.

Darauf ist die Predigt Christi gestellet s), da er lehret, seine Wort und Reden sind Leben und Geist, das ist, sie sind recht geistliche Ding, gehen weit, weit uber die Vernunft, und sind viel höher, ja himmlisch. Wollen wir nu den Geist und das Leben

p) Andacht muß man unterscheiden. q) 1. Kap. 4. r) Gottes Wort ist der rechte Streichstein zur Lehrprob. s) Geistreicher Verstand ist nöthig. Johann. 3.

21) † ersten.

finden, so müssen wir auch geistlich werden, und das Wort Gottes hören: das uberwieget die Vernunft, und streichet höher hinauf, denn die Vernunft weiß. Die Wort, so ich höre, soll ich sie verstehen, so geschiehts durch den Heiligen Geist, der macht mich auch geistlich; das Wort ist geistlich, und ich werde auch geistlich, denn er schreibet mirs ins Herz, und ist, in Summa, Alles Geist.

Den Text merke du wohl t), daß Christus spricht: Der Geist macht lebendig; denn er läßt uns nicht in Irrthum oder Zweifel stecken; und der Herr saget balde drauf, was Geist sei, spricht: meine Wort, daß wenn die Meuchelprediger kommen, und ruhmen vom Geist, und sagen, daß sie durch die Liebe und Geist zu predigen gedrungen werden, daß wir denn zusehen, und nicht verführet mögen werden u). Denn sie sagen wahrlich itzt auch: Ich meine es gut und mit aller Treu, Gott weiß vom Himmel, ich wollte meine Seele [22]) fur euer Seligkeit setzen. Aber sprich du: Predige den Gänsen, du bist ein Teufel, laß mich mit deinem Geist unverworren; Christus will nicht haben, daß ich hören soll, und spricht: Der Geist machet lebendig; wo sind ich und du? Meine Wort, spricht er, sind Geist; wirdest du sie fassen, so hast du ihn.

Du möchtest vielleicht fragen: Wo machet der Geist lebendig? oder, durch was? wo soll ich ihn finden u*)? Hie wird dir geantwortet: Halte dich zu meinen Reden und Worten; so du die fassest, so hast du den Geist. Also sind die Wort Geist in dem, der da lehret und prediget, und auch in dem, der [23]) zuhöret und gläubet: als viel er an dem Wort hanget, als viel ist er Geist; dagegen, als viel er Fleisch hat, und nicht gläubet, so ist er Fleisch.

Diese zwei ringen mit einander v). Ich wollt mit dem Herzen gerne gläuben, und daß ich immer

---

t) Dazu ist er gut. u) Matth. 24. u*) Des H. G. Werkstatt.
v) Des Geistes und Fleisches Kampf.

22) Seligkeit. 23) † da

voll Geist wäre; aber ich vermags nicht. Denn das Fleisch und der alte Junker Adam, so in meiner Haut ist, kömmet und schrecket den Geist, reißt mir Possen, singt im Herzen Tag und Nacht: Ei, man muß dennoch auch gute Werk gelten lassen. Diese Gedanken sind mir nicht nütz, sie sind verflucht, verdammet und schädlich; noch muß ich sie haben, doch stets dawider kämpfen, und sagen: Ich wills nicht thun, noch auf Werk vertrauen. Ich weiß wohl, daß die zehen Gebot befohlen sind; was ists drumb mehr? Ich will erstlich diesen Artikel lernen, und gläuben, daß mein Heil und Leben stehe im Fleische und Blut Christi, darnach her mit den zehen Geboten, die will ich nicht ausschlagen. Ist das Herz auf diesen Artikel fundirt, so thut man auch gute Werk, sed diversa ratione.

Das ist nu dieser christliche Artikel, und diese Wort sind Geist: nicht hohe, weise, vernünftige Wort, sondern Geist; und zu des Heiligen Geistes Schule mußt du kommen mit deinem Herzen, denn sonst kannst du Nichts ausrichten: es fähret Leben und Geist alles furüber, und du bleibst im Tode.

w) Mit höhestem Fleiß ist bei uns angehalten, daß wir die Wort wohl lernen verstehen: Der Geist ists, der da lebendig machet, auf daß wir bei dem rechten, gründlichen Verstande bleiben, daß er spricht: Die Wort, so ich rede, sind Geist und Leben. Da redet er nicht von seinem leiblichen Fleisch, welches er gibt fur der Welt Leben, und den Christen zur Speise; sondern er will gegen einander gesetzt haben Fleisch und Geist, und daß man den Geist nicht höher, oder anders suche, denn in seinen Worten, so aus des Menschen Munde gehen und gepredigt werden. Dieselbigen Wort sind eigentlich Geist, und führen den Menschen in ein ander Welt und Wesen, geben ihm ein ander Herz und Sinn, so weit uber und außer alle Vernunft ist, ja, so die Vernunft gar nicht begreifen kann, ob sie es gleich gerne wollte. Es gehet meiner Vernunft nicht ein, daß meiner

w) Die 20. Predigt, am Sonnabend nach Cantate.

Seelen Heil und Seligkeit drauf rügen soll, daß das Fleisch Christi ist gekreuziget, und fur mich gelitten habe. Da spricht die Vernunft x): Wie kann das Fleisch, das an ihme selbs gekreuziget ist, mir helfen, und mich vom Tode erretten? Aber sprich du: Jungfrau Vernunft, halte du das Maul zu; du hörest wohl, daß Christus saget, man solle es also lehren, und den Worten Ehre und Raum geben, und gläuben, es sei wahr; denn werde ich auch Geist, und schwinde mich höher, denn meine Vernunft, mein Fleisch und Natur vermag.

Das ist eins, man soll den Geist nirgend suchen, denn in und bei seinem Wort, das er redet. Denn seine Wort sagen, das Fleisch sei fur uns gegeben, und das Blut fur uns vergossen. Wers nu höret, der höret Gottes Wort, und höret des Geistes Wort; und gläubet ers, so wird er auch Geist, und also uberkömmet man den Glauben x*).

Aber es sind Etliche unter euch, die gläuben nicht.

Du hörest, daß man seine Wort mit der Vernunft nicht urtheiln, richten noch ermessen kann, sie wollen von dir ungeörtert bleiben, daß du nicht aus deinem Schädel sagest: Wie ists möglich? Es soll nicht anders, denn so zugehen y): hörest du die Wort, und wirst sie behalten, die sollen dich lebendig machen, denn sie sind an ihnen selbs das Leben, und lassen sich nicht ausdichten, fassen, urtheilen. Du mußt gläuben, anders lassen sie sich nicht zwingen, denn allein mit dem Glauben; sonst mußt du ihrer in Ewigkeit verlustig sein und bleiben z).

Die Ursache setzet er hinzu in dem: Etliche unter ihnen gläubten nicht. Das sind hohe Leute gewesen a), Schriftgelehrten, weise Leute, so die zehen Gebot gewußt, treffliche, gelahrte Leute fur der Welt: doch gläuben sie nicht, es sind diese Wort ihnen eitel Thorheit, es laut ihnen närrisch. Sollt es

x) Der Vernunft Unmäßigkeit zu verwirren und nicht berichten. x*) Gal. 3. y) Schleuniger Bescheid. z) Marc. 9. a) Des Teufels Schüler.

ich thun? Je weiser und klüger die Leute
mehr sie sich an dieser Predigt ärgern, daß
leisch gebe das ewige Leben. Also schüttelt
unft den Kopf, und will nicht hinan gehen,
saget: Sollte das getödtete Fleisch uns le-
achen?

hält der Papst auch diese Wort fur ein lau-
tt b). Ob er das göttliche Wort wohl mit
nde bekennet und redet, so gläubt ers doch
nn er lehret, daß man die Seligkeit bekomme,
m gute Werk thue. Nu, hie stehets, die
d ihm auch zu hoch, und blenden seine Ver-
In Summa, soll man sie erlangen, so muß
Haut ausziehen, und treten aus der Ver-
d menschlichen Weisheit, und sich in den
begeben, und sagen: Lieber Vater, es ist
derbarliche Predigt, daß ein Mensch aus
ermögen, guten Werken, Macht und Kraft
l, und gedenken, es habe dein Sohn sein
gossen: dadurch, und sonst durch nichts An-
l ich Vergebung der Sünden haben und se-
n, ohne mein Werk und Vermögen.' Da
, daß man es mit der Vernunft nicht kann
h begreifen, aber mit dem Glauben ergreift
enn es wird nicht gesehen noch gefühlet,
nder, der nicht gesündigt hat, soll fur mich
nd mir helfen zum Leben, und ich, so ge-
soll Nichts dafur thun, daß ich das ewige
rbete.

Welt und alle Gesetze sagen dawider c):
ndiget hat, der soll die Sünde auch tragen,
d bezahlen. Aber dieß Regiment der Welt
, und bleibet auf Erden, und wenn dieß
Ende hat, daß man sterben soll, so ists
lbigen Gerechtigkeit auch aus. Hie spricht
Bei dem Regiment soll es nicht bleiben:
kommen uber das, so du gethan hast fur
d eine andere Gerechtigkeit bringen, daß du
st an deinen Werken, und behilfst dich dar-

———

he Theologia. c) Gesetzlicher Rechtspruch.

auf, daß Christus saget: Wahrlich, wahrlich, mein Fleisch ist wahrhaftig die Speise, so fur dich gegeben ist, und mein Blut fur dich vergossen, und Solches gläubest. Da hörest du, daß keine und meine Sünden nicht zu büßen noch zu bessern sind durch dich oder mich, sondern allein durch den, so sein Blut fur mich vergossen hat. Diesem Gesange und dem Wort folge, und setze keinen Zweifel dran. Das heißt gläuben.

Er klaget aber: Etliche gläuben nicht; als wollt er sprechen: Ihr höret die Wort, es sind die rechten Wort, darinnen Geist und Leben ist; aber was geschieht? Ihr wollet es mit der Vernunft und mit dem Fleisch fassen, ergreifen, rechnen und uberlegen. Ihr saget d): Wie schickt und reimet sich das, daß ich soll ungestrafet und ungebüßt bleiben, und Vergebung der Sünden kriegen, der ich doch gesündiget habe, und der Unschüldige soll leiden? Da müßten alle Gesetze in der Welt falsch werden, und würde keine Strafe noch Gesetze in der Welt bestehen. Aber wisse, daß zweierlei Reich sind. Eins ist ein weltlich Reich. Hast du da fur den Menschen gesündiget, so bezahle und büße für dem Richter. Aber für Gott und in dem Reich Christi da mußt du es nicht thun, denn da ist alles Büßen verworfen: sondern du mußt den Christum haben, der da nicht gesündiget, sondern fur deine Sünde gnug gethan hat.

Mit diesem Häuptartikel geben wir stets umb e), daß er gewiß gefasset werde. Es gewöhne sich auch ein Jeder, mit dem Herzen an dem Manne zu hangen, und an ihn zu gläuben, und auf diese Wort Christi zu bauen, da er ausrufet, daß sein Fleisch und Blut fur mich gegeben sei. Darumb bekenne nur gleich zu: Ich bin und bleibe ein Sünder, wo will ich hin? zu S. Jakob? Nein; sondern ich will diese Wort fassen, gläuben, und Alles drauf wagen: er wird mir nicht lügen, ich wills festiglich dafür halten, sein Fleisch sei fur mich gegeben, und sein Blut fur mich vergossen. Indeß will ich gerne gute Werk thun

d) Unglaubens Disputation. e) Prediger-Arbeit.

i fromm sein. Aber wenns zum Treffen kömmet,
will ich nicht drauf fußen und pochen, sondern ich
ls hienieden lassen, und darauf hoffen, daß einer
Gott mich vertritt, der hat seinen Leib fur mich
eben.

Das machet denn geistlich und einen rechten
:istenmann. Da ist denn auch der Heilige Geist
einem, und erhält einen, daß er nicht irren
ge f); sonst ist kein Maaß noch Ende des Irrens.
e Wort stehen da, meinet Christus; aber man
n sie nicht fassen ohne den Glauben. Nu wollt
sie mit der Gestalt ausmessen; aber was machet
Anders, denn daß ihr euch selbs im Lichte ste-
? Dafur dienet, stille geschwiegen, und einfältig
n gegläubet, so kömmet man bei die Sache. Es
inet zumal leichte sein, den Unversuchten, und
i es gar leichte zugebe, Vergebung der Sünden
ofaben, und Nichts mehr thun, denn gläuben. Ei,
ın ich doch Etwas dafur thäte. Es scheinet der
ıube ein geringe Ding sein. Aber versuche es, wie
bte es sei, da wirst du sehen, daß der Glaube
eine göttliche Kraft, und nicht eines Menschen.

Obs gleich schlecht zugehet, wir ihr Viel sich dün-
lassen, doch saget ein Christ: Welche eine schwere
nst ist, gläuben diesen Worten g). Denn wenn
Tod, Sünde, Teufel und Welt fur Augen sind,
) das Gewissen zappelt, wenn es zum Kampf köm-
t, darüber soll dir noch wohl der Angstschweiß aus-
chen, daß du sagen mögst: Ich wollt lieber im
rnisch zu S. Jakob gehen, denn diese Noth leiden.
e aber ohne Anfechtung leben, und sichere, rohe
ıte sind, die dünket der Glaube ein geringe Ding
ı. Aber der Christ spricht in Anfechtungen: Schweig
le, Gewissen, Tod, Sünde, Welt und Teufel,
höre dich nicht, ich will die Augen zuthun, und
sen Worten allein zuhören h). Da wirst du ge-
hr werden, ob es ein geringe Kunst sei, gläuben.

f) Präservativ fur Irrthum. g) Glaubens recht freie Kunst. Joa 8.
h) Psal 42. 43.

Sonst gedenket man: Ei[24]), es ist ein schweer Ding umb gute Werk, aber umb den Glauben ists balde geschehen. Es scheinet wohl der Glaube ein leichte Ding sein, aber es ist eine schweere Kunst i). Das lehret Versuchung und Erfahrung wohl, daß man das Gegenspiel sagen muß, nämlich, daß Gottes Wort anhangen, daß ein Herz fur Sünden und Tode nicht erschrecke, sondern Gott vertraue und gläube, viel ein säurer und schwerer Ding sei[25]), denn aller Karthäuser und Mönche Orden sei. Die Vernunft kann leichtlich eine Kappe tragen, Haer lassen abscheeren, morren, beten und fasten, wie denn die Mönchheiligkeit thut, das können natürliche Kräfte ausrichten: aber das Herz umbkehren, und keck sein auf Gottes Wort in Todesnöthen, daß man sich nicht fürchte, sondern freue wider den Tod k), von der Kunst weiß kein Mönch noch Pfaffe.

Darumb habe ich euch gesäget: Niemand kann zu mir kommen, es sei ihm denn von meinem Vater gegeben.

Gläuben müsset ihr. Nu, weil ihr höret, es gilt gläuben; so sprechet ihr balde: Ich will den Glauben von mir selber anheben l). Aber nein, du sollt mirs noch wohl lassen. Also thun wir auch. Wenn man prediget, man müsse fur die Sünde gnug thun, so greifen sie es flugs an mit eigenen Werken, die Sünde zu büßen. Das verbeut Christus, und will, du sollt es nicht thun, du sollts nicht angreifen: er wills thun und die Sünde angreifen. Wolltest du der Mann sein, daß du deines Herzens mächtig wärest? Ja, lerne erst, daß der Glaube sei ein Gabe Gottes und eine göttliche Kraft; du sollts mir von dir selber nicht gläuben. Wolltest du dich auflehnen wider den Teufel? wo willt du Narr hinaus? Es ist dir zu hoch. Hüte dich, daß du nicht in diese Vermessenheit fallest, und meinest, wenn du

---

i) Homine imperito nihil injustius. k) Wie der h. Simeon. Luc. 2.

l) Christmäßige Helden die wollens können.

24) „Ei" fehlt. 25) „sei" fehlt.

e Wort hörest, so könnest du es balde gläuben; wie
nn der Rottengeister und falschen Christen viel itzt
un: aber wenn es zum Treffen kömmet, daß sie den
lauben sollen beweisen, falsche Lehren urtheilen
der sich in Nöthen trösten sollen, balde legt sich das
antate, und ist Niemand daheime.

Wohlan, sage du also: Ich danke meinem
ott m), daß ich gelernet habe, daß ich meine Sünde
cht soll angreifen mit meiner eigenen Buße, oder
n Glauben anfahen mit meinen Werken, und meine
ünde tilgen. Für den Menschen dürfte ichs wohl
un, fur der Welt und dem Richter gilt es: aber
r dir, Gott, ist ein ewiger Zorn, da kann ich nicht
ug für thun, ich müßte verzagen. Darumb danke
dir, daß ein Ander fur mich meine Sünde ange-
iffen, sie getragen, und dafur bezahlet und gebüßet
t. Das wollt ich gerne gläuben, es dünket mich
ch fein, recht und tröstlich sein; aber ich kann mich
cht drein ergeben, ich finde es in meiner Kraft nicht,
ß ichs thun könnte, ich kanns nicht begreifen, wie
wohl sollte. n) Herr, zeuhe du mich, hilf mir
d schenke mir die Kraft und Gabe, daß ichs gläu-
n möge. So seufzet der Prophet im 51. Psalm [26]):
chaff in mir, Gott, ein reines Herz, und gib mir
nen neuen, gewissen Geist. Ein neue, reines Herz
rmag ich nicht zu machen, es ist dein Geschöpf und
reatur. Gleichwie ich die Sonne und Mond nicht
achen kann, daß sie aufgeben und helle scheinen am
immel: so wenig kann ich auch verschaffen, daß das
erz rein sei, und ich einen gewissen Geist, einen
rken, festen Muth habe, der steif sei, und nicht
ppele, zweifele, oder wackele an deinem Wort.

Ein neues, reines, zartes Herz ist, das sagen
nn: Ich habe einen richtigen Geist, einen neuen
inn, Muth und Herz, das feste hält, nicht zweifelt,
ndern so eigentlich gläubet, daß es Leib und Leben
über lassen will, Christus sei fur es [27]) gestorben.

---

m) Es ist Danks werth. n) Täglich soll man so bitten und
flehlich anhalten.

6) Orig. seufzet deren ij. Prophet im Psalm. 27) seldigen.

Derhalben soll man auf die Wort gut Achtung geben. Denn Christus will sagen in den Worten: Niemand kömmet zu mir, daß der Glaube Gottes Gabe sei o). Er gibt ihn auch gerne; allein, daß man ihn von Gott bitte. Zu ihm kommen ist, gläuben an Christum; aber wer nicht gläubet, der ist ferne von ihme. Ihr meinet, gläuben sei euers Thuns, euer Kraft und Werk, und fallet mir zu frühe drein. Es ist Gottes Gabe, auf daß man ihme alleine die Ehre gebe, und sich kein Mensch einiger Kraft rühmen könnte. Der Vater ists, der uns zeuhet, und gibt das Wort, den Heiligen Geist und Glauben durch das Wort, es ist beides sein Geschenk, und nicht unser Werk oder Kraft. Das saget Sankt Paulus zun Ephesern a n andern Kapitel auch: Aus Gnaden seid ihr selig worden, und dasselbige nicht aus euch, noch aus den Werken, auf daß sich Niemand zu rühmen habe.

Das heißt ein christlich Wesen p), dawider die Welt allezeit toll und thöricht gewest ist, und noch dawider tobet. Darinne wird kein Werk gerühmet, sondern allein meines Vaters Ziehen. Item, mein Fleisch, mein Blut, mein Geist, alles, was hiezu gehöret, ist sein, und Nichts [28]) unser, soll ich das Leben haben; darumb alle das Andere, was wir thun, ist gänzlich ausgeschlossen.

Aber da saget man q): Wer gläubet das nicht? Wir sind Christen. Gehe hin zu den Juden und Türken, denen predige vom Glauben. Rechte Christen sagen: Ach Gott vom Himmel, wie ist das so wohl und recht geredet: Wer mein Fleisch isset ꝛc. Item: Wer an mich gläubet, der hat das ewige Leben. Ach! wie gerne wollt ich frei werden von Sunden! Ach Gott! könnte ichs fassen von ganzem Herzen, wie ich gerne wollt! wie gerne hätte ich das ewige Leben, so mir diese Wort verheißen! Da sagen die Christen wohl, daß sie gläuben; aber sie sagen

---

o) Glaubensverehrung von Gott. p) Christen-Wesen. q) Der Schnellgläubigen Widerrede.

28) nicht.

…icht, daß sie vollkömmlich gläubeten, wie sie billig …lten.

Dieß ist r) eine Predigt, welche von uns nicht …funden ist, wie denn auch das geschehen ist, davon …an prediget, ohn unser Gedanken und Zuthun; so …mmet der Glaube in uns ohn alle unser Werk und …raft, allein durch Gottes Gnade, daher er so hoch …haben wird, und hat diese große Ehre, daß, wenn …an ihn gegen die guten Werke setzet, sie gegen ihm … achten sind, gleich als wenn man die Sonne gegen …ner Kerzen oder Wachslicht stellet.

Der Papstesel aber thut das Gegenspiel s); der …laub ist gar geringe bei ihme, aber die Werk sind …me deste tröstlicher. Der Glaube ist seinem Urtheil …ch wie ein Wachslicht; die Werk aber und seine …enschengesetze, Gebot und Satzungen hält er fur …e Sonne. Hören sie nu, daß man allein den Glau…n predige, so verlachen sie solche Predigt. Aber …rnet ihr sprechen: Mein Glaube der ist gegen mei…m heiligen Leben und guten Werken, die ich ge…an, gleichwie die Sonne ist gegen ein Nachtlicht. …enn der Glaube ergreift des H. Christi Leib und …lut, sein Leiden und Sterben; meine Werk aber …greifen nur ein hären Hembde, Fasten und Beten. …u ist ein einigs Werk Christi besser, denn aller …enschen Werk, und ich wollt lieber haben ein Werk …hristi, daß es mein wäre, denn aller Heiligen Werk …d Heiligkeit. Denn was ist der Mensch gegen …ott? Also ist auch das menschliche Werk gegen …n göttlichen Werken. Nu sind des Herrn Christi …erk göttliche Werk; aber unsere Werk sind Man…nen-Werk.

t) Spricht denn ein Mönch: Ich bin so lange im …loster gewesen, habe keusch gelebet und Gehorsam …halten, sollt ich nicht damit den Himmel verdienet …ben? Nein, es sind alles menschliche Werk, damit

---

r) Ein starke Posten wider die Werkfrömmkeit. s) Er urtheilet auch aus seinem eselischen Geschicke, wie Mida in Metamor. Ovid. Daher das Sprüchwort: Auriculas etc. t) Wider Kappen- und Platten-Hengeste, auch allen ihren Anhang.

will ich nicht umbgeben. Sollte ich meinen Gott verläugnen, ihme die Unehre aufthun, und lehren, daß, was ich thue, sei alles recht; aber was Gott thut, sei Nichts? wie denn der Papst also mit den Seinen gethan hat, und noch thut. Da kehre du es umb und sprich: Was Gott thut, wenn es auch so klein wäre als ein Strohhalm, so heißt es doch ein größer und stärker Werk, denn der Himmel und Erden ist, und kann ihme kein menschlich Werk verglichen werden. Dagegen sind unsere Werk eitel stinkender und unfläthiger Mist und Dreck, und sind gleich als ein Lichtlin gegen der großen, hellen Sonne. Christus u) aber schenkt uns seine Werke, gibt uns sein Leib und Blut, und spricht: Mein Fleisch ist euer Leben, und alles, was ich damit ausgericht habe, ist euer; und wenn wirs gläuben, so haben wirs. Sollte ich den fröhlichen Wechsel nicht annehmen, oder diesen milden Christum verachten, nicht viel lieber seine Werk haben, denn meine Werk, meine Kappen oder Platten?

Und das ist die Ursach, darumb wir den Glauben also seher loben; denn er bringet mir göttliche, ja, des Herrn Christi Werk, nämlich, sein Leiden und Sterben 2c., und machet sie uns zu eigen; dagegen sind unsere Werk Nichts: die Ehre sind wir ihme schüldig, daß er Alles ist, und wir Nichts sind.

Darnach, wenn ein Christ das gläubet, so folgen auch gute Werk, welche daher gut genennet werden, daß sie aus dem Glauben geschehen v); sonst, wenn sie nicht aus dem Glauben herkommen, so heißen sie nicht gut, sind auch nicht gute Werk, sondern umb des Glaubens willen sind sie Etwas, aber dem Glauben noch lange nicht gleich, ob sie wohl daraus folgen. Auch hänget sich der Glaube nicht an die Werk, sondern allein an das Wort und Werke Gottes, die sind Leben und Geist. Weil nu der Glaube Solches thut, so geben wir ihm so große Ehre.

Das wissen die Sophisten nicht w), wollens auch nicht lernen, viel weniger werden sie es uns lehren:

---

u) Unser Schanddeckel.
Rom. 14. Ebrä. 11.

v) Der Titel gut an den Glaubenswerken.

w) Sophisten-Grobheit.

wollen gern Mühe damit haben, und je
besser lernen. Denn Niemand ist, der des
so gewiß wäre, daß er nicht alle Stunde
oßen Fleiß anwenden, daß ers lerne. Ur-
ß kann kommen, daß du diese Stunde stark
'el wissest und gläubest, balde, uber eine
schwach werdest, und nicht wissest, wo Chri-
daß du ihn gar verlierest x). Denn der
iret nicht, und wenn er mit seinen Anfech-
ömmet, so kann es balde geschehen. Darumb
n wohl, wenn es zum Kampf gereichet, wie
r wie stark einer im Glauben stehet; denn
ein Geringes ist. Der Glaub ist unser Sieg,
Joannes in der ersten Epistel am 5. Kapitel,
unser Gewinn.
ß gewinnen wir? Wir haben zu kämpfen mit
)en, Tod und Höllen; da soll ich so stark
daß ich dieser Uberwinder sei, alle die Feinde
chtungen könne mit Füssen treten, ein solcher
d Siegsmann soll ich werden. Ist das ein
Ding, daß vom Glauben gesagt wird, er sei
eg? y) daß ein Christ wider alle Anfechtung
ide streitet, und nicht verzweifelt, sondern
erunter Sünde, und laß dich mit Füssen tre-
er Tod, ich will dich auch Mores lehren!
ch dich Teufel; ja, wenn alle Teufel, und
ausend Büchsen auf mich drüngen und gingen,
ennoch sage: Ich fürchte mich fur euch nicht
So ist der Glaube unser Sieg, daß man
l Verfolgung und Trübsaln der Welt sich er-
öge. Diesen Glauben gibt nicht die Welt,
ihn den Werken auch nicht zuschreiben.
es sage ich alles darumb z), daß man nicht
chte den Glauben, oder in den Wind schlage,
er nur ein schlechter, geringer Gedanke.
o; es ist ein göttliche, gewaltige Kraft, uber
Tod und Sünde, und nicht eine engelische
schliche Kraft. Das meinet der Herr, da er

---

a. y) Der Christen Siegsmittel. z) Wider die
ens-Lästerer.

spricht: Es kömmet Niemand zu mir, der Vater ziehe ihn denn zu mir; auf daß ein Iglicher erkenne, es sei Gottes Gabe, und er wills ihme nicht lassen abstehlen, er wills auch Niemand versagen noch verbergen, sondern fur eine Gabe dargeboten und erkennt haben, auf daß man ihn drümb bitte. Es ist nicht ein geringe Kraft, verzweifeln an sich selber, und sich trösten alleine der bloßen Gnade und Macht Gottes. Nu lasset weiter hören.

Denn Jesus wußte von Anfang wohl, welche nicht gläubig wären, und welcher ihn verrathen würde.

Joannes der Evangelist menget solche Rede mit ein, damit anzuzeigen, daß Christus ein wahrhaftiger Gott, und also Etwas mehr sei, denn Fleisch und Blut, dieweil er habe gewußt, wer gläuben würde oder nicht a). Er weiß mehr, denn ein Mensch, ist auch ein Richter uber die Herzen, erkennet, urtheilet und richtet der Menschen Gedanken b). Darumb saget er: Jesus wußte wohl. Er saget nicht, daß es ihme offenbaret sei, wie es den Propheten offenbaret ward, was sie wissen und predigen sollten, sondern ohne Offenbarung: Christus sagets fur seine Person, ohne Gesichte, Erleuchtung oder Offenbarung. So beschreibet Joannes Christum, daß er zwar ein Mensch sei; aber er vergisset auch nicht, daß er Gott sei.

Ei, worumb druckt ers nicht heraus c), daß Christus wahrhaftiger Gott sei, wie es S. Paulus, dergleichen auch dieser S. Joannes an etlichen Orten oft thun, daß sie dürre und klar sagen, daß er Gott sei? Aber damit hätte mans noch nicht erhalten, oder sie bekehret, daß sie an ihn gegläubet hätten. Denn die Ketzer haben gesagt, daß die Menschen in der heiligen Schrift auch Götter genennet würden. Aber der Evangelist führet ihn dergestalt herein, daß er nicht allein mit dem Namen Gott sei, sondern auch in der Macht oder mit der That. Derhalben

a) Des H. Christi Wissenschaft uberall. Joann. 13. b) Weis. 1.
c) Apostolische Fursichtigkeit in ihren Predigten.

hält er ihn uns also für, daß er sich mit [29]) That und Werken dermassen stellet und erzeiget als ein Gott, daß man sagen muß: Das kann sonst kein Anderer thun, denn Gott, es ist Gottes Werk, die Früchte und Werk beweisen es, daß er Gott sei.

d) Also haben wir nu diese Predigt des sechsten Kapitels, von dem Essen und Trinken des Fleisches und Bluts Christi, gehandelt, darinnen der höheste Artikel unsers christlichen Glaubens stickt, den wir fleißig lernen sollten, und uns dieß Kapitel aus der Massen gemeine machen und wohl gebrauchen; denn es ist je klar drinnen angezeiget, daß uns keine Werk helfen, sondern allein der Glaube an das Fleisch Christi, der fur die Sünde der Welt gestorben ist. Wir haben auch gehört, wie man sich an dieser Lehre geärgert, denn diese Predigt gefället der Welt, Vernunft und den Menschen nichts; darumb gehört hiezu ein einfältig Herz, das bei sich der Sunden halbe demüthig sei, und zu unserm Herr Gott seufze umb Glauben. Also, wenn du ein Christ worden bist, so führet dich denn der Heilige Geist zu guten Werken. Sonst, fur dem Glauben, nimm dirs nicht für, denn was du da thust, das ist doch alles nicht. Das Fleisch ist nichts nütze, der Geist ist nicht da. Fur diesem Glauben vermagst du nicht ein gutes Werk zu thun, oder eine Sünde zu büßen, denn es heißt Alles, das Fleisch ist kein nütze, es ist verdammet und soll nichts gelten. Da hast du deinen Bescheid.

e) Es ist eine schöne, merkliche Predigt in diesem Kapitel, welche ein iglicher Christ wohl wissen soll, und eben der Häuptartikel oder die Häuptpredigt, daher wir Christen sind und heißen f), daß ein Iglicher den Herren Christum lerne erkennen, und wisse, was er von ihme halten und an ihm haben solle, nämlich, daß wer an ihn gläube und zu ihm komme,

---

d) Wiederholung gehandelter Lehrepunkt. e) Die 21. Predigt, am Sonnabend nach Cantate. f) Christentitel.

29) † der.

der solle leben, ihme soll Nichts mangeln in Ewigkeit; denn sein Fleisch und Blut sei die wahrhaftige und ewige Speise und Trank.

Weiter, da diese Predigt ist aus gewesen, zeiget der Evangelist an, wie sich seine Jünger dran gestoßen haben g), und gesagt: Das ist eine harte Rede, wer kann sie hören? meinen, es sei eine wunderliche, seltsame Predigt, auch eine unerhörete Speise, daß er sein Fleisch gebe zur ewigen Speise, und sein Blut zum ewigen Trank. Aber er hätte sie gerne wieder zurechte gebracht, und sagete, es müssen seine Wort geistlich verstanden werden; denn es sei ein ander Speise und Fleisch, als man sonst fur Augen siehet, auch ein ander Trunk, denn sonst auf einen Tisch gesetzet werde; sie müssen höher kommen, und es geistlicher Weise vernehmen. Itzt beschleußt der Evangelist Joannes dieß Kapitel, und spricht:

Von dem angingen seiner Jünger viel hinter sich, und wandelten fort nicht mehr mit ihme. Da sprach Jesus zu den Zwölfen: Wollet ihr auch hinweg gehen?

Der Evangelist unterscheidet hiemit die Jünger des Herrn Christi h), und nennet die zwölf Apostel besonders, und die andern Jünger auch sonderlich. Denn er hat nicht allein zwölf Aposteln bei sich gehabt, sondern sechsmal zwölfe, das ist, zwei und siebenzig Jüngere, daß so manchen Apostel, also manchmal hat er sechs Jünger gehabt. Dieselbigen alle sind allhie bei der Predigt gewesen, und sind seine Junger genennet worden; aber die zwölfe sind sonderlich seine Aposteln gewesen. Unter den zwei und siebenzig Jüngern, das ist, unter den zwölfmal sechs Jüngern, sind etliche unter einander eins worden, und zurücke gegangen i), und haben sich die freundliche Auslegung und Deutung Christi nicht halten lassen; wiewohl er fein zum ofternmal gesagt hatte, man sollte seine Wort nicht fleischlich verstehen. Er

---

g) Etlicher Anstoß. h) Unterscheid unter den Jüngern Christi.
i) Wurmstichige und verzagte Schüler.

sie gerne bekehret, und das Aergerniß ihnen
en Herzen gerissen: aber es half nicht; sie wa-
cht zu halten, ob er wohl sagete, es muß der
dabei sein: aber sie gingen dahin.

Da kann man denken, wie ein groß Aergerniß
em Herrn gemacht hat, daß seine eigene Jün-
ie täglich bei ihm gewesen, nicht bleiben wollen;
erden mit sich einen großen Haufen Volks ge-
haben k). Sie waren seine geliebte Jünger,
zu sich gezogen, die täglich mit ihme umbgangen
, die er auferzogen, und ohne Zweifel auch
el gethan haben; wie denn im Evangelio
) geschrieben stehet, daß er die zwei und sieben-
ünger aussandte, zu heilen die Kranken, zu
en, Mirakel zu thun, und im Namen Christi
fen. Darumb so sinds gar treffliche Männer
n, und wahrlich nicht geringe Leute, welche die
t Christi getrieben, getauft und Wunderzeichen
haben. Daß nu die, welche mit Christo so
zu Hause gewesen, zurücke fallen, und an seiner
sich stoßen und ärgern m), das hat freilich den
Haufen Volks nicht wenig fur den Kopf gestoßen.
lso ging es Sankt Paulo auch in Asia n). Da
r viel Jünger, unter denselben war Demas
bei ihm gewesen, und sein bester Jünger, der
epredigt und gelitten hat, und einen großen,
en Fleiß bei dem Wort Gottes beweiset: aber
setzte er auch von Sankt Paulo; wie er denn
klaget in der andern Epistel zu Timotheo
erten Kapitel: Demas hat mich verlassen, und
mit der Welt halten, wollts nicht mit mir aus-
, das Wort war ihme zu harte von diesem
); und nicht lange darnach ward fast ganz Asien
Sankt Paulo und seiner Lehre abfällig o).

lso ists uns auch gegangen p). Nu, wenn ein
Bösewicht zurücke gehet, der bei uns gewohnet
und unter uns aufgezogen ist, wenn der auftritt

---

uflischer Riß in Christi Schule. l) Kap. 10. m) Hoheit
ist nicht fur Thorheit. n) S. Paulus ist sein auch nicht uber-
ben. o) Abtrünnige müssen Anhang haben. p) Der falsch
therischen Abfall gäbe ein eben groß Register.

und wider uns stehet, der thut viel mehr und grössern Schaden, reißet auch mehr Leute mit hinweg, denn die offentlichen Feinde und Widersacher, so uns täglich anfechten; wie wir denn erfahren und gesehen haben an denen, die sind unter die Rotten und Secten kommen; item, an den Wiedertäufern, die schwächen uns mehr, denn unsere Widersacher. Ja, sie stärken damit noch unsere Feinde, daß dieselbigen sagen: Was sollte ihre Lehre sein? sie sind doch selbs unter einander nicht eins, dieser und jener hat mit ihnen geprediget, auch es mit ihnen gehalten, aber nu ist er von ihnen abgewichen.

Derhalben wird solcher Abfall dem Herrn Christo aus der Massen wehe gethan haben q), und werden auch weniger Zuhörer zu seiner Predigt hernach zusammen kommen sein, als wenn sonst diese Jünger bei Christo und den Aposteln geblieben wären. Es werden die abtrünnigen Mammelucken furgeben haben: Was soll man viel mit des Zimmermanns Sohn machen und angeben? denn er fähet etwas Neues an, nimmet zwei und siebenzig Jünger auf [30]), gleich als wollt er die ganze Welt bekehren. Es wird gewißlich die gemeine Sage gewesen sein: Ei, was sollen wir thun? seine eigene Jünger wollen nicht bleiben, und fallen von ihme ab. Die Wort wird er haben hören müssen; wie es Sankt Paulo und den andern Aposteln auch so gangen ist. Uns gehet es auch also in aller Massen, wie hie geschrieben stehet.

So richten nu diese Jünger einen Abfall, eine Rotte und Sekten an, uber ihren Herrn und Meister Christum r), und hebt sich uber dem, daß sie wollen sein Wort nur fleischlich verstehen, oder wollens gar nicht annehmen noch haben. Solches ist uns zum Trost und Exempel furgeschrieben, auf daß wir fur den großen Aergernissen nicht erschrecken. Denn es ist je ein groß Aergerniß, daß die, so es mit uns haben feste gehalten, und das Wort sowohl getrie-

---

q) Schmerzlich Leiden Christi und frommer Herzen. r) Die Nächstverwandten thun das gebrannte Leid. Mtth. 20. 1. Johann. 2.

30) an.

ben, als wir, und bei uns steif gestanden sind, und sich also gestalt [31]), daß wir selbs auf sie hätten bauen mögen, dahin fallen sollen. Das stärket die Papisten seher, und alle diejenigen, so wider uns sind; da ist das ihr Geschrei und Ruhm: Was sollt ichs viel mit ihnen halten, sind sie doch selbs mit einander nicht eins?

Und ich gläube, unser Evangelion sollte in diesen kurzen Jahren durch die ganze Welt gegangen sein, wenn nicht s) die Rotten und Sekten, die Wiedertäufer und Sakramentirer gewesen wären, und den Baum in Weg geworfen hätten. Sonst sollten der Papst und alle Fürsten uns einen solchen Einriß nicht gethan haben, als eben sie begangen; alle zornige Papisten sollten uns also wehe nicht gethan haben. Sie haben unsern Namen und Gesellschaft an sich kriegt, die geben stattlich für, daß ihre Lehre in der heiligen Schrift gegründet sei, fahren drauf zu, und sind wider uns, und da Andere zu uns gebracht werden sollten, dieselbigen fallen auch ab, und stärken sich wider uns; das machet seher müthig unsere Widersacher. Daß einem dieß sollt sanfte thun, das ist unmöglich.

Es klaget Christus im ganzen Psalter kaum so viel, als eben von diesen Schälken und falschen Brüdern t), und spricht im 55. Psalm: Du aber warest mein Geselle, wir hielten uns zu Hause, aßen und trunken mit einander, hielten und beschlossen zusammen manchen guten Rath, hatten Gespräch mit einander, waren im Hause Gottes bei den göttlichen Diensten, redeten fein freundlich mit einander von der Schrift: eben du mein Freund thust mir das, und trittst mich mit Füßen; du, der du wolltest der Furnehmeste sein beim Evangelio, fällest von mir ab, und setzest dich nu wider mich.

Wie wehe das thut u), das fühlen wir itzt wohl, und Christus hats auch gefühlet; derhalben ist uns das Exempel hoch vonnöthen. Es ist ein schändlich,

---

s) Aufhalt des G. Worts an seinem Laufe. t) Klage Christi in Psalmen über diesen Abfall. u) Folge solcher Abtrünnigkeit.

31) gestellet.

schädlich Aergerniß, wenn sie uns das aufrücken: Wäre ihre Lehre recht, so würden sie selbs unter einander nicht so uneins sein. Und Solches wird man von des Herren Christi Jüngern auch gesagt haben: Ei, haben sie doch selbs bisher viel Predigens gewußt, Teufel ausgetrieben, und [32]) eben dieselbigen Mirakel gethan, so Christus gethan hat. Wer weiß, wer recht hat? Das thun sie mit ihrem Abfall, daß sie beide, die Lehre Christi und die Leute, so der Lehre nachfolgen sollten, hindern, schwächen, und machen verdächtig den Namen und das Evangelium Christi und seine Mirakel.

Das muß bleiben in der Christenheit, daß wo das Wort Gottes aufkömmet und gepredigt wird, da folget Abfall v). S. Paulus klaget in allen Episteln drüber, und heißet sie falsche Brüder, die fein sitzen in der Kirchen, hören uns in unsern Schulen und Kollegien, fassen unsere Wort und Reden genau: wenn sie darnach hinauskommen unter die Leute, so deuten sie unsere Wort, wie sie wollen, und sprechen: Ich kanns so wohl, als sie selbs. Sie machen sich nahe herbei [33]), nicht in Gottes, ja, ins Teufels Namen; haben mit uns geredet, gegessen und getrunken, sind freundlich mit uns umbgangen: aber wenn sie Raum bekommen, legen sie sich wider uns.

Also haben die Rottengeister allezeit gethan w), und thuns noch heutiges Tages. Ich muß es leiden, ich kanns nicht wehren. Aber das wissen wir dennoch fur gewiß, daß wenn sie es nicht von uns gelernet, und in unsern Büchern gelesen hätten, so wüßten sie Nichts davon, würden wenig Ketzereien mit ihrer Spitzfindigkeit anrichten. Sie haben mit uns gessen, spricht Christus; aber darumb setzen sie sich wider uns, daß ihnen nicht gefället unser Wort und Predigt: gleichwie des Herrn Christi Wort hie diesen zu hart ist, sie wollen nicht Schüler sein, sondern so klug und gelehrt, als er ist: er muß nicht Meister sein, er kann Nichts fürsagen, das

v) Matth. 18. 1. Korin. 11. w) Rottirisch Geschmeiß.

32) „und" fehlt. 33) darbei.

sie nicht ausklügeln wollen. Aber fahrt immer hin, er bleibet wohl Meister, daß ihr nicht Schüler seid.

Darumb laßt uns das ein Exempel sein, das uns zum Trost ist furgeschrieben x), daß Etliche sich zu uns halten werden, und zu dem Evangelio fallen, sich stellen ein Weil als unsere besten Freunde, auf daß sie uns betrügen und äffen, und wenn wir ihnen alle Treu bewiesen haben, darnach gehen sie hin, und richten alles Herzleid an. Dafur sollen wir nicht erschrecken, noch uns an der Papisten Schreien kehren, die da sagen: Die Lutherischen neuen Propheten sind der Sachen selbs nicht eins; wenn sie mit einander zuvor eins würden, so wollten wir ihnen folgen. Aber hindurch gegangen und gesprochen: Wer stehet, der stehe, und wer fällt, der falle. Umb deines Stehens willen ist Gottes Wort nicht recht und wahrhaftig; also, umb deines Fallens willen ist das Wort nicht unrecht und falsch, sondern das Wort ist für und für recht. Also muß man wider alles Aergerniß hinaus reißen, daß du sagest: Ich habe nicht falsch, sondern recht gelehret.

Das ist eins, und ein gräulich, erschrecklich Exempel den Bösewichtern, die zum Evangelio fallen, und meinen es nicht treulich, suchen auch etwas Anders, denn der Seelen Heil und Seligkeit, nämlich ihren eigen Nutz, großen Namen, zeitliche Ehre und Herrlichkeit y). Die gerathen endlich dahin, ob sie gleich viel gearbeitet und geprediget, auch große Mirakel gethan haben, daß sie doch zurücke treten, und den Schalk gucken lassen, setzen sich wider den Herrn, widerstreben ihme; wie der Herr Christus sonst saget z): Wer nicht mit mir ist, der ist wider mich, wer nicht mit mir sammlet, der zerstreuet. Willt du nu ein Christ sein, so mußt du Solches gewarten, und dich daran nicht ärgern noch stoßen, denn das wormstichige Obst, verfaulete Oepfel und Birnen, auch die verwelkten, verdorreten Blätter müssen von den Bäumen durch einen Platzregen und Sturmwind abfallen, und

---

x) Praktika dieser Geschicht. y) Eigen Nutz und Bauchfutter ist den Mammelucken furnehmlich angelegen. Philipp. 2. z) Luc. 11.

falsche Lehrer und Rottengeister müssen - d
Abtrünnigkeit auch erkennet werden.

Weiter saget der Evangelist, das noch w
ist, in folgenden Worten: und wandelten
mehr mit ihme a). Darauf spricht der Herr
zu den zwölf Aposteln: Wollet ihr auch hi
hen? Die Wort wird der Herr mit betrübt
gen geredet haben. Denn es ist ihme nicht
lieber Anblick oder scherzlich gewesen, da er
gesehen hat, daß diese Jünger sind hinweg g
und die Zahl ist dünner worden. Wenn er
kommen und gefragt: Wo sind meine zwei u
zig Jünger, denen ich das Predigampt,
Leben in ihre Fäuste befohlen, und Macht
gegeben, die auch Gewalt gehabt uber die
hat er hören müssen: Sie sind dahin. Das
saurer Wind und böse Anzeigung. Denn, w
Säulen, das Fundament und die Grundfes
stehen, wo will das Obergebäu und die
bleiben? Darumb will er sagen: Ich habe
siebenzig Jünger gehabt, die halten nicht fe
wollt ihr zwölfe thun, wollt ihr auch davon,
die höhesten seid?

**Da antwortet Simon Petrus: Herr,
sollen wir gehen? Du hast Wort d
gen Lebens; und wir haben gegläub
erkannt, daß du bist Christus, de
des lebendigen Gottes.**

Ja, lieber Peter, du redest wahrlich w
wird dir auch geschrieben zum Trost und
ob auch gleich einer aus den Zwölfen fallen
welches ein groß Exempel ist, daß dennoch
den zwölfen bleiben werde, durch Gott erhalt
gar stehet alle Sache auf Gottes Gnade.
Wort, daß man auch den Aposteln nicht dar
auf daß ja Keiner sagen könne, er sei so
wolle fein bleiben; es sei denn, daß dazu

a) Heuchelei birget sich in die Länge nicht. b) Der
immer weiter.

Mittel, der Segen, oder dieß Wort: Ich habe euch erwählet. Das hat einen Grund, und die Aposteln hat es alleine erhalten, daß Christus spricht: Ich habe euch erwählet. Obgleich einer, nämlich Judas, fallen wird, dennoch ergreift dieß Wort Petrum, daß er nicht kann umbfallen; ob er gleich strauchelt und fället, so muß er doch wieder aufstehen.

Das lernet, es stehe gar auf Gott, daß der Mensch an ihme verzweifele, und der Hohmuth, so uns angeborn ist, ausgerottet werde. Moses, Aaron, da er das gülden Kalb anrichtet; item, David, und ihrer mehr, sind gefallen c): aber sie sind wieder zu rechte kommen. Und doch sagt der Text, obschon dieselbigen fallen, so soll mein Wort fest stehen bleiben und nicht fallen, und soll einer an demselbigen Wort auch wieder aufstehen. Die zwei und siebenzig Jünger machen ein großen Unrath und Lärmen in dem Reich Christi; aber Judas d) hat den Abfall allererst recht gemacht, der hat den Herrn gar umb den Hals gebracht: da ward allererst ein Stück umbgerissen, das groß gewesen, denn er war der furnehmeste unter den Aposteln, der das Haus regieret, und der oberste Aufseher. Zwar, wenn es noch also geschähe, daß ich fallen sollte, (da mich Gott fur behüte,) oder irgend einer, der größer wäre, denn ich, das würde ein groß Aergerniß geben. Aber man soll fest auf dem Grund des Worts stehen und beruhen, das also lautet: Ich habe euer zwölfe erwählet, noch ist euer einer ein Teufel.

Da siehest du ein Exempel, daß man auf Menschen nicht soll bauen e); sondern lerne dich halten an das Wort Gottes, unangesehen, obs ein Jünger, Apostel, Heiliger oder nicht Heiliger, dieser oder jener redet. Denn auf das Wort befiehlet der Herr Christus auch den Aposteln Achtung zu geben, und nicht des Teufels Eingeben zu folgen, noch der Väter Lehre zu hören; wie noch der Papst und seine heillosen Leute thun, die uns fürplaudern ihr verfluch-

---

c) Historien von großer Leute Fällen. d) Judas. e) Es ist verflüchtigt, ungewiß Ding mit Mann. Jerem. 17. Psal. 118.

tes und verdammetes Wort, ja, Teufelslehren, damit von Gottes Wort abzufuhren. So wir aber hie sehen, daß diejenigen, die Christi Wort haben und predigen, lehren und thun, was er heißet, und in seinem Ampt daher gehen, fallen e*), was sollt man nicht diesen zutrauen? Die zwei und siebenzig Jünger sind freilich größer, denn alle Päpste und Bischoffe. Konnten sie nicht rühmen: Wir haben das Ampt von Christo, sind von ihme erwählet und ausgesandt; er wird je nicht Narren uber Eier setzen, daß sie dieselbigen zubrechen? dennoch hat sie dieses alles nicht geholfen oder gefreiet, damit sie nicht abfielen.

Was soll ich denn dem Papst und seinen Predigern trauen? Da muß ich sagen f): Rühme, wie du willt, so will ich hören, ob deine Predigt sich reime mit dem Wort Gottes, als, mit den zehen Geboten, den Artikeln des Glaubens, dem Pater noster, und der Lehre des Evangelii. Reimet es sich, so will ich dich gerne hören, du seiest Petrus oder Judas, du stehest fest und steif, oder seiest gefallen. Wo es sich aber nicht reimet, so höre ich dich nicht, ob du gleich dreimal S. Petrus wärest: es lieget nicht an der Person, in deme hab man billig ein Abscheu; sondern man frage, ob die Person getreu sei, wie S. Paulus saget g), daß er treu befunden werde im Lehren. Da liegt nichts an, und eben nicht an deme, wie er heiße, Petrus oder Paulus: so er nur getreulich lehret, so ist er rechtschaffen.

Darümb habe die Richtschnur am Wort Gottes, ob er das richtig fürträgt: denn halt man ihn für unverdächtig. Prediget er aber nach dieser Regel nicht, so sei er verflucht, wenn ichs auch gleich selbr oder ein Engel vom Himmel wäre; wie denn S. Paulus zun Galatern saget am ersten Kapitel: So euch einer ein ander Evangelium predigen würde, denn ich euch gepredigt hab, so sei er verflucht, wenn er auch gleich ein Engel vom Himmel wäre. Das ist ein nöthigs

---

e*) Abfall christlicher Lehrer. f) Weiset dieß Rätzlin auf, ihr Päpstischen. g) 1. Kor. 4. Wider die Prosopolipten oder Personsüchtiger.

Stück h), daß wir wissen, S. Paulus, ich und alle Prediger, so euch predigen, auch die Engel dazu, sollen Gottes Wort rein für sich haben, wenn sie predigen wollen. Aber itzt rühmen die Böswichter und Schälke, die Christenheit habs angenommen; so sind sie auch die Superiores, Päpste, Bischoffe, Pfarrherrn, und im Kirchenampt, darümb so sulle man sie hören. Noch nicht; denn ihr möget zwar [34]) das Ampt haben, gleichwie Judas ist ein Apostel gewesen, und die zwei und siebenzig Junger auch Christi Jünger waren: aber wenn sich die zwei und siebenzig Jünger stoßen wollen an dem Wort Christi, und nicht das für gut aufnehmen, was Christus gepredigt hat, so hören wir sie nicht.

Daß du aber sagest: Ich bin der Papst i), was thut das zur Sache? Ob du gleich neunmal ein Papst wärest, ja, noch ein Engel aus dem Himmel, doch wollt ich dich nicht hören, noch dir vertrauen, wenn du auch gleich ein Apostel wärest; wie denn Judas auch ein Apostel, auch höher ist geweihet gewesen zu diesem Ampt, denn kein Papst, denn er war ein Körestein der Christenheit, wie Petrus und die andern Aposteln: dennoch fället er dahin, und half solches alles nicht, daß er wäre beständig geblieben. Es ist ein stark Argument, daß sie nu itzt fürgeben, ich rede wider den Papst, Bischoffe, wider die Gelahrten und Gewaltigen der Welt; und in Summa, sie sagen, ich schreib, lese, predige, rede und fechte wider die ganze christliche Kirche, ich wolle alleine klug sein. Darauf antworte ich also k): Ich rede nicht wider den Papst und Bischoffe, oder wider ihr Person, sondern wider ihre Lehre. Ich wollt gerne, daß sie recht lehreten, und daß Papst, Bischoffe und Doctores thäten, was sie thun sollten, und ihrem Ampt fleißig oblägen; da wollt ich das Maul nicht mehr aufthun, denn ich gönne ihnen ihr Ampt wohl. Aber daß sie wollen Päpste, Bischoffe und Doctores sein,

h) Judicirmuster in G. Sachen. i) Ampts-Gaben oder Widerbehelf.
k) Was Lutherus an den Päpstlern strafe.

34) wohl.

und nicht des Herren Christi Wort führen, das ist nicht zu leiden. Ich gönne es S. Petro gerne, daß er ein Apostel ist, dem Judas deßgleichen, daß er das Apostelampt hat; aber wenn er das Evangelium Christi nicht prediget, sondern ihn verräth, wird Caiphä Geselle, das ist nicht zu ubersehen.

Also, daß unsere Päpste, Kardinäl und Bischoffe ihres Ampts mißbrauchen wollen l), da muß man sagen: Es ist wohl wahr, du bist ein Kirchendiener; aber dennoch ein Teufel: wenn du deinen Herren Christum preisetest und predigtest, als ein rechtschaffener Diener, so wollt ich dich gerne hören. Also mag ich auch noch sagen: Du seiest Bischoff zu Mainz oder Trier, oder seiest Doctor Theologiae, oder Apostel, wenn ihr prediget wider das Wort Gottes und wider Christum, so seid ihr vom Teufel, und der [35]) Papst, Kardinal und Bischoffe, Pfaffen, Mönche, ja, das ganze Geschwurm und der Teufel ist Ein Ding, denn das Papstthum ist vom Teufel. Ich bin auch ein Prediger und Doctor, das Predigampt und die Geheimniß Gottes sind mir befohlen; wenn ich nu anders wollt predigen, denn Christus mir befohlen, so heißts: Du bist der Teufel, oder der Mann Judas, mit dem rothen Bart; dieweil er wider Christum prediget, ist der Teufel. Sankt Petrus spricht aber recht:

Wo sollen wir hingehen? Du hast Wort des ewigen Lebens, und wir haben gegläubet und erkannt, daß du bist Christus, der Sohn des lebendigen Gottes.

Das sind die rechten Prediger m), dabei soll man einen rechten Prediger kennen. Sankt Petrus, als ein rechter Papst und wahrhaftiger Apostel, fahret herfür und gebraucht seines Apostelampts, spricht: Wo sollen wir hin? siehet sich umb; als sollt er sagen: Ich finde sonst kein andere Lehre, die das Leben gebe; aber wir haben erfahren, daß du Wort des Lebens hast, und ein wahrhaftiger Lehrer dieses Volks seiest. Da sollt du auch hin kommen, daß es heiße: Alle

---

l) Wer schändet sie denn? sie sich selbs. m) Das rechte Apostelampt und Christenthum.

35) „der" fehlt.

Lehre rein aufgehoben, die auf Erden sind; Moses und sein Gesetze soll uns nicht helfen; so soll auch alle Weisheit auf Erden hie nicht gelten, und alle Lehren, so man sonst predigen und aufwerfen mag, sollen verdammet sein, wir wollen nicht daran.

Also sagen wir auch noch zum Papst und seinem Anhange n): Wir wissen sonst nirgends hin, und euer Straßen wissen wir nicht zu gehen, denn ihr wollet uns außer dem einigen Wort führen, so der Herr Christus gelehret hat, welchs Wort ist Leben und Geist, und wollet uns etwas Anders einreden; da kommen wir nicht hin. Denn keine Lehre wird hiemit behalten, ohne diese; sie werden alle verdammet, auf daß man alleine auf den einigen Mann, Christum, und auf seine Lehre gewiesen werde. Darümb kann ein Christ so sagen: Wie dürfet ihr Wolfe und Teufel sprechen, daß ihr den Heiligen Geist habt, und die Wort Christi aus Einsprechung des Heiligen Geistes ändern möget, und was ihr ordnet, das müsse man halten, und deme gehorsam sein? Wollet ihr mehr fürbringen, denn Christus selbr gelehret hat? als, daß man in einerlei Gestalt das Abendmahl gebrauche, die Priester nicht Weiber haben, und Anders, daß Solches aus Eingebung des Heiligen Geistes also geordent sei, und da müsse man der Kirchen folgen. Aber die christliche Kirche thut so o), wie Sankt Petrus an diesem Ort saget: Wo sollen wir hin gehen? Was sollen wir lehren oder hören? Ich weiß Nichts, denn dich, Herr; ich weiß von keiner Predigt, sondern du hast Wort des Lebens. Diese Predigt die klinget und haftet, die hat Mark in Beinen, und hilft vom ewigen Tode, Sünden und allem Jammer.

Und predigt S. Petrus hie aus der Massen fein, daß er zum Ersten aufhebt und ausmustert alle Lehren, so nicht sind Christi Wort. Denn wenn wir vom ewigen Leben und Seligkeit handeln, so lassen S. Petrus und alle Göttfürchtigen alle andere Lehren

n) Der Häuptstreitpunkt zwischen uns und den Widerchristlichen.
o) Der christlichen Kirchen Wahrzeichen.

fahren, und wissen von keiner, denn die der einige Mann, Christus hat, von welchem Sankt Petrus saget: Du hast Wort des Lebens, an dem Wort will ich gesättiget sein. Es ist gar fein geredet. Er will sich nicht hängen an die leibliche Person Christi, sondern an seinem Wort. Da wollen wir auch bei bleiben, denn diese Wort geben das ewige Leben. Das ist recht getroffen; und solche Leute, die das von Christo und seinem Wort halten, finden sich immerdar, und lassen sich an sein Wort binden.

Und obwohl die Zweiundsiebenzig dahin fallen, so bleibet dennoch S. Petrus und die anderen Apostеln, und sagen: Wir wissen nirgend anders hin, oder etwa zu bleiben, denn bei deinem Wort. Also p), wenn noch die Sekten, als die Wiedertäufer und Sakramentirer, dahin fallen, so lasse man solche Leute immer abfallen, und den Papst Zeter umb solches Abfalls willen uber uns schreien, es schadet nicht, denn wir sind gewiß, daß wir die Wort des Lebens haben, und die wahrhaftige Lehre. Darümb muß man die Augen zuthun, wenn die Papisten ein Aergerniß draus machen, und schreien uber den Abfall, denn es heißt: Uneins hin, und Abfall her, man muß die Ohren zustopfen, und so hindurch gehen, daß man allein hieher sehe, und sage: Das sind Wort des Lebens; wie auch S. Petrus ferner spricht:

Wir gläuben und haben erfahren, daß du bist Christus, der Sohn des lebendigen Gottes. Jesus antwortet ihnen: Hab ich nicht zwölf erwählet? und euer einer ist der Teufel. Er redet aber von dem Juda Simon Jscarioth, derselbig verrieth ihn hernach, und war der Zwölfen einer.

In den Worten sind drei Stück q). Erstlich, verwirft er und schneidt ab alle andere Lehren. Zum Andern, spricht er, es sei keine bessere Lehre, denn des Herrn Christi. Zum Dritten, was gibt sie?

---

p) Nützlicher Unterricht, im Abfall sich fürsichtig zu verhalten.

q) Handelung dieser Wort.

Was ists für ein Lehre? Darauf antwortet er, daß sie davon handele: Du bist Christus, der Sohn des lebendigen Gottes. Dabei sollen wir auch bleiben, und solche Lehre annehmen, denn es ist ein Lehre, so da gibt das ewige Leben; und heißet den einigen Mann, Christum, einen Sohn des lebendigen Gottes. Was da nu sei Christus, oder was da heiße der Sohn des lebendigen Gottes, das höret ihr täglich, daß er Christus heiße, und sei wahrhaftig Mensch geborn, auf daß er der Welt Heiland wäre; wie die Propheten und die heilige Schrift von ihme geweissaget.

Also täufet ihn hie Sankt Peter, gibt ihm seinen rechten Namen, daß er der rechte Mann sei und der Welt Heiland r); beschreibet ihn erstlich nach der Menschheit, daß er der sei, von dem alle Propheten gepredigt haben; darnach nennet er ihn einen Sohn des lebendigen Gottes, nicht eines todten Gottes Sohn, oder sonst eines Götzen, wie die Heiden gehabt haben, sondern des wahrhaftigen, lebendigen Gottes. Da stehet nu unser Artikel des christlichen Glaubens gar auf dem, daß wir gläuben, Christus sei Gott und Mensch, dazu, daß er solle Christus sein, das ist, unser Mittler, Priester und Pfaff, der für uns opfern sollte und uns versöhnen, wie denn sein priesterlich Ampt mit sich bringet; darnach auch unser König, der uns könne gewaltiglich schützen wider den Teufel, Sünde und Tod.

Ein Priester ist er gegen Gott, und ein König wider den Tod und Teufel, und alles Unglück. Denn wie die heilige Schrift saget, so ist er ein Hoherpriester, der sich selbr am Kreuz geopfert hat: damit hat er sein Ampt ausgericht, unser aller Sünden auf sich genommen; und heißet nu Christus, unser Messias s), daß er uns erretten solle aus des Todes Rachen, als ein gewaltiger Herr, daß wir für den Sünden uns nicht fürchten, den Teufel auch uberwinden, und für Gott Gnade finden, und seine lieben Brüder sind, die wir uns für Nichts uberall fürchten dürften t);

r) Christus. s) Christi Ampt. t) Johann. 20.

und ob die Welt uns verfolget, daß wir viel leiden müssen, Tod und Teufel auch ihren Rachen wider uns aufsperren, so sollen sie doch wider uns Nichts gewinnen.

Das ist unsere Lehre u), und das heißen seine Wort, daß Christus sei der Sohn Gottes. In diesem Wort ist gefasset die ganze Predigt, so wir von dem christlichen Glauben predigen, oder von dem Glauben an Christum lehren; und wer dieß Wort, dieß Häuptstück christlicher Lehre hat, der hat alles und gar allein. Da sehe man zu, es ist Christus, Gottes Sohn, in unsern Augen verborgen, man siehet ihn nicht; wir werden ihn aber sehen am jüngsten Tage: unterdeß haben wir die Wort des Lebens, den Glauben, und erfahrens auch, daß Jesus sei Christus, der Sohn Gottes, der Priester und König, der soll dein Herr sein.

Denn wirst du sagen v): Ist Christus ein Priester und König, der mich zu Gnaden bringet, so weiß ich vom Papst, Pfaffen und Mönchen Nichts. Alle meine Verdienst sind auch Nichts. Da fallen nieder alle Rotten, und Lehren des Papsts, des Türkens und der Jüden, und was die Menschen erdenken mögen. Denn wenn Christus mich Gott dem Vater versühnet, meine Sünden trägt und zu Gnaden bringet, so könnens meine Verdienst nicht thun. Alles Fürgeben des Papstthums, der Jüden und Türken heißet nicht Christus, wie hoch sie sich bemühen, und wie viel sie thun wollen, daß sie einen gnädigen Gott bekämen, denn also hat man gelehret, daß man die Gnade Gottes verdienen möge. Das heißt das Ampt Christi an sich genommen, und ihme nach seinen Werken greifen, daß ich will Gottes Zorn wegnehmen, Tod und Teufel niederschlagen, damit, daß ich ein Pfaff oder Mönch werde, Kappen und Platten trage, daß ich thun will, was Christus thun soll. Solch Wort hat der Teufel gelehret, und sind Wort des ewigen Todes und der Verdammniß. Aber die-

u) Christliche Lehre. Ephe. 2.

v) Das soll diese Erkenntniß anrichten.

ser Text und Wort lehren mich viel ein Anders, daß du sagest w): Ich weiß mich deß nicht zu trösten, sondern ich gläube an die Wort des Lebens, daß Jesus sei der Christus, mein Hoherpriester und König, der da opfert sein Blut für mich, und versühnet mich mit Gott, redet das Beste für mich. Wenn mich die Sünde verklagen, so zeiget er dem Vater sein Leiden, und spricht: Vater, verzeihe es ihm. Hienieden in der Welt, unter den Menschen, da der Tod und Teufel ist, läßt er mich unter den Feinden stecken; aber da ist er auch bei mir, stärkt mein Herz, und gibt mir einen solchen Sinn, daß ich nichts darnach frage, daß Könige, Kaiser, Fürsten, Papst und Bischoffe zornen, gehe also hindurch, und wende mich nicht drümb, denn also will er sein Regiment führen. Das sind nu lebendige Wort, und nicht des Gesetzes Reden.

Diese Wort höret Judas auch x): noch fraget er nichts darnach, es bessert ihn nichts, er fället davon. Derhalben heißet ihn der Herr auch einen Teufel, und ist das ein groß Wort des Herrn, damit er uber Judam erzörnet ist, daß er ihn also nennet. Er ist entbrannt in seinem Betrübniß, und will sagen: Ich muß ja ein Teufel haben, der mir alles Leid anthut. Es wird ihn seher geschmerzet haben, daß er spricht: Ich muß einen Teufel haben, der mich mit Füssen tritt.

Teufel y) ist ein griechischer Name, calumniator, ein Verbrecher, Lästerer oder Schänder, das ist sein Ampt in der Schrift, der das Aergeste redet von mir und dir. Sankt Paulus zum Timotheo in der ersten Epistel am dritten Kapitel schreibet von den Weibern der Prediger oder Diaken, daß sie nicht sollen diabolae sein, Lästerern, das ist, die von Andern allezeit das Aergeste reden, und Böses von Andern ausbreiten und austragen, oder die Gutes ubel auslegen. Denn es ist der Teufel damit nicht zufrieden, daß er das Böse ruget, sondern was gut ist, das schändet er auch und machts bös. Das heißt ein

w) Eines Christen Behelf für Gott und in der Welt. x) Judas ein Vorbild Vieler auf Erden. y) Teufel. Ephe. 4.

Teufel eigentlich, daß wenn ich auch etwas Guts thue, so ist er hinter mir her, und macht mirs bös, machet das Gute zu Schanden und zunichte, und das Aergeste bläst er auf und machts stinkend, erschrecket mich, daß mir mein Herz für unserm Herr Gott blöde und verzagt wird. Oftmals thut ers in geringen Sünden, wenn einer ein wenig zu viel getrunken hat, daß man von Leuten ubel redet. Daher heißt einer ein bös, teufelisch Maul z), das die Gebrechen der Leute so jämmerlich kann ausrufen, und was gut ist, zunichte machen, daß es nichts werth sei, lästern und schänden die Leute. Ein solchs schändlich Lästermaul das lästert Alles am Menschen, es sei gut oder böse. Also lästert der Teufel auch Alles, und thut der Teufel das auch für Gott, er läßt uns unser Gutes nicht gut sein, läßt uns im Gewissen unsere Sünde nicht geringe Sünde sein, und das Gute macht er auch zu Sünden, und die Sünde macht er aufs Allerärgeste, auf daß man verzweifele.

Also haben wir diese herrliche Predigt gehört, und vernommen, daß wir keine andere Lehre sollen annehmen, die uns diene zum ewigen Leben, denn des Herrn Christi Wort; denn er hab alleine Wort des Lebens, da andere Menschenlehre eitel Tod und Verdammniß sind und bringen.

Das siebente Kapitel Johannis.

Darnach zog Jesus umbher in Galiläa, denn er wollte nicht in Judäa umbher ziehen, darümb, daß ihm die Jüden nach dem Leben stelleten. Es war aber nahe der Jüden Fest der Laubrust. Da sprachen seine Brüder zu ihm: Mache dich auf von dannen, und gehe in Judäam, auf daß auch deine Jünger sehen die Werk, die du thust. Niemand thut Etwas im Verborgen, und will doch frei offen-

z) Ein teufelisch Maul.

bar sein. Thust du Solchs, so offenbare dich für der Welt. Denn auch seine Brüder gläubten nicht an ihn.

Da spricht Jesus zu ihnen: Meine Zeit ist noch nicht hie; euer Zeit aber ist allewege. Die Welt kann euch nicht hassen; mich aber hasset sie, denn ich zeuge von ihr, daß ihre Werk böse sind. Gehet ihr hinauf auf dieses Fest; ich will noch nicht hinauf gehen auf dieses Fest. Denn meine Zeit ist noch nicht erfüllet. Da er aber das zu ihnen gesaget, bleib er in Galiläa. Als aber seine Brüder waren hinaufgegangen, da ging er auch hinauf zu dem Fest, nicht offenbarlich, sondern gleich heimlich. Da suchten ihn die Jüden am Fest, und sprachen: Wo ist der? Und es war ein groß Gemümmel von ihm unter dem Volk. Etliche sprachen: Er ist fromm; die Andern aber sprachen: Nein, sondern er verführet das Volk. Niemand aber redet frei von ihm, umb der Furcht willen für den Jüden.

Aber mitten im Fest ging Jesus hinauf in den Tempel, und lehret. Und die Jüden verwunderten sich, und sprachen: Wie kann dieser die Schrift, so er sie doch nicht gelernet hat? Jesus antwortet ihnen, und sprach: Meine Lehre ist nicht mein, sondern deß, der mich gesandt hat. So Jemand will deß Willen thun, der wird innen werden, ob diese Lehre von Gott sei, oder ob ich von mir selbs rede. Wer von ihm selbs redet, der suchet seine eigen Ehre; wer aber suchet die Ehre deß, der ihn gesandt hat, der ist wahrhaftig, und ist keine Ungerechtigkeit an ihm. Hat euch nicht Moses das Gesetz gegeben? und Niemand unter euch thut das Gesetze. Warümb suchet ihr mich zu tödten?

Das Volk antwortet, und sprach: Du hast den Teufel, wer suchet dich zu tödten? Jesus antwortet, und sprach: Ein einiges Werk hab ich gethan, und es wundert euch alle. Moses hat euch darümb gegeben die Beschneidung, nicht, daß sie von Mose kömmet, sondern von den Vätern; noch beschneidet ihr den Menschen am Sabbath. So ein Mensch die Beschneidung annimmet am Sabbath, auf daß nicht das Gesetz Mose gebrochen werde: zürnet ihr denn uber mich, daß ich den ganzen Menschen hab am Sabbath gesund gemacht? Richtet nicht nach dem Ansehen, sondern richtet ein recht Gerichte.

Da sprachen Etliche von Jerusalem: Ist das nicht der, den sie suchten zu tödten? Und siehe zu, er redet frei, und sie sagen ihm Nichts. Erkennen unser Obersten nu gewiß, daß er gewiß Christus sei? Doch wir wissen, von wannen dieser ist; wenn aber Christus kommen wird, so wird Niemand wissen, von wannen er ist.

Da rief Jesus im Tempel, lehret und sprach: Ja, ihr kennet mich, und wisset, von wannen ich bin; und von mir selbs bin ich nicht kommen, sondern es ist ein Wahrhaftiger, der mich gesandt hat, welchen ihr nicht kennet. Ich kenne ihn aber, denn ich bin von ihm, und er hat mich gesandt. Da suchten sie ihn zu greifen, aber Niemand leget die Hand an ihn; denn seine Stunde war noch nicht kommen. Aber Viel vom Volk gläubten an ihn, und sprachen: Wenn Christus kommen wird, wird er auch mehr Zeichen thun, denn dieser thut?

Und es kam für die Pharisäer, daß das Volk Solches von ihm mummelte. Da sandten die Pharisäer und Hohenpriester Knechte aus, daß sie ihn griffen. Da sprach Jesus zu ihnen: Ich bin noch ein kleine Zeit bei euch, und denn gehe ich hin zu dem, der mich gesandt hat. Ihr werdet mich suchen und nicht finden; und da ich bin, könnet ihr nicht hin kommen. Da sprachen die Jüden unter einander: Wo will dieser hin gehen, daß wir ihn nicht finden sollen? Will er unter die Griechen gehen, die hin und her zerstreuet liegen, und die Griechen lehren? Was ist das für ein Rede, daß er saget: Ihr werdet mich suchen und nicht finden; und wo ich bin, da könnet ihr nicht hin kommen?

Aber am letzten Tage des Festes, der am herrlichsten war, trat Jesus auf, rief und sprach: Wen da dürstet, der komme zu mir und trinke. Wer an mich gläubet, wie die Schrift saget, von deß Leibe werden Ströme des lebendigen Wassers fließen. Das saget er aber von dem Geist, welchen empfahen sollten, die an ihn gläubten; denn der heilige Geist war noch nicht da, denn Jesus war noch nicht verkläret. Viel nu vom Volk, die diese Rede höreten, sprachen: Dieser ist ein rechter Prophet. Die Andern sprachen: Er ist Christus. Etliche aber sprachen: Soll Christus aus Galiläa kommen? Spricht nicht die Schrift, von dem Samen David, und aus dem Flecken Bethlehem, da David war, solle Christus kommen? Also ward eine Zwietracht unter dem Volk uber ihm. Es wollten aber Etliche ihn greifen, aber Niemand leget die Hand an ihn.

Die Knechte kamen zu den Hohenpriestern und Pharisäern, und sie sprachen zu ihnen: Warumb habt ihr ihn nicht gebracht? Die Knechte antworten: Es hat nie kein Mensch also geredt, wie dieser Mensch. Da antworten ihnen die Pharisäer: Seid ihr auch verführet? Gläubet auch irgend ein Oberster oder Pharisäer an ihn? sondern das Volk, das Nichts vom Gesetz weiß, ist verflucht. Spricht zu ihnen Nicodemus, der bei der Nacht zu ihm kam, welcher Einer unter ihnen war: Richtet unser Gesetz auch einen Menschen, ehe man ihn verhöret, und erkenne, was er thut? Sie antworten, und sprachen zu ihm: Bist du auch ein Galiläer? Forsche und siehe, aus Galiläa stehet kein Prophet auf. Und ein Iglicher ging also heim [1]).

a) Dieß Kapitel hat nicht viel Predigten, Lehren oder Wort des Herrn Christi, sondern es ist ein Kapitel, das etliche Geschicht und Historien beschreibet, wie es dem Herrn Christo gangen ist uber seiner Predigt. Derhalben so wollen wir kürzlich davon reden, und nicht so lange Zeit damit zubringen, wie wir im sechsten Kapitel gethan haben. Es mengets aber S. Johannes durch einander, also, daß er zum Theil die Predigten, so er gethan hat, und darnach die Historien, wie es ihm drüber ergangen, da er die Predigt des 6. Kapitels, von seinem Fleisch und Blut, zu

---

a) Die erste Predig, am Sonnabend Ascensionis Domini.

1) Den 1 Vers „Darnach zog — — stellten" abgerechnet, fehlt vorstehender Text bei Walch.

Capernaum gethan, beschreibet, nämlich, daß sich Jesus gehalten hab in Galiläa b), sei hin und wieder gezogen in die Flecken, hab gepredigt; aber mit großem Fleiß das jüdisch Land vermieden und in Judäa nicht hat wollen so umbherziehen, aus der Ursachen, daß ihme die Jüden nach dem Leben stelleten c). Denn in Judäa saßen die rechten Hansen, die Regenten und Prälaten, seine ärgesten Feinde und Widersacher. Aber Galiläa lag dahinten unter den Heiden, da Herodes zu gebieten hatte, die Jüden aber desselbigen Landes keine Gewalt hatten, wie bei uns etliche Land sind, da die Bischoffe nicht Gewalt haben, als hie zu Wittenberg, da die zornigen Junkern uns Nichts thun dürfen, ob sie gleich gerne wollten. Also hält sich hie der Herr Christus auch in Herodes Lande [1]), da Herodes Herr und König ist, und die Priester und Aeltesten zu Jerusalem nicht Herrn uber waren, als in Judäa. Und zeigt der Evangelist die Ursachen an, daß er hab das jüdisch Land fürnehmlich darümb gescheuet, daß ihm die Jüden nachstelleten.

Dieses ist nu geschrieben von unsers Herrn Christi Leben, wie es ihme widerfahren sei, und ist nicht umbsonst gemeldet, sondern uns zum Exempel. Ihr sehet dennoch, daß der Herr Christus meidet seine Gefährlichkeit, und gibt sich nicht vermessiglich darein, auf daß er Gott nicht versuche. Denn wo ich nicht hin gefodert bin worden, da soll ich mich nicht hin begeben d); wie etliche unsinnige Narren, meine Widersacher, zu mir auch sagen: Warümb zeuhest du nicht gen Rom, zum Bischoff von Mainz, gen Dresden, oder gen Leipzig? Ja, du fürchst dich? Aber es geschieht nicht Furcht halben. Hätte ich Gottes Befehl, daß ich daselbst predigen sollte, ei, so hätte ich auch ein gut Gewissen, und wollts thun und getrost daselbst predigen: aber weil ich Gottes Gebot nicht habe daselbst zu predigen, so geschiehts nicht Furcht halben, sondern es heißt, Gott nicht versuchen e).

---

b) Christi Reisen in Galiläa. c) Gefahr zu meiden. d) Lehre aus Christi That und Exempel. e) Deut. 6.

1) † auf.

Also lehren auch die Wiedertäufer f), man solle Alles verkäufen, Weib, Kind, Haus und Hof verlassen, ja, man solle nicht Weiber haben, wie denn Solches die Mönche auch fürgeben haben [2]); und bringen die verzweifelten Buben und Schälke die Leute umb Alles, was sie haben. Nu ist es wahr, wir sollen umb Christus willen hintansetzen Leib, Leben, Gut, Ehre, Strumpf, Stock, Weib und Kind, und was wir haben, denn der Herr Christus hat gesagt Matthäi 10.: Wer Weib und Kind, sein Acker und sein Leib mehr liebet, denn mich, der ist mein nicht werth. Item, Christus spricht g): Gehe hin und verkäufe Alles, und folge mir nach. Es ist alles wahr, wir wissen diese Sprüche alle wohl, und kennen sie wohl, daß wir umb Christus willen Alles dran setzen sollen h). Aber das hat Christus nicht gesagt: Lauf stracks hinweg vom Weibe und lasse sie am Bettelstabe sitzen; sondern er setzets in dem Fall, nämlich, wenn es dazu kommet, daß es dieß antrifft, ob du mich mehr liebest, oder dein Weib, Leib oder Leben. Non est comparationem, sed oppositum ponere. Er spricht nicht: Gib dich muthwillig in Gefahr, lauf von deinem Weib, oder verlaß die Deinen. Nein; sondern wenn es dahin kömmet, daß die Tyrannen dich strafen wollen, und verjagen umb des Evangelii willen, oder daß man mich [3]) Eine Gestalt des Abendmahls zu nehmen zwingen wollt, da sei keck und beweise es, daß du ein Mann seiest, daß du sagest: Nein, Bischoff, Fürst, Pfaff, Teufel, dazu sollt du mich nicht vermögen. Spricht er: So nehme ich dir den Hals, Weib, Kind; so sage du: Ei, das magst du nehmen.

Es will der Herr Christus sagen i): Es wird dazu kommen, daß euch Solches begegnen wird; wer denn sein Weib, Leib, Gut und Leben lieber hat, denn mich, da ist beschlossen, daß der mein nicht werth ist. Wer es aber dran setzet und verläßt, der solls

---

f) Der Wiedertäufer Lehre. g) Matth 19. h) Christi Lehre, Alles zu verlassen i) Trost in der Flucht oder Verlust

2) „haben" fehlt. 3) dich.

hundertfältig wieder empfahen, und so lange er hie auf Erden lebet, soll er auch genug haben; wirds ihme aber je alles genommen, soll er doch Vergebung der Sünden haben, item, den Heiligen Geist, und ein Kind Gottes und Erbe des ewigen Lebens sein. Also soll man es verstehen, wenn Christus spricht, man soll ihn mehr lieb haben, denn sonst Alles. Wenn aber nicht die Noth da ist k), soll ein Iglicher bleiben an seinem Ort, Statt und Berufe, und nicht von den Seinen laufen, sondern sollen beisammen bleiben, ein Iglicher dahin er gehöret. Kömmet aber der Fall, daß man den Beruf oder Stand muß lassen, oder Christum verläugnen, allda, ehe denn ich Christum verläugnete, so sage ich, daß ich will fahren lassen mein Hals, auch Haus, Hof rc.

Das sage ich wider die Wiedertaufer, die ihnen das Leiden williglich selbs machen und Alles verlassen l), und rühmen denn, sie sind Märterer; suchen ihre eigene Ehre. Aber erwähle dein eigen Leiden nicht, es ist weder dir noch sonst Jemand geboten, daß er sich soll in Gefährlichkeit Leibs und Lebens geben. Gott hat derhalben so viel Kreaturn gegeben, und so viel Mittel und Wege geschaffen, daß er dir helfe. Er läßt Acker bauen, auf daß man nicht Hunger leiden soll; so gibt er auch so viel Wolle, auf daß du nicht Kälte leiden sollt. Er gibt auch so viel Holz und Stein, allerlei Gewitter und Gaben, damit du dich und deinen Leib pflegen und warten mögest und gesund kannt sein. Item, er hat dir Erbe, Weib, Kind, Haus und Hof, Geld und Alles gegeben, daß du und dein Weib sollet bei einander bleiben.

Also ist dieß das Erste m), daß man für den Leib sorge; das ist Gottes Wille. Also hat er dir einen Mann oder Weib gegeben, und spricht: Was Gott zusammen gefüget hat, das soll der Mensch nicht scheiden; dabei bleibe es. Wenn dich aber Gott scheidet, der dir das Weib oder den Mann ge-

k) Fall der Verlassung. l) Selbgesuchter Irrschweif. m) Leibs-Pflegunge und der Seinen. Rom. 13. 1. Tim. 5.

geben hat, so ists recht. Das geschicht, wenn du entweder Gott oder [4]) sein Wort sollt lassen: da kannst du sagen, wenn dieß dazwischen kömmet: Ich will bei dir, mein Gott, bleiben, und das andere Alles fahren lassen, und sprechen: Lieber Herr Gott, du hast mich zuvor an Haus, Hof, Knecht, Magd, Weib, Kind, Leib und Leben gebunden; aber nu scheidest du mich: umb deines Worts willen muß ich mein Hab und Gut verlassen, sonst wollt ich dabei gerne bleiben. Gott scheidet [5]) selber n). Er spricht: Du sollt mich mehr lieben, denn sonst Alles. Sonst soll man dem Leibe nicht Schaden thun, noch ihn verletzen, sondern ihn bewahren und seiner pflegen, und warten, wie es Gott geordenet hat, auf daß man gesund bleibe. Er hat dir zwei Augen gegeben, die sollt du nicht ausreißen oder verletzen, auch zwei Beine, die sollt du nicht abhauen; sondern, werden sie krank und ungesund, so gebrauch Aerzenei und heile sie. Kömmet es aber dazu, daß du von Tyrannen Todtgeschlag und andere Verfolgung leiden solltest, so halt her, und lasse es Gott walten.

S. Augustinus hat mit den Donatisten vor Zeiten viel zu thun gehabt, die o) waren auch solche Gesellen und Verführer, daß sie drümb baten und hießens die großen Hansen, daß man sie tödten sollte, auf daß sie Märterer würden, und wenn Niemand sonst an sie die Hand anlegen wollte, so stürzten sie sich selbr von den Brücken, oder fielen von Häusern herab, brachen die Hälse, und verließen sich auf diesen Spruch: Wer sein Leben lieber hat, denn mich, der ist mein nicht werth. Da ward des Mordens überaus viel, und solcher Mörder an ihren eigenen Leiben. Sie verdammeten die weltlichen Regiment, die man doch sollt stehen und bleiben lassen, auch helfen erhalten und fördern, auf daß man Schutz für den Leib habe, und bei Weib und Kind bleiben möge.

Aber Haus, Hof und Güter verlassen, geschieht

n) Scheidens Ursacher. o) Der Donatisten Mörderei und Vergeben.

4) und. 5) † hier.

auf zweierlei Weise p): erstlich, daß ichs für mich selbs willig thue, und erwähle es aus meinem Kopf, mache mir ein eigen Andacht darüber: das heißt, des Teufels Lehre; zum Andern, daß ichs muß leiden, und widerfähret mir ohne meinen Dank. Ich erwähle und suche mirs nicht, sondern ein Ander zwinget mich dazu. Es ist nicht meines Werkes und Thuns, sondern ich muß leiden, und was ich denn leide, das thut mir ein Ander, und dringet mich von dem Meinen. Ob ich gerne wollte bei meinem Leibe, Haus und Hof bleiben, so will er mich nicht dabei lassen, so muß ichs fahren lassen, es leiden. Das hab ich mir mit nicht selbs zugericht.

Derhalben so sind die Mönche schier so gut als die Donatisten q); wiewohl sie sich nicht selbs so erwürgen, jedoch so sind sie auch Teufels Gesinde, denn sie sprechen: Willt du vollkommen sein, so gehe hin und verkäufe Alles, verlasse Vater und Mutter, Weib und Kind, der Bräutigam verlasse seine Braut, und laufe ins Kloster; denn führet man einen christlichen Stand und Leben. Das ist nicht der H. Geist, so dich dieß heißet, sondern es ist der Teufel auf deinen Kopf. Darümb immer mit ihme ins höllische Feuer! Denn Gott treibet dich von Vater und Mutter, Mann, Weib nicht hinweg; er will, du sollest bei ihnen bleiben: du erwählest Solchs dir selbr, daß du von den Deinen läufest. Wenn du von einem Andern mit dem Schwert oder mit Gewalt von deinen Aeltern, Weib und Kindern, Haus und Hof gedrungen würdest, daß du es nicht gerne thätest, da hast du Gottes Wort, da kannst du sagen: Ehe denn ich Gottes Wort wollt verläugnen und Christum fahren lassen, so will ich ehe ins Elende gehen, oder zehen Ellen tief in die Erden mich begraben lassen, oder im Klöster mir vier Platten scheeren und zehen Kappen anziehen lassen, umb des Herrn Christi und seines Worts willen; so wäre es eine Meinung, das wären denn feine Mönche gewesen.

---

p) Wie Güter verlassen werden.

q) Mönche und Donatisten einerlei Gattung.

Also wurden die Märterer von den Römern aus den Städten verjagt, in die [6]) Insulen, oder in Wälder und Wildniß getrieben, mußten Hunger und Kummer leiden, Vater und Mutter verlassen und in die Wälder laufen, wurden Einsiedler r), nicht, daß sie es fürsätzlich thäten, sondern sie mußtens leiden umb Gottes willen. Darümb sinds eitel Teufelslehre, Möncherеien aus eigener Andacht und Gewalt erwählen, und nicht umb Gottes und seines Worts willen Solches thun. Aber wenns dahin kömmet, daß Tyrannen sind, die uns wollen zwingen wider Gott zu thun, oder Christum und sein Evangelium zu verlassen, so sprich: Hie gehet der Spruch an: ich leide es, und verlasse mein Haus und Hof; ich wollt wohl lieber dabei bleiben, denn ich hab meinen Vater, mein Weib und Kind lieb, aber Christum viel lieber. Soll ich nu eines lassen, so will ich jenes alles lassen, und allein halten bei Christo; denn bleibet mir ja das Beste und Meiste, nämlich Christus und sein Wort.

Da thust du es denn nicht, sondern ein Ander thuts, und also bist du der Leidemann s); sonst soll dein Andacht und dein Leiden ein Dreck sein, wo du es thuest. Erwähle dir kein Scheiden, noch Kloster laufen, oder sonst etwas Neues. Wenn dich aber die Obrigkeit nimmet, und verjagt dich von deinen Gütern, da leide es, wenn dirs ohne deine Verschuldung begegnet. Vor Zeiten, im Papstthum, sind die Knecht und Mägde von ihrer Herrn Dienst, die Weiber aus ihrer Männer Gehorsam und Haushaltung gelaufen, nach Wallfahrten, sind Mönche und Nonnen worden; das sind rechte Donatisten gewesen. Die Wiedertäufer heben es wieder an. Sehet euch aber für, und lernet, wie ihr mit ihnen sollet reden, ob sie zu bekehren wären, denn sie laufen aus eigner Andacht davon; oder, daß man ihnen das Lästermaul könnte zustopfen, wenn sie ihre An-

r) Einsiedeler und Märterer Verlassung. s) Der Elenden und Leidens rechte Stand.

6) „die" fehlt.

dacht und Heiligkeit mit diesem Argument bestätigen wollten.

Christus hätte auch wohl können in Judäam gehen; wie es denn balde hernach geschahe, daß er wieder hinaufzog. Aber er ist blieben in Galiläa, und wollt sich nicht in die [6*]) Gefahr begeben und Gott versuchen, bis so lange ers thun mußte, und es ihm aus seinem göttlichen Ampt gebuhren wollte t). Da er gezwungen wird, thut ers; aber erstlich nimmet er die Sache in ein Bedenken, und spricht: Ich will nicht in Judäam, denn sie wollten mich tödten. Und ist Christus in dem selbr ein Exempel, daß ich ohne Beruf und Ampt nicht soll gehen in eines Fürsten Land, aus eigner Andacht mich in Versuchunge und Gefahr setze, da ich weiß, daß mich ein Fürst und Herr erwürgen wird. Nein, ich muß mich nicht in Gefahr geben. Muß ich aber hinein, oder bin drinnen, so sei ich denn keck und leide, und laß den Hals darob. Das heißt denn nicht, aus eigener Wahl thun. u) Uber die Elbe ist eine Brücke, darümb darf man nicht hindurch waten, auf daß man nicht ersaufe. Wenn dich aber Jemand zwinget, daß du durch das Wasser waten mußt, so wags, und sprich: Ich thus nicht gerne, ich muß aber thun, und kanns nicht umbgehen. Also thut die Christus auch. Er wills nicht aus eigener Andacht, Furwitz oder Muthwillen wagen, und vergebens ein unnöthig Wunderzeichen beweisen indem, daß er ziehen soll ins jüdisch Land.

Es war aber nahe der Jüden Fest der Lauberhütten.

Das ist die andere Historia oder Geschichte. Die erste haben wir gehandelt, wie er in Galiläam gezogen, und allda geblieben sei, und Gott nicht hat versuchen wollen. Nu kömmet die ander Historien, was ihm begegnet sei, da der Jüden Lauberhüttenfest gewesen ist v), welches man im Weinmonat oder Herbst-

t) Ohne Beruf und Ampt soll Nichts fürgenommen werden. u) Ein Gleichniß. v) Christus auf dem Fest der Lauberhütten.

6*) „die" fehlt.

monat gehalten hat, da ihnen von Gott geboten war, daß sie am funfzehenten Tag desselbigen Monats aus ihren Häusern und Städten ziehen mußten, und auf dem Felde ganzer acht Tage wohnen, durften nicht daheim in[7]) Häusern schlafen, essen, trinken, sondern mußten aus den Wäldern Maien holen und Hütten machen, und darunter wohnen. Solches hat Gott ihnen also geboten zur Gedächtniß der Ausfahrt oder des Auszugs aus Aegypten, da sie ganzer vierzig Jahr in der Wüsten, auf der Strassen zogen, und nie unter kein Dach kamen, nie kein Bissen Brods aßen noch trunken in Häusern.

Dieß Wunderzeichen wollt Gott bei dem jüdischen Volk behalten, daß sie dieser Wohlthat nicht vergessen sollten; aber wie sie es behalten haben, sehen wir an uns wohl w). Denn also gehet es gemeiniglich zu, Wohlthat oder Gutes vergessen wir bald, aber an das Böse, wenn uns Jemands Leid thut, da gedenken wir allzeit an, Zorn und Ubel vergessen wir nicht bald. So gedenken wir auch nicht heutiges Tages an die Wohlthat und Güte Gottes, so wir im Evangelio haben; so wir doch unvergessen sein sollten, wie es uns unter dem Papstthum gangen wäre. Diese Vergessenheit und Verachtung der Güter Gottes hat der Herr Christus wohl gesehen, und darümb das Sakrament des Abendmahls zur Gedächtniß gegeben x), und seinen Leib und Blut daselbst eingesetzt, daß er erinnerte, wie er uns von Sünden, Tod, Teufel und Höllen erlöset hätte. Gleicher Weise war auch den Jüden das Lauberhüttenfest geboten, daß sie acht Tage unter den Hütten wohnen mußten, auf daß man von diesem Wunderwerk Gottes handelte, predigte, und Gott dafur dankete, und an die 40. Jahr gedächte, die sie in der Wüsten gewesen waren.

Solch Gedächtniß ist noth und nütze gewest; wie denn auch alle unsere Sakrament eucharistiae sind y),

---

w) Gottes Wohlthaten wird bald vergessen. x) Abendmahl des Herrn. y) Gebrauch und Nutz des Fest und Sakrament.

7) † [ihren].

daß man nicht allein an die Wohlthat Gottes gedenke, und ihrer nicht vergesse: es war Gott mit ihnen auch darumb zu thun, daß sie nicht in Abgötterei fielen, sondern blieben bei dem Gott, der sie aus Aegypten gefuhret hatte, und nicht einen frembden Gott annahmen. Aber wie sie es gehalten haben, das zeigen die Propheten wohl an; wie wir bei der Messe auch gethan haben. Bei dem Sakrament des Abendmahls sollt man predigen, und des Herrn Christi nicht vergessen; denn umb der Predigte willen ist das Abendmahl eingesetzt, auf daß man keinen andern Christum anbeten sollte: aber es ist nicht geschehen. Christus hat sein Gedächtniß allda gestift, und die Predigt eingesetzt: aber z) sie haben gleichwohl die Messe so verkehret, und die Predigt des Evangelii unter die Bank gesteckt, Ablaß, Fabeln, Mährlin und ander Geplarr herfurgesucht und getrieben, daß Nichts, denn allein der Name der Meß blieben ist. Wenn man die Meß wieder recht anrichtete, so hätte es nicht Noth, denn sie behielt uns bei Christo, dem Heilande, und dem Häuptartikel von der Rechtfertigung des Glaubens an Christum, daß wir allein an ihn gläubten und Hülfe bei ihme suchten, und an den Tod Christi uns hielten. So würde seine Gedächtniß und Bezeugniß recht gehalten, und fielen nicht in Abgötterei, die sonst daruber ist aufgangen. Denn kein schädlicher abusus oder Gräuel je auf Erden gewesen ist, denn der Messe, und der jüngste Tag muß ihn auch noch selbs zerstören.

Das müsset ihr vom Fest wissen: Es war ihnen hart befohlen a), daß ein iglich Mannsbilde müßte des Jahrs dreimal gen Jerusalem kommen, als auf Ostern, Pfingsten und der Lauberhütten Fest, aufs festum tabernaculorum. Diese Fest währeten wohl funfzehen Tage, daß sie zu Jerusalem bei einander bleiben mußten. Da nu Christus nicht will hinauf in Judäam ziehen, da kömmet die Zeit, da er hinauf soll und muß, als ein Mannsbild, auf dieß Fest;

---

z) Des Widerchrists und der Seinen Gehorsam. a) Einstellung zu Gottesdienste.

zuvor wollt er nicht hinauf, da er nicht mußte, auf daß er unsern Herren Gott nicht versuchte: aber da ers thun mußte, ging er frei hinan, ist keck dazu, als er zuvor niemals gewesen, und widerfuhr ihm auch [8]) Nichts uberall, die giftigen, bösen Würmer durften ihme Nichts thun.

Da sprachen seine Brüder zu ihm: Mache dich auf von dannen, und gehe in Judäam, auf daß auch deine Jünger sehen die Werk, die du thust. Wer frei auf dem Plan sein will, der handelt Nichts heimlich [9]). Thust du Solches, so offenbare dich für der Welt. Denn auch seine Brüder gläubten nicht an ihn.

Es lautet gleich als redten seine giftigen Brüder Solches aus einer bittern Galle b), gleich als hielten sie ihn fur einen Narren, und wollten den heillosen Leuten, den Pharisäern, ihn gerne verrathen. Es sind giftige, böse Würmer; sie wollen sagen: Du thust viel Wunderwerk und predigest viel, aber wenn du keck wärest, so gingest du in Judäam; gleichwie man zu mir auch sagete, wäre ich kühne, so sollt ich gen Dresden oder Hall gehen, und allda predigen und mich hören lassen. Also sind das auch solche trotzige, höhnische Buben, lassen solche Wort laufen, die da anzeigen, als halten sie alle seine Predigten und Wunderzeichen fur Nichts, und verachten ihn gar.

Und heißet der Text sie gleichwohl alle Brüder, die ihme nachfolgen, nicht seine näheste Verwandten. Denn die heilige Schrift spricht, daß sie allzumal, das ganz israelitisch Volk, Brüder unter einander sein: einer hat den Andern seinen Bruder genennet, und ein Weib hat das ander Weib ihr Schwester geheißen; wie denn der Brauch noch bei uns Deutschen an etlichen Oertern ist, und sonderlich im Sachsenlande. Vielmehr sind darnach Brüder geheißen

---

b) Cainische Brüderschaft. Gen. 4.

8) Orig. aus. 9) nichts heimliches.

worden, die Vettern, Muhmen, Wasen und sonst Blutfreunde gewesen sind c); wie denn dieses des Herrn Christi Blutfreunde gewesen sind, vielleicht seine Vettern und Ohem von seiner Mutter. Dieselbigen sollten am meisten an ihn gläuben, fur Andern mehr lieben, und fleißiger hören, aus Betrachtung, daß er ihr Fleisch und Blut war, und ihnen so nahe verwandt, daß er nicht näher konnte ihnen befreundet sein und zugehoren, denn daß sie seine leibliche Brüder wären gewesen. Darümb sollten sie umb der Blutfreundschaft willen an ihm gehangen haben. Aber dieselbigen sind hie so höbnisch auf ihn, und sagen zu ihm: Troß, mach dich auf, gehe hinauf in das jüdisch Land, laß dich sehen zu Jerusalem, du wirst allda viel Zuhörer haben. Du hast bisher in Galiläa geprediget, nu wirst du unter den Jüden viel Jünger bekommen, laß dich nur sehen. Aber die Sau lehret hie den Koch anrichten. Sie sprechen:

Wer frei auf dem Plan sein will, der handelt nichts Heimlichs.

Also muß es sein, daß Gott, welcher der ganzen Welt Meister soll sein, muß aller Welt Schüler werden d). Es ist nie keine Predigt oder Lehre in der Welt gewesen, die so viel Meister hätte gehabt, als eben das Wort Gottes. Alle Narren müssen sich daran hängen, und da wollen Ritter werden. Es ist Niemand, der sich nicht dünken ließ, er könne Gottes Wort meistern, und er müsse sich dawider legen, und er sei klüger, denn unser Herre Gott. Wenn itzt einem ein wenig Etwas traumt, so heißts Geist, Geist! Sie könnens alles, es will Jedermann Gottes Meister sein, und er muß Jedermanns Schüler sein. Also gehets hie auch; sie sagen: Wer auf dem Plan will sein 2c., als wollten sie sagen: Kreuchst du mit deinen Mirakeln in einen Winkel zu Capernaum, oder in Galiläa, und willt ein Prophet sein? Wenns mit dir recht stünde, so gingst du hinauf in Judäam, da

c) Jüdische Art in Verwandtniß.

d) Gott und sein Wort haben viel Meister.

auch Leute sind, die Zähene im Maul haben, und Etwas wissen und verstehen. Du willt allein in Galiläa viel gesehen sein, und allda viel Zeichen im Winkel thun, aber thue es auch zu Jerusalem. Es ist Buberei und Narrenwerk mit dir, wollen sie sagen. Das muß Christus mit seiner Lehre und göttlichen Wunderwerken leiden und hören.

Das ist ein Exempel, daran wir sehen, wie das Aergerniß am Evangelio auch muß sein, daß unsere Blutsfreunde, Schwestern, Brüder, Muhmen und Schwäger, und sonst näheste Freunde, sollen uns feind sein e), und uns auch fur eitel Buben halten, und sollen sich auf das Spitzigste dazu gegen uns stellen, daß sie uns nicht spitzig gnug können schelten und verspotten. Denn die dem Evangelio am meisten wollen verwandt sein, und das Beste dabei thun, die sollens fur ein lauter Gespötte halten, und sagen: Du kreuchst in Winkel, scheuest das Licht, fürchtest dich und willt Nichts leiden, willt nicht herfur mit der Lehre.

Nu, Christus heißets nicht, daß ich vermessenlich mir wolle den Hals abstechen lassen: das wäre Gott versuchet, es wär ein Vermessenheit und des Teufels Kühnheit f), ehe fliehen wollen, denn einem die Flügel wachsen. Darümb ists nichts gesagt, wenn sie schreien: o man scheue das Licht! so antworte du, Christus wollts auch nicht thun, er wollt nicht in Judäam, ehe denn er dazu gefodert ward. Ja, wird man erfodert, so erscheine man, und sei denn getrost; wie wir denn auch oft gethan haben.

Also ist das Evangelium noch bei unsern nähesten Freunden angesehen, wie Christus, der getreue Lehrer, zu Capernaum fur seiner Jünger Augen g), ob er wohl Mirakel thut, doch dafur gelästert und geschändet wird. Seine Jünger kehren sich nicht dran, sie halten ihn fur einen Buben, der mit seiner Lehre nicht keck wäre, und sagen, er gehe mit Meuchelei und Heuchelei umb, auf daß er sicher fur

---

e) Die nähesten Freunde, der Christen Feinde. f) Wider die Wagehälse und Dummkühnen. g) Der Knecht muß es nicht besser haben, denn sein Herr. Matth. 10.

den Pharisäern sein möge, sprechen: Offenbare dich für der Welt. Es sind trotzige Wort, sie sind nicht so fromm, als jene andere Narren Luc. 4., die da gerne Ehre von ihm gehabt hätten, und Gewalt durch ihn erlanget. Diese hie sind Schälke und Betrüger, hielten gar nichts davon, meineten: Wäre etwas dahinter, so würdest du ans Licht gehen, und dich herfur thun, und dich der Welt offenbaren.

Da spricht Jesus zu ihnen: Meine Zeit ist noch nicht hie, euer Zeit aber ist allewege.

Also antwortet ihnen der Herr Christus h); spricht nicht, daß er in Galiläa bleiben wolle, und nicht gen Jerusalem ziehen, oder daß er das Licht scheue, sondern saget: Lieben Junkern, ich will noch wohl hinauf gen Jerusalem gehen, ich darf noch wohl ans Licht und fur die Welt treten, aber ihr sollt mir die Zeit nicht stimmen, die Sau soll den Koch nicht lehren, wenn meine Zeit kommen wird, so will ichs wohl thun. Dieweil ihr aber itzt meinet, ich fürchte mich, darümb sollt ihr umb euer spitzigen, losen, leichtfertigen Wort willen mich dahin nicht bringen, daß ich vermessen sein sollte, ich will die Zeit wohl [9*]) treffen; und deutets immerhin, wie ihr wollet, nennet es eine Blödigkeit oder Furcht rc., mir liegt nichts dran.

Meine Zeit ist nicht hie, aber euer Zeit ist allwege.

Das ist wieder ein Schnitzer, so er ihnen gibt, damit er sie wieder bezahlet i); als sollt er sagen: Ihr seid feine Gesellen, ihr habt gnädige Hohepriester, sie thun euch Nichts, ihr trotzet auf ihre Gewalt und Gunst, daß sie einen großen Anhang und Bund haben, Hannas, Caiphas, Herodes, Pilatus und Andere; es hänget Alles an einander: sollt ihr aber mein Wort und Predigt führen, ihr würdets auch wohl lassen, und nicht so kühne sein, ihr dürft euch itzt fur keiner Gefahr besorgen. Gleicherweise sagen die Narren, die Widersacher, auch zu mir, und wollen mich fur den Kaiser citirn, sprechen: Ich will mit dir

---

h) Christi Antwort auf seiner Brüder Lästerung. i) Alles hat seine Zeit. Eccle. 3.

9*) „wohl" fehlt.

n, aufs Feur. Aber sie wollen nicht zu uns
dort, bei den Ihren, da keine Gefährlichkeit
sie böse und tapfere Helden, wir sollen zu
mmen. Da wurfe man einen erstlich in Thurm,
wollt man disputiren, wenn sie mit einem
ihrem Trotz, eigenem Frevel und Muthwil-
angen wären; ja, das ist ein fein Ding, da-
en sie uns gerne locken. Aber Christus sagt
ter die Nase k): Ich bin wohl so kecke als
d meine Zeit kommen, sollet ihrs erfahren:
werdets nimmermehr wagen, obschon eure
wäre. Ihr seid verzweifelte Buben, und
h gerne auf die Fleischbank opfern, daß ich
würde, oder von Gott abfiele; was brüstet
dieweil sie euch kein Leid thun? Ihr seid
mit ihnen, und ihr habt gut gäuckeln [10]);
hr, wenn ihr wollt, so seid ihr liebe Kinder,
isäer, Hohenpriester und Schriftgelehrten gute
denn sie haben sie gekannt und lieb gehabt.
uch nicht Wunder; worümb wollte man sie
eden sie doch, was sie gerne hören.

elt kann euch nicht hassen, mich aber
sie, denn ich zeuge von ihr, daß
ihre Werk böse sind.

n ich redet, was der Welt gefiele, so wäre
guter Freund l); so wollt ich auch wohl
t, gen Hall, zum Bischoff von Magdeburg
wenn ich redet, was die Papisten gerne
Mich aber hasset sie, saget Christus, da-
ziehe ich nicht dahin, ich werde es denn ge-
Denn ich thue, das ihr nicht thun wollt;
von ihnen, daß ihre Werk böse sind. Das
mir nach; Trotz ihr lieben Junkern. Ja,
t; sie lassen die Welt wohl zufrieden, denn
der Welt Kinder. Trotz, daß sie dem Papst
t sagten, das er nicht gerne höret, nämlich,

---

i Exempel, sich freudig zu verantworten. l) Weltgunst.
. 18.
ln.

daß er ein Schalk sei: sie schmücken und decken auch seine Schalkheit. Sollt er die nicht lieb haben? Aber thue, wie ich, und sage ihm nur ein Wort, denn wirst du gewahr werden, wie kecke du seiest m). Sage dem Bischoff von Mainz und Herzog Georgen nur ein Wort, nämlich, daß sie Gottes Wort verläugnen und verfolgen. Aber man schweiget da wohl stille, und zeubet die Pfeifen ein. Dieweil ihr denn die Wahrheit schweiget, und dagegen redet und thut, was die Welt will, sollt sie euch nicht hold sein? Ihr habt gut trotzen und pochen, es hälts ein Schalk mit dem andern, da kratzet ein Kräu der andern kein Aug aus; so müßt es auch ein kalter Winter sein, daß ein Wolf den andern fresse. Wohlan, fahret zu, zeuget, daß der Welt Werke böse sind, und seid so dürstig, prediget die Wahrheit, sehet denn, wie keck ihr seid. Das thue ich. Ich heuchele Niemands, ich sage dem Annas, Caiphas und den andern Hohenpriestern und Pharisäern, daß sie Gottes Feinde sind, und wider Gottes Wort und Gottes Gebot fälschlich handeln und leben, und laß mir ihr Leben und Wesen nicht gefallen. Das schmeckt ihnen nicht, darumb so wollen sie mich tödten.

Wenn ich D. Mart. Luther dem Papst hofiren und heucheln wollt n), so hoffete ich, ich wollt so schier ein Bischthum und große Reichthum erlangen, als sie: aber dieweil ich das nicht will, darumb sind sie mir alle feind. Wie kann die Welt diejenigen hassen, da sie ihren guten Gelimpf und Alles von hat? So lang du die Wahrheit schweigst, und Niemand strafest, so lang kann dich der Papst und die Welt wohl dulden; wenn du nur widerstrebest der Wahrheit und lästerst sie, so hast du es gut und wirst wohl gehalten. Willt du aber strafen, so ist alle Freundschaft aus. So soll man sagen: Herr Annas, ihr lehret recht, ihr seid fromme Leut, aber der Jesus ist ein Bub, er verführet die Leut mit seiner Predigt. O da liebet und lobet man einen, da kann Hannas

m) Es bringet nicht Brod in das Haus. n) Itzt ist die Heuchelpratika gar zu träglich.

und Caiphas nicht anders, er muß sont und die, so Christum schelten und lästern, lieb haben, denn er siehet wohl, daß Jesus mit seiner Lehre ihme will einen Unglimpf machen, daß Hannas nicht recht lehre. Also thut der Papst auch. Wenn ich wider ihn rede, und heiße ihn den Antichrist o), so hat er mich nicht lieb, sondern er trachtet mir nach Leib und Leben. Daß ihn Du Schmiede, Witzel und Roßlöfseli, neben anderen unsern Widersachern, lobet, dafür gibt er ihnen Präbenden und Dumereien. Denn es soll auch also sein. Aber die Welt hasset euch nicht; aber mich muß sie hassen, denn ich heuchele ihr nicht, sondern sage ihr die Wahrheit.

Dieß ist ein Exempel, daran wir lernen p), daß wir uns nicht daran kehren und ärgern, ob uns die Welt spitzige Wort gibet, lästert, schändet, hasset, und ihren Muthwillen an uns ubet, darumb, daß wir ihr die Wahrheit sagen: dagegen die lobet und liebet, so ihr umb der Lügen willen noch dazu heucheln. Es thut zwar wohl, wenn der Papst einem Buben solche Güter gibt, und erschreckt einen sehr, wo andern Gottfürchtigen das Ihr entzogen wird, und sie noch dazu verfolget müssen sein, und im Exilio leben; es ist ärgerlich gar satt. Aber der H. Christus spricht: Die Welt kann euch nicht hassen, denn ihr seid Buben und ihre Söhne, sie muß euch Geld, Gut und Ehre gnug geben, weil ihr Schälke seid, als die Bischoffe sind, liegt mit ihnen unter Einer Decke. So spricht ein Solcher: Nimme hin, hast du nicht gnug an einem Stift oder Präbende, dir sollen noch zwei oder drei dazu werden; ja, ihr nehmet zehen oder zwänzig Einkommen, und lüget euch gar zu todte. Ich aber, dieweil ich die Wahrheit sage, muß ein Jesus sein, der weder Haus noch Hof hat. Aber laß Annam und Caipham und ihres Gleichen immerhin passiren, sie werden ihren Wirth bald finden.

Denn ihre Werk sind böse.

Die Werk, so er böse nennet, sind nicht allein

o) Da thut es ihm wehe. p) Getroste Freudigkeit aller Gottseligen. Akt. 5.

dacht und Heiligkeit mit diesem Argument bestätigen wollten.

Christus hätte auch wohl können in Judäam gehen; wie es denn balde hernach geschahe, daß er wieder hinaufzog. Aber er ist blieben in Galiläa, und wollt sich nicht in die [6*]) Gefahr begeben und Gott versuchen, bis so lange ers thun müßte, und es ihm aus seinem göttlichen Ampt gebühren wollte t). Da er gezwungen wird, thut ers; aber erstlich nimmet er die Sache in ein Bedenken, und spricht: Ich will nicht in Judäam, denn sie wollten mich tödten. Und ist Christus in dem selbr ein Exempel, daß ich ohne Beruf und Ampt nicht soll gehen in eines Fürsten Land, aus eigner Andacht mich in Versuchunge und Gefahr setze, da ich weiß, daß mich ein Fürst und Herr erwürgen wird. Nein, ich muß mich nicht in Gefahr geben. Muß ich aber hinein, oder bin drinnen, so sei ich denn keck und leide, und laß den Hals darob. Das heißt denn nicht, aus eigener Wahl thun. u) Uber die Elbe ist eine Brücke, darümb darf man nicht hindurch waten, auf daß man nicht ersaufe. Wenn dich aber Jemand zwinget, daß du durch das Wasser waten mußt, so wage, und sprich: Ich thus nicht gerne, ich muß aber thun, und kanns nicht umbgehen. Also thut die Christus auch. Er wills nicht aus eigener Andacht, Furwitz oder Muthwillen wagen, und vergebens ein unnöthig Wunderzeichen beweisen indem, daß er ziehen soll ins jüdisch Land.

Es war aber nahe der Jüden Fest der Lauberhütten.

Das ist die andere Historia oder Geschichte. Die erste haben wir gehandelt, wie er in Galiläam gezogen, und allda geblieben sei, und Gott nicht hat versuchen wollen. Nu kömmet die ander Historien, was ihm begegnet sei, da der Jüden Lauberhüttenfest gewesen ist v), welches man im Weinmonat oder Herbst

t) Ohne Beruf und Ampt soll Nichts fürgenommen werden. u) Ein Gleichniß. v) Christus auf dem Fest der Lauberhütten.

6*) „die" fehlt.

monat gehalten hat, da ihnen von Gott geboten war, daß sie am funfzehenten Tag desselbigen Monats aus ihren Häusern und Städten ziehen mußten, und auf dem Felde ganzer acht Tage wohnen, durften nicht daheim in [7]) Häusern schlafen, essen, trinken, sondern mußten aus den Wäldern Maien holen und Hütten machen, und darunter wohnen. Solches hat Gott ihnen also geboten zur Gedächtniß der Ausfahrt oder des Auszugs aus Aegypten, da sie ganzer vierzig Jahr in der Wüsten, auf der Strassen zogen, und nie unter kein Dach kamen, nie kein Bissen Brods aßen noch trunken in Häusern.

Dieß Wunderzeichen wollt Gott bei dem jüdischen Volk behalten, daß sie dieser Wohlthat nicht vergessen sollten; aber wie sie es behalten haben, sehen wir an uns wohl w). Denn also gehet es gemeiniglich zu, Wohlthat oder Gutes vergessen wir bald, aber an das Böse, wenn uns Jemands Leid thut, da gedenken wir allzeit an, Zorn und Ubel vergessen wir nicht bald. So gedenken wir auch nicht heutiges Tages an die Wohlthat und Güte Gottes, so wir im Evangelio haben; so wir doch unvergessen sein sollten, wie es uns unter dem Papstthum gangen wäre. Diese Vergessenheit und Verachtung der Güter Gottes hat der Herr Christus wohl gesehen, und darümb das Sakrament des Abendmahls zur Gedächtniß gegeben x), und seinen Leib und Blut daselbst eingesetzt, daß er erinnerte, wie er uns von Sünden, Tod, Teufel und Höllen erlöset hätte. Gleicher Weise war auch den Jüden das Lauberhüttenfest geboten, daß sie acht Tage unter den Hütten wohnen mußten, auf daß man von diesem Wunderwerk Gottes handelte, predigte, und Gott dafur dankete, und an die 40. Jahr gedächte, die sie in der Wüsten gewesen waren.

Solch Gedächtniß ist noth und nütze gewest; wie denn auch alle unsere Sakrament eucharistiae sind y),

---

w) Gottes Wohlthaten wird bald vergessen. x) Abendmahl des Herrn. y) Gebrauch und Nutz der Fest und Sakrament.

7) † [ihren].

daß man nicht allein an die Wohlthat Gottes gedenke, und ihrer nicht vergesse: es war Gott mit ihnen auch darumb zu thun, daß sie nicht in Abgötterei fielen, sondern blieben bei dem Gott, der sie aus Aegypten geführet hatte, und nicht einen frembden Gott annahmen. Aber wie sie es gehalten haben, das zeigen die Propheten wohl an; wie wir bei der Messe auch gethan haben. Bei dem Sakrament des Abendmahls sollt man predigen, und des Herrn Christi nicht vergessen; denn umb der Predigte willen ist das Abendmahl eingesetzt, auf daß man keinen andern Christum anbeten sollte: aber es ist nicht geschehen. Christus hat sein Gedächtniß allda gestift, und die Predigt eingesetzt: aber z) sie haben gleichwohl die Messe so verkehret, und die Predigt des Evangelii unter die Bänk gesteckt, Ablaß, Fabeln, Mährlin und ander Geplarr herfurgesucht und getrieben, daß Nichts, denn allein der Name der Meß blieben ist. Wenn man die Meß wieder recht anrichtete, so hätte es nicht Noth, denn sie behielt uns bei Christo, dem Heilande, und dem Häuptartikel von der Rechtfertigung des Glaubens an Christum, daß wir allein an ihn gläubten und Hülfe bei ihme suchten, und an den Tod Christi uns hielten. So würde seine Gedächtniß und Bezeugniß recht gehalten, und fielen nicht in Abgötterei, die sonst daruber ist aufgangen. Denn kein schädlicher abusus oder Gräuel je auf Erden gewesen ist, denn der Messe, und der jüngste Tag muß ihn auch noch selbs zerstören.

Das müsset ihr vom Fest wissen: Es war ihnen hart befohlen a), daß ein iglich Mannsbilde müßte des Jahrs dreimal gen Jerusalem kommen, als auf Ostern, Pfingsten und der Lauberhütten Fest, aufs festum tabernaculorum. Diese Fest währeten wohl funfzehen Tage, daß sie zu Jerusalem bei einander bleiben mußten. Da nu Christus nicht will hinauf in Judäam ziehen, da kömmet die Zeit, da er hinauf soll und muß, als ein Mannsbild, auf dieß Fest;

z) Des Widerchrists und der Seinen Gehorsam. a) Einstellung zu Gottesdienste.

wollt er nicht hinauf, da er nicht mußte, auf
: unsern Herren Gott nicht versuchte: aber da
un mußte, ging er frei hinan, ist keck dazu, als
or niemals gewesen, und widersuhr ihm auch [8])
uberall, die giftigen, bösen Würmer durften
Nichts thun.

prachen seine Brüder zu ihm: Mache
tuf von dannen, und gehe in Judäam,
aß auch deine Jünger sehen die Werk,
u thust. Wer frei auf dem Plan sein
der handelt Nichts heimlich [9]). Thust
olches, so offenbare dich für der Welt.
a auch seine Brüder gläubten nicht
an ihn.

Es lautet gleich als redten seine giftigen Brüder
es aus einer bittern Galle b), gleich als hiel-
: ihn fur einen Narren, und wollten den heillo-
euten, den Pharisäern, ihn gerne verrathen.
id giftige, böse Würmer; sie wollen sagen: Du
viel Wunderwerk und predigest viel, aber wenn
k wärest, so gingest du in Judäam; gleichwie
zu mir auch sagete, wäre ich kühne, so sollt ich
Dresden oder Hall gehen, und allda predigen
mich hören lassen. Also sind das auch solche
e, höhnische Buben, lassen solche Wort laufen,
a anzeigen, als halten sie alle seine Predig-
nd Wunderzeichen fur Nichts, und verachten
ar.

Und heißet der Text sie gleichwohl alle Brüder,
me nachfolgen, nicht seine näheste Verwandten.
die heilige Schrift spricht, daß sie allzumal,
ganz israelitisch Volk, Brüder unter einander
einer hat den Andern seinen Bruder genennet,
ein Weib hat das ander Weib ihr Schwester
jen; wie denn der Brauch noch bei uns Deut-
an etlichen Oertern ist, und sonderlich im Sachsen-
. Vielmehr sind darnach Brüder geheißen

Kainische Brüderschaft. Gen. 4.
Orig. aus. 9) nichts heimliches.

worden, die Vettern, Muhmen, Wasen und sonst Blutfreunde gewesen sind c); wie denn dieses des Herrn Christi Blutfreunde gewesen sind, vielleicht seine Vettern und Ohem von seiner Mutter. Dieselbigen sollten am meisten an ihn gläuben, fur Andern mehr lieben, und fleißiger hören, aus Betrachtung, daß er ihr Fleisch und Blut war, und ihnen so nahe verwandt, daß er nicht näher konnte ihnen befreundet sein und zugehören, denn daß sie seine leibliche Brüder wären gewesen. Darümb sollten sie umb der Blutfreundschaft willen an ihm gehangen haben. Aber dieselbigen sind hie so höhnisch auf ihn, und sagen zu ihm: Trotz, mach dich auf, gehe hinauf in das jüdisch Land, laß dich sehen zu Jerusalem, du wirst allda viel Zuhörer haben. Du hast bisher in Galiläa geprediget, nu wirst du unter den Jüden viel Jünger bekommen, laß dich nur sehen. Aber die Sau lehret hie den Koch anrichten. Sie sprechen:

Wer frei auf dem Plan sein will, der handelt nichts Heimlichs.

Also muß es sein, daß Gott, welcher der ganzen Welt Meister soll sein, muß aller Welt Schüler werden d). Es ist nie keine Predigt oder Lehre in der Welt gewesen, die so viel Meister hätte gehabt, als eben das Wort Gottes. Alle Narren müssen sich daran hängen, und da wollen Ritter werden. Es ist Niemand, der sich nicht dünken ließ, er könne Gottes Wort meistern, und er müsse sich dawider legen, und er sei klüger, denn unser Herre Gott. Wenn itzt einem ein wenig Etwas traumt, so heißts Geist, Geist! Sie können alles, es will Jedermann Gottes Meister sein, und er muß Jedermanns Schüler sein. Also gehets hie auch; sie sagen: Wer auf dem Plan will sein ꝛc., als wollten sie sagen: Kreuchst du mit deinen Mirakeln in einen Winkel zu Capernaum, oder in Galiläa, und willt ein Prophet sein? Wenns mit dir recht stünde, so gingst du hinauf in Judäam, da

c) Jüdische Art in Verwandtniß.

d) Gott und sein Wort haben viel Meister.

h Leute sind, die Zähene im Maul haben, und das wissen und verstehen. Du willt allein in Ga- a viel gesehen sein, und allda viel Zeichen im Win- thun, aber thue es auch zu Jerusalem. Es ist berei und Narrnwerk mit dir, wollen sie sagen. s muß Christus mit seiner Lehre und göttlichen underwerken leiden und hören.

Das ist ein Exempel, daran wir sehen, wie das gerniß am Evangelio auch muß sein, daß unsere usfreunde, Schwestern, Brüder, Muhmen und wäger, und sonst näheste Freunde, sollen uns feind e), und uns auch fur eitel Buben halten, und n sich auf das Spitzigste dazu gegen uns stellen, sie uns nicht spitzig gnug können schelten und ver- ten. Denn die dem Evangelio am meisten wollen vandt sein, und das Beste dabei thun, die sollens ein lauter Gespötte halten, und sagen: Du kreuchst Winkel, scheuest das Licht, fürchtest dich und willt hts leiden, willt nicht herfur mit der Lehre.

Nu, Christus heißets nicht, daß ich vermessen- mir wolle den Hals abstechen lassen: das wäre t versuchet, es wär ein Vermessenheit und des fels Kühnheit f), ehe fliehen wollen, denn einem Flügel wachsen. Darümb ists nichts gesagt, wenn schreien: o man scheue das Licht! so antworte du, istus wollts auch nicht thun, er wollt nicht in däam, ehe denn er dazu gefodert ward. Ja, wird erfodert; so erscheine man, und sei denn getrost; wir denn auch oft gethan haben.

Also ist das Evangelium noch bei unsern nähe- Freunden angesehen, wie Christus, der getreue er, zu Capernaum fur seiner Jünger Augen g), r wohl Mirakel thut, doch dafur gelästert und händet wird. Seine Jünger kehren sich nicht , sie halten ihn fur einen Buben, der mit r Lehre nicht keck wäre, und sagen, er gehe mit uchelei und Heuchelei umb, auf daß er sicher fur

Die nähesten Freunde, der Christen Feinde. f) Wider die Wa- gehälse und Dummkühnen. g) Der Knecht muß es nicht besser haben, denn sein Herr. Matth. 10.

den Pharisäern sein möge, sprechen: Offenbare dich für der Welt. Es sind trotzige Wort, sie sind nicht so fromm, als jene andere Narren Luc. 4., die da gerne Ehre von ihm gehabt hätten, und Gewalt durch ihn erlanget. Diese hie sind Schälke und Betrüger, hielten gar nichts davon, meineten: Wäre etwas dahinter, so würdest du ans Licht gehen, und dich herfur thun, und dich der Welt offenbaren.

Da spricht Jesus zu ihnen: Meine Zeit ist noch nicht hie, euer Zeit aber ist allewege.

Also antwortet ihnen der Herr Christus h); spricht nicht, daß er in Galiläa bleiben wolle, und nicht gen Jerusalem ziehen, oder daß er das Licht scheue, sondern saget: Lieben Junkern, ich will noch wohl hinauf gen Jerusalem gehen, ich darf noch wohl ans Licht und fur die Welt treten, aber ihr sollt mir die Zeit nicht stimmen, die Sau soll den Koch nicht lehren, wenn meine Zeit kommen wird, so will ichs wohl thun. Dieweil ihr aber itzt meinet, ich fürchte mich, darümb sollt ihr umb euer spitzigen, losen, leichtfertigen Wort willen mich dahin nicht bringen, daß ich vermessen sein sollte, ich will die Zeit wohl**) treffen; und deutets immerhin, wie ihr wollet, nennet es eine Blödigkeit oder Furcht rc., mir liegt nichts dran.

Meine Zeit ist nicht hie, aber euer Zeit ist allwege.

Das ist wieder ein Schnitzer, so er ihnen gibt, damit er sie wieder bezahlet i); als sollt er sagen: Ihr seid feine Gesellen, ihr habt gnädige Hohepriester, sie thun euch Nichts, ihr trotzet auf ihre Gewalt und Gunst, daß sie einen großen Anhang und Bund haben, Hannas, Caiphas, Herodes, Pilatus und Andere; es hänget Alles an einander: sollt ihr aber mein Wort und Predigt führen, ihr würdets auch wohl lassen, und nicht so kühne sein, ihr dürft euch itzt fur keiner Gefahr besorgen. Gleicherweise sagen die Narren, die Widersacher, auch zu mir, und wollen mich fur den Kaiser citirn, sprechen: Ich will mit dir

---

h) Christi Antwort auf seiner Brüder Lästerung. i) Alles hat seine Zeit. Eccle. 3.

**) „wohl" fehlt.

ntiren, aufs Feur. Aber sie wollen nicht zu uns
en; dort, bei den Ihren, da keine Gefährlichkeit
sind sie böse und tapfere Helden, wir sollen zu
n kommen. Da wurfe man einen erstlich in Thurm,
nach wollt man disputiren, wenn sie mit einem
alle ihrem Trotz, eigenem Frevel und Muthwil-
umbgangen wären; ja, das ist ein fein Ding, da-
wollten sie uns gerne locken. Aber Christus sagt
n unter die Nase k): Ich bin wohl so kecke als
wird meine Zeit kommen, sollet ihrs erfahren:
aber werdets nimmermehr wagen, obschon eure
da wäre. Ihr seid verzweifelte Buben, und
lt mich gerne auf die Fleischbank opfern, daß ich
impft würde, oder von Gott abfiele; was brüstet
euch, dieweil sie euch kein Leid thun? Ihr seid
uchler mit ihnen, und ihr habt gut gäuckeln [10]);
met ihr, wenn ihr wollt, so seid ihr liebe Kinder,
Pharisäer, Hohenpriester und Schriftgelehrten gute
hen; denn sie haben sie gekannt und lieb gehabt.
ist auch nicht Wunder; worümb wollte man sie
en? reden sie doch, was sie gerne hören.

e Welt kann euch nicht hassen, mich aber
sset sie, denn ich zeuge von ihr, daß
ihre Werk böse sind.

Wenn ich redet, was der Welt gefiele, so wäre
ihr guter Freund l); so wollt ich auch wohl
Rom, gen Hall, zum Bischoff von Magdeburg
en, wenn ich redet, was die Papisten gerne
ten. Mich aber hasset sie, saget Christus, da-
b so ziehe ich nicht dahin, ich werde es denn ge-
en. Denn ich thue, das ihr nicht thun wollt;
zeuge von ihnen, daß ihre Werk böse sind. Das
t ihr mir nach; Trotz ihr lieben Junkern. Ja,
z nicht; sie lassen die Welt wohl zufrieden, denn
sind der Welt Kinder. Trotz, daß sie dem Papst
Wort sagten, das er nicht gerne höret, nämlich,

) Christi Exempel, sich freudig zu verantworten. l) Weltgunst.
Joann. 15.
) gaukeln.

daß er ein Schalk sei: sie schmücken und decken noch seine Schalkheit. Sollt er die nicht lieb haben? Aber thue, wie ich, und sage ihm nur ein Wort, denn wirst du gewahr werden, wie kecke du seiest m). Sage dem Bischoff von Mainz und Herzog Georgen nur ein Wort, nämlich, daß sie Gottes Wort verläugnen und verfolgen. Aber man schweiget da wohl stille, und zeuhet die Pfeifen ein. Dieweil ihr denn die Wahrheit schweiget, und dagegen redet und thut, was die Welt will, sollt sie euch nicht hold sein? Ihr habt gut trotzen und pochen, es hälts ein Schalk mit dem andern, da kratzet ein Kräu der andern kein Aug aus; so müßt es auch ein kalter Winter sein, daß ein Wolf den andern fresse. Wohlan, fahret zu, zeuget, daß der Welt Werke böse sind, und seid so dürstig, prediget die Wahrheit, sehet denn, wie keck ihr seid. Das thue ich. Ich heuchele Niemands, ich sage dem Annas, Caiphas und den andern Hohenpriestern und Pharisäern, daß sie Gottes Feinde sind, und wider Gottes Wort und Gottes Gebot fälschlich handeln und leben, und laß mir ihr Leben und Wesen nicht gefallen. Das schmeckt ihnen nicht, darumb so wollen sie mich tödten.

Wenn ich D. Mart. Luther dem Papst hofiren und heucheln wollt n), so hoffete ich, ich wollt so schier ein Bischthum und große Reichthum erlangen, als sie: aber dieweil ich das nicht will, darumb sind sie mir alle feind. Wie kann die Welt diejenigen hassen, da sie ihren guten Gelimpf und Alles von hat? So lang du die Wahrheit schweigst, und Niemand strafest, so lang kann dich der Papst und die Welt wohl dulden; wenn du nur widerstrebest der Wahrheit und lästerst sie, so hast du es gut und wirst wohl gehalten. Willt du aber strafen, so ist alle Freundschaft aus. So soll man sagen: Herr Annas, ihr lehret recht, ihr seid fromme Leut, aber der Jesus ist ein Bub, er verführet die Leut mit seiner Predigt. O da liebet und lobet man einen, da kann Hannas

---

m) Es bringet nicht Brod in das Haus. n) Itzt ist die Heuchelpratika gar zu kräftlich.

Caiphas nicht anders, er muß sont und die, so ium schelten und lästern, lieb haben, denn er wohl, daß Jesus mit seiner Lehre ihme will Unglimpf machen, daß Hannas nicht recht lehre. thut der Papst auch. Wenn ich wider ihn und heiße ihn den Antichrist o), so hat er mich lieb, sondern er trachtet mir nach Leib und Le. Daß ihn zu Schmiedo, Witzel und Roßlöf neben anderen unsern Widersachern, lobet; da. ibt er ihnen Präbenden und Dumereien. Denn ll auch also sein. Aber die Welt hasset euch ; aber mich muß sie hassen, denn ich heuchele icht; sondern sage ihr die Wahrheit.

Dieß ist ein Exempel, daran wir lernen p), daß uns nicht daran kehren und ärgern, ob uns die spitzige Wort gibet, lästert, schändet, hasset, und Muthwillen an uns ubet, darumb, daß wir ie Wahrheit sagen: dagegen die lobet und lie. so ihr umb der Lügen willen noch dazu heucheln. hut zwar wohl, wenn der Papst einem Buben Güter gibt, und erschreckt einen sehr, wo an. Gottfürchtigen das Ihr entzogen wird, und sie dazu verfolget müssen sein. Und im Exilio le. es ist ärgerlich gar satt. Aber der H. Christus t: Die Welt kann euch nicht hassen, denn ihr Buben und ihre Söhne, sie muß euch Geld, und Ehre gnug geben, weil ihr Schälke seid, ie Bischoffe sind, liegt mit ihnen unter Einer . So spricht ein Solcher: Nimme hin, hast du gnug an einem Stift oder Präbende, dir sollen zwei oder drei dazu werden; ja, ihr nehmet ze oder zwänzig Einkommen, und läget euch gar zu . Ich aber, dieweil ich die Wahrheit sage, muß Jesus sein, der weder Haus noch Hof hat. Aber Annam und Caipham und ihres Gleichen immer. passiren, sie werden ihren Wirth bald finden.

Denn ihre Werk sind böse.

Die Werk, so er böse nennet, sind nicht allein

---

o) Da thut es ihm wehe. p) Getroste Freudigkeit aller Gottseli. gen. Mt. 5.

grobe Sünden, als, der Oberkeit ungehorsam sein, rauben, stehlen, Unzucht treiben; sondern auch die heiligsten Werk, die sie geführet haben, die strafet er hie als ein gottlos Wesen q). Als, wenn ich dem Papst sage, er sei ein Bub, hab verschlemmet und verpanketiret der Kirchen Güter mit Huren und Buben, da thue ich ihm nicht wehe, er kanns leiden, daß ich solche grobe Laster und Sünde strafe; und es können die Fürsten auch noch leiden, daß man sie also strafe. Aber wenn ich sage, ihr bestes Leben im Papstthum sei Heuchelei und Sünde, als, daß sie die Leute gelehret haben, auf Messe, Mönchlehre, und ihre gute Werk zu vertrauen, Stift zu bauen, Wallfahrt zu laufen, welches ihnen am meisten trägt, da werden sie böse uber, wollen unsinnig werden, und könnens nicht leiden, daß dieses soll fur arg und böse gestraft werden, so sie sonst fur das Allerbeste hielten.

Also strafet Christus Matth. am 5. und 23. Kap. die Pharisäer r), daß sie die Opfer höher zogen, denn die Werk der Liebe, und das Silber höher hielten, denn den Altar; item, wenn sie gleich den Aeltern Essen und Trinken versagten, so wär es nicht Sünde, wo es nur zum Opfer geben würde. Das alles hießen bei ihnen köstliche Werk, die sie lehreten. Da er diese menschliche Satzungen strafete, wurden sie zornig uber ihn, und konntens nicht leiden. Gleich als wenn ich zum Papst sage: Du thust wider die zehen Gebot, und sündigest ubel mit deinem schändlichem Leben s); das schlägt er in Wind, und kann es [11]) leiden. Aber wenn ich sage: Mönch und Nonnen sampt andern Geistlichen sind des Teufels, und ihr bestes Leben ist Sünde, das beißt und verdreußt sie; denn ich zeuge von ihren Werken, daß sie böse sind, daß ihre Weisheit, Kunst, und köstliche gute Werk, damit sie wollen die Leute gen Himmel führen, sollen nichts gelten; das ist verdrießlich.

---

q) Untüchtigkeit der weltlichen Werke. r) Böse Werk der Pharisäer. s) Böse Werk des Papstthums.

11) Orig. † nicht.

Das ists, wie sich der H. Christus verantwortet t), nämlich, ihr habt gut sagen, ihr könnt euch nicht ubel verdienen, wie ich, denn ihr Heucheler zeuget, daß ihre Werk recht und gut sind, und lasset sie euch gefallen. Ihr schützet und vertheidiget sie in ihren gottlosen Sachen, darümb ists nicht Wunder, daß sie euch lieben; aber weil ich zeuge, ihre Werk sind böse, so ist es nicht Wunder, daß sie mich hassen. Ja, er sagt ihnen noch dazu:

Gehet ihr hinauf auf dieses Fest: ich will noch nicht hinauf gehen auf dieses Fest, denn meine Zeit ist noch nicht erfüllet.

u) Er läugnet nicht, daß er nicht wolle hinauf gehen, denn er hat beschlossen, daß er will hinauf ziehen, aber er wills noch zur Zeit nicht thun, will aber wohl fort, wenn ihn der Gehorsam dazu dringet; aber aus ihrem Anregen und aus menschlichem Rath will er Nichts [12]) thun noch lassen. Wir sollen es auch nicht thun, eben darümb, daß sie es heißen. Das ist die Ursach dieser Rede: Meine Zeit ist noch nicht erfüllet; saget klar und deutlich, daß er wolle gen Jerusalem, aber er will harren, bis sein Tag und Stunde komme, daß er daher gehe aus einem Befehl, und gewiß sei, daß er es mit Gott und seinem Wort thue, und daß man Nichts thue aus menschlichem Angeben, Ansehen und Geheiße, sondern aus dem göttlichem Berufe. Aber diese gehen hinauf fur dem Fest, und sind fromme, heilige, köstliche Leute: er aber nicht, sondern kömmet hernach; wie folget:

Da er aber das zu ihnen gesagt, bleibet er in Galiläa. Als aber seine Brüder waren hinauf gangen, da ging er auch hinauf zu dem Fest, nicht offenbarlich, sondern gleich heimlich v).

w) Es lautet schier, als sei er ohne seine Jün-

t) Ihre Schande haben sie rege gemacht mit ihrem Furwerfen. u) In gött. Sachen gilt kein Hofmeisterei. v) Christi Weise. w) Die ander Predigt am Sonnabend nach Pfingsten.

12) ers nicht.

gern, allein, und ganz heimlich gen Jerusalem gegangen, daß er allda erschienen ist; ehe sie sich sein versehen haben, oder seiner gewahr sind worden, da ist er geschlichen kommen rc.

Am nähesten haben wir gehört, wie sich der Herr Christus mit seinen Jüngern und Brüdern gezanket hat uber dem Fest der Lauberhütten x), da sie sagten, warumb er nicht auch hinauf wollt gen Jerusalem, und sich mit seinen Mirakeln allda offenbaren der Welt; aber er begegnete ihnen fein mit dieser Antwort; er müßte nicht so eben hinauf, wenn sie wollten, und bleib ein Weil noch in Galiläa. Als aber seine Brüder hinauf gegangen waren, da ging er auch hinauf zum Fest, nicht offenbarlich, sondern heimlich.

Da suchten ihn die Jüden am Fest, und sprachen: Wo ist der? Und es war ein groß Gemümmel von ihm unter dem Volk. Etliche sprachen: Er ist fromm. Die Andern sprachen: Nein, sondern er verführet das Volk rc.

In diesem Text ist das Exempel uns fürgestellet, daß sich Christus oftmals schwach stellet y), als flöhe er, und gibet seinen Widersachern Platz und Raum, daß sie mögen stolz sein und rühmen, als hätten sie gewonnen. Also stellet er sich hie auch nicht keck, gehet heimlich nach ihnen hinauf, und läßt sie pochen, trotzen, lachen, rühmen. Er ist gleichwohl dem Gesetz gehorsam, und gehet gleich forchtsam hinauf, stellet sich schwach; daran wir lernen sollen, wenn gleich unsere Widersacher pochen, toben und wüthen, und wir schwach und flüchtig sind, daß wir dennoch unverzagt und unerschrocken sind, denn also uberwindet unser Herr Gott letzlich den Teufel, und wirft ihn unter sich, wie sich denn Christus hie auch so schwach stellet; wie Gott S. Paulo selber z) diesen

x) Zank Christi und seiner Brüder. y) Schwachheit Christi.
z) Schwachheit S. Pauli und der Gläubigen. Marg. D.

ch sagt 2. Kor. 12., da er viel und großen
[illegible] außstunde und zu Gott schrie: Laß dir ge-
gn meiner Gnade, meine Kraft ist stark in
Schwachheit; sie will in deiner Schwachheit zu
haben. Wenn wir nicht schwach sind, so kann
as seine Stärke an uns nicht brauchen. Wäre
unser Stärk und Kraft, dadurch wir unsern
sachern widerstreben, so hätten wir den Ruhm,
icht Christus. Aber aus der Erfahrung wird
et, daß wir die Gesellen nicht sind, die uns
geholfen haben, sonder Gott muß es thun; also
t Gott zu Ehren in unser Schwachheit. Der-
, wenn die Widersacher scharren und trotzen,
der dagegen gar schwach sind, denn wird seine
beweiset, daß er sei stark in unser Schwachheit.
Darümb lässet sich Christus hie auch schwach an-
schleicht hinauf gen Jerusalem, als fürchte er sich
gen a). Aber doch fürcht er sich nicht also, daß
b ihres Trotzen und Furcht willen das Gebot
Wort Gottes ließ anstehen; sondern er hält das
Gottes, daß er das Evangelium predige, gehet
und prediget; und ob er sich wohl so kleinlaut
tellet, so gehets doch hinaus durch die Kraft
. Da sie zuvor also getrotzet hatten, durften
Nichts thun, schweigen stille. Er aber gehet
b und stille hinauf, und mit Ruhm oder Ge-
wieder zu Hause; jene aber gehen mit einem
ph hinauf, und gehen schwach wieder herab.
Damit tröstet uns der H. Christus b), daß wir
, es gehet nicht anders mit uns zu, denn daß
weilen schwach sind, unsere Feinde und Wider-
werden dagegen stark und ruhmredige Thrasones;
och führets Christus hinaus. Es will so sein,
ir blöde und furchtsam uns befinden; und muß
eschehen, was wir schwachen Prediger lehren.
muß hindurch gehen, und wenn alle Teufel zu-
n thäten und wolltens hindern. Gott ist also
t, daß er Lust daran hat, die Schwachen zu

---

er H. Christus ist nicht ein Player, sondern birget sich.
Trost in unser Schwachheit.

stärken, und dagegen die Starken schwach zu machen. Denn er heißet Schöpfer, der aus Nichts Alles machet; wiederumb, aus Allem Nichts machen kann c). Darumb, wenn unser Widersacher gleich Alles, und wir dagegen Nichts sind, so führet er uns doch daher als ein Schöpfer, der aus dem Nichts Alles machet: jene aber, die Alles sein wollen, und sind heilig, klug, gelehrt und weise, die müssen zunichte werden, gleich als wären sie es nicht. Er kann aus furchtsamen freudige Leute, und aus Eisenfresser verzagte Männer machen; wie S. Paul. Ro. 4. Kap. saget: Ea, quae non sunt, vocat, ut sint. Da gehört aber Kunst zu, daß es die Christen lernen; dazu sind diese Exempel beschrieben, daß wir unsers H. Gotts Gnade erkennen lernen, daß dieß sein Art sei. Es ist Christo selber in seiner eigenen Person [13]) gegangen, daß er ist schwach, blöde und flüchtig gewesen, hat das Herz Zittern und Pochen auch gefühlet; nichts deste weniger gehets fort, er dringet durch und uberwindet Alles.

Da suchten ihn die Jüden am Fest, und sprachen: Wo ist der? Und es war ein groß Gemümmel von ihm unter dem Volk.

Es sind trotzige, heftige, sichere und freudige Wort d); sie reden spöttisch und höhnisch, wollen sagen: Ich meine ja, Trotz, daß er aufs Fest komme. Sie sagen nicht: Wo ist der Prophet? daß sie ihme einen ehrlichen Namen geben; sondern verächtlich: Wo ist der? als wollten sie sagen: Der stolze Bacchant, er wird wohl außenbleiben, laßt ihn herkommen, ist er böse. Also verächtlich können sie von dem Manne reden, daß sie ihn schier nicht nennen mögen, sprechen: Warümb muß er außenbleiben? Er hat gespürt und gemerkt, daß die Jüden sich wider ihn setzen, und ihm das Maul bieten dürften, darumb fürcht er sich allbereit fur unsern Worten; was will es werden, wenn sie ihn einmal angreifen, daß die Schläge her-

c) Gottes Weise zu gebaren unter den Menschen. d) Der Feinde Christi Trotze.

13) † so.

ch folgen werden? Ich meine, er soll denn schweigen, wird denn wohl zu Hause bleiben.

Zu Augsburg auf dem Reichstage Anno 1530. rüh- ten und jubilireten die Papisten auch so vermessen, als iren sie ganz gewiß, sie hätten das Spiel gar in ihrer ind e). Denn sie gaben für: O kömmet nur der Kaiser Deutschlande, so wird er die Lutherischen Mores ren; deß waren sie auch gewiß, wie es der Fiedeler Griff hat. Also sagen die auch von Christo: Er nicht kühne, daß er gen Jerusalem komme, und serm Herr Gott gehorsam wäre, die Stadt ist ihm schlossen, das Predigampt gelegt, er wird zum helmen werden, und sein Predigampt nicht hinaus- hren, es wird mit ihme Alles zerstiebet und zufliehen. o seid ihr nu, die ihr ihn so lobet? Wo ist er? rschwunden, zerstoben, uber alle Berge; er ist noch ht angegriffen oder verdammet, und fürchtet sich ch fur einem bloßen Namen oder Argwohn der harisäer, oder fur einem Becken, da die Sonne ein einet.

Gleichwohl in dem Trotzen kömmet er nicht al- n gen Jerusalem, sondern er tritt auch auf; aber ht alleine, sondern mitten in der Jüden Fest. Das ein großer Trotz wider ihren Trotz. Sonst sollt fur dem großen Trotz, den seine Widersacher hat- , aus Jerusalem und dem ganzen jüdischen Lande laufen sein; aber er ist freudig f), und erscheinet auf ottes Gebot, als ein Gehorsamer, der soll vor gar ichts sein, und da sie groß rühmen, ist er schon da d tritt frei herfür. Also läßt unser Herr Gott die arren anlaufen, und macht all ihren Muth zunichte d zu Schanden. Die Thrasones sollten sich hernach llig geschämet haben, da er kommen ist, und fur ren Augen allda gestanden und geprediget hat; er sie kehren sich nichts daran, ob sie gleich tausend- al uber ihm zu Schanden würden. Darümb, da Fest und zu derselbigen Zeit ein groß Gemümmel d Geschrei von ihme ging, und sie sagten: Wo ist

e) Der Papisten Vicimus auf dem Reichstag zu Augs. f) Christi Muth wider der Pharisäer Trotz.

er? da läßt er das Geschrei alles uberhin gehen, und läßt sie es dafur halten, als sei er flüchtig; und ist dennoch so nahe bei ihnen.

Das heißt Gottes Schwachheit, da sich endlich Gottes Stärke in menschlicher Schwachheit sehen läßt; und hüte dich fur dem Gott: wenn er sich schwach stellet, gilts deiner Stärk g). Gottes Schwachheit ist ja bei dem Trotz, jedoch lachet und spottet er ihrer. Er lässet seine Kinder und Prediger handeln, gleich könnten sie nicht den Mund aufthun; aber in dem Drauen und Trotzen der gewaltigen Hansen, da ist er nicht ferne dahinten, hörets und lachet ihrer, daß sie es so trotzig fürgeben, und läßt seine Stärke sehen; wie im Text stehet.

Mitten aber im Fest ging Jesus hinauf in Tempel und lehret.

Heimlich ging er hinauf, das machte sie stolz; aber er ist Gott gehorsam, und fürchtet sich nichts für ihrem Trotzen, und gehet nicht allein gen Jerusalem, sondern tritt mitten in den Tempel h), an den Ort, da die Pfaffen und Pharisaer, seine ärgesten Feinde, regierten, da sie in derselbigen Kirchen ihre eigene Gewalt hatten, und greift also ins Spiel hinein, hintangesetzt alle Blödigkeit, fragt nichts darnach, ob sie es gleich nicht gerne hatten. Er siehet weder den geistlichen oder weltlichen Stand und Regiment an, ob sie es zulassen wollen oder nicht, tritt also auf mit aller Freudigkeit in die geistliche Gewalt und Regiment, hebt an und prediget; spricht nicht: Junker Annas oder Caiphas, ich will predigen; sondern fur sich selber unterwindet er sich des Predigampts. Er muß ein Herz haben gehabt, daß er ihnen fur die Nasen tritt: die zuvor von seiner Furcht und Blödigkeit viel gerühmet und ihn getrotzt hatten, die müssen fur ihm nu stehen, und ihn hören reden und predigen.

S. Joannes beschreibet Solches zum Trost i),

---

g) Dieses sollten ihnen die Trotzhansen [illegible] gesagt sein. h) Ein ander Kühnheit Christi. i) Warum dieses geschrieben.

sich Niemand daran kehren soll noch halten, wenn
t sich schwach stellet, und die Welt seher rühmet
pochet; du mußts gewohnen. Item, ob die
isten, sonderlich aber die Prediger, oft schwach
blöde sind, und dagegen ihre Widersacher, die
ten, gewaltigen Hansen, scharren und drauen: es
nicht neue, und gehet uns nicht allein also; son-
. es ist allen Propheten und Aposteln also gangen,
sie sich schwach wider ihre Tyrannen gestallt ha-
aber in der Schwacheit sind sie am stärkesten ge-
n, ja, dem Herrn Christo selber ists also gan-
, der ein Herr ist aller Propheten und Aposteln.
stellet sich also schwach, gleich als wollt er das
Figampt liegen lassen, und Gott nicht gehorsam
und als wäre er seher erschrocken; aber doch in
elbigen Schwacheit ist er gleich hindurch gangen.

Etliche sprachen: Er ist fromm.

Es ist schrecklich zu hören k), obwohl etliche
e gewesen sind, die ihn fur fromm gehalten ha-
, dennoch haben sie es nicht dürfen thun; der
er Theil aber hat ihn fur einen Verführer und
wicht gehalten, nicht fur einen rechten, sondern
hen Prediger. Das ist die höheste Schande und
größte Ubel, man kann einen nicht höher schelten
schmähen, denn wenn man ihn heißet einen Ver-
er, der Gott lästert und schändet, damit, daß er
t seine Ehre nimmet, und den Leuten nicht den
oder ihr Gut, sondern die Seele raubet. Der-
en kann einer nicht ärger gescholten werden, denn
n man ihm unter die Augen saget: Du bist nicht
Leibmörder, sondern ein Seelräuber; das Schän-
thut den größten Stoß.

So ist nu Christus hinauf gegangen wider das
recken und Furcht der Jüden, und hat das Fürchten
angesehen, er sei so schwach gewest, als er
e. Es haben aber die frommen Leute schweigen
en l); die andern Gottlosen haben Occasion und
m vollauf gehabt, Caiphä und den andern Hohen-

Christus und andere Lehrer. l) Furcht der Frommen, Christum zu bekennen.

priestern zu heucheln; und haben die bösen Buben das Wort allein: die Frommen haben nicht dürfen das Maul aufthun, ob sie wohl heimlich mummeln. Solches beschreibet S. Joann. alles darümb, anzuzeigen, wie die Furcht so groß gewesen sei, und daß Christus also blöde gleichwohl hinauf gehet gen Jerusalem, da er doch weiß, daß es Niemand mit ihme halte: ihr Keiner dürft sich hören lassen, der etwas Guts von Christo redet; sondern der größer und mehrer Hause halten ihn fur einen Verführer.

Aber unangesehen, daß es also schwach zugehet mit ihme, so fähret er hindurch, lehret und prediget, und richtet mit der Schwacheit so viel aus, daß sie ihn müssen zufrieden lassen m). Also thut Gott auch mit uns, wenn wir und unser Sache fur der Welt will fallen und zuscheitern gehen, wir sind offentlich schwach fur der Welt, oder es will bei einem Iglichen insonderheit zu Bodem gehen, daß er nicht erschrecke, noch kleinmüthig werde; sondern lerne hinaus, es sei unsers Herren Gottes Ernst, er scherze nicht, wenn er sich schwächlich stellt, er meinet dieses, daß er will mit dem Schwachen den Starken zu Boden schlagen, und den Schwachen emporheben. Aber dieses müssen wir nicht mit den Augen der Vernunft ansehen, wie gemeiniglich geschieht, denn da hätte man verloren, sondern wisse du, daß Gott mit den Schwachen wolle die Starken aufheben. Das sollen wir gläuben, und die Augen stracks zuthun.

Zu Augsburg auf dem Reichstage draueten sie auch also. Es sind zwo Städte und fünf Fürsten, sprachen sie, zähleten es an den Fingern, und urtheileten es nach den Augen und nach der Vernunft, und meineten, sie hätten uns gar im Sack. Wir waren da gar schwach zu rechnen n) gegen dem ganzen römischen Reich. Aber was haben sie ausgericht mit ihrer Tyrannei und Gewalt? In unser Schwacheit wächset seine Stärke. Gott hat ihnen ihren Trotz gele-

m) Christi Wunderweise mit den Seinen. n) Schwachheit der Augsburgischen Confessionsverwandten Stände Anno 1530.

t, daß sie mit Schanden bestehen; unsere Lehre
bet je länger je mehr herfür, und sie gehen unter.
so gehet der Herr Christus zwar blöde und heim-
h gen Jerusalem, ist etwas erschrocken: er liegt
er oben und gewinnet, prediget offentlich, thut
irakel mit aller Freudigkeit, unerschrocken; sie aber
erden dagegen kleinmüthig, und entsinkt ihnen der
roß unversehens.

Es ist aber ein schwere Sache, ja, eine schwere
unst, die mit des Glaubens Augen muß angesehen
erden, daß man etwas Hohers und Anders sehe
Christo, denn Schwacheit und Zagen o). Denn
unser wohl wenig sind, der Widersacher aber
el; so ist Gottes Macht und Stärke groß, und
n Wort bleibet ewig. Das Wort ist nicht ein
enschliche Schwacheit oder Stärke, sondern etwas
öhers. Er fragt nicht darnach, daß einer schwach
, der ihn angehört, oder daß einer auch stark und
ächtig ist, der wider ihn handelt; denn er kann fein
abkehren, und spricht: Ihr Schwachen seid stark,
d habt das Himmelreich dazu; aber ihr Starken
d schwach, und habt euch das höllische Feur dazu.
chwacheit ist dienstlich zu seinen Sachen; wenn
an umb Gottes und seines Worts willen Etwas
iden soll, oder sonst von Fleisch und Blut, von
r Welt und dem Teufel angefochten werden: da
ts denn kein Noth, fürnehmlich wenns Gottes
ache ist; wie denn unsere Sache auch Gottes
ache ist.

Das ist des Herrn Christi Kühnheit p), daß er
nauf gehet gen Jerusalem, und predigt offentlich
r ihnen, unangesehen weltlich und geistlich Regi-
ent; so er doch zuvor sich seber gescheuet und ge-
rcht, aber itzt verachtet ers alles, und tritts mit
üssen, und ist Gott gehorsam. Solches ist ein
erlich Exempel der Schwacheit und Stärke des
laubens. Es saget aber der Evangelist nicht, was
gepredigET hab; sondern zeiget nur an das herr-

o) Kunst des Glaubens zu erkennen, daß Stärke unter der Schwachheit verborgen liege. p) Das H. C. gefaßter Muth.

liche Mirakel, den kecken Muth oder Ernst in Christo, daß er hat im Tempel dürfen hintreten und predigen, in solchem Schrecken, und ist dennochs unverlassen von Gott. Was thun aber die Jüden dazu? Der Text spricht:

Und die Jüden verwunderten sich, und sprachen: Wie kann dieser die Schrift, so er sie doch nicht gelernet hat?

Die zornigen Junkern, die ihn zuvor fressen wollten, verwundern sich itzt. Denn dieß Trotzen wird zu einem Schrecken und Furcht in ihnen gemacht, daß sie sich fur ihme entsetzen q), oder sich verwundern, woher er den Verstand haben müsse und die Gedanken. Wer kehret das Blatt also umb? Zuvor trotzen sie ihn, da er nicht vorhanden war, daß er sich fur ihnen fürchtete, und wäre seher blöde; aber itzt, so er das Predigampt angreift, fahren sie herümb, und fürchten sich für ihm, sagen: Wahrlich, er prediget, und kann die Schrift nicht; was wird der Mann fur einen Geist haben? es wird etwas hinter ihm sein, dieweil er keinen Buchstaben weiß, und gleichwohl prediget. Itzt ists ein ander Ansehen, und er ist in ein andere Welt kommen: zuvor hat er sich gefurcht, und sie haben getrotzet; nu ist er müthig, aber sie fürchten sich.

Also siehest du, daß ihnen grauet fur der Suppen. Aber es ist nicht ein Menschenwerk, sondern Gott, dem er gehorsam ist, macht ihn keck r), und kehret seiner Feinde Herz umb, denn es ist vergebens, was man anfähet wider Gott zu thun; und also gehets den Christen: Wenn man Gott vertrauet, so müssen die Feinde so böse nicht sein, wenn uns Gott will schützen, daß sie uns müßten ein Leid thun, denn er hat ihre Herzen in seiner Hand, und lenket alle ihre Gedanken, wie der drei und dreißigste Psalm auch saget: Der Herr macht zunicht der Heiden Rath, und wendet die Gedanken der Völker. Un-

q) Trotz wird zur Zagheit. Psalm 76. r) Gottes Treu an den Seinen.

ser Herr Gott kanns bald umbkehren. Trotz Kaiser, Papst, daß sie es hinausführen, was sie im Herzen haben! es ist ein Pflock dafür gesteckt, der heißet: Trotz, daß ihr eure Anschläge und Gedanken vollendet. Gott gibt ihnen einen andern Anblick fur die Nasen, daß es nicht gerathen muß. Wenn sie die Gedanken könnten erhalten, die sie haben, so stünden wir ubel.

Der Pharisäer Herz und Gedanken ist eigentlich dieser: Wir wollen Christum erwürgen. Nu setzt Gott a) den Herrn Christum ihnen fur die Nasen, daß er prediget; da fallen die Gedanken hinweg, und wunderen sich, sprechen: Wie kann dieser die Schrift? Also nimmet er ihnen das Herz. Darümb ist böse kriegen mit Gott, denn er nimmet einem das Herz: es ist aber gut hoffen auf ihn. Und das sind böse Feinde, die einem das Herz nehmen. Wenn ich einem das Herz kann nehmen, so habe ich ihn bald geschlagen, er wird nicht viel Streitens machen. So nimmet Gott seinen Feinden auch den Muth und das Herz, daß sie mussen verzweifeln. Wiederümb, denen, die auf ihn hoffen, und blöd oder verzagt sein, denen gibt er einen Muth, daß sie hindurch reißen können. Das sind schöne Exempel und eitel Wunderwerk, wiewohl sie nicht so groß scheinen, als den Aussatz reinigen, die Blinden sehend machen, oder Todten auferwecken; aber es ist ja so groß, daß er Kaiser, König, Papst, oder einem stolzen Fürsten kann ihre Gedanken, ihren Stolz, Trotz und Herz nehmen und umbkehren: wiederümb, die Armen und Blöden also herfurziehen, daß sie sich fur Niemand fürchten, ja, andere Leute müssen sie fürchten. Das heißen [14]) göttliche Wunder.

Wie kann dieser die Schrift, so er sie doch nicht gelernet hat?

Wer hat ihnen das gesagt, daß er sie nicht gelesen hab? Antwort: Die Juden hatten alle Personen in Register gefasset und eingeschrieben, und wüßten, wo

a) Unsers Herrn Gottes Kriegeskunst.
14) † sie.

sie daheim waren; sonderlich aber mußte man von dem levitischen Stamm das Gesetz Mosi hören und lernen t), dazu war auch der Sabbath eingesetzt, daß, die das Gesetz selbs nicht konnten, die sollten es lernen von Aaron und den Leviten; und die Leviten und Priester waren von anderen Israeliten ausgesondert, und hatten kein Land noch Leute, Städte noch Regiment zu regieren, hatten mit solcher Mühe und Arbeit nichts zu thun, warens uberhoben des müheseligen Weltregiments, warteten nur ihres Viehes und Zehentes, Gott verschonet ihrer mit dem weltlichen Regiment, dieser Mühe und Sorge, befahl ihnen dafür zu studiren, in den Propheten zu lesen, und den gemeinen Mann zu lehren. Ja, es sollte noch also sein, daß diejenigen, die Pfarrherrn sollten werden, soll man studiren lassen; die Anderen, als der gemeine Mann, kann der Bücher nicht warten; man muß sonst Regenten und Ackerleute auch haben. Derhalben haben sie es wohl wissen können, daß er die Schrift nicht gelesen hab. Christus ist vom Laienstande, vom Stamm Juda, und nicht vom Priesterstamm, und fähet an zu predigen, da doch allein den Priestern war geboten zu studiren in der heiligen Schrift u); darümb verwundern sie sich und erschrecken, daß der vom Stamm Juda, und nicht vom Stamm Levi, seines Zimmerhandwerks nicht hat gewartet, sondern wider die Priester sich leget, und prediget, und kann ihre Kunst auch, ja, machts besser, denn sie, und fället also ihr Trotzen, und wird verwandelt in ein Verwunderung.

Jesus antwortet und sprach: Meine Lehre ist nicht mein, sondern deß, der mich gesandt hat.

Er nimmet eine Ursach von ihren Worten, daß sie gesaget haben, er sei nicht gelehret; und spricht, seine Lehre sei seines Vaters v), und greift das priesterlich Ampt an. Sie rühmen es nicht, daß er nicht

t) Aarons und der Leviten Ampt, die Schrift zu lesen. u) Der H. Christus schreitet uber die gemeine Jüdenordnung. v) Christus ist dankbar und ehrbietig seinem Vater.

sei von dem Stamm Levi, und predige doch, sie lassens bald geschehen; denn sie wußten aus den Propheten wohl, es würde einer aus dem Laienstande kommen, der so wohl predigen würde, als Keiner geprediget hatte im priesterlichen Stande. Darumb antwortet er ihnen von seiner Lehre auf die Weise: Ihr mögets mir nicht schuld geben, sondern Gottes ist die Schuld: ich bin nicht der Meister, ihr dürft mirs nicht zurechnen. Er will, daß man seine Lehre nicht mit der Vernunft ansehe, will auch die Ehre auf sich nicht lassen; sondern er will sie hinauf zu dem führen und ziehen, deß die Lehre ist, nämlich Gottes des himmlischen Vaters, dem solle man die Ehre von seiner Lehre geben.

w) Dieß Stück, daß sie sich verwundert haben, mag auf zweierlei Weise verstanden werden, als von Frommen und Bösen. Erstlich, von den Frommen, die haben sich verwundert x), daß sie gedacht, daß er, als ein einfältiger, schlechter Mann, der wie ein Laie erzogen ist, besser predigen solle, denn die andern Hohenpriester und Schriftgelehrten alle, als Caiphas, Annas rc., die es aus den Büchern gelernt hatten, und das Volk sollten unterrichten. Denn dazu war das Priesterthum gestiftet, daß sie das Predigampt führen sollten, und hatten ihre Güter davon, daß sie studiren sollten. Also hat man sich auch oft uber den Propheten verwundert, und man lieset oft im Evangelio, daß sie sich uber des Herrn Christi Lehre verwundert haben, denn er hätte gewaltiglich gelehret, wie Matth. 7. geschrieben stehet.

Die Andern sind die bösen Buben und Schälke, so die erkannte Wahrheit und Lehre schänden und lästern y). Diese spüren und fühlen die Gewalt der Lehre Christi, daß es die heilige Schrift ist und Gottes Wort, können ihr nicht widerstreben, sagen, es sei die rechte Weisheit, und wohl gegründet; aber wir wollen seine Lehre gleichwohl nicht annehmen

---

w) Die dritte Predigt am Sonnabend nach Johannis. x) Fromme Verwunderer. y) Böse Verwunderer.

noch hören, sondern lästern sie, und haben gesagt: Der Teufel hat ihn so gelehrt gemacht, und hats ihme eingeben, daß er die Schrift könne auslegen. Dieselbigen, dünkt mich, rühret der Herr fürnehmlich hiemit. Denn also gehets gemeiniglich zu, wenn man der Lehre und Wahrheit nicht kann etwas anhaben, oder man will nicht daran gläuben, so spricht man: Es sind Ketzer, der Teufel kann die Schrift auch gebrauchen, auf daß er seine Irrthum setze; muß also den Namen haben, daß es des Teufels Lehre sei, so aus des Teufels Eingeben herkomme. Ob man gleich befindet offentlich, daß es Gottes Wahrheit sei, noch sind sie solche Gesellen, ehe denn sie sollten Schüler werden, und der Wahrheit weichen, ehe dürften sie die Wahrheit mit Füssen treten; sie meineten, es wäre ihnen ein Schande, wenn sie was lernen sollten.

Die Papisten und Schwarmgeister thun heut zu Tage auch also z). Weil sie nicht unsere Lehre erfunden haben, so ists nicht recht; weil der Papst und die Mönche unsere Lehre nicht angefangen haben, so muß sie des Teufels Lehre heißen, und der Teufel hat sie auf die Bahn gebracht. Solche Schälke verwundern sich auch; lästern aber nichts deste weniger die Lehre. Aber er antwortet noch säuberlich, und zeiget an, woher es komme, dieweil sie wollen sagen, gleich als hätte er es aus seinem Kopf, und rede diese Lehre vom Teufel.

Meine Lehre ist nicht mein.

Er antwortet säuberlich a), zeiget an, daß er wohl verstehe und merke, daß sie ihm Schuld geben, und ihn lästern, als hätte er die Lehre aus ihm selber, oder aus dem Teufel. Denn wer von ihm selber redet, der redet aus dem Teufel. Darauf antwortet er und spricht: Meine Lehre ist nicht mein. Wie reimet sich aber das? So sie sein nicht ist, warumb prediget und treibet er sie denn, und nimmet sich ihrer so hart an, und wegert sich doch der Ehre? Warumb

---

z) Der Papisten Verwunderung und Lästerung. a) Ein Regel Christi mit Bescheidenheit zufahren, auch was die Widersprecher anbelangt. Tit. 1.

saget er nicht: Das hab ich gepredigt? Spricht doch sonst ein Christ: Das ist meine Predigt, meine Taufe, mein Christus, mein Gott, item, mein Evangelium; und ist dennoch nicht sein, denn er hat sie nicht gemacht, kommet nicht von ihm her, es ist nicht seiner Werke: und ist doch gleichwohl sein, sein Geschenk, es ist ihme von Gott gegeben; wie ich auch sage: Das Kind ist mein, der Mann oder das Weib ist mein; und ist doch nicht dein, denn du hast es nicht geschaffen, es ist eines Andern Werk, dir geschenkt und gegeben: ich habs nicht also gegossen oder geschnitzt, sondern es ist mir also geschenket. Eben also saget der Herr Christus auch von seiner Lehre.

Dergleichen sage ich auch: Das Evangelium ist mein, zu unterscheiden aller anderer Prediger Lehre, die sonst nicht meine Lehre haben. Darümb sage ich: Dieß ist meine, des Luthers Lehre; und sage doch auch: Es ist nicht meine Lehre, sie ist nicht in meiner Hand, sondern Gottes Gabe. Denn, lieber Herr Gott, ich habe sie nicht erdichtet aus meinem Kopf, sie ist in meinem Garten nicht gewachsen, oder aus meinem Born gequollen, noch von mir geboren: sondern sie ist Gottes Gabe, und nicht ein Menschenfündlin b). Also ists beides wahr, sie ist mein, und ist doch auch nicht mein; denn sie ist Gottes des himmlischen Vaters, und dennoch predige und führe ich solche Lehre.

Solchergestalt legt ers selbs aus und spricht: So Jemand will den Willen thun deß, der mich gesandt hat rc., der wird es wohl erfahren, ob ich von mir, oder aus Gott rede; meine Lehre ist nicht mein, denn sie ist Gottes, und ich predige sie nur.

Das ist ein nöthiger Artikel c), und gar ein schöner Text, daß man rede im Hause von Acker, Wiesen, Gärten, von Kühe, Butter, Kälber, Käs rc., da es die Seele und das zukünftige Leben nicht belanget, wie man will, dieweil dieselbigen Ding der Vernunft unterworfen sind, und sage: Das ist mein. Aber im Predigampt, da es das göttliche Wort be-

---

b) D. Luthers Lehre. c) Des H. C. Deutung.

trifft, soll ja das gehen, das Christus hie saget, daß Niemand predige einige Lehre, er hab denn den Trotz und Hinterhalt bei sich, daß er nicht sein eigen Ding oder Lehre predige, sondern, daß er gewiß sei, er sei von Gott zum Predigampt berufen.

Die andern Alle sagen auch, sie lehren Gottes Wort. Es tritt kein Teufel, Ketzer noch Rottengeist auf, der da saget: Ich Teufel oder Ketzer predige meine Lehre; sondern sie können alle sagen: Es ist nicht meine Lehre, es ist Gottes Wort; es will ein jeder den Namen haben, daß es Gottes Wort sei, das er predige d). Also thut auch der Papst und die Rotten. Wohlan, Jedermann sehe drauf, daß er gewiß sei, wenn man von Sachen reden soll, so nicht das Weltliche anlangen, sondern die Seligkeit und Gewissen, daß man wisse, wo man die Seele lassen soll, wenn wir von hinnen scheiden in ein ander Leben, daß ein jeder Prediger und Zuhörer denn sagen kann: Ich hab diese Lehre nicht erdichtet, es ist nicht meine Glosse, Deutung oder Fürgeben, sondern deß, der mich gesandt hat.

Das soll ein Jeder gewiß sein in der Christenheit, daß die Prediger, Lehrer und Pfarrherrn, ja Alle, die das Wort fürtragen, gewiß sind, daß ihre Predigt nicht ihr eigen sei, sondern sie wissen fürwahr, daß es Gottes Wort sei e); oder wo sie daran zweifeln, daß es Gottes Wort sei, daß sie ja stillschweigen, und ihren Mund nicht aufthun, sie sind denn zuvor gewiß, daß es Gottes Wort sei. Ein Mensch ist ein Mensch, und stirbet balde, und mit ihm sterben auch sein Wort und alle seine Gedanken, wie im Psalm f) geschrieben stehet; wenn es mit ihm aus ist, so ist sein Wort, seine Lehre, Werk, Gedanken und Kräfte auch aus. Denn eines sterblichen Menschen Wort ist auch sterblich. Wenn ein Mensch durch seine Predigt und Lehre nicht kann das ewige Leben haben, so soll er stilleschweigen, und hören

---

d) Schwärmer-Ruhm wider die rechte Sicherung der Christen. e) 1. Pet. 4. Redet Jemand, daß ers rede als Gottes Wort. f) Psalm 146.

s Wort nur allein; denn es ist kein Leben, es
enn Gottes Wort dabei, auf daß man sagen
: Ich hab es nicht von Menschen, ob ichs
durch die Menschen bekommen hab. Denn Got-
Wort bleibet ewig: aber Menschen Wort gehet
, man kann nicht darauf bauen g); und wenn
sterben soll, so hat man vom menschlichen Wort,
l, Werken und Lehre keinen Trost noch Behelf;
eines Karthäusers Orden und anderer Mönche
ln alles hinweg, und, kömmet Gottes Wort
dazu, das ihn etwas Anders und Bessers leh-
o gehet es dahin, denn Menschen-Wort können
Stich nicht halten. Derhalben soll ein Christ,
Prediger oder Zuhörer, gewiß sein, daß er nicht
eigen Wort, sondern Gottes Wort rede und
h); sonst wäre es besser, einer wär nie gebo-
und muß Pfarrherr und Zuhörer, einer mit dem
n, zum Teufel fahren.
Darumb so ist der Papst mit seinen Brüderschaf-
nd Lehrern vom Teufel, daß er in Sachen, die
belangend, gepredigt dasjenige, so er selbs ge-
t hat. Das sollt mit nichten sein. Weltliche
keit, Fürsten, Herrn und Juristen können Gesetz
en, Rechte und Lehre geben uber Haus, Hof,
er, Korn, Wein, Land und Leute, und alles,
auf Erden dem Menschen unterworfen ist; aber
laubens-Sachen, und die Seele belangend, han-
und thun wollen, als man thu mit Aeußerlichem
leiblichem, mit Ochsen, mit Haus und Hof, das
cht zu leiden.
Wenn nu der Papst getrollet kömmet, lehret
eigen Gedanken und Wort, oder ein weltlicher
will hie die Hand im Sode haben, so sage ich i):
dir gnügen mit den leiblichen Sachen, daß du
Kaiser, Könige, Fürsten, Landen und Leuten
gebest, absetzest und aufsetzest, wie es dir gefäl-
und weißt zu verantworten; da magst du einen

Gotts und menschlicher Wort Ungleichheit. h) Demnach soll ein Jeder die Prob ausstehen. Mt. 17. i) Ganz wichtige Wort des Kanns O so hoch setzen, als du willt. Aber hie gedenk und gib mir eine Taufe, die du nicht gemacht hast, daß du und ich können sagen: Die Taufe ist nicht dein, noch mein. Also gib mir auch das Sakrament, welches auch unsers Herrn Gottes, und nicht dein ist; item, das Evangelium oder eine Predigt und Lehre, so auch nicht dein ist; item, die Trostsprüche aus der Schrift, die heißen denn nicht deine Sprüche, sondern Gottes Sprüche. Darümb sage: Gib eine Lehre her[15]), die nicht dein sei, davon du gewiß sagen könnest: diese Predigt ist nicht dein, noch des Papst oder der Bischoffe, sondern deß droben im Himmel, daß du mir einen Spruch und Trost gibst in Anfechtung, der da nicht dein, sondern Gottes ist. Das meinet er in diesen Worten:

Meine Lehre ist nicht mein, sondern deß, der mich gesandt hat.

Er setzet seinen Beruf ihnen stattlich fur die Nase, und redet als ein Prediger von seinem Ampt k), und nicht als ein Gott. Er ist sonst Gottes und Marien Sohn; das gehöret in ein ander Predigt. Aber man handelt itzt nicht von der Person Christi, auf daß nicht Jemand sagen möchte: Ist die Predigt nicht sein, ei so ist er nicht Christus; sondern redet von seinem Ampt. Die Knaben oder Schüler reden zweierlei Weise davon, und pflegen das Ampt und die Person zu unterscheiden; gleichwie der Churfürst zu Sachsen ist ein Mensch, der hat Leib und Seel, daraus ist er gemacht: darnach hat er ein Ampt, daß er Land und Leute regieret; und kann ein Fürst sein. Da redet man anders von dem Ampt, denn von der Person. So hält es sich auch hie; die Lehre, so Christus führet, trifft nicht die Person an, die Gott ist, sondern das Ampt. Er will sagen: Ich bin ein Prediger und führe ein Ampt zu lehren; die Predigt aber ist nicht mein, sie ist nicht von mir selber, ich habe keine Lügenlehre: sondern, gleichwie mir das Ampt befohlen ist, also ist mir auch die Lehre des

---

k) Das Ampt von der Person zu unterscheiden.

15) „her" fehlt.

göttlichen Worts befohlen. Ich predige eines andern Mannes Wort und Willen, und nicht meine Träume, die ich erdichtet hätte: mein himmlischer Vater hat mir das Ampt und das Wort auferlegt.

Das ist aber ein feiner Prediger, der die zwei Ding hat, nämlich, das Ampt und das Wort. Denn ein Prediger soll diese drei Tugend haben l): erstlich, soll er können auftreten; zum Andern, soll er nicht stille schweigen; zum Dritten, soll er auch wieder aufhören können.

Das Erste, als Auftreten, ist, daß er ein Ampt hab, gewiß sei, daß er berufen und gesandt sei, und was er thue, daß ers umb seines Ampts willen thue. Ich soll unberufen nicht predigen, soll nicht gen Leipzig noch gen Magdeburg gehen, und allda predigen wollen, denn ich habe dahin keinen Beruf noch Ampt. Ja, wenn ich hörete, daß zu Leipzig lauter Ketzerei geprediget würde, so laß sie immerhin machen, es gehet mich nicht an; sie predigen, wie sie wollen: ich habe dahin Nichts gesäet, so darf ich auch Nichts einschneiden. Aber wenn michs unser Herr Gott hieße, so wollt ichs thun, und mußt es auch thun; wie ich denn hieher berufen bin zum Prediger, und werde gezwungen, daß ich predigen muß m).

Zum Andern, so soll er auch gewiß sein, daß er Gottes Wort lehre und predige, und nicht Menschenlehre oder Teufelslehre führe. Denn ists recht, wenn ein Prediger erstlich gewiß ist, daß er nicht allein Gottes Wort, sondern daß er auch das Ampt habe. Denn daher kömmet sonst alles Unglück, daß man die zwei Stück, als Ampt und Wort, itzt ubertritt und uberlaufet; wie man das siehet an den Schwärmern, die vom Heiligen Geist viel rühmen. Aber die kommen von sich selbs, Niemand hat sie gebeten, schmeißen umb sich, schleichen herein und sagen, sie sind berufen vom Heiligen Geist. Ja, vom Teufel. Ich will keinen Prediger leiden im Ampt, ob er schon Wunderzeichen thäte, er sei denn gewiß,

---

l) Stücke, so zu einem guten Prediger gehören

m) Beschl. D. L. Auslegung im Anfang des 5. Kap. Matth.

daß er eine rechte Lehre und Wort, und ein gewiß Ampt hab, daß er wisse, er sei gesandt.

Es muß Keins ohn das Ander sein n). Denn ob einer gleich ein Beruf und Ampt hat, als, der Papst, Bischoff, die sind geistlich, sie sitzen im Ampt gleich da ich und ein iglicher Prediger und Pfarrherr innen bin; so ist es dennoch nicht gnug daran, sie sollen auch Gottes Wort dazu fur sich gewiß haben. Dagegen aber, ob einer auch schon das Wort Gottes fur sich hat, und ist gelehrt, und weiß, es sei Gottes Wort, so soll er doch stille schweigen und in das Ampt nicht greifen, noch predigen, er sei denn dazu berufen. Es ist nicht gnug, das Wort haben, er schweige stille und predige nicht, und erwarte des Berufs.

Moses o) war gelehrt gnug, als einer je auf Erden sein möchte; noch prediget er nicht alsbalde, sondern der Herr hieß es ihn bei sechs Malen, und sprach: Gehe hin. Noch zanket er mit Gott, und strebete dawider, ehe denn er das Ampt annahme; und Gott uberlief ihn wohl sechs Mal, aber er entschüldiget sich vielmehr und sprach: Ich kann nicht reden; bis er in einem Zorn von Gott gezwungen ward, und hinan ging und predigte. Er hätte wohl können sagen, daß er wollte predigen, denn er war gelehrt genug dazu; aber er erwartet, bis er dazu berufen wurde. Er hätte es auch wohl fur dem Beruf thun können, gleichwohl unterlässet ers und hält an sich.

Deßgleichen berufet der Hausvater auch Matth. am 25. Kap. p) die Knechte, und gibt ihnen sein Geld oder Pfund, daß sie damit handeln und werben sollten: die Knechte nahmen das Geld nicht selbs aus des Herrn Händen, sondern harreten des Berufs. Die Mönche kamen auch also daher geschlichen, und sprechen: Ich hab Gottes Wort, ich hab ein Pfund, ich bin ein Doctor, ich muß predigen; oder

n) Ampt und Wort soll nicht von einander getrennet werden.
o) Mosi Exempel. Exo. 3. 4. Kap.
p) Beruf der Knechte am Evangelio, Matth. 25.

bin verdammet und verloren. Aber es ist nicht gnug daran, daß man ein Pfund habe; sondern ich muß auch berufen sein, das ist, man muß gewiß sein, daß Gott mich daher gestellet hab. Hast du denn ein Pfund, so schau drauf, daß es nicht ein Quintlin sei. Man muß erstlich berufen sein q). Wenn aber einer Etwas wollt furnehmen wider den Beruf, so wäre es besser, daß er nie geboren wäre, auf daß der Teufel nicht zu mir sagte: Du hast diesen Stuhel mit Unrecht eingenommen, es ist dir von Gott nicht befohlen, du hast nicht Recht dazu. Darnach so muß man auch das Wort Gottes haben. Kömmet denn gleich der Teufel, so lege er sich wider einen, der stärker ist, denn ich bin.

Das antwortet der Herr Christus auf dießmal zu den Juden, und will ihnen zu verstehen geben: Verachtet ihr mich, so verachtet ihr den, so [16]) mich gesandt hat r); darumb verachtet mein Wort nicht, ihr verachtet sonst einen Andern. Ich bin gesandt, das Ampt könnet ihr nicht tadeln: der Befehl, der Heißer und auch das Wort ist da, ich bin dazu kommen, daß ich diese Lehre predigen soll. Ja, wie erfahren wir es? Thut ihm also, und sehet daran, obs recht sei.

So Jemand will deß Willen thun, der wird innen werden, ob diese Lehre von Gott sei, oder ich von mir selber rede.

Also erfahret ihrs, daß ihrs sehet und urtheilet, ob es mein Wort oder Gottes Wort sei: wenn ihr Gottes des himmlischen Vaters Willen thut, so mag ich euch wohl leiden zu Richter meiner Lehre. Wie kömmet man aber dazu? Es ist eine seltsame Erfahrung, und man wird langsam dahin kommen, daß wir den Willen des Vaters thun. Wir haben droben gesagt, was der Wille des Vaters sei, daß man die Lehre urtheile und richte, man stillschweige, und höre nur, daß er vom Vater gesandt sei; das ist sein Wille, daß ich lehre, und ihr mir zuhöret

---

q) Wer fragt itzt darnach? r) Solches ist nicht Kinderspiel.

16) der.

und gläubet s). Wenn ihr das thun werdet, und mir nicht widerstrebet, so wird euch denn der Heilige Geist erleuchten, und lehren, daß des Vaters Wille in Christo ist, daß er den Sohn dazu gesandt hab, daß man ihn hören solle; wie denn Matthäi am 17. auf dem hohen Berge Thabor die Stimme Gottes des himmlischen Vaters sich also hören ließ: Dieß ist mein geliebter Sohn, an dem ich ein Wohlgefallen hab, den sollt ihr hören.

Das ist nu der Wille des Vaters, daß man zusehe und höre, was der Mann Christus redet, und sein Wort höre. Du sollt sein Wort nicht klügeln, meistern oder davon disputiren, sondern stracks es hören; denn wird der Heilige Geist kommen, und dein Herz fein zurichten t), daß du von Herzen der Predigt des göttlichen Worts gläuben und sagen mögest: Das ist Gottes Wort und die reine Wahrheit; auch dein Leben drüber lassest. Aber wenn du willt, daß man dich hören soll, und Christo sein Wort nach unser Vernunft ausstreichen, unterstehest dich desselbigen Meister zu sein, andere Lehren einzukäuen, darinnen zu forschen, wie es zu verstehen sei, es messen und lenken, daß die Wort lauten müssen, wie du willt, und nimmest es erst in ein Bedenken, als darüber du zweifelst, und willt urtheilen nach deinem Kopf, das heißt nicht gehort, noch ein Schüler sein, sondern ein Meister sein; damit wirst du nimmermehr hinan kommen und erfahren, was des Herrn Christi Wort sei, oder seines himmlischen Vaters Wille.

Derhalben ists unmöglich, daß derjenige Gottes Wort verstehe, welcher es mit seinen Gedanken will meistern; wie denn der Papst und die Rottengeister thun u), die nehmen irgend einen Spruch aus der heiligen Schrift, geifern, schnitzen, spielen und machen daran, was ihnen nur gefället, bis sie darüber gar blind werden. Als, aus dem Sakrament des Abendmahls machen sie nur ein Zeichen, und die

s) Gottes Wille. t) Gott-Anweisung aller Menschen. u) Schwärmer spielen mit Gottes Wort ihres Muthwillens.

Taufe verachten sie auch. Auf solche Weise kömmet man nimmermehr dahin, daß mans verstehe und sagen könne: Dieß ist Gottes Wort. Darümb schleuß deine Vernunft zu, und tritt deine Weisheit mit Füssen, und lasse sie in Sachen, deine Seligkeit betreffend, nicht tappen, fühlen noch gedenken, sondern schlecht allein hören, was der Sohn Gottes redet, was sein Wort ist, und dabei geblieben; denn es heißet: Hunc audite. Hören, hören heißets. Das ist denn unsers Herren Gottes Willen rein und fein gethan; und er hats verheißen, wer den Sohn höret, dem will er den Heiligen Geist geben v), ihn erleuchten und anzünden, daß er recht verstehet, daß es Gottes Wort sei; er will einen Mann aus ihm machen nach allem seinem Wohlgefallen. Das wird er auch thun.

Wiederümb, der seinen eigen Willen thun will, und sein Gutdünken, und was ihme gefället predigen, und höret, was er erwählet und will, der hat einen zugeschlossenen und versperreten Himmel, und der soll nimmermehr riechen oder schmecken ein Fünklin oder Titel davon, was ein Spruch oder Wort aus der Schrift sei. Schreien mögen sie es wohl, item, sich dünken lassen, als wollten sie die heilige Schrift bessern w); aber es wird Nichts draus. Also soll es dem Papst mit den Schwärmern auch gehen. Wenn sie die Schrift meistern, so soll der Heilige Geist und Himmel fur jenen [17] zugeschlossen sein. Es kann und will nicht anders sein, denn Gott spricht: Diesen sollt ihr allein hören, er soll euer Prediger, euer Seelendoctor und Tröster sein; ihn sollt ihr hören, und nicht maistern, ihm nicht Weise, Ziel oder Maaß geben; ihr sollet Nichts an ihm tadeln noch klügeln, wie seine Wort zu verstehen sind, sondern die ganze Welt soll unter ihm sein; gedenkt und höret ihn, das ist mein Wille. So ihr ihn hören werdet, so will ich Schüler, ja, rechte Maister aus euch

---

v) Luc. 11. w) Der heiligen Schrift Meister.
17) ihnen.

machen, daß ihr aus meinem Wort alle Lehre urtheilen konnet.

Wohlan, ein Christ reucht balde von ferne, wo Gottes Wort ist, oder wo Menschenlehre ist, daß einer von sich selbs redet, er siehet von ferne, daß die Rottengeister aus ihnen selbst, und aus Menschen-Kopf und Sinnen reden. Sie konnen mir, D. Luthern, nicht entlaufen, ich kann balde urtheiln und richten, ob ihr Ding Gottes Wort oder Menschenlehre sei. Denn ich thue Gottes Willen, der Christum gesandt hat. Ich hab G. Wort allein gehort, und spreche: Lieber H. Christe, ich will dein Schüler sein, und gläub deinem Wort, will die Augen zuthun, und mich deinem Wort gefangen geben. Also macht er mich darnach zu einem freien Junker, ja, zu einem feinen Doctor und Lehrer, der mit dem Wort G. gefangen ist, und richten könne, daß des Papsts, der Türken, Jüden und Sakramentirer Glauben nicht recht sei: sie müssen hernieder, ich wirf sie alle unter meine Füsse, und bin ein Richter und Doctor worden, der da recht urtheilet. Denn obwohl ein Ketzer ein Zeitlang tobet und wüthet, so muß er doch zuletz herunter x). Ein Christ kann scheiden Lehre von Lehre, und sagen: Das hat Gott geredet, das hat er nicht geredet. Item: Dieß ist von Gott, jenes ist vom Teufel. Daher spricht S. Paul., daß der geistliche Mensch, so Gottes Wort hat, richtet alle Lehre, ja, alle Geister, und die Lehrer und Geister können ihn nicht [18]) richten; und ob sie auch wohl herfahren, richten und verdammen, schreien und bellen, scharren und trotzen wider Andere: so ist doch ihr Urtheil unrecht, und es bleibet nicht, wie sonst eines Christenmenschen Urtheil fur Gott bleibet.

Die christliche Kirche hat Arium, Pelagium, und alle andere Ketzer, geurtheilet und verdammet, ja, das Meer voll Ketzer gesturzt in Abgrund der Höllen, durch das göttliche Wort y): nicht, daß sie ein

x) Solches ist aus Erfahrung vieler Jahr befunden.. y) Kirchengericht uber die Ketzer.

18) „nicht" fehlt im Orig.

wäre uber das Wort Gottes, sondern, daß
dahin ergeben hat in das Wort Gottes, daß
ristum allein höret, und den Willen thut deß,
n gesandt hat, und daß sie ein Schülerin ist
Mannes, seines Worts oder Lehre: daher
ie eine Meisterin uber Alles; und aus diesem
hat sie beschlossen, daß diese Lehre recht, jene
unrecht, item, daß dieser ein Ketzer sei, und
echt lehre; und ob ich schon unterscheiden kann,
Lehre von Gott ist, oder von Menschen herkom-
dennoch so [19]) hab ich die Macht nicht, uber
ort Gottes zu herrschen, oder Gottes Wort zu
sen, sondern, dieweil ich Gottes Schülerin bin,
rde ich mit meinem Schülerampt ein Magister
Renschensatzung und Lehre, aber nicht uber G.
und uber Gott.

er Papst rühmet sich z), die christliche Kirche
r das Wort Gottes. Nein, nicht also. Wir
Schüler sein, und nicht Meister werden; denn
üler muß nicht uber seinen Meister sein. Da-
spricht hie [20]) der H. C.: Wollet ihr meine
recht verstehen, so nehmet mich an fur einen
er, der von Gott gesandt sei; als wollt er
Wollt ihr mein Wort verstehen, so ist es
er Weg dazu, daß man darinne wolle klügeln;
t also: Nehmet mich an als ein Prediger, der
ott kommen sei; suchet nicht, wie es zu ver-
sei, sondern dieweil es Gott redet, so schwei-
le, und lasset euch Gottes Willen wohlgefal-
Muß mans doch in der Welt einem Landes-
so thun, wenn er Etwas befiehlet, daß mans
uß ändern, sondern man muß seinen Briefen
efehlen, wenn er einer Stadt Etwas schreibt
ebeut, gläuben, und davon nicht disputiren.
ehets auch mit einem Hausvater zu: der Knecht
ht fragen nach des Herrn Wort und disputi-
ndern, dieweil es der Herr hat gesagt, darumb
eig der Knecht stille, und thu, was der Herr

———

s Papst Rühm.
o" fehlt. 20) „hie" fehlt.

befohlen hat; der Knecht soll sagen: Der Herr hats befohlen, drümb so soll geschehen, was mein Herr will.

Hie soll es eben so zugehen. Es will der Herr Christus sagen: Ich bin ein Prediger, und Gott redets selbs durch mich, es ist sein Wort, meine Lehre ist nicht mein, sondern Gottes, der sie mir uberantwortet hat a); darümb gedenket und höret, was ich rede. O nein, sagen sie, sollten wir den Gott haben zum Lehrer? Sollten wir so einfältige Gesellen sein? Im Paradies wollten wir auch klüger sein, denn Gott selbs ist, darumb so sind wir auch [21]) so tief gefallen. Wohlan, das ist die Meinung: Du sollt zu einen Richter werden von dem Wort Gottes, aber nicht anders, denn daß du gehorchest, und das Wort Gottes hörest, und seinen Willen thust, hältest dich an Gottes Wort; so wirst du alle Lehren urtheilen, und sehen, ob es Gottes Wort sei oder nicht, denn also ist es beschlossen. Nu spricht Christus ferner:

Wer von ihm selbs redet, der suchet seine eigene Ehre.

Wie er urtheilet, so urtheilen wir auch. Wer Gottes Ehre nicht mit Treuen und Ernst meinet, und von sich selbs redet, da ists unmüglich, daß ers gut meine, und sein Wort rein rede b). Denn ein Knecht, der sein Wort, und nicht seines Herren Befehl, redet, der leuget; wenn er will heucheln, so wird er seinen Herrn zu Schanden machen, er wird nicht reden, was der Herr befohlen hat. Geschieht das in weltlichen Sachen, vielmehr gehets also zu in Gottes und Religions-Sachen, wenn einer etwas Anders redet und bringet, denn Gottes Wort oder Befehl. Wer von ihm selbs redet, der ist ein Ehrgeiziger und Abgöttischer, und achtet Gottes nicht, ist Gottes Feind, abgöttisch. Er prediget von ihm selber, was er will, und suchet nur das, wie man

a) Aller Befehl und Beweis stehet auf G. Geheiße. b) Des H. C. Schulpredigt wider die Ehrsüchtigen.

21) Orig † auch.

ge fur einen gelahrten Mann halten, und daß
n viel Besoldung gebe. Er will allein gehort
ll alle Gewalt haben, obliegen und rumoren
Tyrann. Er fraget nicht darnach, wo Gott
Menschen Seelen bleibe.

sagen dennoch alle Schwärmer c), sie suchen
Ehre, schweigen alle von Gottes Ehre. Aber
rt höre ich wohl, und im Grunde ist es nicht
denn daß ein Ketzer sein eigen Ehre suchet,
hon sage, er meine Gottes und des h. Evange-
; denn sie reden von sich selbs, und wollen
n damit schmücken, daß sie nicht Unfried an-
wollen. Gottes Ehr aber suchen, muß anders
n, nämlich auf die Weise, daß Gottes Ehre
en werde von ganzen treuen Herzen und
a, mit rechtschaffenem Glauben, daß es des
Geistes Gesucht sei, und nicht unser selbs.
er Teufel will auch Gottes Ehre fürwenden;
ht auf einerlei Weise. Es muß nicht teufe-
r erdichtet sein, sondern des Heiligen Geistes
nd Eingeben in den Herzen der Gläubigen.

Bisher haben wir von den zweien Stücken
lt, daß, erstlich, wer etwas Gewisses wissen
er muß anheben und gläuben. In andern
gehets also zu, daß wer viel höret und siehet,
gelehrt: aber in der Theologia und in der
n Weisheit gilt weder hören noch sehen, we-
en noch tappen; sondern das ist der Anfang
daß man höre und gläub dem Wort Gottes e)
u nicht also anfahet, den solls feihlen, und
Nichts ausrichten, noch recht predigen, wenn
der ganzen Welt Weisheit hätte. Das ist
ang, wenn man will gelahrt werden in geist-
nd göttlichen Sachen: der Anfang heißt, dem
Gottes gläuben. Zum Andern, soll Niemand,
t den Sachen thun will, von sich selbs lehren

Schwärmer Ruhm, daß sie Gottes Ehre suchen. d) Die
s Predigt, am Sonnabend Visitationis Mariae. e) Gelehrt
in geistlichen Sachen.

und predigen; sondern er soll Anders nicht, denn G. Wort handeln. Das heißt, die Schüler fein zusammen gehalten, und Schüler und Meister an einander binden f), daß, wer ein Schüler und Zuhörer ist, anders Nichts soll hören, denn G. Wort, und wiederümb, der Prediger soll nichts Anders predigen, denn G. Wort; sonst ist es Irrthum und verdammlich, was außerhalb diesem zu beider Seit wird fürgenommen.

Der mich gesandt hat.

Diese Lehre kann nicht unrecht sein, und der Mann kann auch nicht unrecht predigen, der Gottes Ehre sucht, so ihn gesandt hat. Das ist aber die Ehre Gottes g), daß man Gottes Gnade, Barmherzigkeit, Wohlthaten und Werk allein prediget und preiset, Jedermann zur Seligkeit. Wer aber prediget, daß wir durch unser Vermügen und Werk gerechtfertiget werden, der leuget wie ein Bösewicht; denn er suchet seine Ehre, und prediget seine Werk und Vermügen daher, daß er gerühmet und geehret werde, und preiset nicht Gottes Werk, der seinen Sohn in die Welt gesandt hat, daß er sterben und gekreuziget werden sollte, auf daß er allein die Ehre hab, daß ers thue, und uns ohn unser Zuthun und Frommkeit selig mache. Das heißt Ehre.

Aber die unbändische und dehnische [22]) Natur kann es nicht lassen h), sie will mit unserm Herr Gott rechten, und ihme ihre gute Werke aufrücken und Etwas gegen Gott aufbringen, daß man sage: Das hab ich gethan, so viel hab ich geprediget, gefastet, gebetet, und also heilig gelebt, wie ein frommer Mann, Frau, Knecht, Magd: da wills hinaus. Es hanget uns noch dieser Unflath an von Adam und Eva her, uns im Paradies eingepflanzet, die auch Gottes Ehre wollten haben. Adam und Eva, unsere Voreltern, sturden Gott nach der Ehre: ein Iglicher will der göttlichen Ehre auch ein Stück ha-

f) Lehrer und Zuhörer sind an Gottes Wort gebunden. g) Gottes Ehr und Schmach. h) Menschen-Ehrsucht.

22) demische

ben. Es ist aber seine eigene Ehre gesuchet, und Gottes Ehre geschwächt, daß ich auch will die Hand mit im Sode haben; da man doch Gott allein die Ehre sollte lassen. Das klag ich uber mich auch. Aber er hilft uns wieder aus lauter Gnaden, daß er unsere Sünde vergibt, wenn wir sterben.

Die i) Jüden und der Papst können das auch nicht leiden; so legen sich alle Mönche und Nonnen dawider; so stürmet der unsinnige, tolle, gemeine Mann auch dawider; und wir kommen auch schwerlich hinan. Jedoch wir haben den Vortheil, daß wir die Lehre lassen gehen und bleiben: ob wir mit dem Leben gleich nicht thun können, daß wir Gott die Ehre so rein geben, umb unsers Fleisches und Bluts willen; so hat uns Gott dennoch die Gnade gegeben, daß wir recht predigen, und die Lehre lieb haben, und sagen: Es ist die Wahrheit; und der H. Geist folget auch darauf und spricht, es sei Gnade, und sei nicht anders, denn daß wir ohne unsere Werk, aus lautern Gnaden, selig werden, und ob wirs schon nicht gerne thun, daß wir nach dieser Lehre lebeten, so heißts doch: Vergib uns unser Schuld. Es bleibet diese Sünde, dieweil wir leben, aber es bleibet auch Vergebung der Sünde; auf daß die Sünde nicht schade, und wir Gottes Ehre preisen mit Predigen, Danken, Loben und Bekennen, und auch mit dem Leben, so viel man kann und Gott die Gnade gibt.

Das ist die Summa: Der Schüler höre Gottes Wort, und der Meister lehre Gottes Wort k); beide müssen sich hie gefangen geben, sie sind beide gefangen, gebunden an Gottes Wort, das zu predigen und zu hören, dürfen weder zur rechten noch linken Seiten weichen. So nu einer austritt auf eine [22]) Seite, der ist falsch. Wers thut, der ists, der die Ehre sucht deß, der ihn gesandt hat; und ob Sünde in uns bleibet, so schadets nicht. In ihm

---

i) Anfeinder der G. Ehre.

k) Gottes Wort umbschränket Meister und Schüler.

22) keine.

sind wir wahrhaftig, und ist keine Ungerechtigkeit in uns, darumb, daß wir reine lehren, und von seiner Gnad predigen, und durch den Glauben sein Wort annehmen. Darumb so ist dieselbige Ungerechtigkeit weg, sie schadet uns nicht. In der Lehre ist kein Falsch, da sind wir durch und durch rein und wahrhaftig, die Lehre ist rechtschaffen, denn es ist eine Gabe Gottes; aber im Leben ist noch Etwas sträflich und sündlich, aber es wird uns geschenkt und nicht zugerechnet, es wird nicht in das Register geschrieben, sondern es ist daruber geschlagen remissio peccatorum, dadurch wird die Sünde ausgelöschet.

Also wollen [24]) wir der Lehre halben heilig heißen, und finds auch wahrhaftig. Denn so ist ein rechtschaffene Taufe, ein wahrhaftiges Wort Gottes des Sakraments des Abendmahls, die heilige Schrift, und der Heilige Geist, und andere Gaben Gottes mehr; dadurch sind wir heilig 1). Im Papstthum waren wir schwache Heiligen mit unsern guten Werken. Aber wenn es mit dem Leben nicht will hernach gehen, so mögen wir kriechen oder schleichen; und ob wir gebrechliche Heiligen sind im Leben, daß Mangel da ist, als, daß wir Gott nicht gnug fürchten, vertrauen und lieben, so begehen wir doch nicht offentliche Laster, denn wir nicht Hurer, Ehebrecher oder Wucherer sind; und ob man darein fiele, so stehen wir doch im Wort Gottes wieder auf, hören auf zu sündigen, denn das Wort Gottes ist rein vor sich, köstlich, lauter, und die Wahrheit selber. Es ist nichts Unrechts daran, denn so heißt der Text:

Wer aber suchet die Ehre deß, der ihn gesandt hat, der ist wahrhaftig, und ist keine Ungerechtigkeit an ihm.

Das halbe Stück, als, das Leben, ist halb rein; aber es kömmet das liebe Gebet dazu, das schreiet und seufzet umb Vergebung der Sünde. Das ander Stücke aber ist ganz rein, der Lehre halben.

Also hat der Herr Christus den Jüden geant-

---

1) In der Lehre rein und im Leben gebrechlich.

24) sollen.

wortet m), die ihn wollten richten nach dem Ansehen und Fürgeben, er hätte die Schrift nicht gelesen, und sehen auf ihn als auf einen Schwärmer, meineten, er wär nicht gelehrt, weil er ihre Kunst nicht gelernet hätte, sie aber allein wüßten Gottes Wort.

Itzund kömmet er nu auf das, daß sie ihm nach dem Leben stunden, und wollten ihn tödten, daß er den armen Menschen hatte am Sabbath gesund gemacht; und will der Herr Christus sich entschüldigen, daß er einen Menschen am Sabbathtage gesund gemacht hat, denn die Jüden verklagten ihn darümb, daß er den Sabbath gebrochen hätte, wie wir droben im fünften Kap. gehöret haben. Es hielten die Jüden hart uber den Sabbath, und wollten nicht leiden, daß er sollte einen Kranken an demselbigen Tage gesund machen; und er hat uber dem Stücke viel Zanks gehabt n), und wird drüber als ein Ketzer gescholten, Matth. 12. Marci am 3. Kap., und ein Pharisäer trat einmal auf und saget zum Volke: Kommet nicht auf den Sabbath, sondern sonst in der Wochen und lasset euch heilen; und der Herr Christus antwortet darauf und sprach: Tränket ihr nicht auf einen Sabbath oder Sonntag eure Ochsen und [25]) Esel ꝛc.? und schweiget sie mit ihrem eigenen Exempel. Also thut er hie auch, entschüldiget sich, und will sagen: Ihr beschuldiget mich, daß ich den Sabbath gebrochen habe; das soll die Ketzerei und die Sünde sein, so ich begangen habe, darümb ihr mich tödten wollet: aber ists eine Sünde und des Todes werth, so sollt man euch alle auch tödten, denn ihr brechet das Gesetz vom Sabbath viel gröber, denn ich; und verkehret also die Klage, die sie wider ihn führeten, auf ihren eigen Kopf, und spricht:

Hat euch nicht Moses das Gesetz gegeben, und Niemand unter euch hältet das Gesetz; warumb suchet ihr mich zu tödten?

Er redet nicht von dem ganzen Gesetze Mosi;

---

m) Verantwortung Christi. n) Christi Gesundheitmachen am Sabbath wird oft angefochten.

25) „Ochsen und" fehlt.

wiewohl es nicht eine böse Meinung wäre, wenn es Jemand wollte also auslegen. Aber ich halte es dafur, dieß sei die Meinung: o) Moses hat euch ein Gesetz vom Sabbath gegeben, warümb haltet ihrs nicht? Ihr strafet mich, daß ich den Sabbath breche, und ihr lobet und preiset euch, wenn ihr ihn brechet, und saget, es sei wohl gethan, daß man am Sabbathtage ein Knäblin beschneide. Das war Moses Gebot, man sollte am achten Tage die Knäblin beschneiden; item, er hat ein Gesetze gegeben, daß man am Sabbath Nichts arbeiten sollte, und das sollte man stracks halten. Nu mußt es oft gerathen, daß am Sabbath der achte Tag des Kindes Geburt war, denn ein Kind ward an diesem, das ander auf einen andern Tag geboren, und wurden viel Kinder am Sabbathtage geboren: und ihr beschneidet die Leute am Sabbathtage, rühmet euer Werk, daß ihr das Gesetz Mosi haltet, wenn ihr am achten Tage ein Kindlin beschneidet; und es ist doch wider den Sabbath, denn Gott hat verboten, man soll an demselbigen Tage gar kein Werk thun: wie wollt ihr das zusammen bringen?

Also kehret er ihre eigene Frage und Lästermaul umb, und stößets in ihren eigen Rachen p); will sagen: Stehet es euch frei, ein Kindlin zu beschneiden am Sabbathtage, so stehet mirs auch frei, einen Kranken am Sabbathtage gesund zu machen; soll es mir aber nicht frei sein, so soll es euch auch nicht frei sein. Denn Moses hat zugelassen, daß man einen Esel und Ochsen aus dem Brunnen am Sabbathtage zeuhet: darumb, einem Menschen helfen von seiner Krankheit, ist auch ein gut Werk. So nu euer Werk das Gesetz vom Sabbath nicht brechen, so werden meine gute Werk das Gesetz auch nicht brechen. Ich habe so gute Sach, als ihr. So euer Werk gut sind, so sind meine auch gut. Ihr habt das Gesetze Mosi vom Sabbath, daran ihr kein Werk thun sollet q); aber Niemand unter euch hält den

o) Beschneidung der Jüden am Sabbathtage. p) Die Jüden werden mit ihrem eigen Schwert geschlagen. q) Sabbaths-Feier.

Sabbath oder das Gesetze, denn ihr beschneidet die Kindlin, so am Sabbathtage [26]) geboren werden. Was wollen sie darauf antworten? Sie entschüldigen sich damit, daß sie müssen Mosi gehorsam sein, der hab es geboten. Nu fahret ihr also fort und löset das Gesetz Mosi auf, durch ein ander Gesetz, und muß der Sabbath weichen der Beschneidung: die Beschneidung bricht den Sabbath; darümb nehmet euch selbs bei der Nasen, haltet mein Werk gegen eurem, so muß man euch ehe tödten, denn mich.

Es kann auch verstanden werden vom ganzen Gesetze, daß sie dasselbige nicht gehalten haben r). Aber ich halte, daß derselbige Verstand zu hoch und zu scharf sei, daß Niemand das Gesetz hält; weil denn Solchs auch S. Pauli Lehre und Meinung ist. Aber ich laß itzt anstehen, daß Moses hat das Gesetz gegeben; aber Christus hat die Wahrheit und Gnade aufgericht und gebracht rc. Aber das ist der beste Verstand der Wort Christi, dabei ich bleibe, daß er saget: Ihr brechet das Gesetz sowohl, als ich. Denn wollet ihr das Gesetz halten, so müsset ihr bekennen, daß ichs auch halte. So ich denn nu ein gut Werk thue am Sabbath, das so gut ist, als die Beschneidung; so sollet ihr mich nicht strafen. Ist euers gut, so ist meines auch gut. Darauf saget das Volk:

Du hast den Teufel; wer suchet dich zu tödten?

Es mag sein, daß fromme Leute da sind gewesen, denen diese Antwort hat wohl gefallen, daß er sie uberzeuget, daß er nicht unrecht gethan habe, und darümb nicht soll getödtet werden: aber doch sind andere darunter, die verdreußts gleichwohl, als hoffärtige, grobe Esel, so die Wahrheit nicht leiden können s), sagen: Willt du uns schelten als Todtschläger? Sollt du uns heilige Leute also beschmutzen? Wer will dich tödten? wie denn noch unser Papisten

r) Gesetzübertretung.

s) Die Jüden brennen sich weiß dieser Beschuldigung halben.

26) Sabbath.

verbieten und nicht leiden wollen, daß man von ihnen sagen und halten solle, daß sie Mörder sind, oder ohne Ursach tödten, oder das Evangelium und Wahrheit verfolgen. Also wollen diese hie den Namen auch nicht haben, sagen: Du hast den Teufel; wie noch die Mörder und Bluthunde, die so viel Leute umbbringen, und dennoch die Ehre haben wollen, daß sie rühmen können, sie haben Gott einen Dienst daran gethan t); item, es sei gar wohl gehandelt, und wer anders sagte oder urtheilete, der muß einen Teufel haben. Dennoch muß man ihnen die Wahrheit sagen: Warumb tödtet ihr denn? Da sagen sie: Ei, du Bösewicht, meinest du, daß wir dich tödten? Die vergießen kein Blut umb des Evangelii willen, sondern wollen vertheidingen das Evangelium, sie wollen den Namen haben, daß sie Gottes Diener sind und recht thun, wollen den Aufruf nicht haben, daß sie es verfolgen, sondern daß sie es vertreten; Trotz, daß Jemand anders sage. Es spricht Christus ferner:

Ein einiges Werk hab ich gethan, und es wundert euch alle.

Er will sagen: Ihr könnet mir nicht ein einig gut Werk schenken und zu gut halten, so ihr doch jährlich und täglich das Gesetz brechet. Zu eurem könnet ihr wohl still schweigen, und eure Werk putzen und schmücken: aber mir könnet ihr nicht Ein Werk zu gut halten u).

Nu, es ist wahr, es gehet uns und allen Christen noch also, wir müssens von unsern Widersachern auch leiden, es ist doch nichts Gutes bei ihnen, sie sind eitel Teufel: da ist Unglaub, falsch Vertrauen, große Verachtung, die höheste Gotteslästerung, Ungehorsam gegen Obrigkeit, Mörderei, Dieberei, Hurerei, ihr Leben ist der leidige Teufel und die Hölle selbs. Das muß man ihnen zu gut halten. Aber wenn sie hören, daß unser einer irgend hat zu viel geredet, oder ein

t) Gleißnerische Bubenart. u) Christo und seinen Schülern hält man Nichts zu gut, aber der Welt muß es alles recht und gut sein.

halb Kloster eingenommen, oder ein geistlich Gut an sich gezogen, da, da sagen sie: O das ist eine große Sünde. Und ob wir auch schon gute Werk thun, daß wir leiden, predigen, geben Almosen; dennoch ists nicht recht. In Summa, man kann dem Herren Christo nicht ein einig Werk zu gute halten und nachlassen v); aber was sie thun, unangesehen daß es nicht fur die Hunde taug, ja, zum Teufel zugehöret, das ist also heilig und köstlich Ding, daß alle ihr Böses zudecket. Wohlan, das ist der Welt Urtheil: der Splitter in unserm Auge muß herfur, damit müssen sie ihr Maul zuwaschen; aber ihr Balk muß Nichts sein. Das ist seher verdrießlich in der Welt. Denn wir können nicht ohne Sünde sein, ob es auch schon ein Trunk zu viel wäre, ungeachtet, daß dagegen die Welt gar voll und trunken, ja, ersoffen ist in Sünden. Aber ihre vitia sollen Nichts sein, sie schmücken sich, wollens nicht lassen böse sein, färben sich mit ihren grundlosen Sünden, und fechten die Heiligen Gottes an umb eines Splitters, oder umb einer kleinen Sünde willen.

Aber das ist gnug, daß Christus spricht: Wer die Ehre sucht deß, der mich gesandt hat, der ist wahrhaftig w). Das Zeugniß haben wir, das muß uns am jüngsten Tage die Welt, die Erde, die Engel und alle Kreaturen Zeugniß geben. Mittlerzeit müssen wir es leiden, daß die Welt tobet und wüthet wider uns, und uns nicht Ein Werk läßt gut sein, sondern Alles lästern, und alle ihre böse Werk dagegen schmücken. Sie können nichts Böses thun, wir auch haben nicht Ein Werk gethan, das sie lobten; aber wir können und wollen auch ihre Werk nicht loben. Wir mögen daran uns genügen lassen, daß wir einen gnädigen Richter im Himmel haben; wir werden dennoch mehr Trostes haben, denn sie. Ich D. Luther weiß, daß meinem Predigen werden müssen Zeugniß geben die Vogel, Steine und der [27])

---

v) Die Frommen fallen allenthalben mit der Thür ins Haus. w) Der Christen höchster Ehrentitel

27) „der" fehlt.

Sand am Meer, ich werde ja mehr Beistands haben, denn sie all mit einander. Der Herr geußet ihnen noch besser auf, und saget:

Moses hat euch darümb gegeben die Beschneidung, nicht, daß sie von Mose kömmet, sondern von Vätern: noch beschneidet ihr den Menschen am Sabbath. So ein Mensch die Beschneidung annimmet am Sabbath, auf daß nicht das Gesetz Mosi gebrochen werde; zürnet ihr denn uber mich, daß ich den ganzen Menschen hab am Sabbath gesund gemachet?

Es waren zweierlei Gesetze der Beschneidung: eins von den Vätern angenommen, das andere von Mose gegeben; und ist die Beschneidung herrlicher gehalten worden x), denn der Sabbath. Ursache, der Sabbath mußte der Beschneidung weichen, und wenn ein Kind am Sabbath geboren ward, thät man gleich als wäre kein Sabbath, und mußt das Gesetz vom Sabbath gebrochen werden. Was wollt ihr denn zörnen, daß ich den ganzen Menschen am Sabbathtage gesund gemacht habe? Es ist eine starke Antwort, und wohl umbgekehret. Moses muß weichen umb der Väter Gesetze willen; warumb dringet ihr denn also hart auf mich, daß ich einen ganzen Menschen am Sabbath gesund gemacht hab? Moses muß zurück umb euernwillen, und ihr wollet mich strafen y); als wollt er sagen: Ihr seid blind, toll und thöricht, wisset nicht, was ihr saget, ihr machets ärger, denn ich. Denn mein Werk ist ja größer, daß man am Sabbath einem ganzen Menschen helfe. Ich habe nicht allein ihn beschnitten, sondern gänzlich zurecht bracht. Also unsinnig lauft ihr damit an, ihr wisset nicht, was ihr redet. Mein Werk ist viel herrlicher und größer, denn die Beschneidung. Es ist je viel mehr, dem ganzen Menschen helfen, den Menschen

---

x) Vollziehung der Beschneidung. y) Feinde des G. Worts und seiner Diener.

lieben, als sich selbs, ihme Hülfe thun, wenn es noth ist, Gott gebe, es geschehe am Sabbath, Sonntag, Montag, Dienstag, oder wenn er es bedarf; und wenn ich die Liebe des Nähesten brechen sollt umb des Sabbaths willen, so will ichs nicht thun, und sagen: Trolle dich Sabbath. Denn wenn die Noth daher kömmet, höret dieß Gebot auf. Denn da kömmet ein anders, das heißet: Liebe Gott deinen Herrn, und liebe deinen Nähesten als dich selbs. Könnet ihr doch sein sagen: Trolle dich Sabbath, wenn da kömmet das Gesetz, daß man soll am achten Tage ein Kindlin beschneiden.

Aber es hilft nicht; Christus richtet damit Nichts aus z). Wenn gleich die Juden mit der Wahrheit uberwunden werden, so sagen sie dennoch: Wir wollen es nicht thun. Also thun itzt auch unsere Jünkerlin, die Papisten, die toben und wüthen auch ins Teufels Namen also wider uns. Darumb wollen wir es nicht besser haben, denn es unser Herr Christus hat gehabt; Bessers sind wir auch nicht werth. Verachten sie diese Wort Christi, der sich so stark verantwortet; so werden sie auch unsere Lehre verachten, und hierinnen thun, wie ihre Väter, daß sie der Wahrheit offentlich widerstreben. Es ist genug, daß wir einen Zeugen fur uns haben, der größer ist, denn sie sind, und sollen thun, wie hie der Herr Christus thut, der reibet ihnen nur die heilige Schrift und das göttliche Wort redlich in die Nase.

Richtet nicht nach dem Ansehen.

Er schilt und warnet sie, daß sie nicht sollen urtheilen nach ihrem tollen Kopfe und Gutdünken, und wie sie es ansehen a). Wie? als durch ein gemalt Glas, das die Farbe verleuret, also siehet ein verblendeter Mensch auch Nichts recht an mit seinen verruckten Gedanken, ob er gleich Wort der Wahrheit fur sich hat, denn sein Herz ist verbittert und entbrannt mit Haß, es ist wie ein gefärbet, gemalet

---

z) An solchen Gesellen ist Nichts zu erhalten. a) Der Welt Ansehen und Urtheil.

Glas: wie er im Herzen ist, so siehet er einen Andern an, nämlich, als einen Feind, welchem er von Herzen gram und zuwider ist. Euch könnet ihr wohl fein schmücken, und euer Datum und Werk als ein gut Tuch oder köstlichen Stein ohne Brillen ansehen; das macht das gemalete Glas. Worumb sehet ihr mich mit denen Augen nicht auch an, damit ihr euch ansehet? Mein Werk ist hundertmal besser, denn euers, noch muß meins arg und böse sein, euers aber köstlich und gut: das macht, euer Herz ist verderbet, und die Augen sind euch unrein.

Also gehet es zu in der Welt: es siehet Keiner den Andern an mit reinen Augen, ausgenommen ein Christ, deß Gesichte ist helle und rein b). Er siehet seinen Feind an mit Augen der Barmherzigkeit und Genaden, und gönnet ihm auch kein Übels; und ist denn sein Feind gleich bitter und böse gegen ihm, so gedenkt er: Dieser großer Hans ist ein elender Mensch, er ist schone verdammet, was wollst du ihm noch viel Böses wünschen? wenn er also bleibet, so ist er des Teufels eigen; hat ein Erbarmen seinethalben, und wollt ihn gerne selig machen. Die Andern sehen einen Andern an nach ihrem Haß, Neid und Hoffart; wie sie uns ansehen als Bösewichter. Darauf saget der Herr Christus: Richtet nicht nach dem äußerlichen Ansehen, sondern richtet ein recht Gerichte, das ist, sehet das Werk und mich selber recht an.

Das ist nu uns zum Exempel und Trost geschehen, daß wir uns nicht sollen drob entsetzen, wenns uns auch also gehet c). Die Wahrheit wird geprediget und gehort, aber man wird auch drob gescholten, als sei einer ein Lügner; und wenn man gleich antwortet aufs Beste, daß es klärer und heller ist, denn die liebe Sonne: so muß man doch drüber gescholten und zeläftert werden; da wird doch nicht anders draus, wir müssen uns lassen verdammen und ansehen durch Glasaugen. Nu, wenns nicht anders

---

b) Christen Gesicht und Urtheil. c) Lehre für die, so der Wahrheit entgelten müssen.

gehen soll, so mags also bleiben; wenn man es ansiehet durch ein gemalet Glas, so gehets also, ich werde es nicht besser machen. Also ists dem Herrn Christo auch gegangen. Sie haben ihn ein Aufrührer geheißen, ja, den Hausvater nenneten sie Beelzebub, darumb so werden sie uns auch Teufel heißen; und wir leidens billig. Aber wie ers hat hinaus geführet, also werden wir es durch seine Hülfe auch hinausführen.

d) Der Herr Christus thut seinen Sachen gnug, und entschüldigt sich gegen den Juden, die ihn straften, daß er am Sabbath einen gesund gemacht hatte, und setzet ihnen dagegen die Beschneidung unter die Augen, anzuzeigen, daß sie am Sabbath die Menschen beschnitten, darumb so brächen sie den Sabbathtag mehr, denn er; und schleußt drauf und spricht e): Richtet nicht nach dem Ansehen, sondern richtet ein recht Gerichte. Könnt ihrs euch selbs zu gut halten, wenn ihr den Sabbath brechet mit der Beschneidung, und daß ihr Ochsen und Esel tränket am Sabbathage f), daß die Priester Licht anzünden, schlachten die Opfer, haben Feur gemacht und Holz angelegt, mit welchen Werken ihr sie nicht heißet Ubertreter des Sabbaths Gottes: ei, so solltet ihr mirs ja auch zu gut halten, daß ich ein größer und besser Werk gethan habe, denn da ist, schlachten, Kühe und Pferde tränken, füttern oder opfern rc.

Mit der Antwort ist ihnen gnug geantwortet g); aber es gilt nichts. Denn in der Welt wird gesagt: Was Christus thut, das ist nimmermehr recht, es taug nicht; aber was der Teufel und die Welt thut, das kann nicht unrecht sein. Daher sollen wir lernen, daß, was die Christen recht, köstlich und guts thun, taug nicht. Die Ursach ist, daß man der Person feind ist, darumb richtet man nach dem Ansehen der Person; und wenn das geschieht, so kann man ihrer

d) Die 6. Predigt uber das siebente Kap. Joannis. e) Anweisung sich gebührlich zu schützen wider die Lästerer. f) Matth. 10. [Luc. 13, 15.] g) Das lasse ihm ein Jeder gesaget sein, der ein Christ ist.

That bald ein Tadel finden, wenns gleich gut wäre, was sie thut. Sie waren Christo auch feind, darumb konnten sie nicht leiden, was er thät. Was ist feiner und besser, denn einen Menschen gesund machen? Aber es muß den Feihl haben, es geschehe am Sabbath. Aber ihr Beschneiden, Opferen, Räucheren, Feuranzünden, Holzzutragen, Schlachten alle Abend Schöps, das war nicht Sünde; denn die Juden thätens. Hätte es Christus gethan, so wäre es nicht gut gewesen, und müßte eine Sünde sein.

Also gehets: was Christus und die Seinen thun, das ist und muß unrecht sein; aber was der Teufel und die Seinen thun, muß recht sein h). Sehen wir es nicht auch mit dem Papst? Was wir Guts thun, ist alles ubel gethan, und ob sie es nicht offentlich lästern, so sagen sie doch: O alle Ketzer führen auch einen solchen guten Schein, dienen Jedermann gerne, und thun es darumb, daß sie die Leute an sich ziehen und verführen. Wenn man aber bei ihnen offentliche Lügen und Sünde befindet, so haben sie doch Vergebung der Sünde täglich; sie sind rein, aber bei uns ist Keiner rein; unser tägliche Sünde müssen die größten Sünde, ja Todsünde sein, und keine Vergebung haben. In Summa, darein muß man sich schicken: thut man Guts, so straft man es, es wird fur Böses geurtheilet; thun sie aber ubel, so muß es des allerbesten Dinges sein. Wiederumb, wenn die Welt die größte Sünde thut, so muß doch recht sein. Also thut itzt auch der Papst mit seinen Fürsten: sie lügen, trügen und stehlen, und muß Alles wohl gethan sein. Nu, man muß es leiden.

Aber wir wissen i), wenn wir gleich Schwacheit und Sünde an uns haben, so erwarten wir doch der Vergebung der Sünde, nicht irgend von der Welt, sondern von Gott. Thue ich denn etwas Guts, so gefällets Gott. Wir müssen unsere gute Werk dahin setzen, daß sie fur Gott geurtheilet werden als gute

---

h) Des H. Christi und der Christen gute Werk werden von der Welt getadelt und das Ihre gerühmet. i) Unser Sünde Pflaster.

Werke; dem müssen wir sie heimstellen. So wir aber von der Welt gestraft werden, da schlage der Teufel zur Welt. Thue ich etwas, das gebrechlich ist, so versehe ich mich zu meinem H. Gott, daß er mirs vergebe, ich krieche ins Pater noster und spreche: Dimitte nobis debita nostra. Damit soll die Welt das Maul beschmeißen, sie hat mit ihren Sünden zu schaffen gnug, darf nicht ihr Maul mit uns waschen. Nu folgt, wie sie sich gegen dieser Predigt des Herrn Christi gehalten haben.

Da sprachen Etliche von Jerusalem: Ist nicht das der, den sie suchten zu tödten? und siehe zu, er redet frei ꝛc.

Im Anfang dieses Kapitels schreibt der Evangelist S. Joannes, daß der H. Christus k) nicht mehr im jüdischen Lande gepredigt hab, darumb, daß die Juden ihn tödten wollten; der Ursach flohe er hinweg von den Teufelsgliedern, und blieb in Galiläa bis aufs Fest. Da nu dasselbe kömmet, gehet er hinauf gen Jerusalem, und prediget so frei, daß sich die Leut drüber verwunderten, und sagten: Wie kömmet das? Vorhin hat man ihm nachgestellt, daß er in Judäa nicht konnte bleiben, man wollt ihn nicht leiden, sondern sollt getödtet werden; itzt predigt er offentlich im Tempel ihnen fur der Nasen: wie kömmets, daß sie ihn nicht angreifen? reden ihn nicht an, schweigen mutterstill dazu, da sie ihn doch zuvor erwürgen wollten; ich mein, sie sollten ihn schier fur den Christum halten, an ihn gläuben und sich bekehren. Wir wissen nicht, was sie fur Leute sind, ob sie fromm oder böse zu achten sind. Er gehet hinauf in Judäam, daraus er zuvor geflohen war. Es lautet schier, als wollten sie sich fur ihme mehr fürchten, denn daß er sich fur ihnen sollt fürchten, die ihn doch zuvor aus dem jüdischen Lande gejagt hatten. Wahrlich, ein groß Wunderzeichen ists, daß er lehret und prediget im Tempel, gleich als wäre Nie-

---

k) Christus ist blöde und geherzt, scheuet und verachtet Gefahr.

mand da, der ihm etwas thun wollte l); das mag ein Muth heißen. Ich halte, die Pharisäer habens nu gewiß erfahren, daß er Christus sei; aber es klinget gleich, als wären es fliegende Theiding und Reden. Es schleußt weder dieß noch das, und sie selbs fahren zurücke und sprechen:

Doch wir wissen, von wannen dieser ist. Wenn aber Christus kommen wird, so wird Niemand wissen rc.

Also schließen sie, und diese Rede wird unter dem gemeinen Mann zu Zotten gangen sein; wiewohl es klar und deutlich in der h. Schrift ausgedruckt worden ist. Daher haben sie gewußt m), daß Christus sollt geboren werden von dem Samen, Geblüt und Geschlechte Davids, und haben gewiß gewußt, daß er aus der Stadt Bethlehem sollte geboren werden. So viel wußten sie; das Volk war deß beredet, daß man Christum sollte erwarten aus dem jüdischen Lande und vom Stamm Davids. Das ist die Prophezei von Christo gewesen, und davon hat man klaren Text gehabt. Noch ist eine Rede unter dem jüdischen Volk auskommen, der Messias würde heimlich kommen, auf daß Niemand wüßte, woher er käme.

Ich halte aber, daß dieser Spruch oder Rede aus dem Propheten Michea herkommen sei, da geschrieben stehet: Sein Ausgang ist von Ewigkeit rc. n). Gott hat die Geburt seines Sohns also wollen verdeckt haben, daß er wohl sollt geboren werden zu Bethlehem; aber woher und wie er ausgehen würde, das wurde kein Mensch wissen noch ausrechnen können. Sie haben die Prophezeiung wollen deuten, daß Christus etwa anderswoher würde kommen, denn von David, daß es wünderlich würde zugehen, und ein wunderbar Zukunft sein; wie denn seine Mütter ist auch eine wünderliche Mutter worden, er hat eine seltsame,

---

l) Christus prediget mitten unter seinen Feinden. m) Prophezei von des Messiä Zukunft wider der Juden gefaßten Wahn. n) Kap. d. Christi Geburt.

herrliche Ankunft gehabt. Nu, sie haben gewußt Stadt, als Bethlehem, das Land, als Judäam, das Geschlechte, nämlich Davids, daraus Chri- sollte geboren werden; und sollen doch die Per- nicht kennen. Und ich halte, daß dieser Spruch Volk, als, man würde nicht wissen, woher der ssias sollte kommen, daher entstanden sei, daß die ren, unverständigen Leut dahin gedeutet haben, sollt man nicht wissen, aus welcher Stadt, von hen Aeltern er kommen würde.

Diese zwei Stücke haben die Propheten und die er, so die Propheten gelesen haben, gar wohl standen o), daß er von einer Jungfrauen sollte fangen, und von dem Geschlechte Davids gebo- werden, aber doch auch von Ewigkeit herkom- : doch es würde im Winkel und im Dunkeln hen, daß es Niemand so balde erführe; daher Rede ist im Volk blieben, und in sie gebildet den, daß er würde heimlich und wunderbarlich men, daß Niemand wissen sollte, wo, wie oder er er käme; er sollte wunderbarlich geboren wer-

Das haben die Patres gemeinet im Evangelio, wenn der Messias auftrete in der Welt, so wüs- Niemand, woher er käme, nämlich, daß er von r Jungfrauen geboren würde: er wird auch ein tiger, daß Niemand etwas drümb weiß. Da- b sagen die Juden: Den kennen wir, kennen Brüder, Schwestern und Mariam; wir sollen nicht wissen, woher der Messias komme, aber n kennen wir: darumb ist er nicht der Messias.

Also sind es lose Schüler p), sie haben wohl n läuten, aber nicht zusammenschlagen. Wer nicht l höret, der wähnet wohl. Sie haben ge- , daß Christus sollt also kommen, daß man nicht ite woher; aber sie habens nicht recht verstanden, er aus Gott von einer Jungfrauen sollt geboren den, und also heimlich in die Welt kommen, wie

o) Der Propheten Zeugniß von Christi Zukunft. p) Ungelehriger Schüler Abbildung.

Micheas saget: darumb haben sie den Spruch der Väter unrecht gefuhrt, und sich damit trösten wollen, daß er nicht Christus sei.

Auf diese Rede des Volks hebt Christus eine neue Predigt an, die lautet also:

Da schrei Jesus im Tempel, lehret und sprach: Ja, ihr kennet mich, und wisset, von wannen ich bin; und von mir selbs bin ich nicht kommen, sondern der mich gesandt hat, der ist der Wahrhaftige, welchen ihr nicht kennet, ich kenne ihn aber, denn ich bin von ihm, und er hat mich gesandt.

S. Joannes fasset diese Predigt kurz mit wenig Worten, aber der H. Christus wird sie viel reichlicher und hübscher ausgestrichen haben q); und setzt Joannes noch das dazu, daß Christus mit voller Stimm oder laut geschrien und gerufen, und stark gepredigt habe. Die Predigt ist: Ihr kennet mich, und wisset, von wannen ich bin. Das dünkt mich, er treffe ihren falschen Gedanken und Verstand, daß sie sich dünken ließen, sie wüßten, wovon er käme. Aber ich will keine Meinung oder Verstand verfechten, sondern lassen also bleiben; jedoch so zeigens die folgende Wort an, daß sie seine Zukunft nicht wissen.

Es ist ein Wahrhaftiger, der mich gesandt hat.

Als sollt er sagen r): Ihr wisset nicht, von wem ich bin, denn so ihrs wüßtet, so würdet ihr euch den kennen, der mich gesandt hat: wenn ihr eure Schrift läset, so würdet ihr wissen, woher der Messias käme. Also lautets: Dieweil ihr den nicht kennet, so den Messiam sendet, so kennet ihr den auch nicht, so gesandt wird. Derhalben so lautets spöttisch: Ihr wisset, von wannen ich bin; und wie fein wisset ihrs, denn ihr kennet den nicht, der mich gesandt hat: wie sollt ihr denn mich kennen, und wissen, woher ich komme? wiewohl es wahr ist,

---

q) Christus läßt Nichts unerkläret fürüber. r) Den Messiam kennen oder an ihm fehlschlagen.

und ihr wissets, daß ich von Nazareth, aus Galiläa und Judäa kommen soll; aber dasselbige Kommen ist nicht genug, wenn man nicht Etwas mehr davon weiß. Gleich als wenn ich allein wüßte, daß eine Botschaft ist uber die Elbbrücke von Brata und Kemburg in die Stadt Wittenberg kommen, und ich wollte sagen, daß ich die Botschaft davon kennen wollt; was ist doch das fur ein Kennen? Noch nicht, es folget nicht draus, man würde mich fur einen Narren halten, wenn ich wollte sagen, woher sie wäre, dieweil sie uber die Elbe wäre kommen, denn es gehen ihr täglich viel herein uber die Elbbrücke. Eben also klug sind diese auch in diesem Kapitel. Darumb nimmet er ein Occasion von ihren Worten, und spricht: Ihr wisset ganz und gar nicht, woher ich sei; aber es liegt Macht dran, daß ihr den kennet, der mich gesandt hat, und wer ich sei. Diese Kunst wird dem Volk geprediget, und spricht Christus:

Ich bin nicht von mir selber kommen.

Als sollte er sagen: Ihr sollt mich lernen kennen auf eine andere Weise, denn daß ich aus Galiläa und von Nazareth komme, denn es kommen viel andere Juden auch von Nazareth, aber sie kommen nicht als ich komme, denn ich komme als ein Prediger, der gesandt ist, daß er das Predigampt und Wort verkündige, das ihme befohlen ist. Aber da liegts an, daß ihr kennen müsset den, der mich gesandt hat: darüber streiten wir, daß man erkennen lerne den, von deme eine Botschaft gesandt wird, und den, der da gesandt ist a). Wenn wir das wissen, denn nimm die Botschaft an; ob du gleich das Angesicht des Gesandten nicht kennest, so nimm doch das Siegel und die Briefe von ihme, die kennet man. Wer es nu nicht dafur hält, daß mich Gott gesandt hat, und ich von Gott sei, der hält mich fur keinen Prediger; wer es aber weiß, mit dem ist gut reden, und mit dem kann ich handelen, denn er wird mich mit andern Augen ansehen und annehmen, und nicht fur einen schlech-

a) Der Sender und Gesandte.

ten Nazarener halten. Also hat er droben auch gesaget: Wers vom Vater höret, der kömmet zu mir x. Item: Niemand kömmet zu mir, der Vater ziehe ihn denn. Es ist schier Eine Meinung.

Es liegt daran t), wer ein Christ werden will, daß er wisse, Christus sei vom Vater gesandt, daß ich da gewiß werde, woher er doch ist kommen. Das ist die Predigt und der Streit, darumb es zu thun ist, daß wir den Christum annehmen, und uns so an ihn hängen, daß wir von Gott nicht reden oder handelen, wir haben denn diesen Mann fur Augen. Seid deß eingedenk, daß ichs gepredigt habe. Lasset Andere scharf spekuliren von Gott, Schöpfer Himmels und der Erden, von den Engeln und andern Kreaturen, wie Gott Himmel und Erden geschaffen habe: das hab sein Bescheid, laß sie immerhin machen, singen von unserm Herrn Gott, tanzen und springen. Aber wenn man beginnet zu reden von unserm Häuptartikel, der uns zu Christen machet u), so liegts gar daran, daß ich den Christum ergreife, der vom Vater gesandt ist, und den Vater auch erkennen lerne, Christi Ampt und Wort verstehe; sonst, wenn dieser aus den Augen weggerissen wird, so ist man dahin. Du wirst damit kein Christ werden, daß du weißt, Gott habe Himmel und Erden geschaffen: das Wissen erlöset dich nicht von Sünden oder vom Teufel, und machet dich auch nicht selig, denn sonst wäre auch der Türke ein Christ; und willt du selig werden, so werdens deine gute Werk auch nicht thun, daß Gott dich und deine gute Werk solle ansehen [28]): sondern lerne in dem Stücke also zu einem Christen werden v), daß du es nicht weißest zu thun, sondern lege nieder Hände, Füsse und alle Künste und Werke, und schlechts die Ohren aufgericht und hergehalten, und schlechts an dem Herrn Christo gehalten, und ihme an dem Munde

t) Der Christen höheste Kunst. u) Der Häuptartikel des Christenthumes. v) Wider die Religionsbrauer, die Alles wollen zu Wegen der Seligkeit machen.

28) Werke ansehe.

gehangen und auf sein Wort gehöret; denn es ist ihme vom Vater in seinen Mund gelegt.

Darauf merke, daran hange, und das gläube. Also bin ich ein Christ w), wenn ich das [29]) erlanget habe, welches der Häuptartikel ist. Darnach so gehe ich hin, und predige von der Gerechtigkeit des Gesetzes, von der weltlichen Obrigkeit, vom Gehorsam, so man Vater und Mutter schuldig ist, wie man sie ehren solle, und predige auch von andern Sachen, von allen andern Dingen, die Gott auch geboten hat, als, nicht tödten, stehlen, ehebrechen ꝛc., die auch ihren Raum und Zeit haben. Aber hie, wenn man handeln will, wie man soll ein Christ und fromm werden; item, der Sünde, des Todes und Teufels los werden; da soll ich nicht disputiren von der Gerechtigkeit des Gesetzes, wie ich gute Werk thue, Vater und Mutter gehorsam werde, Almosen gebe, oder in ein Kloster laufe ꝛc. Hieher gehöret furnehmlich, daß ich dem Prediger allein zuhöre; wie der Herr Christus auch zu Martha im Evangelio saget x): Maria optimam partem elegit, et unum est necessarium etc. Du Martha bist sorgfältig, du thust viel; es sind köstliche, gute Werk, arbeiten, Haus und Hof regieren, ein Bürgermeister sein, ein Knecht und Magd, oder Prediger sein: aber es thuts nicht. Maria hats troffen, die reimet hinzu, sie sitzet zu meinen Füssen, und höret mein Wort, damit trifft sie es, geradezu. Das ist der Griff: alleine mich hören; das Stücke thuts allein. Darnach wird Maria auch thun, was du sorgfältige Martha thust, dasselbige wird sich hernachmals auch finden.

Also ist das der Grund, daß man könne von einander unterscheiden die Gerechtigkeit der Werk und des Glaubens y); und wer das wohl lernet, der wird besser predigen, denn ich predigen kann. Daher werden wir auch Christen genennet; sonst hät-

w) August.: Opera sequuntur justificatum, non praecedunt justificandum. x) Christi Unterricht zu Martha von der Gerechtigkeit des Glaubens. y) Unterscheid der zweierlei Gerechtigkeiten.

29) „das" fehlt.

ten wir an Mose genug, der uns lehret, wie wir leben sollen, und man findets fein im Mose. Aber der Mann, Christus, kömmet umb dieses Artikels willen, predigt, täufet, stiftet das Wort, Predigampt und die Sakrament, und hat sich selber dargegeben. Das heißt nu, sein Wort hören, und eigentlich erkennen und gläuben, daß Gott durch ihn redet. Derhalben, wenn man handeln soll mit dem Gewissen, mit der Sünde, Leben, Tode, oder auch mit Gott oder dem Teufel, so gedenk und laß Alles in der Welt fahren. Laß Martha in die Küchen gehen, Töpf waschen: lasse Martham weglegen, und werde M. Magdalena. Denn Maria gedenkt: Es gehöret mir zu, nicht Werk und Verdienst suchen, sondern nur seinem Munde zuzuhören, und seinem Wort zu gläuben; denn trifft sie es, sein Mund redet denn eitel süsse Wort, die ihr Herze tröften, erquicken und laben, denn er spricht: Des Menschen Sohn ist nicht kommen Jemand zu verdammen, sondern zu suchen, was verloren war. Item: Kommet zu mir alle, die ihr müheselig seid, ich will euch erquicken.

So wird er auch ein Heiland genennet, daß er kann selig machen z). Wenn er denn dieselbige Wort redet, so ist das die Kunst, daß man lerne, wo der Mann und diese Wort herkommen, und daß man drauf schließe und sage: Er redet diese Wort nicht von sich selber, als ein Mensch alleine, sondern es ist das wahrhaftige Gottes-Wort, und ich weiß sonst keinen andern Gott. Also trifft der Artikel das Gewissen sonderlich, daß man nur höret, was der Mann, Christus, saget, und lasse den Gott itzt fahren, der gebeut die Aeltern zu ehren, der Oberkeit gehorsam zu sein. Wenn man in Sachen des Gewissens diesen Mann höret, das heißet kennen. Denn so höret und erkennet man den rechten Gott, der Christum gesandt hat, und man erkennet denn auch den gesandten Christum.

Das lehret die Juden der Herr Christus, und spricht a): Ja, ihr kennet mich wohl, ihr wisset, daß

z) Des Herrn Christi Erkenntniß. a) Treue und Aufrichtigkeit ch aus Nazareth zum Thor herein kommen bin; aber ihr sollt lernen, woher die Person komme, und woher er sein Wort bringe, und daß man seinem Wort allein zuhöre. Er weiset dich nicht von sich zu einem Andern, noch setzet einen Andern an seine Statt; sondern spricht: Höre mir zu, gläube an mich, ich weise dich auf mich, ich bin von meinem Vater gesandt. Also predige ich dir, ich komme als ein Prediger zu dir, und bringe ein Wort vom Vater. Daran zweifele du nicht, so wirst du wohl erfahren, wer ich sei, und woher ich bin. So du aber nicht gläubest, und nimmest etwas Anders an, so wirst du mich nicht kennen, noch den, der mich gesandt hat, wirst auch nicht wissen, woher ich komme. Darauf spricht er:

Von mir selber bin ich nicht kommen.

Die Predigt ist da; und weiset dennoch immerdar auf einen Andern, zeiget an, von wannen er kommen sei b). Ich bin von mir selber nicht kommen, spricht er; aber wo ich her komme, das will ich sagen. Ihr werdets nicht treffen, und irret, ihr wissets nicht von euch selbs, wo ich her kommen bin. Mich kennet ihr wohl, woher ich komme, ja, daß ich zum Thor herein komme; aber das thuts nicht, es hilft euch nichts, daß ihr das wisset, denn es kennet Niemand den, so mich gesandt hat, denn durch meinen Mund, daß man mein Wort höret: es muß durch mein Wort und Mund dir kund gethan werden; und saget ferner:

Sondern er ist ein Wahrhaftiger, der mich gesandt hat.

Das wird eine schöne Predigt gewesen sein, welchs man an den Worten siehet; sie haben eine emphasim. Er nennet ihn nicht, aber sie haben es wohl verstanden, daß er Gott meine c); jedoch sie sind gute Gesellen, und habens nicht verstanden. Er gehet auf die Wort und spricht: Die Wort, so ich rede, sind die Wahrheit selbs, denn der mich gesandt hat, leuget nicht, sondern er ist wahrhaftig,

---

im Predigampt 1. Kor. 1. 2. b) Des H. Christi Amptsverrichtung. c) Der Vater unsers Herrn Jesu Christi.

was er redet, das ist die Wahrheit; spricht nicht: Gott hat mich gesandt, den ihr nicht kennet; er fähret nicht also heraus, und doch meinet ers also, als wollt er sagen: Wenn ich euch gleich lange die Wahrheit predige, so muß ich doch euch lügen; mein Wort, das mir befohlen ist, will man nicht hören. Unser Herr Gott muß immer in der Welt ein Lügener und Schüler sein, und von ihrer Vernunft sich meistern lassen. Das geschicht noch oft; wie wir im Evangelio es auch lesen. Jedermann läßt sich dünken, sie sind die Leute, die Gottes Wort urtheilen und meistern sollen. Daher kommen auch die Rottengeister und Sekten, und was Christus redet, muß erlogen und erstunken sein d). Noch tröstet sich der Herr Christus hie: Ob ich gleich muß ein Lügener sein, so sendet mich doch Gott zu euch, und ich weiß und kenne ihn, und weiß, daß er wahrhaftig ist; als sollt er sagen: Mein Ampt und Wort, das ich führe, ist die lauter Wahrheit, denn ich kenne es; und dieweil es euch geprediget wird, wollet ihrs nicht hören, darumb so bleibt ihr Lügener, und gehet wie der Prophet David im 51. Psalm sagt: auf daß du Recht behältest, wenn du gerichtet wirst.

Dieser Hader des Teufels mit seinen Gliedmassen wider Gott e) bleibet in der Welt, daß wenn der Teufel redet, so muß Wahrheit heißen, und wenn Gott redet, muß es Lügen sein; so doch Gott die Wahrheit ist. Die Welt will nicht Unrecht haben, noch sich meistern lassen, sondern hadern mit Gott, sprechen: Wir sind gelahrt genug; wie diese gottlose [29*]) Tropfen thun, und sagen: Wir wissen [30]), von wannen du kömmest. Aber der Herr Christus antwortet: Ihr wisset, leider, allzu wenig davon, wollt Gott, ihr wüßtets! ihr wisset [31]), daß es Gott erbarm! wenn mans euch sagen will, so wollt ihrs nicht hören. Darumb, sage ich, hadert die Welt

d) Informatores oder Anweiser Gottes. e) Hader des Teufels und der Welt wider Gott und sein Wort.

29*) die gottlosen. 30) † wohl. 31) † es.

mit Gott; sein Wort muß des Teufels Wort, und ihr Wort muß Gottes Wort sein. Das lasse mir rechte Früchtlin sein.

Lieber, was thut der Papst mit seinen Gesellen, und die Rottengeister auch? Sie gehen daher, und heißen die Verführer, so Gottes Wort predigen und lehren; das muß denn die Wahrheit sein f). Sagen wir nu dawider, daß wir von Gott sind, und daß in unserer Predigt Gott selber gehort, und eitel Gnade, Gutes und Barmherzigkeit Gottes angeboten werde; ach, sagen sie, wo sollt ihr her kommen? Es muß alles Nein sein, es muß der Teufel und eitel Ketzerei sein. Das kömmet daher: sie kennen den nicht, deß Wort wir lehren und führen, und der uns gesandt hat, darumb können sie auch nicht den Willen des himmlischen Vaters thun. Darauf dringet der Herr Christus, wie auch wir; aber er kanns nicht erhalten, wie wirs denn auch nicht erhalten können. Darumb lassen wirs gehen, wie es gehet, wir sind entschüldiget.

Nu, Etliche haben gegläubet g), daß sein Wort und Lehre des Vaters Wort und Lehre sei, welcher nicht lüge, und sagen: Wir kennen den Mann, und wissen, daß er von Gott ist. Wer darauf stehet, und der also preisen kann Christi Wort, und halts dafur, es sei von Gott geredet, der wahrhaftig ist, der kann auf das Wort (es ist wahrhaftig,) sich brüsten und pochen, und das Herze fest machen, und sagen: Gott ist dennoch wahrhaftig, und sollt es die Welt noch so seher verdrießen, oder sollt sie gleich drüber das Herzleid haben. Wer das gläubet, daß er keinen Zweifel draus machet, wohl dem; denn daher wird er ein Christ genennet, denn er gehet nicht umb mit Gebet und Werken, sondern mit Maria hält er sich zu dem Nähesten, nämlich, wie er ein Christ werde. Denn also sind wir Christen, [32]) wenn wir hören das Wort, und dasselbige

f) Das ist Heiligkeit und Demuth per antiphrasin. g) Frommer Herzen Zeugniß und Beifall. Esa. 59.

32) † und.

annehmen, und gläuben, daß das Wort gewiß und wahrhaftig sei.

Und alsdenn lerne ich h), woher Christus kommen sei, daß Christus Gottes Sohn sei, und von Gott gesandt, und darnach durch den H. Geist empfangen, und von einer Jungfrauen geborn sei; und Alles finde und lerne ich in seinem Wort, denn es stehet alles in seinem Wort, das Gott durch seinen Mund redet. Wir werden durch das Wort zu Christen, und durch das Wort wird die Sünde unterlassen, denn es prediget Vergebung der Sünden. Seine Wort dienen dahin, daß man von Sünden los werde, die Seligkeit und ewiges Leben erlange: wir werden dadurch erlöset vom Teufel und Tod, denn seine Wort gehen alle wider die Sünde, Teufel und Tod, und geben das ewige Leben. Man hat Vergebung der Sünden und alles Guts davon; er macht uns auch gerecht, denn sein Wort gehet mit Gerechtigkeit umb. Alsdenn weiß ein Christ, daß Christus Gottes Sohn sei, und von einer Jungfrauen geboren.

Wenn ich mit meinen Sünden umbgehe, da finde ich kein gut Werk, das ich gethan hätte, sondern höre alle Werk, die Christus thut, und schenkt mir sein Gnade i). Ich frage hie nichts nach dem, das ich thue. Das wissen sie nicht, sie kennen den nicht, der ihn gesandt hat, darumb wollen sie sein Wort nicht annehmen, und können nicht erlöset werden. In Summa, sie können nicht Christen sein, denn sie hören ihr eigen Wort; und müssen in des Teufels Gefängniß bleiben, denn sie verachten Christum ganz und gar. Also hat uns Gott an den Mann, Christum, gebunden, und es ist ihm allzeit umb dieß Wort Christi zu thun gewesen. Maria sitzet derhalben zun Füssen Christi, und höret ihm zu, wie er Gottes Wort lehre. In dem Stücke (welches Christen machet,) da erkenne ich Christum 2c., das Andere mag man denn mit Martha auch thun, waschen, kehren, kochen und geschäftig sein.

---

h) Gewißheit, Kraft und Nutz des G. Worts. i) Rüstunge wider Sünde, Schrecken und Anfechtung.

Folget:
Und ich kenne ihn, und bin von ihm gesandt [33]).
Ich hab das Wesen von ihme von Ewigkeit k),
s im Propheten Michea geschrieben stehet. Ich bin
n eingeborner Sohn, von ihm in Ewigkeit gebo-
: er hat mich auch ins Fleisch gesandt, daß ich
n der Jungfrau bin Mensch geboren, und mich ge-
ndt, daß ich soll ein Prediger sein, und dieß Ampt
hren. Wenn du das gläuben kannt, daß er [34])
ottes Sohn sei, uud sein Predigampt Gottes Wort
, so hast du gut thun, und bleibest in diesen Wor-
, und weißest, von Sünde, Tod und Teufel erlö-
zu werden; denn du kennest den Christum, der
m Vater gesandt ist, und hängest allein an dieser
rson. Wenn du dieselbige hörest, so hörest du
ch den Vater, von dem der Sohn gesandt ist; denn
rest du eitel gnadenreiche Wort, und ich kann sa-
n: Ich höre, daß Gott Nichts redet durch den
enschen, denn eitel Gnade und Vergebung der
ünde; da ist kein Zorn, kein Exempel der Ungnade,
ch Strafe uber die Sünder, sondern da waltet
el Gnade l). Das ist die Predigt, daß er, Chri-
s, von Gott sei, und er hat sie selber ausgelegt,
s da sei, von Gott sein, und daß er Gott kenne;
d sie habens auch wohl verstanden, aber sie wol-
sichs nicht merken lassen: darumb so zörnen sie,
d wollen ihn greifen; aber er kömmet davon.

m) Nähst haben wir gehört, wie der Herr ge-
ediget hat wider die Juden, und gesaget: Ihr ken-
t mich nicht, wer ich sei; ich bin nicht von mir
ber kommen, er ist wahrhaftig, der mich gesandt
t ꝛc. Da habt ihr gehört, daß die Meinung die-
Wort sei, daß sie weder Christum, noch den
ater kennen; denn sie nehmen seine Botschaft und
ort, das er lehret und bringet, nicht an, den-
, sie sind klüger, denn er n). Aber wenn sie

k) Christus ist wahrer Gott von Ewigkeit. l) Psal. 117. m) Die 6. Predigt, am Sonnabend nach M. Magdalenen-Tage. n) Der Juden Fähigkeit.

33) Orig. bekannt. 34) es.

ihn angenommen hätten, so hätten sie ihn auch erkannt, daß er von Gott gesandt wäre. Wohlan, was thun sie?

Da suchten sie ihn zu greifen; aber Niemand legt die Hand an ihn [35]). Aber Viel vom Volk gläubten an ihn, und sprachen: Wenn Christus kommen wird, wird er auch mehr Zeichen thun, denn dieser thut?

Joannes spricht o), die Juden haben beschlossen ihn zu greifen, denn er hat schändlich Ding geprediget, nämlich, daß sie den nicht kenneten, der ihn gesandt hätte: das war eine unleidliche Predigt, daß sie nicht wußten, wer ihn gesandt hatte, und wer er wäre; spottet ihr also: Ja, ihr wissets fein, woher ich bin. Ich bin zur Thür hinein gangen. Das war auf Deutsch gesagt: Ihr seid grobe Esel, ungelehrt, ihr wisset Nichts von der heiligen Schrift. Ihr Prediger, Leviten und Priester, euer Titel heißt: ihr wisset Nichts von Gott und seinen Sachen. Das ist nicht zu leiden, es ist zu hoch gebauen, daß die Späen einem in die Augen fallen: Meister wollen sein, im Ampt sitzen und Andere führen, und sollen dennoch Nichts wissen, sie sollen ihn nicht kennen, noch den, der ihn gesandt hat; wie er hie zu ihnen saget.

Das heißt, nach Unglück ringen, daß er strafet die Hohenpriester, die im Ampt waren, und aus dem Stamm Levi herkamen, dazu erwählet, daß sie predigen sollten p), und war ernstlich geboten, das Volk sollte gehorchen und folgen der Lehre des priesterlichen Standes. Das sacerdotium war unsers H. Gotts Ordnung, Gebot und Befehl und gestrenger Ernst, darüber oft etliche Tausend erschlagen worden, ehe denn es sollte untergehen. Und er, der H. Christus, kömmet daher stracks wider das Gebot und Befehl Gottes, nimmet ihnen die Herrlichkeit und den Gehorsam, und saget: Ihr kennet ihn nicht; als

---

o) Scharfe Zwagung der hochgelehrten Tempelherrn. p) Stillschweigen gilt hie nicht. Ezech. 33.

35) † denn seine Stunde war noch nicht kommen.

er sagen: Ihr seid nicht werth, daß ihr lehret; seid nicht würdig, tüchtig und geschickt, das zu en; ihr seid eitel Buben, Verfuhrer des Volks, ihr die Leute betrüget mit todter, falschen Lehre heuchelerischem Leben, Das heißt in die Schwar- und in die Wollen greifen; gleichwie man zum st und Bischoffen noch auf den heutigen Tag sa-): Du predigest nicht recht, du bist im Ampt, du kannt nicht predigen, du bist des Ampts werth, du verführest und verderbest das Volk. heißt hoch gepredigET, und die Haare gezauset, ihnen die Schwarte krachet. Es ist abentheur- gewaget.

Ihr kennet mich nicht, woher ich sei oder komme: ist eines, das Joannes saget, daß die Juden troffen hat; denn er hat ihnen das Herz ge- et und getroffen, daß sie es fühlen. Es hat sie r angangen, denn es uns dünket, denn er ver- met alle ihre Kunst und Lehre, und hat die e abgerissen und abgezogen von ihrem Gehorsam, e doch Befehl hatten, daß man ihnen sollt ge- am sein; gleichwie der Papst und seine Bischoffe im Ampt sitzen, aber gleichwohl verführen sie Volk: darumb gehören sie herunter, man muß n sagen, daß sie Christum und den himmlischen r nicht kennen. Sie haben Befehl, wir haben Befehl, die Juden haben auch Befehl, Christus auch Befehl gehabt. Darumb müssen wir unge- iet hinan r), wie hie Christus thut, und zu ih- sagen: Ihr habt den Namen der christlichen Kir- , habt die Taufe, Sakrament, Bibel; dennoch nicht recht, das ihr lehret und prediget. Das , nach Schlägen gerungen, und da sollt einer einen blutigen Kopf davon tragen.

Wohlan, er muß es thun, es ist dem H. Christo hlen, er hat das Ampt, er muß sie angreifen; er thut auch, was er thun soll, es gehet ihm Statten. Wenn es ein Ander hätte gethan, so

Wie der Papst zu strafen sei, daß er Christum nicht kenne.
r) Ampts-Fahr eines rechten Predigers.

wäre es billig, daß man ihn schlüge: aber er hat das Ampt, sonst hätte man einen ins Feuer geworfen; er hätte es auch wohl verdienet, nach der Vernunft, daß Schläge gefolget wären. Denn es ist ein großer Durst und Vermessenheit, daß er so hohe, große Leute angreift, und ihre Lehre [36], Predigt und Leben so heftig und bitter strafet. Das hieß wohl Aufruhr geprediget. Aber Christus fraget nichts darnach s). Wollt ihr nicht recht predigen, spricht Gott, so will ich wohl einen Andern finden, der predigen soll, und will euch sitzen lassen, als die gemalten Bischoff. Den Stuhel mögt ihr haben und die Ehre, auch Fressen und Saufen davon haben: aber den Namen und das Ampt will ich einem Andern geben. Das hat er hie wahr gemacht.

Aber Niemand leget die Hand an ihn, denn seine Stunde war noch nicht kommen.

Das ist ein schöner und herrlicher Text. Es wird auf Deutsch ein Sprüchwort gesagt: An eignen Gedanken und gespannetem Tuch gehet viel ab. Item: Eichene oder eigene Anschläge gerathen selten wohl t). Es ist auch mir mein Lebtag nie gegangen nach meinen Anschlägen. Ich hab mir wohl viel furgenommen, also zu thun; aber wenn es nicht ist gewesen unsers Herrn Gotts Wort und Werk, das mich dazu gedrungen, so ist das mehrer Theil wohl nachblieben. Also hat es Gott alles in seinen Händen behalten, auf daß Niemand auf Erden seine Gedanken ausrichten möge; ja, es sollen Gedanken Nichts thun, man frage ihn denn zuvor umb Rath. Die Hohenpriester zu Jerusalem hatten ein groß Volk unter sich, und waren gewaltige Herrn, und wollen ihn angreifen, und ist Annas und Caiphas wohl ein zwanzig tausend Mann stark: noch stehet der arme Mensch, Christus, fur seine Person allein, und gehet gen Jerusalem mitten auf das Fest, und tritt ihnen

s) Laut der Prophezei, Esa. 22.

t) Menschliche Anschläge sind Fehlschläge.

36) „Lehre" fehlt.

ns Angesicht und fur die Nasen; fraget nichts nach hren großen Ehren, Würden und Herrlichkeit, schilt ie noch dazu, und spricht, sie sind Narren und Verführer; und eine einzele verachtete Person soll sie trafen. Nu an Fäusten, Macht und Weisheit mangelts ihnen nicht, da ist rechte Kraft und Macht gnug; am guten Willen und Gedanken feihlets auch nicht, daß sie ihn nicht griffen: und mußten ihn dennoch wider ihren Dank zufrieden lassen.

Niemand leget die Hand an ihn.

Wer ist denn sein Schutzherr? Wer wehret da? Niemand; sondern der Text spricht: Seine Stunde war noch nicht da. Höre, nur eine Stunde, das ist ein geringer, schlechter Schutzherr u). Er spricht nicht: Er hatte so viel tausend Pferde auf der [37]) Seiten, und ein dreißig tausend Mann zu Fusse, die hn schützeten; sondern ein Stündlin ist sein ganzer Harnisch, das ihm bescheret war, daß er sollte gekreuziget werden; das war noch nicht da, und dieweil es [38]) nicht da war, da half Alles nichts, was seine Widersacher wider ihn furnahmen. Also saget auch der weise Mann Eccles. 3.: Es hat Alles seine Zeit, säen, pflanzen rc. Wenns einer außer der Zeit anfähet, der schaue, wie es gerathe, wenn die Stunde nicht da ist: wenn du dich gleich zureißest und zu odte beißest, so hülfe es doch nicht. Also, wer in der Kirchen außer der Zeit Etwas anfähet, der gewinnet Nichts dran. Suche die Kornernte umb Weihenacht, brich Kirschen im kalten Winter von den Bäumen, brich auch die Oepfel umb Fastnacht: da wirst du Nichts finden.

Denn also genau hats Gott gefasset und Alles abgemessen, daß er alle Gedanken und Werk in seiner Hand haben will v), daß es nicht fortkommen kann, es komme denn die Stunde, die von Gott dazu bestimmet ist. Also haben auch die Graeci gesagt: Ager non producit, sed annus; und wenn es der Acker

u) Christi Stunde ist sein Schutz wider die Hohenpriester. v) Das göttliche Weltregiment. Cap. 11.

37) seiner. 38) † noch.

thät, so würde er alle Tage Frucht bringen, denn der Acker ist täglich allda: aber wenn nicht seine Zeit kömmet, so wird Nichts draus, es [39]) muß seine Zeit haben. Item, man saget: Zeit bringet Rosen; und: Die Zeit macht Heu; die Wiesen oder der Acker machen nicht Heu, denn die Wiesen ist im Winter und im Lenzen auch, aber da macht man kein Heu. Also hats Gott gemacht, daß alle Ding in der Welt soll seine Zeit und Stunde haben; ein feines, freies Stündlin hat er allen Dingen dahin gesetzt: dasselbige Stündlin hat die ganze Welt zum Feinde, die muß es anfechten. Der Teufel scheußt und wirft auch nach dem armen Zeigerlin, aber umbsonst, denn da stehets alles auf dem Stündlin: ehe denn es kömmet, und das Zeigerlin ausläuft, soll der Teufel und die Welt Nichts ausrichten.

Vor einem Jahre war das der Rathschlag zu Augsburg w), daß es itzt mit den Lutherischen sollte alles im Blut liegen: aber das Stündlin stehet noch da, und ist nicht umbgestoßen, die Gedanken sind zurücke gangen, und an dem gespanneten Tuch sind wohl zwo oder drei Ellen eingangen, und ihr sind Viel drüber zu Boden gestürzt. Es ist itzt derselbige Reichstag zu Augsburg zu Dreck, und das Draunen alles zum Spott worden. Also gehets allen Tyrannen, daß ihr Anschläge zu Schanden werden; gleichwie den Juden geschieht, es waren nur Gedanken, daß sie ihn wollten greifen. Nu müssen sie nicht einen Finger regen, denn es stunde nicht in ihren Gedanken, und die Stunde war noch nicht da. Unser Herr Gott sagete: Lieben Hohenpriester und Bischoffe, thut gemach, fraget mich doch auch, ob das Stündlin kommen sei; wenn ihr was fürhabt, so fraget, ob meine Stunde oder Wille auch dabei sei: ist das Stündlin nicht hinweg, so ists alles vergebens. Ja, sagen sie, was gehet uns das Stündlin an? wir wollens dennoch thun und fur dem Hamen fischen. Ja, so wirst du auch nicht Fische, sondern Kröten

w) Rathschlag zu Augsburg Anno 1530. wider die Lutherischen.

39) er.

fahen. Das heißt durch den Zeiger hindurch gerumpelt.

Also gehets, daß, was die Welt will, nicht geschieht, es gehe denn aus Gottes Befehl und Ordnung daher x). Was Gott geordenet hat, das gehet seines Befehls und Wegs, als, daß die Aeltern die Kinder aufziehen, das ist ihr Stündlin. Die Fürsten sollen regieren, und das Ubel strafen; und das gehet fort, denn man hat davon Gottes Wort und Befehl, ist auch ihr Stündlin; gleichwie auch den Acker bauen. Das ist alles gefasset in dem Wort Stündlin. Aber was außer Gottes Wort und Werk ist, und aus unsern Gedanken hergehet, das gehet den Krebsgang, und fället zu Trummern. Darumb ists daran nicht genug, daß sie Gedanken haben, sie wollen Christum greifen; sie müssen ihn dennoch zufrieden und bleiben lassen. Also auch, auf dem Reichstage zu Augsburg wollten sie die Lutherische Lehre gar unterdrucken und uns [40]) ausrotten. Wer hats je befohlen? Niemand. Das gehet aus eigenem Zorn und eigenen Anschlägen daher.

Derhalben so gehets hie so zu, daß Niemand Hand anleget: sie wollen unserm Herrn Gott zuvor kommen, ehe ers je beschlossen hat, und ehe das Stündlin kömmet. Hernacher sagt der Herr Christus, als er im Garten gefangen ward, da die Stunde kam, und Gott den Riegel hat abgezogen y): Dieß ist euer Stunde, und die Macht der Finsterniß. Sonst sollt ihr mich auch itzt im Garten nicht greifen, ich wollt fur euch wohl sicher bleiben, und ihr sollt mich unangegriffen lassen: aber die Stunde ist da, und der Vater hat die Hand zurücke gezogen, und läßt mich in euer Hand fallen. Sonst solltet ihrs wohl lassen, wäre sein Wille und Stündlin nicht dabei: die Stunde des Lichts ist weggenommen, und die Stunde der Finsterniß ist da; sonst solltet ihr mich wohl zufrieden lassen.

---

x) Es stehet in seinen Händen. y) Christi Stündlin im Garten. Luc. 22.

40) „uns" fehlt.

Summa, was einer fur sich nimmet, soll nicht hinaus gehen, sondern zurücke, wenn es Gott nicht befohlen oder beschlossen hat; oder, gehets hinaus, so soll es zehenmal mehr Schaden thun. Es ist Alles in ein Stündlin gefasset z): es muß nicht ehe Eins schlagen, es habe denn zuvor Zwölfe geschlagen; so kann auch nicht ehe Sommer werden, es sei denn zuvor Winter; auch kann es nicht Abend werden, es sei denn zuvor Tag gewesen; du kannst auch nicht alt werden, du seiest denn zuvor ein Kind gewesen: also hat Gott Alles in die Zeit geordenet. Die Gedanken sollen es nicht thun, Gott muß das Stündlin dazu geben.

Das ist ein herrlicher Trost a), und ist Christus uns zum Exempel dargestellet, daß er so ein dürftig Ding gewaget hat, und hinauf gen Jerusalem gehet zu seinen Feinden, die ihn zuvor zum Tode verdammet hatten, und er fur ihnen aus dem jüdischen Land geflohen war, darümb, daß sie ihn hatten tödten wollen. Doch gehet er itzt zu ihnen, und verdienets wohl, daß sie ihn tödteten, denn er lieset ihnen einen guten Text, und bleibt dennoch unbeschädiget und ungetödtet, denn seine Stunde war noch nicht kommen. Solchs ist auch unser Trost, wir sitzen auch so auf der Schuckel, und als zum Ziel; alle Stunde sucht der Teufel uns alle umbzubringen b). Alsbalde wenn du getauft bist, so hast du keine Frist für ihme. Wenn er dich könnt in Mutterleib tödten, so thät ers. Er gönnet uns nicht ein Körnlin auf dem Acker, nicht einen Fisch noch Stück Brods, nicht eine Kirschen noch Apfel, oder daß uns etwas Guts widerführe. Vielweniger schonet er unser, die wir ihme den Hintern aufdecken; item, ihme unter die Nasen fahren, und predigen, was wir sollen, nämlich von Gottes Gnaden, und von des Teufels Werken. Er bräche mir itzt den Hals in einem Augenblick lieber, denn daß ers ließe, und mich da muß stehen lassen und predigen, und sein Reich stürmen.

---

z) Alle Ding sind in ein Stündlin gefasset. a) Ein herrlicher Trost der Christen. b) Gefährliche Fahr der Christen.

Also gehets in der Welt zu c); so wüthet der Teufel, wenn du Gottes Wort hörest. Der Kaiser, Fürsten und Bischoffe, wenn sie uns könnten gar unterdrucken, so thäten sie es. Sie sind uns todt- und mordfeind, sie wollten uns gerne gar ausrotten. Am guten Willen feihlets ihnen nicht, und viel Tyrannen habens mit der That beweiset, als Pharao, Sennacherib und andere. Nu, sie sind mächtiger, und ihrer ist auch mehr, denn unser; item, der Teufel ist auch mächtiger: noch muß weder er, noch sie thun, was sie im Sinne haben, und müssen es von ihnen singen lassen: Ihr seid Buben, Mörder und voller Teufel, ihr wollt Land und Leute verderben; und dennoch tödten sie uns nicht. Sie dürfen nicht Hand anlegen oder zugreifen, und thun, was sie gerne wollten. Warümb? Einer möchte sagen: Ei, man fürchtet vielleicht einen Aufruhr in der Stadt Jerusalem. Nein, da ist ein andere Ursach: Das Stündlin ist noch nicht da. Das ist die Ursach, liebe Jünkerlin, Papst und Bischoffe; es heißt: Die Stunde ist noch nicht kommen; wenn nu die Stunde kömmet, so wird mein Hals nicht länger bleiben, so muß ich herhalten.

Aber was hilfts? Gehet die Lehre an einem Ende unter, so gehet sie an einem andern Ort wieder auf d). Der Teufel wollt sie lieber gar dämpfen, und hats von Anfang der Welt getrieben; aber er hats nicht vermocht. Wo ers aber in einem Lande durchbracht hat, da ists gangen, und da ist die Stunde kommen; dagegen aber ist das Evangelium an einem andern Ort wieder aufgangen. Also ist unter dem Papstthum in der Welt geblieben die Taufe, das Abendmahl, und der Text des Evangelii, das Predigampt; wiewohl gar viel Mißbräuche damals mit untergelaufen, damit sie es haben verdrucken wollen. Meinst du, daß es ein Geringes sei, daß der Teufel die Taufe gerne hab stehen las-

---

c) Des Teufels und der Welt Tyrannei wird oft gehindert durch dieß Stündlin. d) Sie lassen unserm H. Gott die Ruben unversenget.

sen? Fraget die Wiedertäufer darümb. Noch ist sie blieben. Wer erhält nu die Christen und die Taufe? Ich nicht, es kanns Niemand thun, ich kann nicht einen Christen oder ein Sakrament erhalten. Wer thuts denn? Es ist ein Stündlin, ein Sandzeiger, den hat Gott in der Hand und saget: Lieber, thu ihm Nichts, es sei denn der Sand ausgelaufen. Sprechen sie denn: Nein, ich muß thun. Lieber, halt doch, der Sand ist noch nicht ausgelaufen. Wenn sie es im Sinne haben, so ist noch eine heimliche Gewalt, die es hindert, 41) die wir nicht sehen, wie es gehindert werde.

Wie nu diese Schälke hie im Evangelio Gedanken haben, also gehets auch zu unser Zeit. Könnten unsere Feinde, die Fürsten, diese Stunde den Churfürsten zu Sachsen von Landen und Leuten verjagen, und uns alle tödten, sie würden Nichts sparen. Daß sie nu viel, als Vettern und Oheimen, uns freundlich schreiben, ist erlogen; sie haben es im Sinne und beschlossen, daß sie uns gerne ausrotteten, das wir aus ihren eignen Worten und Thaten könnten von ihnen bezeugen. Ich weiß ihre Gedanken und Anschläge wohl, und ob sie gleich uns gute Wort geben, so lügen sie doch. Aber das ist unser Trost, daß alle ihre Praktiken und gute Anschläge drüber zu Boden gangen sind; denn ihr Werk ist zu hoch kommen, es ist hart gespannet Tuch gewesen, daran wohl die Hälfte ist eingangen. Derhalben sollen wir freudig fortfahren mit Predigen, und dieß Stündlin befehlen unserm Herrn Gott, denn er hats in seiner Hand, und er hat einen Finger, so ein wenig stärker ist, denn unser Kirchpfeiler, wie Esaias sagt e), daß die Welt in Gottes Händen hange, gleichwie ein Tröpflin Wassers an dreien Fingern hanget rc.; und seiner Finger einer ist größer denn zehen Welt, gleichwie ein Finger größer ist, denn zehen Tröpflin. So sagen wir nu: Wir wollens dahin wagen, lieber Gott, wenn du es willt haben, so wirds ge-

e) Kap. 40. 41.

41) † und.

schehen; sonst sollen und können sie es nicht thun. Dieweil sollen sie sich selbs plagen und martern mit bösen Anschlägen und Gedanken, keine Ruge und Feir haben, zusammen reiten, und ihr eigen Teufel sein, mit ihren eigenen Gedanken, Haß, Neid sich zubeißen und zufressen f). Das sehe ich, und mittlerweile lache ich ihrer als der Narren; sage: Ihr sollets nicht machen, wie ihr wollet; druckt, treibts, rennet, lauft, prakticirts, wie ihr wollet, ihr sollet doch Nichts ausrichten, bis daß die Stunde komme. Darümb spricht Esaias am ein und zwänzigsten Kapitel [8, 10.] auch also: Inite consilium etc., nihil fiet, congregamini omnes etc. Ei, ihr seid feine Gesellen, ja, es wird Nichts draus werden, ihr solleis lassen, ihr großen Kaiser, Könige, Fürsten und Herrn stoßet die Köpf zusammen, und gedenket: So und so wollen wirs machen; aber es soll vergeblich sein.

Diesen Vortheil haben wir Christen g), daß ein Christ bei Gott bleibet, und seinem Wort anhanget, und denn saget wie der Psalm: Mein Leben ist nicht in meinen, sondern in deinen Händen; nicht in des Teufels, Kaisers, Papsts, Bischoffs, Fürsten oder einigen Tyrannen Händen, sie sind fromm oder böse, hie oder anderswo: sondern das sollen sie haben zu thun, Tag und Nacht sollen sie die Zähene zusammenbeißen, rathschlagen, sich plagen und martern mit ihrem Fürhaben, und gedenken, wie sie mich umbringen. Diese Marter gönne ich ihnen gerne, daß sie ihre Teufel bei sich haben, die sie selbs plagen: ich aber gehe hin, und bete ein Vater Unser, iß und schlafe ꝛc. Sie sind meine Teufel, die sich selbs plagen. Kömmet denn das Stündlin, daß sie mich fressen, so wirds auch noch kommen, daß ihr Bauch drüber bersten wird. Das ist unser Trost, daß ein Iglicher thue, was ihme befohlen ist. Ein Christ predige, gläube, und rede oder thue, was ihm ist befohlen, und stelle das Stündlin in unsers Herrn Gottes Hände, da stehets am allerfesten, mir zu Trost, dem Teufel und alle meinen Feinden zu Trotz;

---

f) Der Tyrannen Marter und Henkerei. g) Der Christen Vortheil.

er hats also gesetzt das Stündlin, als sonst Niemand anders setzen kann.

Das haben wir zu unsern Zeiten auf den Reichstagen und in allen Historien der heiligen Schrift gesehen h). So stehet auch da das Exempel Christi. Es feihlet an dem guten Willen unserer Widersacher nicht: noch stehet das arme Sandzeigerlin da, und ist noch nicht aus, und ich kann sagen: Harret doch, thuts ja nicht ehe, denn der Zeiger ausgelaufen sei. Aber so er ist ausgelaufen, denn sage: Dieweil die Stunde kommen ist, so halten wir her, und lassen den Kopf hinnehmen, lassen uns fressen; aber was sie dran gewinnen werden, da sollen sie die Schuhe an schmieren und mit wischen.

Und es kam für die Pharisäer, daß das Volk Solchs von ihm mummelt. Da sandten die Pharisäer und Hohenpriester Knecht aus, daß sie ihn griffen. Da sprach Jesus zu ihnen: Ich bin noch eine kleine Zeit bei euch, und denn gehe ich hin zu dem, der mich gesandt hat, und ihr werdet mich auch suchen, und nicht finden.

i) Der Evangelist Joannes schreibet, wie ihr Viel vom Volk gegläubet haben an Christum, und Etliche hatten gesagt: wenn Christus käme, so würde man nicht wissen, von wannen er komme ꝛc.; aber der Herr Christus wird hernacher sagen: Ihr werdet mich suchen, und nicht finden. Da hebt sich der Tanz uber. Das Volk hub an und wollte Christum preisen, als wäre er der rechte Christus, und sagten k): Wenn Christus kommen wird, wird er auch noch mehr Zeichen thun? als sollten sie sagen: Er muß freilich der Christus sein, denn es wirds ihm Keiner zuvor thun, er sei, wer er wolle, er komme auch, wenn er wolle. Das hat den Pharisäern seher wehe gethan, denn sie verstundens wohl; darümb

---

h) Der Christen Leiden, Verlust und Sterben stehet bei Gott.
i) Die 7. Predig. am Sonnabend nach Jakobi. k) Ruhm und Lob des Volkes von Christo.

war es ihnen gar nicht zu leiden, daß sie schließen wollten, daß er sollte Christus sein. Derhalben, daß Solchs nicht einreiße, daß sie mummeln, dieser sei Christus, so greifen sie zu, schicken Knechte aus, stoßen die Köpfe zusammen, denken, wie sie ihn tödteten, auf daß man nicht mehr von ihm redete, sagen: Ihr sehet, daß die ganze Sache alles Unraths, Unlusts und Unglücks in der Geistlichkeit ist nichts Anders, denn daß dieser Mann soll Christus sein. Sonst war keine Sünde im Volk, da sie, die Hohepriester, also fleißig Achtung auf gaben, als daß sie ja den Mann nicht für Christum hielten.

Das ist allezeit in der ganzen Welt also gewesen, und wird auch bleiben. Man thue, predige und lehre, was und wie man wolle, so gehets alles hin, alleine, daß man Christum nicht predige l): wenn Christus kömmet, so gehet aller Lärm an, denn man will ihn nicht leiden. Da ist nu nicht die Schuld des Herrn Christi, sondern ihrer eigen; sie wollen ihn nicht dulden. Die Schuld ist eigentlich ihrer; aber die Strafe soll des unschüldigen Herrn Christi sein. Es ist Christus Gottes Sohn, und zu ihnen gesandt als ein Prediger; aber sie sind schüldig, daß sie ihn nicht wollen annehmen m), und er muß gleichwohl die Schuld tragen; also gehets noch zu. Mit Abraham ists auch also gangen, mit Noe und Andern; uns [42]) wirds auch also gehen. Aber es ist uns zum Exempel geschrieben.

Daß mich der Papst hasset, und die Fürsten mit uns zürnen, da geben wir nicht Ursach zu: sondern das ist die Ursache, daß wir sagen, er sei Christus, und daß wir Gottes Wort predigen; sonst thun wir ihnen kein Leid: die Schuld ist ihrer, daß sie es nicht wollen gläuben, und an dem Wort sich verschulden, und wollen uns darnach strafen. Es ist ein fein Regiment und seher verdrießlich, daß der, so da schuldig ist, Andere strafet, sie wären schüldig,

---

l) Christum halten für den Messiam, ist ein Ursach alles Unglücks auf Erden. m) Johann. 15.

42) und.

daß man sie in das höllische Feuer werfe n), daß sie Christum nicht hören, und sagen: Wir wollen dich nicht hören, darümb bist du nicht Christus; wir wollen deine Predigt nicht annehmen, denn es gefället uns nicht, das du predigest, darümb bist du böse; und ob wir Arges thun, so bist du schüldig, und sollt Strafe tragen.

Itzund antwortet Christus auf diese Bosheit den Schälken, und verleget solche Büberei, wie sichs gebühret; wie wir denn auch pflegen zu antworten, und hinfürter antworten wollen.

Ich bin noch eine kleine Zeit bei euch, und denn gehe ich hin zu dem, der mich gesandt hat, und ihr werdet mich suchen und nicht finden.

Erschrecklich sind diese Wort gnug; aber die Bosheit, das gottlose Wesen, und die Undankbarkeit der Buben ist viel größer. Man muß ihnen also antworten: Ich bin noch eine kleine Zeit bei euch ꝛc.; als sollt er sagen: Es wäre nicht noth, daß ihr so eiletet mich zu tödten und auszurotten, ich werde ohne das kurz gnug bei euch bleiben. Also sagen wir auch zum Papst: Es wäre nicht noth, daß ihr wider uns also tobetet, und tyrannisiret wider die Lehre des Evangelii, denn es wird ohne das das Evangelium kurz gnug bei euch bleiben, sonderlich wenn wir das Häupt gelegen, die wir itzt das Evangelium predigen o). Nach unserm Tode wirds nicht bleiben, denn es nicht müglich ist, daß es bleibe. Es hat das Evangelium seinen Lauf, und läuft aus einer Stadt in die andere; heute ists hie, morgen ists an einem andern Orte: gleichwie ein Platzregen fortgehet, und itzt hie, bald an einem andern Ort regenet, und das Land feucht und fruchtbar macht; wie der Herr Christus auch spricht p): Verjagt man euch, so gehet aus einer Stadt in die andere; und wenn die Städte alle umb sind, denn will ich kommen mit dem jüngsten Tage. Also, wenn man itzt

---

n) Das Schaf trübet dem Wolf das Wasser, obs gleich nicht dazu kömmet. o) Prophezei D. M. Luthers vom Untergang des Evangelii nach seinem Tode. p) Matth. 10.

auch das Evangelium angenommen hat, so wirds doch nicht lange bleiben an einem Ort, man hassets, neidets, verfluchts, ja hüngerts aus. Darümb saget Christus: Ich will nicht lange Zeit bei euch sein, ihr dürft das Evangelium nicht seher verfolgen und verdammen, ich will euch balde räumen, es soll ohne das balde ein Finsterniß hernach kommen, daß ihr gar Nichts mehr wissen werdet. Wie wirds denn gehen? Ihr werdet mich suchen, und nicht finden.

Dieß sind erschreckliche Wort, ich lese sie nicht gerne. Aber wie soll man ihme thun? man muß es sagen. Wenn das Evangelium hinweg ist, so ist das Licht, Verstand und Weisheit vom Glauben und Christo hinweg q). So wird sichs denn wieder anheben, daß der wird dieß anfahen, ein Ander jenes; denn werden sie alle Christum, Vergebung der Sünden und Gnade suchen, aber umbsonst. Sie werden laufen und suchen zu S. Jakob; dieser wird beten und fasten, Kappen und Platten tragen, jener aber ein Anders thun. Denn wird sichs anfahen, daß man Christum suchen wird; wie denn im Papstthum Christus ist verloren gewesen, da ist man hin und wieder gangen, hat Christum gesucht, aber nicht funden.

Also bleibe Christus bei den Jüden drei Jahr persönlich, die er gepredigt hat; darnach verloren sie ihn r). Nach seinem Abschiede hat er durch die Aposteln vierzig Jahr ihnen predigen lassen; aber das Evangelium ist nicht uber vierzig Jahr bei ihnen geblieben, da haben sie Christum verloren, und haben nu uber 1400. Jahr daran gesucht, und haben ihn doch nicht gefunden, martern sich seher mit viel Plagen, und führen ein gestreng Leben, wie denn kein elender, jämmerlicher Volk unter der [48]) Sonnen ist, als sie, und sprechen, sie leiden drümb, auf daß der Messias, Christus, komme, und sie heimsuche: aber es ist Nichts. O ein schrecklich Wort ists, daß

q) Strafe, wenn das Evangelium verloren ist. r) Das heißt weit und lang gnug von ihnen.

48) Orig. + der.

er saget: Ihr werdet mich suchen, und nicht finden rc., das ist, ihr werdet viel Mühe haben, und viel geistlichs Lebens fürnehmen, stiften Gottesdienst, euch zu todte martern, euch zupeitschen, viel beten und fasten; aber es ist alles umbsonst, denn er saget: Ihr werdet mich nicht finden.

Also ists unter dem Papstthum auch gangen s). Da ist schier die ganze Welt voller Mönch und Nonnen gewesen, ja, viel tausend Sekten und Rotten sind entstanden, denn wie viel Orden hatten wohl die Barfüsser, und rühmet da ein iglicher, daß er wollte besser sein, denn andere. So ist sonst kein Christ gewest, der nicht etwas Sonderlichs hätte fürgenommen, Gott damit zu dienen. Die Welt ist gar voller Suchens gewesen, und haben das Suchen angetrieben mit großer Beschwerung des Leibs und Unkostung des Guts; aber nicht gefunden, es ist alles vergeblich und verloren gewesen. Darümb saget Sankt Paulus recht aus dem Propheten Esaia t): Quaerite Dominum, dum inveniri potest, et invocate eum, dum prope est, denn also spricht er in der ander Epistel zun Korinthern am sechsten Kapitel: Wir vermahnen euch, daß ihr die Gnade Gottes nicht vergeblich empfahet; denn er spricht: Ich hab dich in der angenehme Zeit erhöret, und hab dir am Tage des Heils geholfen. Itzt ist die angenehme Zeit, itzt ist der Tag des Heils rc.; als sagt er: Gläubet, ehret das Wort, lebet nach dem Wort Gottes, dieweil ihrs habt, sehet zu, versäumets und verschlafets nicht, denn es wird nicht ewig bleiben, es wird nicht lange währen.

Also ist nu das der allerbeste Rath, daß wir nicht also gedenken sollen, das Evangelium, so wir itzt haben, werde ewig bleiben: sage mirs wieder uber zwänzig Jahr wie es sei. Wenn die itzigen frommen, rechtschaffenen Prediger werden todt sein, denn werden andere kommen, die da werden predigen und es machen, wie es dem Teufel gefället. Wohlan,

---

s) Der Päpstischen Kappen und Suchen. t) S. Pauli und des Propheten Esaiä Vermahnung, Christum zu suchen, Esai. 49. [55.]

et doch, wie das Evangelium allbereit verloren
ben Viel vom Adel und in den Städten dieses Lan-
s, und in den großen Reichsstädten, da ists schon
hin; und allenthalben wirds also gehen. Die Leute
rden des Worts uberdrüssig, und meinen, es werde
ig währen u). Wenn ein gut Bier offen ist, läuft
ermann zu, und säumen sich nicht, denn sie wis-
t, daß es nicht lange währet, man hats nicht alle
ige, darümb holet mans, dieweils offen ist; wenns
ige offen wäre, so würden uns doch auch die Mäu-
verwöhnet, daß wirs nicht achteten. Aber hie
inet man, das Wort werde ewig bleiben, so es
ch gar eine kleine Zeit bleibet und währet; sondern
m kömmet drümb: wenn mans nicht mit Dank und
rbietung annimmet, denn ist man balde davon.

Wenn denn das Wort weg ist, da werdet ihrs
ht lassen können, ihr wolltet gerne fromm und se-
werden, Gottes Gnade und Vergebung der Sünde
d den Himmel haben: aber es ist umbsonst, ihr
rdet die Gnade, Vergebung der Sünde, Leben und
erechtigkeit nicht finden; sondern es soll alles ver-
mmet sein, auch das Beste, das ich thue. Siehe
eines Karthäusers gute Werk, wie er mit Fasten
Wasser und Brod sich plaget Tag und Nacht,
d härin Hembde trägt, oder im Harnisch zu Sankt
kob läuft v): noch soll es verloren heißen, und er
l das höllische Feuer damit verdienen; er soll Chri-
im nicht finden, welcher allein den Vater uns ver-
hnet, vergibt die Sünde, bringet Gottes Gnade,
d aus der Höllen gen Himmel führet. Solchs ist
s Allerärgeste: wenn er hinweg ist, so soll ich die-
s alles suchen, und nicht finden. Denn wenn er
cht da ist, so bleibet nur lauter Vernunft, die wirds
ht thun, sie kann Christo nicht gleich handeln,
hristus ist zu hoch. Aber wir thun gleich als hät-
n wir Solchs nicht erfahren, und als wären wir
ter dem Papst nicht gewitziget, und fragen nichts

u) Wahrhaftige Prophezei Lutheri vom Untergang des Evangelii im deutschen Lande. v) Ins Teufels und dem Welt-Reich läßt man sich nichts Schweres abhalten.

darnach. Aber es wird geschehen, daß wir das Wort verlieren, denn es gehet heimlich hinweg, wie es unter den Jüden geschehen ist; wie denn die Edelleute und Reichsstädte, die Sakramentirer und andere Schwärmer es allbereit verloren haben w). Darnach lehren sie, wie man ihm thun solle, und wird Idermann denn wollen fromm sein; und wissen gleichwohl nicht, daß es umbsonst ist, werden sich mude machen, und als die tollen Hunde umbher laufen, Leib und Leben drüber verlieren, und die rechte Hülfe nicht erlangen, denn sie wollen itzund nicht. Nu wir sind gnug gewarnet, das Wort kann nicht lange stehen, denn die Undankbarkeit ist zu groß: so machet die Verachtung und der Uberdruß, daß es weg muß, und Gott in die Länge nicht zusehen kann. Zuvor ehrete man groß die Lehre von Rosenkränzen, Ablaß, Wallfahrt ꝛc., und meineten, es wäre Gottes Wort, was man da fürgab, es hatte ein jedes sein Paternoster. Itzt x), da man prediget vom Glauben an Christum, und wie man freundlich unter einander leben solle, so saget man: Was ist das? Darnach verachtet mans balde, da muß es zu scheitern und zu Boden gehen.

Das heißet: Ich bin noch eine kleine Zeit bei euch, und ihr werdet mich suchen und nicht finden; und da ich bin, könnet ihr nicht hinkommen. Zwei Stück sinds, erstlich, viel und große Mühe auf euch laden. Denn wenn der Glaube hinweg ist y), so gehen die großen, geistlichen Werk an; aber Vergebung der Sunde erlangen sie nicht. Zum Andern, der Himmel soll auch zugeschlossen sein in euer Andacht und heiligen Werken und Wesen. Du Karthäuser mit deiner Meß, Stiften, Fasten, Rosenkränz sollt dahin nicht kommen, da ich bin. Das heißt dürre den Himmel mit eitel adamantischen Steinen zugemauret und zugeschlossen.

Das hat er den Jüden gesagt, aber es hat nichts

w) Das bedenken itzt ihr sehr Wenig. x) Wenn die Andacht soll am größten sein, ist sie beim geringsten. y) Man halte, weil man hat ꝛc.

geholfen z); und es soll allen Werkheiligen noch also gehen, wenn der Glaube verloren ist. Denn was die Jüden erlanget haben, das werden wir auch bekommen. Es ist der Welt nicht zu helfen, sie gläubets nicht, ich bins schier müde; aber umb meinenwillen und etlicher Frommen willen muß ich predigen, sonst ists vergebens. Man will nicht gläuben, sondern erfahren. Die Jüden haben auch so gethan. Christus, Gottes Sohn, kam selber, darnach die Aposteln, und warneten sie; aber sie gläubtens nicht. Also muß Deutschland auch dahin gehen und herhalten. Es wird also uber uns gehen, da wird nichts Anders draus, wir wollens erfahren.

Die Buben a) sollten dafür erschrecken; aber höret, was die zornigen Junkern zu den Worten, die so schrecklich sind, antworten, wie hochmüthige, stolze Esel sinds doch! sie sprechen:

Wo will dieser hingehen, daß wir ihn nicht finden sollen?

Ei, wie lächerlich ist ihnen das! Er ziehe nur hin, wollen sie sagen, wer hält den Andern? Es sind höhnische Wort b); als sollten sie sagen: Wir sind die Leute, er darf uns nicht lehren, wir können seiner wohl embehren, wir haben alle Stunde Prediger gnug, wir können selbs predigen und lesen. Will er nicht predigen in Gottes Namen, so laß ers ins Teufels Namen; wie man itzt auch von mir D. M. Luther saget: Will er nicht, so laß ers, wir haben seine Bücher. Ich armer Betteler und Schüler, wie viel Doctores hab ich wohl gemacht mit meinen Predigen und Schreiben. Sie sagen: Troll dich nur immer hin, zeuch zum Teufel 2c. Es ist ihnen lacherlich; aber doch auch ein unträglich Wort, daß er ihnen so dürr absaget. Wie hoffärtig, denken sie, ist der Tropf! meinet er, daß es mit uns Nichts sei? können wir doch sein auch wohl gerathen: meinet

z) Es wirket noch wenig gar satt. a) Die rechte Art vom Bubengezüchte. b) Der Welt Trotz und Spott wider den Herrn und seine Diener.

er, daß es so ein groß Ding sei, wenn man ihn suchet, und auch gleich findet, oder daß man dahin kömmet, da er ist?

Also muß es uns gehen c). Wenn wir lange predigen, so lachen sie: wenn wir Gottes Gnade ihnen verheißen und zusagen, so bescheißen und bepfeifen sie uns; zörnen und dräuen wir, so spotten sie, und schlagen uns dran ein Klipplin, lachen in die Faust. Das gehört dazu. Wer es nicht will erwarten, und diesen Dank von seinen Schulern haben, der laß das Predigen anstehen. Da Esaias prediget, und die Jüden hart strafete, da sperreten sie das Maul gegen ihm auf, und recketen die Zunge gegen ihm heraus. Helisäum verspotteten auch die Kinder, und hießen ihn Kahlkopf. Das sind die rechten Weltkinder, die Frömmichen; so soll man thun, wenn man erschreckliche Predigten von Gottes Zorn hört, daß man die Zunge heimlich in den Nacken steckt, das Gespött daraus treibt, spotten unser in die Zähen, sagen: Ja, ja! meinen, sie haben sich wohl gerochen, wenn sie uns verrathen, und treiben das Gehei draus.

Aber wir wollen sie es alles lassen thun, lachen, spotten, und mit Fingern auf uns deuten, und doch gleichwohl zusehen, wie sie es hinausführen, wie sie das Lied hinaussingen, nämlich, wie es die Jüden hinausgesungen haben. Nu haben sie wohl gelacht d), und funfzehen hundert Jahr betteln gangen, und fahren zuletzt mit Leib und Seel zum Teufel ins höllische Feuer, dieweil sie Christum den Heiland verachten. Also ists auch mit Loth gangen e): seine Predigt war ihnen als ein Scherz und Kinderspiel, es war ihnen lächerlich geredet; und waren dennoch ernstliche, gräuliche und erschreckliche Wort. Da sie es verlachten, mußten sie es mit dem Feuer erfahren, daß Sodom auf dem Morgen im höllischen Feuer lag. Also hielten sie Noä Predigt von der

c) Die Welt münzet und besoldet nicht anders. Ezech. 33. d) Straf Gottes, so uber der Jüden Spott ergangen ist. e) Loths und Noä Predigte wird auch verachtet.

Sündfluth auch für Narrenwerk, er mußte ein Narr sein, daß unser Herr Gott sollte die ganze Welt umb des alten Narren Predigt willen mit Wasser ertränken und ersäufen; er muß Alters halben ein Narr und wahnwitzig sein. Summa, sie wollens erfahren.

Gehets nicht noch also zu? Aber Gott kann die Undankbarkeit und Verachtniß nicht dulden f). Sie schlagens in Wind, und sprechen: O hätten wir ein Weile Geld gnug zu zählen, wir wollten dieweile einen guten Muth haben. Aber kömmets heute oder morgen dazu, daß Deutschland im Blut schwimmen wird, so wirds wahr werden, was ich gesaget und gewarnet hab. Itzt sagen sie: Was gäukelt der! es hat kein Noth; meinst du, daß wir solche böse Leute sind? Darümb laß ihn nur wachsen, fahre immer hin, wohlan, wir sind wohl gewarnet worden. Non me Doctorem, sed te geheieris ipsum. Ich hab Sorge, wir werden ihn nicht täuschen; aber Viel haben sich an ihme getäuschet.

Es ist uns zum Trost geschrieben g), daß wir von der Bekenntniß des Glaubens, von unserm Herrn Gott und seinem Wort nicht ablassen, obgleich die Welt es verfolget, verlachet, und höhnisch sich dagegen stellet, daß wir sagen: Laß sehen, wen es gereuen wird; sie sollen das Lachen und Spotten unserm Herrn Gott nicht vergeblich thun, er wird ihnen nicht lügen. Wir wollen dieweil ihrem Trotz zuhören, ihren Spott und Verfolgung ansehen; es ist umb eine kleine Zeit zu thun. Lasse sie itzt getrost lachen, aber hernacher sollen sie weinen. Es ist unserm Häupt, dem Herrn Christo, also gangen; item, den Aposteln, Propheten, Loth, Noa, Adam, Abraham und den andern Patriarchen: was sollten wirs denn besser haben, denn sie? Es wird nochmals also zugehen.

Es muß fürwahr eine lächerliche Predigt sein, wenn wir sagen: Gott wird euch strafen h); und man antwortet drauf: Du darfsts uns nicht lehren,

---

f) Des deutschen Landes Spott wird auch noch gestraft werden.
g) Der verachteten Christen Labesal. h) Die Strafpredigt wird allzu wahr werden. 1. Thess. 5.

wie wir sollen in Himmel kommen, ich weiß es selbs wohl. Also sollen sie antworten, und also sollen unsere Wort anlaufen und treffen. Wenn sie denn also sicher sind, so ists recht; wenn sie es also lächerlich halten, so ists ein Zeichen, daß das Unglück auf der Bahn ist, und schon geschaffen, wenn sie ausgelacht haben, daß denn drauf kömmet, daß sie auch ausweinen müssen.

Also wird auch vom jüngsten Tage gesagt, da sie werden gestraft sollen werden: O, sprechen sie i), haben wir noch so lange Frist, so lange mir das Hembd her zum Rock. Also sicher werden sie sein, sie werden essen, trinken, Häuser bauen, freien, und sich freien lassen, und sicher gnug leben; wie man denn auch itzt thut. Wenn sie denn das Glas für dem Maul haben, spielen, ringen, springen, liegen bei ihren Weibern, sitzen uber Tisch, denn wird der Blitz herschlagen, und der jüngste Tag Alles in einen Haufen brechen und schmelzen. Also wirds gehen, und Gott gebe, daß es auch balde also geschehe. Amen wollen wir dazu sagen, und aus den Worten lernen Geduld haben, wenn sie sagen: Es soll mir nicht dahin kommen; wir wollen wohl höher kommen, denn er; wo sollt er hingehen? Denn wollen wir das Amen dazu singen, damit es ja nicht nachbleibe.

k) Aber am letzten Tage des Festes, der am herrlichsten war, trat Jesus auf, schrei und sprach: Wen da dürstet, der komme zu mir und trinke.

Der Herr Christus hat bisher den Jüden gedräuet, daß er würde hinweggehen, zu dem, der ihn gesandt hatte, und daß sie ihn suchen würden, aber nicht dahin kommen, da er wäre l). Damit hat er sie geschrecket, daß sie sich fürchten sollen, und ja zusehen, daß sie ihn nicht verlieren. Denn wenn er hinweggehet, so läßt er Nichts hinter ihme, denn Sünde, Jammer, Teufel, Tod, Schweiß, Mühe

i) Spötter des zukünftigen erschrecklichen Gerichts. 2. Pet. 3. k) Die 8. Predigt. l) Folge auf Christi Hinweggehen.

ıd Arbeit, er nimmet alles Gutes mit sich hinweg. ber sie kehreten sich eben so viel dran, wie man t noch thut. Jedoch so fähret er gleichwohl so fort, ıd prediget zuletzt mit Macht und ganzer Gewalt, ft laut und spricht:

Wen da dürstet, der komme zu mir.

Das ist die Predigt m), die den betrübten Hern und dem gemeinem Volk, sonderlich den Fromen, hat seher wohl gefallen, denn sie rühmen Christum ch als einen Propheten und für den Messiam. ber es scheinet nicht, daß es so eine köstliche Pregt sei, wie die Leute rühmen; darümb hat er die ort also gesetzt, daß sie das Herz getroffen, und nen gefallen haben, die ihr bedürften, und sind e tröstliche, freundliche und liebliche Wort, die laben, trösten und stärken diejenigen, so in Durst cken. Er hats also gefasset, daß wenn sein ort nicht geprediget wird bei den Durstigen, so rds mehr veracht, denn angenommen; und das het man itzt zu unser Zeit auch, gleichwie es ist l den Jüden gangen. Die Jüden waren voll und unken von eiteler Heiligkeit, und wollten dieses anks nicht: also ist itzt auch der gemeine Mann ıd die Rottengeister; es ist Alles voll und toll, ß sie sich selber für großer Heiligkeit bespeien, sie ben keinen Durst. Christus aber spricht, daß seine hre gehöre für die Durstigen n). Die den Durst hlen, die haben hie einen tröstlichen Prediger, ristum selbs, der da ihnen anzeige, wo sie sollen inken finden und den Durst löschen, nämlich, bei me, dem Herrn Christo. Dasselbige Trinken soll ın bei ihme finden.

Was ist aber, erstlich, der Durst? muß man gen; darnach wird man auch wissen und verstehen, ıs das Trinken sei, wie man den Durst lösche. er Durst o) ist aber nicht ein leiblicher Durst, da ın Bier und Wein trinket, sondern der Seelen urst, und ein geistlicher Durst, so da heißt ein

---

m) Für welche diese Predigt Christi gehöre. n) Durstige. o) Dieser Durst.

herzlich Verlangen, ja, ein betrübts, elendes, erschreckts, geschlagenes Gewissen, ein verzagt, erschrocken Herz, das da gern wissen wollt, wie es mit Gott dran wäre; als da sind die blöden, kleinmüthigen Gewissen, welche die Sünde fühlen, und ihre Schwacheit am Geiste, an der Seelen und Fleische wissen, und ansehen Gottes Dräuung, fürchten sich für unserm Herrn Gott, sehen sein Gesetz, Zorn, Gericht [44]), Tod und andere Strafen an. Dieselbige Angst ist der rechte Durst. Denn es geschieht natürlich also, daß, die in Aengsten, Anfechtung und Nöthen sind, seher dürstet von wegen der Angst, denn in der Angst wird einem die Zunge trucken und dürre, einer wird hitzig, und aus der Angst verzehret sich der Saft, das machet denn einen Durst: wie vielmehr ists hie, daß die Seele dürstet und kraftlos wird, wenn die geistliche Angst da ist, und die Sünde und [45]) Zorn Gottes einem unter Augen stoßen.

Darümb ist es eine feine, liebliche, treffliche Predigt gewesen, denen, die unter dem Gesetz waren, Mosen, die Pharisäer, Sadducäer und andere Verfuhrer höreten, die das Volk plageten und beschwereten mit dem Gesetz, und ohne Trost ließen; sie könnten den Trost von der Vergebung der Sünden nicht predigen p), hatten auch keinen Befehl von dieser Predigt. Matth. 9. Kap. murreten sie, daß er dem Wassersüchtigen die Sünde vergab; sagten: Wer ist der, der die Sünde vergibet? Item q), da der Herr Christus Marien Magdalenen absolviret. So viel Trostes, Safts und Krafts haben sie aus ihren Predigten von guten Werken nicht; und noch heutiges Tages wollten die Rottengeister gerne aufheben die Vergebung der Sünde aus Gnaden; sagen: Wir wissen wohl, daß die Sünde von Gott vergeben wird; aber es thue einer auch Gutes, und schicke sich auch recht darnach, denn vergibet Gott die Sünde. Das ist der Ketzer Predigt.

---

p) Werkheiligen wissen von diesem Durst nicht. q) Luc. 7.
44) Gesetz, Zorngerichte. 45) + der.

Also haben Mönche, Nonnen und der Papst auch gelehret r): wenn man Psalmen läse, gebeichtet hätte, so wäre die Vergebung der Sünden da. Item, wenn man zu S. Jakob liefe, ein Mönch würde, hielte Meß, Vigilien 2c., so hätte man Vergebung der Sünden; wollten Vergebung der Sünden selbs holen, wiesen auf uns, sagten: Thue dieß, thu jenes, so verdienest du Vergebung der Sünde. Sie läugneten nicht, daß Gott gnädig und barmherzig wäre, und die Sünde vergäbe; aber man müßte auch selbs Etwas dazu thun. Das ist der Teufel, und eine jüdische Lehre gewesen. Annas und Caiphas haben auch also gelehret, und gesaget: Sei fromm, alsdenn will ich dir die Sünde vergeben, und weisen den Menschen auf sich selber; da wird denn der Durst nimmer gelöschet. Aber sie sollten gesagt haben: Gläube an Christum, bitte Gott, so wird er dir die Sünde vergeben. Man sollt den Menschen von sich zu Gott geweiset haben; sonst wird kein Mensch der Vergebung der Sünden gewiß.

Nu wollten die armen Gewissen gerne wissen s), wenn sie mit Gott handeln sollen, daß unser Herr Gott einmal zu ihnen sagte: Remissa sunt tibi peccata, und sie sich trösten möchten, und sprechen: Ich bin gewiß, daß mir die Sünde vergeben ist; da ist der Durst gelöschet. Sonst spricht das Herz: Ich weiß nicht, ob ich einen gnädigen Gott habe, und ob mir die Sünde vergeben sind, denn ich hab ubel gelebt. Ein solcher durstiger Mensch kann nimmer erfahren, wenn er gleich hundert tausend Jahr gute Werk thäte, daß er spräche: Gott spricht Ja dazu, ich bin gewiß, daß mir die Sünde vergeben sind. Hilarion t), dem Abt, gings auch also. Der war drei und siebenzig Jahr im Kloster im heiligen Leben gewesen; da er sterben sollte, erschrak er auch für dem Tode, sprach zwar: Meine Seele, warümb fürchtest du dich, hast du doch 73. Jahr Gott gedienet? Mit der Weise wäre der Schächer am Kreuze ubel gefahren, denn er

r) Ketzer und Papst haben den Durst auch nicht. s) Verlangen der Gewissen im Psal. artlich beschrieben. t) Hilarion.

hatte keine Werke noch Dienste zu rühmen. Wohlan, in dem Durst muß bleiben und stecken, wer den Christum und sein Wort nicht recht erkennet. Aber der Papst, Türk, Jüden, gemeine Mann und Rottengeister erkennen ihn nicht; darümb wird sie dieser Durst tödten, und sie mussen drinnen sterben. Aber die den Durst fühlen, Christum erkennen, und sein Wort hören und annehmen, die verwundern sich drüber und sagen: Das ist der rechte Prophet und rechte Christus.

Im Papstthum hat man nicht also gepredigет, wie man itzt zu unser Zeit thut. Da das Wort Gottes erstlich vor zwölf oder funfzehen Jahren aufkam, höreten die Leute fleißig zu u), und war Jedermann froh, daß man mit guten Werken nicht sollte sich mehr plagen, sagten: Gott hab Lob, daß man Wasser hat zu trinken; denn da waren wir durstig, und schmackte die Lehre des Evangelii wohl, wir trunken davon, und es war eine köstliche Lehre. Aber itzund sind wir satt und des Tranks müde und uberdrüssig, daß unser Herr Gott muß hinweggehen, und muß uns lassen Durst sterben; denn er bleibet bei denen, die ihren Jammer fühlen. Aber es sind ihr Wenig, die es wissen; das mehrer Theil machet eine fleischliche Freiheit aus dem Evangelio, eine fleischliche Erquickung und Trank, als, daß sie nicht mehr also wollen fasten und beten, haben einen Vortheil aus dem Evangelio gewonnen, bekümmern sich nichts darümb, wo die Seele bleibe, suchen nicht Trost draus, es schmeckt ihnen auch nicht mehr.

Darümb ist dieß eine liebliche [46]) Predigt gewesen, daß er spricht: Wen da dürstet rc.; und hat der Herr Christus wollen sagen: Bisher habt ihr von allen euern Lehrern, Predigern und Priestern nie keinen Tropfen empfangen v), daß ihr euch möcht trosten und euern Durst löschen: da ist Nichts gewesen, denn ein gejagt, gemarterts und geängstigt Gewissen, das in einem solchen Durst gesteckt ist, daß

---

u) Der anfängliche Durst. v) Die Gesetztreiber und Werkfoderer.

46) leibliche.

es möchte verschmachten: da ist Keiner gewesen, der da hätte können trösten; wie denn noch unter den Rottengeistern und papistischen Bischoffen wenig Trostes ist. Darümb saget der Herr Christus: Ich predige euch eine andere Lehre, die euch soll machen leben, erquicken, tränken, die ihr durstig seid, die ihr auch verzagt, erschrocken und in eurem Gewissen zweifelhaftig und ungewiß seid, wie ihr mit Gott dran seid: kommet nur hieher, ich will euch nicht mit der Keulen für den Kopf schlagen, oder die Augen ausstechen: kommet zu mir, ich will euch tränken, das ist, in mir und durch mich werdet ihr die Wort und Lehre finden, die euer Herz trösten und stärken wird, und den Zweifel hinwegnehmen, und gewiß machen, daß ihr wohl mit Gott dran seid.

Von den zweien Stücken predigt man w): das Gesetz machet einen Durst und führet zur Höllen, und tödtet; das Evangelium aber tränket wieder, und führet gen Himmel. Das Gesetz sagt, was wir thun sollen, und daß mans nicht gethan habe, wie heilig man sei; so machts mich ungewiß, jagt mich in den Durst. Es spricht: Du sollt nicht tödten, treibt mich alles in meine Werk, sagt: Du sollt Gott lieben von ganzem Herzen, und den Nähesten als dich selber; nicht ehebrechen, nicht schwören oder stehlen, und spricht: Siehe zu, daß du also gelebt hast, oder noch also lebest. Wenn du denn dahin kömmest, so wirst du finden, daß ich Gott nicht liebe von ganzem Herzen, wie ich wohl sollte, und mußt bekennen und sagen: O lieber Gott, ich hab das nicht gethan, ich habe das Gesetz nicht gehalten; denn ich weder heute noch morgen Gott von Herzen liebe, und beichte ein Jahr wie das ander, nämlich, daß ich dieß und jenes gethan hab. Diese Beichte will nicht aufhören; wenn wills ein Ende haben und dein Herze rugen, und sicher sein der göttlichen Gnaden? Du bleibest immer im Zweifel, morgen beichtest du gleich wie heute, die gemeine Beichte bleibt immer. Wo willt du nu rugen und fussen mit deinem Gewissen,

w) Unterscheid des Gesetzs und Evangelii.

daß du wissest, wie du mit Gott dran wärest? x) Dein Herz kann dirs nicht sagen, thue als viel du thuen kannt. Denn das Gesetz bleibet, welchs da saget: Du sollt Gott und den Menschen lieben von ganzem Herzen. Aber du sagest: Ich thu es nicht; so spricht das Gesetz: Du sollts thun; und bringt mich denn das Gesetz in die Angst, daß ich muß durstig werden, erschrecken, zittern und sagen: Wie will ich thun, daß mich Gott mit Gnaden ansehe? Ich soll Gottes Gnade erlangen; ja, wenn ich die zehen Gebot halte, wenn ich gute Werke und viel Verdienste hab? Aber das geschieht nimmer, ich halte die zehen Gebot nicht, darümb so widerfähret mir keine Gnade. So findet sichs, daß der Mensch keine Ruge haben kann in seinen guten Werken, und wollt gern ein gut Gewissen haben; er gewinnet ein Verlangen, daß er ein gut, fröhlich, friedsam, tröstlich Gewissen bekommen möchte, es durstet ihn, er wollt gerne zufrieden sein.

Das heißt der Durst, der währet also lange, bis daß Christus kömmet und spricht: Willt du gern zufrieden sein, Ruge und ein gut Gewissen haben, so rath ich dir: komm her zu mir, und laß Mosen und deine Werke fahren, mache einen Unterscheid zwischen mir und Mose. Von Mose hast du Durst, der hat das Seine gethan, und sein Ampt ausgericht, dich geängstiget und durstig gemacht: komm nu auch einmal zu mir, gläube an mich, höre meine Lehre: ich bin ein ander Prediger, ich will dich tränken und erquicken.

Wer nu diese Kunst oder den Unterscheid wohl könnte, der möchte wohl ein Doctor heißen. Denn man muß das Gesetz und Evangelium von einander scheiden. Das Gesetz soll schrecken, und blöde und verzweifeln machen, sonderlich die groben, rohen Leute, bis daß sie erkennen, daß sie nicht thun können, was das Gesetz haben will, noch die Gnade erlangen, auf daß sie verzweifeln, denn es wird Nichts draus, daß sie Gnade erlangen könnten; wie

x) Nothdrang der Herzen durchs Gesetz.

denn Doctor Staupitz einmal zu mir sagete y): Ich hab Gott mehr denn tausendmal gelogen, daß ich wollte fromm werden, und habs nie gethan. Darumb will ich mirs nicht fürsetzen, daß ich fromm will sein, denn ich sehe wohl, ich kanns nicht halten, ich will nimmer lügen. Also ging mirs auch. Im Papstthum war mirs ein großer Ernst, daß ich wollte fromm sein; aber wie lange währet es? Nur bis ich hatte Meß gehalten. Uber eine Stunde war ich böser, denn vorhin z). Das währet so lange, bis daß einer gar müde wird, und muß sagen: Ich will das Frommsein, den Mosen und [47]) das Gesetz an einen andern Ort setzen, und mich halten zu einem andern Prediger, der da spricht: Komm zu mir, so du mühselig bist, ich will dich erquicken, und laß dir das Wort: Komm zu mir, lieb sein a).

Dieser Prediger lehret nicht, daß du kannt Gott lieben, oder wie du thun und leben sollt; sondern saget, wenn du es nicht thun kannst, wie du dennoch müssest fromm und selig werden b). Das ist eine andere Predigt, denn des Gesetzes Mosi Lehre, die nur mit Werken umbgehet. Das Gesetz saget: Du sollt nicht sündigen, fahre hin, und sei fromm, thu dieß und jenes; aber Christus spricht: Nimm hin, du bist nicht fromm, ich habs aber für dich gethan, remissa sunt tibi peccata. Diese zwo Predigten muß man lehren, und zugleich mit einander treiben. Denn wenn man bei einerlei Lehre bleibet, so ists nicht recht. Denn das Gesetz macht allein durstig, und dienet nirgends zu, denn daß es die Herzen erschrecke; das Evangelium aber machet allein voll, fröhlich und lebendig, und tröstet die Gewissen. Daß nu die Lehre des Evangelii nicht alleine faule, fressige Christen mache, die da meinen, sie dürfen nichts Guts thun, so saget das Gesetz zu dem alten Adam: Sündige nicht, sei fromm, laß ab, thu das 2c. Aber wenn denn das Gewissen Solches fühlet, und weiß, daß das Gesetz

---

y) D. Staupitz Bekenntniß. z) D. Luth. Mönchleben. a) Matth. 11 b) Christi Gebarung mit den blöden Gewissen.

47) „und" fehlt.

sollet. Er hats müssen also reden von Ampts wegen, der Prophezei halben, und umb Johannis des Täufers willen, daß er saget: Mich höret predigen; ich muß mich herfürthun, und den Leuten den Mund aufthun, und sie also zu mir führen. Mir gebührets, denn ich soll etwas Sonderlichs predigen. Und dem soll es auch widerfahren und gerathen, daß er alle andere Prediger daniederschlagen soll, und gegen seine Predigt soll man alle andere Predigt nichts achten. Gleich a) als wenn die Sonne aufgehet und den Mond verdunkelt, daß er gar bleich siehet, Mond und Sterne ihren Schein verlieren, ja, auch gar nicht mehr den Tag uber gesehen werden; denn der Sonnen Licht ist zu groß dagegen. Mond und Sterne wollten wohl gerne leuchten, aber die Sonne ist mit ihrem Glanz und Schein zu stark: also ists in deme auch. Die Propheten sind die Sterne und der Mond; aber Christus ist die Sonne b), und so er irgendhin kömmet, prediget und leuchtet, so gilt sein Wort so viel, daß die Andern dafür nichts gelten, und für ihme gar nichts gesehen werden; wiewohl der Mond und die Sternen auch gar fein scheinen und leuchten. Also, Moses, das Gesetz und Propheten sind wohl gelahrt, und feine Predigten; aber gegen der Predigt Christi ists alles Nichts, denn sie sind anders nicht, denn als wenn an einem Tage gegen der Sonnen Glanz und Licht irgends ein Wachslicht angezündet würde, deß Schein man für der Sonnen Strahlen und Glanz gar nicht siehet, sondern verbleichen muß. Also verkriechen sich Moses und die Propheten auch für dem Herren Christo. Denn Christus muß es allein thun, wir mussen seinen Befehl hören, daß er saget: Itzt kömmet das rechte Licht, das mir befohlen ist, ich muß leuchten, du Stern und Mond halt inne mit deinem Glanze, zeuhe deinen Schein zu dir: sie bleiben wohl stehen, aber sie leuchten nicht.

Also ists auch mit Christo, dem gebühret's allein, daß er predige. Er kann sich nicht zu hart herfür-

---

a) Gleichniß von der Sonnen Glanz und Licht. b) Malach. 3. Psal. 19.

Wer an mich gläubet, wie die Schrift saget, von deß Leibe werden Ströme des lebendigen Wassers fließen. Das saget er aber von dem Geist, welchen empfahen sollten, die an ihn gläubten. Denn der Heilige Geist war noch nicht da, denn Jesus war noch nicht verkläret.

Ströme sollen fließen, Wasser, das lebendig machet e). Wer zu mir kömmet, den will ich also zubereiten, daß er nicht allein für seine Person soll gelabet und erquicket werden, daß er seinen Durst löschen mag, und des Durstes ledig werden; sondern will ihn zu einem starken, steinern Faß machen, ihm den H. Geist und Gaben geben, daß er zu andern Leuten fließe, sie tränke, tröste, stärke, vielen andern Leuten auch diene, wie ihm durch mich geholfen ist; wie 2. Korinth. 1. S. Paulus saget. Also will der Herr Christus einen andern Mann aus dem machen, der zu ihm kömmet, denn Moses thun möchte.

Im Papstthum haben wir tollen Heiligen einen Satz uber den andern gemacht, und ist der Gesetze kein Ende gewesen f), haben die Gewissen nur geschrecket und durstig gemacht, ihre Prediger haben den Durst nur gemehret; wie es denn nicht anders kann zugehen. Wenn die Werkheiligen lehren, so machen sie einen Durst uber den andern, und ein Gesetze aus dem andern, daß kein Ende noch Aufhören der Gesetze ist; wie wir damals allzu seher erfahren haben. Alle Jahr hat man einen neuen Doctor gehabt, und haben die Narren nur die Gewissen geplaget. Als, das war ein ernstlich Gesetz, daß man nicht durfte ein Korporal oder Kelch anrühren, haben Alles voller Todsünde gemacht, ein Mönch durfte ohne Scheppeler nicht gehen; denn diese Lehrer [48]) konnten nichts Anders thun, denn

---

e) Großer Reichthum der Gnaden. Rom. 5. f) Menge der Gesetze im Papstthum.

48) Orig. Lehre.

sie wollten mit Gesetzen regieren: da wuchsen denn aus einem Gesetze viel andere Gesetze, nam casus sunt infiniti, und aus einem Gesetze wurden hundert Glossen gemacht. Also gehets auch bei den Juristen zu g). Es ändert sich immer, man wills immer flicken und bessern, et sic multiplicantur leges in infinitum; gleichwie ein Schneeball, der vom Dach oder einem hohen Berge herab fället, hebt erstlich an und ist klein, nimmet aber im Fallen immer mehr Schnees an sich, und wird also groß, daß wenn er vom Dache oder Berge herab fället, und ein Kind auf der Erden stünde und der Schneeball träfe, so würde es erschlagen. Also ists auch im Papstthum mit den Gesetzen und Menschenordnungen gangen. Erstlich ist S. Benedicti Orden gewesen, darnach die Barfüssermönche, und hernacher ist aus dem Barfüssererden heraußer geschwärmet siebenerlei Orden, und sind Moses Gesinde worden. Wenn dasselbige anfähet einen Durst zu machen, so hörets nicht auf, sie können den Durst nicht löschen.

Aber Christus thut das Gegenspiel, und höret nicht auf zu trösten h), und tränket nicht alleine dich, sondern durch dich löschet er auch Andern den Durst, so das Gesetz angerichtet hat; und je länger das Evangelium gepredigt wird, je reichlicher der Durst wird gelöschet, und je besser es schmecket bei den Durstigen. Darümb, wer an Christum gläubt und wird getränket, derselbige kann auch Andere tränken, trösten und erquicken i). Wenngleich alle Welt für ihm stünde, so kann er Wort gnug geben, damit sie alle getröstet werden. Das meinet hie der Herr, daß er sie werde tränken; nicht mit einem Löffel voll, oder mit einer Röhren und Zapfen, sondern ganze Ström voll Trostes sollen [49]) sie haben, und mit aller Gewalt und Reichthum sollen sie uberschwänglich voll sein, für Alle, die da durstig sind. Also kann ein frommer Pfarrherr trösten Jedermänniglich,

g) Der Rechtkündigen Zusätze. h) Trost des Evangelii. i) Quelle dieses Ausflusses.

49) Orig. † sollen.

Derhalben sehe man sich für, dem Mann Christo gehört es allein, daß man ihn und sein Wort höre h). Und da ist die ganze heilige Schrift hin gericht, daß Moses soll das Gesetz predigen: Christus aber soll diese Predigt des Gesetzes aufheben und finster machen, wie die Sonne den Mond und die Sternen finster machet; wie du denn siehest, daß die Sterne itzt am Tage nicht leuchten, ob sie gleich am Himmel für den Augen dir stehen, denn die Sonne nimmet ihnen das Licht. Aber wenn die Sonne untergehet, denn siehet man die Sterne wieder leuchten; wenn das große Licht hinweggehet, so fähet das kleine an zu leuchten und scheinen. Gehet aber Christus, die Sonne, unter, so helfe uns Gott.

Aber was widerfähret dem Mann, dem es doch gebührt, daß er Alles finster mache? i) Er soll die Sonne sein, und sein Wort ein solch Licht der Gnaden, daß man der andern aller gar druber vergesse: seine Predigt soll das ganze Gewissen einnehmen, Himmel und Erden erfüllen, daß mein Herz frei sei vom Gesetz, und wisse nicht mehr zu sagen, denn von dem gekreuzigten Christo, der da soll der Tag sein und die rechte Sonne, den der Herr machet, wie die Propheten davon sagen. Aber wie gehets ihme? Etliche sagen: Der wirds wahrlich thun. Man hats lange gesaget, es werde eine Sonne einmal aufgehen, die da helle leuchten werde k); denn die Sterne wollens nicht thun, sie wollen nicht einen Tag machen. Nu haben wir gnug dran, wir wollen diese Sonne ansehen, wir warten auf den gebenedeieten Samen Abrahä: der wirds thun, der Mann wird ein Prophet sein.

Die Andern wollen ihn höher heben, und sagen: Er ist Christus. Etliche sagen: Ein Prophet kann nicht also reden: Zu mir, zu mir. Er spricht: Kommet, ich will euch tränken, er will alle Welt erquicken; er muß etwas Höhers sein, denn

---

h) Merk, wer unbetrogen bleiben will. Johann. 1. i) Urtheil von Christo, der wahrhaftigen Sonnen. k) Psal. 118.

des mündlichen Worts m), die dahin arbeiten, der Geist und Glaub sei inwendig, darümb muß es das geistliche Wort thun, daß wenn Gott nicht tröstet, so sei das äußerliche Wort Nichts, wie denn der Papst auch fürgeben hat; und schneiden uns die leibliche Stimme oder das leibliche Wort von unsern Ohren, sagen, die Predigt sei nur ein arm Geschrei auf der Kanzel, item, die Taufe sei nur ein schlecht Wasser, und im Abendmahl sei nur schlecht Brod und Wein. Aber was saget hie der Herr Christus? Er spricht:

Wer an mich gläubet, und zu mir kömmet, und von mir trinket, von deß Leibe werden fließen Ströme des lebendigen Wassers.

Was heißt ein Bauch oder Leib? Das ist, derselbige Christenmensch soll leiblich andern Leuten können rathen und helfen. Womit kann er das thun? O das mündliche Wort kann mehr thun, denn du werth bist zu sehen und zu merken n). Wo sind nu die Rottengeister, die da sagen, das Wort könne Nichts ausrichten? Ihr höret, daß es sei ein Strom, der lebendig machet. Das mündliche Wort ist ein lebendig Wort; das haben sie nicht versuchet, ich aber weiß es wohl, und habs erfahren in Nöthen und Anfechtungen. Ich fühle, daß mir durchs Wort das Leben gegeben wird; wie im hundert und neunzehenten Psalm auch gesaget wird: Dein Wort erquickt mich; dein Wort ist mein Trost in meinem Elende; einer hilft mir mit einem Wort, daß ich das Leben fühle. Also rathe ich auch einem Andern mit dem Wort Christi, und tränke einen Andern, so kriegt er einen Muth und wird gesund, ja, bekehrt, wenn er in Irrthum stecket.

Also nennet der Herr Christus das mündliche Wort, daß es bei einem christlichen Bruder soll lebendig Wasser sein o), daß wenn einer gläubet, so ist er schon getröstet und gestärket; und die heillosen Tropfen wollen es noch verachten, sagen, es sei ein

---

m) Wider die Verächter des mündlichen Worts. n) Kraft des göttlichen Worts. o) Titel des göttlichen Worts.

äußerlich Ding: das weiß eine Sau auch wohl. Aber das Wort macht lebendig. Diese Wort merk wohl, daß wenn Gottes Wort aus einem gläubigen Munde hergehet, so sind es lebendige Wort, und können den Menschen erretten vom Tode, Sünde vergeben, sie können in den Himmel heben, und wenn man daran gläubet, so ist man getröstet und gestärket, denn es sind Ströme des Lebens. Item, das noch tröstlicher und größer ist, ein rechter Christ kann nicht falsch predigen, Christus lässet ihn nicht irren, es muß alles recht Wasser sein, was er lehret und redet, es sind lebendige und tröstliche Wort; und wer da gläubet, der sei gewiß, daß er die Artikel des Glaubens wohl predigen wird, er wird nicht ubel predigen; wie sonst auch an einem andern Ort gesaget wird: Wer an Christum gläubet, non dicit anathema Jesum. So nu der Glaube im Herzen rechtschaffen ist, so werden die Wort auch heilsam sein; denn der Glaube im Herzen läßt Nichts predigen, denn das recht und und die Wahrheit ist.

Derhalben so soll man das Wort Gottes in Ehren halten und hoch achten p), denn es schaffet viel Frucht, und ob es dasselbige gleich nicht thut bei den Rohen und Gottlosen, so thut es doch Solches bei den Durstigen; die es annehmen, die werden uberflüssig und mit einem Strom dadurch erquicket. Wiederümb, wer des Artikels fehlet, und an Christum nicht gläubet, der darf nicht gedenken, daß er ein gutes Wort rede oder predige. Wenn er schon fein lauter ist, so ists doch dieß lebendige Wasser nicht. Darümb liegt es gar dran, daß man Christum wohl lerne kennen, so werden wir nicht irren, denn dieselbige Lehre macht lebendig und tröstet. Andere Lehren bringen eitel Gift, sind kein Trank, löschen auch den Durst nicht, sondern es sind faule, stinkende, trübe und unfläthige Wasser q) oder Mistpfützen; wie Gott im Propheten Jeremia am andern Kapitel auch saget: Mein Volk thut eine zwiefache

---

p) Ehrenpflicht, dem G. Wort und Dienern zuständig. q) Faule Wasser.

Sünde, mich, die lebendige Quelle, verlassen sie, und machen ihnen schöne Brunnen. Bleiben wir aber bei dem Artikel, als im Glauben an Christum, denn wollen wir wohl uns allerlei Rotterei erwehren, da wir sonst nicht für einer einigen uns aufhalten können.

r) Das ist die andere Predigt, so der Herr Christus zu Jerusalem auf dem Fest gethan hat für den Hohenpriestern, und diese Predigt mit viel reichern Worten ausgestrichen. Denn Johannes der Evangelist hats allein in ein Thema oder Beschluß gefasset, so da heimlich und sonderlich lautet; als spräche er: Kommet her, ich will predigen ein Anders und Bessers, denn ihr vorhin je gehört habt, es soll Alles dagegen Nichts sein. Denn sie haben das nie gehoret, daß das göttliche Wort soll den Durst löschen, und daß das Wort Gottes solle solche Leute machen, daß wer daran gläubet, von deß Leibe sollen Ströme des lebendigen Wassers fließen. Und es kann wohl sein, daß die Juden diese Predigt nicht recht verstanden haben. Denn es war ihre Meinung s), daß Christus würde kommen als ein leiblicher König, und als ein Herr der Welt, der die Gefangenen erlösen, die Elenden trösten, die Durstigen tränken, und die Hungrigen speisen würde, und den Juden Alles gnug geben, daß sie Herrn und Junkern werden möchten in dieser Welt.

Darümb haben sie ihn auf diese Meinung gehört t), daß er gesaget hat: So Jemandes durstet, so will ich ihn tränken und gnug geben, daß auch Quellen und Ströme sollen von ihme fließen, daß auch Andere von ihm getränket werden, und Alles gnug haben sollen. Es lautet schier herrisch und königisch, als wollt er ein Herr sein, der Jedermann helfen würde, bei dem sie auch gute Tage und Alles gnug haben sollten. Auf diesen fleischlichen Sinn haben sie es gedeutet, und noch auf diesen heutigen Tag.

---

r) Die 9. Predigt, am Sonnabend nach Bartholo. s) Jüden-Gedanken vom leiblichen König und Messia. t) Ursache, dieses geliebet und steckt ihnen noch im Kopf.

habe es noch nicht beschlossen und approbiret. Mit dem Wort: christliche Kirche, nehmen sie gefangen beide, die Einfältigen und die großen Hansen; gleichwie dieser Text Alles zu Boden stößet. Im symbolo Athanasii stehet: Credo unam ecclesiam christianam. Item: Credo etiam in Spiritum sanctum. Nu ist außer dieser christlichen Kirchen kein Heil noch Heiliger Geist, denn das symbolum saget: Ich gläube an den Heiligen Geist, eine heilige christliche Kirche. Der Heilige Geist machet die christliche Kirche heilig, durch seine Heiligkeit; wie denn Christus die Kirche auch heilig machet. Und hie gilts nicht wanken oder zweifeln, das ist wahr; gleichwie es wahr ist, daß Christus von Bethlehem und Juda kommen. Also soll man auch keinen Prediger suchen oder annehmen, der nicht komme aus der christlichen Kirchen.

Wie thut man ihm denn? sagen sie, die christliche Kirche hat es noch nicht beschlossen, es ist nicht aus der Christenheit? und warten denn auf Koncilia und Reichstage s), bis die Gelahrten zusammen kommen und schließen daselbst. Weil das nicht geschieht, so bleiben sie, wie sie sind. Also reden itzt beide, die Narren und auch die Klugen, wollen harren, bis es beschlossen werde von der christlichen Kirchen; denn Einer rede also, der Ander sonst, die christliche Kirche ist noch nicht dazu kommen: wir wollen bei unser Väter Glaube bleiben, bis daß einmal beschlossen werde, was da recht sei; und machen also den Einfältigen eine Nasen. Nu, wir läugnen nicht, daß Christus nicht aus Bethlehem kommen solle; aber wir sagen darümb auch nicht, daß er nicht aus Galiläa kommen solle. Also ists auch wahr: Wer nicht in der christlichen Kirchen ist, und deß Lehre nicht durch sie beschlossen ist, der ist ein rechter falscher, unrechter Prediger.

Das wird sonst genug gepredigt, daß Gott aus einem Erdenklos einen Menschen macht, da nahm der Teufel auch Erde, und machet eine Kröte oder einen Mönch draus. Item, man spricht: Wo Gott eine Kirche

s) Warten auf Koncilien und der c. Kirchen Beschluß.

nicht ein Ziffer sei, so erschrickt der Mensch. Denn so höre die Lehre des Evangelii, wenn du gesündiget hast, höre den Lehrer Christum, der da saget: Komm zu mir, ich will dich nicht lassen Durst sterben, sondern dich tränken &c.

Diese Predigt wird den frommen Herzen seher wohl gefallen haben, daß das Volk hat gesagt: Ei, hätten wir das vorhin gewußt &c. c). Ja, hätte man Solches in meiner Jugend mir, D. Luthern, auch geprediget, so hätte ich meines Leibes viel gesparet, und wäre kein Mönch worden. Nu man es aber itzt hat, so verachtet es die gottlose Welt; denn sie haben das Bad und den Schweiß nicht ausgestanden, darinnen ich und Andere im Papstthum gesteckt sind. Darümb, weil sie die Noth der Gewissen nicht gefühlet haben, so verachten sie es, denn sie haben keinen Durst; darümb richten sie itzt Rotten und Schwärmerei an. Es ist wahr: Dulcia non meminit, qui non gustavit amara, die nicht im Durst gewesen sind, die schmecken Nichts. Durst ist ein guter Kellner, und Hunger ist ein guter Koch; aber wenn kein Durst da ist, so schmecket Nichts wohl, es sei so gut als es immer wolle.

So ist nu die Lehre des Gesetzes dazu gegeben d), daß man darinnen gebadet werde, und im Gesetze als auf einer Schweißbank schwitze, Angst und Noth leide; sonst schmeckets den Überdrüssigen und Sattsamen nicht wohl. Aber die laß man fahren, es wird ihnen auch nicht geprediget; denn es ist eine Predigt für die Durstigen, denen wird gesaget: Laß sie zu mir kommen, die will ich laben und tränken. Da muß denn das Herz sagen: Der ist gewiß ein Prophet, ja, Christus selber: er kann fein predigen, es kann sonst Keiner besser predigen; es trete auf, wer da wolle, es sei Annas oder Caiphas, so prediget dieser Mann viel anders, seine Predigt ubertrifft alle menschliche Lehre.

Nu sagt er noch dazu:

---

c) Trosts- und Heils-Befindung aus dieser Lehre. d) Gesetzs Nutz. Röm. 7.

Wer an mich gläubet, wie die Schrift saget, von deß Leibe werden Ströme des lebendigen Wassers fließen. Das saget er aber von dem Geist, welchen empfahen sollten, die an ihn gläubten. Denn der Heilige Geist war noch nicht da, denn Jesus war noch nicht verkläret.

Ströme sollen fließen, Wasser, das lebendig machet e). Wer zu mir kömmet, den will ich also zubereiten, daß er nicht allein für seine Person soll gelabet und erquicket werden, daß er seinen Durst löschen mag, und des Durstes ledig werden; sondern will ihn zu einem starken, steinern Faß machen, ihm den H. Geist und Gaben geben, daß er zu andern Leuten fließe, sie tränke, tröste, stärke, vielen andern Leuten auch diene, wie ihm durch mich geholfen ist; wie 2. Korinth. 1. S. Paulus saget. Also will der Herr Christus einen andern Mann aus dem machen, der zu ihm kömmet, denn Moses thun möchte.

Im Papstthum haben wir tollen Heiligen einen Satz uber den andern gemacht, und ist der Gesetze kein Ende gewesen f), haben die Gewissen nur geschrecket und durstig gemacht, ihre Prediger haben den Durst nur gemehret; wie es denn nicht anders kann zugehen. Wenn die Werkheiligen lehren, so machen sie einen Durst uber den andern, und ein Gesetze aus dem andern, daß kein Ende noch Aufhören der Gesetze ist; wie wir damals allzu sehr erfahren haben. Alle Jahr hat man einen neuen Doctor gehabt, und haben die Narren nur die Gewissen geplaget. Als, das war ein ernstlich Gesetz, daß man nicht durfte ein Korporal oder Kelch anrühren, haben Alles voller Todsünde gemacht, ein Mönch durfte ohne Scheppeler nicht gehen; denn diese Lehrer [48]) konnten nichts Anders thun, denn

---

e) Großer Reichthum der Gnaden. Röm. 2. f) Menge der Gesetze im Papstthum.

48) Orig. Lehre.

Er ist in und unter der christlichen Kirchen, gleichwie Mäusedreck unter dem Pfeffer, und Raden unter dem Korn liegt und hilft den Schäffel füllen. Gleichwie auch am menschlichen Leibe feine, reine, gesunde, rechtschaffene Glieder sind, die der Mensch zu seiner Nothdurft gebrauchen kann. Aber dornach ist auch am Leibe Schweiß, Butter in Augen, Rotz, Grinde, Geschwür und ander Unflath. Diese Stücke sind sowohl am menschlichen Leibe, als die Ohren, Magen, Herz, Finger oder Augen; aber der Unflath ist doch auch im Leibe, ob er gleich stinket y): also sind die Ketzer, falschen Lehrer, oder Gottlosen, auch in der Kirchen nicht natürliche, rechtschaffene Glieder, sondern der Unflath, so aus dem Leibe heraus schwäret. Daher ists wahr, es wird nimmermehr Keiner recht predigen, er sei denn in der christlichen Kirchen. Predigen kann er wohl, aber daran ists nicht gnug; sondern er muß auch den Heiligen Geist haben, recht predigen und leben. Das kann er nicht thun, er sei denn ein recht Glied der christlichen Kirchen.

Daß sie nu sagen z), sie wollen warten, bis es von der Kirchen beschlossen werde, da harre der Teufel auf; ich will so lange nicht harren, denn die christliche Kirche hat schon Alles beschlossen. Gleichwie die Glieder des Leibes sollen ein Leib sein, und dürfen nicht warten, bis es der Unflath sage oder schließe, ob der Leib gesund sei oder nicht. Von den Gliedern wollen wir es wohl wissen und erfahren, und nicht vom Harn, Mist oder Unflath: also wollen wir auch nicht warten, bis daß der Papst und Bischoffe in einem Koncilio sagen: Es ist recht; denn sie sind nicht ein Stück und reine, gesunde Glieder des Leibes, sondern sie sind Junker Unflath und Rotz aufm Aermel, ja, der Dreck sind sie, denn sie verfolgen das recht Evangelium, das sie doch wissen, daß es Gottes Wort sei. Darumb siehet man, daß sie der Unflath, Stank, und des Teufels Glieder sind. Derhalben so wird gesagt: Die christliche Kirche hats

y) Reines und Unreines. Jerem. 15. z) Einrede der Anhänger des Papstthums widerlegt.

chlossen a); denn allenthalben lehret man alle Christen, so getauft sind, gläuben so, Lehre saget. Diese Beschließung gebet nicht ner äußerlichen Zusammenkunft, sondern ist ich Koncilium, und man darf dazu keines Man darf kein Koncilium versammlen n, daß man ordene, wie man fasten und ge, und wie man sich kleide, und wie die rtikel des Glaubens konfirmiret und bekennet oder von andern Sachen urtheile, wie im Nicaeno geschehen ist. Aber die christliche beschließen, ob sie recht sei, so b) darf es Koncilii zu; sondern ich sage: Ich halte Taufe, und gläube an das Evangelium, cht und heilig sei, gläube und halte uber rament des Abendmahls.

et man denn: Ja, du gläubest nicht recht; denn an, und hebt sich der Hader: da ge geistlich Koncilium zu, daß, wie ich gläube, also gläubet auch mein Bruder, ja, also alle Christen, wo sie sind, sie sind einhel Das heißt eine christliche Kirche, die da gläu hristum, und die da will durch ihn selig nicht durch unsere Werk oder Verdienst; und Heilige Geist uns saget, das saget er allen wo sie auch sind. Das ist das Bethlehem Stamm Juda, da Christus her kömmel. Also wahr, daß außerhalb der Kirchen ist kein kein Christen, oder Lehrer und Prediger; st ein Leib und Seel, so aneinander hanget, lieder am Leibe hangen, denn es sind Glie eibes. Eine abgehauene Faust ist todt, le , hanget nicht am Leibe: also ist auch ein durch falsche Lehre und Unglauben von der n Kirchen abgehauen, und ist todt; denn die der christlichen Kirchen sind, die sind todt.

---

ch Koncilium und Beschluß der Kirchen. b) Einigkeit der gläubigen greift den Konciliis für. c) Ein Ketzer oder Apo-

Die christliche Kirche d) heißet nicht ein Hause voll Bischoffs- oder Kardinalshüte, und es mag wohl ein Koncilium heißen, oder aus ihnen ein Koncilium werden; aber nicht eine christliche Kirche. Denn dieselbige läßt sich nicht auf einen Haufen zusammen bringen, sondern sie ist zerstreuet durch die ganze Welt: sie gläubet, wie ich gläube, und ich glaube, wie sie glaubet: wir haben keinen Anstoß oder Ungleichheit im Glauben, wir gläuben alle Eine christliche Kirche; außerhalb dieser Kirchen ist Alles Nichts. Also gläube ich; darüber hebet sich denn der Streit.

Darumb, weil das Argument nu so seher auch gehet, so sei gerüst, daß du sagest: Dieß Wort, christliche Kirche, deutet sich zweierlei e), gleichwie auch andere Wort; denn Etliche sind die rechte Kirche, Etliche aber die falsche Kirche. Zeige mir nu die rechte Kirche. Der Papst spricht auch, er sei die rechte Kirche; aber womit will ers beweisen? Sie haben das Evangelium und die Taufe, wir auch. Aber da siehe zu, welcher das rechte Evangelium und die rechte Taufe, oder das falsche hat. Der einige Christus ist recht; aber alle Ketzer machen einen neuen Christum. Die Wort sind zweierlei. Ein jeder Ketzer hat ein besonder Wort, und führet den Namen göttliches Worts auch. Item, der Name Gottes ist das manchfältigste Wort; man hat wohl tausenderlei Götter. Der Mammon ist ein Gott f); Franciscus- und Karthauser-Orden ist auch ein Gott; ein Iglicher hat einen eigenen Gott. So sehet euch nu für. Wie der Name Gottes ist eins einigen Gotts, und doch anderswohin gezogen wird, daß also der Name Gottes manchfaltig wird gedeutet: also wird auch der Name der christlichen Kirchen zurissen, hin und wieder gezogen. Du mußt dich nicht dran kehren, daß sie sagen: Hie ist die Kirche. Sprich du: Ich weiß wohl, daß eine christliche Kirche sei, und ich kenne das Wort, christliche Kirche, wohl; aber ob ihrs seid, das weiß ich nicht. Ihr mögets euch

---

d) Die wahre Kirche. e) Das Wort Kirche hat zweierlei Deutung.
f) Göttlicher und geistlicher Titel Beischlag.

wohl rühmen; aber die schönen Namen sollen mich nicht verführen, denn die Ketzer sollen unter dem schönen Namen Gottes, Christi, und der christlichen Kirchen, kommen, und die Welt verführen.

Darumb ists fährlich und verdächtig g), daß sie also rühmen den Namen der christlichen Kirchen, gleich als wäre es die große Kunst, und Niemand wüßte sonst Etwas fur [55]) ihnen. Aber sprich du: Willt du die Kirche sein, und den Namen haben, so beweise es: führe die Lehre recht, wie die heilige christliche Kirche lehret; lebe also, wie sie lebet: beweise deinen Glauben, und die Frucht des Glaubens, und beweise es, daß du die christliche Kirche seiest. Daß sie aber kein Ampt eines rechten Bischoffes haben wollen, sondern versolgen, wen sie wollen, und wollen gottfürchtige Fürsten sein [56]), und die christliche Kirche sein; da müssen wir sagen, daß sie des Teufels Kirche sind, denn die christliche Kirche gehet nicht also mit der Lehre umb: daß also die Ketzer erschrecken und bethoren viel Leute mit dem Namen der Kirchen, gleichwie diese hie im Evangelio auch gethan haben, und gesagt: Christus soll aus Bethlehem kommen; aber daß er aus Galliläa kömmet, muß unrecht sein.

Also sagen sie auch itzt von uns h); ob wir gleich die christliche Kirche sind, dennoch weil wir aus Galiläa, oder aus Wittenberg kommen, und nicht so lange harren, bis sie es beschließen, darumb muß es unrecht sein. So sagen wir: Ei, aus Galiläa und Nazareth kommen auch Christen, die da predigen und gläuben, was euch nicht wohlgefällt; so müssen wir nicht Christen sein. Aber so lange wollen wir nicht harren noch predigen, was sie haben wollen. Lasset uns von dem Mann predigen, der nach diesem Leben uns auch gnug geben wird. Wenn wir ihnen wollten zu Gefallen gepredigt haben, so wollten wir lange zu großen Herren worden sein; es ist aber (wie man saget,) nicht Rath dabei.

---

g) Betrüglich Anmaßen abzulehnen. h) Der Papstesel Sophistika.
55) vor. 56) „sein" fehlt.

i) Dieß ist die Zwietracht, so sich erhub im Volk uber der Lehre Christi, daß Etliche sagen, er wäre Christus; Etliche, er wäre ein Prophet; Andere die schlugens rund ab, und sprachen: Aus Galiläa stehet nicht ein Prophet auf. Diese Zwietracht im Volk k) bleibet da stecken. Davon können wir nu nicht viel sagen; aber es sind Exempel und Historien, die dazu dienen, daß wir sehen, wie es den Leuten gehet, die den Herrn Christum hören predigen; und 87) wir Stärke und Trost daraus empfahen wider das groß Aergerniß, das da heißt, Irrthum im Glauben anrichten. Denn das ist das Höheste, so sie uns Schuld geben, daß unsere Lehre neue ist, und sie wollen bei dem alten Glauben bleiben; und wird also Unfried und Zwietracht aus der Lehre, denn eins Theils sagen: Ich will warten auf ein Koncilium, und was der Kaiser und Bischoffe mit den Fürsten beschließen werden, daß man halten soll, das will ich auch annehmen. Dieß ist das höheste Aergerniß l), das Augen, Ohren und Mund voll füllet, und ist schweer zu ertragen. Darumb bedürfen wir des Trostes wohl, daß wir uns nicht dran kehren: es soll und muß so sein, wir werdens nicht besser haben, denn er. Wenn das Evangelium ohne Irrung im Glauben, ohne solchen Rumor und Zwietracht hätte können angehen, so hätte es hie bei dem Mann, Christo, auch gethan, der besser predigen konnte, denn die Aposteln. Dieweils aber ihme, dem Herrn Christo, widerfähret, daß, da er prediget, wird ein Wahn im Glauben unter dem Volk, ja, eine Zwietracht uber seiner Predigt, sie wissen sich in diese neue Lehre nicht zu schicken, Einer sagt sonst, der Ander so; das hat er, Christus, selbs gethan, daß er mit seinem Predigen die Leute hat irre gemacht.

Es erheben sich so viel Rotten und Sekten, Ei-

---

i) Die 10. Predigt, am Sonnabend nach Aegidii. k) Zwietracht des Volks uber der Lehre Christi. l) Harter Stoß und dawider Aufhalt.

87) † daß.

ner will hie, der Ander dort hinaus, welche die Leute gar stutzig und irre machen. Da sage du denn: Daß so viel Rotten sind, was kann ich dazu? Ein Christ, der dem Wort Gottes gläubet und es prediget, muß sich deß nicht annehmen; es gehet nicht anders zu, man schicke sich also drein, daß es besser in der Welt nicht wird werden: beschleuß es bei dir selber, und setz es dahin, ergib dich drein. Ist die Predigt Gottes Wort, so erheben sich Sekten, und gehet damit also zu, wie man hie höret.

Das Papstthum hatte ein fein Ansehen m), da war es Alles stille; und obwohl viel Mönche und Orden waren, so stund es doch Alles auf Einem Häupt, und in Eines Mannes, als des Papstes, Faust, daß da nur Ein Glaube und Eine Lehre war. Solches siehet man an, und dahin arbeitet man noch; und es wäre wohl fein, daß ein Häupt wäre, so Alles regierete: aber es ist ein Unmögliches, dieweil es weder Christus, kein Prophet, noch Apostel hat so hinaus geführet. Darumb schicke dich drein, erwege dichs, daß, alsbalde das Evangelium nur aufgehet, da erhebt sich ein Zwietracht und Lärm; wie die Gleichniß im Evangelio auch anzeiget n): Da der starke Gewappnete seinen Pallast bewahret, da bliebe das Seine mit Frieden; da aber ein Stärker vber ihn kam, der theilet seinen Raub aus.

Nu ist die Schuld nicht des Evangelii, sondern des Feindes, des Teufels, der das Evangelium nicht leiden will o). Wenn wir predigten, wie es der Papst haben wollte, ihme heuchelten und hofireten, so hätten wir noch Friede unter dem Papst; wir dieneten aber dem Teufel. Daher hatte man unter dem Papst Friede; denn man ließ Alles gehen, wie es ging, es war Niemand wider den Andern, des Teufels Lehre mußte Gottes Wort sein. Der Papst lag, wie eine Sau, die im Koth liegt und schnarcht, wenn man sie krauet; aber itzt wachet er auf und reget sich, weil man ihn angreift und auf die

m) Einigkeit des Papstthums. n) Luc. 11. o) Wer auf- oder zuwiegelt.

Haut klopft, wie uns denn Solches nu auch in die Hände gehet.

Aber das sollen wir uns trösten, wenn wir sehen p), daß ihr Viel abfallen; denn es schreckt die Leute, und macht sie abwendig, wenn sie sehen, daß es zuvor Alles fein stille war, guter Fried allenthalben, nu aber ist es Alles voller Rotten und Sekten, und ein solch gräulich Wesen, daß es zu erbarmen ist. Aber kehre du es umb, und sprich: Eben das dich schrecket, das nehme ich zum Trost an. Denn es ist ein Wahrzeichen und gewiß Sigill, daß es das rechte Wort Gottes ist. Denn wenn es des Teufels Wort wäre, so ginge es leise und stille, wie die Schlange daher kreucht: aber so sich darüber Rotten und Sekten erheben, so ists gewiß Gottes Wort. Dieweil es denn also gehen muß, so gehe es auch also. Es ist Christo und den Andern eben also gangen, und wird uns auch nicht anders begegenen. Es ist Hieremiä, dem Propheten, auch also gangen q), wie er am 15. Kapitel drüber klaget und schreiet: Wehe meine Mutter, wen hast du an mir gezeuget? Du hast ein Mann getragen, der Nichts ist, denn Zank: uber mich schreiet Jedermann im Lande Zeter; wenn ich das Maul aufthue, so ist Zank und Rotten da. Hab ich doch weder auf Wucher geliehen, noch genommen: noch flucht mir Jedermann. Er saget auch: Ach was soll ich predigen? Ich habe mir furgesetzet, ich will schweigen, und nicht mehr predigen; denn wenn ich lange predige, so predige ich nur meinen Schaden und Schande. Denn dieß Volk dringet mir Gottes Wort auf den Hals; darumb so [578]) will ich zufrieden sein, und lassen predigen, wer nur gerne predigen will. Nu, ich hätte es gerne gethan, sagt er, aber dein Wort ward mir in den Beinen als ein Feur. Der 120. Psalm sagt auch: Da ich Friede hielt, fingen sie Kriege an; wenn ichs Maul aufthue, so ist flugs Krieg und Hader da.

---

p) Irrthum sind ein Prob, dabei G. Wort erkannt wird.
q) Hieremiä Klage, daß er auch mußt ein Hadermetz gescholten werden.

578) „so" fehlt.

Das geschieht nicht, wenn der Teufel den Seinen prediget. Es gehet seine Lehre glatt ein r), denn er prediget, das der Vernunft fein begreiflich ist. Aber hie, da ich friedsam bin, und nicht Krieg suche, sondern wollt alle Welt gerne zur Seligkeit bringen, predige ich denn das Evangelium, so ist schon der Krieg da; denn der Teufel fühlet es, daß die Leute aus seinen Netzen und Garn errettet, und zum Reich des Herrn Christi geführt werden. Darumb wecket er auf, was er kann, und wachet auch selber auf 2c., will toll und unsinnig werden. Also müssen die Friedsamen den Namen haben, daß sie Krieg anrichten, müssen den Namen des Unfrieds tragen; und wiederumb, die den Friede brechen und Krieg anheben, sich rühmen, daß sie Liebhaber des Friedens sind. Nu laß so sein, der Teufel wüthet also, und will die Leute blöde machen, auf daß sie sich nicht zum Evangelio halten, und beschmitzet damit Christum, die Aposteln und die Seinen, als daß sie Zank und Hader anrichten. Also verklagen sie auch Sankt Paulum in den Geschichten der Apostel, und [58]) sagen: Wir haben diesen Mann funden schädlich, und der Aufruhr erreget allen Juden auf dem ganzen Weltkreis s); und Christus spricht selber auch: Ich bin nicht kommen Friede zu senden oder zu machen, sondern das Schwert. Ich will Vater und Sohn mit einander uneins machen. Dieß ist ein Stück und ein Trost von dem Exempel, wider das schändliche Aergerniß, und wider das große Gewäsche und Geschrei, so wider uns itzt auch unsere Widersacher treiben.

Die Knechte kamen zu den Hohenpriestern und Pharisäern, und sie sprachen zu ihnen: Worumb habt ihr ihn nicht gebracht?

Dieß sind auch nicht des Herrn Christi Wort, oder eine Lehre, sondern eine Geschicht oder Historien, so ergangen ist nach seiner Predigt, wider das Aer-

---

r) Des Teufels Lehre ist ohne Widerstand. s) Anklage S. Pauli, daß er Aufruhr anrichte. Act. 24. Kap. Matth. 10.

58) „und“ fehlt.

gerniß und wider die unnütze Mäuler, denn man muß ihnen dieß Stücke mit Geduld abgewinnen; und hie zeiget der Herr Christus an, wie gewaltig er bei den Seinen sei t). Die Hohenpriester und Pharisäer schicken ihre Knechte aus, daß sie den Herrn Christum fangen sollten, und die Knechte wollten ihren Fürsten und Herrn gehorsam sein, und [59]) hattens im Sinne ihrer Herrn Befehl auszurichten, und im Tempel Christum zu greifen, und ist dem Herrn Christo die Gefängniß seher nahe, er hätte ihr nicht näher kommen mögen. Es ist befohlen, man soll ihn greifen, und die Knechte kommen, und habens im Sinn, wollen ihn fangen. Nu, was geschieht?

Da sehe man, was das menschlich Herz und Gedanken können und ausrichten, wie ein Herz sein selbs und seiner Gedanken gar nicht mächtig ist u), darumb auch der Psalm saget: Qui fingit singulatim corda eorum, das ist: Er lenket ihnen allen das Herz. Item, in demselbigen Psalm wird gesagt: Der Herr machet zunichte der Heiden Rath, und wendet die Gedanken der Völker. Gott siehet nicht allein ihre Gedanken, sondern er machet sie auch, wie er will, daß die Herzen in einem Augenblick anders werden: er kann ihre Gedanken wegwenden, und andere an die Statt kommen lassen. Die Knechte sind Morder, wollen einen unschüldigen Mann fangen, ihr Herz und Gedanken ist ins Teufels Gehorsam; aber derer Gedanken sind sie nicht mächtig hinaus zu führen. Denn da sie ihn hören, so geschieht es, daß die Gedanken hinweggehen, und kriegen ein ander und demüthig Herz, und werden dieses Meisters und Predigers Jünger und Schüler, den sie sonst fangen und tödten wollten.

Dieß ist ein schön Exempel, daran wir sehen, daß die zornigen Junkern nicht alles thun noch hinaus führen, was sie im Sinne haben. Denn wo sind sie hie? Vorm Jahre, auf dem Reichstage zu Augs-

---

t) Schutz der Christen in Gefährlichkeiten. u) Der Widersacher Christi Herz und Gedanken Aenderung. Psalm 33.

59) „und" fehl .

burg, ward beschlossen, sie wollten die Ding in acht Tagen dämpfen v), gingen in den Gedanken daher, sie wollten uns flugs rein [60]) ausrotten, dieß Jahr sollte unser Keiner mehr sein. Aber was geschieht? Da unser Konfession und Apologia gelesen ward, und sie es höreten, fielen ihr Viel zurücke, und sprachen: Wir haben das zuvor nicht gewußt, sondern gehört, es sei eine Lehre, die allen Ungehorsam gegen der Obrigkeit mache, Eheleute von einander scheide, und alles Arges, Sünde, Schande, und Laster anrichte; deß wären sie zuvor berichtet worden. Also ging der Zorn zurücke, da sie es gehört hatten, ob er wohl noch bei etlichen Boshaftigen bleibet.

Dergestalt gehets hie auch zu w). Die Diener werden gar andere Leute. Obgleich die Pharisäer blieben hernach, wie zuvor, dennoch können sie es nicht hinaus führen; denn es stehet nicht in ihren Händen. Sie bleiben wohl in ihren Gedanken, die sie geschöpft haben; aber sie singen das Lied nicht hinaus. Die Knechte haben Besoldung empfangen, und sind den Pharisäern geschworen, ihnen getreu zu sein, sind gehorsam ihren Herrn, kommen und wollen ihn fangen: aber balde wenden sie den Gehorsam des Teufels umb, und werden Christo gehorsam, ihren Herren aber ungehorsam. Sie sollten ihn aus Furcht gefangen haben, denn sie sich je fur ihren Herren scheuen sollten, daß dieselbigen sie nicht ins Gefängniß würfen; aber es geschieht nicht. Was fur ein Herz ist das? Sie werden so muthig und keck, daß sie zurückegeben in einem Ungehorsam gegen ihren Herrn, wissen, daß es ihre Herrn verdreußt, und daß man sie werde fur Rebellen und Ungehorsame halten ꝛc.; noch achten sie es alles nicht.

Die Knechte antworten: Es hat nie kein Mensch also geredet, wie dieser Mensch.

Sie denken: Wir wollen den Mann, der also

v) Zorn der Papisten auf dem Reichstage zu Augsburg Anno 1530

w) Es ist uberaus wohl gelehret. Psal. 62.: Hoffet auf ihn allezeit lieben Leute.

60) „rein" fehlt.

redet, ungegriffen lassen, und uns an Gott nicht versündigen, und ehe den Hals drüber lassen; werden ihren Herrn ungehorsam, trotzen ihre Herrn, und verdammen sie, werden ihre Richter, und sprechen x): Einen solchen Menschen heißet ihr uns fangen, und verdammet sein Wort, so doch wir sagen, fühlen und erfahrens, daß hie eitel Gott ist. Wir haben zuvor nicht gehöret, daß je ein Mensch also geredet hätte; als sollten sie sagen: Es ist eitel Gott da in seinem Reden, und ihr haltet ihn fur einen Teufel, und verdammet ihn. Also werden die Knechte nur aus einer einigen Predigt zu wunderlichen Lehrern und Doctorn, die da die Pharisäer verdammen.

Und siehe hieran, daß Christus nicht kommen ist umb des Frieds willen, sondern Unfried zu machen. Er scheidet Herrn und Knecht, und die erstlich gut eins waren, gehen nu im Ungehorsam daher, und thun das Widerspiel, werden itzt widerspenstig ihren Herren, und strafen ihre Herren mit hübschen Worten. Ist diese Uneinigkeit nicht stark gnug? Sie verdammen, was ihre Herren thun, und bestätigen des Mannes Lehre, deß Feind sie doch zuvor waren. Die Knechte gedenken: Unsere Herrn werden unser Feinde sein, mögen rathschlagen wider uns, was sie wollen, und mögen auch ein böses Furnehmen wider uns haben, so liegts nicht an ihrem Denken und Furnehmen, sondern es ist einer im Himmel, der hats in der Hand y).

Wir wissen auch, daß unser Widersacher noch Anschläge und Furnehmen haben, daß sie unser Lehre dämpfen wollen; das mögen wir uns zu ihnen versehen. Ob sie uns gleich gute Wort geben, so denken sie doch, uns auszurotten, und ihr Ding wieder einzusetzen; meinen, wir wissen es nicht, und sie gedenken, es kann ihnen nicht feihlen, es muß also zutreffen, was sie im Sinne haben. Wenn sie zusammenkommen, rathschlagen sie mit einander, wie sie es wollen angreifen und uns mit Gewalt dämpfen,

---

x) Der Pharisäer Knechte Bekenntniß von Christo. y) Wunder Schickung Gottes. Facit mirabilia solus.

dieweil sie es mit List und Kunst nicht können unterdrucken, und sind uns ihre Gedanken und Rathschläge nicht verborgen. Aber uber das ist noch eins, das Allerhöheste. Wenn sie gleich lange gerathschlaget haben, so haben sie es darumb nicht balde hinausgeführet. Es ist noch einer, der kanns wenden z). Gott tröstet, und spricht: So das Stündlin nicht kömmet, (es komme auch wenn es wolle,) und unsere Feinde so böse wären, als der Tod und Teufel selbs sein mag, so sollen sie es doch nicht hinausführen und enden. Wir wissen wohl, was der Teufel im Sinne hat, nicht, daß er mich zum Papst oder Bischoffe wolle machen, und dich zu einem Fürsten und Gewaltigen, sondern er will mich gar verderben; wie wir denn sehen, daß er viel Rotten anrichtet, und andere undankbare Leute erwecket, und wollte gerne ein Blutbad anrichten, daß Alles im Blute schwümme. Da haben wir den Vortheil, daß wir sagen: Teufel, zornig magst du sein, aber du wirsts nicht ausrichten, es sei denn Gottes Stunde da.

Die Knechte werden hie gesandt; aber sie werden nicht allein kraftlos, daß sie, die zornigen Hansen, Nichts können ausrichten und schaffen, sondern sie werden auch bekehrt. Die andern großen Herren bleiben wohl zornig; aber sie können Nichts ausrichten. Das ist ein großer Trost, daß wir wissen, wir haben so eine starke Hand uber uns a); aber nicht allein uber uns, sondern auch uber unserer Feinde Herz und Gedanken. Unser Herr Gott verhängets, daß sie zusammenkriechen, rathschlagen und schließen, wie sie unsern Landesfürsten, den Herzog zu Sachsen, von Landen und Leuten verjagen und plagen wollen; aber laß sie klug und böse sein, wenn es zum Treffen gehet, so wird Nichts draus. Das haben wir zuvor, daß wir wissen, daß sie Nichts ausrichten sollen.

Es hat nie kein Mensche also geredet, wie dieser redet.

Es ist eine demüthige Rede b), aber auch eine

z) Der Christen feste Burg bleibt wohl unzerstöret. a) Der in uns ist größer, denn der in der Welt ist. 1. Johann. 4. b) Knech-

gewaltige Rede. Sie sagen nicht mit hoffärtigen Worten: Ihr Schälke, ihr wollet den Mann tödten, welcher aus Gott ist; sondern sie behalten bei sich eine knechtische Demuth, lassen sie Herren bleiben, greifen ihnen nicht ins Schwert und in die Gewalt, sie bleiben Knechte, und in ihrem Stande; der Hader gehet nicht leibliche Dinge an, heben sich nicht höher, denn sie sind, als nämlich Knechte, sondern der Hader stehet im Geist. Das ist der rechte Hader und Krieg, daß ihr, der Knechte, Glaube und Lehre anders ist, denn der Pharisäer; da wollen sie nicht eins sein.

Und soll also ein Knecht nicht von seinem Herrn fliehen oder laufen, eine Frau nicht vom Manne laufen, obgleich Eins anders gläubet, denn das Ander c); denn Gott der Herr will die Stände nicht zutrennet haben, die Stände sollen darumb nicht uneins sein. Aber da muß mans scheiden, und nicht in einander mengen die geistliche und leibliche Uneinigkeit, daß, so weit des Herren Gewalt gehet, so ists gut: da diene ein Knecht mit seinem Leibe, und sei gehorsam, nämlich, nach dem äußerlichen, weltlichen Regiment, so weit seine Gewalt gehet, und das Hausregiment, Stadtregiment, oder Landrecht vermag. Dawider setze sich der Knecht nicht, murmule nicht wider ihn, sondern wisse, daß er sein Herre sei. Aber uber das, daß sie da äußerlich einträchtig sind, und der Knecht demüthiglich diene, so hat der Knecht noch einen andern Herrn, nämlich Christum, der ist ein Herr uber das Gewissen und uber die Seele, dem soll man auch dienen. Denn der Hausvater ist nicht ein [61]) Herr uber des Knechtes oder [62]) Magd Gewissen. Der Knecht kann zu ihm sagen: Herr, ich habe mich zu dir verdinget mit meinem Leibe, Hand und Füsse, aber nicht mit dem Gewissen: ich nehm keinen Lohn dafür, daß ich Gottes Wort lerne und gläube; da bin ich frei, und

tische Demuth. c) Ungleichheit der Religion zwischen den Menschen.

61) „ein" fehlt. 62) + der.

t einen Andern an, da will ich ungezwun-

umb, wenn sichs also scheidet, so bleibts fein,
eins sei äußerlich, in Weltsachen, und un-
inwendig, in Sachen, das Gewissen und
betreffend d). So kann ein Knecht wohl
ı leiden, der anders gläubt, denn er, und
kann ein gläubigen Knecht bei sich wohl
venn der Knecht thut, was er schüldig ist.
er der Herr ungläubig ist, und will den
uch zum Unglauben zwingen, so ist er ein
wie denn auch diese Knechte thun, sie sa-
ıs wollt ihr an uns haben? Wir sind euch
gewesen, als Knechte; ihr aber wollt zu
en, ihr wollt die Knechte haben, die wider
issen thun, und an Gottes Gebot sich ver-
und an diesem Mann sich vergreifen sollen,
wider den Glauben und wider Gottes
ın: das wollen wir nicht thun [63]), wir sind
euer Knechte; darumb so kommen und blei-
da Knechte des andern Herrn, den ihr
sonst befohlen habt zu fangen.
ist ein starkes Wort, das sie in Demuth also
Hoch ehren sie die Predigt des Herrn
und freudig oder frei bekennen sie Christum.
sie wissen, daß ihr Herrn ihn wollen todt
ıoch ehren sie sein Wort; und auf solchen
folget so eine gewaltige Rede, und thun
öne Bekenntniß, sprechen: Thut, was
t, so könnet ihr doch also nicht predigen, es
Prophet also gepredigt. Das heißt den
gewaltig bekannt, und dennoch mit aller
daß er Christus, der Messias sei: stoßen
n nicht aus ihrer Herrschaft, bleiben Knechte,
n. Hieran sehen wir, daß die Feinde nicht
n können, wie sie gerne wollten.

---

lei Verträglichkeit. e) Gott: Wahls an den Thörichten
r Welt. 1. Kor. 1.
wollen — — thun" fehlt. 64) „und" fehlt.

Da antworten ihnen die Pharisäer: Seid ihr auch verführet? Gläubet auch irgend ein Oberster oder Pharisäer an ihn? sondern das Volk, das Nichts vom Gesetz weiß, ist verflucht.

Wer Achtung drauf hat, der siehet, daß es allzeit also zugehet, wenn man sich wider das Wort Gottes leget f). Je länger man dem Wort sich widersetzet, je unsinniger sie werden. Das ist die erste Thorheit, daß sie die Knechte also anschnauben; aber sie werden je länger je töller. Denn die Knechte und den Herren lassen sie nu fahren, und schänden das unschüldige Volk, sprechen: Wo habet ihr gesehen, daß einer von den Fürsten und Pharisäern an ihn gläubet? Welcher Teufel hats euch gesaget? Hat nicht Nicodemus, Joseph, und Andere an ihn gegläubet? Aber sie plumpen so herein, sie wissen nicht, was sie sagen; und wenn sie es gleich wüßten, wie klappts und klingets, daß sie sagen: Ihr sollet nicht an ihn gläuben, denn die Fürsten und Pharisäer gläuben nicht an ihn? Weise Leute! sollen die so predigen, als die zehenmal unsinniger sind? Ist das den Glauben ehren, wenn ich gläube, was die Pharisäer, Obersten, Fürsten und Bischoffe gläuben? wenn man auch sagen wollt: Huren und Buben nehmen das Evangelium nicht [65]) an, darumb so ists unrecht? Sie sollten die heilige Schrift je gelesen haben, und wissen, daß sie saget: Ihr sollt euch nicht verlassen auf Fürsten, Weisen und Gelahrten g). Was ist das gesagt: Dieweil wir Pharisäer es nicht gläuben, so ists nicht wahr, und der Glaub ist unrecht? Das ist eine große Weisheit, nämlich, wenn die Leute Etwas nicht gläuben, darumb so ists unrecht; und wenn du gleich Gott und sein Wort hast, noch sollest du nicht gewiß sein, daß du den rechten Glauben hast: sondern, wenn es die Leute gläuben,

f) Kontrofeit des göttlichen Worts Widersacher. g) Ist das nicht tief gelahrt sein? Psalm 118.

65) „nicht" fehlt.

so hast du es; wenn es aber die Leute nicht gläuben, so muß dein Glaube falsch sein.

Wenn sie wollen also predigen: Was die Leute gläuben, lehren und thun, dasselbige thut ihr auch h). Was thun sie nu? O sie treiben Hurerei, Ehebruch, Diebstahl, Wucher und andere Sünden, leben wie Huren und Buben: das hieß das Gewissen auf ein Eis führen, auf die Leute oder Menschen weisen, gleich als könnten die Menschen nicht irren; verachten, lästern und schänden denn Andere, die nicht mit ihnen heulen und in Ein Horn blasen. Also wird die menschliche Thorheit ausgeschüttet, daß einer sich soll umbsehen nach den Leuten. Sie wollen aber also viel sagen: Wir Pharisäer können nicht irren, da haltet euch an; wir sind ohne Sünde: was wir reden, gläuben oder thun, das ist recht und gut, und ohne Mangel.

Der Herr Christus aber zeiget damit an, daß wenn die weisen Leute anfahen zu narren, so begehet ein weiser Mann keine kleine Thorheit; sondern sie werden mit ihrem Toben und Wüthen je länger je sehrer unsinniger i). Darumb so lehren wir also, daß man Niemand soll ansehen, weder Fürsten noch Herrn, Doctor oder Schüler, sondern mein Glaube soll keinen andern Grund haben, denn das Wort Gottes. Was vor Zeiten der Papst sagete, das hieß die christliche Wahrheit, und waren Artikel des Glaubens, und sind schlechts an Menschen gehangen. Da ists auch geschehen, daß man hinein gesunken ist, und alles, was Christus und Gottes Wort ist, verloren hat. Derhalben soll man itzt sagen: Papst, Koncilium und Doctores, wir wollen euch nicht gläuben, sondern dem göttlichen Wort.

Sie rühmen wohl, daß solche große Leute nicht irre gehen k). Das laß ich gehen und passiren in der Juristerei, daß sie nicht irren; laß es sie auch reden, als Juristen, daß sie in äußerlichen Sachen

h) Erheblicher Beweis. i) Kluge Leute narren gar zu grob, wenn sie ankommen. k) Phantastischer Behelf: Er ist groß oder wohlverdienet, darumb ꝛc.

nicht irren. Denn was frage ich darnach? ich mags gläuben, daß sie nicht irren oder irren, es bricht mir kein Bein: es ist eine weltliche Sache, gehet meinen Glauben nichts an. Aber daß sie es dahin wollen ziehen, daß der Papst im christlichen Glauben und in der Lehre nicht irren könne, da sage ich Nein zu, und zu der Predigt komme ich nicht. Wir sagen rund heraus: Gott hat befohlen, daß wir in Glaubenssachen auch auf keinen Apostel sollen sehen, auch nicht auf Propheten, oder sonst Jemand; denn der Glaube stehet nicht in menschlicher Gewalt, sondern auf göttlicher eigener Kraft, und nicht darauf, was der Papst oder Kaiser, der große Hause und Concilia gläuben. Es sei denn, daß sie Gottes Wort für sich haben, so gläube ich umb des göttlichen Worts willen, und nicht umb ihrenwillen, und sage: Fürst hin, Fürst her, die Pharisäer sollen mir Nichtes hinaus noch hierein lehren. Bringen sie Gottes Wort, so sagen wir: Gott willkommen. Wenn es aber nicht Gottes Wort ist, so lassen wir sie fahren; wie hie die Knechte ihre Herrn lassen Pharisäer sein, gläuben und folgen aber ihrer Lehre nicht.

Da soll man nu Gottes Wort gewiß ergreifen, alsdenn weiß man, was man thut oder gläubet, oder wo man zu Hause sei l), denn ein Christ weiß allein, was er gläubet oder thut. Die Andern gehen im Finsterniß, und sind ihres Standes und Wesens gar ungewiß, sehen den Glauben an, wie ein Kalb ein neue Thor ansiehet, und verführet Einer also den Andern, wollen gläuben, was der Kaiser oder ihr Pfarrherr gläubet. Aber gläube du also, du wirst es wohl sehen, was du gläubest m). Ich will nicht gläuben, was der Kaiser, Fürst oder Churfürst zu Sachsen gläubet; sondern was Gottes Wort gewiß ist. Da weiß ich denn, wo ich daheim bin, und gehe im Licht daher, und weiß, wo ich meines Glaubens gewarten soll; und wirst mich in das schwarze Loch nicht bringen n), das man mir fürstellet, da ich

---

l) Der Glaube soll auf dem göttlichen Wort und nicht auf großen Leuten stehen. m) Esai. 9. Luc. 1. n) Auf Polnisch.

ungewiß bin, und nicht weiß, was man gläubet; und da ist der Glaube rein.

Sonst haben sich die Andern zu Gott gemacht, und furgeben, sie können nicht irren o). Es sind stolze Schelmen. Pfui dein Maul an! Sie verdammen das ganze Volk, als wüßten sie Nichts von Gott oder von dem Gesetze. Wissen sie nicht, daß ein Gott sei, der da verboten hat, man solle nicht stehlen? item, daß ein Gott sei, der sie aus Aegyptenland geführet hat? O sie müssen Nichts wissen, sie nehmen es dem Volk alles, und schreiben es ihnen zu. O das Volk, sagen sie, weiß Nichts vom Gesetze, derhalben so ist es verdammet und verflucht: wir wissen Alles vom Gesetze, darumb sind wir gebenedeiet und selig.

Der Teufel sollt selber nicht also kommen, und also grob reden. Sie verdammen das ganze Volk p), alle ihre Werk, Leben, Glauben und Gottesdienst; so muß unser Herr Gott mit dahin gehen. Aber Gott ist im Volk, und ob der gemeine Mann wohl dahin gehet, so sind doch unter dem Volk Etliche, die fromm sind; obwohl der Adel und die Fürsten eitel Teufel sind, so sind doch etliche fromme Fürsten und Edelleute darunter. Also hat der Herr Christus hie auch die Seinen gehabt, obschon die Laurer, die Pharisäer, eitel Diebe sind. Worumb wollten wir den Haufen gar hinwegwerfen, wie diese thun? Nicodemus wird auch noch in das Spiel kommen. Sich aber achten die Pharisäer hie selig, und verdammen das Volk mit ihrem Gott. Also machen wirs, wenn wir wider unsern Herr Gott sind, und wider ihn und sein Wort toben und wüthen.

q) Das ist die Historien, wie die Knechte von den Pharisäern geschickt sind worden, den Herrn Christum zu greifen; aber sie durch seine Predigt sind bekehret worden, also, daß sie sich nicht gefurcht noch gescheuet haben, Christum fur ihren Herrn zu

---

o) Der Pharisäer und anderer Leute Betrüger Durst und Verwegenheit. p) Das heißt solche zwagen. q) Die 11. Predigt, am Sonnabend nach Nativitatis Mariae.

bekennen und zu rühmen. Solchs ist nu zum Trost geschrieben denen, die da gläuben, daß sie wissen, es stehe nicht in der Tyrannen Gewalt, uns Schaden zu thun; denn Gott kann ihr Herze, ihr Wort und Werk wenden. Dieß Trostes bedürfen wir auch wohl q*), auf daß, wenn es zun Zügen und zum Treffen kömmet, wir gewiß sind, was uns Böses widerfähret durch den Teufel oder durch Menschen, umb der Lehre des Evangelii willen, daß sie aus ihren eigenen Kräften nicht vermöchten, uns ein Haer zu krümmen, wenn es nicht von Gott verhänget würde, und Gott es gnädiglich haben wollt; wie denn der Herr Christus sagt r), daß nicht ein Haer von unserm Häupt fallen soll, ohn seinen Willen. Es lautet gering, und die Wort haben kein Ansehen; aber es ist hoch geredet, daß kein Haer von unserm Häupt abfallen soll. Die Vernunft verstehet es nicht, und das Widerspiel ist da, welches diese Wort gar zunichte machet. Denn ein Christ nicht alleine ein Haer, sondern Leib, Gut, Ehre und Gelimpf, Haus und Hof verleuret, daß es gar umbgekehrt wird, und es also heißen möcht: Es bleibt einem Christen kein Haer uber; also wird er zustäubet, er wird verdammet, und also ausgerottet, daß nicht ein Härlin da stehend bleibe.

Christus kehrets doch gar umb, und spricht s): Nicht ein Haer soll umbkommen, vielmehr wird der Leib, Gut und Ehre nicht umbkommen. Aber der Trost liegt daran, daß wir an den Worten hangen, und mit Exempeln diesen Spruch bestätigen, wenn die Noth kömmet, sonst ist keine Hülfe da. Sie haben im Sinne und gedenken Alles rein aufzuräumen, daß nicht ein Haer soll uberbleiben: aber Gott kehrets umb, und machts, daß sie einem nicht ein Haer krümmen dürfen, ja, keins umbkomme; da ists gar umbgekehret. Das ist ein schöner Trost, sie sollen uns kein Haer ausräufen, ohne seinen Willen; sie

---

q*) Der Christen Trost wider die Tyrannen. r) Matth. 10. Gottes fleißigs Auge uber die Seinen. Psal. 34. s) Er weiß recht von Sachen zu reden.

werdens nicht enden, was sie im Sinne haben. An diese Verheißung müssen wir uns feste halten, daß sie uns nicht ein Haer krümmen sollen, er wolle es denn haben; wer aber Etwas drüber verleuret, der wirds wohl wieder bekommen. Nu folget:

Spricht zu ihnen Nicodemus, der bei der Nacht zu ihm kam, welcher einer unter ihnen war: Richtet auch unser Gesetz einen Menschen, ehe man ihn verhöret, und erkenne, was er thut?

Sie haben sich verschnappt, die lieben Narren, daß sie sagen: Gläuben auch die Pharisäer an ihn? Es sind eitel närrische Reden gefallen; als sollten sie sagen: Ihr unsinnigen, närrischen Leute, wie möget ihr diesem Manne anhangen mit dem tollen, gemeinen Pöfel, der gar Nichts weiß, und doch alle Fürsten und Pharisäer wider ihn sind [66])? Da haben sie sich verstiegen. Sie sagen [67]) nicht, daß sie hätten einen bei sich stehen, als den Nicodemum und Joseph, so an ihme hingen. Und hie bekennet Christum derselbige Nicodemus, aber auf Nicodemisch vertheidigt er ihn t): er ist des Herrn Jünger, aber heimlich, und schützet ihn auf Nicodemisch. Er saget nicht, ob er recht habe oder nicht, wie es doch hie diese Knechte thun; sondern er trägt den Baum schier auf beiden Achseln, will nicht sagen, daß er ein Ketzer, oder ein Prophet und fromm sei: sondern will sagen, man sollte mit diesem Manne nach weltlicher Rechte Art und der Vernunft Urtheil handeln, und ihn erst verhören, ehe denn man ihn verdammete.

Das ist Nicodemisch geredet. Er schweiget, daß man ihn hören sollte als einen Propheten, und daß seine Lehre recht sei; sondern es wäre billig, spricht er, wenn man einen nicht wollt hören aus dem göttlichen Wort und der heiligen Schrift, daß man doch nicht breche das weltliche Recht an ihme, daß man

---

t) Nicodemi Schutzrede fur den H. Christum.

66) Orig. † sind. 67) sahen.

Niemand verdamme unverhöret u). Das hat Gott und der Kaiser geboten; das Gesetz der Natur sagets auch, man sollt nicht strafen oder verdammen, man laß denn zuvor einen zur Antwort kommen, und daß er mit Recht uberwunden sei. Also saget das Kaiserrecht und Portius Festus in den Geschichten der Aposteln am 25. Kapitel zu Sankt Paulo: Die Römer verdammen Niemand, sie haben ihn denn zuvor verhöret, er habe denn Raum uberkommen, in Gegenwärtigkeit seines Verklägers sich zu verantworten.

Also wollt er gerne v), daß sie aufs Wenigste das weltliche Recht ließen gehen und ihme gelten, weil sie nicht nach der Schrift mit ihme handeln wollen. Höflich und vernünftig will er sie abweisen von ihrem bösen Furnehmen, doch ihn nicht ausdrücklich vertheidigen, daß er in seiner Lehre recht habe. Er spricht nur, sie fahren zu hoch wider weltlich Recht; er saget nicht: Ihr seid Narren und Ungerechte, handelt wider das Recht und wider die Vernunft; sondern blöde fähret er heraus, und fraget also: Ich befehle es euch, denket ihm selber nach, ob sichs schicke, daß man ihn soll greifen und verdammen, da ihr nicht könnet eine Schuld auf ihn bringen.

Das ist wieder ein Trost, und hie zum Exempel fürgestellet, wie unser Herr Gott die Seinen tröstet und errettet; wie es denn oft also kömmet. Denn Gott ist ein wunderbarlicher Mann. Wenn die Fürsten zu Zeiten zusammen kommen, und in ihrem Rath böse sind, haben Böses im Sinne, stimmen uberein, wollens im Grimm und Zorn hinaus machen, so soll unser Herr Gott oft einen Nicodemum unter sie geben, der ins Spiel redet, und alle ihr Ding zunichte und sie irre machet w), auf daß man sehe, er hat ihre Gedanken in seiner Faust, auch ihre eigene Herzen.

---

u) Rechtliche Verhöre fur der Straf oder Exekution. v) Ein Muster von klugen Leuten, die hinten anspannen. w) Ein Nicodemus in der Tyrannen Rathstuben.

Solcher Exempel sind viel in der [68]) Schrift. Als David von Absolon, seinem Sohn, verjagt ward, da hielt man einen Rath x), wie man David uberfallen und greifen möchte, und gab Achitophel dem Absolon einen Rath und sprach, es wäre umb eine Person zu thun, nämlich, umb den David; und erbot sich, er wollte mit zwölf tausend Mann dem David nachjagen, und ihn uberantworten in Absolons Hände. Nu, es war ein kluger Rath; aber unser Herr Gott schickt den Chusai mitten in den Rath, und da er in Rath kömmet, der wendets, und macht sie irre y), der sprach: Thue es nicht, Absolon, sondern das rathe ich dir: Sammle das ganze Israel; denn dein Vater David ist ein zorniger Kriegsmann, sonst wirst du verlieren. Das thut unser Herr Gott. Es war Chusai Rath schier läcberlich; noch machet er Achitophels Rath zu Schanden, der doch einen weisen und klugen Rathschlag geben hat. Da ist unser Herr Gott ein Meister zu z).

In der Kirchenhistorien, da wollt ein Kaiser die rechtschaffenen Christen alle ausrotten, und man sollt sie alle fur der Stadt richten a). Der Häuptmann, dem es befohlen war, (ob er wohl ein Heide war,) zog langsam zu der Stadt hinaus zum Gerichte, und meinete, die Christen sollten sich mittlerzeit hinwegtrollen, daß er Niemand auf dem Platz fünde. Da sahe er, daß sie viel seherer hinaus liefen, und sonderlich sahe er eine Frau mit einem Kindelin zum Thor zulaufen. Da fragt er sie, und sprach: Wo willt du hin? Sie antworte: Ad martyrium, das ist, da man will die Christen richten, ich will auch mit sterben. Da entsetzt sich der Häuptmann, und zog mit dem Kriegsvolk zurücke, wollte die Christen nicht richten, ward dem Kaiser ungehorsam, und

---

x) 2. Reg. 12. [2 Sam. 17.] y) Chusai machet Achitophels Rath zunichte. z) Wenn sie es aufs Klügste greifen an, so gehet doch Gott ein ander Bahn rc. a) Kaiser Valentins Wütherei. Vid. Trip. Hist.

68) † heiligen.

sprach: Ich will mich selbs ehe todtschlagen lassen, ehe denn ich einen Christen wollt mehr umbbringen.

Also schickts unser Herr Gott allzeit b). Wenn man meinet, es soll nu zu scheitern gehen, so kömmet etwa ein Nicodemus oder Chusai in das Spiel, der wendets. Also kann er durch einen einigen Mann und einzele Person aufhalten, und ein ganz Land irre machen, ja, er kann die ganze Welt irre machen durch Eine Person. Hat er aber keine Person, so thut ers alleine, und nimmet ihnen ihre Gedanken und Herz, kehrets umb und hinderts; das kann er. Bisweilen nimmet er einzele Personen, bindert damit alle Fürsten, und spricht: Trotz. Also tröstet uns unser Herr Gott, und trotzet den Teufel; welchs ihn denn ubel verdreußt: man könnte ihme kein ärgere Schalkheit thun, denn daß es unser Herr Gott so lächerlich und schimpflich angreift.

Der Teufel, der es alles gerne in einen Haufen würfe, machet die Fürsten und großen Hansen grimmig und zornig, daß sie viel Böses im Sinne haben c); so haben sie auch Gewalt, daß sie es wollen hinausführen. Dagegen lachet Gott, so im Himmel sitzet, und spricht: Was wollen sie thun? wollen sie Christum, meinen Sohn, tödten? O ich will diese Weisheit zur Thorheit machen, und will ihren Knechten das Herz nehmen, daß sie meinen Sohn nicht verletzen. Zum Andern, so will ich einen Nicodemum schicken, der sie soll in ihren Rathschlägen irre machen. Das heißt, des Teufels spotten in die Zähene; die Knechte und eine einzele Person, Nicodemus, sollen sie irre machen. Daran sollen wir seine große Gewalt sehen, wie leichte es ihme sei, zu helfen und zu erretten. Er wirft einen Nicodemum unter sie, und machet die Knechte auch zu andern Leuten.

So er nu das kann thun durch einen einigen Nicodemum, daß er die großen Hansen alle irre machet, und großer Regenten und zornigen Junkern Anschläge feihlen lässet; was wollte er wohl thun,

b) Regnat in humanis divina potentia rebus. c) Teuflische [illegible]gen und Rumorn. Matth. 2.

wenn er seine Engel dazu brauchte? d) Was würde er thun, wenn er mit zwölf tausend Engeln käme? Aber Gott wills nicht thun, er braucht so viel Engel nicht dazu; sondern spricht e): Nur allein, mein Kind, gläube an mich, und hange an meinem Wort fest, es soll an Hülfe nicht mangeln; ich will meinen Widersachern stark genug sein, und mit starkem Arm ihnen begegnen, und alle die Rathschläge zunichte und irre machen, dir zu Trost, und dem Teufel zu Trotz; und das sollt du zum Exempel und Wahrzeichen haben: Den Haufen der großen Hansen will ich durch einen Nicodemum zurückstoßen. Es siehet einen oft dafur an, als wollt Alles zu Trümmern, zu scheitern und zu Boden gehen; da gedenke denn dran, daß, so Gott dieß thun kann, und so viel Knechte, die Christum fangen wollen, gläubig machen, und dem Grunzen und großen Gewalt der Pharisäer durch einen einigen Nicodemum wehren, und es aufschieben, gering kostets ihn: so wird er da auch irgend einen Rath finden. Thut ers nu durch Engel, daß er uns schützet f), wohl und gut; wo nicht, so hab ich allhie einen Trost, und ein gewiß Zeichen, daß es also sein gnädiges Wohlgefallen ist.

Sie wollen mich aufreiben, daß nicht ein Haer an mir uberbleiben soll; aber das ist mein Trost, daß sie mir nicht ein Haer umbkehren oder krümmen sollen. Sie haben im Sinn, Wittenberg in Haufen zu werfen, daß nicht ein Stein auf dem andern bliebe g). Aber wir sinds nicht werth, und könnens schwerlich leiden, daß uns Gott fur ihnen schützen werde; wir hätten wohl eine Strafe verdienet. Aber Gott spricht: Ja, lieben Herrn, denkt nur also; aber es stünde wohl dabei im Briefe, wenn ihr saget: ob Gott will. Aber sie sagen: Noch wollen wirs thun. So spricht denn Gott: Ich will zusehen, und soll denn wohl ein Nicodemus oder ein Chusai

---

d) Gott machet diese Rathschläge der Verfolger zunichte. Matth. 26.
e) Er weiß den Dingen wohl recht zu thun. f) Daniel 3.
g) Es liegt an Haufen nicht ꝛc.

drein kommen, der sie irre machet, daß sie nicht wissen, wo sie es anfangen oder lassen sollen. Die Maur allhie und der Dreckwall wird uns zu Wittenberg nicht schützen, die Scharrhansen und Eisenfresser werdens auch nicht thun, es ist ein papieren Wall; aber der droben im Himmel muß es thun, und irgend einen Nicodemum oder Chusai schicken.

Das ist nu dieser Text, da [69]) wir hören, daß ob man umb des Worts Gottes und Glaubens willen Etwas leiden soll, daß wir nicht weich werden h). Denn widerfähret uns Etwas, und wir gläuben nur recht, so mangelt es am Schutz und Schirm nicht; er kanns leichtlich thun, wenn wirs nur gläuben: Er widerstrebet den Hoffärtigen i), und will nicht viel dran wagen, daß er uns schütze. Er lässet wohl den Teufel alle seinen Zorn, Grimm, Bosheit und Gewalt ausschütten; aber Gott lachet dazu, und stellet ihnen fur die Nasen ein Wort, oder einen Nicodemum, so sind sie irre gemacht; oder, wenn sie meinen, sie haben uns alle ausgerottet, so haben wir den Trost, daß sie uns kein Haer umbgekehret haben. Wollt Gott, daß wir so fromm wären, daß wirs erfahren möchten, und dieses Trostes werth wären.

Folget im Text:

Sie antworten und sprachen zu ihm: Bist du auch ein Galiläer? Forsche und siehe, aus Galiläa stehet kein Prophet auf. Und ein Iglicher ging also heim.

Wie höhnisch und spitzig sind sie doch gewesen k). Droben sagen sie: Die Fürsten, Obersten und Pharisäer gläuben nicht an ihn, sondern der gemeine Mann, so verflucht ist; aber hie sind sie gar Narren, sagen: Bist du auch ein Galiläer? Sie gönnen dem frommen Mann nicht so viel, daß sie sprechen: Bist du auch ein Christen, oder ein Jesus von Nazareth? sondern geben ihm einen spöttischen, höhni-

---

h) Hohe Würdigkeit solchs Leidens. Mt. 5. i) 1. Pet. 5.

k) Ein pharisäisch Kunststück, Schmachnamen aufzudichten.

69) daß.

schen Namen: Bist du auch ein Galiläer? nennen ihn nicht bei seinem rechten Namen, nennen ihn auch nicht einen Christum, sondern sprechen: Es ist ein Galiläer; gleichwie man auch zu unser Zeit saget, wenn einer ein Prediger ist: Was ist er? Ein Lutherischer? Das muß ein schmählich Wort sein, gleich als wäre er ein Türk oder Jude, und nicht werth, daß man ihn bei seinem Namen nennete. Sie können Nichts mehr thun. Nicodemus hat sie gestoßen mit einem Wort, daß sie irre sind, sprechen: Wir haben droben gesagt, es sei kein Pharisäer oder Oberste, der da gläube an ihn; und du Nicodeme wolltest, als ein Pharisäer und Oberster, an ihn gläuben?

Ja, sie sollten Nicodemum auch nicht also verstoßen l), sie hätten ihn denn zuvor verhöret; aber er hat ihr Gewissen getroffen, und sie irre gemacht, daß sie nicht wissen, was sie sagen, sie können Nichts dawider aufbringen. Sollten sie sprechen, wiewohl es wahr ist: Es ist wider das Gesetz, daß wir ihn verdammet haben; das wäre zu viel. Nu stehet das Gewissen da fur Augen und spricht: Wir habens gethan, und bestellt, daß man ihn fangen und unverhort verdammen sollte; und stehet das Gesetz also fur ihren Augen, daran hätten sie nimmermehr gedacht. Das thut ihnen faul, und schämen sich ins Herz hinein, daß sie wider das Gesetz gethan haben; noch sind sie also stolz ob sie schon fühlen, daß sie Unrecht gethan haben, so wollen sie doch die Sünde nicht bekennen; sie sagen nicht zu Nicodemo: Wir habens versehen, es ist wahr.

Nein, ein hoffärtiger Heilige, wenn er sündiget, so kömmet er nicht dahin, daß er seine Sünde erkenne, oder sage: Ich habe Unrecht gethan; das thun sie nicht m). Dahin bringet man es wohl, daß er es in seinem Gewissen fühlet, daß er stecke, und das Gewissen ihm gerühret ist, daß er sich ins Herze schämet. Aber man bringets nicht heraus, daß es der

l) Rechtschaffener Leut sich annehmen (wie säuberlich es auch geschehe,) trägt diesen Gewinn. m) Verstockung der Verführer und Verfolger.

Mund sagete, was das Herz fühle, bleiben verstockt: sie bekennen die Sünde nicht, und können doch die Sünde nicht verbergen; sie sagen weder Ja, noch Nein: sondern das Herz saget wohl Ja; aber ehe sie es bekennen, ehe thun sie etwas Anders, und fahren heraus, schelten eine Weile den guten, frommen Mann, Nicodemum. Also soll man die Wahrheit in sich fressen, heraußer fahren, und Andere schänden und lästern.

Also thun auch unsere Papisten. Dieweil sie gefühlet haben n), daß wir mit Schriften also in sie geschossen haben, und ihrer gar nicht gefeihlet, daß sie nicht furuber können, da fahren sie heraus, lästern und schelten, und verunglimpfen uns. Aber zur Sachen antworten sie Nichts, daß sie wider das Gesetz Gottes gehandelt haben, und Unverhörte verdammet hätten; wie hie diese Schelmen auch thun. Sie sollten antworten: Nicodeme, ja, ja, du hast recht, wir haben uns ubereilet, und habens versehen, wir haben wider das Gesetz gethan. Da sagen sie: Bist du auch ein Galiläer? Sie fühlen, daß sie Unrecht gethan haben; aber weil sie keine Beschönung haben, und es auch nicht entschüldigen können, so muß es gehen uber den Nicodemum; auf daß sie einen Schanddeckel haben, so muß er den Titel führen: Du bist ein Galiläer.

Also thun allzeit die Feinde des Evangelii. Also verkehret sind sie, daß sie einem nicht gleich unter die Augen richtig gehen, sondern sie flattern immerdar beiseits aus o). Saget man ihnen von einem Apfel, so antworten sie vom türkischen Pfennig. Es kann sie Niemand auf der Bahn behalten. Das ist ein Zeichen, daß sie getroffen sind. Darumb suchen sie Ausflucht, Auslauf und allerlei Ränke, auf daß sie ja nicht zu Schanden werden, sondern sie uns einen Schandflecken anhingen, die wir sie getroffen haben.

Dieses ist nu eine Konfirmation nostrae doctrinae, sie wollen sich gerne beschönen, weil sie fühlen, daß

---

n) Da lerne Bubenstück kennen. o) Es ist ihnen disputirlich.

sie getroffen sind. Denn, wenn man sie nicht getroffen hätte, so machten sie sich nicht unnütze. Aber dieweil sie umbher gehen, und beiseits abschlagen, das macht uns eine Freude, keck, muthig und getrost, daß wir setzen, daß sie unrecht haben, und wir gerecht sind p). Man kann sagen: Aus eurem eigenen Bekenntniß und Zeugniß merke ich, daß ihr uberwunden seid. Ich habe euch gesaget, (will Nicodemus anzeigen,) daß ihr wider das Gesetze thut; so schelt ihr mich einen Galiläer. Wo komm ich hiezu? Bin ich doch nicht darumb hie, daß ich disputiren will, ob er recht hab, oder ihr Pharisäer. Ich halts dafur, daß ich euch getroffen habe, und daß euer Gewissen gefangen und gerühret ist. Ihr scheltet euch selbs in euren Herzen. Ich habe euch die Wahrheit gesagt, mein Gewissen ist gereiniget.

Dieses thut nu unser Herr Gott den Seinen zu Trost, und hat diese drei Stücke q) schreiben lassen: erstlich, daß er habe unser Feinde Herz, Werk und Gedanken in seiner Hand; zum Andern, so hat er irgend einen Mann, der sie irre machet; zum Dritten, daß sie heraus fahren, und mit der That bezeugen, daß sie ungerecht und Narren sind. Gott machet sie [70]) zu Schanden mit närrischen Reden, sie müssen sich selbs abrennen. Wenn es derhalben nach ihren Gedanken nicht will gehen, so haben wir gnug, es ist ein Zeugniß der Wahrheit und Gerechtigkeit.

Es ist kein größer Bekenntniß, denn wenn der Feind selber es muß bekennen, daß ich recht habe, er aber unrecht sei r). Denn dieß Zeugniß, wenn es der Papst sagt, daß meine Sache recht sei, ist mir viel lieber, denn wenn es mein ganzer Anhang sagte, den ich sonst hab. Denn da ist diese Gefährlichkeit, daß sie möchten umb Freundlichkeit, oder aus Freundschaft, und aus anderer Ursach und Mei-

p) Sie können das Hundgeschrei nicht lassen, zu entdecken, daß sie getroffen sind. q) Drei nöthige Stücke. r) Ausgedrungenes Bekenntniß durch Kraft der Wahrheit.

70) „sie" fehlt.

nung willen, meine Sache bekennen: aber mein Feind sucht mit ganzem Fleiß, wie er meiner Lehre widerstehe, und kann doch Nichts dawider aufbringen. Aber wenns der Teufel im Kampf bekennet, und muß sagen, daß unsere Lehre recht sei, der doch sonst unsere Lehre fressen und unterdrucken will, so ists ein Zeugniß, daß er unrecht habe und uberwunden sei, und wir wohl dran sind.

Daraus sehen wir nu, daß unser Herr Gott diejenigen nicht will verlassen, die da hart halten s), er will ihnen helfen, auf daß sie nicht zu Schanden werden. Aber die Schande muß uber die ausgehen, die Andere zu Schanden machen wollen.

Forsche und siehe, aus Galiläa stehet kein Prophet auf.

Die sind klug gewesen, und haben die Schrift wohl verstanden, daß Galiläa keine Propheten gebe. Droben haben sie gesagt t), Christus wäre verheißen aus Judäa, und von Bethlehem sollt er kommen, und sind solche Narren, daß sie hie verstehen, Christus sollt aus Galiläa kommen, so er doch nur durch Galiläam wandert und spaziret. Daß er nu durch Galiläam reisete, darumb soll er nicht Christus sein. Man weiß gar wohl, daß seine Ankunft, Geburt und Zukunft sei aus Bethlehem, und nicht aus Galiläa; aber sie verstehen seine Zukunft, als das zur Thür hineingehen. Wie wenn er aus Damasco oder Antiochia kommen wäre, sollt er darumb nicht Christus sein? Also, wenn er durch die Thür in Tempel gegangen wäre, so hätten sie auch sagen können: Dieser ist nicht Christus, denn er kömmet nicht aus Bethlehem, sondern gehet durch die Thür in Tempel. Aber Narren sind sie, und bleibens.

Also gehets denen, die da widerbelfern und sich widersetzen dem Evangelio u). Gott zeiget an, daß sie sich in ihrer Weisheit selbs baden sollen, und sich selbs abrennen und zu Schanden machen, und sehen, daß Gott Solchs leichtlich ändert. Er waget nicht

s) Sie sind aber drumb aufgangen ꝛc. t) So verstrigen sie sich, daß kein Sakrament Weisen hilft. u) Das hat allezeit zutroffen, und wird itzt auch nicht fehlen.

viel dran, wenn er uns schützen will, sondern er nimmet irgend einen Nicodemum, oder darnach seine eigene Feinde, die müssen sich selber verdammen und zu Schanden machen, uns aber preisen und rechtfertigen, daß es keiner Schänder oder Richter bedarf, sondern der Gottlos muß sein selber Richter werden. Das ist die höheste Kunst, und die hie Christus anfähet. Also wirds am jüngsten Tage auch zugehen. Er wird nicht viel Urtheil fällen, sondern sie werden diese Gewissen mit sich offentlich bringen, die sie itzt haben; das Herze wird da gar offenbar sein, wie es sich itzt hie heimlich verdammet, und wie es mit diesen zugehet.

Nicodemus kömmet nicht, daß er sie schrecken wolle; sondern sie verdammen sich selbs, und machen sich zu Schanden, uber sich selbs schließen sie v). Es ist ein fein Urtheil. Es dienet denjenigen, die gläuben, und darnach vom Teufel und der Welt angefochten und geplagt werden, daß dieselbigen lernen, wie mit Geringem unser Herr Gott uns helfen könne, und des Teufels große Weisheit, Ehre und Gewalt verspotten. Das soll uns einen Muth machen, auf daß wir wissen, er könne und wolle die Hand nicht von uns (dieweil wir gläuben und beständig bleiben,) abziehen. Dafur soll uns dieser Text gut sein.

Das achte Kapitel Joannis.

a) Jesus aber ging an den Oleberg; und frühe Morgens kam er wieder in den Tempel, und alles Volk kam zu ihm, und er satzte sich und lehret sie. Aber die Schriftgelehrten und Pharisäer brachten ein Weib zu ihm, im Ehebruch begriffen, und stelleten sie ins Mittel dar, und sprachen zu ihm: Meister, dieß Weib ist begriffen auf frischer That

v) Wie jener Knecht Matth. 25.

a) Die erste Predigt uber das 8. Kapit., am Sonnabend vor Michaelis gethan, Anno 1531.

im Ehebruch. Moses aber hat uns im Gesetz geboten b), solche zu steinigen, was sagest du? Das sprachen sie aber, ihn zu versuchen, auf daß sie eine Sache zu ihm hätten. Aber Jesus bücket sich nieder, und schreib mit dem Finger auf die Erden. Als sie nu anhielten, ihn zu fragen, richtet er sich auf, und sprach zu ihnen: Wer unter euch ohne Sünde ist, der werfe den ersten Stein auf sie; und bücket sich wieder nieder, und schreib auf die Erden. Da sie aber das höreten, gingen sie hinaus, Einer nach dem Andern, von den Aeltesten an; und Jesus ward gelassen alleine, und das Weib im Mittel stehend. Jesus aber richtet sich auf, und da er Niemand sahe, denn das Weib, sprach er zu ihr: Weib, wo sind sie, deine Verkläger? Hat dich Niemand verdammet? Sie aber sprach: Herr, Niemand. Jesus aber sprach: So verdamme ich dich auch nicht. Gehe hin, und sündige nicht mehr.

Da redet Jesus abermal zu ihnen, und sprach: Ich bin das Licht der Welt, wer mir nachfolget, der wird nicht wandeln im Finsterniß, sondern wird das Licht des Lebens haben. Da sprachen die Pharisäer zu ihm: Du zeugest von dir selber, dein Zeugniß ist nicht wahr. Jesus antwortet, und sprach zu ihnen: So ich von mir selber zeugen würde, so ist mein Zeugniß wahr, denn ich weiß, von wannen ich kommen bin, und wo ich hin gehe. Ihr aber wisset nicht, von wannen ich komme, und wohin ich gehe. Ihr richtet nach dem Fleisch, ich richte Niemand. So ich aber richte, so ist mein Gerichte recht. Denn ich bin nicht alleine, sondern ich und der Vater, der mich gesandt hat. Auch stehet in eurem Gesetz geschrieben c), daß zweier Menschen Zeugniß wahr sei. Ich bins, der ich von mir selber zeuge; und der Vater, der mich gesandt hat, zeuget auch von mir. Da sprachen sie zu ihm: Wo ist dein Vater? Jesus antwortet: Ihr kennet weder mich noch meinen Vater. Wenn ihr mich kennetet, so kennetet ihr auch meinen Vater. Diese Wort redet Jesus an dem

b) Levi. 20. c) Deut. 17. 19.

Gotteskasten, da er lehret im Tempel; und Niemand greif ihn, denn seine Stunde war noch nicht kommen.

Da sprach Jesus abermal zu ihnen: Ich gehe hinweg, und ihr werdet mich suchen, und in euer Sünde sterben; wo ich hin gehe, da könnet ihr nicht hin kommen. Da sprachen die Juden: Will er sich denn selbs tödten, daß er spricht: Wohin ich gehe, da könnt ihr nicht hin kommen? Und er sprach zu ihnen: Ihr seid von unten her, ich bin von oben herab; ihr seid von dieser Welt, ich bin nicht von dieser Welt. So hab ich euch gesagt, daß ihr sterben werdet in euren Sünden; denn so ihr nicht gläubet, daß ichs sei, so werdet ihr sterben in euren Sünden.

Da sprachen sie zu ihm: Wer bist du denn? Und Jesus sprach zu ihnen: Erstlich der, der ich mit euch rede. Ich habe viel von euch zu reden und zu richten; aber der mich gesandt hat, ist wahrhaftig, und was ich von ihm gehöret habe, das rede ich für der Welt. Sie vernahmen aber nicht, daß er ihnen von dem Vater sagete. Da sprach Jesus zu ihnen: Wenn ihr des Menschen Sohn erhöhen werdet, denn werdet ihr erkennen, daß ichs sei, und Nichts von mir selber thue, sondern, wie mich mein Vater gelehret hat, so rede ich; und der mich gesandt hat, ist mit mir. Der Vater läßt mich nicht alleine; denn ich thue allezeit, was ihm gefället.

Da er Solchs redet, gläubeten Viel an ihn. Da sprach nu Jesus zu den Juden, die an ihn gläubeten: So ihr bleiben werdet an meiner Rede, so seid ihr meine rechte Jünger; und werdet die Wahrheit erkennen, und die Wahrheit wird euch frei machen. Da antworten sie ihm: Wir sind Abrahams Samen, sind nie keinmal Jemands Knechte gewesen; wie sprichst du denn: Ihr sollt frei werden? Jesus antwortet ihnen, und sprach: Wahrlich, wahrlich, ich sage euch: Wer Sünde thut, der ist der Sünden Knecht. Der Knecht aber bleibet nicht ewiglich im Hause, der Sohn bleibet ewiglich. So euch nu der Sohn frei machet, so seid ihr recht frei. Ich weiß wohl, daß ihr Abrahams Samen seid; aber ihr suchet mich zu tödten, denn meine Rede fähet nicht unter euch [1]).

Allhie gehet eine andere Predigt an. Denn droben haben wir gehört die Geschicht, die sich nach der Predigt zugetragen hat, die der Herr zu Hierusalem im Tempel vom Essen, Trinken und vom Geist gethan hat. Da er sich nu niedergesetzt hat, ehe denn er anfähet zu lehren, fallen ihm die Pharisäer drein, und bringen ein Weib, im Ebebruch begriffen d), und verklagens fur ihm nach dem Gesetz Mosi e), und sagen, daß sie des Todes schuldig sei; denn Solches hatte Moses ernstlich geboten.

Diese Historia ist nu darumb beschrieben, auf daß man sehe einen klaren Unterscheid zwischen dem Gesetz und Evangelio, oder unter dem Reich Christi und der Welt Reich. Die Pharisäer hatten gehört, daß der Herr viel hatte geprediget vom Reich Gottes, daß es wäre ein Reich der Gnaden, darinnen ginge Vergebung der Sünde: dawider die Juden Moses Gesetz hatten, das da dräuete den Ubertretern der Gebot Gottes eitel Zorn, Ungnad und Strafe Gottes; wie denn auch die weltliche Oberkeit diese Macht hat, daß man grobe Laster und Sünden strafen und nicht vergeben sollte. Solches scheinet nu gar wider einander. Denn in des Herrn Christi Reich sollt kein Strafen, sondern eitel Gnade, Vergebung der Sünden sein: dort aber, in Mosi und der Welt Reich, solle nicht Vergebung der Sünden, sondern eitel Zorn und Strafe folgen; denn wer da sündiget, der soll gesteiniget und getödtet werden.

Da wollten nu die Schälke dem Herrn Christo das Seil und Stricke gerne uber die Hörner werfen f), bringen zu ihme ein Weib, das vom Richter nicht verurtheilt ist: thun es zur Schalkheit, lassen

---

d) Ehebrecherin zum Herren Christo gebracht. e) Levi. 20. f) Der Pharisäer List und Tücke wider Christum.

1) Die ersten sechs Verse: „Jesus aber ging an den Oelberg — — — auf daß sie eine Sache zu ihm hätten" abgerechnet, fehlt vorstehender Text bei Walch.

ihre Gesetze ansiehen, führen sie fur den Herrn Christum, versuchen, was er sagen wolle, meinen, sie haben ihm den Weg zu beiden Seiten verrannt, er sage Ja oder Nein, so sei er gefangen. Sollt er Nein sagen, so war das Gebot Mosi da, das saget, man sollt sie steinigen. Da wußten sie, daß er nicht durfte wider Mosen reden, und Nein dazu sagen, oder Mosen strafen; das wäre sonst wider die Majestät Mosi und aufrührisch gewesen, und Mosi ins Regiment gegriffen, der sonst hat aus Gott geredet; und Gott hats Mosi befohlen, daß man solche tödten sollte. Da dachten sie: Das Maul ist ihme gestopft, er kann Nichts sagen, er wäre sonst Mosi ärgster Feind.

Zum Andern, würde er sagen, man sollte sie tödten und steinigen, nach dem Gesetze Mosi, wie sie denn auch selbs sagen, so wäre er abermals gefangen, und ihme das Maul verstopft, und sie konnten denn sagen: Wo ist nu seine Lehre? Er hat gesaget: Kommet zu mir Alle, die ihr müheselig und beladen seid mit Sünden, ich will euch erquicken g). Item, er hat gesagt zum Gichtbrüchigen: Sei getrost mein Sohn, dir sind die [1]) Sünde vergeben, gleich als wäre er ein Prediger, dazu gesandt, daß er sollte Vergebung der Sünden lehren. Diesen Ruhm, Lob und Ehre wollten sie ihm gerne daniederstoßen, und seine Lehre zu Schanden machen; als sollten sie sagen: Wir haben ihm ein armes Hürlin fürgestellet, aber trotz seinem Halse, daß er herausfahre und sage: Dein Ehebruch ist dir vergeben; meinen, er sei nu getroffen, und lasse die Leute stecken, und werde nu die Pfeifen einziehen, denn ihm sei beiderseits der Weg verrannt.

Wo soll er nu hin, der arme Mann, Christus, wenn man ihme das Loch also verläuft? Soll er stille schweigen, so will sichs nicht reimen. Spricht er Ja, so ists wider seine Predigt; sagt er denn Nein,

g) Matth. 11. Matth. 9.
1) deine.

so ists wider Mosen. Also sagen sie von uns auch h), schelten uns, daß wir nur eine Bubenschuel hie zu Wittenberg halten, daß wir lehren Vergebung der Sünden; denn es scheinet, als sei es wider einander, Sünde strafen und Sünde vergeben. Christus hat ein geistlich Reich, und will nicht strafen, will, daß man Alles los machen und ledig zahlen sol. Moses aber will strafen, und nicht vergeben. Nu ist das ihre Meinung: Pfeif auf, laß hören deine Predigt. Das saget Moses: er hat geboten, man soll sie steinigen; und uben hie einer Schalkheit, fragen ihn umb das Recht, das sie zuvor wohl wußten; sie wollen von ihme Nichts lernen, sondern fragen nur darumb, daß sie ihn faben wollten. Denn wer hats ihnen befohlen, wer hat sie heißen zum Herrn kommen? Aber sie suchten das, daß er sich vergriffe, und in ihr Recht und Urtheil gefallen wäre. Was ging es den H. Christum an? Ist er doch kein Richter noch kein Bürgermeister; so hat er auch kein Schwert. Darumb, weil er so ihre Tücke siehet, daß sie ihn in der Sachen versuchen, die ihn nicht angehet, und ohne ihn ausrichten sollten, sondern sie wollen seine Lehre schänden, und ihn zu einem aufrührischen Mann machen, so gehet er auch hindurch, daß sie entlaufen müssen.

Aber Jesus bücket sich nieder, und schreib mit dem Finger auf die Erden ꝛc.

Er bücket sich, und schreibet ein Weil auf die Erden, antwortet Nichts, gleich als höret er sie nicht. Denn er wußte wohl, daß ihme nicht gebühren wollte, drauf zu antworten; so waren sie es auch nicht werth, daß man ihnen geantwortet hätte, denn diese Frage ging ihn nichts an: gleich als wenn ein Richter von mir ein Urtheil uber ein Diebstahl haben wollt, oder sonst einer zu mir käme, und mich fragete, was man mit einem unzüchtigen Weibe thun sollte; so gedächte ich, er versuchte mich. Darumb will der Herr auch sagen: Was fraget ihr mich? und will

h) Der Papisten Lästerung wider uns Lutherischen.

den Mund ihn nicht gönnen, wendet ihn anders wohin, und will sie auch nicht ansehen, noch ihnen antworten. Aber sie lassen von ihme nicht ab, und wollen ihn zu Schanden machen, halten an, daß er ein Urtheil schließen soll, und entweder Ja oder Nein sagen. Da ergreift er sie meisterlich, und spricht:

Als sie nu anhielten ihn zu fragen, richtet er sich auf, und sprach zu ihnen: Wer unter euch ohne Sünde ist, der werfe den ersten Stein auf sie; und bücket sich wieder nieder, und schreib auf die Erden.

Also antwortete ich auch. Weil sie daher fahren, und wollen ihres Ampts nicht warten und dasselbige ausrichten, so ihnen befohlen ist, wollen ihn versuchen, dringen und zwingen ihn, so spricht er i): Wollt ihr nicht zufrieden sein mit eurem Ampt, und wollt hören, wie es in meinem Reich zugehet, und wie ich urtheile, so höret zu: Wer unter euch ohne Sünde ist, der werfe den ersten Stein auf sie. Denen ist recht geschehen. Sie wollen nicht fortfahren in ihrem Ampt, sondern sein Urtheil wissen, das in seinem Reich gehet, so hören sie es nu. Das ist sein Urtheil: Ist einer fromm, so sind die andern Alle keine Sünder; und ist einer strafwürdig, so muß man die andern Alle strafen. Soll man aber einem die Sünde vergeben und erlassen, so soll mans Allen auch vergeben und erlassen. Aber so heißts nicht im weltlichen Reich; da heißts also: Ist der ein Ehebrecher, so ist er des Todes schüldig, und ein Ander auch also. Da urtheilet einen sein eigen Werk und Stücke, daß, wo die That ist, da gehört auch drauf die Strafe; sonst, ob sie auf Erden wohl alle boshaftig sind, und einer im Herzen allein ein Ehebrecher ist, so richtet ihn doch das Schwert nicht, er kann darumb nicht gestraft werden. Darumb, so ihr nu nicht wollt Friede haben, sondern wollet aus meinem Reich ein Urtheil hören, so stehet da eine Ehebrecherin fur mir, das ist wahr; aber hie stehen

i) Des Herrn Christi Antwort.

viel mehr Ehebrecher in meinem Reich. Er nimmet ihnen ihr Recht nicht, und läßt Mosen fein stehen, saget weder Nein noch Ja; aber meisterlich saget er ihnen beides. Worumb thut ihrs nicht, was Moses geboten hat? So ihr aber wollet nach meinem Reich richten, so lasset sie mir stehen. Denn mein Urtheil ist: Diese Ehebrecherin ists nicht alleine; euer Keiner ist, der nicht auch so arg und böse sei, als diese arme Hure sein mag. Nach Mosi Gesetze führet sie hin; aber nach meinem Gesetze lasset sie gehen. Daß ihr sie aber nach Mosi Gesetz nicht wollet richten, höre ich dabei, daß ihr mich fraget: so sage ich, daß euer Keiner ist, er ist ja so böse, als diese [2]) arme Hure.

Das ist nu eine Predigt, die gehöret in das geistliche Reich Christi, die also lautet: Es ist kein Mensch auf Erden, der da nicht der Sünden und des Todes schüldig wäre k), Keinen ausgeschlossen, er sei edel, gelahrt, Bürger oder Baur, vom Jüngsten an bis zum Aeltesten, Alle, Alle sind sie beschlossen unter die Sünde und unter den Zorn Gottes, ewigen Tod, der Höllen und ewigen Feuers schüldig. Für Gott ist Niemand gerecht, sondern sind allzumal verkauft unter die Sünde und des Todes schüldig, auch ewig verloren. Also predigt man im Reich Christi, und wenn diese Predigt kommet, die hebt auf das Schwert, den Richter, Schöppstuhel, Rathhaus, Juristen, Henker, und Alles. Denn so einer fromm ist, so sind sie alle fromm; hat einer gesündiget, so haben sie alle gesündiget. Derhalben, so sie alle gleich sind, und kein Unterscheid da ist l), so kann auch kein Richter da sein, denn die, so da sündiget, ist eben so fromm, als der, so da richten soll. Darumb so ist in Christi Reich und Augen kein weltlich Reich oder Regiment, und gehört kein Schwert dazu, denn sie sind schon verurtheilt, und ist das Urtheil gefället, daß sie unter dem Zorn Gottes sind, und unter dem Tode, und

k) Alle Menschen Sünder. l) Im Reich Christi sind wir alle gleich.
2) die.

könnten nicht höher verdammet werden: es ist auch viel ein höher und schärfer Gerichte, denn in der Welt sonst ist.

So ist nu das der Unterscheid, daß im geistlichen Reich Christi kein Henker, Recht noch Oberkeit ist, sie sind da alle gleich. Darumb, wer das hören will, der gehe her, und frage Christum, der spricht: Welcher unter euch ohne Sünde ist rc. Das ist, wolltet ihr mit dieser Frage recht handeln in meinem Reich, und ein Urtheil von mir haben, so bittet ihr sie, daß sie es euch vergebe; und sie bitte euch, daß ihr wollet ihr auch vergeben; und ihr alle bittet darnach mich auch, daß ichs euch auch vergebe: sind also All in einen Haufen und Kuchen geschlagen und gedruckt; will sagen: Du Pharisäer, wilt du meine Frage und Urtheil hören in meinem Reich, so geistlich ist, so sage ich also: Bist du rein und ohne Sünde fur Gott, so fahe an und wirf sie. Ja wohl, ja!

Also hat er mit dieser Predigt ihnen das Herz abgelaufen und durchrannt, denn diese Wort haben einen Nachdruck, sonderlich wenn er ihnen ins Herz redet, und die Sünde offenbaret, daß Gott mit ihnen redet, so werden die Sünden so groß, und wird ihnen so angst und bange, und haben mit ihren Sünden so viel zu thun, daß sie Anderer vergessen, und sich dünken lassen, die andern Sünder sind gegen ihnen eitel Heiligen. Also sind sie mit dem Donnerschlage erschreckt, und ist ihnen gleich als von einem Gewitter ins Herz hinein geleucht und geblitzt, daß eitel Hölle ist draus worden, ihr ganz Herz ist ihnen offen gestanden, wie ein Register, haben dieses Weibs gar vergessen, und haben gedacht m), es stehe ihnen ihre Sünde an der Stirne geschrieben, und daß man ihnen an der Nasen habe angesehen, was sie je und je gethan haben, und hat Keiner den Andern dürfen ansehen, denn sie lassen sich dünken, die Steine sehen sie an, und ist ihnen die Weile lang gewesen, bis sie das Loch getroffen haben, und zur Thür sich

m) Die Pharisäer werden schamroth gemacht.

hinaus trollen; sie können die Augen nicht fröhlich aufheben, oder ein Menschen, Haus, Sonne, oder einen Hund recht und fröhlich ansehen, denn das Herz wird ihnen also zuschlagen, daß sie auch die fünf Sinne verlieren, und habens nicht länger können leiden, noch Andere ansehen, sondern haben die schlechts müssen entlaufen, sich aus dem Tempel trollen, und sind hinaus geschlichen, wie ein Hund sich aus der Küchen trollet, wenn er das Maul verbrannt hat.

Also gehets nu in Christi Reich zu. Wenn du dahin kömmest, da bist du, wie ich, und ich, als du n); ob wir fur der Welt wohl nicht gleich sind. Als, ich bin ein Ehebrecher, habe gestohlen rc., und du bists nicht, so liegt nichts dran, denn ich finde viel höher, größer Knoten in mir, darob mir so bange wird, daß ich nicht weiß, wo ich hin soll; denn im Reich Christi heißets: Wer ohne Sünde ist, der werfe den ersten Stein. Darumb schonet, liebe Gesellen, lasset die Steine liegen, ich will auch keinen aufheben; lasset sie liegen und einander ungeworfen, lasset fallen die Steine, sprechet: Dimitte nobis debita nostra, sicut et nos dimittimus debitoribus nostris; sie sollten sagen: Peccavi, bittet Gott fur mich. Da ists wohl gelegt; aber sie rauschen viel anders daher. Wenn die Schelmen in ihrem Regiment geblieben wären, so hätten sie diese Antwort nicht hören dürfen. Aber weil sie in das Reich Christi greifen, so leuchtet er auch heraus als ein Blitz.

In Mosi Reich und Ampt wäre es ein Anders gewesen o); da hats seine Meinung. Das Ampt ist da; ob er [3]), der Richter, schon eben dieselbige Sünde an ihme hat, das schadet nicht: die Gesetze, das Recht und Ampt, oder Schwert, Galge und Rad ist nicht der Menschen und unser, sondern unsers Herrn Gottes p). Gottes ist das Schwert, Feuer, Wasser und andere Strafe, er hats geheißen, er wills also haben, er selber verbrennet, henket und köpft die Ubelthä-

n) Gleichheit im Reich Christi. o) Amptsstrafe in Mose und der Welt Reich. p) Rom. 13.

3) „er" fehlt.

er. Ob du nu ein Fürst, Bürgermeister oder Richter gleich ein Bösewicht oder Bube bist, so soll ich doch gedenken: Gottes Schwert ist ihme in die Hand gegeben; und hab ich auch ein solch Ampt, und bin ein böser Bube, so sage: Wiewohl ichs verdienet habe, daß man mir den Kopf zum ersten abschluge, so muß ich gleichwohl richten, und jenes lassen anstehen. Ein böser Richter hat Gottes Gabe, Gottes Ampt, oder Gottes Befehl eben sowohl, gleichwie ein frommer Richter das Schwert hat, gleichwie er Leib und Seel hat, das denn auch Gottes Kreatur ist. Item, er muß essen und trinken, und Gott gibt den bösen Buben seine Kreaturn eben sowohl, als den Frommen. Ein böser Richter ist eine Kreatur, von Gott geordent, gleichwie Sonne und Mond geschaffen ist. Also haben die bösen Fürsten eben sowohl das Schwert, als die frommen, und sollen es gebrauchen; gleichwie ein böser Bube soll eben sowohl essen und trinken, und sich kleiden, als ein Frommer, denn er soll seinen Leib nicht verderben, noch selber sich umbbringen.

In diesem ihren Wesen und Aemptern sollten die die Pharisäer geblieben sein, und gerichtet haben, was ihr Ampt erfodert hätte, so wären sie zufrieden geblieben, und nicht also geschneuzt worden. Wenn sie aber wollen heilig sein, und hierein kriechen, in Gottes Reich, und fragen, was unser Herr Gott von ihnen saget, und wie fromm sie da sind, wollen sich weiß brennen, daß sie keine Schälke sind; da wird ihnen geantwortet: Wer ohne Sünde ist, der werfe den ersten Stein auf sie; als sollt der Herr Christus sagen: Fur der Welt laß ich euch fromm sein und dein Ampt auch recht sein, wenn du auch gleich ein Schalk und Bube bist: aber hie, in meinem Reich, da komm her, und lege dein Ampt, Recht und Schwert nieder, als ein armer Bube; hie bist du verdammet in die Hölle hinein rc.

Das ist nu, daß er saget: Wer ohne Sünde ist rc. q) Es ist ein hoher, großer und trefflicher Trotz, wer will mir dieß Urtheil fälschen? Trotz einem, der

---

q) Der Pharisäer Heiligkeit.

mir itzt einen solchen Heiligen zeige, als die Pharisäer gewesen, ein Kern und Ausbund unter allen Menschen. Es waren die Allerheiligsten; noch müssen sie hören: Wer ohne Sünde ist ꝛc. Wie schmäbelich ist doch das geredet von den allerheiligsten Leuten? Pfui dein Maul an, immer fur die Thür, und komm nicht wieder, wenn man dich also schneuzet! Wenn ich will heilig und rein sein, und er gibt mir ein solche Schlappen und spricht: Wer ohne Sünde ist ꝛc. Damit hat er ihnen aufgethan das Herz, und das Register und die Thür aufgesperret, auf daß sie anderer Leute vergessen. Also muß man sie zur Kirchen hinausjagen, und blasen aus dem Reich Christi, welche so heilig sind, und mit ihren Werken so hineinrumpeln; da spricht er: Ich will euch balde heraußerblasen.

Das ist nu der Unterscheid zwischen Christi Reich und der Welt Reich, daß Christus alle Leute zu Sündern machet. Aber er lässets dabei nicht bleiben; denn es folget drauf, daß er sie absolviret. Die arme Hure stehet in Nöthen r), es ist kein Scherz mit ihr, sie ist der That uberzeuget, und sie wird fur dem Richter verklagt, und das Urtheil ist nach ihrem Recht gefället und gesprochen, daß man sie soll todt steinigen. Das ist ihr nicht ein Liedlin gewest zum Tanze, da soll ihr das Herz gesotten und gebraten haben fur Angst, und siehet sie nicht mehr, denn schlecht den bittern Tod allda fur Augen. Der Rath und die Zeugen sind da, verklagen und urtheilen sie, schließen auch, sie sei des Todes werth. Wenn denn das Herz abfällt, und saget: Ich habs gethan; und die äußerlichen Richter und Zeugen beschließens, sie sei des Todes schüldig, so ist sie schon im Herzen todt gewesen, da ist eitel lauter Tod, sie hat nicht tief im Leben gestanden. Ein Hoffnung mag sie gehabt haben, und ein Läftlin gesuchet bei dem Manne, der da auf die Erden geschrieben hat. Denn er stellet sich erstlich gleich [4]) als kenne er sie nicht. Aber

r) Der Ehebrecherin große Noth.

4) „gleich" fehlt.

welch einen großen Trost höret sie von ihme, daß er saget: Welcher ohne Sünde ist, der werfe den ersten Stein auf sie. Aber sie stickt noch drinnen, und wird je tiefer hinein gewickelt.

Und solche Sünder gehören auch in dieß Reich. Christus will s) nicht faule, schändliche, lose Sünder haben, die da Sünder sind, und wollen keine sein, oder die da wollen Sünder sein, und sind doch keine Sünder, denn die wellten, daß die Sünde nicht groß wäre, und sie Gottes nicht bedürften; und wollen dennoch Gottes Gnade anrufen und anbeten, als wenn ich gnug gebetet hätte, darnach so wäre ich fromm.

Und vor Zeiten thäte ich in der Möncherei auch also, sagete: Heute habe ich nichts Böses gethan, ich bin meinem Prior gehorsam gewesen, ich habe gefastet, gebetet; darumb, Gott sei mir gnädig! meinete, Gott sollte mir die Sünde vergeben, die ich nicht fur Sünden hielte, ja, die nicht Sünde wären; und ich habe diese Plage noch an mir. Das heißen tolle Sünde t), so man selber erdenket. Aber es sollen heißen rechte Sünden. Denn Gottes Barmherzigkeit ist eine Gnade, die nicht mit losen, halben oder erdichten Sünden umbgehet, die da nicht Sünden sind; sondern es müssen rechtschaffene Sünden u) sein, die du fühlest, als, Gott nicht fürchten, vertrauen, gläuben, den Nähesten nicht lieben, nicht beten, Predigt hören, noch thun, was das Gesetz Mosi gebeut, daß es alles wider das Gebot Gottes gehe, daß man da nicht furüber kann, auf daß auch eine wahrhaftige Vergebung geschehe, die nicht ein Scherz sei, wie es denn hie mit diesem Weibe also zugehet: sie ist begriffen im Ehebruch, sie stehet nicht in erdichten Sünden, sondern da ist die That des Ehebruchs. Mit solchen Sünden muß man streiten, und solche Sünder will das Evangelium holen; und wir alle haben auch also gesündiget, und stecken drinnen, sonderlich die großen Knoten, die da wider die erste Tafel, wider das erste, ander und dritte Gebot, gehen, davon die Welt nicht viel weiß. Die Sün-

s) Sünder, die Christus nicht leiden könne. t) Falsche Sünden.
u) Rechtschaffene Sünden.

den lösen einem die Sporenrinken auf, und wenn dieselbigen kommen, die wissen einen fein anzusprechen, viel mehr, denn Diebstahl oder Ebebruch thun kann; denn die Sünde in der ersten Tafel sind viel höher, denn die Sünden in der andern Tafel.

So gehet nu das Reich Christi mit den Sündern umb v), die da die Sünde fühlen, und umb der Sünde willen gequälet, geängstiget und gemartert werden, daß das Herz den Tod fühlet, wenn das Gesetze und das [5]) Gewissen spricht: Das hast du gethan, du hast den Tod verdienet. Sonst thun es die andern Sünder nicht. Denn wenn die gleich das Erkenntniß haben, daß sie gesündiget haben, so bessern sie sich nicht, sie fühlen die Sünde nicht, sondern scherzen noch dazu, sie bleiben morgen als heute. Aber wer also hinein kömmet, daß es einen recht trifft, als diesem Hürlin geschieht, der wird sich ein andermal baß fürsehen.

Darumb brauchet Christus hie das ander Stücke seiner Predigt, nämlich der Vergebung der Sünden. Denn das erste Ampt seines Reichs ist w), daß er Alle zu Sünder machet. Denn der Heilige Geist soll die Welt strafen umb der Sünde willen. Es wird zu Allen gesagt: Wer unter euch ohne Sünde ist, der werfe den Stein auf sie. Er saget: Niemand ist ohn Verdienst des Zorns Gottes und des Todes, Sünde, Hölle und ewiger Verdammniß. Die es nu trifft, die sagen: Awe, hilf, lieber Gott! Wer hilft da? Diese Ebebrecherin stehet in den Pforten der Höllen, und siehet hinein; aber der Herr richtet sich wieder auf, und spricht: Weib, wie bist du so frei? Wo sind deine Verkläger, und wo ist der Richter? Haben sie sich getrollet? Sie sind tiefer in Sünden, denn du; stehest du allein? Das machet, sie haben genaschet am Reich Christi; sie wollten rein und heilig sein, da goß er ihnen eine heiße Brühe oder Suppen uber die Schnauzen, wie den

v) Mit welchen Sündern Christi Reich umbgehe. w) Zweierlei Ampt des Reichs Christi.

5) „das" fehlt.

äschichten Hunden in den Küchen geschieht. Da kriegt das Weib wieder ein Lüstlin oder Tröstlin, denn er spricht:

Hat dich Niemand verdammet? Sie sprach: Herr, Niemand. Jesus sprach: So verdamme ich dich auch nicht.

Das Reich Christi ist nicht, verdammen; ich bin nicht darumb da, daß ich dich verdammen will, sondern x), daß ich die Sünde vergebe denen, die da sein, wie du bist, da zuvor da ist der Tod, Teufel, bös Gewissen, auch da Kläger und Richter sind gewesen, und die Leute geplaget haben. In meinem Reiche heißet es: Ich vergebe dir deine Sünde. Denn in meinem Reich ist Niemand ohne Vergebung der Sünde; darumb so mußt du auch Vergebung der Sünde haben. Mein Reich muß nicht wüste sein: Alle, die hinein sollen kommen, und drinnen sind, die müssen Sünder sein. Sind sie nu Sünder, so können sie nicht leben, sie müssen Vergebung der Sünden haben. Bin ich ein Sünder, so bleibets nicht dabei, die Sünden müssen auch vergeben werden.

So kömmet nu Niemand in dieß Reich, denn die Sünder. Aber sage du darumb nicht: Nu wollen wir in Sünden bleiben. Nein, es heißt: Lerne deine Sünde fühlen und erkennen; wie denn diese nicht durften Sünder werden, sie warens zuvor, und wurdens noch vielmehr. Denn das wurde ihnen offenbaret, wer ohne Sünde unter ihnen wäre, der sollt den ersten Stein auf sie werfen. Das heißt ein Sünder, der die Sünde fühlet. Die Pharisäer, die Schelmen, waren nicht Sünder, sondern wurden allererst zu Sündern, da er sagete: Wer ohne Sünde ist 2c. Sie wurden zu Sündern; aber sie verzweifelten, und trolleten sich davon, verborgen ihre Sünde, waren hoffärtig, wollten nicht erwarten des andern Worts, so Christus redet: Ich verdamme dich auch nicht.

Darumb so gehören allein diese Sünder in das

x) Wohlthat des Reichs Christi.

Reich Christi, die da ihre Sünde erkennen und fühlen, und erschnappen denn das Wort Christi, so er hie redet, und spricht: Ich verdamme dich nicht; die sind es. Das ist das Reich Christi. Er lässet keinen Heiligen hinein, er bläst sie alle hinaus, er stößet aus der Kirchen, was da heilig sein will. Kommen aber Sünder hinein, so bleiben sie nicht Sünder, er decket den Mantel drüber, und saget: Hast du gesündiget, so vergebe ich dir die Sünde, und decke sie zu. Es ist wahr, die Sünde ist da: aber der Herr in diesem Reich will sie nicht sehen, sondern zudecken, vergeben, und nicht zurechnen. So stehet nu da ein lebendiger Heilige und Glied Christi, so aus einer Ehebrecherin worden ist y), die gar voller Sünden war, und ist nu die Sünde ihr zugedeckt und vergeben. Denn ob Sünder wohl Bösewicht und Buben sind, und fühlen nur die Sünde, so sollen sie vergeben sein; allein, laß dirs nur ernstlich leid sein, und bitte Gott umb Vergebung. Hast du denn gekostet, was da sei das Gesetz und die ***) Sünde, und weissest, wie wehe die Sünde thut; so siehe hie dagegen, wie süsse die Gnade Gottes, im Evangelio uns angeboten, schmecke. Das ist die Absolution, so der H. Christus der Ehebrecherin allhie spricht.

z) Da redet Jesus abermal zu ihnen, und sprach: Ich bin das Licht der Welt; wer mir nachfolget, der wird nicht wandeln im Finsterniß, sondern wird das Licht des Lebens haben.

Im Anfang des achten Kapitels ist uns furgehalten die Historien mit der Ehebrecherin, ein groß, herrlich Exempel, wie der Herr Christus seine Gnade beweiset an dem armen Weibe, das im Ehebruch begriffen war, und mit der That beweiset, daß das Gesetze, so da heißet die Ehebrecherin steinigen, unter seiner Gewalt sei; jedoch mit der Bescheidenheit, daß er ihnen die Ehebrecherin nicht mit Gewalt nim-

y) Bekehrete Ehebrecherin ein Glied des Reichs Christi. z) Die andere Predigt uber das 8. Kapit., am Sonnabend nach Michaelis.

***) „die“ fehlt.

met, sondern da sie davon gingen und liessen sie stehen, versahens, und liessen ihr Regiment in seins fallen, da geschachs also, daß er sie von ihrer Sünden los und ledig zählet.

Itzunder folgen nu Predigten a), darinnen wir hören werden, wie der Herr Christus sein Predigampt hat hoch gesetzet und gepreiset uber aller Welt Predigt, Lehre und Wesen, und alle diejenigen, so selig werden wollen, zu sich zeuhet. Darumb so ist dieß Kapitel gar voller Ketzerei, und ist kein wahr Wort dran; sondern sind eitel Teufelslehren drinnen, nach der Welt und Vernunft Urtheil, denn keine Vernunft kann leiden, wenn man sie umb Rath fragt, daß Christus hie recht rede.

Die erste Proposition und der erste Spruch muß die größte Ketzerei sein, daß er saget: Ich bin das Licht der Welt. Da sagen sie: Was dünket dich umb dieß Wort: Ego sum lux mundi totius? b) Was ist das anders gesagt, denn: Wo ich nicht bin, da ists finster; wo ich verlösche, da siehet Niemand Nichts? Was machet denn Moses und alle andere Lehrer und Doctores, dieweil er spricht: Ich bins? Er will allein lux mundi geheissen sein, sondert sich von allen andern Predigern ab, daß wenn es nicht heißt: Ich bins, so solls alles heißen Finsterniß. Wenn er doch mäßig und züchtig also gesaget hätte, und hätte es vernünftiger gemacht, als: Ich bin das Licht dieses Landes, dieses Königreichs, Hauses, Volks, oder dieses Tempels, so wäre es billig hingangen. Aber also herfür zu fahren und zu rühmen, und die ganze Welt auf einen Bissen zu fassen, und so gering und scherzlich von der ganzen Welt zu predigen, als, daß sie ohne ihn eitel Finsterniß sei, das ist sehr hoch gepredigt, und nach der Vermessenheit geredet, daß er alle Mäuler zustopfet, und Alle heißet stilleschweigen, und daß man alle weise Leute Narren heißet, und spricht: Ihr wisset Nichts, sehet Nichts, stecket in Finsterniß, und wenn ich nicht leuchte, so ists nicht geleuchtet.

---

a) Neue Predigt des H. Christi. b) Christus lux mundi.

Das haben die Jüden nicht leiden können, darümb geben sie ihme Kalk in die Kirschen, sagen: Was zeugest du von dir selbr? sagen zu ihme: Eigen Lob c) stinkt gerne, und dem die Nachbarn ubel gerathen sind, der muß sich selbr loben; sagen: Wie könnte einer närrischer reden, denn wenn er von sich selber redet und sich lobet, weil ihn Andere nicht loben wollen? Ich höre nicht, daß es deine Nachbarn sagen, sie schweigen alle stille, und sind dir ubel gerathen; so thust du, wie die Narren pflegen, und rühmest dich selber. Darümb so ist es eine vermessene und seher ärgerliche, stolze Predigt, daß er darf für den stolzen Leuten und großen Doctoribus auftreten, und fürgeben, daß sie alle heißen sollen blinde Narren und Finsterniß, und dagegen spricht er: Ich bin das Licht der Welt.

Nu sind solche Leute noch heute zu Tage, die wollen das Evangelium vernichten und gar zu Schanden machen; denen muß man auch zum Erster diese ärgerliche und ketzerische Wort sagen d): Ich bin das Licht der Welt, und sprechen: Lieben Bischoffe, Papst, Kardinäl, Fürsten, Pfaffen und Mönche, ihr seid alle im Finstern mit euer Lehre, es sei denn, daß ihr prediget, wie ich predige, und wie Christus prediget. Solches ist nicht zu leiden, und lautet ketzerlich und schändlich. Zum Andern, wenns schon wahr wäre, und ich kanns mit gutem Gewissen sagen, Christus sei recht, und unsere Predigt sei auch rechtschaffen, und wenn sie die Könige, Fürsten und Herrn nicht annehmen, so sind sie alle verdammt und verloren; so ist doch aus der Massen herb und ärgerlich, daß sich einer selber rühme, als S. Paulus spricht e): Ich bin ein Apostel und Doctor der Heiden, dazu gesandt, daß ich soll ein Diener des Worts sein in der ganzen Welt, und soll ein Licht der Heiden sein in der Welt, auf daß sie selig würden. Also rühmet er auch, trotzet und rumpelt also

c) Eigen Lob. d) Predigt für den Papst. e) S. Pauli Ruhm und eigen Lob.

daher. Wenn es gleich wahr wäre, so ists verdrießlich, von sich selber also rühmen, die Welt kann das nicht leiden. Darümb saget man: Laudet te os alienum; und Cato der Heide spricht: Non te laudaris nec te culpaveris ipse etc., denn es stinkt für der Welt, wenn sich einer selbr lobet oder schilt; Narren pflegen Solches zu thun. Ehre soll von einem Andern herkommen, wenn ich soll lobenswerth sein, groß gehalten, und hoch gemacht werden. An ihm selbs ists verdammet und ketzerisch, sagen, er sei das Licht der Welt; darnach so ists auch für der Welt närrisch, und lautet schändlich, wenns gleich wahr ist; es sollt durch einen Andern geschehen.

Aber es gehet noch heute zu Tage also zu. Es muß alles beides bleiben: Christus muß es sagen, er sei das Licht der Welt. Es ist auch die Wahrheit da an ihr selbs, daß außer Christo Alles Finsterniß ist; und darümb muß ers von ihm selbs singen, und ein Kuckuck werden, der seinen eigen Namen selbs ausrufe. Ich muß es auch thun, und ein iglicher Prediger. Denn wenn ich mich nicht lobe, so muß ich lange harren, daß mich ein Ander lobete; sie thun es nicht. Ich muß gewiß sein, daß unser Lehre und Predigt recht sei, ja, Gottes Wort sei und das Licht der Welt, und zwar ein solch Licht, daß ohne dem Licht sonst Alles eitel Finsterniß ist. Darnach, so muß ich mich rühmen f), daß ich ein solcher Prediger oder Pfarrherr bin, ein Lehrer der Wahrheit. Denn wenn ich das nicht kann von mir rühmen, daß ich ein solcher Prediger sei, so bin ich verrathen, und es wäre besser, daß ich nie geborn wäre. Denn wenn ich soll Andern predigen, und sie zum Christenthum, zur Taufe und ewigen Leben führen, so muß ich der Sachen zuvor selber gewiß sein, daß die Lehre recht sei, und daß ich dazu ein Knecht sei, daß es die Wahrheit, und nicht mein Wort, sondern Christi Wort sei, und ich ein rechtschaffener Prediger sei. Wenn ich nu das sage, so spricht man denn balde, daß ich mich selber lobe. Also kann ein Burgermei-

---

f) Eines Predigers Ruhm.

ster sagen und den Ruhm haben: Ich weiß, daß ich die Burgermeister und die Oberkeit bin, das ich in keinen Zweifel stelle. Herzog Hans von Sachsen g) kann sagen und rühmen, er sei von Gott geordent zum Fursten zu Sachsen, und zum Herrn uber diese Stadt und Land. Er thuts auch, und muß es thun, und schreiben oben in seinen Briefen: Von Gottes Gnaden, Johanns, Herzog zu Sachsen. Denn wenn er das nicht gewiß wäre, und von ihme rühmen könnte, so stünde es ubel. Die Aeltern müssen auch sagen, daß sie von Gottes Gnaden dieses Sohns Aeltern sind; und ein Kind kann auch sagen: Vater, durch Gottes Gnad bin ich euer Sohn. Ein Hausherr kann auch also sagen: Ich bin Herr in dem Haus, ich bin Vater und Mutter, das ist mein Name und Ruhm.

Solch Rühmen gehet aus Gottes Befehl daher, da ein Iglicher gewiß ist, daß aus Gottes Befehl er das Ampt habe, und daß es Gottes Ampt sei, sein Predigt Gottes Wort, sein Regiment Gottes Urtheil sei. Wer also rühmet, der thut recht. Spricht man denn: Ja, es sind Narren, die sich selbs rühmen. Nu, es ist wahr; aber wisse du, daß ich mich nicht einen Prediger ruhme von mir selber; item, ich rühme mich nicht einen Fürsten von mir selber: sondern es ist noch einer dahinten, der auch mit ruhmet, nämlich unser Herr Gott, der mir das Ampt befohlen hat h), und saget, ich soll Vater sein, ein Prediger, Fürst, Graf, Edelmann, Burger oder Bauer sein. Wenn es der saget, denn so ruhme ich mich nicht allein: wenn ich aber außer Gott mich rühmete, so wäre ich ein Narr. Als, wenn ein Rottengeist kame und spräche: Ich bin hieher gesandt, ich will predigen; so spreche ich: Wart du, du rühmest dich selber, denn du kömmest von dir selber. Du hast nicht mehr Zeugen, denn dich alleine. Ich fühle in meinem Herzen, dein Ruhm ist nicht wahr, die Nachbarn sind dir ubel gerathen. Er rühmet sich alleine, und hat nicht den in ihme, der da spreche:

---

g) Der Churfürst zu Sachsen. h) Rühmen soll man sich des Ampts halben.

Der Heilige Geist hat mir befohlen, daß ich predigen soll. Item, wenn einer in mein Haus käme, und spräche: Ich soll Wirth sein; so würde ich sagen: Nein, Bruder. Der Heilige Geist hat mirs gesaget, ich soll Herr sein in meinem Hause. Heilige Geist hin, Heilige Geist her; gehe du hinaus, und laß mir mein Gesinde, Weib, Kind und Güter zufrieden. Wenn hat dirs der H. Geist befohlen? Ich hab*) auch den Heiligen Geist, der ich Gottes Befehl hab, so also lautet: Mir ist dieß Haus und Gesinde von Gott befohlen zu regieren, ich bin Herr, das weißt du auch.

Also ist es auch in weltlichen Sachen und mit der Oberkeit. Es lautet nicht ärgerlich, sondern stehet wohl, man mag sich so rühmen, ja, man muß Fürsten den Ruhm lassen, daß man schreibet: Wir Hans, Herzog zu Sachsen. Es ist Gottes Zeugniß da, neben der Schrift, und ist die Welt wohl so klug, daß sie weiß, daß Gottes Befehl da ist, man kanns leiden. Aber in geistlichen Sachen können sie es nicht leiden i). Wenn ich sage: Ich weiß, was ich predige wider den Papst und die Rottengeister, nämlich, daß es Gottes Wort sei, und daß ich mit meiner Lehre ein recht Licht bin, sie aber eitel Finsterniß sind: da will es in dem geistlichen Ampt nicht also klingen, sondern will einen solchen Schein haben, als daß wir uns selber rühmen. Das macht, daß man allein auf die Person, und nicht auf das Ampt siehet; wenn ein Pfarrherr prediget, so meinet man, es sei nur Joannes Bugenhagen Pomeranus, der doch das Zeugniß mit ihm hat, daß er Pfarrherr sei. Nein, Joannes noch Martinus sollen mirs nicht thun, aber sie sind Pfarrherr, gleichwie Herzog Johanns der Fürst zu Sachsen ist, Vater und Mutter, die Aeltern, im Hause Herrn sind; das ist dann ein ander Mann.

Im weltlichen Regiment laut es nicht so ubel, daß man sich rühmet und saget: Ich bin da ein Va-

---

i) Rottengeister können christlicher Prediger Ruhm nicht leiden.

*) † habe.

ter, Mutter oder Bürgermeister; denn ich weiß, daß die Engel selber also zu mir sagen. Aber hie ists lächerlich, wenn es Christus will rühmen k), er sei das Licht der Welt, da saget man balde [7]): Rühme dich Kräutlin, deines Vaters Kohl wäre gerne groß; und es muß allda ein böser Ruhm sein. Wohlan, spricht Christus, es ist ein rechter Ruhm, es stehet für euern Augen: ich weiß, daß ich das Licht der Welt bin, und der Vater hat mirs befohlen, von dem ich gesandt bin, der gibt mir das Zeugniß, ich bin es nicht von mir selber. Wenn ich ein einzele Person für mich wäre, so gings nicht hin; aber nu bin ich eine [8]) gemeine Person, und dazu kommen und geordent, daß ich das Licht der Welt sein soll; darumb rühme ich michs billig. Also auch stehets einem Prediger recht und wohl an, daß er sich also rühme wider die Schwärmergeister. Denn wenn ein Schwärmer käme und wäre 24 mal gelehrter, denn ich bin, so wollt ich ihn doch hie nicht predigen lassen; und wenn ich auch gleich noch einmal so gelahrt wäre, als ich bin, so wollt ich doch zu Leipzig nicht predigen, denn daselbst ist mir das Predigampt nicht befohlen, man gäbe da nichts auf meinen Ruhm, denn ich rühmete mich selber. Ein Vater muß auch also sagen, wenn ein Ander spräche: Ich bin des Kindes Vater oder Mutter; noch nicht, laß nur fragen, wer auf der Hochzeit gewesen sei, wer da hab zugesehen, da man die Braut hab beigelegt, und wer die Braut hat zur Kirchen geführt. Ich und du, und ein Jeder muß seines Ampts gewiß sein l); die Kunst haben wir, daß ein Jeder soll gewiß auf sein Ampt fussen können, daß er wisse, in dem Ampt sitze ich, in dem Stande lebe ich, der gefället Gott wohl, er will, daß ich soll sein ein Vater, Mutter, Mann und Weib.

Vorhin haben wir das im Papstthum nicht gewußt, sondern man hat gemeinet, man könnte Gott

k) Christi Ruhm lautet lächerlich. l) Des Ampts soll man gewiß sein.

7) Orig. rühmen, da saget man balde, er sei das Licht der Welt.
8) keine.

in diesem Stande nicht dienen, wenn Eheleute Kinderlin zeugten, oder wenn man den Acker bauete rc. Die gewisse Berufung und den Ruhm, so wir von den Aemptern haben, wußten wir nicht m), sondern schlugens in Wind, und hieltens dafür, sollten wir Gott dienen, so müßten wir Mönche und Nonnen werden. Aber itzt kann ich *) sagen: In dem Ampt stehe ich, Trotz dem Teufel und der Welt, daß er mir dieß Ampt tadele! Ich weiß, daß ich ein Prediger, ein Apostel oder Fürst bin. Doctor Johann Pomer kann sprechen: Ich bin ein rechter Pfarrherr und Prediger zu Wittenberg. Herzog Hans, Churfürst, kann sagen: Ich bin ein Fürst zu Sachsen. Hie ist ein großer Unterscheid unter dem Rühmen und Rühmen n). Wer sich selber rühmet, der ist ein Narr: wer sich aber seines Ampts rühmet, der ist kein Narr, denn das Ampt rühmen, ist nicht sich selber rühmen; wie denn die Jüden hie meinen, daß der Herr Christus sich selber rühme. Aber wer sein Ampt rühmet, der rühmet sich nicht, sondern den ehret er, der ihme das Ampt befohlen hat. Er rühmet sich nicht als seines Ampts, sondern als deß droben, der ihme das Ampt gegeben hat, und geheißen, er soll sich des Ampts rühmen. Der Ruhm schadet nichts, daß er spricht: Ich bin das Licht der Welt.

Mit dieser Lehre wirft er umb alles, was sonst gepredigt ist. Denn es sind mancherlei Lehre auf Erden. Die höheste Lehre ist Mosi Gesetz, die zehen Gebot, wenn sie wohl geprediget werden: noch bringen sie den Menschen nicht aus der Finsterniß in das Licht. Das Gesetz lehret nicht, wie der Mensch ewig leben könne und selig werden möge. Da höret man wohl in dieser Lehre, was man thun solle, wie denn die zehen Gebot predigen von unsern Werken: aber man kann sie nicht thun. Wenn diese Predigt alleine bleibet, so bringet sie den Menschen nicht ins Licht: sie lehret wohl gute Werk thun, aber der Mensch kann sie nicht leisten; er hats nur allein.

m) Des Papsts Lehre Nichts. n) Unterscheid zwischen dem Rühmen.
*) Orig. † „nicht."

Da ist denn einer andern Lehre vonnöthen, nämlich des Evangelii, die da saget: Ich, Christus, bin das Licht rc. Denn sonst ists unmöglich, daß du könntest selig werden; denn du bist in Sünden und bleibst darinnen, stickst in der Finsterniß, und das Gesetz verlässet mehr, denn daß es helfe. Aber das Evangelium saget: Wenn du an mich gläubest, und stehest drauf, daß ich, Christus, für dich gestorben sei, und deine Sünde hab weggenommen, alsdenn ist dir geholfen. Stehest **) du nu darauf, so lehret dich diese Lehre nicht, was du Gott thun sollt, sondern was du von ihme nehmest und empfahest rc.

Diese Lehre, oder das erste Licht *), ist der Mond, und lehret die Früchte eines guten Baums, die wir thun sollen: das ander Licht ist die Sonne, die lehret vom neuen Menschen, von einem andern Baum, daß man von Christo das Evangelium empfahe. Hie hören wir, von wannen, und wie der Mensch gut werde; das denn geschieht durch den Glauben. Also ist das Evangelium eine Predigt, nicht von unsern Werken, sondern von Gnaden und Gaben, was Gott uns Guts thut und schenkt durch Christum. Die zehen Gebot sagen, was wir Gott thun sollen. Nu scheinet der Mond des Nachts wohl, aber er macht drümb keinen Tag, es bleibt noch Nacht. Aber Christus ist die wahrhaftige Sonne, so da machet den Morgen und Tag anbrechen, und lehret uns, wie wir sollen zur Seligkeit kommen, von Sünden und Tod erlöset werden. Darümb saget er auch: Ich bin das Licht, so in die ganze Welt leuchtet; denn er hilft allein von Sünden, Teufel, Tod und Hölle.

Diese Ehre und Erkenntniß haben die Jüden und die ganze Welt nicht gewußt. Aber nu gehets wieder an, und leuchtet nicht allein unter die Jüden, sondern in die ganze Welt, und wird gepredigt, daß die Sünde alleine durch Christum verdammet wird,

---

*) Des Monden und der Sonne Licht gehalten gegen dem Gesetz und Evangelio.

**) Stehest

und wir von Sünden ohne Werk, ohn unsern Ruhm oder unser Thun, los werden, allein durch den Tod Christi. Das ist die Predigt des Evangelii, das Licht und rechte Glanz der Sonnen, so durch die ganze Welt glänzet.

So thut nu der Herr Christus recht, denn die Lehre an ihr selbs ist recht; er ist das Licht der Welt. Zum Andern, so thut er recht, daß er Solchs von sich rühmet, scheuet sich nicht, bleibet nicht dahinten, sondern er spricht: Ich bins; und zeuhet die ganze Welt an sich, will es allein sein, will alleine lehren, er will der Welt Lehrer, Meister und Vorgänger sein, die Andern sollen Schüler bleiben, und Alle zu diesem Manne in die Schule gehen, zu diesem Magister sich bekennen, und sagen, daß sie in Finsterniß sind gewesen, aber itzund sehe man die Sonne. Also nennet auch Malachias p) Christum die Sonne der Gerechtigkeit, unter seinen Flügeln soll unser Heil sein; als sollt er sagen: Christus, unser Herr, ist die Sonne, der gehet auf durch die ganze Welt, und glänzet durch die Predigt, und soll euer Herzen erleuchten; denn sonst wüßtet ihr Nichts von ihme. Er soll leuchten euch blöden und kleinmüthigen Herzen; welche unter den Flügeln sind, die sollen diesen Glanz gerne hören, sehen und fühlen, und wer an ihn gläubet, und seine Zuflucht setzet unter die Gluckhenne, der soll selig sein. Unter diesen Flügeln soll auch allein Heil und sonst keine Seligkeit sein; aber wer bei ihr nicht bleiben will, der muß verderben. Er ist eine edele Henne, ein fein Gluckhuhn: wer unter ihn kreucht, dem verheißet er Heil und Seligkeit, ewiges Leben und Vergebung der Sünden; ihme soll Nichts mangeln, denn die Sonne soll ihme leuchten.

Wer mir nachfolget, der wird nicht wandeln im Finsterniß, sondern wird das Licht des Lebens haben.

Wer kann das thun? Man zeuhets auf die Werk und aufs Exempel. Wiewohl das auch heißet Christo nachfolgen; aber Christus zeuhet die Schüler

p) Kap. 4.

zu sich, spricht: Folget mir nach, haltet meine Lehre. Denn Christo folgen, heißet, seinen Worten gehorchen, predigen, daß er für uns gelitten habe und gestorben sei; das heißt gehorchen mit dem Glauben seinen Worten. Wer an mich gläubet, zu mir sich hält, verlässet sich auf mich, der wird selig; der folget mit dem Glauben Christo, und hält sich zu dem Licht: er wirft nicht auf Heiligen, folget auch nicht Ketzern, denn da folget man Irrewischen, irrenden Lichtern, Flattergeistern, die des Nachts im Felde die Leute verführen: sondern das ist recht gefolget, in dem Glauben folgen, uns auf ihn verlassen q). Darnach ist ein ander Folgen, daß man seim Exempel nachfolge, seine Werk thue, und leide, wie er gelitten hat. Da redet er itzt nichts Sonderlichs von: aber hie will er, daß man die Lehre sehe und dran halte, und von allen andern Lehren abweiche, so Christum, das Licht, nicht predigen. Denn wer an Christum gläubet, der bleibet nicht im Finsterniß, sondern wird haben das Licht des Lebens.

Nu verkläret er, was da sei, ihme nachfolgen; daß er wird ein solch Licht sehen, davon er lebet. Denn er spricht: Der wandelt nicht im Finstern. Hie siehest du, was das Folgen sei. Denn mit Werken erlangt man ein solch Licht nicht, da man von lebet. Die Sonne kann man mit den Sinnen nicht begreifen, sondern man siehet sie alleine mit den Augen: wenn man die aufthut, so folget balde das Licht und der Glanz drauf. Also wird Christus mit guten Werken auch nicht begreifen, sondern du mußt die Augen des Glaubens aufthun, erkennen, hören, und das Wort ins Herz scheinen lassen, und es erkennen. Bei dem Licht sollen wir leben, das Licht wird uns nicht lassen sterben, bei dem Licht werden wir ewig leben.

Das ist nu Lügen und Ketzerei bei der Welt und bei den Juden. Ei, sagen sie r), sollten unser Vorfahrn und Großväter alle ewig verlorn, und im

q) Christo nachfolgen. r) Der Welt Fürgeben, daß die Vorfahrn nicht alle verlorn sind.

Finsterniß ewig gewesen sein? Meinest du, sie sind alle Narren gewesen? Nu Alle, die zu Christo kommen sind, die sind selig, durch dieß Licht sind sie alle erhalten; wie denn der Herr Christus sprach s): Abraham ist gestorben, aber er sahe meinen Tag und ward frohe, das ist, er sahe mein Licht, meinen Glanz, diese Sonne erleuchtet ihn, die uns itzt auch scheinet und leuchtet. Das ist die Wahrheit gepredigt, und seher hoch die Lehre des Evangelii gerühmet; aber es ist in der Welt Augen lauter Ketzerei. Also gehets uns auch noch heute zu Tage, wir müssen solch Geschrei auch noch hören.

t) Das sind nu zweierlei Lehre; die eine ist, daß Christus hie aufhebt alle Predigtstühle und Gottesdienste, die auf Erden mögen sein, auch Mosen selber mit alle seinem Gottesdienste, der doch von Gott gegeben war t*), und zeuhet alle Schüler zu sich und spricht, er sei der Meister, daß, wer da fürnimmet Gott zu dienen ohne Christum, den Meister, der wandele im Finsterniß. Die andere Lehre ist tröstlich, daß, wer ihm nachfolget, soll ein solch Licht haben, das ihn führe zum Leben, und solle auch das ewige Leben geben; und es sind gewaltige Wort, daß er spricht: Ich bin das Licht der Welt; als sollt er sagen: Keine Lehre, noch kein Gottesdienst, er sei so groß und schön, als er immer wolle, wird helfen können den Menschen aus der Finsterniß; es ist Alles verdammet Ding, es muß Alles zur Hölle zulaufen, denn ich bin alleine das Licht: reißet uns also abe von allen Lichtern, Lehrern und Predigern, auf daß man bei dem Prediger Christo allein bleibe und zu ihm sich halte, oder sonst in der Finsterniß ewiglich verderbe und verloren sei.

Aber die Welt hat nicht Lust dazu, sondern will des Teufels Märterer sein, und wird vom Teufel wohl geritten, und läuft, als wäre sie toll und thöricht. Wenn sie ins Teufels Dienst, oder in einen

---

s) Johann. 8.

t) Die 8. Predigt, am Sonnabend nach dem 7. Sonn. Trinitatis.

t*) Christus hebet alle Predigtstühl und Lehren auf.

falschen Gottesdienst kömmet, da arbeitet sie fleißig, gibt große Almosen, fastet, bauet Kirchen u); und ist doch Alles vergeblich, verdammet und im Grunde verloren; wie wirs denn, leider, versucht haben in unsern Ständen. Ist es nicht eine Plage gewesen, daß man sich hat uberreden lassen, und Mancher geharnischt, in einem Kuriß, ist zu Sankt Jakob Wallfahrt gegangen, wöllen und barfuß, auch Manche laufen ins Grimmethal, und die ganze Nacht aus nicht geschlafen, und damit eine Seele aus dem Fegfeuer erlösen wollen? Itzt aber, da das heilige Evangelium, das rechte Licht, scheinet, da kann man die Leute nicht bereden, daß sie einen Heller zum Gottesdienst gäben, oder einen Finger regeten, Gott zu Ehren.

Aber die Welt hat Lust dazu, daß sie im Finsterniß bleibe und große Unruge trage, der Teufel hat auch größere Märterer, denn Christus; die Hölle wird ihnen säurer zu verdienen, denn der Himmel den Christen; die Gottlosen thun größere, ungeschwungener Arbeit. Aber die Christen leiden, und haben ein friedlich, rugiges Herz; da dagegen die Gottlosen im Gewissen keine Ruge haben, und auswendig martern sie sich dazu, und machen ihnen tolle Köpf mit den lausigen Kappen v): es wird ihnen säurer, wie sie in die Hölle kommen, denn den Christen der Himmel. Sie wollen Meister sein und uns leiten; aber sagen nicht, daß wir Christo sollen nachfolgen. Aber es hilft sie nichts, wenn sie es gleich noch so gut meineten, und ihnen noch so viel auflegten. Was hilfts, daß sie sagen: Nu hab ichs so gut gemeinet, also gebetet, so viel gefastet? denn der Türke sagets auch.

Es hilft die Jüden nichts; wie denn S. Paulus spricht: Habent quidem zelum, sed non secundum scientiam. Ich bin selber der Jüden-Zeuge, will er sagen, daß sie mit größerm Ernst und Eifer Gott

u) Der Welt Fleiß in des Teufels Diensten. v) Eigene Andacht und Werk.

dienen. Aber es hilft sie nichts, denn sie wollen die Kunst nicht lernen, die wir können, da wir wissen, das Gesetz Mosi helfe nicht, gute Meinung und eigen Gottesdienst sollen auch nicht helfen; sondern siehe auf das Licht, hänge dich an Christum, und folge deß Lehre nach: das rath ich dir, das ist die rechte gute Strasse, die da führet in das ewige Leben. Diese Strasse sollen wir auch treffen. Ob sie wohl für der Welt nicht scheinet, es ist eine ärgerliche Lehre, und es gehet uns ubel drüber: aber er leuget nicht, er spricht: Folget mir nach, ich will euch recht lehren und führen zum ewigen Leben, und daß ihr dem Tod, Sünde, Teufel und Hölle entrinnet, und selig werdet. Wer nu des Trosts und dieser Lehre nicht mag, fahre immer hin.

Die Jüden wollens nicht haben, und fühlen das Aergerniß, so sich hebt uber dem Rühmen; aber es muß gerühmet sein. Mit der Demuth richtet mans nicht aus, man kömmet nicht gen Himmel, du seiest denn stolz und hoffärtig. Aber es muß nicht eine unchristliche Hoffart sein. Auf diese Kunst soll man pochen und trotzen, und im Herrn hoffärtig sein w). Wer sich sonst anders rühmet und hoffärtig ist, der sei ein hoffärtiger Esel, und solch Rühmen ist verboten, wenn man sich selber rühmet, und was sein eigen ist; und was Narren sind, die sind hochmütbig und stolz, und sich selber rühmen ist nicht recht.

Darümb ist zweierlei Ruhm. Ein Rühmen x) ist von sich selber, daß sich einer ubernimmet, daß er reich und gewaltig ist, und große Freundschaft hat, und daß es ihme glückselig gehet. Darauf trotzet die Welt, und das ist der Welt stinkender Ruhm, so keinen guten Grund hat. Darnach ist ein ander Ruhm, davon Christus saget: Ich bin das Licht der Welt, wer mir nachfolget 2c. Das ist ein solches Licht, daß eitel Finsterniß sonst ist; wo dieses Licht nicht hin scheinet, und wenn es ausgelöschet

---

w) Christliche Hoffart und Ruhm. x) Der Welt Hoffart und Trotz.

ist, so leuchtet Nichts mehr. Und wer mir nachfolget, dem gebe ich das Leben, zeige ihme, wo das Leben sei, und weise dir die Strasse, wo du dazu kommen sollt; nicht durch deine gute Werk, sondern durch meinen Tod und Auferstehung: das ist der Weg, also leuchte ich. Solches ist nu eine grosse Hoffart und Ruhm, daß ein Mensch soll herfürfahren und sagen: Ich bin alleine Alles. Die Vernunft spricht: Sei Etwas; laß aber einen Andern auch Etwas sein: willt du es alles sein? wir wollen solchen Hochmuth nicht leiden. Awe ja, du bist klug, willt du alle heilige Doctores Finsterniß heißen, und sollen gar Nichts und unrecht sein? Das verdreußt sie, darümb sagen sie:

Da sprachen die Pharisäer zu ihm: Du zeugest von dir selber, dein Zeugniß ist Nichts.

Sie wollen sagen: Du zeugest von dir selber, darümb ists erlogen. Für der Welt ists gewiß, wer sich selber rühmet und lobet y), der ist ein Narr; und das ist recht geredet: man soll einem Solchen nicht gläuben; und Gott läßt es auch nicht zu, daß es wahr sei, und daß man ihme gläube. Darümb sagen sie zu Christo: Du rühmest von dir selber, die Nachbarn sind dir ubel gerathen, singest ein Liedlin von dir selber; das klinget nicht wohl, es ist beide, Ruhm und Lehre, erstunken und erlogen.

Also müssen wirs auch hören, daß man zu uns saget: Ihr seid eigensinnige Tropfen, halstarrige Köpf, ihr wollet Niemand hören. Ich hab wohl ein halb Schock solcher Geister gehabt, die mich Solches geziegen haben; aber ich danke Gott, daß ich mich nicht rühmen kann von meiner großen Kunst, Heiligkeit, oder von meinem Leben, denn ich habe so gelebt, daß ichs mich nicht darf rühmen, mit Gotteslästern und andern Stücken. Aber den Ruhm hab ich z), also stolzköpfig und halstarrig bin ich, Gott gebe, es treffe Kaiser, Papst und Bischoffe,

y) Eigen-Lob und Ruhm. z) D. Luthers Ruhm.

Universitäten, Doctores, oder alle Engel an, so rühme ich mich des Evangelii, und will davon nicht weichen; wie S. Paulus auch saget zun Galatern am 1. Kap.: Verflucht sei, so Jemand ein ander Evangelium prediget, denn ich gepredigt hab. Das ist hoffärtig gnug geredet, steif bietet er Trotz allen Engeln und Menschen im Himmel und auf Erden. Die Hoffart muß ich haben, und von der Hoffart soll Niemand mich bringen, und könnt ich hie nur kraus und stolz gnug sein, so wäre es gut; denn ich stehe nicht auf mir, sondern auf einem, der heißet Christus, auf den bin ich getauft.

Da schreiet man denn: Soll man den Papst, die Koncilia nicht auch hören? Nu [10]), ich will sie nicht hören a), ich wills nicht thun, du sollt mich dahin nicht bereden, daß ich ein Haar breit sollt weichen. Saget man denn: Ja, du bist hoffärtig; ja, antworte du, ich will da hoffärtig sein. In der Welt mag Einer dem Andern einräumen, und was mich antrifft, da sollt du einen solchen demüthigen Bruder an mir finden, daß ich dir gar unter den Füssen liegen will. Spricht man denn: Ei, wie hoffärtig bist du? da sage du: Da wird nicht anders aus, schilt mich hoffärtig hin oder her, ich will hie stolz sein, das wisse gar eben. Scheide Christum und mich, und wisse, was mich angehet, da will ich mich gerne demüthigen, und mit Füssen lassen uber mich hergehen: aber Christum und sein Wort tritt nicht mit Füssen, denn wenn du Christum nicht willt haben, so thue ichs nicht b). Da gibt man nu die Schuld dem Herrn Christo und seiner Lehre, und sie, unsere Feinde, wollen den Namen haben, daß sie friedfertig und demüthig sind, wir aber sind verstockte, halstarrige und stürmische Köpfe. Ja, wir wollens auch sein in dem Stücke, das Christus heißet, in Christo suche Niemand kein Geduld, Weichen bei mir; sondern hie bin ich halstarrig, denn es trifft

---

a) Papst und Koncilia nicht zu hören. b) Was Christum antrifft, soll man mit der Welt keine Geduld haben.

10) Nein.

mich nicht an. Du greifst mich an einem Ort an, das nicht mein ist; aber wenn du mich angreifest an meinem leiblichen Gut, Leib oder Hals, da will ich dir gerne weichen. Aber die Welt achtet Solches nicht, daß ich mit meinem Gut und Rocke weichen will, sondern gibt pellem pro pelle. Der Teufel sagt, er will die ledigen Schalen an der Nuß nicht haben, sondern den Kern, Christum, suchet er c). Aber hörest du, nein, ich will dir ihn nicht geben, er gebührt dir nicht, wenn alle Teufel auf Erden da wären. Das ist unser Trotz, daß wir sind in dem Licht, das ist, in Christo sein, so mich bringet zum ewigen Leben. Ob dichs nu gleich verdreußt, so wollen wir doch stolz sein, und uns lassen grobe Esel und köpfisch nennen.

Jesus antwortet und sprach zu ihnen: So ich von mir selber zeugen würde, so ist mein Zeugniß wahr.

Er will sagen: Ihr sprecht, mein Zeugniß sei falsch, denn ich rühme mich selber; aber ich thue recht dran, und so ich von mir zeuge, so sage ich die Wahrheit, es ist nicht erlogen, daß ich das Licht der Welt sei, ich zeuge die Wahrheit lauter und rein d). Es ist nicht ein falscher, fleischlicher, sondern göttlicher Ruhm, den ich thun muß, daß ich das Licht der Welt sei; sonst käme ich nicht zu meinem Ampt, ich würde es auch nicht ausrichten.

Also bin ich auch ein Christ, denn ich bin getauft, und gläube dem Evangelio von Christo, daß er für mich gestorben sei, und halts dafür, daß er mich mit seinem Blut erlöset hab, ob ichs gleich schwächlich gläube. Da bin ich ein lebendiger Heilige, und ein Lehrer der Wahrheit, und bin lux mundi. Denn ein Pfarrherr in seiner Pfarr soll sein lux mundi e). Da kann ich mich nicht zu hoch rühmen, denn ich rühme mich nicht des Meinen, als meines Dinges, meiner Kunst, stinkender Gewalt, Gelds

---

c) Des Teufels Suchung. d) Göttlicher Ruhm des H. Christi.
e) Eines Predigers und Christen Ruhm.

und Guts, sondern deß, so ich im göttlichen Wort und in der Taufe empfangen hab, daß mir die Gnade verliehen und gegeben ist, zu gläuben, schreiben und predigen f). Dieweil denn nu die Taufe, der Tod und Auferstehunge Christi, und das Wort Gottes und Blut Christi heilig ist, damit ich bestrichen und täglich in der Taufe Christi gebadet bin durch den Glauben, so trage ich ein Heilthum bei mir, das macht mich auch heilig, umb des Bades willen. Wenn wir nu gebadet sind, sollen wir sagen: Ich bin rein; wie ein reiner Leib spricht: Ich bin gewaschen; und eine Braut spricht, sie sei geschmückt, es rieche und schmecke Alles wohl umb sie; denn es ist die Materia da, davon man rühmet. Also wollen wir uns von dem hie auch rühmen, das wir empfangen haben. Es ist nicht mein, sondern es ist mir gegeben in der Taufe; und wenn ichs verläugnete, so schändete ich Christum, meinen Herrn, und spräche: Meine Taufe ist ein Unflath, meine Lehre und Predigt ist Lügen und des Teufels Lehre; das laß ich. Ist aber Christi Lehre rechtschaffen und die Wahrheit, so muß ich sagen: Ich bin ein rechter Lehrer, und mein Pfarrherr weiset mir den rechten Weg und das wahrhaftige Leben; darauf will ich sterben, denn ich weiß, es ist die Wahrheit.

Also ists auch hie. Wenn Christus spricht, er sei das Licht der Welt, so rühmet er sich nicht fleischlich; wie ein Christ nicht leuget, wenn er sich rühmet, daß er heilig sei, nicht durch gute Orden und gute Werk, wie die Mönche sonst rühmen, sondern, daß er heilig ist, und heilig lebet, darümb, daß er getauft ist, und gläubet an Christum, durch den ist er gereiniget, und leuchtet mir ins ewige Leben. So rühmet er sich nu nicht fleischlich, sondern rühmet sich der Wahrheit, und sagt: Darümb ist mein Zeugniß wahr. Es ist die Wahrheit, denn ich weiß, woher ich kommen bin, und wohin ich gehe. Ich rühme mich nicht, wie ein Scharrhans, da Nichts dahinter ist g). Sie vermögen nicht, daß sie möchten ein Au-

f) Ursach des Ruhms. g) Elender Ruhm der Scharrhansen.

genblick irgends einem das Leben zusagen; oder so viel Geldes hab ich, oder so viel kann ich einem schaden, oder sagen: So lange wirst du leben; du bist keinen Augenblick sicher: was rühmet sich denn der Narr dieser Güter, derer er keinen Augenblick mächtig ist? Es ist ein eiteler Ruhm, auf Ehre, Gewalt und Stärke pochen; man muß es greifen, daß es ein falscher Ruhm sei, und sagen, daß man deß keinen Augenblick mächtig sei.

Und Trotz einem Kaiser, Könige, Fürsten und Herrn, daß er sage, er sei seiner Kron eins Augenblicks mächtig. Ich kann mich rühmen, daß ich ein türkischer Kaiser zu Konstantinopel wäre; es ist aber nicht wahr. Aber der Kaiser zu Konstantinopel ist eben seines Lebens so wenig mächtig, als ich; denn er hats nicht einen Augenblick in seiner Hand, sondern Gott hats in seiner Gewalt, er weiß nicht, wie lange er lebe. Aber wenn ich hinüberspringe und mich rühme deß, das nicht in meiner Gewalt ist, sondern ewig währet bei mir, das mir auch nicht kann weggenommen werden, da kann ichs nicht ungewiß sein; aber dort kann ichs keinen Augenblick gewiß sein. Darümb so rühme ich mich nicht auf das, was ich empfangen habe, noch auf mein Leben, das mir Gott nicht verheißen hat. Er hat mir das Leben gegeben; item, Haus und Hof, Weib und Kind soll mein sein: aber er hat mirs nicht verheißen, daß es ein Augenblick sollte mein eigen sein. Ich bin ein König oder ein [11]) Fürst, und hab viel Reichthum, Geld und Gut; aber ich habe es nicht einen Augenblick. Aber dieß hie hab ich gewiß von dem ersten Augenblick an, wenn ichs empfangen hab, bis an mein Ende.

Denn ich weiß, woher und von wannen ich kommen bin, und wo ich hin gehe; ihr aber wisset nicht, von wannen ich komme, und wo ich hin gehe.

Er ist vorhin gewiß seines Ampts, und alles

11) „ein" fehlt.

deß, das er redet und thut, so sonst die Welt nicht thut. Diese große certitudo oder Gewißheit machet ihn keck. Er weiß, daß es muß bleiben, was er thut, und er weiß auch, daß er ein Lehrer ist, und wohl bleiben werde, und daß ihn Gott gesandt hat, daß er der Welt Licht sein soll, er ist des Berufs, Wesens und Ampts gewiß: darümb so rühmet er sich desselbigen auch h), denn er weiß, daß es nicht feihlen kann; denn der ihn gesandt hat, hats ihme befohlen, und derselbige leuget nicht, und er weiß seines Ampts und Wesens Anfang und Ende, wie es hinaus soll gehen. Ich rühme mich nicht von mir selber, will er sagen, sondern ich weiß, wer mich gesandt hat, und daß es mein eigen Reich sein wird, und mein Regiment dahin gelangen wird, daß es ein ewig Reich durch meinen Tod sein wird, und hinausgehen, daß es Niemand verhindern soll: also muß ich auch thun; ich weiß, woher ich komme, und wo ich hin gehe, wer mich gesandt hat, und wo ich bleibe.

Das weiß die Welt nicht i); aber ein Christ und Prediger weiß es, wer ihn gesandt hat, und wo er hin kömmet. Ein Kaiser und König kann nicht sagen: Dieweil ich diese Kron trage, so weiß ich, wo ich bleiben soll. Ja, der Papst kanns auch nicht sagen, daß er weiß, wo er hin gehe, oder wie lange er bleiben wolle; im höllischen Feuer mag er wohl bleiben. Aber ein Christ spricht: Ich weiß, wo ich hin gehen soll, nämlich, zu dem, der mich gesandt hat. Da ist der Anfang, daß Gott mir das Wort von der Vergebung der Sünden gegeben hat, da komm ich her, den Befehl hat mir Gott gegeben, das Wort und Ampt zu lehren, und komme wieder zu ihme, und bleibe ewiglich bei ihme. Ich bin nur gesandt, daß ich in der Welt die Menschen lehren soll, und weiß, wo ich hin komme, daß ich wieder zum Vater komme. Diese certitudo ist eine große starke Festung, diese Sicherheit macht einen rühmenden Menschen.

---

h) Gewißheit der Lehre und Ampts Christi macht den Ruhm. i) Die Welt ist ihres Wesens nicht gewiß.

Ein jeder Christ ist ein Licht der Welt, denn er soll wissen und sicher sein k), was er für ein Mensch sei, und wie er mit Gott stehe, und daß er von Gott komme, und kömmet aus Adam durch die Taufe in Christum getreten, in einen christlichen Stand, [12]) ist ein neuer Mensch worden, und soll ewig mit Gott bleiben. In dem Stande lebe ich, und trage das Kreuz; da weiß ich, wo ich her komme. Ein Karthäuser oder Barfüssermönch l) kömmet aus einem bunten Wammes in eine graue Kutten, er kömmet aus [13]) sich selber, aber nicht von Gott. Christus aber kömmet in die Welt ewiglich von Gott, und zeitlich durch den Heiligen Geist und von der Jungfrau Marien. Also können wir auch sagen: Ich bin gewiß, daß ich nicht ein Sonderlicher bin; ich bin nicht mehr, denn der alte Hans und Claus, der aus Adam geborn ist. Aber ich bin auch ein Christ, ich hab einen Namen, der allen gemein ist, mit allen denen, so mit uns aus der Taufe wieder neugeboren sind, und nach diesem Leben habe ich den Himmel offen, daß ich mit allen Heiligen dahin komme. Ich bin meiner Sachen gewiß, mein Ruhm hat einen guten [14]), köstlichen Grund. Sollt ich mich sonst etwas Anders ruhmen, so stünde es ubel, und sollt ich aufstehen und predigen, und sollts nicht gewiß sein, wäre seher gefährlich, und besser, ich hätte nie keine Predigt gesehen oder gehört, denn daß ich aufträte, und wäre nicht gewiß, daß meine Predigt Gottes Wort wäre. Derhalben sind die Rotten in großer Gefahr, sie wissen nicht m), woher sie kommen, oder wohin sie gehen, sie sind ihres Dinges ungewiß, und gehen als in einem Traum, und waschen dennoch daher, und machen die ganze Welt voll und irre mit ihrem Plaudern; aber sie wissen nicht, von wem sie gesandt sind, oder wo es hinaus will, sie sind ungewiß, was sie thun rc.

Also spricht Christus: Ihr richtet mich nach dem

---

k) Weisheit eines Christen. l) Sonderliche. m) Ungewißheit der Rottengeister.

12) † und. 13) außer. 14) „guten" fehlt.

Fleisch, und sehet mich nicht anders an, denn als einen andern Menschen. Ihr sehet nicht mehr an mir, denn das Angesicht, die Haut, Hände und Füsse; ihr meinet, ich sei eines Zimmermanns Knecht von Nazareth, der Nasen, Augen und Sinne habe, als ein ander Mensch, und nicht der einen Befehl hab von Gott, der nur alleine für sich auftrete. Ja, wenn ich dich also will ansehen, so sehe ich dich nicht für einen Christen an, und wenn du mich auch also ansiehest, so wirst du mich nicht für einen Prediger ansetzen.

Und also sehen einander die Schwärmer an n), die mit der Vernunft und eigener Klugheit handeln und richten, und sehen fleischlich einen an, und urtheiln einen auch fleischlich. Nu bin ich nicht fleischlich gesandt noch kommen, ich will auch nicht fleischlich hinaus, ich sehe dich nicht an, daß du schwarz bist oder weiß, reich oder arm, oder daß du dieses und [15]) jenes Kleid anhast: sondern, daß du kömmest aus der Taufe, und bist in diesem Wasser gewesen, und hörest das Evangelium. Aber also thun sie nicht, also sehen sie einen Menschen nicht an: das können sie nicht erlangen, sie sehen einem nicht die Taufe an der Stirn, die Augen sehens nicht; sondern das Herz saget: Ist der [16]) getauft, so ist er geschmuckt und gezieret mir dem besten Heilthum in der Welt, nämlich, mit dem unschuldigen Blut des Lämmlins Christi. Ich meine ja, das konne einen heilig, schön und fromm machen, und aus Adams Kindern zu andern Menschen machen, und in einen andern Stand setzen.

Wenn ich dich also ansehe, gebadet, getauft, gewaschen in dieser Taufe, alsdenn ehrest du das heilige und unschüldige Blut Christi o), nicht Fleisch noch Haut, sondern du siehest mich an, daß ich mit dem Blut Christi gewaschen bin, und daß in mir das Heilthum ist, das Evangelium oder göttliche

---

n) Der Irrgeister und Christen Anschauen. o) Kraft der Tauf. Apok. 1.

15) oder. 16) er.

Wort, das alle Kreaturen heiliget und schaffet. Man siehet mich nicht an als ein Kuhe oder als einen unvernünftigen Menschen, sondern, wer mit mir gebadet ist und gereiniget, derselbige merket, daß solch Heilthum in mir ist. Die ganze Welt siehets nicht, gedenket nicht, was die Taufe sei, meinet, sie sei vorlangest für vierzig Jahren hinweg, siehet mich nur für einen Menschen an, der da Leib und Seel und Vernunft allein hab. Das ist nach dem Fleisch urtheiln, und nicht höher steigen, denn als ein Kuhe ein neue Thor ansiehet.

Also, will der Herr sagen, siehet man mich auch stehen, zwei Augen haben, und eines Zimmermanns Sohn sein. Aber ein solch Ansehen hab ich nicht p). Ich bin wohl eines armen Zimmermanns Sohn geachtet, und sollt mich von der Gewalt, Stärke, Gütern und weltlicher Klugheit rühmen nach dem Fleisch: aber sie ist nicht da. Deß rühme ich mich aber, daß ich von Gott kommen bin, und wieder zu Gott gehe. Das wisset und sehet ihr nicht, darümb könnet ihr mich nicht leiden: ich muß ein Narr und hoffärtig sein, ihr aber seid klug und heilige Leute, und demüthig.

Also gehets uns auch mit den Papisten. Wenn wir sagen: Wir sind heilig; da können sie die Augen nicht aufthun, und in ihr Herz gehen, und sehen, daß die Taufe und Evangelium also ein gewaltig Ding sei, darüber wir uns also hoch rühmen. Ja, sagt der Papst, die Taufe und Christenheit ist ein gemein Ding; der aber ist heilig, der einhergehet als ein Karthäuser, und siehet saur: sollte die Taufe helfen? Awe ja, ein Kind in der Wiegen wäre damit eben so fromm, als ich? o du mußt viel eine andere Heiligkeit suchen! Das ist schlecht nach dem Fleisch angesehen. Aber wenn ich die Augen aufthue, und sage: Die Taufe ist nicht ein gering Ding, sondern ein Bad aus Jesus Christus Blut gemacht. Was mangelt dem Evangelio, der Taufe und dem Blut Christi? können sie nicht für die Sünde gnung

p) Rechts Ansehen des H. C. und der Seinen.

thun? ist es nicht heilig? kann es nicht gerecht machen? Aber das sind ihnen eitel Mährlin und Träume, sie hören es nicht, schreien allein von Werken, darauf sehen sie viel mehr. Dieß Urtheil ist allein nach dem Fleisch.

Ich richte Niemand.

Er zeuhet sein Ampt hiemit an q), und spricht: Ihr richtet nicht recht: ich aber hab ein recht Urtheil; noch richte ich Niemand. Die Welt hat ihre Art, daß sie rühmet, richtet, sich rächnet, wie Matthäi am siebenten Kapitel geschrieben stehet: aber Christus ist kommen, daß er nicht richte, sondern uns alle gleich mache, daß Einer wie der Ander sei; will sagen: Ob ihr wohl alle verdammet seid, so bin ich doch nicht kommen zu verdammen, es ist nicht meines Ampts, daß ich das Urtheil uber euch spreche, sondern ich will das Gerichte aufheben, daß ihr alle ungerichtet, ungeurtheilt bleibet. Also rühmet er sein Ampt, und setzet sich sonderlich wider die fleischlichen Richter, die balde herausfahren und urtheiln; spricht: Ich bin nicht nach dem Fleisch kommen zu richten, ich richte Niemand. Ich hätte es wohl Macht, könnts und sollts billig thun; aber ich thue es nicht. Ich bin nicht darümb kommen, sondern ich hebe das Gerichte auf, auf daß ich Andere zu mir auch bringe, und sie alle erleuchtet werden.

Es ist ein schöner Text, daß man Christum nicht ergreife als einen Richter; wie uns denn der Papst Christum also eingebildet hat, daß er am jüngsten Tage richten werde. Sie meinen r), daß Christus droben sitze, daß er allein richten und urtheilen will: das sind meine Gedanken und deine Gedanken im Papstthum auch gewesen, das kannt du nicht läugnen; und daher sind die guten Werk, alle Klöster und Orden kommen, daß man den Richter versöhnete. Darnach hat man Maria zu Hülfe genommen, die hat Christo die Brüst weisen sollen; daher sind

---

q) Des H. C. lieblichs Wort und eigen Bezeugniß. r) Recht widerchristlicher Gestalt.

alle Wallfahrt und alle Anrufung der Heiligen kommen. Damit ist das Evangelium gründlich danieder gelegt und ausgerottet worden, und wir worden Christo herzlich feind; ich hätte gerne gesehen, er wäre für alle Teufel hinweg, Jedermann flohe für ihm, und worden ihm feind. Diese Predigt hatten wir, und die Zuhörer höretens gerne; ward also Christus unser Richter, für dem man flohe. Aber Christus ist kein Richter, denn allein den Schuldigen; wie ein Ubelthäter muß immerdar sich für einem Richter, Henker und Galgen fürchten, und ihn hassen, da doch sonst der Richter Jedermann helfen sollte, und Jedermann Trost bei ihme suchen.

Nu, es ist umb unser großen Undankbarkeit willen geschehen, der mag mans danken s), daß wir solche Prediger gehabt, die Christum gar haben umbgekehrt, die aus dem Licht Finsterniß, und aus einem Heiland einen Tyrannen und Richter gemacht haben. Am jungsten Tage wird er richten; aber als ein Heiland, der mir helfen wird von meinen Feinden, und alle die umbstoßen, die mir Leid gethan haben. Mir wird er nicht erschrecklich, sondern tröstlich sein, denn ich habe eine gute Sache, ob wir wohl vom Teufel geplaget werden. Ein frommer Bürger, der Noth leidet, fürchtet sich nicht fur dem Bürgermeister oder Richter, sondern er rufet in Nöthen die Oberkeit an, suchet Hülfe, Rath und Trost. Dieses Freund ist der Richter und Bürgermeister. Den Schüldigen, Bösen und Ubelthätern soll der Richter ein Furcht und Tyrann sein; aber dem Geplagten nicht t). Ein Fürst oder Richter ist demselbigen als ein Vater und Zucker u). Also haben wir auf Erden auch den Teufel und die Welt wider uns, da sagen wir denn: Ist Niemand, der helfen könne, der da richte? so spricht er: Darumb bin ich ein Richter, ich will euch am jüngsten Tage erlösen. Da ist Christus uns ein Trost, daß er dennoch richten werde uns und unser Feinde.

---

s) Ursache dieser verdammlichen Blindheit. t) Röm. 13. u) Das heißt fürstlich.

Aber hie auf Erden ist Christus nicht ein Richter, sondern will Jedermann ungericht lassen, er sei denn ungläubig. Er will die nicht richten, die ihn hören und an ihn gläuben, derer Richter will er nicht sein, sie verdammen oder in die Hölle stoßen v). Er spricht: Ich will dir Nichts thun, du darfst dich nicht fürchten, daß dich die Sünde und das böse Gewissen verdammen; wenn du nur das Licht hast, so bist du sicher fur meinem Gerichte; darumb sollt du mein Gerichte dir zu Trost und zum Besten begehren. Hast du Feinde, den Tod, Sünde, bös Gewissen, Teufel und die Welt, die dich anfechten; so halte stille, gläube an mich, ich will dem Allem wohl rathen, ich will dein Richter sein, der dich von deinen Feinden will ledig machen, daß sie dir nicht schaden; gläubst du nur an mich, ich will dir wider die Sünde, Tod und Teufel wohl helfen.

Aus dieser Ursachen sagt er: Ich richte Niemand. Damit will er auf Erden der ganzen Welt zusagen bis an jüngsten Tag, daß sein Wort und Reich, oder Ampt, also sein solle, daß er wolle Niemand richten v*). Jung und Alt, Allen entbeut er seine Hülfe und spricht: Willt du an mich gläuben, so ist das mein Ampt: Ich will dich nicht richten, denn mein Ampt ist, helfen und erhalten, es soll eitel Gnade und Vergebung der Sünden sein, ich bin kein Richter w), es wäre denn, daß du mich nicht wolltest annehmen und an mich gläuben; ohne das will ich sonst ein Helfer sein. Du wolltest denn die Hülfe nicht annehmen, da zwüngest du mich dazu, daß ich müßte ein Richter sein, da könnte ich nicht für. Sonst, in meinem Ampt ist kein Richten, Verdammen noch Strafen x); wenn es gehet, wie es soll gehen, da will ich kein Richter sein; wie er auch in diesem Kapitel zum Weiblin saget: So verdamme ich dich auch nicht. Summa, er will nicht ein Richter sein, sondern helfen.

Darumb bilde dir Christum anders für, denn

---

v) Gar tröstlich. Joann. 3. v*) Gnadenreiche des H. Christi und desselben Lehre. w) Esa. 49. 2. Kor. 6. x) Esai. 1.

Da ist denn einer andern Lehre vonnöthen, nämlich des Evangelii, die da saget: Ich, Christus, bin das Licht rc. Denn sonst ists unmoglich, daß du könntest selig werden; denn du bist in Sünden und bleibst darinnen, stickst in der Finsterniß, und das Gesetz verlässet mehr, denn daß es helfe. Aber das Evangelium saget: Wenn du an mich gläubest, und siehest drauf, daß ich, Christus, für dich gestorben sei, und deine Sünde hab weggenommen, alsdenn ist dir geholfen. Stehest **) du nu darauf, so lehret dich diese Lehre nicht, was du Gott thun sollt, sondern was du von ihme nehmest und empfahest rc.

Diese Lehre, oder das erste Licht *), ist der Mond, und lehret die Früchte eines guten Baums, die wir thun sollen: das ander Licht ist die Sonne, die lehret vom neuen Menschen, von einem andern Baum, daß man von Christo das Evangelium empfahe. Hie horen wir, von wannen, und wie der Mensch gut werde; das denn geschieht durch den Glauben. Also ist das Evangelium eine Predigt, nicht von unsern Werken, sondern von Gnaden und Gaben, was Gott uns Guts thut und schenkt durch Christum. Die zehen Gebot sagen, was wir Gott thun sollen. Nu scheinet der Mond des Nachts wohl, aber er macht drümb keinen Tag, es bleibt noch Nacht. Aber Christus ist die wahrhaftige Sonne, so da machet den Morgen und Tag anbrechen, und lehret uns, wie wir sollen zur Seligkeit kommen, von Sünden und Tod erlöset werden. Darümb saget er auch: Ich bin das Licht, so in die ganze Welt leuchtet; denn er hilft allein von Sünden, Teufel, Tod und Hölle.

Diese Ehre und Erkenntniß haben die Jüden und die ganze Welt nicht gewußt. Aber nu gehets wieder an, und leuchtet nicht allein unter die Jüden, sondern in die ganze Welt, und wird gepredigt, daß die Sünde alleine durch Christum verdammet wird,

---

*) Des Monden und der Sonne Licht gehalten gegen dem Gesetz und Evangelio.

**) Stehest

kümb kein Richter sein, oder Jemand urtheilen und verdammen c). Und folget darnach, daß er Bericht thut von Gelegenheit seines Gerichts.

So ich aber richte, so ist mein Gerichte recht; denn ich bin nicht alleine ꝛc.

Er hätte können sagen: So ich richte, so richte ich nicht nach dem Fleisch, wie ihr, sondern nach dem Geist d). Aber er spricht zuvor: Ich richte gar Nichts. Er ist auch nicht darumb kommen, daß er richte; und man soll Christum nicht predigen noch gläuben, daß er ein Richter kommen sei, es sei denn, daß er die Seinen will erretten und erlösen. Aber wie reimet sichs, daß er itzund saget: So ich aber richte, so ist mein Gericht recht, und droben spricht er: Ich richte Niemand? Er hat ein stark Urtheil gesprochen, da er saget: Ich bin das Licht der Welt; und der dieß redet, der darf sich auch unterwinden ein Richter zu sein, nicht irgend eines Königreichs, zweier oder dreier Städte allein, sondern der ganzen Welt und des Teufels; und er spricht noch dazu: Alle Welt ist in Blindheit und Finsterniß, unter der Sunde, Tod und Teufel; aber ich bin allein das Licht. Heißt das nicht gericht? Ja freilich. Das hat die Juden auch ubel verdrossen, daß Christus so hoffärtig ist. Er läßt sich nicht gnügen, ein Pfarrherr zu sein eines Bisthums, sondern der ganzen Welt. Das heißt nicht alleine, gericht, sondern öffentlich Alles verdammet. Er verdammet sie nicht im Winkel, sondern offentlich auf dem Platz. Er unterwindet sich des Ampts, daß er richtet, nicht im Winkel, sondern ist ans Licht getreten, und verdammet Alles bis zum Tode.

Nu, Christi Ampt ist nicht furnehmlich dahin gerichtet und geordent, daß er richte; sondern vielmehr, daß er helfe, das ist sein Ampt. Das sollen wir wohl lernen, wie droben auch im dritten Kapitel ist gesagt worden, daß Christus spricht: Gott hat seinen Sohn nicht gesandt, daß er die Welt richte, sondern daß die Welt durch ihn selig werde. Das soll das

c) Wider die Norm. Ef. 9. d) Gerichtshegung Christi.

furnehmeste Ampt des Herrn Christi sein, und darumb ist er auch in die Welt gesandt. Aber e) wer das nicht leiden will, und unter deme nicht sein, der da gerne helfen will, wie kann er denn anders thun, denn, daß wer nicht will das Leben haben, der mag den Tod haben? denn er ist nicht kommen zur Vergebung der Sünden. Er spricht: Wer mir nicht will folgen, der muß fühlen, daß er ein Sünder bleibe, und da kömmet denn das rechte Gerichte drauf, daß ein Solcher in seinen Sünden bleibe, wenn er nicht will Gerechtigkeit haben. Willt du unsern Herr Gott nicht, so behalt den Teufel; und das Ampt, das sonst nicht gesetzet ist zu richten, sondern zu helfen und zu trösten, das wird gezwungen, daß es richten soll. Also stehet im ersten Buch Mosi von ihme geschrieben f): In deinem Samen sollen gsegnet werden alle Völker. Das soll sein Titel und Ampt sein, nämlich, segenen, helfen, rathen. Da stehet das süße Wort segenen, helfen; es soll ein tröstlicher Prediger, ein freundlicher Mensch und ein Helfer sein, der mit Faust und Hand dazu thue, Nichts lehren noch wirken soll, denn helfen und segenen, bei ihm ist eitel Hülfe und Trost. Und doch ist in den Worten auch beschlossen die Vermaledeiung oder das Gericht und Urtheil. Denn wo Segen ist, aber weggeschlagen wird, da ist Fluch. Wer die Hülfe und Segen nicht haben will, der muß Fluch haben. Wer nicht will Gesundheit haben, mag krank bleiben. Wer nicht in Himmel will, der muß in die Hölle fahren g). Wiewohl es des Herrn Christi Ampt nicht ist, daß er in die Hölle stoße, und verfluche oder richte, sondern er soll helfen und herausziehen; jedoch so ists auch wahr, daß, wer es nicht haben will, der bleibe drinnen.

Darumb spricht er: Muß ich richten, so richte ich wahrhaftig; hebe ich an, so werde ich recht richten, denn h) ich bin das Licht: wer mir folget, der

---

e) Unvermeidliche Nothfoderung dieses Gerichts. f) Präscription vom Helfampt Christi. Genes. 22 g) Psalm 109. h) Gerichtsursachen.

bleibet nicht im Finstern, sondern soll eitel Gnade, Barmherzigkeit, Hülfe, Trost und Leben haben. Denn wer mir nachfolget, der hat alle Seligkeit. Das ist sein Ampt. Wenn du aber nicht willt folgen, willt die Gesundheit, das Licht und Segen nicht haben, so will ichs beschließen, daß, wer nicht will das Licht und mich haben, der bleibet im Finsterniß. Sonst ists meines Ampts nicht, urtheiln oder verdammen, sondern helfen, trösten und rathen den Leuten, und das Beste ihnen thun. Wenn sie aber nicht wollen Gott haben, und ihnen helfen lassen, so sage ich: Magst du des Worts nicht, so mußt du zum Teufel fahren; ich zwinge dich nicht dazu, und wollt lieber sehen, daß du nicht also gerichtet würdest, sondern daß du den Rath und Trost annähmest, und ließest dir helfen: aber ich muß es thun. Gleichwie ein Arzt zu einem Kranken spricht i): Das wäre dir gesund; ich will dich nicht umb das Leben bringen, sondern wollt dir gerne aufhelfen. Wenn er aber nicht will, so spricht der Medicus: Ich rede zwar mit dir als ein Arzt, aber du zwingest mich, daß ich muß ein Richter sein, und dir sagen muß, du werdest sterben. Der Arzt sollt wohl also nicht reden, er redet auch nicht gerne also als ein Arzt. Der Kranke will ihn bei sich nicht leiden, oder halten fur einen Arzt; so mag ers ihme also haben: also ist auch Christus seines Ampts halben gesandt und kommen, daß er selig mache, und helfe alle denen, die ihme vertrauen, daß sie sollen selig sein. Aber sie sagen: Wir wollen das Licht nicht haben, und diese Lehre nicht leiden. So wirds denn also auch heißen: Wer das Licht nicht haben will, wird in der [17]) Finsterniß wandeln; und wird Christus denn auch der Bösen Richter sein.

Es wird sie nicht helfen, daß sie sagen k): Wir wollen ein ander Leben führen, wissen einen bessern Weg gen Himmel, ich will ein Karthäuser werden, oder ein Barfussermönch, dieß und jenes thun. Aber

---

i) Treue und Redlichkeit der Aerzte. k) Eigene Arzneiung.
17) im.

der Herr saget dir: Hüte dich, ich warne dich, es ist wider mein Ampt, du wirst feihlen, und nicht in Himmel, sondern zum Teufel in die Hölle kommen. Ist das nicht gericht? Und also gehets auch zu in allen Ständen. Ein Vater spricht zum Sohn: Wenn du mir gehorsam bist, so sollt du mein Erbe sein, ich will dich nicht zum Betteler machen. Denn das väterlich und mütterlich Ampt ist nicht darumb eingesetzet, den Sohn zu verderben, sondern zu der Kinder Besserung, Hülfe und Trost. Läuft nu der Sohn hinweg, und wird ein Bube und Schalk, die Tochter eine Hure, so strafet ihn der Vater darümb, und spricht: Nu, wirst du dem Henker zu Theil werden, so ists nicht meine Schuld. Also muß der Vater und die Mutter thun, und den Sohn richten und strafen. Hie richtet der Vater, wenn er die Kinder schilt; wollens aber die Kinder nicht haben, so muß der Henker kommen und richten.

Also will der Herr Christus auch sagen l): Es ist nicht meines Ampts, daß ich richte; so ich aber je richten soll, so will ich recht richten. Ich weiß, daß ich bin das Licht der Welt, das ist wahr; und wer mir nicht folget, den schließ und urtheile ich dahin in das ewige Verdammniß und in die Hölle hinein; nicht meines Ampts halben, denn da ist mein Befehl, daß ich Jedermann zum Licht führen und bringen soll: sondern umb seiner Bosheit willen, daß er mich, Christum und mein Ampt, daß ich ihme helfen soll, nicht haben will, darumb ist er von mir abgesondert. Wenn er nu kein Theil an mir hat, so ist er des Teufels, denn außer mir ist kein Rath noch Hülfe, auch kein Licht noch Heil.

Also hat Gott der christlichen Kirchen gegeben die Gewalt der Schlüssel, was sie auf Erden binden wird 2c. m) Diese Gewalt ist nicht eingesetzt allein zu binden, sondern auch zu lösen, denn das Predigampt ist, daß man predige Vergebung der Sünden, und bringe die Seelen gen Himmel. Aber das ist

---

l) Des H. Christi Vaterherz gegen uns. Esa. 9. m) Kirchdisciplin Matth. 18. Johann. 20.

auch dran gehänget: Wenn ein Gottloser dich oder die Kirche nicht höret, so halte ihn als einen Heiden: da muß sie binden, da doch die liebe christliche Kirche viel lieber wollte auflösen. Darumb ists hie auch beides wahr n), daß erstlich Christus ein solcher Prediger ist, nämlich, ein Heiland, der nicht dazu geordent ist, daß er ein Richter sein sollt, sondern erlösen und helfen wolle; wie er droben zu der Ehebrecherin sagete. Wo er aber darnach richtet, so thut ers umb derer willen, die ihn nicht wollen haben; da muß er richten. Fur seine Person sollt ihr keinen Richter aus ihme machen, denn er ist darumb gesandt, daß er soll ein gebenedeieter Same der Heiden sein: daß er aber ein Richter sein muß, das geschieht nicht fur seine Person, sondern umb Anderer willen, die ihn verachten und zwingen zum Richten [18]).

Ich predige auch noch von Gottes Gnade, aber wer sie nicht will haben, der habe Zorn o). Ich soll und kann nicht anders predigen und lehren, denn auf diese Weise. Ich soll nicht sagen: Willt du Gottes Gnade haben, oder nicht haben? Man soll nicht also predigen, sondern sagen: Hie hast du das Evangelium, daß dir Vergebung der Sünden gibt, das böse Gewissen nicht richtet, und du dich fur der Sünden und dem Tode nicht fürchten darfst. Wenn du aber das Evangelium nicht hören willt, noch die Gnade und Barmherzigkeit Gottes annehmen, so sage ich dir: Hie her, lieber Papst, Bischoffe, Fürsten, und Alle zusammen, ich thue euch in Bann, du bist des Teufels mit alle den Deinen. Das Urtheil sprech ich nicht aus Wollust oder Furwitz, sondern ich muß es thun. Das erste Ampt, welches ist, segenen, will nicht bewandt sein; ich soll nicht sagen: Papst, du verachtest das Wort, willt das Evangelium nicht leiden, du sollt dennoch selig werden; o nein! sondern soll sagen: Du wirst verdammet werden in Abgrund der Höllen hinein. Also müssen wir sie rich-

n) Er hats beides an der Hand. o) Gnaden- und Zornpredigt wider die Antino.

18) zu richten.

ten, und mit Freuden in Bann thun, den Papst, Bischoffe, und sagen: Ich thue recht dran, daß ich euch richte, denn ich bin kommen, daß ich recht richte, und euch sage: Ihr seid im Finsterniß und verdammet. Es ist die Wahrheit, daß ich habe gesaget, ich sei das Licht der Welt; wer außer dem Licht ist, der ist in der Finsterniß: das ist nicht Lügen, sondern die rechte Wahrheit, und ist recht gerichtet, wann ich sage: Ihr seid im Finsterniß; das soll auch recht bleiben.

Die Welt höret aber nicht gerne dieß Urtheil und Gerichte p), und hälts fur Lügen: aber es ist recht gericht, und nimm dies nicht anders in Sinn. Wenn ich sage: Ihr seid verdammet, und in der Finsterniß; so bleibets recht, und also solls bestehen, denn ich richte also euer Schuld halben, und ihr werdets erfahren, daß es wahr sei und recht getroffen.

Denn ich bin nicht allein, sondern ich und der Vater, der mich gesandt hat.

Ich sprech nicht dieß Urtheil als eine einzele Person, der ich kein Ampt hätte; sondern q) man handelt von einer andern Person. Ich rede itzt nicht als Jesus, oder Hans; sondern als einer, der im Ampt sitzt. Ich bin nicht eine einzele Person, sondern gesandt als ein Zeuge, als ein offentlicher Bote [19]) und Prediger, habe sein gut Fug. Dazu so habe ich Zeugniß von Joanne dem Täufer, so er mir gegeben hat; darnach so zeuget Gott, der himmelische Vater, auch von mir: das sind zwene Zeugen.

Sonst, wenn ein Privatperson Etwas von sich selbs zeuget, das ist nicht recht; aber eine offentliche Person, die im Ampt ist, mit der ists anders gethan. Ich bin nicht hie Prediger aus meiner Person, und fur mich, wie die Rottengeister sonst solche Prediger sind, und habe das Predigampt nicht angenommen aus eigener Wahl oder Durst, sondern ich habe das Zeugniß, daß ich berufen bin, und zum Predigampt

p) Sie hat zärtliche Ohren. q) Vermöge geistliche Gerichtspruchs.
19) Poet.

erfodert und gebeten, ich predige aus Befehl und Anderer Geheiß; sonst predige der Teufel. Darumb bin ich nicht ein einzele Person, und weil ich Martinus heiße, so bin ich drümb nicht ein Prediger; sondern wenn ich heiße D. Martinus, oder ein Prediger, da bin ich ein ander Mann r). So ist auch Hans nicht ein Fürst zu Sachsen, sondern weil er das Zeugniß hat, Herzog Hans, so ists etwas mehr denn Hans: da ist eine andere Person, abgesondert von der einzelen Person, und dieselbige Person mag denn wohl zeugen. Ein Bürgermeister kann zeugen und sprechen: Ich zeuge, daß ich dein Bürgermeister bin. Er redet nicht als eine Person, die von der Mutter herkommen ist, sondern als eine Person, so von der Gemeine dazu verordent ist. Also bin ich hie auch ein Prediger, nicht wie ich von der Mutter herkommen bin, sondern ich habe das Zeugniß, daß ich dazu berufen, und eine geschickte Person sei zu diesem gemeinen Dienste: ich bin dazu nicht geborn, sondern gemacht und ordiniret zum Prediger.

Dieses sagt auch Christus an diesem Ort: Ich bin ein Mann im Ampt, und habe gewiß Zeugniß, daß ich, Jesus, ein Prediger sei s); nicht, wie ich von Maria der Jungfrauen geborn bin, das wäre zu gering; sondern uber das, daß ich Marien Sohn bin, so bin ich auch im Predigampt. Diese Person kann von ihr selbs zeugen; wie H. Hans kann und soll sagen: Ich bin ein Fürst. Ein Weib soll sagen: In dem Haus bin ich Frau; denn sie ist dadurch nicht ein Weib worden, daß sie heimlich ins Haus wäre gebrochen, sondern sie hat das Zeugniß der Kirchen, daß sie hat Hochzeit gehabt, ihr Zeugniß ist wahr. Solcher Person Zeugniß ist recht; denn sie stehet nicht da in ihrer einzelen Person, wie sie von Vater und Mutter geborn ist, sondern als ein offentliche und gemeine Person. Darumb ist mein Zeugniß recht, wenn ich als ein gemeine Person da stehe, als ein Fürst oder Prediger Etwas sage; denn

r) Amptswichtigkeit. Rom. 12. s) Des H. Christi auferlegtes Ampt.

alle Wallfahrt und alle Anrufung der Heiligen kommen. Damit ist das Evangelium gründlich danieder gelegt und ausgerottet worden, und wir worden Christo herzlich feind; ich hätte gerne gesehen, er wäre für alle Teufel hinweg, Jedermann flohe für ihm, und worden ihm feind. Diese Predigt hatten wir, und die Zuhörer höretens gerne; ward also Christus unser Richter, für dem man flohe. Aber Christus ist kein Richter, denn allein den Schüldigen; wie ein Ubelthäter muß immerdar sich für einem Richter, Henker und Galgen fürchten, und ihn hassen, da doch sonst der Richter Jedermann helfen sollte, und Jedermann Trost bei ihme suchen.

Nu, es ist umb unser großen Undankbarkeit willen geschehen, der mag mans danken s), daß wir solche Prediger gehabt, die Christum gar haben umbgekehrt, die aus dem Licht Finsterniß, und aus einem Heiland einen Tyrannen und Richter gemacht haben. Am jüngsten Tage wird er richten; aber als ein Heiland, der mir helfen wird von meinen Feinden, und alle die umbstoßen, die mir Leid gethan haben. Mir wird er nicht erschrecklich, sondern tröstlich sein, denn ich habe eine gute Sache, ob wir wohl vom Teufel geplaget werden. Ein frommer Bürger, der Noth leidet, fürchtet sich nicht fur dem Bürgermeister oder Richter, sondern er rufet in Nöthen die Oberkeit an, suchet Hülfe, Rath und Trost. Dieses Freund ist der Richter und Bürgermeister. Den Schüldigen, Bösen und Ubelthätern soll der Richter ein Furcht und Tyrann sein; aber dem Geplagten nicht t). Ein Fürst oder Richter ist demselbigen als ein Vater und Zucker u). Also haben wir auf Erden auch den Teufel und die Welt wider uns, da sagen wir denn: Ist Niemand, der helfen könne, der da richte? so spricht er: Darumb bin ich ein Richter, ich will euch am jüngsten Tage erlösen. Da ist Christus uns ein Trost, daß er dennoch richten werde uns und unser Feinde.

---

s) Ursache dieser verdammlichen Blindheit. t) Rom. 13. u) Das heiße herzlich.

Aber hie auf Erden ist Christus nicht ein Richter, sondern will Jedermann ungericht lassen, er sei denn ungläubig. Er will die nicht richten, die ihn hören und an ihn gläuben, derer Richter will er nicht sein, sie verdammen oder in die Hölle stoßen v). Er spricht: Ich will dir Nichts thun, du darfst dich nicht fürchten, daß dich die Sünde und das böse Gewissen verdammen; wenn du nur das Licht hast, so bist du sicher fur meinem Gerichte; darumb sollt du mein Gerichte dir zu Trost und zum Besten begehren. Hast du Feinde, den Tod, Sünde, bös Gewissen, Teufel und die Welt, die dich anfechten; so halte stille, gläube an mich, ich will dem Allem wohl rathen, ich will dein Richter sein, der dich von deinen Feinden will ledig machen, daß sie dir nicht schaden; gläubst du nur an mich, ich will dir wider die Sünde, Tod und Teufel wohl helfen.

Aus dieser Ursachen sagt er: Ich richte Niemand. Damit will er auf Erden der ganzen Welt zusagen bis an jüngsten Tag, daß sein Wort und Reich, oder Ampt, also sein solle, daß er wolle Niemand richten v*). Jung und Alt, Allen entbeut er seine Hülfe und spricht: Willt du an mich gläuben, so ist das mein Ampt: Ich will dich nicht richten, denn mein Ampt ist, helfen und erhalten, es soll eitel Gnade und Vergebung der Sünden sein, ich bin kein Richter w), es wäre denn, daß du mich nicht wolltest annehmen und an mich gläuben; ohne das will ich sonst ein Helfer sein. Du wolltest denn die Hulfe nicht annehmen, da zwüngest du mich dazu, daß ich müßte ein Richter sein, da könnte ich nicht für. Sonst, in meinem Ampt ist kein Richten, Verdammen noch Strafen x); wenn es gehet, wie es soll gehen, da will ich kein Richter sein; wie er auch in diesem Kapitel zum Weiblin saget: So verdamme ich dich auch nicht. Summa, er will nicht ein Richter sein, sondern helfen.

Darumb bilde dir Christum anders für, denn

---

v) Gar tröstlich. Joann. 3. v*) Gnadenreiche des H. Christi und desselben Lehre. w) Esa. 49. 2. Kor. 6. x) Gal. 1.

sie gelehret haben; nicht als einen Richter, bei dem du müssest dieß und jenes thun, auf daß du ihn versöhnetest; sondern y), hast du gesündiget, so ist er das Licht der Welt, er richtet Niemand. Wer ihme nachfolget, der wird nicht im Finstern wandeln z). Wenn du deine Sünde fühlest und bekennest, erschrickst dafur, halte dich nur zu mir, folge mir nach, gläube an mich, halte mich fur das Licht; denn sollt du dich fur dem Gericht und Urtheil nicht befahren, denn ich soll die Welt erhalten. Aber die richten sich selbs, die meine Hülfe nur ausschlagen, denn sie wollen nicht erhalten werden. Gleichwie ein Arzt zu einem Kranken spricht a): Ich bin nicht kommen, daß ich dir Gift und den Tod geben wollte, sondern will dir helfen. Willt du mir nu folgen, so solls nicht Noth haben; willt du aber nicht, und heißest mich einen Bösewicht oder Schalk, und hältst mein Arznei und Apothek fur Narrwerk, und willt selber muthwillig zum Tode Ursach geben, und mich nicht umb dich leiden noch wissen willt: so ist die Schuld dein. Ich gebe dir zwar den Tod nicht, daß ich dich würgete; aber ich muß hinweg geben, und dich im Tode stecken lassen, darumb, daß du meine Arznei ausschlagest und verachtest: also ists hie auch; das Wort wird er uns wohl halten: Ich verdamme oder richte Niemand. Richte dich nur nicht selber, fur mir sollt du wohl ungerichtet bleiben, denn ich bin das Licht, so zum ewigen Leben und Seligkeit leuchtet.

b) Was der Herr Christus zur Antwort geben hat den Juden, ist am nähesten angezeigt, in dem sie ihm furwurfen und aufruckten: Du zeugest von dir selber, dein Zeugniß ist falsch; und wie er sie gescholten hat, daß sie so fleischlich von ihme richteten, und nicht ansehen wollten sein Ampt und Predigt, hafteten alleine auf seiner Person; darauf spricht er, er wolle nicht so thun, wie sie, und wolle kay

---

y) Christi eigentlichs Kontrafekt. z) 1. Johann. 8. a) Matth. 9.
b) Die 6. Predigt, am Sonnabend nach dem 18. Sonntag Trinitatis.

sumb kein Richter sein, oder Jemand urtheilen und verdammen c). Und folget darnach, daß er Bericht thut von Gelegenheit seines Gerichts.

So ich aber richte, so ist mein Gerichte recht; denn ich bin nicht alleine rc.

Er hätte können sagen: So ich richte, so richte ich nicht nach dem Fleisch, wie ihr, sondern nach dem Geist d). Aber er spricht zuvor: Ich richte gar Nichts. Er ist auch nicht darumb kommen, daß er richte; und man soll Christum nicht predigen noch gläuben, daß er ein Richter kommen sei, es sei denn, daß er die Seinen will erretten und erlösen. Aber wie reimet sichs, daß er itzund saget: So ich aber richte, so ist mein Gericht recht, und droben spricht er: Ich richte Niemand? Er hat ein stark Urtheil gesprochen, da er saget: Ich bin das Licht der Welt; und der dieß redet, der darf sich auch unterwinden ein Richter zu sein, nicht irgend eines Königreichs, zweier oder dreier Städte allein, sondern der ganzen Welt und des Teufels; und er spricht noch dazu: Alle Welt ist in Blindheit und Finsterniß, unter der Sünde, Tod und Teufel; aber ich bin allein das Licht. Heißt das nicht gericht? Ja freilich. Das hat die Juden auch übel verdrossen, daß Christus so hoffärtig ist. Er läßt sich nicht gnügen, ein Pfarrherr zu sein eines Bisthums, sondern der ganzen Welt. Das heißt nicht alleine, gericht, sondern öffentlich Alles verdammet. Er verdammet sie nicht im Winkel, sondern öffentlich auf dem Platz. Er unterwindet sich des Ampts, daß er richtet, nicht im Winkel, sondern ist ans Licht getreten, und verdammet Alles bis zum Tode.

Nu, Christi Ampt ist nicht furnehmlich dahin gerichtet und geordent, daß er richte; sondern vielmehr, daß er helfe, das ist sein Ampt. Das sollen wir wohl lernen, wie droben auch im dritten Kapitel ist gesagt worden, daß Christus spricht: Gott hat seinen Sohn nicht gesandt, daß er die Welt richte, sondern daß die Welt durch ihn selig werde. Das soll das

c) Wider die Rotten. Cf. 8. d) Gerichtshegung Christi.

furnehmeste Ampt des Herrn Christi sein, und darumb ist er auch in die Welt gesandt. Aber e) wer das nicht leiden will, und unter deme nicht sein, der da gerne helfen will, wie kann er denn anders thun, denn, daß wer nicht will das Leben haben, der mag den Tod haben? denn er ist nicht kommen zur Vergebung der Sünden. Er spricht: Wer mir nicht will folgen, der muß fühlen, daß er ein Sünder bleibe, und da kömmet denn das rechte Gerichte drauf, daß ein Solcher in seinen Sünden bleibe, wenn er nicht will Gerechtigkeit haben. Willt du unsern Herr Gott nicht, so behalt den Teufel; und das Ampt, das sonst nicht gesetzet ist zu richten, sondern zu helfen und zu trösten, das wird gezwungen, daß es richten soll. Also stehet im ersten Buch Mosi von ihme geschrieben f): In deinem Samen sollen gesegnet werden alle Völker. Das soll sein Titel und Ampt sein, nämlich, segenen, helfen, rathen. Da stehet das süße Wort segenen, helfen; es soll ein tröstlicher Prediger, ein freundlicher Mensch und ein Helfer sein, der mit Faust und Hand dazu thue, Nichts lehren noch wirken soll, denn helfen und segenen, bei ihm ist eitel Hülfe und Trost. Und doch ist in den Worten auch beschlossen die Vermaledeiung oder das Gericht und Urtheil. Denn wo Segen ist, aber weggeschlagen wird, da ist Fluch. Wer die Hülfe und Segen nicht haben will, der muß Fluch haben. Wer nicht will Gesundheit haben, mag krank bleiben. Wer nicht in Himmel will, der muß in die Hölle fahren g). Wiewohl es des Herrn Christi Ampt nicht ist, daß er in die Hölle stoße, und verfluche oder richte, sondern er soll helfen und herausziehen; jedoch so ists auch wahr, daß, wer es nicht haben will, der bleibe drinnen.

Darumb spricht er: Muß ich richten, so richte ich wahrhaftig; hebe ich an, so werde ich recht richten, denn h) ich bin das Licht: wer mir folget, der

e) Unvermeidliche Nothfoderung dieses Gerichts. f) Präscription vom Helfampt Christi. Genes. 22 g) Psalm 109. h) Gerichtsursachen.

bleibet nicht im Finstern, sondern soll eitel Gnade, Barmherzigkeit, Hülfe, Trost und Leben haben. Denn wer mir nachfolget, der hat alle Seligkeit. Das ist sein Ampt. Wenn du aber nicht willt folgen, willt die Gesundheit, das Licht und Segen nicht haben, so will ichs beschließen, daß, wer nicht will das Licht und mich haben, der bleibet im Finsterniß. Sonst ists meines Ampts nicht, urtheiln oder verdammen, sondern helfen, trösten und rathen den Leuten, und das Beste ihnen thun. Wenn sie aber nicht wollen Gott haben, und ihnen helfen lassen, so sage ich: Magst du des Worts nicht, so mußt du zum Teufel fahren; ich zwinge dich nicht dazu, und wollt lieber sehen, daß du nicht also gerichtet würdest, sondern daß du den Rath und Trost annähmest, und ließest dir helfen: aber ich muß es thun. Gleichwie ein Arzt zu einem Kranken spricht i): Das wäre dir gesund; ich will dich nicht umb das Leben bringen, sondern wollt dir gerne aufhelfen. Wenn er aber nicht will, so spricht der Medicus: Ich rede zwar mit dir als ein Arzt, aber du zwingest mich, daß ich muß ein Richter sein, und dir sagen muß, du werdest sterben. Der Arzt sollt wohl also nicht reden, er redet auch nicht gerne also als ein Arzt. Der Kranke will ihn bei sich nicht leiden, oder halten für einen Arzt; so mag ers ihme also haben: also ist auch Christus seines Ampts halben gesandt und kommen, daß er selig mache, und helfe alle denen, die ihme vertrauen, daß sie sollen selig sein. Aber sie sagen: Wir wollen das Licht nicht haben, und diese Lehre nicht leiden. So wirds denn also auch heißen: Wer das Licht nicht haben will, wird in der [17]) Finsterniß wandeln; und wird Christus denn auch der Bösen Richter sein.

Es wird sie nicht helfen, daß sie sagen k): Wir wollen ein ander Leben führen, wissen einen bessern Weg gen Himmel, ich will ein Karthäuser werden, oder ein Barfussermönch, dieß und jenes thun. Aber

i) Treue und Redlichkeit der Aerzte. k) Eigene Arzneiung.

17) im.

der Herr saget dir: Hüte dich, ich warne dich, es ist wider mein Ampt, du wirst feihlen, und nicht in Himmel, sondern zum Teufel in die Hölle kommen. Ist das nicht gericht? Und also gehets auch zu in allen Ständen. Ein Vater spricht zum Sohn: Wenn du mir gehorsam bist, so sollt du mein Erbe sein, ich will dich nicht zum Betteler machen. Denn das väterlich und mütterlich Ampt ist nicht darumb eingesetzet, den Sohn zu verderben, sondern zu der Kinder Besserung, Hülfe und Trost. Läuft nu der Sohn hinweg, und wird ein Bube und Schalk, die Tochter eine Hure, so strafet ihn der Vater darümb, und spricht: Nu, wirst du dem Henker zu Theil werden, so ists nicht meine Schuld. Also muß der Vater und die Mutter thun, und den Sohn richten und strafen. Hie richtet der Vater, wenn er die Kinder schilt; wollens aber die Kinder nicht haben, so muß der Henker kommen und richten.

Also will der Herr Christus auch sagen l): Es ist nicht meines Ampts, daß ich richte; so ich aber je richten soll, so will ich recht richten. Ich weiß, daß ich bin das Licht der Welt, das ist wahr; und wer mir nicht folget, den schließ und urtheile ich dahin in das ewige Verdammniß und in die Hölle hinein; nicht meines Ampts halben, denn da ist mein Befehl, daß ich Jedermann zum Licht führen und bringen soll: sondern umb seiner Bosheit willen, daß er mich, Christum und mein Ampt, daß ich ihme helfen soll, nicht haben will, darumb ist er von mir abgesondert. Wenn er nu kein Theil an mir hat, so ist er des Teufels, denn außer mir ist kein Rath noch Hülfe, auch kein Licht noch Heil.

Also hat Gott der christlichen Kirchen gegeben die Gewalt der Schlüssel, was sie auf Erden binden wird ꝛc. m) Diese Gewalt ist nicht eingesetzt allein zu binden, sondern auch zu lösen, denn das Predigampt ist, daß man predige Vergebung der Sünden, und bringe die Seelen gen Himmel. Aber das ist

---

l) Des H. Christi Vaterherz gegen uns. Esa. 9. m) Kirchdisciplin Matth. 18. Johann. 20.

auch dran gehänget: Wenn ein Gottloser dich oder die Kirche nicht höret, so halte ihn als einen Heiden: da muß sie binden, da doch die liebe christliche Kirche viel lieber wollte auflösen. Darumb ists hie auch beides wahr n), daß erstlich Christus ein solcher Prediger ist, nämlich, ein Heiland, der nicht dazu geordent ist, daß er ein Richter sein sollt, sondern erlösen und helfen wolle; wie er droben zu der Ehebrecherin sagete. Wo er aber darnach richtet, so thut ers umb derer willen, die ihn nicht wollen haben; da muß er richten. Fur seine Person sollt ihr keinen Richter aus ihme machen, denn er ist darumb gesandt, daß er soll ein gebenedeieter Same der Heiden sein: daß er aber ein Richter sein muß, das geschieht nicht fur seine Person, sondern umb Anderer willen, die ihn verachten und zwingen zum Richten [18]).

Ich predige auch noch von Gottes Gnade, aber wer sie nicht will haben, der habe Zorn o). Ich soll und kann nicht anders predigen und lehren, denn auf diese Weise. Ich soll nicht sagen: Willt du Gottes Gnade haben, oder nicht haben? Man soll nicht also predigen, sondern sagen: Hie hast du das Evangelium, daß dir Vergebung der Sünden gibt, das böse Gewissen nicht richtet, und du dich fur der Sünden und dem Tode nicht fürchten darfst. Wenn du aber das Evangelium nicht hören willt, noch die Gnade und Barmherzigkeit Gottes annehmen, so sage ich dir: Hie her, lieber Papst, Bischoffe, Fürsten, und Alle zusammen, ich thue euch in Bann, du bist des Teufels mit alle den Deinen. Das Urtheil sprech ich nicht aus Wollust oder Furwitz, sondern ich muß es thun. Das erste Ampt, welches ist, segenen, will nicht bewandt sein; ich soll nicht sagen: Papst, du verachtest das Wort, willt das Evangelium nicht leiden, du sollt dennoch selig werden; o nein! sondern soll sagen: Du wirst verdammet werden in Abgrund der Höllen hinein. Also müssen wir sie rich-

n) Er hats beides an der Hand. o) Gnaden- und Zornpredigt wider die Antinom.

18) zu richten.

alle Wallfahrt und alle Anrufung der Heiligen kommen. Damit ist das Evangelium gründlich danieder gelegt und ausgerottet worden, und wir worden Christo herzlich feind; ich hätte gerne gesehen, er wäre für alle Teufel hinweg, Jedermann flohe für ihm, und worden ihm feind. Diese Predigt hatten wir, und die Zuhörer höretens gerne; ward also Christus unser Richter, für dem man flohe. Aber Christus ist kein Richter, denn allein den Schüldigen; wie ein Ubelthäter muß immerdar sich für einem Richter, Henker und Galgen fürchten, und ihn hassen, da doch sonst der Richter Jedermann helfen sollte, und Jedermann Trost bei ihme suchen.

Nu, es ist umb unser großen Undankbarkeit willen geschehen, der mag mans danken s), daß wir solche Prediger gehabt, die Christum gar haben umbgekehrt, die aus dem Licht Finsterniß, und aus einem Heiland einen Tyrannen und Richter gemacht haben. Am jungsten Tage wird er richten; aber als ein Heiland, der mir helfen wird von meinen Feinden, und alle die umbstoßen, die mir Leid gethan haben. Mir wird er nicht erschrecklich, sondern tröstlich sein, denn ich habe eine gute Sache, ob wir wohl vom Teufel geplaget werden. Ein frommer Bürger, der Noth leidet, fürchtet sich nicht fur dem Bürgermeister oder Richter, sondern er rufet in Nöthen die Oberkeit an, suchet Hülfe, Rath und Trost. Dieses Freund ist der Richter und Bürgermeister. Den Schüldigen, Bösen und Ubelthätern soll der Richter ein Furcht und Tyrann sein; aber dem Geplagten nicht t). Ein Fürst oder Richter ist demselbigen als ein Vater und Zucker u). Also haben wir auf Erden auch den Teufel und die Welt wider uns, da sagen wir denn: Ist Niemand, der helfen könne, der da richte? so spricht er: Darumb bin ich ein Richter, ich will euch am jüngsten Tage erlösen. Da ist Christus uns ein Trost, daß er dennoch richten werde uns und unser Feinde.

s) Ursache dieser verdammlichen Blindheit. t) Rom. 13. u) Das heißt fürstlich.

Aber hie auf Erden ist Christus nicht ein Richter, sondern will Jedermann ungericht lassen, er sei denn ungläubig. Er will die nicht richten, die ihn hören und an ihn gläuben, derer Richter will er nicht sein, sie verdammen oder in die Hölle stoßen v). Er spricht: Ich will dir Nichts thun, du darfst dich nicht fürchten, daß dich die Sünde und das böse Gewissen verdammen; wenn du nur das Licht hast, so bist du sicher fur meinem Gerichte; darumb sollt du mein Gerichte dir zu Trost und zum Besten begehren. Hast du Feinde, den Tod, Sünde, bös Gewissen, Teufel und die Welt, die dich anfechten; so halte stille, gläube an mich, ich will dem Allem wohl rathen, ich will dein Richter sein, der dich von deinen Feinden will ledig machen, daß sie dir nicht schaden; gläubst du nur an mich, ich will dir wider die Sünde, Tod und Teufel wohl helfen.

Aus dieser Ursachen sagt er: Ich richte Niemand. Damit will er auf Erden der ganzen Welt zusagen bis an jüngsten Tag, daß sein Wort und Reich, oder Ampt, also sein solle, daß er wolle Niemand richten v*). Jung und Alt, Allen entbeut er seine Hülfe und spricht: Willt du an mich gläuben, so ist das mein Ampt: Ich will dich nicht richten, denn mein Ampt ist, helfen und erhalten, es soll eitel Gnade und Vergebung der Sünden sein, ich bin kein Richter w), es wäre denn, daß du mich nicht wolltest annehmen und an mich gläuben; ohne das will ich sonst ein Helfer sein. Du wolltest denn die Hulfe nicht annehmen, da zwüngest du mich dazu, daß ich müßte ein Richter sein, da könnte ich nicht für. Sonst, in meinem Ampt ist kein Richten, Verdammen noch Strafen x); wenn es gehet, wie es soll gehen, da will ich kein Richter sein; wie er auch in diesem Kapitel zum Weiblin saget: So verdamme ich dich auch nicht. Summa, er will nicht ein Richter sein, sondern helfen.

Darumb bilde dir Christum anders für, denn

---

v) Gar tröstlich. Joann. 3. v*) Gnadenreiche des H. Christi und desselben Lehre. w) Esa. 49. 2. Kor. 6. x) Gal. 2.

sie gelehret haben; nicht als einen Richter, bei dem du müssest dieß und jenes thun, auf daß du ihn versöhnetest; sondern y), hast du gesündiget, so ist er das Licht der Welt, er richtet Niemand. Wer ihme nachfolget, der wird nicht im Finstern wandeln z). Wenn du deine Sünde fühlest und bekennest, erschrickst dafur, halte dich nur zu mir, folge mir nach, gläube an mich, halte mich fur das Licht; denn sollt du dich fur dem Gericht und Urtheil nicht befahren, denn ich soll die Welt erhalten. Aber die richten sich selbs, die meine Hülfe nur ausschlagen, denn sie wollen nicht erhalten werden. Gleichwie ein Arzt zu einem Kranken spricht a): Ich bin nicht kommen, daß ich dir Gift und den Tod geben wollte, sondern will dir helfen. Willt du mir nu folgen, so solls nicht Noth haben; willt du aber nicht, und heißest mich einen Bösewicht oder Schalk, und hältst mein Arznei und Apothek fur Narrwerk, und willt selber muthwillig zum Tode Ursach geben, und mich nicht umb dich leiden noch wissen willt: so ist die Schuld dein. Ich gebe dir zwar den Tod nicht, daß ich dich würgete; aber ich muß hinweg geben, und dich im Tode stecken lassen, darumb, daß du meine Arznei ausschlagest und verachtest: also ists hie auch; das Wort wird er uns wohl halten: Ich verdamme oder richte Niemand. Richte dich nur nicht selber, fur mir sollt du wohl ungerichtet bleiben, denn ich bin das Licht, so zum ewigen Leben und Seligkeit leuchtet.

b) Was der Herr Christus zur Antwort geben hat den Juden, ist am nähesten angezeigt, in dem sie ihm furwurfen und aufruckten: Du zeugest von dir selber, dein Zeugniß ist falsch; und wie er sie gescholten hat, daß sie so fleischlich von ihme richteten, und nicht ansehen wollten sein Ampt und Predigt, hafteten alleine auf seiner Person; darauf spricht er, er wolle nicht so thun, wie sie, und wolle kurz

---

y) Christi eigentlichs Kontrafekt. z) 1. Johann. 8. a) Matth. 9.
b) Die 4. Predigt, am Sonnabend nach dem 18. Sonntag Trinitatis.

umb kein Richter sein, oder Jemand urtheilen und verdammen c). Und folget darnach, daß er Bericht thut von Gelegenheit seines Gerichts.

So ich aber richte, so ist mein Gerichte recht; denn ich bin nicht alleine 2c.

Er hätte können sagen: So ich richte, so richte ich nicht nach dem Fleisch, wie ihr, sondern nach dem Geist d). Aber er spricht zuvor: Ich richte gar Nichts. Er ist auch nicht darumb kommen, daß er richte; und man soll Christum nicht predigen noch gläuben, daß er ein Richter kommen sei, es sei denn, daß er die Seinen will erretten und erlösen. Aber wie reimet sichs, daß er itzund saget: So ich aber richte, so ist mein Gericht recht, und droben spricht er: Ich richte Niemand? Er hat ein stark Urtheil gesprochen, da er saget: Ich bin das Licht der Welt; und der dieß redet, der darf sich auch unterwinden ein Richter zu sein, nicht irgend eines Königreichs, zweier oder dreier Städte allein, sondern der ganzen Welt und des Teufels; und er spricht noch dazu: Alle Welt ist in Blindheit und Finsterniß, unter der Sünde, Tod und Teufel; aber ich bin allein das Licht. Heißt das nicht gericht? Ja freilich. Das hat die Juden auch ubel verdrossen, daß Christus so hoffärtig ist. Er läßt sich nicht gnügen, ein Pfarrherr zu sein eines Bisthums, sondern der ganzen Welt. Das heißt nicht alleine, gericht, sondern offentlich Alles verdammet. Er verdammet sie nicht im Winkel, sondern offentlich auf dem Platz. Er unterwindet sich des Ampts, daß er richtet, nicht im Winkel, sondern ist ans Licht getreten, und verdammet Alles bis zum Tode.

Nu, Christi Ampt ist nicht furnehmlich dahin gerichtet und geordent, daß er richte; sondern vielmehr, daß er helfe, das ist sein Ampt. Das sollen wir wohl lernen, wie droben auch im dritten Kapitel ist gesagt worden, daß Christus spricht: Gott hat seinen Sohn nicht gesandt, daß er die Welt richte, sondern daß die Welt durch ihn selig werde. Das soll das

c) Wider die Norm. Ef. 9. d) Gerichtshegung Christi.

furnehmeste Ampt des Herrn Christi sein, und darumb ist er auch in die Welt gesandt. Aber e) wer das nicht leiden will, und unter deme nicht sein, der da gerne helfen will, wie kann er denn anders thun, denn, daß wer nicht will das Leben haben, der mag den Tod haben? denn er ist nicht kommen zur Vergebung der Sünden. Er spricht: Wer mir nicht will folgen, der muß fühlen, daß er ein Sünder bleibe, und da kömmet denn das rechte Gerichte drauf, daß ein Solcher in seinen Sünden bleibe, wenn er nicht will Gerechtigkeit haben. Willt du unsern Herr Gott nicht, so behalt den Teufel; und das Ampt, das sonst nicht gesetzet ist zu richten, sondern zu helfen und zu trösten, das wird gezwungen, daß es richten soll. Also stehet im ersten Buch Mosi von ihme geschrieben f): In deinem Samen sollen gesegnet werden alle Völker. Das soll sein Titel und Ampt sein, nämlich, segenen, helfen, rathen. Da stehet das süße Wort segenen, helfen; es soll ein tröstlicher Prediger, ein freundlicher Mensch und ein Helfer sein, der mit Faust und Hand dazu thue, Nichts lehren noch wirken soll, denn helfen und segenen, bei ihm ist eitel Hülfe und Trost. Und doch ist in den Worten auch beschlossen die Vermaledeiung oder das Gericht und Urtheil. Denn wo Segen ist, aber weggeschlagen wird, da ist Fluch. Wer die Hülfe und Segen nicht haben will, der muß Fluch haben. Wer nicht will Gesundheit haben, mag krank bleiben. Wer nicht in Himmel will, der muß in die Hölle fahren g). Wiewohl es des Herrn Christi Ampt nicht ist, daß er in die Hölle stoße, und verfluche oder richte, sondern er soll helfen und herausziehen; jedoch so ists auch wahr, daß, wer es nicht haben will, der bleibe drinnen.

Darumb spricht er: Muß ich richten, so richte ich wahrhaftig; hebe ich an, so werde ich recht richten, denn h) ich bin das Licht: wer mir folget, der

---

e) Unvermeidliche Nothfoderung dieses Gerichts. f) Präscription vom Helfampt Christi. Genes. 22 g) Psalm 109. h) Gerichtsursachen.

bleibet nicht im Finstern, sondern soll eitel Gnade, Barmherzigkeit, Hülfe, Trost und Leben haben. Denn wer mir nachfolget, der hat alle Seligkeit. Das ist sein Ampt. Wenn du aber nicht willt folgen, willt die Gesundheit, das Licht und Segen nicht haben, so will ichs beschließen, daß, wer nicht will das Licht und mich haben, der bleibet im Finsterniß. Sonst ists meines Ampts nicht, urtheiln oder verdammen, sondern helfen, trösten und rathen den Leuten, und das Beste ihnen thun. Wenn sie aber nicht wollen Gott haben, und ihnen helfen lassen, so sage ich: Magst du des Worts nicht, so mußt du zum Teufel fahren; ich zwinge dich nicht dazu, und wollt lieber sehen, daß du nicht also gerichtet würdest, sondern daß du den Rath und Trost annähmest, und ließest dir helfen: aber ich muß es thun. Gleichwie ein Arzt zu einem Kranken spricht i): Das wäre dir gesund; ich will dich nicht umb das Leben bringen, sondern wollt dir gerne aufhelfen. Wenn er aber nicht will, so spricht der Medicus: Ich rede zwar mit dir als ein Arzt, aber du zwingest mich, daß ich muß ein Richter sein, und dir sagen muß, du werdest sterben. Der Arzt sollt wohl also nicht reden, er redet auch nicht gerne also als ein Arzt. Der Kranke will ihn bei sich nicht leiden, oder halten fur einen Arzt; so mag ers ihme also haben: also ist auch Christus seines Ampts halben gesandt und kommen, daß er selig mache, und helfe alle denen, die ihme vertrauen, daß sie sollen selig sein. Aber sie sagen: Wir wollen das Licht nicht haben, und diese Lehre nicht leiden. So wirds denn also auch heißen: Wer das Licht nicht haben will, wird in der [17]) Finsterniß wandeln; und wird Christus denn auch der Bösen Richter sein.

Es wird sie nicht helfen, daß sie sagen k): Wir wollen ein ander Leben führen, wissen einen bessern Weg gen Himmel, ich will ein Karthäuser werden, oder ein Barfüssermönch, dieß und jenes thun. Aber

---

i) Treue und Redlichkeit der Aerzte. k) Eigene Arzneiung.

17) im.

der Herr saget dir: Hüte dich, ich warne dich, es ist wider mein Ampt, du wirst feihlen, und nicht in Himmel, sondern zum Teufel in die Hölle kommen. Ist das nicht gericht? Und also gehets auch zu in allen Ständen. Ein Vater spricht zum Sohn: Wenn du mir gehorsam bist, so sollt du mein Erbe sein, ich will dich nicht zum Betteler machen. Denn das väterlich und mütterlich Ampt ist nicht darumb eingesetzet, den Sohn zu verderben, sondern zu der Kinder Besserung, Hülfe und Trost. Läuft nu der Sohn hinweg, und wird ein Bube und Schalk, die Tochter eine Hure, so strafet ihn der Vater darümb, und spricht: Nu, wirst du dem Henker zu Theil werden, so ists nicht meine Schuld. Also muß der Vater und die Mutter thun, und den Sohn richten und strafen. Hie richtet der Vater, wenn er die Kinder schilt; wollens aber die Kinder nicht haben, so muß der Henker kommen und richten.

Also will der Herr Christus auch sagen l): Es ist nicht meines Ampts, daß ich richte; so ich aber je richten soll, so will ich recht richten. Ich weiß, daß ich bin das Licht der Welt, das ist wahr; und wer mir nicht folget, den schließ und urtheile ich dahin in das ewige Verdammniß und in die Hölle hinein; nicht meines Ampts halben, denn da ist mein Befehl, daß ich Jedermann zum Licht führen und bringen soll: sondern umb seiner Bosheit willen, daß er mich, Christum und mein Ampt, daß ich ihme helfen soll, nicht haben will, darumb ist er von mir abgesondert. Wenn er nu kein Theil an mir hat, so ist er des Teufels, denn außer mir ist kein Rath noch Hülfe, auch kein Licht noch Heil.

Also hat Gott der christlichen Kirchen gegeben die Gewalt der Schlüssel, was sie auf Erden binden wird &c. m) Diese Gewalt ist nicht eingesetzt allein zu binden, sondern auch zu lösen, denn das Predigampt ist, daß man predige Vergebung der Sünden, und bringe die Seelen gen Himmel. Aber das ist

---

l) Des H. Christi Vaterherz gegen uns. Esa. 9. m) Kirchdisciplin Matth. 18. Johann. 20.

auch dran gehänget: Wenn ein Gottloser dich oder die Kirche nicht höret, so halte ihn als einen Heiden: da muß sie binden, da doch die liebe christliche Kirche viel lieber wollte auflösen. Darumb ists hie auch beides wahr n), daß erstlich Christus ein solcher Prediger ist, nämlich, ein Heiland, der nicht dazu geordent ist, daß er ein Richter sein sollt, sondern erlösen und helfen wolle; wie er droben zu der Ehebrecherin sagete. Wo er aber darnach richtet, so thut ers umb derer willen, die ihn nicht wollen haben; da muß er richten. Fur seine Person sollt ihr keinen Richter aus ihme machen, denn er ist darumb gesandt, daß er soll ein gebenedeieter Same der Helden sein: daß er aber ein Richter sein muß, das geschieht nicht fur seine Person, sondern umb Anderer willen, die ihn verachten und zwingen zum Richten [18]).

Ich predige auch noch von Gottes Gnade, aber wer sie nicht will haben, der habe Zorn o). Ich soll und kann nicht anders predigen und lehren, denn auf diese Weise. Ich soll nicht sagen: Willt du Gottes Gnade haben, oder nicht haben? Man soll nicht also predigen, sondern sagen: Hie hast du das Evangelium, daß dir Vergebung der Sünden gibt, das böse Gewissen nicht richtet, und du dich fur der Sünden und dem Tode nicht fürchten darfst. Wenn du aber das Evangelium nicht hören willt, noch die Gnade und Barmherzigkeit Gottes annehmen, so sage ich dir: Hie her, lieber Papst, Bischoffe, Fürsten, und Alle zusammen, ich thue euch in Bann, du bist des Teufels mit alle den Deinen. Das Urtheil sprech ich nicht aus Wollust oder Furwitz, sondern ich muß es thun. Das erste Ampt, welches ist, segenen, will nicht bewandt sein; ich soll nicht sagen: Papst, du verachtest das Wort, willt das Evangelium nicht leiden, du sollt dennoch selig werden; o nein! sondern soll sagen: Du wirst verdammet werden in Abgrund der Höllen hinein. Also müssen wir sie rich-

---

n) Er hats beides an der Hand. o) Gnaden- und Zornpredigt wider die Antinom.

18) zu richten.

ten, und mit Freuden in Bann thun, den Papst, Bischoffe, und sagen: Ich thue recht dran, daß ich euch richte, denn ich bin kommen, daß ich recht richte, und euch sage: Ihr seid im Finsterniß und verdammet. Es ist die Wahrheit, daß ich habe gesaget, ich sei das Licht der Welt; wer außer dem Licht ist, der ist in der Finsterniß: das ist nicht Lügen, sondern die rechte Wahrheit, und ist recht gerichtet, wenn ich sage: Ihr seid im Finsterniß; das soll auch recht bleiben.

Die Welt höret aber nicht gerne dieß Urtheil und Gerichte p), und hälts fur Lügen: aber es ist recht gericht, und nimm dirs nicht anders in Sinn. Wenn ich sage: Ihr seid verdammet, und in der Finsterniß; so bleibets recht, und also solls bestehen, denn ich richte also euer Schuld halben, und ihr werdets erfahren, daß es wahr sei und recht getroffen.

Denn ich bin nicht allein, sondern ich und der Vater, der mich gesandt hat.

Ich sprech nicht dieß Urtheil als eine einzele Person, der ich kein Ampt hätte; sondern q) man handelt von einer andern Person. Ich rede itzt nicht als Jesus, oder Hans; sondern als einer, der im Ampt sitzt. Ich bin nicht eine einzele Person, sondern gesandt als ein Zeuge, als ein offentlicher Bote [19]) und Prediger, habe sein gut Fug. Dazu so habe ich Zeugniß von Joanne dem Täufer, so er mir gegeben hat; darnach so zeuget Gott, der himmelische Vater, auch von mir: das sind zwene Zeugen.

Sonst, wenn ein Privatperson Etwas von sich selbs zeuget, das ist nicht recht; aber eine offentliche Person, die im Ampt ist, mit der ists anders gethan. Ich bin nicht hie Prediger aus meiner Person, und fur mich, wie die Rottengeister sonst solche Prediger sind, und habe das Predigampt nicht angenommen aus eigener Wahl oder Durst, sondern ich habe das Zeugniß, daß ich berufen bin, und zum Predigampt

---

p) Sie hat zärtliche Ohren. q) Vermöge geistliche Gerichtsprachs.
19) Poet.

erfodert und gebeten, ich predige aus Befehl und Ander Geheiß; sonst predige der Teufel. Darumb bin ich nicht ein einzele Person, und weil ich Martinus heiße, so bin ich drümb nicht ein Prediger; sondern wenn ich heiße D. Martinus, oder ein Prediger, da bin ich ein ander Mann r). So ist auch Hans nicht ein Fürst zu Sachsen, sondern weil er das Zeugniß hat, Herzog Hans, so ists etwas mehr denn Hans: da ist eine andere Person, abgesondert von der einzelen Person, und dieselbige Person mag denn wohl zeugen. Ein Bürgermeister kann zeugen und sprechen: Ich zeuge, daß ich dein Bürgermeister bin. Er redet nicht als eine Person, die von der Mutter herkommen ist, sondern als eine Person, so von der Gemeine dazu verordent ist. Also bin ich hie auch ein Prediger, nicht wie ich von der Mutter herkommen bin, sondern ich habe das Zeugniß, daß ich dazu berufen, und eine geschickte Person sei zu diesem gemeinen Dienste: ich bin dazu nicht geborn, sondern gemacht und ordiniret zum Prediger.

Dieses sagt auch Christus an diesem Ort: Ich bin ein Mann im Ampt, und habe gewiß Zeugniß, daß ich, Jesus, ein Prediger sei s); nicht, wie ich von Maria der Jungfrauen geborn bin, das wäre zu gering; sondern uber das, daß ich Marien Sohn bin, so bin ich auch im Predigampt. Diese Person kann von ihr selbs zeugen; wie H. Hans kann und soll sagen: Ich bin ein Fürst. Ein Weib soll sagen: In dem Haus bin ich Frau; denn sie ist dadurch nicht ein Weib worden, daß sie heimlich ins Haus wäre gebrochen, sondern sie hat das Zeugniß der Kirchen, daß sie hat Hochzeit gehabt, ihr Zeugniß ist wahr. Solcher Person Zeugniß ist recht; denn sie stehet nicht da in ihrer einzelen Person, wie sie von Vater und Mutter geborn ist, sondern als ein offentliche und gemeine Person. Darumb ist mein Zeugniß recht, wenn ich als ein gemeine Person da stehe, als ein Fürst oder Prediger Etwas sage; denn

r) Amptswichtigkeit. Rom 12. s) Des H. Christi auferlegtes Ampt.

so ist mein einzel Zeugniß und Wort so viel, als wenn ein ganz Land sagte, oder wenns die H. christliche Kirch sagte.

Das meinet der H. Christus auch t), daß er ein gewaltiger Zeuge sei; darnach so ist sein himmlischer Vater auch da, und zeuget von ihme: Hic est filius meus dilectus, in quo est mihi beneplacitum; hunc audite. Also kann er seine Widersacher zu Boden stoßen, spricht: Diese zwene Zeugen sind nicht [20]) da; wer diese zwene Zeugen kann aufbringen, der hat gnug dran. Unsere Junkern sagen auch: Augustinus hat Paulum angezogen als einen Zeugen. Nu Paulus, wie er von der Mutter geborn, ist ein Bürger von Tarso. Daselbst geborn sein, ist Nichts, da achtet ich des Pauli wenig. Aber wenn er spricht: berufen zum Apostelampt, ein Knecht Jesu Christi, so ists nicht mehr Paulus, wie er zuvor war; sondern ist nu eine andere Person, er hat einen andern Rock an, und ist eine [21]) gemeine Person. Man muß distinguiren inter publicam et privatam personam u). Christus stopfet ihnen das Maul damit, daß er spricht: Ich bin ein Zeuge, und zeuge von mir, da thue ich recht dran, denn ich bins; und bins nicht allein, denn ich habe noch einen Zeugen bei mir, und desselbigen und mein Zeugniß gilt. Darumb, was ich richte, ist recht gerichtet, denn der Vater richtet auch, und zeuget auch mit den Werken durch Christum. Sie werden die Zeichen sehen, als, die Todten auferwecken 2c. Unser H. Gott ist der Mann nicht, der Zeugniß gebe der Lügen, er bestätiget nicht falsche Mirakel, man wird ihn nicht dahin vermögen, daß er dem Teufel hofire, sondern er thut das Widerspiel und das den Teufel verdreußt.

Nu sagt er: Ich und der Vater, unser sind zwene; ich bin eine publica persona, wie mir Joannes Zeugniß gibt, und die Mirakel und mein himmlischer Vater auch zeugen: dahin weise ich euch, die Wun-

---

t) Starker Beweis wider alle Christfeinde. u) Person-Unterscheid.
20) „nicht" fehlt. 21) keine.

derwerk bestätigen das an mir v). Es ist Alles dahin geredet, daß er ihnen will das Maul stopfen, und sein Ampt bestätigen und vertheidingen. Was meine Person anlanget, da will ich leiden, was ich kann: aber was das Wort und Ampt belanget, wenn man mir das strafen und nehmen will, da soll ich einem Andern den Predigstuhel nicht einräumen, und seinem Predigen zusehen, dieweil ich Pfarrherr und Prediger bin, und soll Leib und Leben dran setzen, er hätte denn Urlaub von mir oder vom Pfarrherrn; sonst mußt du dein Maul stille halten, bis du Urlaub hast bekommen.

Wenn nu einer sagte, ich predigte nicht recht w); so spreche ich: Das Ampt und die Lehre ist recht; und was den Glauben und die Lehre göttliches Worts antrifft, da gebe uns Gott nicht viel Gedult, da wollen wir ihnen Nichts einräumen. Es mag mich einer drüber schlagen. Nu, leiden soll ichs, aber nicht wieder schlagen; sondern wider predigen und thun wider den Teufel, seine Lehre und Ampt: das gehört mir zu, und ist mir geboten. Will er einen andern Glauben haben, und ander Wort predigen, so soll ichs nicht leiden, noch dazu stillschweigen. Gilts nu Leib und Leben, so kann er dir Geld und Gut nehmen, aber das soll er dir nicht nehmen; denn ich bin publica persona, das ist mir befohlen. Was er mir gegeben hat, als, Leib und Leben, das mein ist, das mag ich nehmen lassen, wers nehmen will oder kann: aber das Ampt ist nicht mein, ich kann es nicht vergeben. Ich sage: Also sollt du täufen, predigen, und Sakrament reichen, und nicht anders; anders darf ich nicht.

x) Eine Mutter im Hause soll nicht so ungedültig sein, daß sie zu einer Huren sagte: Dieser Sohn ist nicht mein, nimm ihn immer hin, und treibe Unzucht mit ihme; dahin wird man die Mutter nicht bringen; sie dürfte wohl ehe sagen: Willt du mir

---

v) Gewißheit der Lehre Christi. w) Amptsfurwendung, es soll aber aufwiegelisch heißen. x) Artige Gleichniß.

einen Rock nehmen? nimm hin; aber da laß mir meinen Sohn zufrieden, den gebe ich dir nicht, da hab ich keine Geduld. Also sagt der H. Christus auch: Ich habe einen starken Befehl, mein Gericht ist recht; ob ihr mich wohl verdammet und urtheilt, so ist doch mein Ampt recht: wiewohl ich Niemand richte, aber es soll mir das Gericht Niemand nehmen. Also heißet es in göttlichen Sachen ungelitten, und keine Geduld gehabt, sondern gefochten und gestritten, da soll ich den Hals uber lassen. In andern Sachen da mags gehen, wie es kann. Im Predigampt soll ein frembder Prediger nicht anders predigen, wie er selbs will und im Sinne hat y): dieweil der Befehl oder Beruf bei mir stehet, und ich dafur antworten soll, so mußt du es nicht machen, wie du willt. Also auch, weil ein Fürst zu Sachsen ist, so soll Keiner in seinem Stubel regieren, Niemand soll sein Ampt und Regiment an sich nehmen; es wäre denn, daß einer aus dem Ampt käme, da mag denn regieren, wer hinein kömmet. Das ist nu davon, was das Ampt und die publicas personas antrifft, aber mit einzelen Personen ists ein Anders.

z) Wir haben nähst gehört, daß der H. Christus gesaget habe, er sei ein Richter, und sei doch nicht ein Richter; item, wie er sich darnach verantwortet hab, da sie ihn gestrafet, er zeugete von sich selbs. Dabei ist angezeiget, wenn man einem gläuben soll, der sich selbs ruhmet und lobet. Aber Christus spricht: Ich und der Vater zeugen. Da richtet er nu mit dieser Antwort so viel aus, daß sie seiner nur lachen und spotten.

a) Da sprachen sie zu ihme: Wo ist dein Vater? Jesus antwortet: Ihr kennet weder mich noch meinen Vater rc.

Etliche wollen hieraus nehmen, als haben sie gezweifelt, ob er ein Vater habe, und als sei er ein

y) Ist das nicht deutlich gnug? z) Die 5. Predigt, am Sonnabend nach dem 19. Sonntag Trinitatis. a) Der Juden Andacht.

unehelich Kind; die lassen wir fahren, es sei wahr oder nicht. Aber der Text ist schön, daß er sagt b): Der Vater und ich zeugen, darumb sollt ihr mir gläuben, dieweil ich im Predigampt bin. Der Vater hat mir befohlen, daß ich predigen und ruhmen soll; darnach so hat mir der Vater auch in die Hand gegeben, daß ich Mirakel thue. So hab ich ein groß Zeugniß in der Taufe, da sich der H. Geist in Gestalt der Tauben sehen ließ uber mir, und die Stimme des himmlischen Vaters sich hören ließ: Dieß ist mein geliebter Sohn, an dem ich Wohlgefallen hab, den sollt ihr hören. So zeuget Joannes der Täufer auch von mir.

Aber die Juden sagen: Wo ist dein Vater? c) als sollten sie sagen: Wir hören des Vaters Zeugniß nicht, die Mirakel, die du gethan hast, als, die Todten auferwecken, sind auch alles Nichts. Er soll ihnen den Vater fur die Augen stellen, daß sie ihn greifen und tappen könnten, wie die Wand, sonst wollen sie es nicht gläuben, noch annehmen. Aber Christus zeuhet des Vaters Zeugniß nicht dahin, daß sie den Vater sehen und tappen sollten, sondern ihme gläuben: er will sie alle in sein Wort führen, dazu soll das Zeugniß dienen. Der Apostel Philippus sagt auch zu Christo: Zeige uns den Vater. Christus zeigt den Vater uns nicht, wie ich ihn haben will; sondern der Vater zeiget euch[22]) mich. Ich wills umbkehren, und soll heißen: Der Vater weiset euch zu mir, er zeiget Christum, er zeuget von mir, ihr sollt Achtung auf mich haben, und sehen, was ich rede, und was mein Zeugniß sei.

Das ist nu der ganze Hader, und das Häuptstücke d), daß wir Christum immer sollen fur den Augen haben; denn der Teufel versucht uns immerdar, daß wir von Christo abfallen sollen, und den Vater suchen, und gedenken: Dieß und jenes gefället ihme; und lassen denn Christum stehen, welchen

---

b) Christi Behelf. c) Menschlichs Gesuche. Johann. 14. d) Aller Anfechtungen und Uneinigkeit Häuptursach.

22) Orig. auch

der Vater gesandt hat, daß man ihn allein hörete. Aber wir thun gleich wie die Juden, und wollen ihn nicht haben; wir fragen: Wo ist der Vater? Das ist der Welt Frage. Der Türke spricht auch: Was ist Christus? Er ist Nichts, und gestorben. Was sind David und die Propheten? Nichts; sondern spricht: Ich will denken nach Gott, dem Vater, und will also leben, mich täufen und reinigen; das gefället Gott wohl. So will er zum Vater kommen. Ein Karthäuser gedenkt: Wenn ich in ein Kloster laufe, lebe unter dem Pater, Probst, Prior oder Abte, und bin ihm gehorsam, verlasse meine Güter und die Welt; so werde er Gott gefallen. Also wollen sie alle hinauf fragen: Wo ist der Vater? und Gott mit ihren Gedanken fangen. Aber so wirds nicht thun, daß man den Sohn stehen lasse, und sein Wort verachte. Sie sprechen hie: Zeige uns den Vater; als wollten sie sagen: Es gehet uns nichts an, was du sagest, wir gläuben dir und deinem Wort nichts: zeige uns den Vater, wenn wir den sehen möchten, so hätten wirs alles.

Dieß ist die höheste Anfechtung wider den Glauben. Es soll sich ein Gläuber binden e) und gewöhnen zu halten zu dem Wort des Herrn Christi, und den Mann ja nicht aus den Augen lassen. Ich soll die Augen, Vernunft und Alles blenden und zustopfen, und Nichts hören noch sehen, denn den einigen Mann Jesum Christum, und sagen: Ich will die andere Gedanken, so mir sonst einfallen von Gott, wie ich den Vater und Schöpfer Himmels und Erden suchen möge, nicht wissen noch hören. Das wäre denn ein Mann, der konnte bleiben, der da sagte: Ich weiß keinen andern Gott zu treffen, zu suchen, noch zu finden, denn den Christum. Wer das weiß, der ist Fleisch und Blut, der Welt und dem Teufel zu klug. Gott hat den Sohn gesandt, und hänget euch den an Hals, und spricht: Höret ihn; wer sich nicht an ihn hänget und ihn höret, der soll mich nicht finden. Das ist droben im siebenten

e) Bewährtes Recept.

Kapitel auch gesagt worden, daß außer dem Manne und dieses Mannes Wort ist kein Gott zu finden. Der Papst, Türke und Jude finden diese Weisheit und Kunst nicht, wenn sie sich gleich drüber zu todte marterten, oder zupeitscheten, daß das Blut hernach flösse. Ich habe Weiber gesehen, die sich des Nachts mit Dratbe zuhauen und zupeitschet haben, und wollten Gott damit versohnen, ja, Gott treffen und finden; aber es war Alles vergebens, es ward Nichts draus. Denn sie sprechen: Wo ist der Vater? suchen Gott den Vater, und lassen Christum und sein Wort ansehen.

Nu ist es ein leidiger Teufel, und ein großer Irrthum, da alle Rottengeister aus kommen f): sie sind alle in der Meinung, daß man des Mannes Wort lasse stehen, und aus den Augen thue, und will etwas Anders klügeln, das der Welt und Gott wohlgefalle; aber man solls nicht thun. Laß predigen, wer da will, etwas Anders, und lasse nur den Mann immerhin ansehen, und andere Wege zu Gott zu kommen suchen, man wirds nicht treffen. Derhalben so antwortet der Herr Christus recht: Ihr kennet weder mich, noch meinen Vater, und wenn ihr mich kennetet, so kennetet ihr auch meinen Vater. Das sind eitel Donnerschläge; als wollt er sagen: Ich laß euch dahin nicht kommen, daß ihr den Vater ehe wollet kennen, denn ihr mich kennet, oder daß ihr wollet den Vater ohne mich kennen. Das ist ein großer Text, daß er spricht: Ihr wollet hinauf in Himmel, und Gott kennen; aber außer und ohne mich wisset ihr Nichts drümb, könnet auch Nichts drümb wissen, wenn ihr mich zuvor nicht kennet. Das ist unmöglich, ihr werdet Gott ohn mich nicht kennen g). Ihr seid wie ihr wollet, werdet ihr nicht zuvor lernen mich erkennen und mich haben, so gedenket nicht, daß ihr Gott kennet.

Was ist aber das gesagt, und was wollen diese Wort haben, daß er die ganze Welt also in sich be-

f) Ursprung aller Verderbniß. g) Göttliche Erkenntniß zu bekommen.

schleußt und spricht: Alles, was mich nicht kennet, das weiß vom Vater Nichts, und was mich nicht hat, das hat keinen Gott; denn wie kann einer Gott haben, der mich nicht kennet? Wer nu Gott nicht hat noch kennet, der hat den Teufel, und fähret auch zum Teufel, und allen Gottesdienst, so er Gott sollte thun, thut er dem Teufel. So schließe ich nu, daß er keinen Gott habe, ja, er verfolget Gott; und gehet dennoch daher in großer Heiligkeit, kann keinen Wein trinken, will keine Häuser bauen, noch sich schöne kleiden: das soll große, treffliche Heiligkeit sein; dagegen müssen die armen Christen gar Sünder, verdammet und verflucht sein.

Die Türken sagen h): Das thun die tollen Christen; und ist der Türke so toll und närrisch, daß er meinet, dieß Leben solle Gott wohlgefallen, und weiß nicht, daß es Gott nicht achtet. Die Mönche, der Papst und alle Geistlichen thun auch also, sprechen: Christus thuts nicht allein; wollen nicht leiden, daß Christus alleine unser Trost und Heiland sei, sondern man müsse unsere Werk auch dazu thun, in geistlichen Ständen leben, und vollnkommener sein, denn ander Leute: geben in Werken dahin, und wollen heilige Leute sein; und fahren gleichwohl alle zum Teufel.

Aber wer gläubets, daß so viel Gottesdienst unter den Juden, Türken und Papisten sind, die so mit großem Ernst in der Welt getrieben werden, (wie es mir im Papstthum auch nicht ist ein Scherz und Schimpf gewesen,) alle sollen vergebens sein? Ich war auch ein ernster Mönich, lebete züchtig und keusch, ich hätte nicht einen Heller genommen ohne meines Priors Wissen, ich betete fleißig Tag und Nacht. Also thun noch viel Juden, Türken und Papisten, es ist ihnen ihr Gottesdienst ein großer Ernst. Wohlan wer gläubets, daß es sollt verloren sein? daß, ich sollte sagen i): Die zwänzig Jahr, weil ich bin im Kloster gewesen, sind dahin und verloren, ich bin kommen im Kloster umb der Seelen Heil und Seligkeit, und umb des Leibes Gesundheit, und ich

h) Türkische und päpstliche Heiligkeit. i) Daran mangelts auch.

meinete doch, ich kennete Gott den Vater gar wohl, und es wäre Gottes Wille, daß ich die Regel hielte, und dem Abte gehorsam wäre: das sollt Gotte gefallen, und das wäre den Vater und des Vaters Willen kennen.

Aber der Herr Christus saget hie das Gegenspiel und spricht: Wenn ihr mich nicht kennet, so kennet ihr auch den Vater nicht. Darumb lasset uns lernen, was wir lernen sollen. Es ist eine hohe, große Anfechtung mit der Lehre und Glauben, daß man bei Christo bleibe, und nicht höher lehre, auch nichts Anders höre, denn was aus des Herrn Christi Munde herkömmet und herfleußt; und wenngleich Gott selber mit mir redete, ja, alle Engel mit mir redeten, wie Münzer rühmete, daß Gott mit ihme redete: so wollt ich doch in dieser Sachen, meine Seligkeit belangend, nicht ein Wort hören, und wollte die Ohren mit Blei vergießen; sonst, in andern weltlichen Sachen, wollt ich zwar gerne gläuben, aber in der Sachen wollt ich nicht gläuben der Stimme Gottes, wenn sie gleich mit Trummeln und Pfeifen ginge und klünge, denn ich habe beschlossen, ich will Nichts gläuben, auch Nichts hören, denn alleine Christum: das andere Alles will ich fur Gottes Stimme nicht halten, denn Gott hats beschlossen, er wolle mit keinem Menschen reden, denn alleine durch Christum. Derhalben soll mir der Lehre halben kein Engel auftreten, weder Gabriel noch Michael, und predigen, denn sie sind nicht Gott, noch der Heilige Geist; sondern da habe ich Gottes Wort k), der hat mich geheißen an Christum gläuben, und daß ich mich soll taufen lassen. Denn Christi Blut ist fur mich vergossen; die äußerlichen Ding bringen mir nicht meine Seligkeit. Wenn sie mir sagten, ob ein Krieg kommen würde, das wollt ich gläuben; denn kame er, so möcht er kommen, wo nicht, so bliebe er nach. Aber der Lehre halben soll man an dem Manne Christo bleiben, denn Gott wird keinen neuen Christum uns machen, er will auch mit Niemand reden,

k) Das heißt Theologie.

er habe denn dieses Mannes, Christi, Stimme und Sprache; durch Christum will er mit uns reden.

Die Rottengeister sagen l), der H. Geist hab es ihnen eingegeben, item, Gott habs ihnen selbr gesagt; aber sprich du: Der Teufel hat dirs gesagt, ich wills nicht hören, will auch in dieser Sachen, so die Seligkeit und ewiges Leben antrifft, von keinem Gott sonst wissen; und sage ohne Bedenken: Das ist der leidige Teufel. Sie sagen wohl: Der H. Geist hat mirs gesagt, also soll man leben, das soll man thun, so wird man selig. Nein, sprich, es ist nicht wahr, man muß allein durch Christum, und sonst durch Niemand, selig werden. Ich habe Gottes Wort und die Taufe, da stehet der Himmel mir offen, durch Christum will Gott mit mir reden. Was Christus den Aposteln befohlen hat, und die Aposteln der Kirchen geboten haben, das soll man annehmen. Christus hat mich heißen täufen, Sakrament nehmen, gläuben dem Evangelio, predigen. Also soll man der Lehre halben auf keinen Mund sehen und gläuben, denn allein auf des Mannes Mund, und nicht die Flattergeister hören; da ist allein ein Doctor, der heißt Christus.

Zum Andern, soll man nicht allein Anderer Lehre, sondern auch nicht eigenen Gedanken gläuben m). Denn ein Iglicher wird das fühlen, daß der Teufel mit Gedanken wird kommen, die du wirst halten, als wärens göttliche Gedanken, als, daß die, so in Verzweifelung, Betrübniß oder in Andacht kommen, möchten beschaulich leben; daß, was sie thun, vermessen oder hoffärtig ist, betrübt oder erschrocken. Aber sage du: Ich gläube es nicht. Kreuch herunter in des Mannes Wort, und laß diese Gedanken fahren, gleichwie du auch die Lehre hast fahren lassen, und sage zu deinen Gedanken: Du bist nicht Gott, noch der Heilige Geist oder sein Wort. Hast du solche Gedanken, die dich wollen zur Verzweifelung dringen, und es lautet, als schrecke mich unser Herr Gott;

l) Teufelische Geisterei. m) Wider die Spekulisten, der es unterm Papstthum viel getragen hat.

so sprich: Halt, laß uns zum Richter gehen, und fur das Gerichte treten, und hören, was Christus sagt, wie redet er mit den Hoffärtigen, oder mit den Sündern und Kranken? Er spricht n): Venite ad me omnes, qui laboratis et onerati estis, et ego reficiam vos. Darnach zu den stolzen Schriftgelehrten spricht er: Wäret ihr [23]) blind, so hättet ihr keine Sunde. Item o): So ihr sprecht, ihr habet keine Sünde, so werdet ihr in euren Sünden sterben. Also strafet er die hoffärtigen Heiligen, spricht: Die sich selbs erhöhen, werden erniedriget werden; item, ich bin feind den hoffärtigen Sündern, und halte sie fur große Sünder.

Also möchte die falsche Lehre und des Teufels Gedanken ausfallen p), wenn einer mit den Gedanken der Vermessenheit oder Verzweifelung und Unglaubens erschreckt würde: aber es wissen diese Kunst wenig Leute; und wenn diese Gedanken einem einfallen, so kommen sie also, daß alle Menschen müssen sagen, diese Gedanken rede Gott selber, und daß es nicht menschliche Gedanken oder des Teufels Gedanken, sondern Gottes und eines guten Engels wären. Wenn ein Mensch also schleußt, so ist er dahin und verloren, denn er muß verzweifeln. Derhalben so wisse ein Solcher, daß er Gott nicht kenne: er werfe sich aber herumb, und höre, was Christus saget, urtheilt und schleußt mit den Betrübten und Erschrockenen, oder mit den Sichern und Stolzen. Zu den Betrübten spricht er: Kommet ihr Muheseligen rc., ich will euch erquicken. Aber zu den Stolzen spricht er: Trollet euch von mir, ihr Stolzen.

Da kann ich denn urtheiln und schließen q), daß der Gedanke falsch und des Teufels ist gewesen. Darumb so muß man zu dem Manne Christo laufen, und mit der Lehre, Glauben, Herzen und Gedanken an seinen Mund uns binden und hängen lassen, und die Augen zuthun. Sonst wirst du die Stricke

---

n) Matth. 11. o) Joann. 9. p) Betrüglichkeit und Fahr in diesem Fall. q) Probe dieser Einfälle.

23) Orig. † nicht.

und Netze des Teufels nicht vermeiden, es sei denn, daß du ihme also thust, wenn dir Etwas von der Predigt, vom Wort Gottes, oder deinen Gedanken einfället, daß du sagest: Ich will Nichts wissen, es sei denn Gottes Wort und Christi Stimme; ich will zu Christo gehen, sehen und hören, was er saget: das will ich annehmen. Also könnst du dem Teufel entlaufen und fur ihme sicher sein, wenn du Christum fur Augen hältest; wenn man ihn aber aus den Augen verleuret, so ists aus. Sonst soll man Augen, Ohren und Herz zuthun, und nur gläuben, was er saget.

S. Antonius hat auf ein Zeit gesehen r), daß die Welt gar voller Stricke gelegt war, und einer nach dem andern gelegt; da seufzet er tief und sprach: Wer will den Stricken allen entlaufen? Da ward ihme geantwortet: Wer da demüthig ist. Das ist dunkel geredet, wenn es von Gott geredet wäre, es ist zu schwach; denn die Welt ist voller Stricke, nicht allein voller fleischlicher Sünden, sondern voller Mißglauben, Verzweifelung und anderer Laster. Aber der kann des Teufels nicht los werden, noch ihme entlaufen, der nicht Christum kennet. Darumb sage: Ich weiß Nichts, denn Christum, den will ich allein hören, was er redet; da müssen denn alle Stricke zureißen. Will ich aber die Demuth haben, so falle ich auf meine Werke, werde ein Mönch, die demüthigen sich fur den Leuten. Als, ein Barfussermönch bücket und bücket sich fur den Leuten, auch fur Gott, und machet doch aus ihme selber einen Schalk; aber wenn ich zu ihme sage: Du bist ein Schalk; so wird er zornig, toll und thöricht.

Darumb so ists ein finster Wort, Demuth; wenn ers so meinet, so wollt er, daß man nur verzweifeln sollte. Es ist aber nicht gnug, daß man thue wie Judas. Aber s) wenn du deine Demuth fahren lässest, hältest und trauest auf den einigen Mann Christum, das thuts. Darumb ists auch zu thun; wie er denn sagt: Wenn ihr mich kennet, so kennet

---

r) Gesichte Antonii. s) Hieher gehört ausdrücklicher Beweis.

ihr auch den Vater. Hebe nicht hinten an, noch oben an, daß du wolltest den Vater vor kennen lernen, es wird Nichts draus; sondern also thue ihm: schleuß die Augen zu, und sage: Ich weiß Nichts von Gott noch vom Vater, ich komme denn hieher, und höre, was Christus saget. Denn was sonst, außerhalb dieses Mannes Wort, wie hoch es auch sein mag und was es nur ist, gepredigt oder erdacht wird, das ist nicht der Vater, sondern bleibet Blindheit, Irrthum und der Teufel selber. Wenn ihr aber mich kennetet, so kennetet ihr auch den Vater: aber kennet [24]) ihr mich nicht, so wisset ihr auch Nichts vom Vater, denn der Vater hat gesaget, er will durch den Sohn erkannt sein; und nimmet uns aus allen hohen Schulen, aus aller weisen Leute Gesetz, aus aller heiligen Leute Leben, aus allen Religion, Glauben und Lehren, aus den Klosterkappen und Platten, und spricht: Wer will wissen, wer ich, Gott der Vater, sei, der höre Christum, den Sohn.

Das ist unsere christliche Lehre t). Wir wollen es vom Papst nicht wissen noch lernen, oder den Hals drüber lassen, wenn er uns will gen Himmel führen, denn er kennet den Vater nicht; wir wollen seines Glaubens nicht, es ist der türkische, jüdische und papistische Glaube fast Ein Ding; sondern sage: Lehre mich ehe Christum erkennen, und führe mich zu dem Manne: hats der Mann gesaget, ist es sein Wort, kömmets aus seinem Munde, so will ichs annehmen, und will dir die Füsse küssen, und will dir noch wohl mehr Ehre thun. Aber wenn du mir ihn willt aus den Augen thun, so will ich dich nicht hören, ja, ich will dich noch wohl dazu mit Füssen treten lassen; und wenn du mir allein deinen Tand willt predigen, denn will ich dir nicht Hände und Füsse küssen, sondern das Maul dir mit Dreck voll schmieren. Es soll dein Leben und Lehre gegründet und gestiftet sein auf Christi Wort und Lehre, daß es gehe aus des Mannes Munde und Wort. Ich

t) Kompendium oder Beschreibung unser Lehre.

24) Orig. kennetet.

soll getauft sein, und an Christum gläuben, denn werde ich selig durch seinen Tod und Blutvergießen. Also gläube ich und lebe; das gehet alles aus des Mannes Mund, und nicht aus des Papsts, aus der Türken oder der Juden Munde.

Darnach so treiben wir die Liebe unter einander u), und richten unsern Beruf und Aempter aus; das gehet alles aus des Mannes Munde. Da weiß ich denn, wen ich höre, und wem ich nachfolge. Da spricht denn Gott: Wenn du den Mann Christum hörest, so hörest du mich, und wenn du mich denn gehoret hast, was du darnach thust in deinem Stande und Beruf, das ist fein und recht, denn mein Sohn hats also geordent und befohlen. Das ist, das er saget: So ihr mich kennetet; als sollt er sagen: Ihr wisset nicht, was er sonst will, oder wie er gesinnet ist, sondern durch mich werdet ihrs erfahren, der ich zu euch gesandt bin, der ich euch predigen soll. Wenn ihr mich aufnehmet und höret, und hänget euch an meinen Mund, so werdet ihrs alles lernen. Schlaget ihrs aber in Wind, und saget, wie die Juden sprechen: Wo ist dein Vater? so seids gewiß, daß ihr den Vater nicht kennet; denn ihr höret den Papst, Türken und die Mönche. Denn heißets: Wenn ihr mich nicht wollt hören, so kennet ihr mich und den Vater nicht, wisset von Gott noch von Christo Nichts; denn er ist darumb kommen, daß ers uns sagen sollte.

Drümb so ists alles darumb zu thun v), daß man Christum erkenne, und ein Christ Nichts wisse von Gott ohne Christo, und was ihm sonst zur Seligkeit vonnöthen ist, und sonst gegen allen Predigern und Gedanken die Augen zuschließe und sage: Ich höre keinen Prediger, nehme auch keinen Gedanken an; fallen sie mir ein, so lasse ich sie wieder ausfallen: Christum höre ich, was der mir saget. Gegen den Andern allzumal stopfe ich die Ohren zu, und spreche: Es ist Alles eitel Plauderei, wäsche hin und her, ich höre es nicht. Bringe mir aber dieses Man-

u) Ordnung im Predigen. v) So hat es Gott in ein Bündlin gefasset.

nes Gedanken und Spruch her, so will ich dich hören; das andere Alles mag sich trollen.

Das ist der Beschluß der Predigt fur dem Gotteskasten zu Hierusalem. Und itzt wollen sie auch wissen, wer er sei; zuvor sind sie bei dem Vater gewesen. Dasselbige wollen wir itzt lassen anstehen, und sparen bis auf ein ander Mal.

w) Aus der vorgehenden Predigt haben wir gelernet, wie der Herr geantwortet hat den Juden auf die Frage, da sie wissen wollten: Wo ist dein Vater? daß er sie nicht will ferner lassen flattern mit ihren Gedanken, und weiter irre gehen; und rücket sie herümb, und spricht: Wer den Vater will kennen, der wird dazu nicht kommen, er habe denn mich; ich laß kurzümb euch nicht spaziren mit euren Gedanken: wer mich nicht kennet, der kennet den Vater auch nicht. Er will sie nicht lassen umbherklettern, den Vater mit ihren Gedanken zu suchen; sondern trifft die Bahn, läßt sich nicht herausführen, will, daß man das mündliche Wort soll hören x). Wer das nicht will hören, lernen und ihme gläuben, der soll nimmermehr Etwas haben. Folget im Text:

Und Niemand greif ihn, denn seine Stunde war noch nicht kommen.

Er zeiget an, daß der Herr so kühne und keck gewesen sei y), daß er Solchs fur den Hohenpriestern darf predigen, gleich im Tempel zu Hierusalem, da sie regierten, und ihn tödten wollten, und doch nicht durften. Wenn ers doch irgend in der Wüsten gepredigt hätte, oder es heimlich bei guten Freunden geredet, so wäre es nicht groß Wunder: aber daß ers hie, auf ihrem Predigstuhel, im Tempel zu Hierusalem, in der Häuptstadt, redet, da die Pharisäer und Schriftgelehrten regierten, das ist eine sonderliche große Kühnheit gewesen; sonderlich, daß er prediget, er sei lux mundi, und außer ihme sei es alles eitel Finsterniß, item, dem Teufel und Tode unterworfen.

w) Die 6. Predigt, am 28. Tage Oktob. x) Des H. Christi Anweisung. y) Muth eines Predigers.

Nu, solche Ding sagen, und sich also mit ihnen zuschelten, das hat ihnen wehe gethan, [25]) ist ihnen auch seher verdrießlich, daß er sie also verdammet und verfluchet, ihr Ding alles anshebet, den Tempel, das Gesetz und ganzen Gottesdienst, so im Judenthum war. Sie sollten ihn darob mit Zähenen zu Stücken zurissen haben; und sie hältens wohl gerne gethan, aber sie müssens lassen, gleichwohl Solchs leiden und hören, daß ihr Ding mit dem Tempel und Gesetze Nichts sei. Wer keck ist, gehe gen Rom und thue es auch.

Aber sie griffen ihn nicht.

Damit zeiget Joannes an, daß unser Herr Gott uber seinem Wort hält, und uber seinen Predigern z), ob es gleich der Welt leid ist, so lang es ihn gelüstet, bis daß die Stunde kömmet; wenn aber die Stunde nicht da ist, so sei ihnen da ein Pflock gesteckt und Trotz gesetzt, daß sie ihme ein Leid thäten. Hie prediget Christus im Tempel, und spricht Gott: Schweiget ihr Schriftgelehrten stille, und lasset ihn zufrieden. Das kann Gott thun, und beweisets damit, daß ers thun wolle und könne, und die Seinen erhalten fur allem Unglück.

Ich gehe hinweg, und ihr werdet mich suchen.

Das ist eine erschreckliche Predigt, und ein schändlich Valete a), das gräulich lautet; und man siehet, daß es dem Mann ein Ernst ist gewesen, der mit großem Fleiß und Treuen geprediget hat. Aber man mag schreien bis an den Tod, und wenn man tausend Mäuler dazu nähme und gebrauchte, wie man wolle, so ist die Welt taub und höret nicht, es ist Alles vergeblich. Aber wenn die Welt nicht will hören, so sei sie billig verdammet; wer kann dafür? Gott sendet seinen Sohn den Juden, der in dieser Stadt Hierusalem so fleißig geprediget hat; und Joannes der Täufer hat auch geprediget: noch wollten die Juden sie nicht hören, sondern verfolgen und tödten

z) Ihr Schutzherr. a) Abscheid und Valet Christi.

25) † und.

sie, und wollten sie nicht haben; darumb werden sie billig verdammet.

Also predigen wir itzt auch, aber da hilft kein Predigen, die Welt will nicht hören, sie wills erfahren, und nicht gläuben. Aber umb der Auserwählten willen, und die es hören, und gedenken selig zu werden, da muß man predigen und es sagen b). Die Rottengeister und Andere mögen hören, was der Herr hie dräuet: Ich gehe hinweg, und ihr werdet mich suchen 2c.

Droben im siebenten Kapit. hat er auch gesagt: Ich bin noch eine kleine Zeit bei euch, ihr werdet mich suchen und nicht finden. Das sind treffliche Wort, und wir haben sie droben auch gehandelt. Er will sagen: Ich gehe hinweg zum Vater. Ich bin hie gewest, und habe geprediget mein Wort, und Allen angeboten, was mir der Vater befohlen hat, nämlich das ewige Leben, Vergebung der Sünden, und Erlösung vom Tode und ewiger Verdammniß: ich bin unter euch ein Prediger gewesen, und habs euch gesagt. Wollt ihr nu nicht, wohlan, so bleibt also: ich gehe hinweg; bleibet, wie ihr seid, so will ich auch bleiben, wie ich bin.

Das ist aber erschrecklich, wenn er hinweggehet, denn er nimmet mit sich c) das ewige Leben und Seligkeit, und alles, was Gott den Seinen geben will, und läßt dagegen hinter sich den Tod, Teufel, Sünde und alles Unglück. Man siehet Solches itzt an den Juden, die diese Predigt versäumet, und die tröstlichen Prediger, so Gott ihnen gesandt, haben getödtet. Es ist nicht einer unter ihnen, der könnte sagen, wie man leben sollte, oder was man thun sollte; denn Christus ist hinweggegangen. Unter den Türken ists auch weg; es ist Keiner unter ihnen, der könnte sagen, wie man leben sollt, daß man selig würde; wie im Papstthum er auch weg ist, es ist nicht einer, der da könnte eine Seele erretten; wie es auch unsere Rottengeister und die Wiedertäufer nicht lernen können. Also sind

---

b) Göttlichs Anhalten mit der Gnadenpredigt. c) Verlust aus Christi Abzicht.

wir mit unser großen Undankbarkeit und Verachtung göttliches Worts auch auf der Bahn, und wenn das Häuflin hinweg ist, das itzt seufzet, Lust und Liebe zum Evangelio hat, und der Kern ausgeschälet ist d), so wird man darnach auch Prediger haben, die nicht eine Seele erhalten, lehren noch trösten werden können. Es ist erschrecklich, wenn er saget: Ich gehe hinweg, denn wenn er weggehet, so gehet mit hinweg Gottes Erkenntniß, der Verstand der Taufe und Abendmahls, daß man nicht weiß, was Gott ist, was Leben, Gerechtigkeit und Seligkeit ist, oder wie man von Sünde und Tode solle los werden. Es gehet Alles mit hinweg, und wird ärger, oder je so böse, als es zuvor war.

Das ist noch ärger e), daß er saget: Ihr werdet mich suchen, und nicht finden. Ja, daß man ihn suchen soll, und nicht finden, das ist wunderlich; ist er doch so barmherzig und gnädig, und verheißet: Wer da suchet, der wird finden, klopfet an, so wird euch aufgethan; wie sollt man ihn denn nicht finden und antreffen, wenn man ihn suchete? Es ist gar wider einander, daß er saget: Ihr werdet mich suchen, und nicht finden. Es ist ein jämmerlicher Handel und erbärmlich Ding, wenn er weggehet, daß man ihn suchet, und ein Verlangen darnach hat, und man wollt ihn gerne haben, aber man kann ihn dennoch nicht finden, oder man werde ihn nicht kriegen. Man kann in der heiligen Schrift nichts Gräulichers predigen. Er spricht: Itzt, weil ich hie bin, und biet es euch an, ihr habt den Jahrmarkt für der Thür, so wollt ihr mich nicht haben, kreuziget mich, und stoßt mich zur Stadt hinaus: aber wenn ich hinwegkommen werde, so werdet ihr mich hundert Ellen tief wollen aus der Erden graben; aber ihr werdet mich nicht ein Haer breit finden.

Nu, Christum suchen, ist f), Hülfe, Gnade, Leben, Trost, Heil, Seligkeit, Erlösung vom Tode, Sünde, Teufel und Höllen suchen, Christum zu einem

---

d) Treue Warnung Lutheri. e) Virtutem praesentem odimus etc.
f) Des H. Christi Zugehöre. Matth. ult. Psalm 8.

Erlöser haben wollen, ja alles, was Christus ist, suchen, und darumb er in die Welt kommen ist. Und itzt suchen ihn die Juden. Denn, wie fasten, beten, lesen, predigen, geben und thun sie, und bemühen sich aber die Massen seher, und suchen, wie sie selig werden mögen: aber solche Mühe solle alle vergeblich und verloren sein. Das ist erschrecklich, daß diese große Mühe fur Gott, mit allen ihren Gottesdiensten, solle gänzlich verloren sein. Er spricht nicht: Ich gehe hinweg, und ihr werdet den Teufel suchen, böse Werk thun, Huren- und Bubenleben führen. Nein; sondern ihr werdet anheben, mit trefflichen Werken das zu erlangen, was ich bin; aber es wird alle Mühe und Arbeit verloren sein.

Das haben wir an den Juden, und auch im Papstthumb gesehen g). Ich bin ein Mönch gewesen, und habe des Nachts gewachet, gefastet, gebetet, und meinen Leib zukasteiet und zuplaget, daß wir Gehorsam hielten, keusch lebeten; der hat man mehr unter Pfaffen, Nonnen und Mönchen gefunden. Ich rede von den frommen und rechtschaffenen Mönchen, denen es ein Ernst gewesen in der Welt, und nicht von den Huren und Buben, die im unzüchtigen, losem Leben gesteckt sind, sondern die es ihnen haben lassen saur werden, als mir, und sich zusucht und zuplaget, haben das wollen erlangen, was Christus ist, auf daß sie selig würden. Was haben sie damit ausgericht? Haben sie ihn funden? Christus saget: Ihr werdet in euren Sünden stecken bleiben und sterben. Das haben sie erlanget.

Das ist ein erschrecklich Urtheil h), solche große Arbeit und Werk also dahin zu werfen, und daß er spricht: Komm ich hinweg, so laufet, gebt, bauet, stiftet, was ihr wollt, fastet euch auch gleich zu todte; wisset, daß es alles vergeblich sei. Wir sehens auch an den Wiedertäufern. Wir konnten unter uns einen solchen Gehorsam nicht aufbringen, noch eine solche Andacht haben, noch uns so viel kosten und gestehen lassen, oder so hart an unsern Predigern hangen,

g) Die Erfahrung. h) Ursach, Christum hehre zu halten.

als die Wiedertäufer thun, und zu ihrem Glauben haben. Sie verlassen Weib und Kind, Geld, Gut, Haus und Hof, lassens alles fahren, thun gleich als wären sie unsinnig und toll. Die Sakramentschwärmer thun auch Alles so halstarrig, und sind also feste; denn es heißet: Ihr sucht mich. Aber es wird Nichts draus. Es heißt: Ihr werdet mich nicht finden. Der Papst arbeitet und suchet auch, was ich, Christus, bin; aber er wirds nicht finden.

Itzunder hat Gott seine Gnade gegeben, daß ein iglich Dorf und Stadt das Evangelium und seine eigene Pfarrherrn hat, und habens umsonst, man darf ihnen nicht viel geben i); aber konnte man itzt die Prediger lassen Hungers sterben, man thäte es. Dazu helfen Burger, Baur und die vom Adel getreulich; man will das Evangelium nicht mehr haben. Nu spricht Christus: Ich gehe hinweg; wenn ihr mich nicht wollet, so will ich euch andere Prediger und Pfarrherrn schaffen, die fur euch dienen sollen. So auch, wenn wir werden gestorben sein k), so werdet ihr einmal einen frommen Prediger zu Rom holen wollen, und keinen finden, ja, man wird diejenigen zehen Ellen tief aus der Erden graben, und uber dem Rucken tragen wollen, welche man itzt nicht leiden kann, und ihnen nicht gern ein Stucke Brods gibt; da ein Edelmann, Burger und Bauer seinen Muthwillen an ubet, wird man denn nach ihm laufen, ihn suchen, gerne geben wollen, arbeiten uber alle Masse; aber Niemand finden. Ich habs oft gesaget, wills auch noch sagen, auf daß ihrs nicht vergesset. Diese Stadt Wittenberg hat jährlich den Mönchen mehr denn tausend Gulden gegeben, ohn was man den Pfaffen gegeben hat l). Es ist kein Dorf so arm, da eins ins ander gerechnet, nicht fünf, sechs, acht oder zehen Gülden den Mönchen und Pfaffen gegeben hätte. Item, was hat das Meßhalten gekostet, und daß man Wallfahrt zu Sankt Jakob gelau-

---

i) Wohlfeile Zeit beim Evangelio. k) Es läßt sich dazu an, und sind Bauchväter, die es treiben. l) Wittenberger Mildigkeit.

fen ist! Das war alles Christum gesucht; aber er war hinweg.

Nu, Christus ist itzt noch vorhanden; aber der Adel spricht: Was frage ich darnach? wenn gleich kein Prediger mehr vorhanden wäre m), so weiß ich wohl, daß man selig und gerecht werde durch Christum: ich darf keines Predigers, ich weiß, wie ich selig werden und Christum anrufen soll. Wohlan, du wirsts wohl sehen, wie nütz und noth ein Prediger sein wird. Es wird so heißen: Ihr werdet mich suchen ꝛc. Wenn er doch alleine sagete: Ich gehe hinweg, das wäre noch zu leiden; aber er spricht nicht: Ich gehe hinweg, und ihr werdet Ruhe haben und zufrieden sein; sondern er setzet dazu, daß wenn er weg ist, so heben wir allererst an, ihn zu suchen. Das ist das Aergeste: wenn das Evangelium hinweg ist, so folget das Suchen; und wenn die itzigen lieben Lehrer und Welt dahin ist, so werden denn Pfarrherrn kommen, die sie hundertmal mehr beschweren werden, denen man auch mit großen Werken und Unkostungen wird gehorsam sein und folgen: aber es wird vergeblich sein.

Itzt wollen sie ihre Seligkeit und Leben nicht umbsonst haben n), da der Sohn Gottes spricht: Es hat mich mein eigen Leib, Leben, Blut und Tod gekostet; magst du es nicht umbsonst, daß ich dich mit meinem Tode und Blutvergießen erworben habe, so gehe hin, und käufe den Teufel umb hundert tausend Gülden, daß er predige. Dieweil du nicht willt das Leben dir umbsonst geschenket haben, so gehe hin und käufe den Tod; und wer nicht will durch mich den Himmel ererben, der mag die Hölle mit dem höllischen Feuer und großer Marter durchs Geld erlangen und haben. Das ist denn recht. Wie kann Gott anders thun? will mans doch also haben. Sie habens verweinet und verklaget, es mag aus sein das Klagen und Weinen, fahre immer hin zum Teufel zu. Das heißet, viel Wege anrichten, und mancherlei Werk thun, mit großen Werken umbgehen, die

m) Pfaffenschreier. n) Welt bleibet, wie sie ist.

euch sollen helfen zum ewigen Leben, und daß ihr mich suchet: aber es wird Nichts draus. Und spricht drauf:

Ihr werdet in euren Sünden sterben.

Ihr sollt und müsset in euren Sünden sterben o); das ist gräulich, daß Viel suchen und erfinden Wege zum Leben, und müssen doch sterben. Denn hie ists abgesagt, daß er spricht: Ihr werdet in euren Sünden bleiben und sterben, und mich nicht finden. Wenn da nicht bleibet Christus Wort, sondern es ist weggenommen, da wird denn große Heiligkeit angeben, und solche Werk gethan werden, die da einen Schein der Heiligkeit und köstlichen Lebens haben; aber das köstlich Leben wird so viel schaffen, daß du nicht eine Sünde damit löschen möchtest, oder aus dem Tode kommen, sondern tiefer in dem Tode stecken und sein. Das magst du wohl gläuben, und es also dafur halten. Es ist die Wahrheit.

Die Juden und Türken sprechen p): Meinest du, daß Gott so ein grausamer Tyrann sei, daß er einen solchen Haufen Volks von sich dahin stoßen sollte und sterben lassen? Nein, wir suchen Christum, wollen selig werden, sind getauft, leben keusch, sind unsträflich nach dem äußerlichen Wesen; das Wesen soll uns von Sünden erlösen, selig machen, und gen Himmel führen. Aber der Text spricht: Nein; und der Mann, Christus, leuget nicht. Der einige Mann achtet sein Wort so groß, daß er dagegen so viel Leute auf einen Bissen fasset q), und nicht dafur ansiehet so viel hundert tausend Türken, Juden, Papisten und Rottengeister, macht sich unnütze, redet mit geringen Worten von ihnen, spricht: Ihr seid wie die Spreu, aber mein Wort ist als ein Fels. Also macht er sich groß gegen so viel mächtigs Volk, so ihn nicht erkennen, denn das Wort ist mächtig und kräftig; wers nicht gläuben will, mag es erfahren, wie wahrhaftig es sei, was ich sage.

Wer Christum nicht erkennen will, den laß man

o) Das rechte Trankgeld. p) Widerrede der Ungläubigen. q) Luc. 21.

fahren r); er wird auch einmal sagen: Du meinetest auch, die Welt und Rottengeister wären größer, denn mein Wort; aber ich sage Nein dazu. Das ist hoffärtig geprediget, daß er spricht: Ich gehe hinweg, und ihr werdet mich suchen; aber nicht finden, und in euern Sünden sterben. Es sind einfältige Wort, aber sie gelten der vergangenen, gegenwärtigen und zukünftigen Welt: daß es alles in dem Wort ist: Ihr werdet mich suchen, und nicht finden, und in euren Sünden sterben; da sind große, treffliche und viel Leute von der Welt Anfang her dahin geschlagen. Es ist geringe dahin geredet, und sie sind geachtet gleich wie ein Fünklin gegen einem großen Feur ist, und als ein Tröpflin gegen dem Meer ist, oder ein Stäublin sein möchte gegen der Sonnen oder gegen einem großen Berge.

Aber die Welt kehrets umb, und gedenkt s): Wer bist du Christe? du bist ein Fünklin oder [26]) Stäublin; aber wir Juden sind ein groß Volk. Der ganze Stamm der Heiden, der Türken und Juden, sollt der Hause nicht so viel gelten, als die Christen? Sollten wir nicht so viel sein, als du Christe, der du predigest? Wer gläubet, der hats; wer nicht gläubet, der wirds erfahren; item, wer an Christum gläubet, der wird das ewige Leben haben. Denn wenn sonst der Christus weg ist, so ist beschlossen, daß da eitel Gerichte sei. Nu, außer dem Glauben an Christum geschehen große Gottesdienst, große Stiftung und große Werk: viel trefflicher, gelahrter Leute werden Mönche und werden größere Ding bei denselben, die von Christo abfallen, ausgericht, denn die Christen selbs thun; daß sie also den Mann, Christum, werden suchen, aber außerhalb dem Glauben nicht finden, sondern im Gerichte bleiben, und die geringste Sünde, oder ein vergeblich Wort nicht auslöschen können.

Das spricht hie Christus t), daß nicht eine Sünde,

---

r) Das lehret er selbs. Matth. 16.

s) Christi und der Seinen Ansehen in der Welt Augen.

t) Wer will seinen Mund strafen?

26) und.

weder deine oder eines Andern, sie sollen versöhnen; sondern sie sollen in ihren Sünden sterben, und dem ewigen Tod und Verderben nicht entlaufen. Wer hat das dürfen im Papstthum predigen und sagen, daß ein Karthäuser mit seinen großen Werken nicht könne die Sünde versöhnen? Ja, sie haben nicht allein ihre Werk verkauft, sondern auch noch uberläng gethan, und ihre ubrige Werk Andern mitgetheilet. Aber Christus hebt hie diese Brüderschaften alle auf, und spricht, daß sie nicht eine Sünde, weder deine noch Anderern, versöhnen können und sollen, noch einen Augenblick vom Tode erretten, sondern es soll Alles verdammet sein.

Das ist eine zwiefache Strafe u), und gehet recht zu, daß man hie auf Erden gemartert und geplaget wird mit harter und doch vergeblicher Heiligkeit, daß sich des Teufels Märterer damit selbs martern, und darnach dort des Teufels ewiglich sein müssen. Denn wir wollen mit Danksagung und fröhlichem Herzen den Herrn Christum nicht annehmen, auf daß man möchte friedlich leben, heilig und selig sein: so habe man nu Unruge mit dem heiligen Leben, daß man sich zu todte martere, so man sonst fein im Friede könnte dahergehen, daß ein Jeder in seinem Stande thäte, was er hätte auszurichten. Aber es hilft nicht, und ist dem Tauben ein Lied gesungen, und müssen darnach zu der leiblichen Plage auch das ewige, höllische Feuer haben. Ein Mönch hat ihme wehe gethan im Kloster; aber wenn er stirbt, so ist er hie und dort verdammet.

Wo ich hingehe, könnt ihr nicht hin kommen.

Ihr werdet mich suchen, und dahin trachten, da ich hin gehe; aber ihr konnt nicht hin kommen, denn die Thür ist zugeschlossen v), es ist verworfen alles, was ihr furnehmet, euer erwählete Werk sollen nichts gelten, ihr möget so heilig leben, als ihr wollet, so solls gar nichts helfen.

Das ist eine erschreckliche und gräuliche Predigt;

---

u) O unselige, thörichte Leute! v) Der thörichten Jungfrauen Anklopfen. Matth. 25.

aber die Welt kann eine Kunst dafür: sie hat aufgesetzt einen adamantischen Kopf, und ein eisern und steinern Herz hat sie, ist verblendet und verstockt, und höret dieses Alles nicht, spricht: Wo ist Christus hin gefahren? Nu, er ist aus diesem zeitlichen und sterblichen Leben, vom Tode und allem Unglück und Anliegen erlöset, und von der Sünde in die Gerechtigkeit gebracht, aus der Höllen in den Himmel, und aus der Verdammniß in das ewige Leben geführet, und von allem Ubel zu allem Guten gebracht, und sitzet nu zur rechten Hand seines himmlischen Vaters. Dahin werden die Juden auch trachten, und dahin wollen, und Christum suchen: aber sie werden nicht können dahin kommen. Das' ist zu hart geredet. Der Papst sollte dieß Evangelium Joannis verbannen. Denn er kanns nicht leiden, daß man zu ihme saget, es sei unmüglich, daß man mit guten Werken solle das ewige Leben erlangen, und in Himmel kommen. Aber sie gläubens nicht, sondern pochen also auf ihre gute Werk, daß sie selbs nicht alleine dadurch wollen selig werden, sondern sie wollen auch uberlänge Werk haben, die sie der Welt verkäufen, daß sie auch dadurch selig würden.

Dawider spricht Christus nicht alleine, es sei schweer, sondern auch, daß es unmöglich sei. Darumb hüte man sich w) fur Fleisch und Blut, fur dem Unglauben und Rottengeistern, und lerne ein Jeder Christum fleißig erkennen, höre die Predigt des Evangelii, und nehme Christum an. Aber er siehet ihr Wenig also thun; derhalben so muß er solche Donnerschläge haben, damit er die Herzen, ja, die ganze Welt und die Menschen zuschlägt. Die Juden haben den Tempel gehabt, und den großen Gottesdienst, von Gott selber geordenet; das war kein Scherz, und es hatte ein groß Zeugniß aus der Schrift. Darumb, wenn du es gegen einander hältst, daß die Mühe und Arbeit, da sie Tag und Nacht Gott gedienet, und noch dazu sich zustudiret und zuärbeitet haben, dennoch nicht allein soll vergebens,

w) Erregung solcher gräulichen Schreckpredigt.

sondern auch unmüglich sein, daß man dadurch möchte selig werden, welchen will dieses nicht schrecken? Und wems im Papstthum ist ein Ernst gewesen, wie wir drinnen gewesen sind, den dünkets seltsam, daß alle unser große Arbeit vergeblich solle sein, da wir so gelaufen, gestiftet und gegeben haben, und soll Alles heißen verloren und unmöglich Ding.

Aber es ist wahr, es ist ja verloren, wo Gott nicht am letzten Ende zu Hülfe kommen ist x), und daß man nicht im Glauben an Christum gestorben ist. Ich halte es dafur, daß viel Leut in den Klöstern und sonst gegläubt haben, und Christum ergriffen haben, und dahin gerathen, daß sie gesagt haben: Ach mein lieber H. Jesu Christe, du bist mein Heiland; und haben verzweifelt an ihrem heiligen Leben und guten Werken: damit sind ihr Viel erhalten worden; und es ist eine gute Weise gewesen, daß man den Sterbenden hat ein hölzern Crucifix fürgehalten, oder in die Hand gegeben, daran sie sich des H. Christi Leidens und Sterbens erinnert und getröstet haben. Aber die Andern, die auf ihre gute Werk gepocht haben, und stolz gewesen sind, die sind in einen solchen Himmel gefahren, da es zischet und brennet; denn sie sind abgezogen worden von Christo, und haben seinen Tod und Leiden ihnen nicht eingebildet, daß sie dadurch leben sollten. Da ist der Text wahr worden, daß es nicht möglich sei, daß sie können dahin kommen, da er ist.

Da sprachen die Juden: Will er sich denn selbs tödten?

Auf eine solche ernste Predigt gehört eine solche Antwort. Die ganze Welt, auch Himmel und Erden, sollt billig fur diesen Worten erschrecken, zittern und erbidmen, daß hie gesagt wird, wenn der Herr Christus hinweg ist, so sei gewiß, daß denn alles Andere auch verloren sei. Es sollten aufs Wenigste die Menschen, die unvernünftigen Thier und die Erde dafur erzittern. Aber sie werfen dagegen das Maul

---

x) Rettung unsers H. Gottes aus der Widerchristlichen Gefängniß. Amos 8.

noch auf, und spotten unsers Herrn Christi in die Nasen dazu y). Es gehet noch, bei dem lieben Gott! auf den heutigen Tag also zu: wenn mans den Papisten, Juden, Türken und der Welt noch saget, so pfeifen sie uns an, sagen auch, wie diese thun: Wo will er hin? Ei, wie höhnisch und spitzig sind diese [27]) Buben auf solche erschreckliche Wort, daß Christus saget: Ihr werdet in euren Sünden sterben; item: Wo ich hin gehe, da könnet ihr nicht hin kommen. O, sagen sie, wer weiß, wo er hin will gehen? Es ist gleich, als wenn wir itzt unsern Bauern sagen: Ihr sollet nicht so geizig sein, und also stehlen: das ist ihnen eine lächerliche Predigt; oder, daß man die Junkern und Scharrhansen strafet, so schlagen sie es alles in Wind; wie sie hie auch thun, sagen: Wo gehet er hin? will er sich selbs umbbringen?

Augustinus spottet der Juden, und spricht z): Sie habens aus lauterm Spott geredet, sie haben es nicht aus einem Ernst geredet. Denn es ist keine Kunst, sich selber umbbringen; der Weg wäre wohl zu treffen, und leider! allzu Viel treffen ihn. Sondern es ist höhnisch und spöttisch geredet und geantwortet, und lautet also: Wie weit ists zur Gnade, oder wo ist der Weg zum Himmel, da er will hin gehen? wir wollen auch dahin kommen. So bitter und giftig haben sie sein in die Zähene gespottet. Das gehört dazu, daß wenn man aufs Heftigst und Getreulichst prediget, so muß Christus mit seinen treuen Dienern keinen Dank verdienen noch haben.

Uns gehets auch so. Wenn wir den Papst a) warnen, und sagen: Hütet euch, hütet euch, es wird Dreck regenen; so ists ihnen lächerlich und spöttisch. Wenn man dem Adel, Bürgern und [28]) Bauern dräuet mit Gottes Zorn, so sagen sie: Kann man sonst Nichts predigen, denn vom Gesetz? Nu, wenn wir gute Tage wollten haben, so wollten wir nur predigen, daß alle ihr Ding recht wäre, so würden

---

y) Unmenschliche Verstockung. z) Augustini Gedanken. a) Spötter und giftige Würmer. Ps. 1. 91.

27) die. 28) oder.

sie uns gerne hören: aber wenn wir ihnen von Gottes Dräuung predigen, so sagen sie, man wolle sie regieren; pochen und trotzen, schlagens in Wind. Wohlan, lieben Brüder und Junkern, sehet zu, wer den Andern trotzet und täuschet; sehet zu, was der Türk und Papst mit seinem Spotten erlanget. [29]) Ich wills noch erleben, oder Andere nach mir, daß die Bürger, Bauern und Edelleut mit ihren spitzigen Worten das erlangen sollen, daß die Spitze soll dir so stumpf werden, daß weder Haut noch Haer von dir uberbleibe. Laß sie immerdar hin spotten, und einen reichen Bauer, Fürsten oder Papst sagen: Was prediget uns dieser Narr? Sollen wir thun, was er will? Wir wollen wohl so schier in Himmel kommen, als er, wir wissen auch den Weg gen Himmel. Ja, auf sammeten Polstern, und da der Weg ist mit Seiden gepflastert, da wollen sie sich hinauf walzen, ja, hundert Jahr zuvor gen Himmel kommen, denn ihre Pfarrherrn und Prediger. Der Papst will ehe gen Himmel kommen, denn wir.

Aber die Juden haben es erfahren; wo sind sie itzt? b) Christus sagets ihnen: Ihr werdet in euren Sünden sterben. Sie wußten es dazumal auch wohl, wo er hin ging, und konnten ihm spitzig gnug Antwort geben, und die Zungen herausrecken: ich meine, [30]) die Spitze sei stumpf worden und zubrochen; denn die Juden sind in die ganze Welt zerstreuet, und Hierusalem zu Aschen und gar zunichte gemacht, es sind die elendesten Leute in der Welt. Was haben die Juden verdienet und erlanget, da sie der Propheten spotteten? Aber es half nicht. Also gehets itzund auch zu, es ist verloren; je härter man strafet, und heftiger man prediget und vermahnet, je stölzer die Leute werden.

Ich habe oft gedacht, ich wollte das Predigen gar anstehen lassen c), denn die Leute werden täglich härter, spitziger und giftiger draus, deutens dahin,

---

b) Deß zum Zeugniß müssen sie noch in der Irre gehen. c) D. Luth. Anfechtung uber der Unbußfertigkeit.

29) † Ja. 30) † ich meine.

man wolle sie dringen und mit Gewalt fassen, gehen hin, sind stolz und trotzig. Nu fahr hin, du sollt es treffen. Lieber Bruder, sauf, daß du speiest, und daß dir der Hals krache, ja, der Bauch, Leib und Leben krachen, du wirst Christum nicht täuschen. Cato spricht: Non me doctorem, sed te deceperis ipsum. Es gilt eine gute Spitzen oder Schanze. O es ist ein schlecht Ding, sprechen sie, wo gehet er hin? Also haben sie gespott und gehöhnt gegen einander. Aber Christus sitzet zur Rechten seines himmlischen Vaters, sein Reich das bleibet ewig: sie aber sind zustoben, zuflogen, und haben ausgespottet, und können nicht mehr spitzige Theiding reden.

Ich bin von oben herab.

Es ist lächerig geredet, aber gar freundlich geantwortet; so gütlich könnte ich nicht antworten. Nu, er siehet weiter, an einen andern Ort, und nimmet sich ihrer spitzigen Reden nicht an d).

e) Unsere nähste Predigt ist gewesen, wie der Herr zu den Juden gesagt hat, er werde hinweg gehen, und man werde ihn suchen: aber sie werden dahin nicht kommen mögen, dahin er gehe; und sie drauf antworten: Will er sich tödten? Wohlan, das ist ein spöttische Antwort gewesen, so sie gegeben haben auf eine solche ernste Predigt, da er [31]) saget: Ihr werdet mich suchen, und in euren Sünden sterben. Leichtlich ist es gesaget, daß sie sollen bleiben in ihren Sünden und im Tode, und einfältig ists anzusehen; aber also gräulich und erschrecklich ists geredet, daß es nicht könnte gräulicher sein, daß einer solle in Sünden und Tode bleiben. Item, so könnte man nicht lächerlicher und höhnischer antworten, denn daß sie sagen: Will er sich selbs tödten? f) Aber also solls gehen; wenn man der Welt prediget, sie warnet, und ihr die Dräuung Gottes furhält, daß ihr

---

d) Böse sich verhohen lassen. e) Die 7. Predigt, am Sonnabend nach dem 21. Sonntage Trinitatis. f) Gottloser Blindheit. Luc. 19

31) † er.

werde ubel gehen, so sagen sie: Awe ja, behüt uns Gott fur dem Dräuen und Predigen, es hat nicht Noth. Dräuet man, so lachen sie; verheißet man, so gläuben sie nicht, und kehren sich nichts dran. Es könnte Christus hie höher nicht dräuen; so werfen sie es herümb und sprechen: O hie ist keine Sünde noch Sterben, sprechen: Will er sich selbs tödten? Also gehets itzt auch zu. Wir sagen und warnen: Lieben Herrn, lieben Leute, Fürsten, Bischoffe, gläubet dem Evangelio, seid fromm, unser Herr Gott wird drein schlagen, und Pestilenz oder Krieg schicken, auch Ketzer und falsche Lehre kommen lassen; so sprechen sie g): Laß kommen, wer Geld gnug zu zählen hätte; die Hölle ist nicht so heiß, als man sie machet. Solche Antwort ist dem Herrn Christo auch worden. Ob uns nu solche Antwort auch widerfähret, ist nicht Wunder, es muß nicht schaden. Die also gethan haben, und des Herrn Christi gespottet, die habens wohl erfahren, was sie dran gewonnen haben, und die noch also spotten, die werdens nachmals auch erfahren. Aber sie sollen es nicht gläuben, bis sie es erfahren, und der Glaube ihnen in die Hand komme, und daß sie im Blut schwimmen: denn werden sie Rath und Hülfe holen wollen, aber da wird kein Rath sein, es wird nicht helfen.

Ihr seid von unten her.

Er tröstet sich selbs, und will sagen: Wenn ich gleich süsse oder saur, scharf oder bitter predige, so hilfts nicht, ihr fraget nichts darnach h). Es reimet sich nicht zusammen; ihr seid von unten her, und ich komme von Gott oben herab, und sage euch die Wahrheit, ihr aber verachtets. Nu so sei es also: ihr seid von Art her böse geborn, so spottet gnug, seid muthwillig gar satt, huret und bubet, raubet und stehlet: ihr sollts finden, es wird einmal zur Rechnung kommen, da ich und ihr auch dabei sein werden; ihr seid Buben, die werdet ihr wohl bleiben.

Diese Wort saget Christus alleine, und wer ein Christen ist, spricht auch also: Ich bin von oben

g) Der Welt Sicherheit. h) Ungleiche Gesellschaft. Joann. 15.

herab. Wer in der Welt predigen soll, und Andere fromm machen, und verfolget wird, daß er sagen muß: Wo soll ich hin? der spreche: Das ist alleine mein Trotz und Hohmuth, daß ich von Gott bin gesandt, item, mein Ampt auch von Gott ist i); ihr aber redet und thut nicht anders, denn wie ihr von der Erden geboren seid, da sich die Leute nicht freundlich mit einander entscheiden, und Christus und die Seinen sich hie auch also vertragen. Es ging aber besser und lautet auch besser, wenn Christus sich also freundlich abmalete, daß er spräche: Ich bin euer Prediger, ihr seid meine Schüler; und daß sie sprächen: Wir wollen dich hören. Sondern er spricht: Wir wollen uns von einander scheiden, denn ihr wollt immerdar mit eurem Leben und Vernunft kurz hindurch, wie ihrs im Sinne habt.

Also wollen der Papst, die Mönche und Bischoffe auch hindurch, wie sie es im Sinne haben k), und sagen: Ei, das Evangelium thuts nicht. Aber der Herr Christus spricht hie: Nu, ihr wollts nicht haben, und wollet auf der Erden bleiben; so werdet ihr doch nicht umbstürzen können, was ich predige, ich will fur euch wohl bleiben, mich, Christum, und das Evangelium sollet ihr bleiben lassen; lasset sehen, wer den Andern poche: ihr seid von unten her, und ich bin nicht von der Welt, sondern von Gott und oben herab. Diese Wort scheiden uns fein, wie Sommer und Winter, und gibt Einer dem Andern kurzümb Urlaub. Er beut ihnen an den Himmel und das ewige Leben; wenn sie ihn nu nicht wollen haben, so dräuet er ihnen, daß er den Tod, Sünde und das höllische Feuer ihnen lassen und geben wolle. Aber sie antworten ihme so höhnisch und spitzig drauf, geben ihm so eine unfläthige, giftige Antwort, daß ich wohl selber sagte: Fahre hin, es gilt mir gleich, laß sehen, wen es gereuet, und wer den Andern täusche; ihr seid von der Welt, und ich nicht. Es gilt freilich, daß wirs balde sehen wer-

---

i) Der Christen und Prediger Vortheil Joann. 16. k) Der Widerchristischen Eigensinn.

den, und ob sichs gleich verzeuhet, so wird sichs doch wohl finden. Also sondert sich der Herr Christus von seinen vermeineten Jüngern, und von dem Volk, welches denn erschrecklich ist, und spricht: Ihr seid da, und ich bin hie, und wenns umb und umb kömmet, so hab ich euch gesaget: Ihr werdet in euren Sünden sterben. Das ist der Beschluß derselbigen Predigt.

1) Nu gehet eine neue Predigt an, daß der Herr spricht:

Werdet ihr nicht gläuben, daß ichs bin, so werdet ihr in euren Sünden sterben.

Und Joannes der Evangelist spricht, daß sie dieß Wort nicht verstanden haben, daß er die Predigt vom Vater angerühret hat. Er setzet so ein heftig, trotzig Wort, daß ers nicht gnug kann ausreden, daß er spricht: Ihr müssets gläuben, daß ich sei vom Vater; oder werdet sterben. Es ist hoffärtig geredet, daß er saget: Ich bin der Mann, an mir liegts gar; wo ich nicht bin, da ist Nichts, und ihr sollet wissen, wem ihr also lächerlich und spöttisch geantwortet und angetast habt: ich will nicht viel sterben noch tödten, sondern will ungestorben sein. Es verdrießen ihn die spitzigen Wort, und ist der Herr Christus heimlich zornig, spricht: Wollt ihr wissen, wer ich sei? Ich bin Gott, und es gar miteinander: thut, was ihr wollet: wenn ihr nicht gläubet, daß ichs gar sei, so seid ihr Nichts, und müsset in euren Sünden sterben. Also darf kein Prophet, Apostel noch Evangelist predigen und sagen: Gläubet an Gott, und gläubet auch an mich, daß ich Gott sei; oder thut ihrs nicht, so ists alles mit euch verloren.

Die Juden konnten sagen: Meinst du, daß nicht ein Ander sei, der vom Tode und Sünde könne erlösen, denn du, daß wir sollen an dich gläuben? meinst du, daß wir sterben müssen, so wir an dich nicht gläubten? gleichsam als wäre außer dir kein Gott. Wem

1) Emsig Anhalten Christi den Juden zum Heil.

gehört zu, daß die Leute von Sünden, Tod und Höllen erlöset werden, denn Gott? und du sprichst, du seiest derselbige Gott &c.! Darauf spricht der H. Christus: Der ich bin, der bin ich m); wenn ihr nicht gläubet, daß ichs sei, so werdet ihr sterben in euren Sünden. Sucht sonst Gott hin und her, so ist doch kein Leben, denn allein bei mir: darumb, so ihr hie nicht bleibet, so seid ihr im Tode.

Das ist auf das Allergewaltigste gepredigt, auf die spitzige, höhnische Wort, so sie ihme zur Antwort geben, daß er spricht: Ich will euch sagen, wer ich sei, und daß ihr an mich müsset gläuben, oder euer Keiner wird in Ewigkeit lebendig bleiben. Diese Wort müssen sie in sich reiben, und in sich fressen, daß er saget: Werdet ihr nicht von mir das Leben haben, und durch mich euch von Sünden erlösen lassen, so seid ihr des Todes. Nu, Christus ist Gott n), das prediget Joannes von ihme; denn es kanns sonst keine Kreatur sagen. Das Wort ist zu hoch, es kanns der Engel Gabriel auch nicht sagen, daß er spreche: Ich bins; sondern muß sagen: Ich bin gesandt von Gott zu dir. Item, er spricht: Ich stehe fur Gott, und diene ihme o). Aber der Herr Christus spricht: Ihr müsset nicht alleine sagen, daß ich gesandt sei, sondern daß ichs sei. Was heißt: ich bins? Das ist, ich wills sein, und solls sein, ich bins gar, und an mir liegts gar. Euer Gesetze, Moses, und Gottesdienst, Sabbath &c., ist Nichts gegen mir; sondern ich bins, an mir liegts gar: ich bin nicht allein ein Apostel, Prophet, Bote und Gesandter, sondern ich bins, das Wesen aller Ding ist in mir. Zu diesen hohen Worten gehört Glaube.

Es hebt aber Christus kürzlich mit diesen Worten auf p) Mosen, den Gottesdienst im Tempel, Altar, Opfer, Pfaffen, Mönch, Meß, Orgel und Kasel, und was fur Heiligkeit und Weisheit auf Erden sein mag, und spricht, der Welt Weisheit, Macht und Gewalt sei Nichts; und wenn wir gleich dassel-

m) Göttlichs Helfampt des Herrn Christi. n) Excellenz Christi.
o) Luc. 1. p) Christus das A und O. Apokal. 1.

bige Alles haben, was man zu Hierusalem, in der Stadt und im Tempel, hat haben sollen, da man nach dem Gesetz Mosi gelebt hat, oder daß man thut, was die Welt aus allen ihren Kräften thun kann, so ists doch alles Nichts, es ist allzumal des Teufels und Todes, es ist da kein Leben, Gerechtigkeit noch Seligkeit zu erlangen, man habe denn mich. Das heißet auf einen Augenblick wegwerfen alles, was heißet: Wer an mich nicht gläubet, daß ichs sei; denn bei mir stehets gar, Leben und Tod, Sünde und Gerechtigkeit, Gott und Teufel, Himmel und Hölle. Damit wirft ers alles unter Christum q), und sondert von einander, was in diesem Leben von Heiligkeit und Weisheit ist, von dem Herrn Christo, und saget, wir müssen etwas Anders haben, denn das Gesetz Mosi und unsere gute Werk, und spricht: Ich bins. Aber es verdreußt die Juden wahrlich sehr, daß er so trefflich hoch sich machet. Zuvor hat er sie höhnisch abgeweiset, aber itzt spricht er: Es liegt Alles gar an mir, und soll kein Gott sein, und mir sonst Nichts in der Welt helfen, es sei denn, daß ich an ihn gläube. Da sagen sie: Wer du?

Wer bist du denn?

Es hat sie hart verdrossen, daß kein Gott helfen solle, wo er nicht sei, er heiße wie er wolle; und geben wiederümb Antwort: Wer bist du denn? Es ist gar spitzig geredet, als sprächen sie: Awe ja, es sollt wohl wahr sein? Wer seid ihr, lieber Junker Jesus? Wo kommet ihr her? Seid ihr nicht von Nazareth, geborn von Maria und Joseph? Ein heiliger Leichnam! Wie ein hoher Mann seid ihr! Sags uns, wenn du nur sprichst, du seiests, du bists, so werden wirs wissen, daß du es seiest.

Aber der Herr Christus fasset es gar zusammen, und gibt ihnen eine heimliche, verborgene Antwort; und es ist auch eine rechte Antwort auf sie, denn sie wußtens damals nicht, daß ers von Gott dem Vater redete: er prediget, daß er wahrhaftiger Gott

---

q) Alles unter'n Füßen Christi. Psalm 8.

sei, und spricht: Es dünket euch lächerlich sein, daß ich sage, wer ich sei; wie denn folget:

Und Jesus sprach: Erstlich der, der ich mit euch rede.

Sie sollten wissen, daß er vom Vater sei, und wahrhaftiger Gott wäre; so spricht er r): Fraget ihr, wer ich sei? Ich sage euch: Erstlich der, der ich mit euch rede. Er will ihnen die Ehre nicht thun, daß er sagte, wer er wär. Denn man solls den Juden und den spitzigen Köpfen auch nicht sagen, wenn sie Gott, und was Gott sei, mit ihren scharfsinnigen Gedanken begreifen, ausmalen, verstehen und erkennen wollen; da wird nichts aus: er will aus keiner Vernunft, sondern allein durch sein Wort erkannt werden. Niemand soll mit unserm Herrn Gott zu thun haben mit den [32]) bloßen Gedanken, denn das ist gewiß der Teufel, und das thun auch alle Rottengeister. Ein Karthäuser malet ihme Gott ab, den er lieb habe in seinem hären Kleide; ein Barfusser gedenkt, daß er seinen Strick lieb habe. Aber du wirst Gott allda nicht merken. Denn, wie er hie sagt: Willt du wissen, wer er sei, so habe ich gesaget, ich sei der erstlich, der ich mit euch rede. Aber also werdet ihr mich nicht ergreifen, ich will ungefangen sein.

Er spricht: Ich bin erstlich der, so ich mit euch rede s). Diese Wort haben auch ein emphasim: Ich bin nicht allein euer Schöpfer, sondern auch euer Prediger; ihr sollet damit zufrieden sein, daß ich euer Prediger bin: ich bin kommen und gesandt zu euch, nach den Verheißungen in den Propheten, daß ich euch predigen solle; derselbige bin ich. Wenn ihr nu meiner Predigt werdet folgen, und mich hören, so werdet ihrs erfahren, wer ich sei; aber wenn ihr mich nicht hören wollet, so werdet ihrs nicht erfahren: wenn ihr mich höretet, so kennetet ihr mich. Aber sie sagen: Wo ist dein Vater? und wer bist du?

---

r) Weise mit Klüglingen zu handeln. s) Christus.

32) „den" fehlt.

Er will sie außerhalb dem göttlichen Wort mit ihren Gedanken nicht flattern lassen, sondern sie sollen kurzümb zuvor ihn hören, und sein Wort fassen; denn außerhalb und ohne dem Wort sollen sie Nichts wissen, und den Vater nicht kennen. Er spricht: Ich bins gar, an mir liegts alles, Gott und den Vater werdet ihr nicht kennen noch haben, es sei denn, daß ihr mein Wort höret.

Darumb, will er sagen, so vermahne ich euch t), daß man bei dem Wort bleibe. Wenn man von dem Wort fället, so kömmet denn der Teufel und machet so schöne, liebliche Weise und Gedanken, wie die Wiedertäufer und alle Schwärmer haben. Aber es ist eitel Irrthum und Blindheit. Denn sie fassen und ergreifen unsern Herrn Gott mit ihrem Dunkel und Gedanken. Es heißet: Du sollt von Gott Nichts wissen, noch ihn erkennen, du hörest denn zuvor diesen Mann, und nimmest seine Predigt an; denn wirst du durch dieses Mannes Wort fein lernen, daß Gott der Vater seinen Sohn, Jesum Christum, gesandt hat in die Welt, der fur dich gestorben ist. Wer nu also ins Wort gefasset ist, und bei dem Wort bleibet, der ist erhalten, und erkennet Christum recht: wer aber aus dem Wort fället, der ist verloren. Kurzlich will er so viel sagen: Ihr sollets nicht erfahren, wer ich sei, es sei denn Sache, daß ihr mich fur euern Prediger erkennet u), denn ich bin euer Prediger. Ich habe den Befehl und das Ampt, daß ich euch predigen soll. Ich habe euch gesaget: Werdet ihr mich nicht hören, so werdet ihr in euern Sunden sterben: glaubet ihr aber an mich, so habt ihr das ewige Leben. An diese Wort haltet euch, laßt es wahr sein, was ich euch sage: denn werdet ihrs erfahren, wer ich sei, wenn ihr meine Wort fasset und gläubtet, was ich euch sage, namlich, daß ich euer Prediger sei: denn wird der Heilige Geist durch meine Wort kommen, und es euch lehren. Sonst spottet ihr mein, und sprecht: Gnade Jesus! lieber Jesus, seid uns gnadig! wir wollen Gott ohne dich

t) Anleitung des Herrn Christi. u) Mittel zur Erkenntniß Christi.

wohl treffen und finden. Aber er will sagen: Ihr werdet feihlen. Das heißet: Ich bin, der ich bin, und ihr werdet in euern Sünden sterben, wo ihr nicht an mich gläubet. Es ist gnug gesaget, daß ihr wisset, wer ich sei. Daß ihr nu weiter fraget, wer ich sei, so sage ich: Ich bin euer Prediger. Wenn ihr mich nicht hören wollt, so lassets: man muß mich hören, oder ihr seid des Teufels.

Also können wir Prediger auch sagen, nicht, daß wir sprechen: Ich bins; sondern sagen, wer Christus sei, und wie man unserer Predigt gläuben solle v): wer nu das nicht thun will, der laß es; und sprechen ferner: Werdet ihr nicht gläuben, was wir euch predigen, so werdet ihr in euren Sünden sterben. An mich gläubet Niemand; aber an Christum, den wir predigen, muß man gläuben. Darumb können wir den Trotz und Zorn auch ausstehen, und sagen: Die ihr so spitzig seid, wir sind Prediger, und predigen von dem, der spricht: Ich bins. Ich kann nicht von mir sagen: Werdet ihr nicht an mich gläuben, so werdet ihr sterben; sondern ich predige von dem, der zu den Juden also gesaget hat; mich dürft ihr nicht hören noch erkennen. Wollt ihr den nicht hören, so fahret hin.

Ich habe [33]) viel von euch zu reden und zu richten; aber der mich gesandt hat, ist wahrhaftig.

Er tröstet sich selber wider diese große Bosheit w), und spricht: Ich habe viel zu sagen, zu predigen und zu richten von euch, und muß manche große Predigt thun, von großen Sachen reden und richten. Es ist eine heimliche Antwort, so er den Schälken gibt, damit er sich selbs seines Ampts tröstet; als, wenn ich sage: Christus ist gesandt, und kömmet ein Prediger unter ein groß Volk, das einen großen Vortheil hat: es hat den Gott, der in der h. Schrift berühmet ist,

---

v) Der Prediger Gewißheit in der Lehre. w) Ohne Trost und Erfrischung kann das Predigampt nicht bestehen. Psalm 90.

33) † noch.

und ein Gottesdienst, der aufgericht ist durch Mosen und die Propheten, auch durch Mirakel bestätiget, und er will gleichwohl dieses Alles umbstoßen; als spräche er: Wie will ich euch zustürmen, ich will Alles zerstören und umbstoßen, ich habe Macht, Alles umbzureißen und hinwegzuwerfen, ich will viel Dinge umbreißen, einen Unlust anrichten, und nicht allein die Tauben und die Krämer fur der Kirchen wegthun, sondern auch den Tempel, Opfer, Heiligthum, Pfaffen, Könige, Fürsten, und auch den Mosen selbs, und was ihr habt, abthun, sie richten und verdammen.

Also machet sie der Herr Christus mit ihrem Spotten je zorniger, daß sie noch deste durstiger und trotziger werden, und spricht x): Ich will predigen, daß weder Hierusalem, noch einige Maur, ja, kein Stein auf dem andern, noch einiger Stecken, in Summa Nichts bleiben soll. Also will ich mich mit euch Spöttern zupredigen, daß meine Predigt soll heißen, Viel und Großes gethan. Und ich meine auch, er habs gethan: er hat durch seine Aposteln sich zuprediget, daß nicht ein Stein, ja, nicht ein Haar breit, ja, nicht ein Stäublin blieben ist von der Stadt Hierusalem, vom Priesterthum, von den Königen, vom Reich, vom Gottesdienst, Tempel und vom Volke. Obwohl dieser Gottesdienst herrlich bestätiget war, und Gott große Leute dazu gegeben, als Heliam, Jeremiam, Esaiam und andere Propheten mehr, und sie begnadet mit großen Mirakeln, daß dieß Volk nur einen seher großen Vortheil gehabt, und sie es auch hoch haben gerühmet, und die Juden sich darob seher brüsteten, ist es gleichwohl zergangen; darumb der Herr Christus saget: Ich will so predigen, daß dieser Stücke keins soll bleiben.

Also sprech ich auch zum Papst y): O was habe ich noch zu predigen und zu reden, daß der Papst mit seiner dreifachen Kronen, und den Kardinäln und Bischoffen, Pfaffen und Mönchen, so ihme nachfolgen, mit den Fürsten, Mainz, Heinz, Herzog

x) Ernst und Schreckwort zu gebrauchen. y) Erlegung des päpstischen Wusts.

Georgen, Alles hinunter zum Teufel in Abgrund der Höllen solle. Das will ich nicht allein predigen, und bei dem Wort bleiben; sondern ich will auch richten. Was frage ich nach euer Verachtung und Spotten? Ihr sollt mir dennoch das Maul nicht stopfen, es soll nicht also bleiben, wie ihrs im Sinne habt; sondern ihr sollt zu scheitern und zu Boden gehen. Ich will mich, meinet der Herr Christus, nicht dran kehren, daß der Tempel, die Propheten und das Regiment zu Jerusalem ist, und ihr also ein schön Reich habt; werdet ihr nicht gläuben, so will ich von euch predigen, urtheiln und richten lassen, daß euer Ruhm, Ehre und Gottesdienst alles soll uber einen Haufen geworfen werden.

Das konnten sie nicht gläuben z), es war ihnen ein Unmüglichs. Also gehets noch zu; allein daß Christus ein Vortheil hat, und spricht: Ich bins. Dasselbige sagen wir nicht, wie er spricht; sondern wir sprechen nur: Wir sind euer Prediger, darümb soll euer Meß, Ablaß, Fegfeuer, und andere Gaukelwerk des Papsts alles zu Grunde gehen. Das sagen wir auch, also urtheilen wir; aber sie spotten unser. Wohlan, lachet nur frei; Christus antwortet darauf:

Der mich gesandt hat, ist wahrhaftig, und was ich von ihme gehört hab, das rede ich für der Welt.

Es hat keinen Schein gehabt, und ist lächerlich gewest a), daß der arme Jesus sich unterwindet einer solchen Predigt; wie es denn noch auf den heutigen Tag seher lächerlich ist, daß so große Könige, der Türke und so viel gelahrter Leute sich gegen dem Evangelio demüthigen sollen, und dem Wort Gottes zufallen; es ist spöttisch. Aber es heißt: Der mich gesandt hat, ist wahrhaftig. Das ist das Siegel, so Christus drauf drucket, und sich damit tröstet. Also können wir auch sagen: Wohlan, lieber Papst,

z) Daran mangelts.

a) Christus, sein Wort und Kirche sind unansehnlich.

Bischoffe, Bürger und Bauer, wir haben euch geprediget und euch gerichtet, haben von euch viel zu sagen, laßt uns umbsonst euch nicht dräuen: was gilts, es ist die Wahrheit, es soll dennoch geschehen, und Niemand wirds hindern können. Denn der mich gesandt hat, der Vater, der hats geheißen, der hat mir sein Wort gegeben; ich will sehen, ob der droben soll ein Lügener uber euch werden. Ich tröste mich deß, und poche drauf; zörnet ihr, und verachtet die Predigt, wie ihr wollet, spottet und lasset uns dräuen; gebt ihr aber nichts drauf, es soll dennoch geschehen, wenns euch allen gleich leid wäre: ich will sehen, ob er, der mich gesandt hat, wolle ein Lügener werden, oder ihr.

So sage ich auch, es zörne Papst, Bischoff oder Kaiser, laß sehen, was sie machen werden: was können sie? b) Laß schauen, ob sie den zum Lügener machen werden, der uns gesandt hat. Ihr sollet ihn aber mir wohl lassen bleiben, ihr seid Bürger oder Bauer, ja, die Fürsten und Rottengeister in aller Teufel Namen; und sage: Wer da nicht will lachen, der laß es; laßt zusehen, der uns gesandt hat, der Vater, ist wahrhaftig. Wir sagen: Es schadet nicht, spottet, lächelt, verachtets, höhnets, machet euch unnütz gnug; ihr werdet Gott nicht zum Lügener machen, es wird die Zeit kommen, daß ihr nicht mehr lachen werdet. Wir wissen, daß es Gottes Wort ist. Es gehet uns drüber schändlich, wir müssen ihr Spotten, Lächeln und Höhnen leiden c). Wenn einer nu das siehet, möcht er sagen: Predige der Teufel, ich will das Predigen lassen das Herzleid haben, gewinnen wir doch Nichts daran, denn daß man unser nur spottet, und einen Forz dagegen lässet. Wenn man hoch dräuet, so schlagen sie dagegen ein Klipplin. Aber sage du: Lieber Papst und höhnische Spötter, der mich gesandt hat, ist kein Lügener, was gilts, es wird dir in die Hand kommen, was wir sagen? Denn der uns

---

b) Freudigkeit der Diener Gottes. Luc. 14. c) Verheißen im Leiden, Verlust und Verfolgung.

das Wort geben und befohlen hat, der ist wahrhaftig. Aber da fragen sie nicht nach, bis Gott kömmet, und sie uber einem Haufen liegen. Da werden sie schreien; aber Gott wird sagen: Das hab ich zuvor gesagt und gewarnet; aber es hat nicht geholfen d). Gott mag uns behüten, wir bitten drümb, daß wir nicht solche Spötter werden, und Gottes Zorn erfahren mussen.

Ja itzt, wenn wir Gottes Wort predigen, und Gott uns tröstet, locket, so wird er verachtet e): aber sie werdens auch dermaleins erfahren; und ich kann sagen: Ich bin in Gottes Namen kommen, und hab euch getröstet; aber ihr habets verachtet, darümb so moget ihr nu[34]) leiden ins Teufels Namen. Er wird nicht lugen, ich kenne ihn so wohl; so wird er mein Wort und Predigt auch nicht lassen zu Lügen werden: er ist getreu, redlich und wahrhaftig, was er im Sinne hat, das wird er thun, und Niemand ansehen; das weiß ich. Dieweil er mich denn hat heißen predigen, so wird er mich nicht lassen zu Schanden werden, es ist sein Wort, und hat mich gesandt, er wird mich nicht lassen zum Lügener werden; sonst wollt ich wohl im Himmel blieben sein: aber nu hat er mir befohlen sein Wort, und mich gesandt, darümb so wird er sein Wort wohl schützen, und wird wohl also gehen, wie das Wort dräuet.

Sie vernahmen es aber nicht, daß er ihnen vom Vater sagete.

Sie waren toll und thöricht f), sie hören, daß er wahrhaftig der Sohn Gottes sei, dazu gesandt vom Vater als ein Mensch, daß er ihnen predigen soll; aber was er prediget und redet, namlich, daß der Sohn vom Vater gesandt sei, das haben sie nicht verstanden, es ist bei ihnen unvernehmlich, sie verachten es. So tröstet sich nu der Herr Christus, und Johannes der Evangelist auch, daß sie es nicht verstanden haben.

---

d) Proverb. 1. e) Der Gnaden-Zeit nimmet man wenig wahr. f) Das wirket die Wahrheit an ihnen. 2. Ko. 4. Akt. 7.

34) „nu" fehlt.

Also, wenn ich auch gleich predige und schreie, so muß ich auch also letzlich beschließen: Sie vernehmen es nicht, und fragen nichts darnach. Soll man aber drümb aufhören mit dem Predigen? Nein, laß sie hingehen, und sage: Werdet ihr Gott zum Lügner machen, und das Wort Gottes umbstoßen und Christum wegreißen, so will ich fröhlich mit ihme umbgestoßen werden, und mit hernacher fallen und verloren sein. Ich bin auf Christum getauft, und durch ihn zum Evangelio berufen: sind die Bischoffe nu so stark, daß sie Christum wegreißen, und er fallen müsse, so will ich mit Christo in Abgrund der Höllen gerne fallen, und mit ihme untergehen, und mag denn der Teufel auf Erden bleiben, wir wollen mit ihme gerne fahren, ob er auch gleich in die Hölle führe: aber fähret Christus gen Himmel, so wollen wir auch mit; und der Vater hats nicht gesaget g), daß er in Abgrund der Höllen solle fahren, sondern Christus spricht: Werdet ihr nicht gläuben, daß ich der Herr sei, so im Himmel sitzen werde, so werdet ihr alle sterben und fallen müssen. Da wollen wir sehen, ob sie ihn daselbst sollen umbstoßen; sondern er wird da wohl bleiben, denn der Vater ist wahrhaftig. Also sollen wir uns nicht dran ärgern und stoßen h), daß sie itz die Köpfe zusammen stecken, und die ganze Welt wider uns tobet: es schadet nicht; trotzet gegen einander, bis daß da komme das Gerichte: es gilt eine Kandel Biers, es soll geschehen, und den Christen das ewige Leben gegeben werden, wie denn der Vater ihn verheißen hat, und den Gottlosen der ewige Tod und Verdammniß zu Hause komme, wie ihnen ist gedräuet worden. Nu wollt die Welt dieß Wort gerne falsch machen, daß Christus also müßte zum Lügener werden; aber sie werdens nicht thun können. Das lasse man denn nur hingehen, wer es nicht will annehmen, der laß es. Es heißt: Sie vernahmen Nichts von dem Allem.

---

g) Psal. 110. Der Herr sprach zu meinem Herrn: Setze dich zu meiner Rechten ꝛc h) Trost wider der Welt Verfolgung.

i) Wir haben gehöret, wie der Herr zu den Jüden gesaget hat: Ich hab viel von euch zu reden und zu richten; aber der mich gesandt hat, der ist wahrhaftig. Und sie vernahmen es nicht, daß er ihnen von dem Vater saget. Und was dieser Text will, ist auch gehandelt worden, nämlich, daß er prophezeiet und greift hinein, daß er wolle das ganze Jüdenthum und den Gottesdienst zu Boden stoßen k), er hab viel zu richten, und werde viel müssen anders machen, ordnen und bestätigen. Das gilt dem ganzen Gottesdienst und Königreich der Jüden. Aber es ist ein groß Ding, daß eine einzele Person sich nicht entsetzen sollte, so große, treffliche Ding umbzuwerfen, welche so lange gestanden hatten, und von Gott selber eingesetzet waren, denn Moses hatte das priesterlich Ampt und das Reich aus Gottes Befehl eingesetzet. Aber Christus spricht hie: werden sie nicht an ihn gläuben, so wolle er mit Fäusten drein schlagen, und gar in die Stiefel hineinfahren, und Alles zu Boden stoßen. Denn das Urtheil muß gehen: Wer da nicht gläubet an mich, der ist verdammet und verloren, er sei so hoch als er immer wolle. Darümb lasset Mosen und die Propheten, und andere euer Lehrer und Meister fahren, sonst will ich gar mancherlei Urtheil uber euch geben lassen ꝛc. Nu, es ist ein groß Ding, dafür eine einzele Person billig ein Schrecken und Entsetzung haben sollte. Denn Christus tröstet sich damit und spricht l): Dennoch muß es wahr sein und geschehen, und ich muß diesen Lärmen und Zustörung anrichten, denn der Vater, der mich gesandt hat, [35]) ist wahrhaftig, mein Vater wird nicht lügen; denn was ich rede, das rede ich nicht von mir: der Vater hat mirs gesagt, darümb rede ich auch also. Dergleichen können wir eben auch sagen, wenn Alles will matt und verzagt werden, daß wir sagen: Es ist

---

i) Die 8. Predigt, am Sonnabend nach dem 29. Sonntage nach Trinitatis. k) Prophezei vom Untergang des Jüdenthums. l) Christi und aller Prediger Trost wider Aergerniß und Abfall.

35) † der.

Gottes Wort, es falle, was nicht stehen will, und fahre immer hin, was nicht bleiben will, da liegt alles nichts dran. Es ist ein groß Ding, daß umb des jungen Mannes willen dieß jüdisch Reich und[36]) der Gottesdienst, der so herrlich gestiftet und geordent war, solle zu Boden gehen. Sankt Paulus hat sich auch uber dem Untergang des jüdischen Volks hart bekümmert, und dennoch mußt er sagen, wie hie der Herr Christus saget: Das Wort ist wahr, oder es muß Alles zu Trümmern gehen; denn der mich gesandt hat, und mir befohlen zu predigen, wird nicht lügen.

Also gar zenket er sich in das Wort m), von dem großen Aergerniß und von dem Schrecken, ja, von der großen Veränderung des Reichs und des jüdischen Volks: Es ist seher erschrecklich, aber es gehet nicht anders zu; das ist kürzlich beschlossen: wird man nicht gläuben, so wird man verloren müssen sein; denn, spricht der Herr Christus, der, so mich gesandt hat, und von dem ichs gehört hab, der michs auch hat geheißen zu predigen, der leuget nicht. Also saget man itzt auch: Wenn der Papst fällt, so wird Deutschland untergehen, zu Trümmern und zu scheitern gehen; was kann ich dazu? Ich kann es nicht erhalten; weß ist die Schuld? Ei, sagen sie n), wäre der Luther nicht kommen und hätte nicht gepredigt, so stünde das Papstthum noch auf guten Beinen, und wäre guter Friede. Da kann ich nicht für. Zu Rom haben sie auch also gesagt: Dieweil S. Peter und Paul in diese Stadt kommen sind, so gehets alles zu scheitern; sonst, da wir zuvor die Abgötter anbeteten, da gings uns wohl. Dieß Geschrei gehet itzund noch also, daß man saget: Hätte man das Evangelium nicht gepredigt, so wäre es nie so gangen, sondern es wäre Alles fein friedlich blieben. Nein, Geselle, es soll noch besser werden, denn Christus spricht: Ich hab noch mehr zu reden und zu richten; die Ursach ist, daß

m) G. Worts Beweis. n) Weltgeschrei von unser Predigt.

36) oder.

ihr sollet diese Predigt gehen lassen, oder ihr sollet nicht einen Stecken behalten, es soll auch nicht ein Stein auf dem andern bleiben; und saget: Dieß Wort hab ich nicht erdichtet, es ist des Vaters Wort: wollt ihr nu nicht dran gläuben, und das Wort nicht leiden, sondern auf euerm Wesen bleiben, und dasselbige forttreiben, so schau ich zu, ob Gottes Wort werde untergehen, ob ihr oder Gott gewinnen werdet: ich muß es gleichwohl predigen und nicht stilleschweigen, und muß zu den Schranken laufen und treten, und euch beiden zusehen. Also liefen sie wider einander.

Da sprach Jesus zu ihnen: Wenn ihr des Menschen Sohn erhöhen werdet, denn werdet ihrs erkennen, daß ichs sei.

Diese Predigt ist dahin gericht, daß er zu ihnen saget: Werdet ihr an mich nicht gläuben, so werdet ihr untergehen und in Sünden sterben, das ist beschlossen; und das Urtheil will ich noch weiter ausstreichen, spricht er, und wills mit euch also machen und so viel handeln, daß ihr sehen sollt, daß ichs sei: ich will euch richten, und ein groß wahres Urtheil uber euch gesprochen haben. Aber ihr werdet mich nicht erkennen, ihr müsset mich denn zuvor erhöhen, das ist, an Galgen henken und mich kreuzigen o), das ist erhöhen: an das Kreuz werdet ihr mich schlagen, und ansehen, daß ich ein ander Mann sei, denn der itzt auf Erden gehet.

Das haben sie wohl verstanden, denn sonst hat der Herr droben auch gesagt p): Wenn ihr des Menschen Sohn erhöhen werdet, denn will ich Alle nach mir ziehen. Sie haben gehört, daß Christus ewig bleiben sollte, und doch in der Luft am Holz erwürget werden; und hie sagt er: Wenn des Menschen Sohn wird erhöhet werden, so werdet ihr erkennen, daß ichs sei. Das ist seltsam geredet; er dräuet ihnen, er wolle sie zureißen, und wo sie nicht an ihn gläuben, so würden sie in ihren Sünden sterben; aber nu

o) Christi eigene Prophezei von seiner Kreuzigung. p) Joh. 12.

saget er: Ihr werdet mich nicht erkennen, ich sei denn zuvor erhöhet, gestorben und untergangen; als sollt er sagen, er solle durch seinen Tod Alles uberwinden, nämlich, den Teufel, die Sünde und den Tod, auch alle Gerechtigkeit, Weisheit, Macht, alles Gutes schenken und geben, item, alles Böses auf Erden solle unter seine Füsse gethan sein, und er solle ein Herr drüber werden; und darümb könnte der Heilige Geist nicht gegeben werden, er hätte es denn an seinem Leibe uberwunden, und zuvor den Sieg ausgericht. Denn am Kreuz leget sich wider ihn die höheste Gewalt q), die größte Weisheit, Heiligkeit, Reichthum und Stärke, ja alles, was hoch war in der Welt; item, unser eigen Sünde, das Gesetz, der Tod, Teufel, Moses mit alle seinem Volk, es lehnet sich Alles auf und wider den Mann, alles Gute und Böse leget sich wider ihn, als, Sünde, Tod, Teufel und Hölle: und diese müssen zuvor in seinem Blut ersäuft, gefangen und uberwunden werden. Der Tod greif ihn an, die Sünde setzte ihm auch zu als dem ärgesten Ubelthäter auf Erden; aber der Tod konnte ihn nicht verschlingen, denn er stunde von den Todten wieder auf. Die Sünde ergreif ihn auch; aber sie konnte ihn nicht uberwinden. Also legten sich alle große Herrn und Prälaten wider ihn; aber sie konnten ihn nicht erhalten, er stund am dritten Tage von den Todten wieder auf. Darümb spricht der Herr Christus: Ihr gläubet itzt nicht, ich muß aber in Kürzen in mein Reich kommen, und zuvor in mein Regiment treten. Ich bin nur ein Prediger, ein einzeler Mann, und bin im Predigampt; aber wenn ich das gethan hab, daß ich von dem Predigampt komme, und von dem Dienst entbunden werde, so ich in diesem Fleisch und Blut hab ausrichten und führen müssen, so sollt ihr mich darnach hören vom Himmel herab, mit Wunderzeichen, mich sehen und erkennen, daß ich der Mann sei.

Es gehet sonst in der Welt also zu, daß wer das Kleine nicht mag und verachtets, dem wird das Große

---

q) Feinde Christi, da er am Kreuze hing.

auch nicht. Sie wollten an Christum nicht gläuben, daß er große Wunderzeichen thäte; das war ein Weisheit Gottes; so mußten sie an ihn gläuben, da er gekreuziget war r). Sie wollten nicht gläuben, da er in der höhesten Weisheit ihn fürgestellet ward; hernacher müssen sie ihn annehmen, da er in der höhesten Thorheit ihn fürgestellet ward. Gott wird gar närrisch, und spricht: Nu gläubet an ihn. Christus ließ sich erstlich sehen als ein Prediger, ging einfältig daher, und bewiese sich mit großen Mirakeln; aber sie wollten ihn nicht haben: darnach mußten sie an den gekreuzigten Christum gläuben.

Also wollten die Papisten Johannem Huß nicht; itzund hören sie etwas Anders s). Item, itzt wollen sie nicht leiden hundert Bücher, so wir schreiben, die voller Weisheit und Gottseligkeit sind; hernach werden sie gerne einen Bogen voll lesen wollen, oder daß sie ein Brieflin von unsern Schriften hätten, und werdens nicht bekommen. Darümb so spricht er: Es wird Nichts draus, dieweil ich hie bin; ich muß da hindurch, und Alles uberwinden, und ihrer aller Herr werden. Wenn ich durch den Tod in mein Reich kommen werde, so will ich mich merken lassen, daß ich ein Herr bin, und will den Heiligen Geist senden, und die Kirche stärken und Wunderzeichen thun; und denn solls dahin kommen, daß ich erkennet und geprediget werde in aller Welt. Das sollt ihr nicht hindern, und wo ihr nicht gläubet, daß ichs sei, so sollet ihr drüber zu scheitern gehen, und sterben in euern Sünden.

Er saget aber das nicht von seiner Menscheit, sondern er zeiget an, daß er auch wahrhaftiger Gott sei t); wie denn Johannes der Evangelist anzeiget und spricht: Sie haben ihn nicht verstanden, daß er vom Vater redet, das ist, daß er Gott wäre, und vom Vater gesandt sei 2c. Ich hab aber oft gesaget, wenn Christus spricht, sie können nicht leben, sondern müssen alle sterben, die an ihn nicht gläuben, daß

r) Herrlichkeit und Schwachheit Christi. s) Undank-Lohn. t) Gottheit Christi.

man darauf soll gute Achtung geben, denn es wird damit angezeiget, daß er Gott sei. Denn es wäre unmüglich, daß er nicht Gott sei, dieweil es das Werk ausweiset; das Werk preiset den Meister. Denn vom Tode erretten, das ist nicht ein Menschenwerk, noch einiges Engels Werk, oder irgends einer Kreatur Werk, sondern allein des Schöpfers u), der aus Nichts Alles machet, und aus dem Tode Leben machet, für die Sünde Gerechtigkeit, und aus der Hölle einen Himmel machet. Darümb, wenn er lehret, sie müssen an ihn gläuben, ihn annehmen, daß ers sei, wollen sie erhalten werden, oder alle sterben, so ist er gewiß Gott; sonst wäre es eine Lügen, und möchte es Moses auch wohl sagen: Ihr müsset gläuben, daß ichs sei, gläubet an mich, daß ichs bin, oder ihr werdet sterben. Aber Moses noch kein Prophet sagets, sondern Sankt Paulus spricht: Ich bin ein Apostel, und bin gesandt. Dagegen spricht Christus hie: Gläubet nicht allein, daß ich gesandt sei vom Vater, sondern ich bins auch selber. Beide Wort zeigens an: Ich bins selber; an den ihr gläuben sollet, oder werdet sterben, ich bin eine höher Person, bin etwas mehr, denn daß ich zu euch gesandt bin in menschlichem Fleische, da ihr mich hören und sehen könnet, sondern ich bin etwas mehr, nämlich auch Gott. Das will noch nicht eingehen, das werdet ihr noch nicht erkennen, bis ichs ausgericht hab, und bis ich den Heiligen Geist geben werde, ihr verstehets noch nicht, denn ich hab mein Reich noch nicht eingenommen.

Es ist aber so eine Predigt, die in keine Vernunft gehet v); der Heilige Geist muß kommen, und der muß sagen: Das ist Christus; denn der Heilige Geist zeuget von Christo, daß er ein wahrhaftiger Gott und natürlicher Mensch sei; und mussen es nicht alleine zeugen die Prediger, sondern er muß es auch in das Herz der Zuhörer schreiben. Denn so die Vernunft soll hinein gerathen, so spricht sie: Es ist Nichts, daß der, so von der Jungfrauen Maria ist geborn, sollt ein Gott sein, sondern er ist nur ein

u) G. Werk. v) Vernunft begreift diese Gottheit Christi nicht.

schlechter Mensch. Es ist ihr gar lächerlich. Wiewohl die Türken Christum gar hoch predigen, aber daß er Gott sei, das gläuben sie nicht. Die Papisten preisen ihn mit dem Munde auch wohl hoch, aber es ist Nichts. Denn diesen Artikel fasset Niemand, der da heißet: Werdet ihr nicht erkennen, das ichs sei ꝛc., es sei denn, Christus hab zuvor den Teufel, Tod, und der Welt Weisheit daniedergeschlagen, ausgerottet und gedämpft: und wo in einem Menschen nicht zuvor die weltliche Weisheit und Heiligkeit zu Boden gestürzet und untergedruckt ist, so vernimmet mans nicht, man erkennet ihn auch nicht. Christus hats einmal am Kreuz gethan, aber noch täglich läßt er durch den Heiligen Geist und das Wort die Vernunft daniederschlagen. Denn wenn ich ihme sonst nachdenke, und mit der Vernunft begreifen will, daß Gott aus einem Weib sei Mensch geborn, so werde ich balde zum Türken, verschwindet mir der Glaube w), und wird mir unter den Händen zu Wasser, denn ich gedenke, es sei nur ein Gott: wolle ich nu viel Götter machen, und solle Gott sterben, das schicke sich nicht.

Darümb so gehörts erstlich dazu, daß er erhöhet werde, dämpfe und schlage zu todt die Sünde, den Tod und Teufel, mit alle seiner Weisheit, und gebe uns den Heiligen Geist, der da machet, daß man gläube an das Wort, von den Aposteln geprediget: derselbige Heilige Geist richtet das aus, und sagets ihnen, daß man erfahre, daß ichs sei, das ist, es ist eine solche Lehre, die sich nicht läßt erdichten noch mit der Vernunft fassen; sonst hätten es die Römer und die Griechen auch funden, ja, die Papisten hätten es auch erfunden, aber sie sind dieser Lehre feind, und halten sie für ein Gespötte und Thorheit. Aber Christus spricht: Gott (der mich gesandt hat,) hat mir das Predigampt befohlen, und der bin ich selber; die Vernunft verstehets nicht, aber es gehöret der Heilige Geist dazu.

---

w) Der Glaube wird durch die Vernunft ausgelöschet.

Denn werdet ihr erkennen, daß ichs sei ꝛc.

Es ist ihnen schweer gewesen, zu gläuben, und noch erschrecklicher, zu gedenken, daß umb eines Menschen willen solle das jüdische Reich und der Gottesdienst untergehen und zu Grunde gestoßen werden. Sankt Paulus arbeitet hierinnen x), daß er schwitzet, in seinen Episteln, ehe er den Jüden das nimmt, denn sie hatten die Verheißung, daß sie Gottes Volk waren, und Kinder der Propheten, es war alles zumal[37]) Gottes, was sie nur hatten; und das soll man ihnen nu alles nehmen und zunichte machen, und sie Lügen strafen; aber dagegen predigen, daß das Evangelium alleine wahrhaftig sei. Da sind ihr Wenig gewesen, die es gegläubt haben, sondern gesaget y): Jesus hin, Apostel her! Lieber ja, ihr seid dennoch Heiden, wir aber sind Gottes Volk, und haben den Gottesdienst; ihr habt Abgötter, wir haben den rechten Gottesdienst; ihr habt Sekten und die Poeten, aber wir haben die Propheten, Mosen, den Tempel, die heilige Stadt Jerusalem, das heilige Land, und sind Gottes Volk, Abrahams Geblüte ꝛc. Meinst du, daß unser Herr Gott das Reich werde umbstoßen, und euch Heiden herfürziehen, oder die Apostel und euch losen Fischer herfürziehen? Ihr wollet Alles sein, und wir sollen Nichts sein: darauf redet er auch. Es ist nicht gläublich und zu vermuthen, daß solch Ding sollte Gottes Wort sein, oder von Gott geschehen.

Also thut auch der Papst, und der von Mainz itzt z): Sollten wir uns also hinein begeben, und alle ihr Ding lassen recht sein? Wir sitzen an Gottes Statt, in der Apostel Stühle, haben die Taufe, Meß, die Väter, Koncilia, Gewalt der Schlüssel, die Lehrer der Kirchen: Du Narr, (sagen sie,) meinst du, daß dieß alles müsse zu scheitern gehen, und dieß ist von geringen Personen, von losen Fischern angefangen, und denen solle man gläuben? Da stehen

x) S. Pauli Arbeit und Angst uber der Jüden Untergang. y) Der Jüden Schutzrede für ihren Gottesdienst. z) Des Papsts Schutz für seinen Gottesdienst.

37) war allzumal.

die Papisten wahrlich auf, und verlassen sich drauf, wie ein Bock auf seine Hörner; da verlassen sie sich auf, und sagen: Ecclesia, ecclesia dixit; wer will das zureißen? es ist unmüglich, daß Jemand dieß solle zureißen. Aber die Jüden stunden hie viel fester drauf, und waren viel böser. Er sprach, er wolle sie zureißen, richten und verdammen; so sprechen sie: Laß uns unzurissen und unverdammet, denn wir sind Gottes Volk, Abrahams Samen, und wir haben die Propheten und die heilige Schrift. Also auch, wenn wir sagen: Ihr Päpste, Bischoffe, sehet euch für; ist euer Evangelium nicht recht, so werdet ihr zerstreuet und zerrissen werden. Ja, spricht er, schone doch, wir sind Papst, Bischoff, haben der Apostel Ampt, und sind die christliche Kirche. Laß hergehen, wenn sie uns denn geköpft haben und unser Blut vergossen, denn sollen sie sehen, daß es wahr und Gottes Wort ist gewesen, was wir gesagt haben; wie denn die Jüden es auch gesehen haben, daß es wahr gewesen sei, da Christus ist gekreuziget gewesen, denn er spricht: Denn werdet ihrs erfahren. Itzund meinet ihr, als rede ichs aus meinem Kopfe, und sehet mich an als einen Menschen, der es euch zu Verdrieß also halte und rede. Aber wenn der Heilige Geist kommen wird, und ihr in der Aschen liegen werdet, so werdet ihr sagen: Wir hieltens dafür, als wäre es ein Traum gewesen; aber itzund siehet und greift man es, daß es nicht erdicht noch erlogen sei, sondern es ist Gottes Wort gewesen, und wie er gesaget hat, also gehets.

Das ist nu unser Trost a); wir sprechen auch, im Namen Gottes: Wer es nicht gläuben will, der laß es, wer da folget, der folge, ich bin entschüldiget: wenn da kömmet, wie wir itzt gepredigt haben, so gedenket denn an uns, daß wir wahr haben gesagt. Wird der Papst das göttliche Wort und die Kirche zu Grunde drucken, so hats Gott nicht geredet, und wir haben gelogen. So aber das Evangelium wahr ist, und Gott hat durch uns geredet,

---

a) Unser Trost wider des Papsts Trotz

so soll es geschehen, daß sie es erfahren sollen. Darumb so sollen wir zufrieden sein, denn es ist kein Zweifel dran, dieser zweier eins mussen sie versuchen, daß entweder wahr werden wird, was wir gesagt haben, und daß Gottes Wort, so wir gepredigt haben, ewig bleibet, oder wir werden lugen: sie mussen untergehen, oder wir werden Lügener sein; und nach unserm Tode wird man also singen: Nu erkennen wir, daß es nicht ist ein Menschenwort gewesen, sondern Gottes Wort, und daß es Gott hat gesaget. Denn ich thue Nichts von mir, saget auch der Herr Christus hie, sondern wie mich der Vater gelehret hat; spricht: Ihr werdets erfahren, daß ichs von mir selber nicht geredet hab. Wohlan, da mussen wirs auch bei bleiben lassen, weiter kann mans nicht bringen, man hats gnug versucht, und es ist ihnen so viel geschrieben und geprediget, es ist nichts nachgelassen mit Flehen und Bitten; so ist auch darob so viel Bluts vergossen, und unser Lehre mit[38]) vielem Leiden bestätiget: aber sie wollen nicht ehe aufhoren, noch es glauben, bis sie es erfahren. Nu sollen sie es auch zuletzt erfahren, daß ich das Werk für mich nicht thue. Das ists, daß er saget: Ihr werdets sehen.

Es ist eine hoffärtige, stolze und hochmüthige Predigt, daß Christus sich herfurthut und saget b), er sei es; und wo Jemand nicht gläubet, daß ers sei, so solle Alles verloren sein, unangesehen, ob es gleich von Gott gestift ist. Denn Gott will mich[39]), Christum, alleine haben, an den man glauben soll; darumb trotzet nur nicht, es wirds nicht thun. Also ist es itzt auch stolz gepredigt, daß ein Christ alleine muß glauben an Christum, will er selig werden, und wir auftreten und sagen zum Papst, Bischoffen und Fursten: Glaubet an die Predigt des Evangelii, oder ihr seid ewiglich verloren, und sollet alle zu Boden gehen. Es ist stolz gepredigt, daß ich sage: Wo du Konig zu Böhmen, oder Konig zu Frankreich

b) Stolze Predigt Christi.

38) † so. 39) „mich" fehlt.

nicht gläubest, daß ichs sei, so sei so steif und stolz als du wollest, so verdamme ich dich, und du sollt es erfahren, daß dieß Wort wahrhaftig sei, und sollest drüber verlieren alles, was du hast. Es heißet, daß du entweder mit Gutem gläubest, da es dir denn der Heilige Geist saget, und es dich lehret; oder daß du es mit Bösem erfahren und Alles verlieren müssest.

Und liegt unserm Herr Gott nichts dran, daß du sagest c), du sitzest in der Apostel Stühle, und seiest in der christlichen Kirchen; sondern daran liegts ihme, daß man den Sohn höre und an ihn gläube, wie im andern Psalm stehet. Denn, werden sie den Sohn nicht ehren und an ihn gläuben, dieweil er redet das von Gott befohlen und geboten ist, so wird er sie einmal also grüßen, daß sie werden sagen: Wir hättens nicht gemeinet, daß es wahr wäre. Er wird sie in seinem Zorn mit einem eisern Scepter wie Töpfe zuschmeißen. Denn es ist ihme ein Geringes, daß einer ein Fürste, Kaiser, König, Papst oder Bischoff ist. Werden[40]) sie Christo nicht gläuben, so will er den Papst und die Bischoffe zerreißen.

Gott helfe uns, daß wir gewiß mögen sein, daß es die Wahrheit ist, wenn es zum Treffen kommen wird, da es nicht anders sein kann, daß da das Deutschland wird in einander fallen, wie Jerusalem, daß wir denn feste halten durch den Heiligen Geist, welchen er uns auch geben wird, wie er ihn den Aposteln verliehen hat, da Jerusalem ist gefallen und zerstöret worden. Aber unsere Deutschen wollen itzt nicht hören. Werden aber die Päpste, Bischoffe, Fürsten und Kaiser einmal auf das Maul geklopft werden, (wie es denn Jerusalem auch also ergangen ist,) daß sie dran gedenken und sagen: Es ist uns zuvor gnugsam gesagt. Denn Gott wills also beschlossen haben: entweder den Sohn geliebet und an ihn gegläubet, oder in Sünden gestorben und ver-

c) Vergebliche Theidung.

40) Wenn.

dorben. Also müssen wir nu deß auch gewiß sein, und sagen: Ich hab das von mir selber nicht geredet, gedräuet noch gethan, sondern ich habs vom Vater gehöret. Wird nu ein Krieg, ein Zerstörung und Verwüstung und Unrath draus, so ists ihr eigen Schuld, denn wir habens ihnen zuvor gesagt, sie sollen an den Sohn gläuben, und sein Wort annehmen, oder umbkommen. Aber darnach sagen sie, die Schuld sei unser und des Evangelii, und legen also die Schuld auf uns. Also legtens die Jüden auch auf die Aposteln. Aber sie werdens einmal erfahren, das wir ihnen zuvor gesagt haben, und gesprochen d): Ehret den Sohn, lasset sein Evangelium euch predigen, und verlasset euch nicht auf euer gute Werk, oder ihr müsset zu scheitern gehen.

Ob es nu wohl ein schweer Aergerniß ist, daß umb des Evangelii willen so ein Lärmen soll angehen und werden; wie soll man ihme thun? Es hat Paulo und dem Herrn Christo auch wehe gethan, daß er drüber weinete, da er Jerusalem ansahe e); aber er spricht: Die Schuld ist nicht mein, sondern dein, du hast die Zeit deiner Heimsuchung nicht wollen erkennen. Ja, sagen sie, wenn Christus nicht kommen wäre, und nicht also gepredigt hätte, so wäre Jerusalem nicht zerstöret worden. Das weiß ich wohl. Also spricht man itzund auch, wenn ich nicht gelehret hätte, so bliebe die Plage außen. Item, wenn du lehretest, wie der Papst wollte, so schwiege der Teufel stille, tobet und wüthete nicht also: es würde aber der Glaube verloren; denn möchtest du Friede haben, und der Teufel lachen, wenn du predigtest, was der Papst gerne höret.

Aber Christus will also gepredigt sein, daß man an ihn gläube. Wenn man denn also lehret, so kömmet Blutvergießen und Mord. Saget man denn: Was gehets dich an? und man will, ich solle stille schweigen; so sage: Das will ich lassen; wir predigen dir von Gottes Gnade und Wohlthaten, so willt

---

d) Psal. 2. e) Christi und S. Pauli Bekümmerniß uber diesen Aergerniß. Luc. 19.

du unsers Herrn Gotts Wort nicht haben, und widerstrebest ihme: so schlägt dich unser Herr Gott auf den Kopf, das hast du wohl verdienet. Die Jüden und Römer haben die Strafe wohl verdienet; es ist noch Keiner blieben, sie sind Alle geschlagen worden, die diesen Sohn verdammet haben. Denn Gott will an Christum gegläubet haben, das ist sein Befehl; darnach mögen wir uns richten, daß, was Christus schaffet und lehret, daß man sich darnach halte und richte, oder gläuben wir nicht an ihn, so müssen wirs erfahren und darüber zu Boden gehen.

f) Mit diesem Text, daß der Herr Christus zu den Jüden gesaget hat: Wenn ihr des Menschen Sohn erhöhen werdet, denn werdet ihr erkennen, daß ichs sei, will der Herr so viel anzeigen, es werde Nichts draus, weil er da leiblich predige, und da für den Augen und Nasen stehe und gehe; sondern es muß dahin kommen, daß er zuvor gekreuziget werde, denn werde man erkennen, wer er sei, ob sie sich gleich drüber zureißen würden. Es gehet aber in der Welt nicht anders zu: wenn das Gute da ist, so achtet man es nicht; wenn es aber weg ist, so suchet mans, minuit praesentia famam, et vilescunt quotidiana. Also saget Christus auch: Ich sehe, daß meine Predigt nichtes gilt, dieweil ich lebe, ich richte Nichts aus; darümb ists das Beste, daß ich gekreuziget werde. Wenn ich nu hinweg bin, denn werdet ihr mich suchen, und alsdenn sollet ihr erfahren, daß Nichts von mir geschehen sei, sondern ich predige, wie mir der Vater befohlen und mich gelehret hat, denn der mich gesandt hat, ist mit mir.

Nach der Vernunft ist es wahr, daß Gott der größte Narr aller Narren ist g), daß er seine Sache mit dem Wort und mit der Predigt anrichtet, und unterstehet sich, die Leute zu führen mit der Predigt; denn die Vernunft legt sich strackes wider das Wort und die Predigt. Wenn sie es doch fühleten, so

f) Die 9. Predigt, am Sonnabend nach dem 24. Sonntage Trinit.

g) Christus muß ein Narr aller Narren sein.

würden sie anders; wenn er doch drein schlüge, wie die Welt thut. Aber weil die Faust nicht da ist, so wird die Zunge Nichts ausrichten. Nu spotten sie sein noch dazu, dieweil ers mit der Zungen thun will; darümb geschieht ihme auch recht: die Welt schmeißet flugs mit Fäusten drein, und steiget mit Füssen drein. Nu will Christus die Menschen fromm machen, prediget trefflich, und befleißiget sich mit der Zungen, aber er richtet Nichts aus; und es geschieht ihme auch recht, warümb greift ers nicht anders an? Wenn ich unser Herr Gott wäre, so thät ichs mit der Faust, ich wollt ihme den Rath geben, daß er mit der Hand drein schmisse; wiewohl ers zuweilen auch thut, sonderlich bei den Tyrannen. Man muß ihn nicht lehren oder meistern, sondern itzt hat er Christum gesandt, und will, daß er predige, warne, und ihnen sage, was man thun oder lassen solle; wo nicht, so will er wohl Rath finden. Ja, er ist klüger, denn ich. Wenn ich sonst gegenwärtig und sein Rathgeber wäre gewesen, so hätte ich mit der Gewalt und Faust dran gewischt, und hätte gesaget: Was ists nütze, daß du predigest? Je mehr du sagest, je weniger geschieht; lachen und spotten sie doch nur dein dazu. Wenn du aber mit der Faust drein schlügest, so würden sie es fühlen.

Aber er folget dem Rath nicht, und spricht: Ich will wohl mit der Faust drein greifen, es soll ungescherzt sein: ich kann nicht thun, wie die tolle Vernunft thut, die flugs drein schmeißet, ich will sie nicht uberrumpeln oder ubereilen; sondern er prediget ihnen, warnet sie, und läßts ihnen zuvor sagen h). Er weiß wohl, daß er eine starke, schwere Hand hat, und sein Arm ein solche Kraft und Gewalt hab, daß er balde ein Reich hingeworfen hat; darümb will er seiner Gewalt nicht gebrauchen, sondern er prediget erst und spricht: Bekehret euch, höret mich. Aber wenn er redet und es gehet uns nicht ein, seine Zunge und Wort wird veracht, wie es denn die

h) Die Langmüthigkeit Gottes regieret durch das Wort und nicht mit der Faust.

Vernunft alles verachtet, denn hat er zweierlei Recht darnach, uns zu strafen, eins, daß er mit der Faust zuschlägt, das ander, daß er uns mit dem Wort zuvor gewarnet hat, und wir habens nicht für Ernst gehalten.

Das ist nu eins, darümb er seine Predigt so hoch aufmutzet; aber es hilft nicht, bis daß der Herr Christus ist gekreuziget worden i), denn liegen die Jüden gar uber einem Haufen. Also wissen wir auch, daß Christus werde drein schlagen, Papst und Bischoffe uber einen Haufen werfen: aber dieweil wir itzt predigen, so ists lächerlich. Wenn wir sagen: Du bist geizig, unkeusch; ei, welch ein lächerlich Ding ists doch. Die Wort thun mir Nichts, sprechen sie; das macht, ich sehe nicht die Faust oder einen Donnerschlag, sondern höre allein die schlechten Wort, die thun mir lange Nichts. Aber Gott läßt zuvor die Wort vorhergehen, darnach so spricht er auch: Denn werdet ihr erkennen, daß ich Nichts von mir selber thue ꝛc. k)

Das ist das Ander, das er saget: Ihr werdets erfahren, daß nicht ich, sondern Gott Solches hat gepredigt und gethan, und daß die Strafe endliche werde kommen, und nicht außen bleiben; tröstet sich selber dieser Rede, dieweil er siehet, daß mans veracht, und die Welt spricht: O hätte ich so lange Geld zu zählen, ehe denn die Strafe käme; daß einer wohl möchte unlustig werden, und sagen, wer Solches höret: Nu predige dir der Teufel; wenn ihr diese große Sachen wollet also verachten, so mag euch Gott auch strafen und hinwegwerfen. Es thut wehe, wenn sie so sicher sind, und meinen, sie haben Ursach und Argumenta für sich, daß sie feste sitzen, und einer gedenken mag: Vielleicht ist meine Predigt gar verloren. Da muß einer sich trösten und sagen: Wenngleich die ganze Welt nicht gläubet, und noch so feste und gewiß säße, was gilts, sitzet feste, haltet feste, so wirds doch noch also gehen. Gehets nicht also, so will ich gerne

i) Rede Gottes. k) That Gottes.

ein Lügener sein und gestrafet werden; aber du wirst sehen, daß es noch wird also gehen.

Darümb so ist an der Predigt viel gelegen l). Die Welt verachtets wohl, und saget von der Predigt: Es ist umb das Urtheil zu thun, und hat der Predigt allezeit widerstanden. Aber er hat itzt kein Schwert noch Faustgewalt; darümb so tröstet er sich und spricht: Daß ich so predige, schaffe, mache, rede und thue, das thue ich von des Vaters wegen, der es mir befohlen hat, der wird mich nicht lassen; denn sonst weiß Niemand, worümb ers also saget. Es läßt sich ansehen, als wärens gar kalte Wort, aber das saget er darümb, daß er sich tröstet und stärket: es muß dennoch also geschehen, er siehet weiter denn wir, und wir müssen ihm nachfolgen, was er für objecta und circumstantias hab, und warümb ers also rede, nämlich, wider das jüdische Volk, das doch mit dem Königreich und Priesterthum also gefasset war, daß man nicht durfte dawider mucken. Trotz, daß du hättest gesaget: Dieß Königreich oder Priesterthum ist des Teufels; gleich als wenn einer heute zu Tage predigte und sagete, daß die christliche Kirche müsse zu scheitern gehen, so trüge ich selber Schwert, Holz, Stroh und Feuer zu, und verbrennete einen Solchen, ich brächte selber einen Solchen umb, und heiligete mich in seinem Blut. Item, wenn einer spräche: Die christliche Kirche ist Nichts, sie gehet unter; so ist mir das dagegen eingebildet, daß sie müsse bleiben und nicht fallen. So nu einer sagete, die Kirche irret und müsse untergehen, und ich weiß das Widerspiel, so nehme ich das Schwert aus der Scheide, und den Pfeil aus dem Köcher, schlage und schieße ihn todt; da hab ich meine Hände geweihet in dieses Schalks Blute.

Also schweer ists da auch gewesen m), daß der Mann, Christus, soll sagen: Ihr Jüden müsset mich anbeten, und werdet ihr mich nicht hören, so werdet ihr untergehen. Das war den Jüden eine

l) Christi Fürhaben. m) Verwaltung der Kirchämpter.

unträgliche, unleidliche Predigt, daß ihr Priesterthum, von Gott gestiftet, und ihr Reich, von Gott geordent, sollte zu Boden gehen umb des Manns willen, daß sie den nicht angebetet haben. Darümb spricht er: Ihr müssets alles dahin richten, und entweder mich hören, oder müsset zu scheitern gehen. Sie gedachten: Das Lied ist zu hoch angefangen, er wirds nicht hinaussingen. Darauf spricht er: Der beider eins muß geschehen: entweder ihr müsset mich hören, oder müsset zu Grunde gehen; und ihr sollets erfahren, daß Gott Solchs redet.

Nu rühmet er seine Predigt n), daß sie recht sei, und unserm Herrn Gott gefalle, spricht: Ihr werdet erkennen und erfahren, wenn ich gekreuziget werde, und von den Todten wieder auferstehe, denn will ich euch lehren, daß meine Wort und Predigt die rechte Wahrheit sei. Itzt gläubet ihrs nicht, aber ich wills euch hernacher lehren mit der Faust, ich thue Nichts von mir, und ich weiß wohl, daß diese Predigt nicht unrecht ist: es sei gleich auf Erden dawider das Königreich, Priesterthum, oder was es sonst sein wolle, so ist doch meine Rede und Predigt recht, und gefället Gott wohl. Daher trotzet er also auf seinen Vater, und spricht: Ich sage euch, werdet ihr nicht an mich gläuben, so werdet ihr alle umbkommen. Das rede ich nicht von mir selber, ich habs auch [41]) aus meinem Herzen nicht erdacht; sondern der Vater sagets, er hat michs gelehret und befohlen, daß ich also reden soll, und der, so mich gesandt hat, ist mit mir, und nicht mit euch: darümb so sehet euch für.

Das ist stark geprediget, und es ist dazumal den Leuten gar seher zu Herzen gangen. Wir sehens itzt nicht, wie es damals gestanden ist, es dünket uns itzt ein kalt Ding sein; darümb so geben uns die Wort nicht also zu Herzen, daß er saget: Mein Wort ist von Gott, und ich predige, wie er mich gelehret hat. Wenn ich also hätte geredet, so

---

n) Ruhm Christi von seiner Predigt.

41) „auch“ fehlt.

hätte ich tausend Hälse verlieren müssen; dennoch muß es einer sagen. Also gehets itzt bei uns auch zu. Es kann einem ein Rad abjagen vom Wagen und einen erschrecken, daß der Papst und die Seinen sich rühmen o), sie sind die christliche Kirche. Das Wort sancta ecclesia schrecket einen, da stehen sie auf, sagen: Predige und thue, was du willt, und wie du kannt, so ist dennoch hie ecclesia christiana. Hie ist das Schiff S. Petri, das mag wohl wanken auf dem Meer, aber es soll nicht untergehen und ersaufen: wir sind das rechte Volk Gottes, die christliche Kirche, was willt du machen? Wer dawider prediget, der ist des Teufels. Was sollte ich da thun? und weß sollte ich mich trösten? Wenn man mir also unter die Augen stieße, und für die Nasen hielte den herrlichen Namen der christlichen Kirchen, da bleibe ich selber nicht. Ehe ich wollte erzürnen die christliche Kirche, und ein Wort wider sie sagen, ich wollte ehe zehen Hälse drüber verlieren, und zehenmal todt sein.

Dennoch muß ichs thun, wie hie der Herr Christus auch thut p), und prediget wider die, so den Namen tragen, daß sie Gottes Reich und Gottes Priesterthum hätten; und muß ein groß Werk hie auf sich laden, daß er wider die predigen muß, die sich rühmeten, daß sie Gottes Volk wären, und spricht kurzümb: Entweder ihr Jüden sollt mein Wort hören, oder ihr seid nicht Gottes Volk, denn Gott hat sein Volk nicht also gestiftet, als ihr meinet, daß die alle müßten sein Volk sein, die das Königreich und Priesterthum hätten; sind doch nicht Alle Abrahams Same, die von Abraham geboren sind. Ihr habt wohl ein Königreich und Priesterthum, das von Gott geordent und gestiftet ist; aber doch seid ihr drümb nicht alle Gottes Kinder. Gott hat geschaffen einen Apfel, die Elbe, item, einen Baum, es sind auch alles Kreaturen; aber drümb können sie nicht gen Himmel fahren und selig werden. Und ob

---

o) Papsts Ruhm. p) Wider des Papsts und Jüden Ruhm muß man stark predigen.

ihr auch gleich das Priesterthum, das Gesetze, das weltliche und geistliche Reich habet, so seid ihr doch derhalben nicht Gottes Volk. Ihr seid wohl das Volk Gottes, aber äußerlich; gleichwie die Elbe und das Erdreich unsers Herrn Gotts Kreatur ist, also seid ihr auch sein Volk. Ihr seid das leibliche Königreich und Volk Gottes, aber wenn ihr mich nicht hören wollt, so soll Königreich und Priesterthum zu scheitern gehen, und will alleine diejenigen haben und erhalten, die mein Wort hören.

Also sagt man wider uns auch: Die christliche Kirche ist unter dem Papstthum, und das Volk Gottes und der Papst sitzet drinnen. Aber nein, spricht Christus, meine Rede soll gehen, und ihr sollet mir gehorsam sein, und mich alleine hören, und sollet ihr unsinnig, toll und thöricht drüber werden. Ja, ihr sitzet im Regiment, habt ein Königreich und Priesterthum, und ein Ampt, und seid die Kirche, wie es die Jüden waren: aber also solls gehen, daß, wo diese Lehre von Christo nicht ist, noch angenommen wird, da ist nicht das Volk Gottes. Ich muß ihnen den Ruhm lassen, und ich will ihnen denselbigen nicht nehmen. Sie haben die Taufe, das Sakrament, den Namen der christlichen Kirchen, das Vater Unser, Glauben, das Evangelium, item Gott, Christum und die heilige Schrift, und haben Alles mit uns, sitzen im Ampt drinnen; wie Christus die Leviten nicht herabstoßen konnte. Aber da scheide ichs gleichwohl q), und mit dem stoße ich sie herab, und fahre hindurch, daß Christus saget: Entweder das Priesterthum verloren, oder dem Evangelio gegläubet, und ihme gehorchet. Also sage man auch zum Papst und seinen Bischoffen, die da sprechen: Wir sind Gottes Volk. Sprich du: Da frage ich nichts nach. Ihr sollet dem Evangelio gehorchen, wo nicht, so gehet zu scheitern. Ihr möget dem Evangelio gehorchen, oder sollet alle verloren sein, Platten und Pfaffen; wie es hie den Jüden auch ergangen ist. Das ist die Meinung davon: Ihr

q) Falsche und rechte Kirche zu unterscheiden.

Päpste, Bischoff und Pfaffen, wollet ihr die christliche Kirche sein und bleiben? so höret das Evangelium. Also muß er mit ihnen reden.

Ich rede Nichts von mir r). Ich habs nicht erdichtet, daß ich also rede: Ihr sollet an mich gläuben, oder alle euer Ding wird zu scheitern gehen. Diese Lehre ist euch lächerlich, ihr werdet mich kreuzigen: aber thuts nur, dennoch wollen wir mit einander reden. Ihr werdets innen werden, daß ichs nicht geredet hab, sondern der, so mich gesandt hat. Also tröstet er sich selber, auf daß er sicher und gewiß sei, daß sein Wort unsers Herrn Gottes Wort sei; wiewohl es ein groß Ding ist, daß Christus weinet uber Jerusalem, und bekümmert sich seher drüber, daß es soll untergehen: also ists auch ein groß Ding, daß wir uns unterstehen zu predigen, daß der Papst und Bischoffe sollen das göttliche Wort behalten, oder sie werden alle umbkommen und zu scheitern gehen. Das ist ihnen lächerlich, und lautet als eitel Ketzerei, und muß wider die christliche Kirche geprediget heißen. Aber wenn ihr eins soll untergehen, so ists besser, sie gehen unter, denn daß unsere Predigt und Wort untergehe; denn wir sind gewiß, daß wir predigen, wie sein Wort lehret, und wie sein Wort lautet.

Zum Andern, so ist er auch selber da. Ich weiß, daß es nicht allein sein Wort ist, was ich rede, und daß es die Wahrheit ist, daß ihr zu scheitern werdet gehen; sondern er wird auch nachdrucken. Ich weiß, daß auf das Wort soll die Faust folgen, daß es so gehen muß, wie ich predige, daß ihr sollet untergehen; denn er ist dabei und hilft, daß es also muß gehen, wie ich predige. Das Werk folget auf die Wort: wie Gott dräuet, also geschiehts. Die Welt meinet wohl, ich werde untergehen, aber ich soll bleiben; und sie wollen bleiben, aber sie mussen untergehen.

Also ists von Anfang gangen. Das Wort Gottes greift nicht an Pfifferling, Schwämmlin oder Wasserblasen, sondern s) die Königreich, große Kö-

r) Predigampt. s) Gottes Wort greift die höheste Gewalt auf Erden an.

nige und Völker auf Erden, wie der ander Psalm saget. Denn was groß und mächtig auf Erden ist, das legt sich wider den [42]) Christum; darümb so greift sein Wort auch nicht geringe Ding an. Aber es ist zumal eine lächerige, elende Predigt, daß sie sich soll legen wider alle Gewalt, Weisheit und Heiligkeit, Fürstenthum, Kaiserthum und Priesterthum, die will es haben: das Evangelium hat zu thun mit dem Kaiserthum zu Assyrien, Babylon. Durch Jeremiam ging Babylon unter; hernacher ward Rom zerstöret durch S. Pauli Predigt; durch den Herrn Christum ging Jerusalem unter; itzt gehet der Papst auch hernacher, wenn wir predigen: das Evangelium nimmet Viel auf einen Bissen. Aber das ist lächerig und seltsam, daß es allein mit Worten angreift; es wird verlachet, daß er saget: Werdet ihr mich erhöhen, so werdet ihr erkennen, daß ichs sei. Wenn sie lange pochen und trotzen, so gehen sie doch unter.

Aber wir müssen den Trost haben, wenn schon Kaiser, König, Fürsten, Papst und Bischoffe in einen Haufen fallen, und liegen uber einander die Königreich, daß wir nicht erschrecken. Wenn sie sagen: Was ist Guts draus kommen? so sprich du t): Das, daß Babylon, Jerusalem, Rom, Deutschland und das Papstthum uber einen Haufen fället, das ist gut; denn sie wollten das Evangelium nicht haben, und ihme nicht gläuben, so saget er: Werdet ihr an mich nicht gläuben, so gehet unter. Daß sie nu schreien, da liegt nichts dran. Die Jüden schrien uber die Aposteln; die Römer schrien uber die Christen. S. Augustinus, im Buch de civitate Dei, hat gnug dawider zu schreiben und zu schaffen, daß Christus unter den Jüden geborn war, und nicht unter den Heiden, und klagten die Römer, nachdem das Evangelium zu Rom durch S. Paulum und Petrum wäre geprediget, und Christen gemacht worden, daß es nu mit ihnen ärger stunde, denn zuvor, da sie Heiden und Abgöttische waren. Da antwortet er

t) Was Guts aus dem Evangelio kommen sei.

42) „den" fehlt.

drauf, daß es nicht des Evangelii Schuld wäre, sondern ihre Schuld, daß sie nicht wollten das Evangelium annehmen. Darümb laß sie schreien, wie sie wollen, es ist ihnen gesagt. Vorhin, da sie das Wort hatten, wollten sie es nicht gläuben; aber so gläube alsdenn, wenn Christus gekreuziget und erhöhet ist, und wenn die Stein uber einen Haufen liegen. Die Römer wollten auch nicht gläuben, dieweil die Aposteln gegenwärtig waren; aber sie mußten darnach gläuben u), da Rom uber einen Haufen lag, und durch die Gothen und Wenden verstöret ward. Nu, Gott hats gepredigет, aber sie fragten nichts darnach. Also gläubt itzt Kaiser, König und Papst auch nicht, bis sie uber einem Haufen liegen; und es schadet nicht, obgleich kommen Krieg, Aufruhr, und daß es Alles in Haufen fället: warümb gläubet ihr nicht an mich? darümb gehet zu scheitern. Papst, Kaiser, laß dir sagen, wo nicht, so wirst du untergehen; und ob wir schon auch mit gehen, wie denn Christus gekreuziget ist worden und erhöhet; item, man verjaget die frommen Prediger, und man vergeußt unschüldig Blut, verbrennet die Christen: es schadet nicht, das heißet alles, erhöhet; darnach sollen sie es wohl erfahren.

Das ist nu das man wohl lernen soll. Ich lerne selber auch dran, was ich euch lehre. Wenn wir dahin könnten kommen, daß wir an dem Artikel nicht zweifelten, daß Christus unser Heiland sei, und von Gott gesandt, und unser Gerechtigkeit wäre, und ließen das gewiß sein, und sähen nicht weiter in den Unfall, denn aufs Wort Gottes; so könnte man denn immerdar sagen: Es ist Gottes Wort, das hab ich gepredigет, deß tröste ich mich. Ich habe gelehret Vergebung der Sünde, und gerathen zu Friede, Liebe und Einigkeit; geschicht nu darüber ein Schade, so sei es euer Schuld und nicht der Lehre. Aber sie werden schreien v): Vorhin hatten wir gute Zeit, ehe diese Predigt kam; wie die Jüden auch klagten und schrien uber des Propheten Jeremiä Predigt, und die Jüden sonst schrien: O wäre das Evangelium

---

u) Verächter Lohn. v) Der Welt Klage.

und Christus nicht kommen, so stünde Jerusalem noch. Und das wäre gewißlich wahr; wäre Christus nicht kommen, so stünde es noch. Also wäre Petrus und Paulus nicht kommen, so stünde Rom auch noch wohl; aber weil sie kommen sind, so fallen die Reich also in einander. Aber Christus spricht: Der Vater ist bei mir, und nicht: bei euch. Wir haben euch zwar gepredigt, was euch nu für Unglück widerfähret, das gebet ihr alles dem Evangelio Schuld, ihr legets dem Evangelio auf den Hals; aber es ist euer Schuld, denn ihr wollet das Evangelium nicht haben, kreuziget und erhöhet mich, und verfolget mich drüber. Itzt entschüldiget ihr euch, als wäret ihr unschüldig, sprechet: Ja, wenn das Evangelium nicht wäre gewesen; und ist Alles des Evangelii Schuld. Ei Lieber, wenn Christus nicht auch die Gewissen regieren sollt, so hättet ihr auch gut regieren: er sollte die arme Gewissen nicht trösten, ihr wolltet sie alleine verdammen und erhungern, ihr wolltet alleine Gott dienen, und den rechten Gottesdienst erhalten, vertheidigen, schützen und beschirmen; wenn er nu auch regieren will, so wollt ihrs nicht leiden. So habet nu auch das zu Lohn, schreiet, schreiet, so reißet er euch gleichwohl dahin. Und wir sagen itzt auch zu den Papisten: Gott lässet euch schreien, und reißet euch gleichwohl umb. Es wird euch gehen, wie es den Jüden gangen ist. Er ließ die Jüden, Rom und Babylon auch schreien; aber er riß sie dennoch umb. Der Vater ist mit mir, er wird nicht lügen, er wird mir beistehen.

Summa, es sind eitel Trostsprüche und Trostreden w), damit er sich und die Seinen tröstet. Es erbarmet ihn, daß ein solch herrlich Volk solle untergehen, und spricht: Potz Mores, was hab ich gepredigt! dieß Volk, Königreich und Priesterthum gehet unter: das ist ein groß Aergerniß; aber ich muß einen Unterscheid machen. Ich weiß, alles was ich thue, das gefället Gott wohl. Dieß Wort ist gesetzet wider alles Aergerniß, und wider das, so sie

w) Christen - Erquickung.

schreien. Er spricht: Ich frage nichts darnach, ich bin nicht allein, meine Predigt ist nicht mein Gedichte. Wenn ich wüßte, daß das Wort und die Predigt mein, und nicht Gottes wäre, so wollt ich nicht die ganze Welt nehmen, daß ich aufträt und predigte; und wer mir zu Dienst und Ehren, oder umb meinenwillen gläubet, dem danke es der leidige Teufel. Christus spricht: Ich bin nicht allein; und ich soll auch also sagen, denn wenn ich alleine wäre, so wäre meine Sache Nichtes. Denn ich muß sagen: Das rede ich nicht von mir; denn sonst wäre ich ein Lügener. Aber das [43]) weiß ich, daß, was ich predige, das hat mir der Vater gegeben, und es ist sein Wort und Lehre; da stehets. Wenn ich das sagen kann, so spreche ich: Nu laß hergehen, es falle in einander die ganze Welt, und brenne lichterlohe, es folge auch Blutvergießen drauf, oder was da wolle, was frage ich darnach? Der Herr ist Gott, und unserm Herrn Gott soll die Welt gehorsam sein, und er kann wohl dreinschlagen, wenn sie es verdienet, und ihme nicht will gehorchen. Gott ist mit mir, und nicht mit ihnen; und lasse sie darnach schreien: O groß Aergerniß! ich frage nichts darnach.

Darümb so lobet Christus die, so sein Wort also groß achten; denn er weiß, daß an diesem Wort mehr gelegen ist, denn an der ganzen Welt. Es ist ein großer Ruhm, daß er also darf herfahren und sagen x): Meine Lehre ist so groß, und ist ein solch Ding drumb, daran so viel gelegen, daß die ganze Welt dagegen Nichts ist, meine Lehre ist recht. Dagegen spricht die Welt: Unser Reich, unser Kriegsrüstung, Pferde, Reiter, Knechte, Wagen und Maurn sind so ein groß Ding, daß dagegen die Predigt des Evangelii gar Nichts und Dreck ist; und nach der Vernunft hat die Predigt des göttlichen Worts ein gering Ansehen gegen den Königen und Fürsten. Aber wiederümb, was ist ein Fürst und

x) Lob Christi von seinem Wort.

43) W.

Kaiser, ja, die ganze Welt, Himmel und Erden, und alle Kreaturn, gegen dem Wort? Ein Dreck sind sie. Denn, spricht Christus, der mit mir ist, und mich heißet predigen, der ist größer, denn dieses Alles. Dieser arme Jesus redet im Tempel, und Gott nimmet sich seines geringen Worts an, und hat auf seinen Mund und auf sein Wort so groß Achtung, daß ers größer achtet denn die ganze Welt; ja, er verachtet drüber die ganze Welt. Er läßt sein Wort aus des Herren Christi Munde zu Jerusalem predigen, und hat das Wort Gott so groß gemacht, daß er das ganze Jüdenthum drüber zerrissen hat, und Jerusalem in der Aschen liegt; und Gott hat noch seine Augen auf dieses Mannes Mund gerichtet, daß er Alles dagegen als für Nichts hält. Was ist Jerusalem, Rom, und alle große Königreich gegen dem Wort? Es ist Nichts, und wie ein Dreck geachtet. Wer gläubets aber, daß so groß an dem Wort sollte gelegen sein, daß das ganze römische Reich ist gegen dem Wort als [44]) Nichts. Aber unser Widersacher sagen, das wir predigen, sei alles Nichts; S. Pauli Lehre sei als ein Stäublin gegen dem römischen Kaiserthum: darümb so achteten die Römer solche Bettlers-Predigt gar nichts.

Und man verachtet uns heute zu Tage auch also y). Aber ist unser Evangelium Christi und unsers Herr Gotts Wort, so wird unser Herr Gott sagen: Es soll mir mehr an dem Wort gelegen sein, denn am ganzen Papstthum oder Kaiserthum; und wenn wir dieß gewiß sind, alsdenn so wird uns das Papstthum, das Kaiserthum und des Türken Reich nicht anders sein, denn als ein Mahnblatt; wiewohl sie uns also gering ansehen. Das heißt unser Trotz. Für unserm Herrn Gott hats nicht Noth, der fraget nicht viel nach den Königen, Päpsten und Bischoffen; er hat droben im Himmel wohl andere Fürsten und Herrn. Engel kann mehr, denn zehen türkische Kaiser oder Päpste, sie sind gegen den Engeln wie

---

y) Christi Wort wird von der Welt verachtet.
44) alles.

Mücken, Flöhe und Läuse; aber das ist das Größte, sein Wort gläuben und halten.

So saget aber der Herr Christus: Ich weiß, alles, was ich predige, das wird geschehen, ich traue drauf, und es gefället also Gott wohl: schlägt also die ganze Welt dahin, fraget nichts darnach, wie groß ein Königreich sein möge. Darümb so lasset uns gewiß sein, daß die Lehre recht und Gottes Wort sei, denn können wir drauf trotzen und sagen: Wer lachen will, der lache; wer zörnen will, der zörne immerhin. Es sei gleich Fleisch und Blut, die Welt, meine Sünde, oder der Teufel mir todtfeind, so frag ich nichts darnach, ich will sehen, wer uns etwas thun will: der Mann, deß Wort wir predigen, der ist bei uns, und wir wissen, daß unsere Predigt Gott wohlgefalle.

1) Daß nu der Herr zu den Jüden gesagt hat: Der Vater läßt mich nicht allein, denn ich thue, was ihme gefället, das ist eine seher hohe Predigt gewesen. Denn sie sollte das ganze jüdische Reich und Priesterthum zu Boden stoßen, daß auch das ganze Land und Stadt Jerusalem untergehen würde. Das war eine hohe Predigt. Darümb tröstet er sich also, daß ers nicht sei, der es thue, sondern es sei ein Ander, der es thue, nämlich, das Wort Gottes; und spricht ferner:

Der Vater läßt mich nicht alleine, denn ich thue allzeit, was ihm gefället. Da er Solchs redet, gläubten Viel an ihn.

Als sollt er sagen: Was ich geprediget habe, das soll und muß gehen, und was ich thue und fürnehme, Trotz, daß einer wehre. Es ist einfältig geredet, mit schlechten Worten; aber hoffärtig und trotzig ists gnug, daß er darf sagen: Was ich thue, sage und predig, das gilt, und ist gethan. Dagegen muß man sagen: Ei, wenn dein Thun, Predigen allein gilt, so sind wir todt und verloren. Es spricht

---

1) Die 10. Predigt, am Sonnabend nach [illegible].

Christus: Es wird also gehen, wer da nicht will mich hören und mir folgen, was ich sage, schaffe und ordene, der hab den Bescheid, er soll wissen, daß sein Ding Gott nicht gefället; denn Gott ist mit mir a), sonst dürfte ich Betteler nicht auftreten und so hoch predigen. Denn es ist ein groß Ding, daß ein Betteler auftritt, (wie er gewesen ist,) und saget: Was ich predige, das geschieht; was ich nicht predige, das geschieht nicht, und was ich will und thue, dem mussen Alle folgen, oder sind verdammet. Wer nicht will, wie ich will, und gläuben meinem Wort, und folgen, was ich schaffe, der wisse und hab den Bescheid, daß er verloren sei, und Gott ihme abgesagt hab, und ihme feind sei. Das ist nu ein großer Feind, und wäre besser, man ließe ihn Freund sein, und thät, was er hieße, und ließ, was er verböte, und gläubte, was er prediget.

So saget nu der Herr Christus: Alles, was ich thue, das gefället Gott, und ihr sollet wissen, wer wider mich ist, der ist wider Gott, und greift Gott an, und wer wider Gott ist, der hat Gott zum Feinde; was er aber dran gewinnet, das mag er haben, und die Schuhe damit schmieren. Es haben sich so viel Königreich wider Gott gelegt; aber was haben sie gewonnen? sie liegen alle im Dreck. Also gehets itzund auch. Man will Christum nicht hören, und ist Jedermänniglich wider den Mann; es soll Nichts sein, was er saget und thut, die Welt will sonst wohl Gott gefallen, und nicht haben, was er geordenet. Aber Christus spricht: Was ich thue und predige, gefället Gott. Ich bin nicht allein 2c. Das wollen wir mit schwachem Glauben ansehen, was ihr thut, und was ihr seid, die ihr euch itzt dawider leget, und saget: Was wir thun, das gefället Gott, und das geschieht b). Wohlan, wir lassen sie zusammen, wir werden dermaleins sagen: Es waren die Gesellen, die da sagten: Was wir thun, das soll gehen; wo sind sie nu? sie sind zu Aschen und Pulver worden, und Gott hat das Feld behalten.

---

a) Christi Rückhalter. b) Bach. 1. Psal. 12.

So spricht nu Christus hie: Ich thue allezeit bis an den jüngsten Tag hinan, was Gott gefället; mein Wort, Predigt, Tauf, Sakrament soll bleiben, und Trotz ꝛc. Er hats mit bessern Worten ausgestrichen, denn ichs ausreden kann. Darümb saget der Evangelist auch: Viel Leute gläubten an ihn. Denn sie haben gedacht, er rede so gewaltig einher, gleich als hätte er Gott in seinen Händen, und hören seine Predigt. Das sind dieselbigen Gesellen, die gedenken: Wenn er hinan kommen wird, und ein Herr wird, so wollen wir uns zu ihme halten, er wirds thun, wir wollen seine Amptleute und Kanzler werden.

Da sprach nu Jesus zu den Jüden, die an ihn gläubten: So ihr bleiben werdet an meiner Rede, so seid ihr meine rechte Jünger, und werdet die Wahrheit erkennen.

Das ist ein böser Preis, das er saget zu denen, die da anfingen zu gläuben, und sagten: Wir wollen bei dir bleiben, und zusetzen und wagen Leib und Leben; und siehet sie mit schielenden Augen an, und spricht: Ja, wenns euer Ernst wäre, und daß es die Wahrheit wäre, daß ihr an mich gläubtet; aber es siehet mich dafür an, als werdet ihr nicht also bleiben c); und hebt an, und thut eine Predigt von den falschen und wahrhaftigen Jüngern des göttlichen Worts d), und spricht: Viel hören das Evangelium, und bleiben dabei, weil es ihnen nutzet, daß sie Geld, Gut und Ehre davon haben; ja, Lieber, wer möchte das nicht? saget derhalben: Wenn ihr werdet bleiben an meiner Rede und Lehre, so seid ihr meine rechte Jünger. Denn ich hab zweierlei Jünger: die ersten gläuben an mich, rühmen und hören das Evangelium, und sagen: Das ist die rechte Wahrheit; und ich halte sie für große, treffliche Christen: aber es liegt am Bleiben. Darnach sind andere, die hörens; aber wenns zum Treffen kömmet, da spricht

c) Christus ein Herzforscher. d) Predigt von zweierlei Jüngern des göttlichen Worts.

man: „Ich weiß auf meine Seele nicht, soll ich dieß und das umb des Evangelii willen verlassen? Da sind derselbigen Wenig, die im Kreuz und Verfolgung bei dem Evangelio verharren; wo findet man sie, die da beständig bleiben? Da spricht nu der Herr Christus: So ihr bleibet an meiner Rede, so seid ihr meine rechte Jünger. Wenn euch meine Lehre gefället, so seid ihr wohl gelahrt, und ihr wisset Alles: bleibet ihr im Kreuz und Leiden bei der Lehre, so seid ihr meine Jünger. Meine Lehre aber ist nicht der Art, daß man allein anfahe zu gläuben, und viel vom Evangelio rühme; und ich gläube es auch, es sei balde angefangen: aber wo sind die Bleiber und Verharrer e), daß man ausstehe und gedenke: Ei, es gehe mir drüber wie Gott will; bin ich nicht gesund, so werde ich krank; bin ich nicht reich, so bleibe ich arm; ich sterbe oder lebe, so bleibe ich doch bei Christo.

Aber man wollte gern an Christum gläuben, wenn einer dadurch könnte zum Herrn werden, und einer ein Königreich erlangen möchte; wenn aber man drüber etwas leiden soll, ists aus, und umb den Glauben geschehen. Darümb saget er: Wahrlich, ihr werdet nicht bleiben an meiner Lehre. Das geschieht selten, daß man bleibet bei seiner Lehre, sonderlich wenn ein saurer Wind wehet. Viel werden wohl Christen, und halten fest im Anfang uber dem Evangelio: aber darnach fallen sie wieder davon f), und gehen dahin als die guten Gesellen; wie denn auch die Gleichniß des Evangelii vermeldet von dem Samen, der auf einen Felsen fiel, und da die Sonne heiß drauf schiene, verwelkt und verdorret er. Aber die bei dem Evangelio bleiben, das sind die rechten Jünger; die Andern sind falsche Christen und falsche Brüder.

---

e) Bleibende Christen. f) Abfallende Christen.

drauf, daß es nicht des Evangelii Schuld wäre, sondern ihre Schuld, daß sie nicht wollten das Evangelium annehmen. Darümb laß sie schreien, wie sie wollen, es ist ihnen gesagt. Vorhin, da sie das Wort hatten, wollten sie es nicht gläuben; aber so gläube alsdenn, wenn Christus gekreuziget und erhöhet ist, und wenn die Stein uber einen Haufen liegen. Die Römer wollten auch nicht gläuben, dieweil die Aposteln gegenwärtig waren; aber sie mußten darnach gläuben u), da Rom uber einen Haufen lag, und durch die Gothen und Wenden verstöret ward. Nu, Gott hats geprediget, aber sie fragten nichts darnach. Also gläubt itzt Kaiser, König und Papst auch nicht, bis sie uber einem Haufen liegen; und es schadet nicht, obgleich kommen Krieg, Aufruhr, und daß es Alles in Haufen fället: warümb gläubet ihr nicht an mich? darümb gehet zu scheitern. Papst, Kaiser, laß dir sagen, wo nicht, so wirst du untergehen; und ob wir schon auch mit gehen, wie denn Christus gekreuziget ist worden und erhöhet; item, man verjaget die frommen Prediger, und man vergeußt unschüldig Blut, verbrennet die Christen: es schadet nicht, das heißet alles, erhöhet; darnach sollen sie es wohl erfahren.

Das ist nu das man wohl lernen soll. Ich lerne selber auch dran, was ich euch lehre. Wenn wir dahin könnten kommen, daß wir an dem Artikel nicht zweifelten, daß Christus unser Heiland sei, und von Gott gesandt, und unser Gerechtigkeit wäre, und ließen das gewiß sein, und sähen nicht weiter in den Unfall, denn aufs Wort Gottes; so könnte man denn immerdar sagen: Es ist Gottes Wort, das hab ich geprediget, deß tröste ich mich. Ich habe gelehret Vergebung der Sünde, und gerathen zu Friede, Liebe und Einigkeit; geschicht nu darüber ein Schade, so sei es euer Schuld und nicht der Lehre. Aber sie werden schreien v): Vorhin hatten wir gute Zeit, ehe diese Predigt kam; wie die Jüden auch klagten und schrien uber des Propheten Jeremiä Predigt, und die Jüden sonst schrien: O wäre das Evangelium

u) Verräther Lohn. v) Der Welt Klage.

und Christus nicht kommen, so stünde Jerusalem noch. Und das wäre gewißlich wahr; wäre Christus nicht kommen, so stünde es noch. Also wäre Petrus und Paulus nicht kommen, so stünde Rom auch noch wohl; aber weil sie kommen sind, so fallen die Reich also in einander. Aber Christus spricht: Der Vater ist bei mir, und nicht: bei euch. Wir haben euch zwar gepredigt, was euch nu für Unglück widerfähret, das gebet ihr alles dem Evangelio Schuld, ihr legets dem Evangelio auf den Hals; aber es ist euer Schuld, denn ihr wollet das Evangelium nicht haben, kreuziget und erhöhet mich, und verfolget mich drüber. Itzt entschüldiget ihr euch, als wäret ihr unschüldig, sprechet: Ja, wenn das Evangelium nicht wäre gewesen; und ist Alles des Evangelii Schuld. Ei Lieber, wenn Christus nicht auch die Gewissen regieren sollt, so hättet ihr auch gut regieren: er sollte die arme Gewissen nicht trösten, ihr wolltet sie alleine verdammen und erhungern, ihr wolltet alleine Gott dienen, und den rechten Gottesdienst erhalten, vertheidigen, schützen und beschirmen; wenn er nu auch regieren will, so wollt ihrs nicht leiden. So habet nu auch das zu Lohn, schreiet, schreiet, so reißet er euch gleichwohl dahin. Und wir sagen itzt auch zu den Papisten: Gott lässet euch schreien, und reißet euch gleichwohl umb. Es wird euch gehen, wie es den Jüden gangen ist. Er ließ die Jüden, Rom und Babylon auch schreien; aber er riß sie dennoch umb. Der Vater ist mit mir, er wird nicht lügen, er wird mir beistehen.

Summa, es sind eitel Trostsprüche und Trostreden w), damit er sich und die Seinen tröstet. Es erbarmet ihn, daß ein solch herrlich Volk solle untergehen, und spricht: Potz Mores, was hab ich gepredigt! dieß Volk, Königreich und Priesterthum gehet unter: das ist ein groß Aergerniß; aber ich muß einen Unterscheid machen. Ich weiß, alles was ich thue, das gefället Gott wohl. Dieß Wort ist gesetzet wider alles Aergerniß, und wider das, so sie

w) Christen-Erquickung.

schreien. Er spricht: Ich frage nichts darnach, ich bin nicht allein, meine Predigt ist nicht mein Gedichte. Wenn ich wüßte, daß das Wort und die Predigt mein, und nicht Gottes wäre, so wollt ich nicht die ganze Welt nehmen, daß ich aufträt und predigte; und wer mir zu Dienst und Ehren, oder umb meinenwillen gläubet, dem danke es der leidige Teufel. Christus spricht: Ich bin nicht allein; und ich soll auch also sagen, denn wenn ich alleine wäre, so wäre meine Sache Nichtes. Denn ich muß sagen: Das rede ich nicht von mir; denn sonst wäre ich ein Lügener. Aber das [43]) weiß ich, daß, was ich predige, das hat mir der Vater gegeben, und es ist sein Wort und Lehre; da stehets. Wenn ich das sagen kann, so spreche ich: Nu laß hergehen, es falle in einander die ganze Welt, und brenne lichterlohe, es folge auch Blutvergießen drauf, oder was da wolle, was frage ich darnach? Der Herr ist Gott, und unserm Herrn Gott soll die Welt gehorsam sein, und er kann wohl dreinschlagen, wenn sie es verdienet, und ihme nicht will gehorchen. Gott ist mit mir, und nicht mit ihnen; und lasse sie darnach schreien: O groß Aergerniß! ich frage nichts darnach.

Darümb so lobet Christus die, so sein Wort also groß achten; denn er weiß, daß an diesem Wort mehr gelegen ist, denn an der ganzen Welt. Es ist ein großer Ruhm, daß er also darf herfahren und sagen x): Meine Lehre ist so groß, und ist ein solch Ding drumb, daran so viel gelegen, daß die ganze Welt dagegen Nichts ist, meine Lehre ist recht. Dagegen spricht die Welt: Unser Reich, unser Kriegsrüstung, Pferde, Reiter, Knechte, Wagen und Maurn sind so ein groß Ding, daß dagegen die Predigt des Evangelii gar Nichts und Dreck ist; und nach der Vernunft hat die Predigt des göttlichen Worts ein gering Ansehen gegen den Königen und Fürsten. Aber wiederümb, was ist ein Fürst und

x) Lob Christi von seinem Wort.

43) [illegible]

Dieser Text ist zu gut und zu reich auf einmal zu handeln. Christus leget ihnen den Text aus, daß sie Abrahams Samen und Kinder sind. Es ist ein großer Text und gewaltig Argument der Jüden wider uns. Sie konnten rühmen i), daß sie Abrahams Kinder waren; das kann man nicht läugnen: und Abrahams Same hat die Verheißung, daß er solle Herr sein in der Welt. Diese zwei Stücke (als, wir sind Abrahams Kinder, item, Abrahams Same regiert uber die Welt,) kann man ihnen nicht nehmen; darümb, sagen sie, folget daraus, daß wir Niemand müssen unterthan sein in der Welt, sondern Jedermann muß uns dienen, denn wir sind Abrahams Same. So wir nu Herrn sind, so sind wir keine Knechte. Wenn dieß einem auf den Kopf fällt, so stößts ihn zurücke. Denn also sagten sie: Alle Welt ist uns unterthan, und sind unser Knechte: der Messias soll kommen durch unsern Samen, daß wir Herrn der ganzen Welt werden, wir sind nie Knechte gewesen. Das Argument solviret er; und gehet auf den Papst, der auch spricht: Wir sind die christliche Kirche und heilig, wir können nicht irren 2c.

k) Das saget der Herr Christus zu den Jüden, daß sie seine Predigt erst würden erkennen, wenn er von ihnen würde gekreuziget und erhöhet sein; mittlerweile tröstet er sich, daß was er gepredigt hätte, das hab er vom Vater gelernet, und was er thue, das gefället Gott wohl, und müsse bleiben. Das ist nu eines iglichen Christen Trost, wenn die Welt seine Werk und Wort nicht leiden kann, und was er redet, daß es muß Lügen sein, und er muß drüber verfolget werden, daß er sage: Ich weiß, daß meine Lehre und Werk Gottes Wort und Werk sind; so laß ich den zörnen und saur sehen, ders nicht lassen will. Der liebe Gott helfe, daß wir auch also bestehen mögen. Mit dieser Predigt hat er Viel erzürnet; wie denn folget. Aber aus

---

i) Jüden Fürwenden. k) Die 11 Predigt, am Sonnabend nach dem 1. Sonntage des Advents.

Mücken, Flöhe und Läuse; aber das ist das Gr sein Wort gläuben und halten.

So saget aber der Herr Christus: Ich alles, was ich predige, das wird geschehen, ich drauf, und es gefället also Gott wohl: schlägt die ganze Welt dahin, fraget nichts darnach, groß ein Königreich sein möge. Darümb so uns gewiß sein, daß die Lehre recht und G Wort sei, denn können wir drauf trotzen und sa Wer lachen will, der lache; wer zörnen will, zörne immerhin. Es sei gleich Fleisch und Blut, Welt, meine Sünde, oder der Teufel mir todtf so frag ich nichts darnach, ich will sehen, wer etwas thun will: der Mann, deß Wort wir predi der ist bei uns, und wir wissen, daß unsere Pr Gott wohlgefalle.

1) Daß nu der Herr zu den Jüden gesagt Der Vater läßt mich nicht allein, denn ich thue, ihme gefället, das ist eine seher hohe Predigt g sen. Denn sie sollte das ganze jüdische Reich Priesterthum zu Boden stoßen, daß auch das g Land und Stadt Jerusalem untergehen würde. war eine hohe Predigt. Darümb tröstet er sich daß ers nicht sei, der es thue, sondern es sei Ander, der es thue, nämlich, das Wort Go und spricht ferner:

Der Vater läßt mich nicht alleine, d ich thue allzeit, was ihm gefället. D Solchs redet, gläubten Viel an ihn.

Als sollt er sagen: Was ich geprediget h das soll und muß gehen, und was ich thue und nehme, Trotz, daß einer wehre. Es ist einfältig redet, mit schlechten Worten; aber hoffärtig und zig ists gnug, daß er darf sagen: Was ich sage und predig, das gilt, und ist gethan. Dag muß man sagen: Ei, wenn dein Thun, Predigen lein gilt, so sind wir todt und verloren. Es spr

---

1) Die 10. Predigt, am Sonnabend nach [illegible].

Christus: Es wird also gehen, wer da nicht will mich hören und mir folgen, was ich sage, schaffe und ordene, der hab den Bescheid, er soll wissen, daß sein Ding Gott nicht gefället; denn Gott ist mit mir a), sonst dürfte ich Betteler nicht auftreten und so hoch predigen. Denn es ist ein groß Ding, daß ein Betteler auftritt, (wie er gewesen ist,) und saget: Was ich predige, das geschieht; was ich nicht predige, das geschieht nicht, und was ich will und thue, dem mussen Alle folgen, oder sind verdammet. Wer nicht will, wie ich will, und gläuben meinem Wort, und folgen, was ich schaffe, der wisse und hab den Bescheid, daß er verloren sei, und Gott ihme abgesagt hab, und ihme feind sei. Das ist nu ein großer Feind, und wäre besser, man ließe ihn Freund sein, und thät, was er hieße, und ließ, was er verböte, und gläubte, was er prediget.

So saget nu der Herr Christus: Alles, was ich thue, das gefället Gott, und ihr sollet wissen, wer wider mich ist, der ist wider Gott, und greift Gott an, und wer wider Gott ist, der hat Gott zum Feinde; was er aber dran gewinnet, das mag er haben, und die Schuhe damit schmieren. Es haben sich so viel Königreich wider Gott gelegt; aber was haben sie gewonnen? sie liegen alle im Dreck. Also gehets itzund auch. Man will Christum nicht hören, und ist Jedermänniglich wider den Mann; es soll Nichts sein, was er saget und thut, die Welt will sonst wohl Gott gefallen, und nicht haben, was er geordenet. Aber Christus spricht: Was ich thue und predige, gefället Gott. Ich bin nicht allein ꝛc. Das wollen wir mit schwachem Glauben ansehen, was ihr thut, und was ihr seid, die ihr euch itzt dawider leget, und saget: Was wir thur, das gefället Gott, und das geschieht b). Wohlan, wir lassen sie zusammen, wir werden dermaleins sagen: Es waren die Gesellen, die da sagten: Was wir thun, das soll gehen; wo sind sie nu? sie sind zu Aschen und Pulver worden, und Gott hat das Feld behalten.

---

a) Christi Rückhälter. b) Joh. 1. Psal. 12.

stehet: Ihr gläubet so ferne an mich, nicht, daß ihr Zeichen gesehen habt, sondern darümb, daß ihr gessen habt; es ist köstlich Ding. Also, will er sagen, bin ich itzt auch ein großer Magister, und hab viel Schüler; aber wo wirds mit ihnen bleiben? Ach Herr Gott, euer Wenig werden bestehen, ihr habt keinen guten Grund, es hat keinen Bestand mit euch, ihr werdet an mir suchen, das ihr bei mir nicht finden werdet, und wenn ihrs denn nicht findet, so ists alles aus.

Es gehet hie zu, gleich als wenn im Lenzen an den Bäumen alle Aeste voller Blüthe stehen, daß man gedenkt, wo man doch mit allen Oepfeln und Birnen hin wolle; aber kömmet ein Regen oder Wind in die Blüthe, so fallen sie mit Haufen ab, daß wohl das neunte Theil herabfället, und nur das zehente Theil schwerlich reif wird, und etliche werden dazu noch wohl wormstichig. Also gehets auch mit dem Evangelio zu. Erstlich hörets Jedermann, und ist köstlich Ding, es hat viel Schüler; aber wenn es nicht gehen will, wie sie wollen n), und daß man nicht redet, was sie gerne hören, so sagen sie: Es kömmet alles Unglück aus dem Evangelio.

Darümb saget der Herr Christus: Ihr seid meine Jünger; aber ihr seid Schälke. Werdet ihr aber bleiben in meiner Rede, so seid ihr meine rechte Jünger. Es liegt nicht dran, daß man anhebe, sondern man muß auch beharren, und bei dem Wort bleiben. Ich wollte auch wohl ein Christ sein, und das Evangelium haben, wenn nicht Gefahr dabei wäre, sondern, daß man nur gute Tage darob haben möchte; denn Haß, Neid, Verachtung und Undankbarkeit in der Welt ist nicht Idermanns Thun. Darümb, wenn es angehet, daß man will deß Mannes Schüler werden, so legt sich der Teufel und Jedermann darwider. Denn stehe feste, halt feste, fleuhe nicht, weiche nicht zurücke: hast du angefangen zu gläuben, so führe es also hinaus. Es sind ihr Viel, die darob halten, ihr Blut vergießen, setzens hinan und wagens äben-

n) Abfall von der Lehre.

theurlich: dieselbigen sind die rechten Jünger, und die bleiben auch beständig. Aber zehenmal mehr ist der gewesen, die mit uns haben angefangen zu gläuben, und denen erstlich unsere Lehre wohl gefallen hat, aber nu ist nicht das zehente Theil beständig blieben. Aber es schadet nicht; was stehet, das bleibe stehen, was nicht stehen will, falle immer hinweg: es werden doch Etliche sein, die da bleiben werden; und die da verharren beständig, das sind meine rechte Schüler, und die mögen auch lassen uber sich gehen, was da gehen kann. Die Andern, so alleine des Fleisches Freiheit suchen, und was ihren eigen Nutz antrifft, sind eitel Maulchristen, Lügener, falsche Jünger oder unrechte Kinder.

Also hätten das Evangelium auch die Jüden gerne gehabt; aber sine cruce o), und daß sie hätten mögen im Hause leben und frei sein, und Niemand Nichts geben, noch Jemands unterthan oder eigen sein. Aber wenn das Evangelium eine solche Lehre wäre, so wollt ich in einer Stunde die ganze Welt bekehren. Wenn Christus hätte einem Jeden einen Sack voll Goldgülden geschenkt, dazu ein Schloß oder Stadt geben, wer sollte nicht sein Jünger geblieben sein? Sie wären alle zugelaufen, wenn er nur hätte einem tausend Gülden gegeben, ja, wenn er einem Iglichem nur einen Gülden geschenkt, und hätte denselbigen ihn mit Friede gebrauchen lassen, und einen freien Zaum gegeben zu Hurerei und Ehebruch, zu wuchern, rauben und stehlen, und daß sie keine Gefahr deßhalben leiden dürften, noch sich müßten fürchten für dem Tode: da wäre er ein feiner König gewesen. Aber daß er sagt: Man wird dir feind sein, und du mußt gehasset werden umb meinenwillen, die Welt wird euch lästern, schänden und auch tödten umb meinetwillen, und nicht gönnen den Bissen Brods, so ihr esset, oder daß ihr einen Augenblick leben möget, und solches Alles umb meinetwillen euch widerfahren; so spricht denn Fleisch und Blut: Es sei der Teufel an meiner Statt ein Christ, gehe

o) Das Bleiben kömmet die Leute schwerer an.

du hin, und sei ein Christ; es stinkt hie zu sehr, es kostet viel, und gehört und gehet viel zum Bleiben, daß man soll Alles in die Schanze schlagen. Man spricht: Ich will wohl anfahen, aber ich werde nicht bleiben. Wer nu hie einen großen Muth hat, und ein Wagehals ist, will der Herr Christus sagen, derselbige wird mein rechter Jünger genennet werden.

Was werden denn dieselbigen für einen Lohn und Trost haben? p) Sie werden den rechten Gott finden, und werden Kraft und Stärk haben bei G. Wort zu bleiben, so werden sie Christi Jünger sein, und die Wahrheit erkennen. Denn er spricht: Ich will euch die rechte, lautere Wahrheit offenbaren, daß ihr nicht allein sehen sollet, wie die ersten Schüler, die da abgefallen sind; sondern ihr solltets auch erfahren, ihr sollet sehen, daß meine Verheißung, euch und meinen Jüngern geschehen, euch widerfahren soll und wahrhaftig sein werde.

Da scheiden sich nu die falschen und wahrhaftigen Jünger q). Die falschen hören das Wort Gottes, das da verheißet und saget: Wenn du an mich gläubest, so will ich dich nicht lassen, du sollt ein Herr und frei sein vom Tode, Teufel und Sünde, und will dir das ewige Leben geben. Das ist unsere Verheißung, daß wer an ihn gläubet, der soll ein gut Gewissen haben, soll auch selig sein, und einen gnädigen Gott haben, es soll ihme Nichts schaden. Das sollt ihr nicht alleine hören, als die angefahenden Schüler und als die Neuling, die da nicht dahin kommen, daß sie es kosteten und erführen, daß Gott ein solch Mann sei, der aus geistlichen und leiblichen Nöthen helfen könnte. Dabei bleiben sie nicht, und stehen die Gefahr nicht aus, sie fürchten ihres Guts, ihres Friedes und guten Gemachs, sie sind zu kurz angebunden, und wollen Nichts leiden; darümb so erfahren sie den geistlichen Trost nicht, und erkennen nicht, was wahrhaftig Gott ist, und wie ein großer Trost es sei, auch wie es schmecke. Das sind die falschen Christen, die da viel hören, lernen r),

---

p) Christenvergeltung. q) [illegible] r) [illegible]-Schüler.

aber nimmermehr kommen sie zum Erkenntniß der Wahrheit, sie verstehens nicht: sie lernen wohl die Wort reden, wie ein Papagei oder Sittig die Menschenwort nachredet; aber ihr Herz erfähreis nicht, sie bleiben, wie sie sind, sie schmecken und fühlen nicht, wie treu und wahrhaftig Gott sei. Daher gehöret wohl das zehente Theil der Menschen; das neunte Theil fähet wohl an zu gläuben, aber sie bleiben nicht. Denn so enge und schweer ists, beständig zu bleiben, daß es keinen Halt hat, denn alleine das göttliche Wort, das ist der Grundstein, oder der Balke und Träger, Stützel und Pfeiler, so man untersetzt, daß man könne beständig bleiben. Darümb muß man sich an das bloße Wort Gottes halten, und an die Rede Christi sich hängen, denn erfähret man in Gefährlichkeit unsers Herrn Gotts Hülfe, es gehe gleich uber und drüber.

Und wir haben das Mirakel an uns auch erfahren. Als, für einem Jahre, auf dem Reichstage zu Augsburg, da meinet man, es würde in vier Wochen Alles uber und uber gehen, ganz Deutschland sollte zu Grunde gehen; man konnte nicht sehen noch fühlen, wo es hinaus wollt, wo Hülfe oder Rath wäre, es war allen Sinnen zu hoch, es war uber alle Weisheit genommen, daß man mußte sagen: Es stehet alleine in Gottes Gewalt, und es ist auf sein Wort gesetzt. Dahin muß gebracht sein, daß man spreche: Gott hats zugesaget. Wenn man sich fest an das Wort hält a), so solls nicht Noth mit uns haben; ob man gleich sonst Nichts mehr siehet, so wird man doch erfahren, daß Gott wird sich wieder merken und sehen lassen, daß sein Wort wahr sei, da er zusaget, wer ihme vertrauet, der werde nicht zu Schanden werden. Also wirds hinfürter auch in allen Anfechtungen gehen. Aber die falschen Heuchler erfahrens nicht, sondern die an dem Wort halten, die erfahrens, daß Gott wahrhaftig ist. Das merk in allen Anfechtungen, in Armuth und andern Trübsaln, daß, wo man das Wort fahren läßt, da ists grund- und bodenlos, und versinkt einer ganz

a) An Gottes Wort feste zu halten.

und gar, daß er verzweifeln muß. Darümb will Christus hie sagen: Kannst du bleiben stehen an meinem Wort, so halt feste, denn da bleibest du mein rechtschaffener Jünger, so man feste an dem Wort hält; denn das machet dich zu einem rechten Jünger, wenn du Solches nicht allein wissest, lernest, liesest und hörest, sondern, daß du es auch hast erfahren.

Also hatte Abraham auch Gottes Wort t), daß Gott zu ihme sagte: Ich bin dein Herr und dein Gott. Nu wird in Aegypten ihme sein Weib vom Könige genommen, wo war da der protector? item, wo war da Rath und Hülfe? Er weinete da mehr, denn daß er lachete. Sarah, sein Weib, war in großer Gefahr ihrer Ehren und Keuschheit, er sahe keine Gewalt noch Kunst, wie Rath in dieser Noth zu finden wäre; er konnte Nichts mehr thun, sondern hing sich an das Wort: Der Herr ist mein Schutz. Da erfuhre er und erkannte er die Wahrheit. Denn Gott schlug den Pharaonem, daß er froh ward, daß er dem Abraham sein Weib wieder gab, und verehrete ihn noch dazu mit großen Geschenken.

Darümb scheiden sich hie [47]) die Schüler Christi u). Die falschen heben an, fallen aber wiederümb ab: die rechtschaffenen bleiben in der engen Bahn und Pfort, oder auf dem schmalen Wege, nämlich, an dem Wort Gottes, daß sie sagen: Ich weiß nicht Rath, Gott mag helfen, es stehet allein in seiner Hand, er hats verheißen, und spricht: Haltet ihr nur fest, ich will auch halten. Wenns nu in die Züge und enge Kluft kömmet, so wirst du das Bleiben am göttlichen Wort auch lernen, und es wird dich zu einem rechtschaffenen Jünger machen, und dich frei machen. Das erfahren die falschen Schüler nicht; sie wissen nicht, was da heißet die Wahrheit v). Denn Wahrheit ist nicht allein, Christum hören, oder von ihme viel waschen können, sondern auch im Herzen gläuben, daß Christus uns frei und los machen

t) Abrahams Festhalten an Gottes Wort. u) Unterscheid rechter und falscher Schüler Christi. v) Was da sei Wahrheit.

47) „hie" fehlt.

wolle; daß man Solches im Herzen erfahre, das machet einen rechten Christen.

Das ist nu eine rechte Disputation, daß da sei zweierlei Freiheit w). Die erste ist eine falsche Freiheit der falschen Schüler, die eine fleischliche Freiheit suchen, und die darümb Christen werden; wie hie die Jüden zu Christen worden, darümb, daß sie höreten, die Christen sind fromme, gütliche, gedüldige, sänftmüthige Leute, nicht rachgierig, und geben gerne Almosen, sind kostfrei, item, sie haben einen gnädigen und nicht zornigen Gott. Das hören sie, und schmeckt ihnen, daß man solle Andern geben und dienen; darümb sprechen sie: Ich will mir gerne geben und dienen lassen, auch vergeben lassen, item, unser Herr Gott soll mir auch Vergebung der Sünden geben und gen Himmel helfen; sie wollen gerne nehmen und ihnen geben lassen, und gerne haben. Aber doch sind und bleiben sie immerdar Schälke, und wollen ihre Gräuel und Abgötterei nicht verlassen und Jemand Etwas geben, sie wollen Huren- und Buben-Leben und Wesen führen, wie vorhin, und wollen dennoch evangelisch sein. Das sind die falschen Schüler, die nur des Fleisches Freiheit suchen. Denn sie rühmen nur allein viel vom Evangelio, und suchen es erstlich mit großem Ernst; darnach ist denn Nichts dahinter, denn sie thun, was sie wollen, folgen ihren bösen Lüsten und Willen, und werden ärger, denn vorhin, sind viel unzüchtiger und sicherer, wilder, geiziger, diebischer, räubischer, denn andere Leute, wie denn itzt unsere Schälke, die Bauren, Bürger, unser Edelleute mehr geiziger und unzüchtiger sind, denn sie unter dem Papstthum gewesen, werden viel ärger, denn sie zuvor gewesen, wollen nicht Buße thun, daß sie möchten bekehret werden: darümb muß ihnen das auch widerfahren, daß sie in Abgrund der Höllen gestoßen werden.

Aber die Andern x), die da bei Gottes Wort bleiben und ausstehen, leiden, tragen und wagen, was sie sollen, die werden erlöset, und werden je län-

---

w) Zweierlei Freiheit. x) Christen.

ger je stärker, und erkennen die Wahrheit, daß sie Christus werde erlösen. Jenes Theil verstehet es nicht, was Wahrheit ist, und geben damit Ursach dem Herrn, daß er sich besser erkläre, was er damit meine. Denn es ist stumpf und kurz abgebrochen, daß sie die Wahrheit nicht verstanden. Denn mit der Vernunft wird man diese Sachen nicht erkennen, sondern bleiben ihre Lebetage uber, wie sie zuvor gewesen sind, und werden siebenmal ärger. Das ist alles eitel falsch Ding, was sie thun, gehen in einem falschen, trunkenen Wahn daher y), alles, was sie gläuben, ist erdichtet Ding, denn sie haben Christum nicht geschmecket, sie wissen nicht, was Christus sei, sie haben auch umb Christi willen Nichts gelitten: derhalben so sind sie nicht anders, denn als die Trunkenen, die da nicht wissen, wo sie daheim sind. Alles, was sie gläuben, ist falsch und Nichts, sind nicht tüchtig irgends zu einem guten Werk, und thun sie etwas Gutes, so thun sie es umb ihrenwillen, auf daß sie Ehre, Geld und Gut davon haben. Also, thut ein Fürst, Edelmann oder Bauer etwas Guts, so will er sein Ehre und Nutz darunter suchen; wenn aber das entgehet, so wird er tolle und thöricht drüber, und läßts anstehen, thut nichts Guts mehr. Darumb so ist keine Wahrheit da, es wird kein wahrhaftig Wort noch recht Werk in ihrem Halse und Fäusten befunden, es ist ihnen Alles umb Gut und Ehre zu thun; wie wir am Papst und seinen Bischofen noch auf den heutigen Tag sehen.

Aber hie ist die Wahrheit, Christus wird euch wahrhaftig frei machen, nicht auf fleischliche Weise, sondern von Sünden; und will hie sagen: Ich bin nicht ein Partekenprediger, der da von dem Bettelstab, als, von zeitlichem Reichthum, Ehre, Gewalt und Wollust predigte, denn das ist eitel Saumist und Koth, so von Säuen ins Stroh geworfen wird; Reichthum sind die Gräten und Beine, so von der Herrn Tische uberbleiben und herabfallen, und den Hunden zu Theil werden, wie wir sonst pflegen die

y) Ehrsüchtige.

Rinden vom Brod abzuschneiden. Solche Predigt, die für den leiblichen Bauch gehöret, befehlen wir den Juristen z); aber Christus redet hie von der rechten, ewigen und geistlichen Erlösung. Dasselbige verstehen die Jüden noch nicht und sagen: Wir sind Abrahams Kinder, darümb so sind wir nicht Knechte.

Er meinet nicht Knechte, wie sie bei uns Deutschen geheißen werden, denn es ist bei uns nicht der Brauch, wie bei ihnen; sondern er redet von Leibeigenen, da ein Herr einen Knecht oder Menschen hat, der gar sein eigen ist, mit Leib und Gut, und möchte ihn aus seinem Gut setzen und wegstoßen, wenn er wollte. Das war zu der Zeit gar gestrenge a). Wenn der Herr dem Knecht ein Weib gab, so waren auch des Knechts Kinder des Herrn, der Herr nahm sie zu sich; auch alle Güter, die sie erworben, waren nicht ihr, sondern des Herrn. Also gestrenge ward es gehalten in denselbigen Landen. Gleichwie Milch nicht der Kuhe ist, noch das Kalb der Kuhe, oder die Ferkel der Sauen, sondern die Fraue im Hause nimmets zu sich: also waren die Leute auch zur selbigen Zeit; was ein knechtischer Mann und Weib mit den Kindern erworbe und verdienete, das war alles des Herren. Ein gestrenger Herr behielt es alles mit einander, und gab dem Knechte, seinem Weibe und Kindern nicht mehr davon, denn nur das Futter, als Essen und Trinken, Kleider und Schuhe. Der Türke hält es heutiges Tages noch also, daß die Leute seine leibeigene Knechte sind, und mit aller Hab und Gütern ihme dienstbar b): gleichwie noch eine Kuhe leibeigen ist; wenn sie der Magd viel Milch gibt, so ist die Milch der Frauen, und nicht der Kuhe. Also gar leibeigen ist auch ein Sau, Pferd oder Kuhe, was es erärbet, ist alles seines Herren, der Herr gibt dem Pferde nur davon das Futter, Essen und Trinken ꝛc., und zwar sparlich gnug. Also gab man damals den Knechten (die als unvernünftige Thier leibeigen waren,) auch Essen und

---

z) Juristen der leiblichen Freiheit-Prediger. a) Knechtschaft bei den Jüden und Heiden. b) Knechtschaft bei den Türken.

Trinken, und geringe, zerrissene Kleider, und worden darnach aufs Harteste getrieben. Unsere Knechte sind itzt Herrn dagegen, und die Mägde sind nur Frauen zu unser Zeit, man sollte sie nur Junkern, Herrn und Frauen itzt heißen, denn daß man sie Knechte und Mägde nennete; aber der Türke machet itzt noch Leibeigene und Knechte.

Darümb so sagen die Jüden: Du willt uns frei machen und redest von uns, gleich als wären wir leibeigene Knechte, da wir doch nicht Knechte sind. Zwar in Aegypten waren sie nicht weit davon c), da sie unter Pharaone gefangen waren, da sich oft ein armer Mann mit den Seinen, als Weib, Söhnen und Töchtern, auf ein 6 Jahr verkaufte, daß er und sie, diese Jahr uber, nur Essen und Trinken hätte; das war also desselbigen Landes Sitte, wie es Moses saget. In diesen sechs Jahren hatten sie vom Herrn Essen und Trinken, und Kleider; was sie aber diese Zeit erworben mit ihrer Arbeit, das war alles ihrer Herrn. Gleich als was ein Pferd mit seiner Arbeit verdienet, das ist seines Herrn, das Pferd kriegt vom Herrn dafür allein Futter und Straue, man gibt dem Pferde die sechs Gröschen nicht, so es den Tag uber verdienet: also verkauften sie sich auch sechs Jahr, und dieneten mit ihrem eigenen Leibe umb Nahrung und Leibes-Unterhaltung. Wollen derhalben die Jüden hie sagen: Also mußt du uns nicht predigen, denn wir sind Abrahams Same, und wollst uns zu Leibeigen machen, und daß alle unsere Güter sollten der Heiden sein; ja, hörst du, wir wollen noch die Heiden uns zu Leibeigen machen, und zu unsern Knechten. Darümb muß sich der Herr auslegen und erklären, und gibt eine Gloß, deutet, welchs seine Freiheit sei d), und spricht: Ich sage nicht von der Freiheit, da ihr von gedenket, und wolltet gerne Herrn sein, und fürchtet euch dafür, daß ihr möchtet Knechte werden: es wird euch auch widerfahren; und saget:

---

c) Knechtschaft der Jüden in Aegypten. d) Christi Deutung, welche die rechte Freiheit sei.

Wahrlich, wer Sünde thut, der ist ein Knecht der Sünde.

Das wird ein Text und Predigt werden von der wahrhaftigen, christlichen Freiheit, was dieselbige sei. Christus will die weltlichen Reich nicht verändern, auch die Leibeigenschaft nicht hinwegnehmen; was fraget er darnach, wie Fürsten und Herrn regieren? Es gehet ihn nichts an, wie man pflüge, säe, Schuhe mache, Häuser baue, Zinse oder Rente gebe. Solch Recht ist Genesis 1. bestellet, da schaffet Gott die Welt, daß wir sollen Kinder zeugen, und die Welt innen haben und bauen. Aber hie redet Christus Nichts von diesem äußerlichen Wesen, sondern er handelt von einer Freiheit e), die außer und uber diesem äußerlichem Wesen und Leben ist, da gehandelt wird, wie man von Sünden, vom Tode, Gottes Zorn, Teufel und Höllen, oder ewigen Verdammniß, erlöset werden möge. Eine Kuhe kann los werden, daß sie nicht Milch gebe ihrem Herrn und Frauen; ein leibeigen Knecht kann frei werden, daß er dem Herrn nicht diene, wenn er ihn loszählet.

Diese [48]) christliche Freiheit kann widerfahren f) sowohl dem, der frei, als der da leibeigen ist; item, dem, der da gefangen ist, oder der da Andere gefangen nimmet, oder einem Weibe sowohl, als dem Manne, einem Knechte und Magd sowohl, als dem Herrn und Frauen. Wir reden von der Freiheit für Gott, da uns Gott frei spricht von Sünden, welche Freiheit Jedermänniglich widerfähret. Also führet der Herr Christus vom fleischlichem Sinn, darüber sie gar zürnen, daß er sie nicht führen will zu einer leiblichen Freiheit des Fleisches, und will also das Volk gefangen nehmen, daß sie nicht sollen frei werden; und heißen derhalben den Herrn Christum einen Ketzer, und sagen, der Teufel predige aus ihme, will die Leute verführen und gefangen nehmen.

---

e) Christliche Freiheit. f) Wem diese Freiheit zu gut komme.
48) Die.

Annus Christi MDXXXII. 49)

g) Ich hatte mir fürgenommen, von der lieben und heiligen Taufe zu predigen, auf daß dieselbige bei uns auch möchte erkannt und geehret werden; aber wir sind durch Leibsschwacheit verhindert worden. Darümb wollen wir es sparen bis morgen, oder wenn wir sonst wieder predigen können: itzt wollen wir im Johanne wieder fortfahren, darinne der Herr Christus lehret von der christlichen Freiheit, und spricht: Werdet ihr meine Wort halten, so wird euch die Wahrheit frei machen.

Als sollt er sagen: Ich weiß wohl, daß ihr Abrahams Samen seid; aber weil ihrs verspottet, spricht er, so fähet mein Wort nicht in euch. Ich hab zwar vergessen, was ich damals von der christlichen Freiheit geprediget hab; aber der Text wird uns wieder drauf bringen, was die Freiheit sei, wohin und wie weit sie gehe. Die Jüden rühmeten von ihrer Freiheit h), daß sie wollten ein eigen König und Reich haben, und keinem Kaiser unterworfen sein auf Erden, sondern wollten ein frei Volk für sich sein, mit ihrem Gottesdienste und Gesetzen, von Mose ihnen gegeben. Zwar Gott hats ihnen auch zugesagt und gesprochen: Werdet ihr mein Gesetz halten, so sollet ihr oben schweben und nicht unten liegen, ihr sollet das Häupt und nicht der Schwanz sein, ein eigen Volk, Gottes Eigenthum, mein Priesterthum etc. Ich will uber euch Herr alleine sein, Trotz einem Andern, der euch soll regieren. Aber es stunde dabei: Si servaveritis mandata mea. Das hätten sie nu wohl gemerkt, und stunden drauf, das war ihr Trotz; aber der Herr saget daneben: Si servaveritis, quae dixi vobis, so sollt ihr mein Volk sein. Da sahen 49*) sie eins an; sed illud de facienda lege non considerabant 50). Den Text leget ihnen der Herr Christus also aus,

g) Die 12. Predigt, am Sonnabend nach Dorotheen Anno 1532. Cum iterum revaluisset Lutherus, qui aliquandiu graviter aegrotaverat.

h) Der Jüden Freiheit.

49) „Annus Christi MDXXXII." fehlt. 49*) Orig. sagen. 50) Statt dieser latein. Worte findet sich bei W. die Uebersetzung: „aber dasjenige, was von Haltung des Gesetzes gesagt war, betrachten sie nicht"

daß es die Jüden gar verdreußt, als, werdet ihr gehorsam sein, und thun, was Gott heißet, so werdet ihr sein Volk und Eigenthum sein; wo nicht, so wird euch Gott hin und wieder zerstreuen, so weit die ganze Welt ist. Nu, daran stieß sichs, daß sie ansehen das Eigenthum, und meinen, sie wollen frei sein, und setzen das zurücke, da Gott spricht: Si obedieritis mihi, et facietis, quae jubeo [51]), denn sollt ihr mein Eigenthum sein; sie wollen dennoch nicht thun, was unser Herr Gott haben will.

Darüber hat sichs gestoßen i), und das ist auch der Mangel an dieser Freiheit, daß sie meinen, sie haben ein geistlich Reich, und wollen Niemand ansehen; und dennoch nicht thun, was Gott heißet. Darümb spricht Christus: Wer da Sünde thut, der ist der Sünden Knecht. Hie scheiden sich die Freiheiten und Freien. Moses hat gesagt, sie sollten thun, was er sie hieße, und denn sollten sie Herrn und frei sein. Aber Schälke und Buben wollten sie sein, item, Gott nicht gehorchen, und wollten dennoch ein frei Volk sein. Das wird nicht geschehen. Darümb spricht Christus: Ihr seid der Sünden Knechte, und wollt dennoch Herrn und frei sein; da wird Nichts aus werden. Da lernet die rechte Freiheit verstehen k), die Moses gemeinet hat, als, wenn ihr fromm seid, und nicht sündiget, noch ungehorsam seid, sondern thut, was Gott heißet, so könnt ihr frei sein. Aber daß ihr wollt sündigen, und doch frei sein, das ist nichts gesagt; sondern ihr seid der Sünden Knechte, und dadurch auch der Strafe unterworfen, und der Heiden Knechte und der Schwanz worden: ihr habt das Häupt verloren, und Gott auch verloren.

Dieses kann nicht anders sein, denn daß derjenige, so da sündiget und bleibet in der Sünden, auch alle Strafen der Sünden, so das Gesetze drauet, als den Tod und alles andere Unglück, am Halse habt. S. Paulus spricht: Der Tod ist der Sün-

---

i) Banks Ursache. k) Rechter Verstand der Freiheit.

51) † d. i. wenn ihr mir gehorchen werdet, und thun, was ich gebiete.

den Sold l), das ist, der Lohn; derhalben, wer da dienet der Sünden, und lebet in einem sündlichen Wesen, der dienet auch dem Tode, und hat diesen Lohn davon, nämlich, das höllische Feur: der Tod frisset ihn, darümb so frisset ihn der Kaiser, König, und sonst andere Feinde, als die Pestilenz, Hunger, theuer Zeit, und alles, was zum Tode gehöret, das nur Zähene und ein Maul hat, fressen, würgen und verzehren kann, und böse ist, das mag den Sünder fressen. Darümb, so ihr wollt frei sein, so gedenkt dran erstlich, daß ihr der Sünden los werdet; alsdenn könnte man dem Tode seinen Stachel, Recht und Gewalt nehmen, und man könnte denn auch der Sünden los werden.

Diese Predigt hören sie alle, aber Niemand weiß hie, wie mans verstehen soll; denn es ist auch eine Predigt, so Niemand verstehet, es gebe denn der Heilige Geist solche Lehre einem ins Herz. Darümb wird es geprediget, und man muß da anheben m), wenn wir wollen frei sein, daß wir der Sünden los werden. Denn dieweil die Sünde ist und bleibet, so ist keine Freiheit da. Wenn ich nicht will die Sünde lassen und fromm werden, so mag ich wohl darnach trachten, wie ich ein Herr sei, und Gottes Eigenthum und frei werde; aber da wird nicht aus, du mußt zuvor gedenken, daß du da los werdest, da du am härtesten und tiefsten an gebunden bist, das ist, daß du der Sünden los und ledig werdest. Denn die erste Freiheit ist der Sünden n). Denn wer da Sünde hat, der ist ein Knecht der Sunden; darauf denn folget, daß derselbige Knecht nicht ewig im Hause wohnet, noch bei dem Herrn bleibet. Nu seid ihr auch Knechte, und bleibet oder wohnet ein Zeitlang im Hause: da gebe ich euch Raum zur Buße und Besserung, und laß euch sagen, daß ihr fromm, auch der Sünden ledig und los werdet. Thut ihrs, so bleibet ihr wohl; so ihr aber nicht wollt, so dulde ich euch so lang, bis daß der Kaiser

l) Dienst und Lohn der Sünde. Röm. 6. m) Anfang dieser Freiheit. n) Freiheit von Sünden.

kömmet, uberwindet und stürzet euch: alsdenn stoße ich euch heraus, nicht allein aus dem leiblichen Regiment, aus dem Hause in der Welt, sondern auch aus dem Priesterthum, aus dem Hause Gottes, und aus dem Himmelreich, daß ihr nicht mehr Gottes Volk bleibet. Wiewohl Gott hats geduldet ein Zeitlang, daß sie im Königreich und Priesterthum geblieben sind; aber sie haben heraus gemußt.

Also wirds uns Deutschen auch gehen. Wir sündigen, und sind der Sünden Knechte, wir leben in fleischlichen Lüsten, und gebrauchen der Freiheit weidlich bis uber die Ohren o). Wir wollen thun, was wir wollen, und was dem Teufel zu Dienst geschieht, und wollen frei sein, zu thun, was wir nur wollen. Wenig sind ihr, die da gedenken nach den rechten Knoten, wie sie von Sünden frei würden. Sie sind wohl zufrieden, daß sie vom Papst, Offizialn, und von andern Gesetzen los worden sind: aber wie sie Christo möchten dienen, und von der Sünden frei werden, darauf gedenken sie nicht. Darümb so wirds auch also gehen, daß wir im Hause nicht bleiben werden, wie die Knechte nicht ewig darinnen bleiben, sondern müssen ausgestoßen werden, und wiederümb das Evangelium und die Freiheit verlieren.

Was gilts, wo wir Deutschen nicht ausgetrieben müssen werden p), und unser weltlich Regiment und Evangelium verlieren, und werden unter argere Teufel kommen, denn der Papst gewesen ist, und werden unter ihnen gefangen sein, die uns denn verführen werden, als Blinde und Narren, und uns zerstreuen in die ganze Welt; gleich als die Jüden sind zerstreuet worden. Denn das ist unsers Herr Gotts Regel, welche er mit den Jüden gebraucht hat, und wird sie auch noch mit allen Verächtern seines Worts gebrauchen: die Jüden hat er zerstreuet, und ihr Königreich und Synagog hinweggenommen. Werden wirs versehen und nicht zum rechtem Häuptstück greifen, wie wir der Sünden los werden, so wird

o) Mißbrauch dieser Freiheit bei den Deutschen. p) Prophezei Lutheri, wie das Deutschland mit Ketzern solle gestraft werden.

des Evangelii kommen? Aber ihne
recht, es ist euer Schuld. Wenn du n
und frei von Sünden sein, so wirs
nicht bleiben, sondern wirst ausg
Wirst du denn irre hin und wieder
viel Pfarrherrn haben, als du Glau
schieht dir eben recht. Denn also g
unser Herr Gott anfähet und beginn
die Leute, da wird eitel zerstreuet D
kommen denn hernacher viel Rotten u

Wie denn der Papst die ganze
Rotten gemacht hat q); aber der T
geschmückt, daß sie nicht haben müsse
sondern Kloster, Stifte, Altar, M
Wallfahrt 2c., und sind doch mit ein
gewesen, sie sind nicht zusammen kom
hats geheißen zerstreuet oder zustä
ists in der Wahrheit also gewesen.
nicht anders zugeben: willt du nic
so wirst du ausgestoßen werden. Ei
er uns wohl, und hat Geduld mi
wohl nicht fromm sein; aber wo wi
sern, so stößt er uns denn aus dem
wie ein Knecht, der von seinem Her

ten, so ihr wollet frei werden r), nicht allein von den Gesetzen und Zwang des Papsts, der Mönche, Bischoffe und Pfaffen, das wird sich selber wohl finden; ihr müsset weiter trachten. Denn wenn ihr gleich vom Papst los werdet, so will ich (spricht Gott,) balde andere Rotten schaffen, die da wegnehmen sollen des Herzens Freiheit; wie der Papst auch gethan hat. Denn ich hab noch tolle Heiligen, weise, vernünftige Leute, Juristen und andere tolle Köpfe, die sollen noch wohl rathschlagen, wie ihr möget zerstreuet werden. Darumb gedenket, daß ihr höher und weiter greift, und nach einer andern Freiheit trachtet, als, daß man von Sünden frei werde, denn daß ihr nach des Fleischs Freiheit stündet; wie hie die Jüden auch. Fraget nicht darnach, will Christus sagen, wie ihr am Freitage möget Fleisch essen, das wird sich wohl finden; sondern hieher gedenkt, es muß nach dem Häuptstück gegriffen sein: denkt nicht, wie ihr äußerlich frei werdet, sondern wie man für Gott fromm und gerecht sei, und der Sünden los werde.

Wie geschicht aber das? wie thut man ihme nu? Also gehets zu: Wenn euch der Sohn frei macht rc. s), da liegts an, und[52]) wie droben gesagt wird: So ihr in meiner Rede bleibet, so werdet ihr meine Jünger sein, und die Wahrheit wird euch frei machen. Da liegts alles an. Aber sie sagen: Sollten wir nicht frei sein, fromm sein, und der Sünden los? Siehest du nicht, welch ein geistlich Ampt wir haben, wie wir Gott dienen, opfern, hären Hembde tragen, fasten, geben den Zehenten, sind Pharisäer und Priester? Nein, damit wird man nicht von Sünden los; das heißet nur Moses Priesterthum und Stiftung gedienet. Er hatte das Gesetze den Jüden gegeben; gleichwie der Papst sonderliche Kleider, Kappen, Meß und Anders mehr geordent hat: aber das Alles heißet noch lange nicht die Wahrheit, noch Gottes Sohn, oder Gottes Wort und

r) Nach der Häuptfreiheit zu trachten. s) Gottes Sohn machet allein frei.

52) „und" fehlt.

Reden. Denn Gottes Sohn ist höher, denn alle Stift, Klöster, Kappen und Platten. Gottes Sohn und sein Wort müssen michs lehren, daß es etwas Höhers und Bessers sein müsse, denn der levitische Gottesdienst, der Tempel zu Jerusalem, oder die Leviten. Es muß etwas Bessers sein, denn die Mönche, Papst und Bischoffe ꝛc. Denn was nicht Gottes Sohn heißet, das wird mich nicht frei machen. Das muß man oft predigen, obs einmal wollte eingehen durch Gottes Gnade.

Das ist die Freiheit, das müsset ihr wohl lernen, daß ihr von Sünden frei sein müsset; wo nicht, so hilft euch der Tempel zu Jerusalem nichts, auch der Papst nicht mit alle dem Seinen, es heiße Ablaß, Bullen, Fasten, Rosenkränze, Beten, oder wie es wolle. Die Jüden, noch der Papst werden uns nicht frei machen; sondern alleine der Sohn. Wie gehet denn das zu? t) Wenn man sein Wort höret, als, daß Christus ist geborn von Maria, gelitten, gekreuziget, gestorben und begraben, und am dritten Tage wieder auferstanden von den Todten ꝛc. O, spricht man, das kann ich seher wohl; es ist eine alte Predigt: der Papst, Kardinal und Bischoffe wissens auch. Ja, sie könnens wohl. Diese Lection der Kinder lerne, in diesen Worten stehets, wie wir erlöset und frei gemacht werden. Ja, saget man, es ist ein gemeine Rede und Wort; darümb [53]) klappt es auch nicht. Aber ein große Tugend ists, daß es die Kinder beten, und auch ehe verstehen; aber wir alten Narren, je gelehrter und klüger wir sind [54]), je weniger wir davon wissen und verstehen. Das Freiwerden muß also zugehen, daß du denkest auf etwas Anders, denn das in dir ist, oder das im Papstthum, oder in den Heiligen, oder in Mose ist; sondern das etwas Höhers sei, denn dieses Alles, nämlich, auf den Sohn Gottes. Wer ist er? Im Symbolo sagen wir: empfangen von dem Heiligen Geist, geborn von Maria, gestorben ꝛc. Da

t) Freiheit des Sohns.

53) darüber. 54) Orig. † wollen.

wisse, daß man denn recht fromm werde, und der Sünden los sei, wenn Christus mich frei machet, daß er für mich stirbet, und sein Blut vergeußt, und stehet von den Todten wieder auf, und setzet sich zur rechten Hand Gottes.

Das Stücke und die Reden zeigen mir an den Sohn, der mich frei machet. Wer das nicht gläubet oder lernet und dem Sohn anhanget, der mag thun, was er will, so ists doch alles verloren, und muß in den[35]) Sünden bleiben. Das ist eine Predigt, die man muß viel und oft predigen, auf daß man der Lehre satt und gar voll werden möge. Aber ich bin ihr noch nicht satt, es ist diese Predigt wie das Brod, deß der Leib nicht uberdrüssig wird u). Anderer Speise kann man satt werden, aber des Brods[36]) wird man nicht satt; es wäre denn einer krank, daß er nicht essen könnte, aber ein gesunder Mensch wird des Brods nicht müde. Also lernet ein Christenmensch den Glauben sein Lebetage nicht aus, wider du noch einiger Heilige, er heiße Maria oder Johannes der Täufer.

Darümb so müssen wir mit den Kindern sitzen bei dem Ofen, und lernen diese Lehre v); ohne daß Etliche so gelehrt sind worden in einer Predigt, daß sie Alles wissen: aber wenns zum Treffen kömmet, so bedürfen sie es wohl, daß man ihnen die Wort fürspreche, und daß ihnen ein Kind von vier Jahren den Glauben fürbeten muß. Mittlerweile beten sie Psalmen, gleichwie die Mönche und Nonnen den Psalter lesen und auswendig treffen; aber in Todesnöthen, wenn man sterben soll, denn können Mönche, Nonnen und Pfaffen im Psalter nicht einen Buchstaben, damit sie sich trösten möchten. Noch soll ein Solcher heißen ein großer Theologus, da er doch in seinen höhesten Nöthen dasjenige nicht kann noch weiß, das sonst ein Kind von vier Jahren kann. Ei du trefflicher, hochgelahrter Heilige, weißest du

u) Di se Predigt von der Freiheit sei uns gemein wie das täglich Brod v) Theologiam zu studiren.

35) „den" fehlt. 36) Orig. Worts.

das nicht? Nu, der Herr Christus weiß, daß daran viel liegt, und daß die Leute den Artikel verachten, lernen ihn zu balde aus, werden zu frühe Doktores, und wenn sie ihn gehört haben, so meinen sie, daß sie ihnen balde gar auswendig wissen und können; aber es ist Nichts.

Diese Lehre gilt da w), wenn der Tod kömmet, und der Teufel dir zuspricht und saget: Du bist von Gott verlassen, stickest in Sünden, und das Gewissen saget dir auch ab: da ists nicht eine Lehre, die in Worten stehet, sondern es ist eine lebendige Lehre, die da nicht saget, was man thun und reden, sondern wie man leben soll, und das Leben vertheidigen und erhalten möge wider den Tod, und daß du dem Teufel in seinen Rachen nicht kömmest; denn wird sichs mit Worten und Rühmen nicht thun noch sich enden lassen.

Dahin dringet nu Johannes der Evangelist allezeit, er kann diese Predigt nicht gnug treiben, er kanns nicht auspredigen, daß es Alles an Christo liegt, denn durch ihn haben wir Alles. Er weiß wohl, daß ihr Viel sagen werden: Herr, Herr rc. x), aber ihr sind seher Wenig, die da von Sünden frei wollen werden durch den Sohn, welches denn geschieht, wenn ich gläube an Christum, daß er für mich gestorben ist, und gelitten hab; das machet mich frei von Sünden: nicht durch dich, oder dein Fasten, oder durch Möncherei und Nonnerei, Meß, Wallfahrt oder Marien Fürbitte, oder anderer Heiligen Anrufung; sondern, daß ich allein durch den Sohn Erlösung hab. Denn Niemand ist sonst geborn aus Maria, begraben, gestorben, und von den Toden wieder auferstanden, aufgefahren gen Himmel, denn allein der einige Mann Christus. Sonst ist Niemand, weder im Himmel noch auf Erden, auch kein Engel, der da uns helfen könnte.

Derhalben sollen wir auch an dem Manne allein hangen, und ihn allein erkennen für unsern Heiland y). Ich kenne ihr Viel, die dieses Alles frühe

w) Nutz dieser Freiheit. x) Matth. 7. y) Christus.

ausgelernet haben; aber ich kann es nicht. Darümb lehre ichs, und sage: Es ist alleine Gottes Werk, darauf stehets Alles, daß ein Mensch von dem andern Allen soll abgescheiden sein, und sich zusammen lesen, und das andere Alles hinweg in einen Winkel werfen, und sagen: Ich werde durch dasselbige nicht selig, es muß Alles abgeschnitten sein, soll ich aber getrost werden, Friede im Gewissen haben, und der Sünden los sein, so soll ich gläuben, was die Kinder gläuben z). Da stehets im Symbolo, sie sagen: Ich gläube an Jesum Christum, meinen Herrn, der gestorben, begraben und auferstanden ist. Saget man denn: Ja, das ist gemein Ding, ich will etwas Sonderlichs lernen. Es ist wahr; aber lerne du nur so viel, daß du ihn so wohl kennest, als ihn die Kinder kennen. Aber man sagt im Sprüchwort: Je länger, je ärger, und je älter, je kärger; darümb so verachten wir das Wort auch, und werden stolz, und des Worts uberdrüssig a), werden Klügling, lassen uns dünken, wir können es wohl: aber wenn es zum Treffen kömmet, so wissen wir Nichts davon, und sind denn die Kinder unsere Lehrmeister und Präceptores. Ich weiß wohl, was mir in diesem Fall begegenet ist; dir wirds auch widerfahren.

So soll man nu also frei werden, daß sie, die Jüden, nicht sagen, daß sie Gottes Volk und Abrahams Samen sind, und Gott dienen, denn damit werden sie nicht los noch frei, denn die Sünde ist zu groß, sie werden damit den Tod und Teufel nicht niederlegen. Es ist nur ein einiges Mittel und Griff b), nämlich, so euch der Sohn frei machet,. denn seid ihr recht frei. Er will haben, man soll das Alles niederlegen und fahren lassen, das man vermeinet, es soll sonst helfen frei zu machen, es sei Tempel, Opfer oder ander Gottesdienst, und alleine auf Christum sehen. So ihrs nu dafür haltet, will er sagen, daß ich euch frei mache, und den Kinderglauben wisset, so sollt ihrs erfahren.

z) Kinderglaube von dieser Freiheit. a) Uberdruß dieser Lehre. b) Einiges Mittel der wahrhaftigen Freiheit.

Wenn das geschehen, so soll sich alsdenn die andere Freiheit auch finden c). Denn wenn ich gleich ins Gefängniß geworfen, und vom Papst mit Stricken gebunden werde, so bin ich doch hoffärtig und trotzig, und sage zu ihme: Du Papst bist mein Knecht, und ich bin dieser Ketten oder Gefängniß Herre. Denn sie sollen mir diese Freiheit nicht wegnehmen, und mir an meinem Glauben und Christenthum keine Hinderung sein: diese Bande sollen mir nicht schaden, sondern nützlich sein, und fördern zu Christo; und je mehr du mich marterst und plagest mit der Gefängniß, mit Gesetzen, Anfechtungen und Schrecken, je besser man mir damit dienet. S. Paulus rühmet und freuet sich auch in den Banden d), und ist drinnen gleich hoffärtig; als sollt er sagen: Ein Ander möchte sprechen: O der Kerker ist mein Herre, und die Rathsherrn zu Rom haben uber mich zu herrschen, als meine gebietende Herrn; aber ich kehre es gar umb und spreche: Lieber Henker, liebe Obrigkeit, ihr seid meine Knechte, ich bin euer Herr; mit dem, was ihr mir thut, und womit ihr mich angreift, da macht ihr meine Sache nur besser: ich kanns euch nicht verdanken, denn ihr machet meinen Glauben nur stolzer und prächtiger. Und man muß wider einen solchen Knecht beten, als wider einen unsinnigen, rasenden Hund. Und was thut denn ein solcher Tyrann Anders, der Feuer, Wasser, Schwert und alle andere Marter und Pein nimmet, und will mich todten und gar unterdrucken, denn daß er mich in den Himmel hebt und setzt? Das folget hernach, wenn man die Freiheit zuvor hat.

Aber der Papst und die Welt will das nicht leiden, daß sie Christum alleine lasse etwas sein und gelten, und an ihn alleine gläube, und das andere Alles dagegen fahren lasse; sondern wollen e), daß wir das Unsere auch sollen dazu thun, als, Messe halten und Klöster stiften, und sprechen: Sollten

---

c) Folge der geistlichen Freiheit. d) S. Pauli Freude in leiblicher Gefängniß. e) Des Papsts und der Welt Mittel zur Freiheit.

wir allein durch den Glauben an Christum selig werden? wollen also den Baum auf beiden Achseln tragen, und zugleich warm und kalt aus Einem Maul blasen. Also wollens die Jüden hie auch thun, sagen: Du Zimmermannsknecht, du Betteler, du armer Tropf, solltest du uns wollen frei machen? Du sagest, es liege an deiner Predigt so viel, daß alle unsere gute Werk und guten Gesetze dagegen sollen Nichts sein; darümb immer todt, todt, und dich verbrannt und gekreuziget! Also gehets zu.

Darümb so ists eine hohe Predigt f), welche der Heilige Geist den Kindern und Einfältigen eingibt und fürhält. Die alten Narren, als ich auch einer bin, die lernen es schweerlich; die jungen Kinder lernen es am meisten. Aber die Andern lernen diese Weisheit gar zu seher, daß, wenn sie es einmal gehört haben, so lassen sie sich dünken, sie wissens gar. Aber ich fühle es, daß ichs nicht fassen kann. Sankt Paulus klaget auch drüber g), spricht: Ich wollts gerne gläuben und denken, daß es Gottes Wort sei; aber in meinem Fleisch ist einer, der dawider streitet, und wills nicht lassen gut sein.

Darümb, so muß mans täglich predigen, und anhalten an dem Häuptstücke, daß man hie vor frei werde h), alsdenn wird die andere weltliche Freiheit wohl auch folgen. Aber wenn ihr wollet von der fleischlichen Freiheit anfahen und handeln, so kömmet man in ein solch wüst und wilde Wesen, daß man es beides verleurt. Da richtet euch nach. Wer Sünde thut, der ist ein Knecht der Sünde, und er hat den Tod zum Herrn, und die Hölle ist auch sein Herr, er kann ihnen nicht entlaufen. Wo werde ich denn los? Da saget man denn: Ich will ein Kapell bauen, eine ewige Meß stiften, Wallfahrten gehen, fasten, und ein Mönch werden ꝛc. Ja, ja, saget Christus, das ist eben die rechte Weise; aber laß du dich von dem frei machen von Sünden, so da heißet der Sohn Gottes, so bist du frei. Wenn

f) Hohe Predigt von der Freiheit. g) No. 7. h) Anzuhalten an der Lehre von dieser Freiheit.

du dich zu ihme gibst, und läßt dich durch den frei machen, so stehets recht; wo nicht, so hilfst dich nicht, was du thust, es ist alles umbsonst und vergeblich.

Sie antworten und sprachen zu ihm: Abraham ist unser Vater. Spricht Jesus zu ihnen: Wenn ihr Abrahams Kinder wäret, so thätet ihr Abrahams Werk; nu aber suchet ihr mich zu tödten, einen solchen Menschen, der ich euch die Wahrheit gesagt habe, die ich von Gott gehöret hab; das hat Abraham nicht gethan. Ihr thut euers Vaters Werk. Da sprachen sie: Wir sind nicht unehelich geborn, wir haben einen Vater, Gott ꝛc.

i) Ihr habt im Evangelio Sankt Johannis gehört, daß Christus zu den Jüden saget: Wer Sünde thut, der ist ein Knecht der Sünden, und so euch der Sohn frei machet, so seid ihr recht frei; in welchen Worten er von der rechten christlichen Freiheit gepredigt, und sie redlich wider die Jüden gepreiset und ausgestrichen hat, denn sie eine fleischliche Freiheit draus machen wollten, und meineten, wenn sie große Herren wären, und die ganze Welt unter sich hätten, alsdenn würden sie recht frei sein. Aber er spricht, er sei nicht umb derselben Freiheit willen kommen, daß er die Menschen nach dem Fleisch frei mache, wie es die Welt und die Menschen alle gerne hätten; sondern er hab mit einer andern Freiheit zu thun, die sei ewig, nämlich, eine Freiheit von Sünden. Er bringet keine zeitliche oder fleischliche Freiheit, sondern eine geistliche und ewige. Darümb so will er sagen: Daß ihr euch rühmet, ihr seid Abrahams Kinder, ist nicht gnug; es gehöret mehr dazu, plus requiritur ad libertatem christianam, denn daß man Abrahams Kind, Abrahams Fleisch und Blut sei. Also werdet ihr nicht frei werden; denn Abraham ist selber nicht frei davon worden, daß er geboren war aus dem Fleisch und Geblüt seines Va-

i) Die 13. Predigt, am Sonnabend nach Oculi Anno 1532.

ters, wiewohl sich die Jüden der fleischlichen Geburt seher rühmen: sondern seine Freiheit kömmet daher, daß Gott ihme den gebenedeieten Samen verheißen hatte k). Derhalben so lasset Abraham fahren, und alles, das ihr habt von Abraham zu rühmen, und sebet zu, daß ihr alleine dahin kommet, daß ihr durch mich frei werdet; sonst werdet ihr nicht frei sein, und müsset ewiglich Knechte bleiben.

Das war die ärgeste Ketzerei bei den Jüden l), daß er, Christus, sollte auftreten, und dem jüdischem Volk sagen: Durch mich sollt ihr frei sein; Gott gebe, ihr habt Abraham, Mosen oder das Gesetze, so hilfts euch doch alles nichts: allein hieher zu mir, oder ihr seid verloren. Denn das war ihnen im Wege, daß sie wußten: Abraham war ein Freund Gottes genennet; item, sie hatten die Verheißung von Gott, daß sie sollten Gottes Volk genennet werden. Da wollt er dieses Alles zerreißen und umbkehren, und Nichts von Abraham rühmen; sondern spricht: Gedenkt und kommet her alle zu mir, die ihr müheselig seid; ich will euch erquicken, und euch helfen, oder ihr werdet nimmermehr frei werden, und müsset ewiglich verloren sein. Das lautet also: Abraham ist Nichts, und alle Verheißung Gottes, die Abraham gehabt hat, von der Freiheit, sind auch Nichts ohne mich; also hat es gelautet in der Jüden Ohren.

Itzund fähret er fort, und thut eine Einrede, und will ihre argumenta auflösen, und spricht:

Ich weiß wohl, daß ihr Abrahams Samen seid.

Als sollt er sagen m): Ihr dringet hoch drauf, daß Abraham euers Fleischs und Bluts sei, und daß ihr von ihme herkommet; aber damit werdet ihr meinen Mund nicht stopfen, noch meine Predigt einlegen. Gleich als wollt ich, Doctor Luther, sagen: Ich weiß, daß ihr Bischoffe seid und Priester, und daß ihr getauft seid, item, seid im bischofflichem Ampte, und seid in der Kirchen, kommet von Christo;

---

k) Gen. 22. l) Ketzerische Predigt in der Jüden Ohren. m) Widerlegung der jüdischen Einreden und Argumenten.

aber das ist nicht gnug, darümb seid ihr noch nicht die rechte Kirche. Ei, sagen sie n), sollte uns das nicht helfen, daß wir unter den Christen sind, in der christlichen Kirchen, und ein christlich Ampt haben? Damit solls nicht ausgericht sein. Es war bei ihnen viel ein Höhers, denn bei uns, wenn sie sagten, sie wären die christliche Kirche. Denn sie wollten damit sagen: Pöche und predige, was du willt, die christliche Kirche wird nicht irren, sonst müßte Gott selber irren; wie sie denn hie sagen: Wir sind Abrahams Same, Gottes Kinder, Gottes Volk; oder Abraham ist nicht ein Knecht Gottes. So Abraham aber ist ein Freund Gottes, so sind wir auch Gottes Kinder und sein Volk; wie itzt die Papisten auch sagen: So Christus nicht irret, und er ist Gott, so sind wir auch die christliche Kirche, und der Papst irret nicht. Wir wissens wohl, du darfest michs nicht lehren: Du kömmest aus der Taufe, und aus dem rechten Stamm, und bist unter der Zahl der Christen, und kannt die zehen Gebot erzählen, das Vater Unser beten, und die Predigt hören: daß du aber sagest, darümb so bin ich ein Christ; noch nicht, das ist noch nicht Christen sein: gleichwie sie hie sagen, daß sie von Abrahams Samen sind. Aber der Herr Christus spricht: Ihr seid darümb noch nicht frei: ihr musset zu mir kommen, und durch mich frei werden, oder in euern Sünden sterben und untergehen. Was ist denn die Schuld, daß nicht daran gnug ist, daß man Abrahams Same ist? Waren doch Abrahams Kinder Gottes leibeigen Volk? Ja, saget er, ihr seid Knechte der Sünden und suchet mich zu tödten, denn mein Wort fähet nichts in euch.

Das ist eine scheußliche Predigt, und eine große Distinction unter Abrahams Kindern o); als sollt er sagen: Ich weiß wohl, daß ihr Abrahams Kinder seid, aber ihr thut euers Vaters Werk; ihr seid Abrahams Kinder, aber ihr habt einen andern Vater.

---

n) Papistische Einreden.

o) Distinction Christi unter Abrahams Kindern.

Er machet ihnen zweene Väter. Abraham ist euer Vater, aber ihr habt noch einen andern [57] Vater, deß Kinder seid ihr recht. Wo ihr nu nicht von demselbigen Vater los werdet, daß ihr seine Werk nicht thut, so hilfts nicht, daß ihr Abrahams Same seid. Denn ihr wäret wohl Abrahams Same, wenn nicht ein ander Vater, der Teufel, dazu kommen wäre p); aber nu seid ihr Mörder und Teufelskinder; da reimets nu zusammen. Abrahams Same soll erben, Abrahams Reich und die Verheißung, oder den verheißenen Segen, das Reich, das Abraham gegeben ist, seine Nachkömmling sollens alles besitzen; aber itzt seid ihr Mörder und Todtschläger, ob ihr gleich von seinem Geblüte seid. Also scheidet es sich. Wenn ihr Abrahams Kinder bleibet, wie ihr denn seine natürliche Kinder seid, und wäret nicht falsche Kinder, ein Samen und Kinder des Mordes, des Teufels, so wäret ihr rechte Kinder und würdet balde frei; aber dieweil ihr mich suchet zu tödten, so seid ihr nicht rechte Abrahams-Kinder.

Das sind die zwo köstliche Tugend, daß, wer von diesem Glauben, Lehre und Wort fället, der hat die zwei Stücke, daß er ist ein Lügener und ein Mörder q). Ich sage zum Vater, dem Papst, auch also: Du bist getauft und abgewaschen von Sünden durch die Taufe Christi, wie S. Petrus saget, deine Sünde und Tod ist ersäuft durch die Taufe und durch das göttliche Wort; du bist fein gereiniget und abgewaschen, aber du flichtest dich wieder hienein in die Sünde. Gleich als eine Sau, die fein reine abgewaschen ist, fein geschwemmet und gebadet, aber flugs in den nähesten Koth fället, und sich wieder fühlet; da sage ich: Liebe Sau, du hast zwar gebadet, und bist fein rein; aber warümb bleibest du nicht aus der Pfützen und Schlamm, daß du nicht wieder fühletest? Also sage ich auch, daß die Bischoffe durch das Blut Christi gebadet, rein und schön

---

q) Der Teufel ist auch der Jüden Vater. q) Abfall von Gottes Wort bringet mit sich diese zwo Tugend.

57) „andern" fehlt.

gemacht sind, auch durch das Evangelium berufen und getauft ꝛc., aber sie wollen wieder zurück; wie sich die Sau nach der Schwemm in der nähesten Pfützen wälzet und fühlet, also werden sie auch zu Mörder und Lügener.

Das heißet von Christo fallen und nicht bleiben bei Christo; darümb seid ihr Lügner r), denn meine Rede ist die Wahrheit, die höret ihr nicht, und wer die Wahrheit nicht höret, der ist ein Lugener, und ist voller Lügen, er kann Gottes Wort und die Wahrheit nicht fassen und leiden. Darnach, wenn er die Lügen gefasset hat, so kannn er dem, der die Wahrheit redet und lehret, nicht hold sein, sondern er hasset ihn, und wollt ihn gerne tödten. Thut ers nicht mit der Faust, so thut ers doch mit dem Herzen, und wird also ein Mörder; denn diese zwo Tugend folgen auf einander, Lügen und Mord; wie denn im Paradies auch geschahe: als der Teufel Adam von der Wahrheit zur Lügen gebracht hatte, und die Seel durch die Lügen weggenommen, so risse er den Leib durch den Tod auch hinweg; also hat ers gar. Dergleichen rühmen heutiges Tages die Bischoffe auch, daß sie die christliche Kirche sind; aber die Wahrheit von Christo wollen sie nicht leiden, und drucken sie unter, bestätigen hinwieder ihre Lügen. Wenn wir denn Solches nicht gestehen wollen, so henkt, ertränkt, verbrennt und verjagt man uns. Also thun uns itzt die Bürger, Bauren, und Edelleute, daß sich ihr Haß und Neid wider uns erhebt, wenn wir nicht wollen, wie sie. Also gehets auch, wenn man den großen Hansen von der Wahrheit saget, so ist Niemand den Predigern günstig.

Dieser zweier Sünden Knecht wird derjenige s), so von Christo und seinem Wort fället, und nicht recht bei ihme stehet: er wird ein Lugener und Feind der Wahrheit, und auch ein Feind des Lebens seines Nächsten. Es sind schöne Tugend, daß ein Mensch so böse wird, daß er Gott und Menschen feind wird durch die Lügen, daß er die Wahrheit nicht leiden

r) Lügenart. s) Knechte der Lügen und Mords.

kann. Er ist unserm Herr Gott feind, der ihme die Wahrheit läßt predigen, und wenn er Gott könnte tödten, so thäte ers auch. Er thut aber als viel, als er kann, mit Lästern, Fluchen und Schänden. Aber den Menschen mordet und tödtet er.

So will nu der Herr Christus hie sagen: Ihr sehet, was für zwo schöne Tugend ihr habt: ihr seid Gott und den Menschen feind, die es nicht mit euch halten, darümb so seid ihr nicht frei, denn ihr treibet diese zwo Sünde, der Teufel reitet euch. Wie kann nu der Papst dem Teufel ähnlicher sein t), denn daß er allem feind ist, was Gott und die Menschen reden und thun; Diese zwo Sünde sind zweene große Herrn und Imperatores, und wenn sie einen Menschen besitzen, so wollt er gerne, daß alle Welt todt wäre. Also thut der Papst, seine Bischoffe und Fürsten, ja, Bürger [58]), Bauer und Idermann itzt auch; sie sind alle Gottes und der Menschen Feinde: sie wollen die Wahrheit nicht hören, daß man sie ihnen predige; so können sie auch nicht leiden, daß ein Mensch, der da Gottes Wort führet, nicht zu ihren bösen Sachen schweigen wolle. Darümb, könnte man sie alle tödten, man thäts gerne. Daher kömmet denn das Verdammen, Urtheiln, Richten, Lästern und Todtschlagen. Das ist Abrahams Same.

Nu, du edeles Thierlin, du Kräutlin, du Früchtlin und Blümlin, bist du Abrahams Same u)? Ja, des Teufels Same. Nach dem Fleisch und Blut sind sie Abrahams Same, aber nach den Werken sind sie des Teufels Same; wie denn der Papst eben also die christliche Kirche auch ist, nach der Taufe, nach dem Evangelio und der Schrift: aber dieweil er Gottes und aller Christen Feind ist, so ist er von der Taufe und Christo abgefallen, und hat den Teufel zum Vater: deß Kinder sind er, alle seine Kardinäl, Bischoffe, Mönche und Pfaffen, denn sie sind alle Mörder nnd Lügener.

---

t) Der Papst dem Teufel ähnlich. u) Abrahams Same, was es für ein Früchtlin worden.

58) † und.

Darumb spricht hie Christus: Ihr wollet mich tödten; denn meine Rede fahen nichts in euch. Woher kömmet diese Sünde, daß ihr mir das Leben nicht gönnet, und wollt mirs gerne nehmen? Sollet ihr los und ledig sein von Sünden? und sollet ihr Abrahams Same sein? Ihr müsset Gottes Feinde und Mörder sein. Das ist die Häuptsünde, die treibet sie v); denn sie sind Gott feind. Wäret ihr Gott hold, so wäret ihr auch mir hold; und spricht: Meine Rede fahen nichts in euch. Gotts Wort greift euch wohl an, aber ihr bekehret euch nicht. Ich fahe Nichtes mit meinem Netz [59]) in euch. Ich werfe mein Wort wohl unter euch aber ihr seid meinem Wort zuzuwider, und seid Gott feind. Darümb folget, dieweil ihr mein Wort hasset, und seid ihme entgegen, so müsset ihr mir auch feind sein. Aber Gott hat den Vortheil, daß ihr ihn nicht könnet tödten; mich aber könnet ihr erwürgen, der ich sterben kann. Derhalben so ist ein Ungläubiger ein Mörder Gottes und der Menschen w), er heiße Abrahams Same, oder wie er sonst wolle. Denn so er Gott tödten, und die Wahrheit unterdrucken, und das göttliche Wort tilgen könnte, so thät ers auch; das heißet Gott gemordet. Darnach so ist er auch ein Menschenmörder.

Diese Predigt ist gethan worden wider das Rühmen der Juden x). Denn sie meineten, dieweil sie Abrahams Same wären, so könnten sie nicht untergehen. Es ist ein großer Trotz, der da im Papstthum auch gewaltig im Schwang gehet, ja, auch unter uns, daß ihr Viel sich rühmen und sagen: Wir sind evangelisch, haben diese Lehre wohl gelernet; rühmen sich, alles, was sie thun, das sei recht, meinen, als solle das Evangelium thun, was ihnen gefallet, wie die Jüden auch meineten, sie wären Abrahams Same, und möchten thun, was sie wollten: gleichwie der Papst und die Bischoffe auch meinen,

---

v) Häuptsünde der Jüden. w) Ein Ungläubiger ist ein Mörder und Lügener. x) Predigt und Solution wider der Jüden und Papisten Rühmen.

59) Orig. nuz

sie sind darumb getauft, daß sie in der Kirchen und Christenheit mögen machen, was sie nur wollen. Das ist nu eine starke Predigt und Solution drauf: Gott fragt nichts darnach, ob du gleich Abrahams Same bist, und getauft worden, auch das Evangelium angenommen hast, und viel von der Lehre haltest; aber siehe dich für, daß du nicht werdest Gottes Mörder und der Menschen Mörder. Denn du bist ein solcher Geselle, der da Gottes Wort nicht hören, und die Wahrheit nicht leiden will, du willt nicht hören, daß man dich strafe; und wenn du lange Gottes Wort gelästert und geschändet hast, so folget denn der Todtschlag draus, daß man mit der Faust Gottes Diener und Prediger auch ermordet.

So muß man es nu also unterscheiden y), daß man sage: Ich weiß wohl, daß du evangelisch bist, du kannst davon reden, schreiben, und es hören; aber du bist darumb nicht ein Christenmensch. Denn siehe nur, wie du dich stellest gegen die, so dir [60]) die Wahrheit predigen und sagen. Wie Viel sind ihr in diesem Fürstenthum, die ihre Dorfpfarrherrn nicht [61]) zum ärgesten anfeinden! Wenn sie ihnen die Wahrheit sagen, und sie auf der Kanzel um ihrer Sünde willen rühren, daß sie unrecht leben; so meinen sie nicht anders, denn daß die Dorfpfarrherrn wohl verdienet haben, daß man sie nur todtschlage, und rühmen sich gleichwohl, sie sind auch gut evangelisch. Ja, spricht Christus, ihr seid gut evangelisch; wie er hie zu den Juden saget: Ich weiß wohl, daß ihr Abrahams Same seid, aber ihr wollet die Wahrheit nicht hören, und seid denen feind, die euch predigen die Wahrheit. Heißen das Abrahams Kinder und Evangelische? Das kömmet nicht aus der Taufe her, sondern aus der leidigen Hölle; und ihr decket und schmücket euch alleine [62]) mit dem Namen und Titel der Kirchen und Christen.

Das sind die zwo Tugend z), da hütet euch für.

---

y) Unterscheid zu machen zwischen falschen und rechten Christen.

z) Tugend' so aus dem Abfall vom Evangelio folgen.

61) „nicht" fehlt. 62) alle.

Wer einmal aus dem Evangelio fället, der hält es nicht fur einen Ernst: den schilt hie auch Christus, daß er Gottes und der Menschen Feind und Mörder sei; und er kanns nicht umbgehen oder lassen, er muß tödten. Ob er wohl sich decket und schmücket, und mit der Faust nicht tödtet, so thut ers doch mit dem Herzen und Munde; könnte ers auch mit der Hand thun, so thät ers. Und dieß Exempel sehen wir unter dem Adel, Bauern und Bürgern, und wollen gleichwohl alle evangelisch sein. Es gehet mit Gewalt daher, wohlan, es wird sich finden. Wir sollen nur alleine lernen, daß es muß also zugehen, sie müssen Gottes und [63]) Menschen Feinde und Mörder bleiben, spricht Christus; denn meine Rede fähet nichts in euch.

Ich rede, was ich von meinem Vater 2c.

Da heißet er Abraham nicht mehr ihren Vater. Zuvor hat er gesaget: Ich weiß, daß ihr Abrahams Kinder seid, daß ihr von Abrahams Fleisch und Blut geborn seid; wie wir zum Papst auch sagen: Wir wissen, daß ihr getauft seid, und das Evangelium gelernet habt; aber ihr thut nicht darnach. Aber wollt ihr wissen, wer ihr seid, so sehet ein wenig in eurem Herzen an euer Sünde und eure Werke, die werden wohl davon Zeugniß geben. So saget nu der Herr Christus: Ich rede, was mir der Vater befohlen hat. Mein Wort ist die Wahrheit, aber es fähet nichts in euch. Ihr sehet auf meine Rede nicht, ihr fragt nichts darnach, sondern wollet Mörder sein, und sehet darauf, daß ihr thut, wie euer Vater, der Teufel, thut; das wollt ihr nachthun. Und ist keine andere Ursach des Mordens a), denn daß ich predige und sage, was Gott mir befohlen hat, und ihr wollet Gottes Wahrheit nicht hören, noch mich leiden. Die Ursache ist, daß ich predige und rede, das ich von meinem Vater gesehen hab; alleine das Wort und die Lehre machet euch zu Mör-

---

a) Ursache des Mords.

63) † der.

dern, und daß ihr Gottes Wort in mir verfolget, und drüber zu Mördern werdet.

Also wird es noch kommen, daß beide, die Fürsten und die Scharrhansen vom Adel, werden wollen haben, daß man predigen soll, was ihnen gefället, und was sie wollen. Rühret man sie, so sagen sie, man fahe Aufruhr an, man steche auf sie, man verleumbde und verunglimpfe sie. Schilt man sie, so sagen sie, man sei aufrührisch; das ist schon auf der Bahn. Also werden sie den Predigern das Maul binden, und wo man sie nicht wird loben, so werden sie alle Laster und Plage den Predigern anlegen. Diese haben Nichts von dem Evangelio gelernet, sondern sie folgen ihrem Vater, dem Teufel, nach, der kann das Wort Gottes nicht hören, und decket dagegen den Hintern auf. Also verachten sie auch das Wort und sind demselbigen feind. Sage du der Welt, wie sie es treibe, so wird sie balde wollen diejenigen todt haben, so die Wahrheit lehren. Sie verfolgen die Wahrheit durch [64]) Lügen, und wollen sie nicht leiden b); das heißt, Gott todt geschlagen. Darnach, wer sie nicht will loben, und den Teufel anbeten, und zu ihren Sünden stille schweigen, den wollen sie flugs morden.

So will Christus sagen: Hie fraget euch nu selbs: wie frei ihr seid, wo auch euer Freiheit sei, weß Kinder seid ihr? Ja, ihr seid Knechte, nicht alleine der Sünden, sondern ihr seid auch Kinder des Teufels. Der Teufel ist der Wahrheit feind, und ist auch ein Feind des Lebens; darumb mordet er alle Prediger, und zerstöret alles, was Gott redet; gleichwie ihr thut. Ich predige auch die Wahrheit, und ihr suchet mich auch zu tödten; darumb so seid ihr nicht Kinder euers Vaters, wie ihr euch heißet, sondern ihr seid des Teufels Kinder, denn ihr thut, was ihr von eurem Vater, Meister und Herrn, dem Teufel, gelernet habet. Er hat gelehrige Schüler. Die Wahrheit wollet ihr nicht leiden, noch mich hö-

b) Weltart.

64) † die.

ren, ihr folget weder der Predigt, noch könnet die Prediger leiden.

Das ist eine starke Predigt, und gehet itzt auch also zu auf unser Seiten c). Es werden itzt das größte Theil der Evangelischen gar zu Teufeln. Sie haben das Evangelium gehört, und sind befreiet, daß sie nicht mehr unter dem Papst sind: nu treten wir die Prediger mit Füssen, wollen sie Hungers sterben, und drucken diejenigen unter, so ihnen diese Freiheit geprediget, ja, die sie errettet und erlöset haben. Da sage auch: Ich weiß wohl, daß ihr evangelisch seid; aber ihr thut, wie euer Vater, ihr seid Gottes und unser Feinde, und seid Mörder. Derhalben so rühmet nicht viel vom Evangelio: dieweil ihr nicht Gott ehret, noch sein Wort höret, noch diejenigen, so euch predigen und Gottes Wort bekennen, achtet, so seid ihr auch nicht Gottes Kinder noch rechte Christen; denn ihr verfolget Gottes Wort und seine Diener. Nu, wir wollens gerne leiden, daß wir von den Heiden verfolget werden, und Herzog George uns auch plage, dazu will ich gar froh werden, und seinen Zorn mir ganz lächerlich sein lassen: aber daß es die thun wollen, die da rechte Christen sein sollen, als die Evangelischen, und die den Namen der Kirche haben, das taug nicht. Denn ich soll einen Christen, der da getauft ist, in Ehren halten um des willen, deß Namen er träget, und damit er gezeichnet ist. Also soll auch ein Christ den andern hoch halten, ehren, lieb und werth haben d) um deß willen, der in dem Christen wohnet. Darumb, wenn ein Edelmann seinen Pfarrherrn mit Füssen tritt, und wenn sonst einer die Christen verachtet, der kann nicht evangelisch sein, sondern er ist besessen vom Teufel, und ein Feind Gottes, und Mörder im Himmel und auf Erden. Und da ein Richter uber diese Mörder kommen wird, und uber sie Zeter schreien, so die Wahrheit verfolget, und

---

c) Prophecei Luthers von der Evangelischen Tyrannei und Verfolgung der Prediger. d) Christen Ehre unter einander.

die Christen getödtet haben; so werden sie plötzlich vergehen.

Das sollt uns erschrecken e), daß wir ja das Wort Gottes nicht verachteten, noch seine Diener; denn man ist den feind, die das Wort führen. Diese Verfolger werden ihr Gerichte wohl gewaltiglich finden. Denn wer ein solcher Gesell ist, der hat hie sein Urtheil, daß er Gottes des Herrn und der Menschen Feind ist, und von Gott und Menschen ein verdammeter und verurtheilter Mörder geachtet wird. Sonst ist ein gemein Sprüchwort in der Welt, daß, wer die Wahrheit saget, der kann nirgend herbergen oder bleiben, er wird verfolget, denn Niemand will gestraft sein. Darumb so ist die Welt des leidigen Teufels Volk, des Teufels Kinder und Knechte, und unter die Sünde gebunden, gefangen, geritten, gelaufen, daß sie thun mussen, was er will. Das gläuben sie nicht; sondern sie halten sich fur gut evangelisch, die das Evangelium lieben, und liegen doch in großer Sicherheit; aber es wird einmal gar ubel ausgehen.

Das haben wir von diesem Text sagen wollen, da sich die Juden rühmeten, sie wären Abrahams Kinder, sein Fleisch und Blut. Aber er zeiget an, daß sie Hurenkinder wären, und von Gott, ihrem Vater, zu dem Teufel abgefallen sind f), der lerne[65]) sie Gottes Wort und die Wahrheit verfolgen, und dagegen Lügen predigen, und darnach diejenigen, so da die Wahrheit predigen und bekennen, unterdrucken und tödten.

---

e) Warnung, Gottes Wort und seine Diener nicht zu verachten.

f) Die Welt ist des Teufels Volk und Kinder.

65) lehre.

XLVIII. Auslegung Dr. M. Luthers über Joh. 1. V. 1—14.

In dieser am Weihnachtsfeste 1542 in der Pfarrkirche zu Wittenberg gehaltenen Predigt zeigt Luther, daß Christus nicht blos Mariens, sondern auch des ewigen Vaters Sohn, wahrer Gott und Mensch in Einer Person sei. Franz Scharschmied zu Halle ließ sie zuerst 1562 nach einer Abschrift aus M. Gg. Rörers handschriftlichen Nachlaß drucken und dedicirte sie dem Rathe zu Weida.

In den Sammlungen.

Eisleb. II. 438. — Altenb. VI. 1179. — Hall. Bd. III S. 451. — Leipzig. IX. 536. — Walch. VII. 1826.

Wir haben den Text, in Ermangelung der Scharschmied'schen Ausgabe, nach der Eislebener Sammlung gegeben.

Die Auslegung selbst ist in unserer Ausg. bereits im 46. Bd. (oder Bd. 14. der exeg. deutschen Schriften) S. 31—48 nach der Eislebener Sammlung abgedruckt. Irrthümlich ist daher die daselbst beigefügte Note: „Diese Predigt fehlt bei Walch" Eine Vergleichung des Walch'schen Abdrucks mit dem in der Eislebener Sammlung ergibt folgende Abweichungen des ersteren:

W. schickt den Text Joh. 1, 1—14 voraus.

W. schiebt S. 34 Z. 5 v. o. (uns. Ausg.) vor: beten „und" ein.

W. liest „ 37 „ 7 „ „ „ „ für: oder „aber".

Bei W. fehlt S. 38 Z. 35 v. o. (uns. Ausg.) „itzt.

W. liest „ 39 „ 4 „ „ „ „ statt: ihm „ihnen".

„ „ „ „ „ 10 „ „ „ „ „ : wohl „wollen".

„ „ „ „ „ 15 „ „ „ „ „ : ihnen „ihm".

„ „ „ „ „ 18 „ „ „ „ „ : „daß er der Herr 2c."

W. liest S. 41 Z. 12 v. o. (uns. Ausg.) statt: mit dem „vom".

„ schiebt S. 41 Z. 28 v. o. (uns. Ausg.) Folgendes ein: „[die entweder der zweien Naturen eine haben verleugnet, oder aber die zwo Naturen in Christo haben wollen trennen]".

W. liest S. 41 Z. 29 v. o. (uns. Ausg.) mit uns, für das „trennen" des Orig., trennen.

Bei W. fehlt S. 45 Z. 34 (uns. Ausg.) „ist", er schiebt aber Z. 39 nach dem Wort: verunbete „gestanden" ein.

W. liest S. 47 Z. 22 v. o. (uns. Ausg.) statt: nennet „meinet".

XLIX. Dr. M. Luthers kurze Erklärung der Worte Joh. 1, 29—34 v. J. 1524.

Dieselbe erschien zuerst im zweiten Theile der Jenaischen Sammlung pag. 377, mit der Randbemerkung, daß Luther sie mit eigener Hand geschrieben habe.

In den Sammlungen.

Jen. II. 377. — Altenb. II. 493. — Leipz. IX. 542. — Walch VII. 1860. Wir geben den Text nach der Jenaischen Sammlung.

Kurze Erklärung über diese Wort Johann. I.

Des andern Tages siehet Johannes Jesum zu ihm kommen[1]).

Das ist, ein ander Tag hernach, da Christus zuvor schon getauft war, und der Jüden Botschaft bei ihm gewesen war, und Johannes schon mehrmal hatte bezeuget, das er hie bezeuget, wie droben zuvor stehet, und spricht: Sehet, das[2]) Gottes Lamb, das der Welt Sünde trägt.

Diesen Spruch, und die folgende dazu, hab ich in der Postillen, im Advent, reichlich gehandelt; denn das ist die Stimm Johannis, daß er das Evangelium ausrufe, wie Christus alle Sünde wegnimpt.

---

1) und spricht: Siehe, das ist Gottes Lamm, welches der Welt Sünde trägt. 2) † ist.

Dieser ists, von dem ich euch gesagt habe: Nach mir kompt ein Mann[3]).

Da erzählet Johannes seine Predigt, die er gethan hat, ehe er Christum gesehen oder getauft hatte, und spricht, er sei für ihm gewest. Das ist vom Predigampt gesagt. Er kompt nach mir, das ist, er wird nach mir predigen, ich predige für ihm her.

Der für mir gewest ist.

Das dünkt mich auch von Johannes Predigampt gesagt sein, also: Ihr dürft nicht denken, daß der ferne sei, davon ich sage, er komme mir nach; ja, er ist so nahe, daß er schon da ist, und längst unter euch gewandelt für mir, das ist, ehe ich kam und predigt.

Denn er war ehe, denn ich.

Das mag von der Gottheit Christi gesagt sein, wie der Evangelist pflegt immer Christum als einen Gott mit einzuführen; als sollt er sagen: Er ist nicht allein vor meinem Predigen und Kommen gewest, sondern auch ehe, denn ich war oder geborn bin; wiewohl es mag noch alles auch vom Predigampt lauten, daß Christus sei fürhanden gewest, ehe denn Johannes Ampt anging; sintemal es nicht ein Sonderlichs ist, daß Christus, Gott, sei ehe gewesen, denn Johannes, so er von ewig vor der Welt gewesen ist.

Und ich kannte ihn nicht.

Nämlich vor seiner Taufe, da er ihn noch nicht gesehen hatte; wiewohl er wußte, daß er fürhanden war, aber nicht, welcher es wäre, bis er in der Taufe sahe die Taube auf ihm.

---

3) † welcher vor mir gewesen ist; denn er war ehe, denn ich.

Sondern daß er offenbar würde in Israel, darumb bin ich kommen zu täufen mit Wasser.

Denn Johannes Ampt sollt Christum aller Welt offenbarn, und ihn zeigen gegenwärtiglich, so muß; er ihn zuvor kennen, nach der Person, äußerlich: darumb mußte er täufen mit Wasser, auf daß Christus in derselbigen Taufe ihm würde bekannt, und durch ihn alsdenn bezeuget. Sonst wäre Johannis Zeugniß schlecht gewesen, wo nicht der Vater vom Himmel in der Tauf von ihm zuvor hätte zeuget, wie er sagt hernach: Ich hab ein größer Zeugniß, denn Johannes ꝛc.; darumb Johannis Taufe allermeist umb Christus willen eingesetzt, daß er daselbs durch von Gott und von Johannes offenbar würde; wie folget:

Und Johannes zeugete, und sprach: Ich sahe, daß der Geist, wie eine Taube, erniedersteig, und bleibe auf ihm, und ich kannte ihn nicht.

Das ist, bis auf die Stunde war ihm unbekannt, daß die Person, Jesus, der wäre, von dem er gepredigt hatte, und vor dem er hergesandt war, wiewohl er wußte, daß ein solche Person, die der Geist beweisen würde, für seine Augen kommen sollt, daß er ihn kennete, von wem er gepredigt hätte. Darumb spricht er: Ich kannte ihn nicht, das ist, ich hätte es nimmermehr gewußt, daß ders wäre, wo nicht kommen wäre, das da folgt:

Aber der mich sandte zu täufen mit Wasser, der sprach zu mir: Auf welchen du sehen wirst den Geist niedersteigen, und bleiben, derselb ists, der mit dem Heiligen Geist täufet.

Das ist geschehen, und zu Johannes gesagt, da er am ersten gesandt ward für Christo herzugehen, denn so er ihn zeigen sollt, mußt er ihm ja kund werden, auch durch äußerlich Zeichen; wie Gott pflegt allemal sein Wort mit äußerlichen Zeichen darzugeben.

Und ich sahe es, und zeugete, daß dieser ist Gottes Sohn.

Das ist die evangelische Stimm: Christus, der der Welt Sünde trägt, sei Gottes Sohn, und Mensch, unser eigen, darauf der Glaube stehet; wie denn sonst gnugsam allenthalben gesagt, was das Evangelium sage, und von wem, was, wozu es predige 2c.

Mysteria tu digere, quanquam nihil opus sit.

Lightning Source UK Ltd.
Milton Keynes UK
UKHW010622260119
336090UK00006B/620/P

9 780364 4739